Göç Konferansı 2017 – Seçilmiş Bildiriler

Göç Konferansı 2017 Seçilmiş Bildiriler

Yayına Hazırlayanlar
Ali TİLBE
Sonel BOSNALI
Yusuf TOPALOĞLU

TRANSNATIONAL PRESS LONDON
2017

Göç Konferansı 2017 Seçilmiş Bildiriler

Yayına Hazırlayanlar: Ali TİLBE, Sonel BOSNALI, Yusuf TOPALOĞLU

First Published in 2017 by TRANSNATIONAL PRESS LONDON in the United Kingdom, 12 Ridgeway Gardens, London, N6 5XR, UK. www.tplondon.com

Paperback

ISBN: 978-1-910781-55-5

Cover Design: Gizem Çakır

Cover Photo: George Adam and Jonathan Liu

www.tplondon.com

İçindekiler

Yayına Hazırlayanlar

Prof. Dr. Ali Tilbe, Namık Kemal Üniversitesi'nde Edebiyat Profesörüdür. Doktorasını Atatürk Üniversitesinde tamamladıktan sonra, Paris'te INALCO ve Sorbonne Üniversitesi (2002-2004) ile Londra Regent's Üniversitesinde (2014-2015) doktora sonrası araştırmalar yapmış, Tunus Manuba Üniversitesinde (2005-2007) konuk öğretim üyesi olarak ders vermiştir. *Çağdaş Fransız Yazınında Özkurgusal Roman* (2010) adlı inceleme yapıtının yanında, Albert Camus, Marguerite Duras, Jean-Paul Sartre ile Jean-Echenoz, Jean-Philippe Toussaint gibi değişik çağcıl Fransız yazarları ile Türk yazınından Tahsin Yücel, Nedim Gürsel, Orhan Pamuk başta olmak üzere değişik yazarlar üzerine çok sayıda bilimsel makale yayınlamış, bildiriler sunmuş, Namık Kemal Üniversitesine ait olan *Humanitas – Uluslararası Sosyal Bilimler Dergisi*'nin 4 yıl boyunca kurucu yayın yönetmenliğinin yanında başka dergi ve kitapların da yayın yönetmenliği yapmıştır. İngiltere'de Transnational Press London bünyesinde yer alan *Göç Dergisi* ve *Border Crossing* dergilerinin yayın yönetmenliği görevini sürdürmektedir. Bunun yanında 2015 ve 2016 yıllarında, Londra Regent's Üniversitesinden Prof. Dr. İbrahim Sirkeci'nin başkanlığını yürüttüğü *Türk Göç Konferansı*'nın Düzenleme Kurulu Üyeliği ile *Göç ve Edebiyat* oturumlarının başkanlığını yürütmüştür. 23-26 Ağustos 2017 tarihleri arasında Yunanistan'ın Atina Harokopio Üniversitesinde düzenlenen *The Migration Conference 2017*'nin *Göç ve Edebiyat* oturumlarında sorumlu düzenleme kurulu üyeliği ve başkanlık yapmıştır. Halen 26-28 Haziran 2018 tarihleri arasında Portekiz'in Lizbon Üniversitesinde düzenlenecek *The Migration Conference 2018*'in *Göç ve Edebiyat* oturumlarının sorumlu başkanı ve düzenleme kurulu üyesidir. Çağdaş Fransız Romanı, Göç/Göçer Yazını, Özyaşamöyküsü/Özkurmaca, Küçürek Roman, Roman Türleri, Yazın Eleştirisi ve Kuramları ilgi alanlarını oluşturmaktadır.

Doç. Dr. Sonel Bosnalı, Lisans, Yüksek Lisans ve Doktora öğrenimini Paris'te (INALCO) tamamlamıştır. 1999-2001 yılları arasında IFRI bünyesinde Burslu-Araştırmacı olarak görev yapmıştır. 2003-2010 yılları arasında Boğaziçi Üniversitesinde görev yapan Bosnalı, aynı zamanda Yeditepe Üniversitesi Antropoloji Bölümünde Dil Antropolojisi dersini vermiştir. 2010 yılından beri Namık Kemal Üniversitesi Fransız Dili ve Edebiyatı Bölümünde çalışmaktadır. *HUMANITAS - Uluslarası Sosyal Bilimler Dergisi*'nin editörlüğünü yapmakta olan Bosnalı'nın, *İran Azerbaycan Türkçesi: Toplumdilbilimsel Bir İnceleme* başlıklı bir kitabının yanında; Fransızca, Azerbaycan Türkçesi ve Halaçça üzerine çok sayıda makalesi yayınlanmıştır. Ayrıca, *Contact des langues II: Les mots voyageurs et l'Orient* başlıklı kitabın editörlüğünü yapan Bosnalı; Dilbilimin farklı alanlarında araştırmalarını sürdürmektedir.

Dr. Yusuf Topaloğlu Lisans öğrenimini Dicle Üniversitesi'nde, Yüksek Lisans ve Doktora öğrenimini Çukurova Üniversitesi'nde tamamlamıştır. 2012 yılından beri birçok uluslararası konferansa katılmakla beraber birçok projede görev almaktadır. 2012 yılından beri Namık Kemal Üniversitesi Fransız Dili ve Edebiyatı Bölümünde ders vermektedir.

Editörden: Göç Konferansının Ardından

Ali Tilbe[1], Sonel Bosnalı[2], Yusuf Topaloğlu[3]

Göç, genel anlamıyla; 'insanların toplumsal, ekonomik, siyasal ve doğal nedenlerden dolayı yerleşmek amacıyla bir yerden başka bir yere gitmeleri' olarak tanımlanabilir (Tilbe & Bosnalı, 2016. s. v). İnsanlar; eğitim, sağlık, güvenlik, hızlı nüfus artışı gibi toplumsal nedenlerden ötürü göç ederler. Aşınım, aşırı kuraklık, toprak kayması, çölleşme, sel, deprem, volkan patlaması gibi doğal nedenler de insanların göç etmesine yol açar. Sınır değişiklikleri, nüfus değişimi ve bunlardan en önemlisi savaş ise, göç olgusunun siyasal nedenleri arasında yer almaktadır. İş olanakları, doğal kaynakların varlığı, gelir dağılımındaki eşitsizlik, geçim sıkıntısı, tarım topraklarının bölünmesi veya tarım yapılacak alanların kalmaması insanları tarım alanlarında makineleşme ve insan gücüne daha az gereksinim duyulması gibi ekonomik nedenler de göç etmeyi zorunlu kılmaktadır (Ekici & Tuncel, 2015; Koçak & Terzi, 2012; Sağlam, 2006). Bu nedenler, göç etmeyi tercih olmaktan çıkarmakta, bir zorunluluk haline dönüştürmektedir. Bütün bu nedenlerin temelinde ise, İbrahim Sirkeci'nin ileri sürdüğü gibi tehdit olgusuna bağlı olarak gelişen güvensizlik durumu yatmaktadır. Bulunduğu yerleşim alanında siyasal, toplumsal, ekonomik ya da ekinsel bağlamda kendini güvende duyumsamayan ve geleceğine ilişkin tehdit algısına kapılanlar, bir yerden ötekine devinimi gerçekleştirirler.

Göç olgusu; kırsaldan kırsala, kırsaldan kente, kentten kente, kentten kırsal alanlara doğru içgöç biçiminde; bir ülkeden ötekine doğru ulusötesi dış göç olarak iki türlü gerçekleşmektedir. Cumhuriyetimizin kuruluşundan bu yana ülkemizde, Doğu'dan Batı'ya, kırsal kesimlerden kentlere doğru gerçekleşen içgöç dalgaları günümüzde de sürmektedir. 2. Dünya savaşından sonra ise, ülkemizden özellikle Almanya ve Fransa gibi Avrupa ülkelerine ve birçok farklı ülkeye göçlerle, ülkemiz dışgöç olgusunu deneyimlemiştir. Yıllardır Ortadoğu'da süregelen karışıklık ve savaş nedeniyle, özellikle Irak ve Suriye'den ülkemize milyonlarca göçer gelmiştir. Dolayısıyla, ülkemizin hem dış göçü hem içgöçü hem de dışardan içeriye göçü etkin bir biçimde deneyimlediğini ve deneyimlemekte olduğunu söyleyebiliriz. Görüldüğü gibi, göç olgusunun göçebe geleneğinden gelen Türk insanı için halen en temel sorunsallardan biri olduğu açıktır (Tilbe, 2015, s. 458).

Şüphesiz çok farklı nedenlerden dolayı doğduğu ya da yaşadığı uzamlardan, kırsallardan, köylerden, kentlerden ya da ülkelerden göç eden bireyi ya da topluluğu, yeni yerleşim yerlerinde çok çeşitli sorunlar beklemektedir. Özellikle bir ülkeden farklı bir ülkeye göç eden insanların en önemli sorunlarından birisi, dil/iletişim ve ekin konusudur (Tilbe, 2015, s. 458). Berry'ye (1997) göre, göçen birey ya da topluluk, zaman içerisinde toplumsal uyum sağlamak ereğiyle göç ettiği ülkenin dilini ve ekinini benimsemek zorunda kalacağı için, kendi dilini ve ekinini unutabilir ya da her iki dili ve ekini de benimseyebilir. Öte yandan, hem kendi dili ve ekinini hem de göç ettiği ülkenin dili ve ekinini reddedebilir. Son olarak kendi dilini ve ekinini koruyabileceği gibi göçtüğü ülkenin dilini kullanıp ekinine yakınlık duyabilir. Tilbe ve Sirkeci (2015, s. 1-2), başka bir ülkeye göç eden insanları iki dillilik (İng. bilingualism), kimlik arayışı (İng. identity), ekinsel parçalanma (İng. cultural fragmentation), toplumsal uyum (İng.

---

[1] Prof. Dr., Namık Kemal Üniversitesi, Fransız Dili ve Edebiyatı Bölümü, alitilbe@gmail.com / atilbe@nku.edu.tr
[2] Doç. Dr., Namık Kemal Üniversitesi, Fransız Dili ve Edebiyatı Bölümü, sbosnali@nku.edu.tr
[3] Dr., Namık Kemal Üniversitesi, Yabancı Diller Yüksekokulu, ytopaloglu@nku.edu.tr

social harmony), bütünleşme (İng. integration), yalnızlık, (İng. loneliness), benzeşim (assimilation), yabancılaşma (İng. alienation) ya da kültür(süz)leşme (İng. acculturation) gibi sorunların beklediğini dile getirmektedirler. Kuşkusuz bu tür sorunların, yurtiçi göçerler için de geçerli olduğunu söyleyebiliriz. Farklı nedenlerden ötürü iç ve dış göç ile karşı karşıya kalan insanlar, aşmakta zorlandıkları bütün bu sorunlarla birlikte iyelik, yabancılık, eksiklik ve dışlanmışlık duygularıyla da baş etmek zorunda kalmaktadırlar (Tilbe, 2015, s. 458).

Kısacası, kökleri çok eskilere uzanan göçün temel dinamikleri hala günümüzde geçerli olmakla birlikte, özellikle son dönemlerde daha belirgin bir biçimde toplumları sarmalayan kıtlık, açlık, adaletsizlik, eşitsizlik, çatışma ve savaş gibi hadiselerin yarattığı güvensizlik ortamlarının artmasına koşut olarak, günümüzün en önemli toplumsal olgularından biri olarak göç kendini dayatmaktadır. Diğer taraftan, siyasal bakımdan ulus sınırlarının aşılmaz duvarlar olmaktan büyük oranda çıkması, seyahat olanaklarının her geçen gün daha da iyileşmesi ve küreselleşmenin beraberinde getirdiği hem sermaye hem de işgücü deviniminin olağanlaşması sonucunda; koşulları, süreci ve sonuçları bakımından farklı boyutlar kazanan göç, incelenmesi her açıdan önem arz eden bir olguya evrilmiştir.

Nitekim göç olgusuyla ilgili uluslararası kongreler, bilgi şölenleri, konferanslar, göç dergileri, kitapları, bilimsel bildiriler ve yayınlar, göçün bilim dünyasını da yakından ilgilendirdiğini ve bu dünyada önemli bir yeri olduğunu kanıtlar niteliktedir. Bunlardan dünya çapında ilgi gören ve her yıl düzenlenen *Türk Göç Konferansları* (İng. The Turkish Migration Conferences) dizisi, Prof. Dr. İbrahim Sirkeci tarafından Regent's Üniversitesi Londra'da 2012 yılında başlatılmıştır. *Türk Göç Konferansları*, yeni adıyla *The Migration Conference* dünya çapında değişik göç uzmanları bilim insanlarını bir araya getirmeyi sürdürecektir.

Yılda bir kez düzenlenen uluslararası, hakemli bilimsel toplantı olan *Türk Göç Konferansları*'nın kısaltılmış adı TMC'dir. TMC'de sunulacak bildiriler bilimsel yönden değerlendirilmek üzere, Kongre Düzenleme Kurulu tarafından belirlenen çift-kör, bağımsız ve önyargısız hakemlik ilkelerine göre en az iki hakem tarafından değerlendirilmektedir. Önyargısız bilimsel değerlendirmeyi sağlamak için yazarlardan bildiri metinlerinden kişisel ve kurumsal bilgileri kaldırmaları istenmekte ve hakemlerin adları gizli tutulmaktadır. Yazarların bildiri tam metinlerini ve sunumlarını, hakem değerlendirmelerini dikkate alarak hazırlamaları gerekmektedir. TMC dizisi, Türkiye içinde ve dışında disiplinler arası göç araştırma ve incelemelerine odaklanmış uluslararası hakemli bir bilgi şölenidir. TMC; eğitim atölyeleri, yuvarlak masa tartışmaları, davetli konuşmacı oturumları, sözlü sunumları, poster sunumları, özel oturumları, izleksel atölye çalışmalarını ve resim sergilerini kapsamakta ve bilimler arası ve karşılaştırmalı çalışmaları desteklemektedir (Tilbe, 2017).

2012 yılından bu yana 5. kez organize edilen konferanslar Türk göçü konusunda gerçekleştirilmiş ilk ve tek büyük ölçekli bilimsel toplantı özelliği kazanmıştır. Konferanslardan ilki 2012 ve ikincisi 2014 yılında Londra Regent's Üniversitesinde, üçüncüsü 2015 yılında Prag Charles Üniversitesi yerleşkesinde, dördüncüsü 2016 yılında Viyana Üniversitesinde gerçekleştirilmiştir. Beşincisi ise, 23-26 Ağustos 2017 tarihleri arasında Atina Harokopio Üniversitesinde düzenlenmiş ve 4 günde 90 paralel oturum, 4 anahtar konuşma ana oturumu, 2 atölye çalışması, 2 sergi ve 2 film gösterimiyle taçlanmıştır. Söz konusu TMC'ye; insanbilim, nüfusbilim, ekonomi, hukuk, ruhbilim, toplumbilim, coğrafya, işletme, yönetim, edebiyat, dilbilim, sağlık bilimleri, siyaset bilimi, uluslararası ilişkiler, medya ve iletişim ve plastik sanatlar gibi geniş bir alandan katılımlar olmuştur. Bu konferansta, büyük çoğunluğu Türkiye dışından olmak üzere 400'den fazla bildiri sunulmuş ve toplamda yaklaşık 800 göç araştırmacısı, sivil toplum temsilcisi, siyaset ve basın temsilcisi ilgi göstermiştir. Oldukça varsıl bir içerik ve özenle hazırlanan bilimsel izlence, 23 Ağustos öğleden sonra davetli seçkin akademisyenlerin açılış oturumuyla başlamış ve harika bir ortamda gerçekleşen ön gösterim yemeği sonrası 26 Ağustos öğleden sonra sona ermiştir. Dört gün boyunca gerçekleştirilen özel ve paralel oturumlar arasında, katılımcılar dostane ve içten bir ortamda tanışma ve bilgi paylaşımı olanağı bulmuş ve çok sayıda yeni ortak çalışmaların ön-çalışmalarını gerçekleştirmişlerdir (Tilbe, 2017).

Regent Üniversitesi'nden Prof. Dr. İbrahim Sirkeci, Harokopio Üniversitesi'nden Prof. Apostolos Papadopoulos ve Ohio State Üniversitesi'nden Prof. Jeffrey Cohen'ın başkanlığını yürüttüğü konferansta çok sayıda değişik alanda oturumlar düzenlenmiştir. Göç alanında çalışan uzmanların, genç araştırmacıların, öğrencilerin ve göç politikası düzenleyici ve uygulayıcılarının göç alanlarındaki bilgilerinin paylaşımına başarıyla aracılık eden konferans, her yıl artan bir ilgiyle dünya çapından bir katılımcı topluluğunu ağırlamaktadır (Tilbe, 2017).

Göç konferansları dizisi içinde genel göç konuları ile beraber her biri kendi alanında uzman araştırmacılar tarafından başkanlığı yürütülen özel oturumlar şöyle sıralanabilir: Göç kuramı, İletişim, Medya ve hareketlilik, Cinsiyet ve hareketlilik, Ulusötesi toplumsal alanlar, Kentler ve göç, Çingeneler ve hareketlilik. Hukuk ve Politika, Çatışmalar ve savaş, Uyum ve emek piyasaları, Edebiyat ve göç, Kopuntu ve kimlik, İçgöç - uluslararası göç ilişkisi, Veri ve yöntembilim, Para gönderme ve kalkınma, Göçerler ve göç etmeyenler, Yeni teknolojiler ve göçerler, Almanya'da mülteci politikası.

Tarihsel süreçte olduğu gibi günümüzde de bir olgu olarak kendisini dayatan göç konusunu işleyen, son derece etkin bir içeriğe sahip olan TMC konferansları dizisi, karma ve çok disiplinli eleştirel yaklaşımlarla göç ile ilgili zorluklara ve ona yönelik çözümlere odaklanmaktadır. Kongrenin bilimsel programında, Türklere, Latin toplumlarına, Çinlilere, Karayiplilere, Afrikalılara, Kızılderililere, Güney Asyalılara, Kürtlere, Süryanilere, Çingenelere, Romanlara, geriye göç edenlere, düzensiz göçerlere, kültür, medya ve kopuntu (fr. diaspora) göçerlerin deneyimlerine, hareketli azınlıklar ve göçebelere, göç alan ve göç veren ülkelerin göç bölgelerine, göç koridorlarına, küresel ve bölgesel bakış açılarına, insan ve nüfus hareketlerine, göç politikaları ve uyuma yönelik isteklendirme ve düzeneklere, düzensiz hareketlere, nüfus ve coğrafi çözümlemelere, insan hareketliliğinin dinamiklerine, yasal düzenlemelere, iş-gücü piyasası sonuçlarına, eğitim ve beyin göçü ilişkisine, kuramsal yaklaşımlar getirir (Tilbe, 2017, s. 117).

TMC, göçle ilgili disiplinlerarası bilginin paylaşımını kolaylaştırarak, farklı konularda ve izleklerde çalışmalar yürüten bilim insanlarını değişik göç ülkelerinde buluşturmayı amaçlamaktadır (Tilbe, 2017). TMC'lerde sunulan bildiriler, uluslararası bağımsız akademik yayıncı Transnational Press London tarafından yayınlanan bildiri kitapları ve özel göç kitapları ile *Göç Dergisi, Remittances Review, Border Crossing, Migration Letters, Transnational Marketing Journal (TMJ), Kurdish Studies journal, Journal of Gypsy Studies* dergilerinde yayınlayabilmektedirler. TMC'nin resmi dili İngilizcedir ancak Prag Charles Üniversitesi yerleşkesinde üçüncüsü düzenlenen TMC 2015'ten itibaren, Türkçe de kongre dili olarak benimsenmiştir.

Daha önceki TMC'lere davetli konuşmacı olarak Washington Üniversitesi'nden Barry Chiswick, California Üniversitesi'nden Philip L. Martin, Ohio State Üniversitesi'nden Jeffrey Cohen, KU Leuven Üniversitesi'nden Karen Phalet, Southern Methodist Üniversitesi'nden Caroline Brettell, Tariq Bristol Üniversitesi'nden Modood, Regent Üniversitesi'nden Ibrahim Sirkeci, Danube Üniversitesi'nden Gudrun Biffl, Princeton Üniversitesi'nden Douglas Massey ve CNRS Üniversitesi'nden Nedim Gürsel gibi bilim insanları, göç alanında değerli bilgilerini katılımcılarla paylaşmışlardır. Bu yıl ise, Atina'da göç alanında çok büyük değer olan Columbia Üniversitesi'nden Saskia Sassen, Bonn Üniversitesi'nden Oded Stark, Trento Üniversitesi'nden Giuseppe Sciortino, Global Migration Research Enstitüsü'nden Neli Esipova ve araştırmacı-yazar Yüksel Pazarkaya (Türkiye) davetli konuşmacı olarak kongremizi onurlandırmışlardır (Tilbe, 2017).

Türkçe hazırlanmış bildiriler istenirse, *Göç Dergisi* (GD)'nde de yayınlanmaktadır. Göç araştırmaları alanında uzman bir süreli yayın, hakemli ve uluslararası bir alan dergisi olan *Göç Dergisi*, insan göçü, göçerler ve göçerlik ile ilgili bilimsel çalışmaları ve tartışmaları yayınlamayı amaçlamaktadır. Diğer taraftan, sığınmacılar, mülteciler, düzensiz göçerler, beyin göçü, işçi göçü, geriye dönüşler gibi konular yanında göç etmeyenler ile ilgili araştırmaları, göçle ilgili kuramları, yeni, özgün ve yayınlanmamış bilimsel çalışmaları yayınlamaktadır. Öte yandan, insan hareketliliğinin ekonomik, toplumsal, coğrafi, kültürel, psikolojik, tarihsel, hukuki ve sağlık ile ilgili yönleri üzerine niteliksel, niceliksel veya karma yöntemleri kullanan özgün araştırmalar, kavramsal tartışmalar ve eleştiriler yayınlanmayı amaç edinmiştir.

Mayıs ve Ekim aylarında yılda iki kez olmak üzere 2014 yılında yayına başlayan *Göç Dergisi*, baş editörü Prof. Dr. İbrahim Sirkeci ile birlikte Prof. Dr. Ali Tilbe, Doç. Dr. M. Murat Yüceşahin, Dr. Pınar Yazgan editörleri yönetiminde yayınlanmaktadır. *Göç Dergisi*, China Academic Journals Database (CNKI Scholar): CNKI arama, EBSCO Academic Search (forthcoming), ERIH PLUS, Norwegian Register for Scientific Journals, Series and Publishers, Research Papers in Economics (RePEc): RePEc arama indekslerde taranmaktadır. Diğer taraftan, American Sociological Association'ın Publication Options Dergi Kataloğunda da yer almaktadır.

Bu bildiri kitabımızda; edebiyat ve göç, içgöç, uyum ve emek piyasaları, kopuntu ve kimlik, göçerler ve göç etmeyenler, kentler ve göç, sinema ve göç, Avrupa ve mülteci politikası gibi konuları içeren birbirinden ilginç 35 bölüm yer almaktadır.

Göç kongresini onurlandıran davetli konuşmacılara, yazarlara, bilim adamlarına, araştırmacılara, öğrencilere ve Atina TMC 2017 Göç Konferansına katılan ve katkı veren herkese en içten teşekkürlerimizi sunmak isteriz.

2018 yılındaki Göç Konferansı, 26-28 Haziran tarihleri arasında Lizbon Üniversitesinde düzenlenecektir (bkz. www.migrationcenter.org). Bu bağlamda bütün yazarları, akademisyenleri, bilim adamlarını, araştırmacıları, öğrencileri, Lizbon TMC 2018 Göç Konferansında görmekten kıvanç duyacağız.

Kaynakça

Akıncı, B., Nergiz, A., & Gedik, E. (2015). Uyum Süreci Üzerine Bir Değerlendirme: Göç ve Toplumsal Kabul. *Göç Araştırmaları Dergisi, 1*(2), 58-83.

Bahar, O., & Korkmaz Bingöl, F. (2010). Türkiye'de İç Göç Hareketlerinin İstihdam ve İşgücü Piyasalarına Etkileri. *İktisadi ve İdari Bilimler Fakültesi Dergisi, 15*(2), 43-61.

Berry, J. W. (1997). Lead Article Immigration, Acculturation and Adaptation. *Queen's University, 46*(1), 5-68.

Ekici, S., & Tuncel, G. (2015). Göç ve İnsan. *Birey ve Toplum*(9), 9-22.

Koçak, Y. & Terzi, E. (2012). Türkiye'de Göç Olgusu, Göç Edenlerin Kentlere Olan Etkileri ve Çözüm Önerileri. *KAÜ-İİBF Dergisi,* 3(3), s. 163-184.

Sağlam, S. (2006). Türkiye'de İç Göç Olgusu ve Kentleşme. *Türkiyat Araştırmaları*(5), 33-44.

Sirkeci, İ. (2012). Transnasyonal mobilite ve çatışma. *Migration Letters, 9*(4), 353-363.

Tilbe, A. (2017). Editörden: Göç konferansı ve göç çalışmaları. *Göç Dergisi, 4*(2), 115-118.

Tilbe, A., & İbrahim, S. (2015). Editörden: Göç ve göçmen yazını üzerine. *Göç Dergisi, 2*(1), 1-4.,

Tilbe, A., Bosnalı S. (2016). *Göç üzerine yazın ve kültür incelemeleri.* London: Transnational Press London.

Bölüm 1. 'Göç Kültürü ve Çatışma Modeli' Bağlamında Mathias Enard'ın Hırsızlar Sokağı[1]

Ali Tilbe[2]

Kuramsal Çerçeve

Yazın incelemelerinde, inceleme nesnesindeki göçün doğasını saptamak için, bu düzeysel ayrımlar yol gösterici işlevler üstlenmektedir. "Özellikle romanlarda ele alınan göç durumu ve konulara göre kolaylıkla düzeyler belirlenebilir ve anlatı yerlemleri ile olay örgüsü bu düzlemde incelenerek açıklayıcı sonuçlar elde edilebilir. Bu modelden devinimle, romanların ulamlandırılması da kolaylaşacaktır" (Tilbe, 2015, s. 464).

Şekil 1. İnsani güvenlik ve çatışma eksenleri (Sirkeci, 2009, s. 7 & Sirkeci, 2012, s. 357).

Bu bağlamda, Lucien Goldmann'ın kullandığı, görüngübilimsel *anlama* ve *açıklama* düzeylerinden oluşacak iki aşamalı bir çözümleme yöntemi öneriyoruz (Tilbe, 2015, s. 464-465).

Tablo 1. *Göç Yazını Yöntembilim Çizgesi*

Göç Yazını Yöntembilim Çizgesi	
Anlama Aşaması > İçkin Çözümleme ↓	**Açıklama Aşaması > Aşkın Çözümleme** ↓
Anlatının Yapısı → Bakış Açıları; Anlatım Uygulayımları ↓	Dönemsel Göç Devinimleri ve Toplumsal Yapı ↓
Anlatı Yerlemleri → Kişi, Süre, Uzam ↓	Öne Çıkan Temel Örge ve İzlekler ↓
Mikro, Mezo, Makro Düzeylerin Belirlenmesi: Toplumsal Yapı ↓	Göreli Güvenlik Uzamı → Kültür(süz)leşme mi? İşbirliği mi? Bütünleşme mi? Uyum mu? Ayrışma mı? → Göçün Çevrimselliği / Döngüselliği
Göç Olgusu → Göreli Güvensizlik Uzamı; Çatışma ve Göç Devinimi →	

Bu yönteme göre, "birinci aşama anlama düzeyi, yapısalcı bir yaklaşımla metne içkin olarak gerçekleştirilir ve metinde yer alan anlatı yerlemleri ile anlatısal uygulayımlar

---

[1] Bu çalışma, Namık Kemal Üniversitesi Bilimsel Etkinliklere katılım destek Programı kapsamında desteklenmiştir.
[2] Prof. Dr. Ali Tilbe Namık Kemal Üniversitesi, Fransız Dili ve Edebiyatı Bölümü'nde öğretim üyesidir. alitilbe@hotmail.com / atilbe@nku.edu.tr

incelendikten sonra, çatışma modeline göre; göçer toplumsal yapı ve ilişkilerden oluşan yapıtın özü ve iç tutarlılığı çözümlenir, metne aşkın olan açıklama aşamasında ise; metinde söz edilen göç olgusu/izleği, çatışma modeli temelinde, yapıtı aşan ve çevreleyen toplumsal, ekonomik ve siyasal dışsal bağlanımlarıyla güvensizlik <> güvenlik düzleminde açıklanır ve tutarlı bir eleştirel yaklaşım ortaya konulabilir" (Tilbe, 2015, s. 464-465). Bu yaklaşımla bir göç/göçer romanı yetkin ve tutarlı bir biçimde anlaşılıp açıklanabilecektir. Yöntem üzerine daha ayrıntılı bilgi için, dipnotta verilen kaynaklara bakınız. [3]

Anlama Aşaması > İçkin Çözümleme

Anlatının Yapısı

2015 yılında *Pusula* (Boussole) adlı romanı ile Fransa'nın önemli roman ödüllerinden birisi olan *Goncourt* kazana çağdaş Fransız genç kuşak romancılardan Mathias Enard, ilkgençlik yazını örnekçelerinden olan *Hırsızlar Sokağı* (rue des Voleurs, 2012) adlı roman, Aysel Bora tarafından kusursuz bir anlatımla dilimize çevrilmiş ve Can yayınlarından okur ile buluşmuştur. Gérard Genette'in yanmetinsel/metinçevresi (fr. paratextuel/péritextuel) inceleme yöntembilimi bağlamında değerlendirildiğinde, anlatı başkişisinin yaşadığı Barselona'da "her cinsten kayıp tipin sokağı" (s. 214) olan *Hızsızlar Sokağı* başlığı doğrudan yasadışı ve kültür dışı olana gönderme yapmaktadır. Türkçe çevirisi 300 sayfa olan roman *Boğazlar* (s. 13-146), *Berzah* (s. 149-204), romana adını veren *Hırsızlar Sokağı* (s. 207-300) alt başlıklı 3 bölümden oluşmakta, ön kapağında önünde insanların toplandığı bir cami çizgesi, arka kapağında ise yazarın *Hırsızlar Sokağı* üzerine özyorumları ve romanın kısa özeti yer almaktadır.

"Tüm bunlar, bana, özgürlük ve daha onurlu bir yaşam hakkı için Tunus'ta, Mısır'da, İspanya'da ve Fransa'da sürmekte olan aynı mücadelenin farklı yüzleri gibi göründü. Dünyada, üzerinde yaşadığımız bu savaş tarlasındaki bir yolculuk aracılığıyla bu mücadeleleri anlatmaya çalıştım, yolculuğun başlıca uğrak yerleri de Tanca, Tunus, Algeciras ve Barselona oldu. Bir macera romanı bu, günümüz dünyasının trajik macerasının romanı. Daha iyi bir gelecek hayali kuran gençlerle, artık hayal bile kurmayanlarla, İslamcılarla, Müslümanlarla, dilencilerle, fahişelerle, hırsızlarla ve çokça kitapla, son tahlilde, ateşle birlikte, karanlıklarla savaşmanın tek yolu olmayı sürdüren kitaplarla yolunuzun kesişeceği bir roman bu".

Hırsızlar Sokağı, "günümüz dünyasını kötümser bir bakış açısıyla betimleyen, aynı zamanda da bu kötümserliği tutkulu bir biçimde iyimserliğe çevirmek isteyen yeni bir kuşağın masalıdır" (Chevilley, P. (2012).

Roman'ın boğazlar başlıklı birinci bölümünden hemen önce Joseph Conrad'ın *Karanlığın Yüreği* adlı romanına metinlerarası bir alıntı yerleştirilmiştir.

---

[3] Tilbe, A. (2015). "Göç/göçer yazını incelemelerinde Çatışma ve Göç Kültürü Modeli" [Bildiri]. Ali Tilbe ve Ark.(Ed.). *3rd Turkish Migration Conference, Charles University Prague, Turkish Migration Conference 2015 Selected Proceedings*, (25-27 June 2015). (**s.** 458-466). London: Transnational Press London; Sirkeci, İ. (December 2012). "Transnasyonal mobilite ve çatışma". *Migration Letters*, 9(4), 353-363; Tilbe, A. (2016). "Göç Kültürü ve Çatışma Modeli Bağlamında Latife Tekin'in *Sevgili Arsız Ölüm*'üne Bir Bakış" Ali Tilbe ve Sonel Bosnalı .(Ed.). *Göç Üzerine Yazın ve Kültür İncelemeleri*. London: Transnational Press London. (s. 1-19); Civelek, K. (2016). "Çatışma ve Göç Kültürü Modeli Bağlamında Bir Roman Okuması: Le Clézio'nun *Göçmen Yıldız*'ı". Ali Tilbe ve Sonel Bosnalı (Ed.). *Göç Üzerine Yazın ve Kültür İncelemeleri*. London: Transnational Press London. (s. 87-99).

"Ama gençken insanın bir şeyler görmesi, deneyimlerden geçip fikirler edinmesi, zihnini açması lazım.' "Burada mı!" diye sözünü kestim. "Bilemezsin ki! Ben Mösyö Kurz'la burada karşılaştım."

Romanın daha başlangıcında bir Doğu uzmanı olan, Arapça ve Farsça bilen Enard'ın dili ve biçemi okuru etkisi altına almakta, dünyayı saran bağnazlık ve şiddet sarmalına karşı insanlık adına nesnel ve yansız bir aydın eleştirisi vurgusu duyumsanmaktadır. Çok yönlü okumaya açık olan roman, siyasal, artırımsal ya da çeşitli toplumsal nedenlerle özellikle Afrika'dan Avrupa'ya doğru göç etmeye çalışan genç Afrikalıların acıklı durumunu betimlemesi açısından göç kültürü ve çatışma modeli bağlamında çözümlenmeye de varsıl bir içerik sunmaktadır. Anlatı, modelin insani güvensizlik ve çatışma gösterge çizelgesine göre insani güvenlik ve çatışma eksenlerinden kişisel göçü niteleyen mikro düzeye uygun görünmektedir. Ancak çok sayıda kitlesel göçü de odak yapması, makro düzey bir okumayı da olanaklı kılmaktadır.

Kuzeybatı Afrika'da Cebelitarık boğazının İspanya tarafına yer alan Tarifa kentinin karşı kıyısındaki Tanca'da bakkal olan babası ile birlikte yaşayan polisiye roman tutkunu 17 yaşındaki Faslı genç Lakhdar, yaklaşık 4 yıl süren göç serüvenine konu olan tekil birinci kişi benöyküsel anlatıda; yersiz yurtsuzluk, Arap Baharı, siyasal İslam, kimlik bunalımı, başkaldırı, yıldırı (fr. Terreur), dinsel, siyasal şiddet ve aşk izlekleri öne çıkmaktadır.

Romanda, amcasının kızı Meryem ile babası tarafından uygunsuz bir durumda yakalanmasından sonra evini terk etmek ve Casablanca'ya göç etmek zorunda kalan, yersiz yurtsuz geçen bir yılın sonunda Tanca'ya geri dönerek çocukluk arkadaşı Besim aracılığıyla, bu dönemde Arap ülkelerinden yükselmekte olan köktendinci örgütlerle bağlantılı *Kuran Düşüncesini Yayma Cemiyeti*'nde kitapçı olarak iş bulan ve bu sırada Arapça öğrencisi İspanyol bir kızla kurduğu arkadaşlık sonrası önce Tunus'a, ardından karşı kıyıdaki Algeciras ve sonra da Barselona'ya göç eden Lakhdar'ın serüveni öykülenir.

Metinlerarasılık

Anlatıcı-yazar, anlatı boyunca çok sayıda metinlerarası göndermede bulunur. Pek çok İslam akımını etkileyen Mısırlı İslam düşünürü Seyyid Kutub'un (1906-1966) *Siyonist Komplo Karşısında İslam* adlı yapıtı başta olmak üzere tarihsel, dinsel ve siyasal içerikli yapıtlar okurun ilgisine sunulur. Yazar bu yapıtlar aracılığıyla kurmak istediği olay örgüsüne gerçeklik kazandırmaya çaba harcar.

Cinsellik, Kadın Evliyalar, İbn Teymiye'nin yirmi cilt tutan bütün yapıtları (s. 31), Yusuf suresi, "Baba, karşımda on bir yıldızın, güneş ve ayın secdeye geldiğini gördüm" (s. 42), Yedi Uyurlar (s. 70), Büyük İskender (s. 71), bir İspanyol atasözü; "*bir salağın tüyü betonarmeden daha dayanıklıdır*" (s. 72), Lakhdar ile Judit arasında Arap ve Batı yazını üzerine söyleşimler; "Paul Bowles'u tanıyordu, Tennessee Williams'i ya da William Burroughs'u, uzak gelen isimleriyle bana belli belirsiz bir şeyler hatırlatan ama hiçbirini tanımadı- Tancalı bir figür, onun kim olduğunu biliyordum tek bir satırını bile okuduğumdan emin değildim" (s. 76), polisiye roman yazarlarına gönderme; "bir an bana asılmak ya da elimdeki *La Position du tireur couché*'yi (*Yatan Tetikçinin Pozisyonu*) satın almak istediğini sandım, ama hayır, sadece kitabı nereden bulduğumu soruyordu. Bir sürü nedenden dolayı cevap verip vermemekte tereddüt ettim. Beş dakika gevezelik ettik; sevdiğim yazarlardan, Pronzini'den, McBain'den, Manchette'ten, Izzo'dan konuşmak (...) hoşuma gitti" (s. 83), "Necip Mahfuz'un *Nil Üzerinde*

Konuşmalar kitabının ilk tümcesi: "Nisandı, toz toprak ve yalanlar ayı" (s. 84), Casanova'nın hatıraları, *"L'Histoire de ma vie'nin (Hayatımın Tarihi)* her bir cildi devasa boyuttaydı, bitmek bilmiyordu" (117), anlatı boyunca Lakhdar, Judit için yazdığı kendi şiirler ile kimi bölümleri Arapça olarak verilen Nizar Kabbani'nin şiirleri, "gözlerin yola çıkacak son gemi, orada bana yer var mı?" (s. 124) gibi göndermelerin yanında, özellikle Lakhdar'ın Algeciras limanında alıkonulduğunu anlatan romanın Berzah altbaşlıklı 2. bölümünde çok sayıda metinlerarası gönderme bulunmaktadır.

Anlatıcı-yazar, 17 Şubat 2012 tarihli Diario de Cadiz gazetesinde yer alan bu habere olduğu gibi İspanyol dilinde yapıştırma uygulayımı ile romanda yer verir: "Un nuevo drama laboral en el sector maritimo recala en el puerto de Algeciras. Un total de 104 marineros, los que componen la tripulacion de los buques Ibn Batouta (…)" (s. 155).

Anlatıcı ve Odaklayım

Benöyküsel bir anlatıcı-kişi tarafından tekil birinci kişi öyküleme uygulayımı ile öykülenen anlatı, 17 yaşında Faslı bir gencin iç bakış açısıyla okura sunulur. "Tanca'da denizi, limanı ve Boğaz'ı seyretmek için günde iki defa beş kilometre yol teperdim, şimdi de çok yürüyorum" (s. 13) diyen anlatı başkişisi "bizler haz almak için yaşayan kafesteki hayvanlarız, karanlıkta yaşıyoruz" (s. 13) tümcesiyle romanın içeriğine ilişkin önsel bilgilendirme yapar okura.

Tablo 2

Anlatı Düzeyleri

İlişki/Düzey	Dışöyküsel Anlatıcı	İçöyküsel Anlatıcı
Elöyküsel Anlatıcı	Besim, Nureddin, Marcelo Cruz	
Benöyküsel/özöyküsel Anlatıcı		Lakhdar, Gemici Sadi, Judit

Anlatı boyunca yaşadıklarını artsüremli olarak öyküleyen anlatıcı, kimi zaman da özellikle söyleşim ve serbest dolaylı anlatım uygulayımları aracılığıyla sözü öteki anlatı kişilerine bırakarak bakış açılarını çeşitlendirir.

Kişi

Ataerkil gelenekçi bir aile yapısı içinde babası, annesi ve Yasin, Sarah ve Nur (s. 68) adlı kardeşleriyle birlikte yaşayan ve adını okurun ancak 112. sayfada öğrenebildiği Lakhdar adında bir yeni yetme roman başkişisi.

"Judit gecenin bir yarısı, Lakhdar, dedi. Aslında Lakhdar'm iki anlamı var; 'yeşil', bu tamam, ama bir de 'müreffeh' demek. Yeşil, İslam'ın rengi. Belki de babam onu bunun için seçti. Bu aynı zamanda Sufiler için önem taşıyan bir peygamberin ismi. *Hızır Aleyhüsselam, Hıdır*, yeşil. Kehf suresinde geçer" (s. 112).

Anlatının başlangıcından başlayarak, Arap toplumlarındaki toplumsal ve dinsel vurgu öne çıkar.

"Büyüdüğüm apartman ne zengindi ne fakir, ailem de öyle, benim peder dininde imanında bir adamdı, hani şu iyi bir adam dediklerinden, çoluğuna çocuğuna kötü davranmayan namuslu bir adam - arada bir mabata bir-iki tekmenin dışında, ama bundan da kimseye bir zarar gelmemiştir. Tek ama iyi bir kitabı, Kuran'ı olan adam: Bu dünyada ne yapması gerektiğini ve ahirette kendisini neyin beklediğini öğrenmek için ihtiyacı olan tek şeydi Kuran, günde beş vakit namaz kılmak, oruç tutmak, zekât vermek, tek hayali Mekke'ye hacca gitmek, kendisini Hacı diye, Hacı Muhsin diye çağırmalarıydı, bu onun tek emeliydi, çok çalışıp bakkal dükkânını süpermarkete çevirmek umurunda değildi, milyonlarca dirhem kazanmak umurunda değildi, onun Kitabı namazı hac ziyareti vardı ve nokta; annem babama büyük bir saygı gösterir ve evde köle gibi hizmet ederken ona adeta bir evlat gibi itaat ederdi" (s. 14-15).

Romanın bir başka kişisi Lakhdar'ın çocukluk arkadaşı Besim'dir. Onun aracılığıyla yeniden Tanca'da iş bulma ve yaşamını sürdürme olanağına kavuşur Lakhdar. Besim ve Lakhdar Tanca'da boğaza karşı, geleceğe ilişkin düşlere dalarken, en büyük ülküleri; yazgılarının kendilerine çizdiği sarmaldan ve olağan yaşam döngüsünden kurtulup, karşı kıyıya Avrupa'ya geçebilmek ve orada insanca yaşayabilmektir.

"Besim'in küçücük gözleri ve kocaman yuvarlak bir kafası vardı, her gün babasıyla camiye giderdi. Vaktini gümrükçü ya da polis kılığına girip kaçak olarak karşı tarafa geçmek için inanılmaz planlar yaparak geçirirdi; bir turistin kimlik belgelerini yürüttüğünü hayal ederdi üstünde güzel bir kıyafet, elinde şık bir valizle sanki hiçbir şey yokmuş gibi sakin i sakin sakin gemiye binerdi - ona, İspanya'da beş parasız ne halt edeceksin, diye sorardım. Biraz çalışıp para biriktireceğim, sonra Fransa'ya, daha sonra da Almanya'ya gideceğim, diye cevap verirdi, oradan da Amerika'ya..." (s. 16).

Görüldüğü gibi, ikincil kişilerden birisi olan Besim'in ileri sapım uygulayımı ile geleceğe ilişkin ulusötesi göç düşleri, gidilecek uzamlarda yaşanması olası ayrımcılık korkusunu da düşündürür.

"Hem sonra orada Arapları çok seviyorlarmış, benim amcaoğlu Düsseldorf'ta makinist ve süper memnun. Almanca öğrenmen yeterli, galiba o zaman sana acayip saygı gösteriyorlarmış. Gerekli belgeleri de Fransızlardan çok daha kolay veriyorlarmış" (s. 17).

Besim, anlatıda göç denklemini kuran ve çözümler arayan eyleyen konumundadır.

Kuran Düşüncesini Yayma Cemiyeti şeyhi Nureddin Fransa'da doğmuş ve büyümüş "hoş, kültürlü, sempatik biriydi. Bana Suudi Arabistan'da teorik, Pakistan'da pratik eğitim aldığını anlattı" diyen Lakhdar, şeyh hakkında da okuru bilgilendirir.

Cemiyetin kentte Batılı yaşam biçimini benimseyen insanlara kaşı yıldırı ve nefret eylemlerine girmesi sonucunda Lakhdar da Besim gibi göçü düşünmeye başlar.

"Belki yeni Tanca Med Limanı'nda ya da Serbest Bölge'de bir iş bulabilir, daha sonra göç etmeyi başarabilirdim, sonuçta haklı olan Besim'di, buralardan gitmek lazım, gitmek lazım, limanlar yüreğimizi dağlıyor. Yalnızlık kesif bir sis perdesi, kapkalın bir bulut oluyordu; kötülüğün ve korkunun bulutu" (s. 42).

Tam da bu sırada İspanya'dan bir haftalığına tatil için Fas'a gelen Judit, Lakhdar için yeni bir serüvenin başlangıcı, bir çeşit yazgı değişimi söz konusu olacaktır.

"Barselona'dan geliyorlardı, isimleri Judit ve Elena idi, biri daha esmer, diğeri daha topluydu; ikisi de üniversite öğrencisiydi ve tam da hayal ettiğim gibi bir haftalığına tatil için Fas'a gelmişlerdi" (s. 52).

"Barselona'da Arapça eğitimi gören" (s. 54) Judit ile geçen güzel anlar, onda yeni umutların doğmasını sağlar.

Ancak kızların Marakeş ziyaretleri sırasında patlayan bomba ve 16 kişinin ölümü Fas'ın da korkunç bir yıldırı bezemine sürüklenmesine ve güvenliksiz ülkelerden birisi olarak görülmesine neden olabilecektir. "İspanyol haber kanalının altyazılarında, *Atentado en Marrakesh: al menos 16 Muertos* geçiyordu" (s. 82). Bu olaydan sonra

Judit'ten gelen sağlıklı olduğuna ilişkin elmek Lakhdar'ı çok mutlu eder. Ne de olsa onunla tanıştığından beri tüm düşüncesi onunla doludur.

Bu sırada Tanca'da bir Fransız şirketinin Serbest Bölge'deki şubesini yöneten ve kendisi gibi polisiye roman tutkunu olan Jean-François ile tanışır ve ondan aldığı iş teklifi coşku uyandırıcı niteliktedir. Tam da bu sırada cemiyette çıkan yangın, Marakeş'teki saldırıyı cemiyet üyelerinin tasarladığına ilişkin kuşkularını artırır. Kaldı ki Judit, saldırıdan önce Besim'i orada görmüş ve tanımıştır. Bu haber Lakhdar için bir yıkımdır ancak Kerim ve Şeyh Nureddin'in bu kadar acımasız kıyacı olabileceklerine bir türlü inanmak istemez.

"Aslında Şeyh'in de Besim'in de Marakeş'le hiçbir ilişkilerinin olmamasını umut ediyordum; ne yazık ki, bizzat tanık olduğum sopalar ve ant içmeler bana pek fazla umut vermiyordu" (s. 110).

Yoğun bir iş yoğunluğu içinde olan Lakhdar, patlamadan beri Şeyh Nureddin ve Kerimden haber alamamaktadır.

Besim, anlatı içinde gerçekte, çapkınlık yapıp içki içerek özgür bir yaşam sürerken, siyasal İslam diye anılan bu düşünün etkisi altında kalarak, sözde "; Allah için, Hıristiyanlardan nefret ettiğim için, İslam için, Seyh Nureddin için, artık ne olursa onun için" (s. 122) kıyalar işleyen bağnaz, yobaz ve kıyacı bir kişiliğin simgesine dönüşür. Kaldık ki Marakeş'teki saldırıdan sonra Tanca'da Café Hafa'da , "uzun bir bıçak ya da hançer" (s. 121) ile içeri girip bir Faslı genci öldürüp, bir Fransız'ı da yaralayan kişinin çizim resmi de Besim'i andırmaktadır.

"Besim'i tanıyordum, onun Batı'ya karşı nefretinin ya da İslam'a olan tutkusunun görece olduğunu, Şeyh Nureddin'le tanışmadan birkaç ay önce, babasıyla camiye gitmenin onu her şeyden fazla sıktığını, hayatında bir kere olsun şafakta kalkıp sabah namazı kılmayı umursamadığını, bir yolunu bulup İspanya ya da Fransa'ya kapağı atmanın hayalini kurduğunu biliyordum" (s. 122).

Lakhdar, Besim'in tersine çevresini ateş çemberine alan siyasal İslam akımından etkilenmeden, kendi yaşamını sürdürmeye çalışan son derece özgürlükçü bir kişiliktir. Romanda Besim, siyasal İslam'ı temsil ederken, Lakhdar inancını bireysel olarak yaşamayı yeğleyen aydın bir kişiliği simgelemektedir.

"Benim bütün istediğim; serbestçe seyahat etmek, para kazanmak, kız arkadaşımla rahat rahat dolaşmak, canım çektiğinde sevişmek, canım çektiğinde namaz kılmak, canım çektiğinde günaha girmek ve canım çektiğinde, Allah'tan başka kimseye hesap vermeden polisiye roman okumak..." (s. 143).

Siyasal İslam'ın kendilerine dayattığı yasakları ve sunulan kısıtlı yaşam biçimini eleştirerek reddeder. Daha özgür bir yaşam bulma umuduyla işini değiştiren Lakhdar, Tanca ile Algeciras arasında Tanca-Med Limanı'nda Comarit-Comanov Şirketi'nin İbn Battuta isimli feribotunda 'ne iş olsa yapacak adam' yani miço olarak çalışmaya başlar. Bu uzamsal değişim anlatı başkişisinin yazgısına da etki edecek ve onu Barselona'da kaçak bir göçer durumunda düşürecektir.

"Aslında Algeciras Limanı'ndan çıkmak için vizem yoktu; şimdilik Boğaz'da gidiş-dönüş ring seferleri yapacaktım ama sonunda yarın öbür gün gemiden inmeme de izin verirlerdi. (…) Jean-François'nın arkadaşı rezil bir ücret karşılığında beni işe almaya razı olmuştu" (s. 150).

Gemideki zor çalışma koşullarına karşın yılmayan Lakhdar, şirketin borcundan dolayı Algeciras limanında alı konulmasıyla büyük bir düş kırıklığı yaşar.

"Algeciras Limanı'nda denizcilik sektöründe yeni bir dram daha yaşanıyor. İbn Battuta, Banasa, El Mansur ve Boughaz gemilerine mensup toplam 104 denizci, ciddi ekonomik sorunlar yaşayan Comarit Denizcilik Şirketi tarafından kaderlerine terk edilmiş halde, Akdeniz'in başka limanlarında da ortaya çıkan sosyal bir dramla karşı karşıya" (s. 159).

Bu sırada kırk yılını gemide geçiren Sadi adlı denizci ile kurduğu sıcak ilişki ona bu koşullara dayanma gücü verir.

"Sadi kırk yılını on kadar farklı gemide denizde geçirmişti ve dört yıldan beridir de İbn Battuta'da Boğaz'da mekik dokuyordu. Sadi boşanmış ve ona bir erkek çocuk veren gencecik bir kadınla yeniden evlenmişti, oğluyla gurur duyuyordu" (s. 164).

Judit'ten haber alamaması da onu çılgına çevirmektedir.

"Judit benimle ilgisini tamamen kesmişe benziyordu. Tekrar düşününce, son altı ayda ilişkimiz tavsamıştı; artık birbirimize daha az yazıyor, telefonda daha az konuşuyorduk, şimdi de Algeciras Limanı'na kapatılmış durumdayken ondan neredeyse hiç haber alamıyordum, bu da beni melankolik bir hüzne sürüklüyordu" (s. 168).

Bu bekleyişe daha fazla dayanamayan Lakhdar, bir başka erkek arkadaş edindiğini düşündüğü Judit'i (s. 175) Barselona'ya gidip görmek için biraz da şansın yardımıyla insani nedenlerle aldığı bir aylık vize ile İspanya topraklarına geçmeyi başarır (s. 172).

Judit'e telefon eder ve onu ziyaret etmek istediğini bildirir.

"'Hola, ben Lakhdar," dedim. "Algeciras'dayım."

"Lakhdar, qué tal? Kayfa-l hal?"

Herşey yolunda," dedim. "Vize aldım, mesajımı görmedin mi?" (s. 174).

Judit'ten gerekli ilgiyi göremediğini düşünen Lakhdar, hemen Barselona'ya gitmez ve Sadi aracılığıyla yasadışı göç sırasında denizde boğulan ya da değişik nedenlerle ölen göçerlerin 'Cenaze İşleri'ni yapan Marcelo Cruz'un (s. 178) yanında iş bulur. Yaşadığı onca zorluktan sonra "kalacak yer, yemek, çamaşır, üç yüz avro" (s. 180) gelir onun sonraki göç serüvenine kaynak sağlayacaktır.

Burada cesetlerle geçirdiği süre, Lakhdar için yaşamının en korkunç dönemi olmuştur. Marcelo Cruz'un yaptığı işin ağırlığına dayanamayarak yaşamına son vermesinden sonra, Lakhdar kasadaki 5000 avro ile Barselona'nın yolunu tutar. Çok sayıda değişik ulustan insanlar çok az ücret karşılığında bu kentte yaşamaya çalışmaktadır.

"Ücretler çok ucuzdu ve orada her milletten, her ülkeden insana rastlayabiliyordunuz: (…) Faslılar, Cezayirliler, Sahralılar, Ekvatorlular Perululular, Gambialılar, Senegalliler, Gineliler ve Çinliler" (s. 214)

Lakhdar'ın Judit ile ilk karşılaşması çok kötü bir ortamda gerçekleşmiş ve genç adam büyük bir düş kırıklığı yaşamıştır. Romana da adını veren Hırsızlar Sokağı başkişimizin Barselona'da yaşadığı uzamdır.

Burada Cruz'un ölümüyle ilgili haber arayan Lakhdar, *Diario Sur* gazetesinde küçük bir haber bulur. Bundan böyle kıya ve hırsızlıktan aranma tehlikesiyle karşı karşıya kalmıştır.

"Cenaze işleri şirketi sahibi Marcelo Cruz, kininle zehirlenerek hayatını kaybetti, cesedi iş yerinde bulundu. Yetkililere, maktulün komşusu ve aynı zamanda birlikte iş yaptığı Algeciras Camii imamı haber verdi. Dramın kesin ayrıntıları henüz bilinmiyor, ancak polis, Marcelo Cruz'un elemanlarından biri tarafından zehirlendiğini ve aynı kişinin Cruz'un paralarını aldıktan sonra kaçtığını düşünüyor" (s. 220).

Lakhdar'ın Barselona'ya göçü, anlatının başlangıcında yer alan ve olayların patlak vermesi ile bir daha kendilerinden haber alınamayan Besim ve Şeyh Nureddin Barselona'da yeniden ortaya çıkacak ve Lakhdar'ın acıklı göçer yazgısının belirleyicisi olacaklardır.

Süre

"Tanca'ya bir daha hiç dönmedim" (s. 13) diyen anlatıcı-başkişi başından geçenleri artsüremli ve geri sapım uygulayımıyla öykülemektedir. Babasından yediği dayak sonrasında "on yedi yaşında" (s. 17) evden ayrılarak büyük bir göç serüvenine atılan genç adam, Tanca'dan Casablanca'ya giderek orada üç ay geçirir. "Casablanca'daki karakolda bana bir temiz sopa çeken polislerden başka bir şey bulamadım, bunun üzerine sonunda cesaretimi toplayıp eve dönmeye karar verdim; (…) on sekiz yaşına giriyordum" (s. 20) "Ama on aylık firardan, üç yüz günlük utançtan sonra" (s. 21) evine dönmeye karar verir.

"Hatırlıyorum, Besim'i görmeye gitmeden önce yıkanmıştım. Güzel bir bahar sabahıydı" (s. 22) tümceleri geçmiş zamanı imlemekte, yaşanmış bir olayın artsüremli öyküleme ile okura sunumu söz konusudur.

"O yıl çok çabuk geçti, Tunus'ta gösteriler başladığında ben bir yıldan fazladır buradaydım" (s. 32) tümcesindeki Tunus'taki *Arap Baharı* gösterileri 18 Aralık 2010 tarihinde başladığına göre anlatıcı başkişi bu sırada yaklaşık 19 yaşındadır.

Tablo 3

Süre

Süre	
Öykü/anlatı Düzeyi	2008 ile 2012 yıllarını kapsar
Öyküleme Düzeyi	artsüremli ve süredizinsel, gerisapımlı / ilerisapımlı

Özöyküsel anlatıcı, Arap Baharı'na ilişkin tarihsel bilgileri gerçeğe uygun olarak vermiştir. "20 Şubat'ta, Fas'ta da ayaklanmalar başlayınca bunlar yerlerinde duramaz oldular" (s. 32).

Lakhdar'ın bir gün küçük kardeşi Yasin ile karşılaşması sırasında "onu görmeyeli neredeyse iki yıl olmuştu" (s. 67) sözlerinden öykü süresine ilişkin bilgilendirilir okur. "Burada sadece dört ay daha kalacağımdan habersizdim; çok yakında İspanya'ya gideceğimi bilmiyordum" (s. 85) tümcesinde olduğu gibi ileri sapım uygulayımı ile geleceğine ilişkin bilgiler verilir.

Lakhdar, Fransız şirketinde işe başladığında, "on beş gün sonra yirmi yaşına giriyordum" (s. 90), "daha sonra kasıma kadar olan haftalar, aylar ve Comarit Denizcilik Şirketi'ne bağlı feribotlardaki ilk günlerim o kadar çabuk geçti ki, hatıraları da o ölçüde kısa ve hızlı oldu (s. 113) diyerek süremsel bilgiler vermeyi sürdürür.

Çalıştığı işyerinde I. Dünya Savaşı sırasında şehit düşen Magripli askerlerin kayıtlarını genelağ üzerine aktarma işlemi sırasında uydu öykülerle öykü süresinin sınırları geçmişe doğru uzar. Aynı zamanda İbni Battuta'ya ilişkin bilgi ve yan öyküler de öykü süresini çok daha eski tarihsel dönemlere taşır.

20 yaşındaki Lakhdar'ın Tunus'taki kısa yolculuğundan sonraki yönü, 21 Eylül 2011 günü gemiyle geçtiği, karşı yakadaki İspanya'nın (s. 149) Algeciras limanıdır. 2012 yılı Şubat (s. 172) ayına kadar limanda bekler ve sonra İspanya'ya geçmeye karar verir.

"Barselona'ya 3 Mart'ta geldim - Tanca'dan ayrılalı dört aydan fazla olmuştu" (s. 207).

Bütün bu süremsel göstergeler öykü süresinin 2012 yılında sona erdiğini sezdirir okura.

Uzam

İlk anlatı Kuzeybatı Afrika'daki Cebelitarık boğazının kıyısındaki Tanca'da başlar. Kentin karşı kıyısındaki İspanya tarafında ile Tarifa ile Algeciras kentleri bulunmaktadır. İki ülke arasındaki feribot seferleri ile karşıdan geceleri parıldayan ışıklar Afrika anakarasını Avrupa anakarasına bağlayan imgeler olarak kullanılır. Akdeniz'in ve Cebelitarık boğazının baş döndürücü güzelliği anlatı kişilerinde esenlik uyandırır. Akdeniz huzur ve mutluluk denizidir.

Anlatıcı başkişinin evden uzaklaştıktan sonraki uzamı yaklaşık 10 ay yersiz yurtsuz sefil bir yaşam sürmek zorunda kaldığı Casablanca kentidir. Daha sonra döndüğü Tanca onun yaşamaktan zevk aldığı bir uzamdır.

Tablo 4

Gerçek Uzam

Tanca > esenlikli – sıcak – huzurlu – Polisiye roman
Casablanca > esenliksiz – soğuk –huzursuz – romansız anlar

Casablanca'dan dönüşünde; "insana dair her şeye karşı sinsi bir nefret ve gitgide artan bir güvensizlik" (s. 22) duymaya başlar. Ailesinden uzak oluşu ve kendisine yeni bir yaşam kurması, onu bu güvensizlik duygusundan bir süreliğine de olsa kurtarır. "Tanca'nın avantajı, yaşadığımız banliyölerden uzakta kendimizi özgür hissedebileceğimiz kadar büyük bir şehir olmasıydı" (s. 30) diyen anlatıcı başkişi özgürlük olgusuna vurgu yapmaktadır.

Anlatıda uzam, Arap Baharı eylemlerinin başlaması ile Arap ülkelerine doğru genişler.

Tanca karanlık bir çıkmaz sokaktı, denizin tıkadığı bir koridor; Cebelitarık Boğazı bir yarık, hayallerimizin önünü kapayan bir uçurum; Kuzey ise bir seraptı. Bir kez daha kaybolduğumu gördüm, ayaklarımın altındaki ve arkamdaki tek sağlam toprak; bir yanda Ümit Burnuna kadar uzanan uçsuz bucaksız Afrika ve doğuya doğru ise, alevler içindeki o ülkeler, Cezayir, Tunus, Suriye 'ydi" (s. 41).

Tablo 5

Düşlenen Uzam

Göçten önceki uzam	Düşlenen Ulusötesi uzam
Fas-Tanca	Tunus, Libya, Mısır, Filistin, Suriye, İspanya
Güvenliksiz / basit / esenlikli	Arap Baharı/uzak/acı alev/esenliksiz

"Judit temmuz ayı boyunca Tunus'ta Habib Burgiba Enstitüsü'nde Arapça stajı yapacağını söyleyip buluşmayı teklif edince kendi kendime, bu tıpkı Tanca'dan yola çıkıp Doğuya giderken Tunus'ta mola veren İbn Battuta'nınki gibi bir ilk seyahat olacak, demiştim. Öte yan- dan hâlâ devam eden devrimin nasıl bir şey olduğunu kendi gözlerimle görmeyi de çok istiyordum; isyan çağındaymışım gibi geliyordu ve gerçekte kendimi herhangi birindense yirmi yaşlarındaki Tunuslu bir gence çok daha yakın hissediyordum -Tunus'un biraz Tanca'ya benzediğini, orada kendimi yabancı hissetmeyeceğimi, Tunusluların da Mağribi, Arap ve Müslüman olduklarını, üstelik bu gençliğin, kardeşlerim, kuzenlerim sayılan bu gençliğin diktatörden kurtulmayı başardığını düşünüyordum- bütün bunları yakından görecek olmak beni sevindiriyordu" (s. 126-127)Genç Lakhdar, mutlu olacağını düşündüğü esenlikli yeni bir deneyime yelken açacaktır. Bir sonraki yolculuğu, ulusötesi uzam ışıklar ülkesi İspanya'nın Algeciras limanıdır. Ancak oraya gemide çalışan miço olarak gitmektedir ve İspanya'ya giriş izni yoktur. Anlatıcı başkişinin limanda bulunduğu sırada çok sayıda uydu anlatı romanda yer alır. Bu oluntular daha çok kırk yılını gemide geçiren (s. 164) Sadi adlı yaşlı gemicinin ulusötesi limanlara ve ülkelere yaptığı yolculuk öyküleridir. "Süveyş Kanalı ya da Atlas Okyanusu üzerinden çok uzaklardan, bazıları ise Marsilya'dan, Le Havre'dan ya da Kuzey Avrupa'dan geliyordu" (s. 161) Anvers, Rotterdam ve Hamburg, (s. 164), "Pire-Beyrut-Larnaka-İskenderiye-Tunus-Cenova-Barselona hattı" (s. 165) gibi çok sayıda düşsel uzam Lakhdar'da eğsinim uyandırmaktadır.

Limanda sıkışıp kalan Lakhdar kendisini çok duyumsamakta ve can sıkıntısından patlamaktadır.

"Bir ayın sonunda moraller bozuk, soğuktan ve can sıkıntısından ölürken, bizim ekonomik kazazedeliğimizle ilgilenen yoktu" (166) diyen Lakhdar'ı en mutsuz eden şey ise, "internetin olmayışıydı" (s. 167).

Yaşadığı olumsuzluklar ve ceset toplama şirketinde geçen esenliksiz aylardan sonra, Lakhdar kendisini romana da adını veren Barselona'nın hırsızlar sokağında bulur.

"Oturduğum sokak mahallenin en berbat, başka bir bakış açısıyla da en pitoresk sokaklarından biriydi; o neşeli Carrer Robadors, Hırsızlar Sokağı ismine çok yakışıyordu, bölge, belediyesinin baş belasıydı - orospuların, uyuşturucu bağımlılarının, ayyaşların, günlerini sidik, ucuz bira, güveç ve samsa böreği kokan bu daracık kale içinde geçiren her cinsten kayıp tipin sokağı. Burası bizim sarayımızdı, kalemizdi" (s. 214)

Kuşkusuz bu sokakta geçirdiği sürede çok değişik deneyimler yaşayan Lakhdar, çocukluk arkadaşı Besim'in canına da yine bu uzamda kıyacaktır. Doğal olarak göçerler için mutlu, esenlikli ve güvenli bir uzam yoktur.

Mikro, Mezo, Makro Düzeylerin Belirlenmesi

Göç Olgusu → Göreli Güvensizlik Uzamı; Çatışma ve Göç Devinimi

Anlatı çok güncel konular üzerine kurgulanmış ve günümüz Fas toplumunda Avrupa'ya göç etme düşleri kuran yeni yetme iki Faslının serüvenleri üzerine kurgulanmıştır. Özellikle romanın hemen girişinde yer alan köpek eğretilemesi, günümüz Fas toplumun içinde bulunduğu durumu göz önüne sermektedir.

"insanlar köpekler gibi, sefillik içinde birbirlerine sürtünüyor, içinde debelendikleri pisliğin dışına çıkamıyorlar, bütün gün tozun toprağın üstünde yayılıyor, önlerine atılacak bir kıymık et ya da kuru bir kemik için her şeyi yapmaya hazır bir halde tüylerini ve oralarını buralarını yalayıp duruyorlar, ben de onlar gibiyim, bir insanoğluyum, yani içgüdülerinin esiri rezil bir pisliğim, bir köpeğim, korkunca ısıran ve sevilmek isteyen bir köpek (...) Bizler haz almak için yaşayan kafesteki hayvanlarız, karanlıkta yaşıyoruz" (s. 13).

Anlatı başkişisinin özöykülemesi Tanca toplumsal yapısına ilişkin betimlemelerle sürmektedir. Özellikle Batılı erkeklerin tensel ve kösnül zevkleri için bu kentin sürekli ziyaretçileri olması romanda sorunsallaştırılan izleklerden birisidir.

Erkekler yazları denize bakan bir yazlık kiralayıp Café Hafa'da çay ile haşhaş ve kurutulmuş hint keneviri yapraklarından üretilen *kif* adı verilen tütün içmekte, "mutlaka şart olmasa da tercihen yerli erkeklerle sevişmenin" (s. 14) düşünü kurmaktadırlar.

Yine anlatı başkişisinin söylemine göre; "Tanca'yı bir cinsellik, bir arzu, bizlere asla tanınmayan ama sefaletin kesesine girecek trink para karşılığında turiste sunulan bir müsait olma haliyle özdeşleştirmişlerdir" (s. 14). Görüldüğü gibi oldukça yoksul bir halkın yaşadığı bu coğrafyada sefalet ve parasızlık kol gezmekte, her çeşit kötüye kullanmaya açık bir toplumsal yaşam sürülmektedir.

Lakhdar, oldukça dindar olan orta direk ataerkil bir ailede yetişmiş ancak bu yapının kurallarını tam olarak benimsemekte büyük zorluklar çekmiştir. Fırsat buldukça özellikle "yazın şort ve mini etek giydiklerinde yabancı kadınları röntgenlemek... Hem zaten yazları kızların peşine takılmak, plaja gitmek ve birisi bir tutam kif verdiğinde joint içmek" (s. 15) aile yapısına bütünüyle ters bir durumdur.

Böyle bir yapının içinde yetişen anlatı başkişini evden ayrılmaya iten temel neden de istencini engelleyemediği için amcasının kızıyla cinsel ilişkiye girerken babası tarafından yakalanması ve dayak yiyerek evden atılmasıdır. Bu durumda kutsala dokunmak ve töreyi çiğnemek göç etmenin temel nedeni olarak ortaya çıkmaktadır. Doğal olarak roman, mikro düzeyde kişisel göç üzerine kurgulanmış, ailesiyle çatışmaya girerek kendisini tinsel ve parasal açıdan güvende hissetmeyen ve daha güvenli olabileceğini düşündüğü bir uzam arayan yeni yetmenin göç devinimini öykülemektedir.

"Bu kadar gururlu olmasaydım, yapmam gereken şey buydu, küçük düşürülmekten ve yara bere içinde kalmaktan kurtulurdum, belki de babam gibi bakkallık yapar, belki Meryem'le evlenir, belki de şu saatte Tanca'da şık bir sahil restoranında oturmuş akşam yemeği yemekte ya da sürüsüne bereket aç köpek yavrusundan farksız ciyaklayan veletlerimi pataklamakta olurdum" (s. 19).

Olaylar gerçekte, Lakhdar'ın çalışmakta olduğu cemiyet üyelerinin, Arap Baharı'nı o 'çok beklenen yeşil dalganın kabarışı' olarak görmesi sonucunda eylemlere girişmesi, kurulu toplumsal düzeni sarsmaya başlar.

Ailesinden koparak uzaklaşmak zorunda kalan Lakhdar, bu olaylardan sonra göç etmenin en kolay yolunun bir İspanyol kızla evlenerek yurtdışına gitmek olduğunu düşünmeye başlar.

"(...) hayal edilen kızlar, size abayı yakmaya görsünler, tek bir imzayla sizi o ışıltılı Boğaz'dan geçirtebilecek, rahat bir edayla aileleriyle tanıştırıp işte erkek arkadaşım, diyecek zengin kızlar, baba haklı olarak sizin bir morol olduğunuzu söyleyecek ama kızım, karar verecek olan sensin, dercesine başını sallayacak ve sonunda siyah jambonlar ülkesi ve Avrupa'nın kapısı İspanya'da mutlu mesut yaşanacak" (s. 52).

Anlatıcı başkişi, anlatı boyunca kimi geçmiş göç oluntularını öykü arasına sokarak, göç olgusunu sorunsallaştırır ve okuru yersiz yurtsuzluk kavramının üzerine düşündürmek ister.

"İbn Battuta, 1335'te Doğuya gitmek üzere Tanca'dan ayrılıp uzun yolculuğuna başlarken, günün birinde Fas'a geri dönmeyi umuyor muydu, yoksa sürgünlüğünün sona ermeyeceğine mi inanıyordu, merak ediyorum. Uzun yıllar Hindistan'da ve Maldivler'de bir Sultan'ın izmetinde kalır, (...)i- Sonunda Fas'a geri döndü, son günlerini küçük bir Mevlevi tekkesinde geçirdiğini hayal ediyorum (...)" (s. 101).

Lakhdar'ın amcası daha önceden İspanya'nın Almeira eyaletine göç etmiştir, ancak işsizlik korkusu onun yanına gitme düşüncesini öteler.

Yaşanan yangın ve patlama olayından sonra tutuklanmak korkusuyla daha kesin bir biçimde göç etmeyi düşünür.

"Kendi kendime, gemiyle kaçak olarak İspanya'ya gidecek kadar param olacak mı, diye sordum. (...) İspanya'da ne halt edecektim? (...) Hem sonra orada kriz vardı. İş yoktu. Her şey bir yana, belgelerim yoktu. Gözü kapalı maceraya atılmak? Paris'in daha hoşgörülü olacağını umuyordum. Paris ve Marsilya, kitaplardaki ve polisiye romanlardaki iki şehir... Gözümde onları argo konuşan kavgacı Cezayirlilerin, aksi suratlı İtalyan oğullarının ve dolandırıcıların yaşadığı birbirine çok benzeyen iki şehir olarak canlandırıyordum" (s. 110).

Yorucu çalışma sürelerinden sonra Judit ile de sürekli çevrimiçi iletişimde olan Lakhdar gitme düşüncesini iyice özümsemiştir.

"Kendimi yalnız hissetmiyordum, sadece artık şehre; Tanca'ya ait olmadığım, Tanca'nın beni terk ettiği, ittiği hissine kapılıyordum. Tanca harekete hazırdı. Judit bana umut veriyordu. İçimdeki önsezi bana Fas'tan ayrılacağımı, başka biri olacağımı, felaketin ve geçmiş sefaletin bir kısmını arkamda bırakacağımı, bombalan, hançerleri, ölülerimi unutacağımı; düşman tarafından öldürülen akerleri sonsuza kadar kopyalamakla geçen saatleri unutacağımı ve sonunda nefret, yoksulluk ve korkunun pençesinde olmayan bir ülkeye ayak basacağımı söylüyordu" (s. 125).

Lakhdar, ilk ulusötesi yolculuğunu Judit'in çağrısı üzerine işinden bir haftalık izin alarak Tunus'a yapacaktır.

"Üstelik, Tunus'a giderken, Magrip kardeşliğinin şanından, vizeye de ihtiyacım yoktu, sadece pasaport ve 15 Temmuz 2011 Cuma günü akşamüzeri, birikimimde hatırı sayılır bir delik açtıktan sonra hayatımda ilk defa uçağa biniyordum" (s. 127)

Bu kısa göç deneyimi, yenilerinin de öncülü olacaktır. Bir sonraki ulusötesi göçünü Algeciras'a gemiyle yapmaktadır. Lakhdar, Tanca ile Algeciras limanları arasında yaptığı iş yolculukları sırasında mağripten Avrupa'ya göçlerle ilgili ilginç bilgiler sunar okura.

Kimi durumlarda da bir göç kültüründen söz etmek olasıdır. Her ne kadar Lakhdar için bir göç kültüründen söz edemesek de Avrupa'da yaşayan milyonlarca Magripli için bu kavram geçerlidir denilebilir.

"Aylardan eylüldü, Kuzey'e göç henüz sona ermemişti, gemi İspanya'ya, Fransa'ya, Alman- evlerine dönen Faslılarla doluydu. Tıka basa dolu bagajlar, römorklar, çoğu zaman konvoy halindeki üç arabaya maaile (dede-nine-büyükanne-baba-anne-oğul- kız ve hatta bazen amca-dayı-hala-teyze ve kuzenler) doluşmuş insanlar, geri dönme arzulan yaşlarıyla ters orantılı olarak yüzlerine yansıyordu: Gençler ne kadar sabırsızsa, yetişkinler o kadar iç çekiyordu" (s. 151).

Afrika'dan Avrupa'ya yasadışı göç dalgasını ayrıntılı bir biçimde veren anlatıcı, okurda göçe ilişkin derin izler bırakacak bilgiler sunar.

"Boğaz'da ya da Atlantik kıyılarında, Fas ile Kanarya adaları arasında boğulanların hikâyeleri -takımadaların kontrolü daha zor olduğu için Afrikalılar Kanarya adalarını tercih ediyorlardı. İşsiz güçsüz sokaklarda sürten bütün bu zenciler ve Kuzey Afrikalılar turizm için hiç de hoş kaçmadığından, Kanarya adaları hükümeti, gidip başka bir yerde belalarını bulmaları için kendi cebinden uçakla kıtaya postalıyordu, Sahraaltı insanları, Moritanyalılar, Nijeryalılar ya da Ugandalılar kendilerini Madrid'de ya da Barselona'da, Avrupa'nın en yüksek işsizlik oranına sahip ülkesinde şanslarını denemeye çalışırken buluyorlardı -kızlar piyasaya düşüyor, erkeklerin hayatı ise köylerdeki, Aragon ya da La Mancha'daki yasadışı kamplarda son buluyordu, iki arasına sığınıp çöplerin, yıkık dökük teneke evlerin, ayazın ortasında köy hayatı yaşamaya çalışıyorlar ve bir çiftçinin gelip kendilerine kuru ekmek ve çorbaları için patates kabuğu karşılığında ağır bir iş vermesini bekler- muazzam deri hastalıklarına abselere, parazitlere yakalanıyorlardı; derileri soğuktan çatlıyordu, kışın tarlaları kolluyor, yazın kiraz ve şeftali topluyorlardı" (s. 177-178).

Geçiş sırasında yaşama tutunmayı başaramayan göçerlerin cesetleri toplanarak, kimlik bilgisine ulaşılanlar ülkesine gönderiliyor, ya da "devlet hesabına ücra mezarlıklardan birinde anonim bir çukura gömülüyordu" (s. 179).

Lakhdar'ın göçünün son durağı Judit için geldiği Barselona olacaktır. Barselona okura çok ekinli bir uzam olarak betimlenir. Hintli, Çinli, Afrikalı, Pakistanlı, Ekvatorlu, Perulu ve daha başka dünyanın çok değişik yerlerinden gelmiş göçerlerle dolu bir kenttir. Çok ucuza, yoksulluk ve kıtlık içinde daracık ve bakımsız sokaklardaki evlerde sıra dışı biçimde yaşama tutunmaya çalışmaktadırlar.

Lakhdar'ın ev arkadaşı Münir de Tunuslu bir göçerdir. Daha önce Paris'te kalmış ve oradaki göçmenlerin durumu da öteki ülkelerdekinden ayrık değildir.

"Münir, Paris'te birkaç ay kalmıştı, Paris dediysek daha çok banliyöde, bir kanalın yanındaki boş bir tarlada saklanmış, soğuktan kıkırdayıp açlıktan ölecek Kale gelmişti. O rezil Fransızlar bana bir sandviç bile vermediler, anladın mı? Bir sandviç Ah gözünü sevdiğim demokrasi! İş bulmak imkânsız, bütün gün Stalingrad'da, Belleville'de, Republique Meydanı'nda dolaşıp duruyordum, hayatta kalmak için ne iş olsa kabule hazırdım. Hiçbir şey, yapacak hiçbir şey yok, orada sana kimse yardım etmiyor, hele bir de Arapsan, zaten ortalığın Araptan geçilmediğini düşünüyorlar, fazladan tek bir Arap'a bile tahammülleri yok" (s. 229).

Yazarın bir Fransız olarak, kendi ülkesi ilgili gerçekçi yorumları da gerçekten ilgi çekici ve eleştireldir. Yıllarca Fransızlar tarafından sömürülen bu halkların, günümüzde bu denli olumsuz ve önyargılı bir tutumla değerlendirilmeleri, tarihsel bilgiye iye okur açısından düş kırıklığı yaratmayacaktır. Öyle ki dışlanma ve yoksanma olguları, göçerin genel yazgısı gibidir.

Açıklama Aşaması > Aşkın Çözümleme

Bu aşamada, romanda ele alınan ve sorunsallaştırılan göç olgusu, metni aşan ve çevreleyen dışsal bağıntılarıyla incelenecektir.

Dönemsel Göç Devinimleri ve Toplumsal Yapı

Son yıllarda dünyanın değişik uzamlarından Avrupa'ya ayak basan düzensiz ya da düzenli göçerlerin sayısında ciddi artış yaşanmaktadır. Pek çok yaşamsal tehlikeyi göze alarak yola çıkanların bir bölümü, okyanus sularında yaşamını yitirirken, bir bölümü de şiddet, cinsel saldırı, kıyım, ayrımcılık gibi çeşitli insanlık dışı tutumlara uğramaktadırlar. Imani Ghana "Afrika Göçü: Afrikalılar niçin ülkelerini terk ediyorlar?" başlıklı yazısında; Afrika'daki yaşamsal tehditlerden kurtulmak isteyen binlerce genç Afrikalının; "ilerlemek de geri dönmek de ölmek demek, öyleyse ilerlemek ve ölmek daha iyidir"[4] düşüncesiyle ölümü göze alarak göç ettiklerini anlatmaktadır.

Hilal Ünlü 2014 yılında Afrika'dan Avrupa'ya göç üzerine Evrensel gazetesinde yayımladığı "ense kökünde sızlayan yaradır göçmenlik" başlıklı yazısında göç olgusunu irdeler. Ona göre göçer olmak; "bir bavul dolusu hayal ile vatandan ayrılmak, hayallerinizin budandığı yerde gerçekle yüz yüze kalmak, kağıtsız olduğunuz için sınır dışı edilme korkusuyla sokaklarda ürkerek dolaşmak, yuvanıza döneceğiniz günün hayalini kurmak, insan olarak haklarınızın hiçe sayılması.. işkence, şiddet, hatta ölüm, sevdiklerinden uzak çaresizlik içinde göz yaşı dökmek demek... Göçmen olmak, "yabancı" diye isimlendirilip itilip kakılmak"[5] anlamına gelmektedir.

Romana konu olan İspanya; Latin Amerika, Avrupa, Asya ve Afrika ülkelerinden göç alan bir ülke konumundadır. İspanya, ekinsel yakınlığa bağlı olarak Latin Amerika ülkelerinden büyük ölçüde göç almasının yanında, aynı ölçüde Afrika'dan gelen göç dalgalarıyla karşı karşıya kalmakta ve öteki Avrupa ülkelerine geçiş yolu olarak kullanılmaktadır. Özellikle Kuzey Afrika'da Fas sınırları içinde yer alan 12 kilometre uzunluğunda ve 6 metre yüksekliğinde üzerleri dikenli tel ve kesicilerle korunan duvarlarla çevrili Melilla adlı özerk bölgesi, göç baskısını en çok duyumsayan İspanya topraklarıdır.

Ocak-Nisan 2014 tarihlerini kapsayan rotalara göre Avrupa'ya ulaşan göçer sayısı aşağıdaki gibidir:

- "Afrika'dan Orta Akdeniz yoluyla İtalya'ya: 26310
- Doğu Akdeniz üzerinden Yunanistan ve Bulgaristan'a: 5800
- Batı Balkanlar'dan Orta Avrupa'ya: 3780
- Afrika'dan Batı Akdeniz yoluyla İspanya'ya: 2690
- Arnavutluk'tan Yunanistan'a: 1370
- Doğu Avrupa'dan Orta ve Kuzey Avrupa'ya: 194"[6]

Avrupa İnsan Hakları Evrensel Bildirgesi'nin 13. ve 14. maddeleri gereğince;

"Madde 13 1. Herkesin bir devletin toprakları üzerinde serbestçe dolaşma ve oturma hakkı vardır. 2. Herkes, kendi ülkesi de dâhil olmak üzere, herhangi bir ülkeden

---

[4] https://www.contrepoints.org/2014/02/12/156396-immigration-africaine-pourquoi-quittent-ils-leur-pays
5https://www.evrensel.net/haber/100683/ense-kokunde-sizlayan yaradirgocmenlik#.VJ0rm0qjnyQ.hootsuite
[6] http://www.bbc.com/turkce/haberler/2014/05/140530_ab_goc_artis

ayrılmak ve ülkesine yeniden dönmek hakkına sahiptir. Madde 14 1. Herkesin zulüm altında başka ülkelere sığınma ve sığınma olanaklarından yararlanma hakkı vardır."[7]

Avrupa ülkelerinin güncel genel göç siyasalarına yakından bakıldığında, her ne kadar belirli uyum yasaları çerçevesinde, kimi göçerler sınırlı haklardan yararlandırılsa da, bu bildirgenin göçerleri koruyan ilkelerinin, Avrupa yasaları tarafından büyük ölçüde görmezden gelindiği anlaşılmaktadır.

Temel Örge ve İzlekler

Yersiz yurtsuzluk

Göçerliği konu edinen romanların en önemli izleklerinden birisidir yersiz yurtsuzluk olgusu. Özellikle Lakhdar'ın evden uzaklaşması ile Casablanca'da geçirdiği yaklaşık 1 yıllık evsiz yaşamı, kendisini çok kötü duyumsamasına ve vicdan azabı çekmesine neden olur. "Ama on aylık firardan, üç yüz günlük utançtan sonra artık halim kalmamıştı. Belki de bedelini ödemiştim" (s. 20).

Benzer durumu, 2 yıldır çalışmakta olduğu işyerinin yanmasıyla birlikte bir kez daha yaşar Lakhdar.

"Yola çıkmaya hazırdım. İki yıla yakın bir zamandan beri ailem, iki günden beri arkadaşlarım, iki saattir de valizlerim yoktu. Bilinçdışı diye bir şey yok; (...) Hayat insanı köksüzleştiren bir makine; daha çocukluğumuzdan başlayarak bizi soyuyor, bizi sonsuza kadar başka biri yapan bir ilişkiler, sesler, mesajlar banyosuna daldırarak yeniden şekillendiriyor, bizler hareket halindeyiz; enstantane bir fotoğraf ancak boş bir portreden ibarettir, üzerimize yansıtılan, bizi imal eden, benim Faslı, Magripli, Arap, göçmen olarak ya da ismimle çağrılmamı sağlayan biricik isimler" (s. 93-94).

Lakhdar yalnızlığını; "aile yok, arkadaş yok, Tanca da, akıntıya kapılmış giden şehirde yapayalnız biri" (s. 105) tümcesiyle dışa vurur. Bu yalnızlık onu Tunus'tan sonra Algeciras'a sürükleyecektir. Judit için bir gemide çalışmaya başlayan Lakhdar, geminin borcundan dolayı Algeciras limanında alıkonulmasından sonra, uzun süren bekleyişten sonra İspanya topraklarına ayak basacaktır. Ancak hala gezgin bir konumdadır ve bir iyelik sorunu yaşamaktadır.

"Günler geçtikçe, ben de daha sıklıkla, ben de Barselona'ya giderim, demeye başlamıştım, bir yolunu bulup limandan çıkarım, gittiği yere kadar... Ama aradan birkaç saat geçtikten sonra, ne yapalım ben de a döner Mösyö Bourrelier'ye giderim, diyordum" (s. 169).

Lakhdar'ın yalnızlığı ve yersiz yurtsuzluğunun son durağı Barselonda'dır. Ancak burada da yalnızlık sarmalından kurtulamayacaktır.

"Her şey bana uzak görünüyordu.

Her zamankinden daha yakınımda olan Judit bana uzak görünüyordu.

Tanca uzaktı.

Meryem uzaktı, Besim uzaktı; Jean-François Bourrelier'nin askerleri uzaktı; Casanova uzaktı; Calle Robadors'da kendime saklanacak yeni bir hapishane bulmuştum; dört duvar arasından bir türlü çıkamıyordum.

Hayat uzaktı" (s. 220).

---

[7] http://www.danistay.gov.tr/upload/insanhaklarievrenselbeyannamesi.pdf

Roman başkişisi Lakhdar, ister siyah isterse açık tenli olsun çok sayıda Afrikalı gencin yaşadığı yersiz yurtsuz kalma duygusunu en acıklı biçimde yaşamıştır.

Arap Baharı: Başkaldırı ve Yıldırı Eylemleri

Romanda öykünün gelişimini etkileyen en önemli olgulardan birisi olarak tarihsel gerçekliklere uygun olarak okura sunulan bir durum söz konusudur. Tunus'ta başlayan gösteriler, yaklaşık 1 yıl sonra başta Fas olmak üzere "Körfez'den Okyanus'a kadar her gerçek İslam ülkesi (s. 33), bu dalgayı beklenen yeşil dalganın yükselişi olarak değerlendirmekte ve bir İslam Devleti kurma düşü görmektedir.

Şeyh Nureddin bu dalganın gelişimini şöyle açıklamaktadır:

"plan, serbest ve demokratik seçimlerle mümkün olduğu kadar çok oy kazanıp iktidarı ele geçirmek ve daha sonra içeriden yasamanın, dışarıdan sokağın birleşen güçleriyle kurumları ve yasaları İslam'a uygun hale getirmekti" (s. 33). Lakhdar, bu gelişmelerden hoşnut olmamakta ve olabildiğince dışında kalmaya çaba göstermektedir. Besim, "Allah, Ulus ve Özgürlük adına" (s. 33), Birleşmiş Milletler Meydanı'nda eylemlere katılmakta ve polisten cop, dayak yemektedir. Mısır'ın başkenti Kahire'nin Tahrir Meydanı'ndaki ayaklanmalar da Şeyh Nureddin'e esin vermekte, "Mısır'ın ileri bir toplum olduğunu, Müslüman Kardeşlerin malı götüreceğini" (s. 33) söyleyerek taraftarlarını artırmaya çalışmaktadır. "Müslüman Kardeşlerin yapılacak özgür bir seçimi kazanıp hükümeti kuracaklarından emindi (s. 34).

Tanca'da Cemiyet üyeleri onar kişilik çeteler kurarak kent sokaklarında "kâfirlik, günah ve pornografiyle mücadele" (s. 36) ereğiyle yıldırı eylemlerine girmekte, en önde Besim yürütmektedir. İstekli olmasa da Lakhdar da bu eyleme ortak olmak durumunda kalmaktadır.

Anlatı başkişisinin aktardığı Şeyh Nureddin'in kitapçıyla konuşması ve sonrasında yapılan korkunç saldırı, eylemin korkunç yüzünü göstermiş, Lakhdar için bir yol ayrımı söz konusu olmuştur:

"mahallenin yüz karasısın, mahallemiz temiz bir mahalledir, Allah'a ve mahallemize saygılı ol, kâfir, biz kâfirlerin cezası, zındıkların baş belasıyız, hemen mahallemizden defol git, Allah'a saygılı ol, kadın ve çocuklarımıza saygı göster, kitapçı hortlak görmüş gibi bakıyordu" (s. 36).

Bu çeşit saldırı eylemleri, toplumu yıldırarak, istenen düzeni kurmayı ereklemektedir. Ancak bu eylem Lakhdar'ın içinde nefret duygusu uyandırmaktan başka bir sonuç doğurmaz. "Cemiyet'e gelince kazma sapını halının üstüne atıp odama kapandım. Nefretten titriyordum, Şeyh Nureddin'le Besim'i lime lime doğrayabilirdim. Kendimi de. Kendimi de parça parça edecektim (s. 37).

Bu süreçte uzgöreçte ayaklanma haberlerini izlemektedir:

Televizyonda Mısır'daki Tunus'taki, Yemen'deki gösterileri, Libya'daki ayaklanmayı gösteriyorlardı. Kazanılmış bir şey olmadığını düşündüm. Arap Baharı'ymış, kıçımın kenarı, bu iş Allah'la otoriter bir rejim arasında kıstırılmış olarak bitecek (s. 40)

Besim'in çocukluk kahramanı olan Usame Bin Ladin 2 Mayıs İşçi Bayramı'nın ertesi günü Amerikan komandoları tarafından öldürülür ve cesedi okyanusa atılır (s. 125).

Romandaki yıldırı eylemlerinin kimisi de genelağ üzerinden elmek ile paylaşılan iletilerle gerçekleştirilir. Lakhdar; "Bir gün Zafer suresi: *Allah'ın zaferi ve Fetih vakti geldiğinde, vs.;* başka bir gün Ganimet suresi: *Ve Rabbin Melekler dedi ki: "Ben sizinle beraberim: inananları ihya edin. Kâfirlerin yüreğine korku salacağım. Öyleyse vurun boyunlarını"* (s. 155) içerikli iki ileti alır.

Sadi ile yaptığı söyleşim sırasında Sadi'nin din üzerine söyledikleri, her ne kadar olabildiğince gerçekçi bir yazın ortaya koymayı dense de, yazarın doğucu bir bakış açısına iye olduğunu göstermektedir.

"Besim ve Şeyh Nureddin hakkındaki şüphelerimi paylaşıyordu. Alçak sesle, "Fikrimi sorarsan," diyordu Allah affetsin de, bütün bunlar hep dinin suçu. Din diye olmasaydı insanlar çok daha mutlu olurdu" (s. 169).

Bu söyleşimde geçen anlatımlar; belki de insanların bu bağnazlık ve barbarlık karşısında dinden soğuması ya da uzaklaşması bağlamında da okunabilir.

Lakhdar ile Münir'in söyleşimi sırasındaki söylemler, Arap Baharı'na ilişkin ilginç bir saptama içermektedir.

"Sana bir şey söyleyeyim mi kardeşim Lakhdar, bu Arap devrimlerinin hepsi de hiç durmadan kıçımıza Çomak sokmak isteyen Amerikalıların bir numarası" (s. 229).

Romanın en ilginç göndermelerinden birisinin de, son yıllarda Müslüman dünyasını kasıp kavuran, milyonlarca kişinin canına mal olan ve yersiz yurtsuz kalmasına neden olan Arap Baharı üzerine yapılmasıdır.

Göreli Güvenlik Uzamı → Kültür(süz)leşme mi? İşbirliği mi? Bütünleşme mi? Ayrışma mı?

Hırsızlar Sokağı özellikle Kara Afrika'dan ve Mağrip ülkelerinden bin bir zorluğu, dahası ölümü göze alarak çeşitli deniz araçlarıyla yapılan ulusötesi göç devinimlerini odak yapmaktadır. Lakhdar ile Besim çok sayıda göç devinimine tanık olan okur, anlatı kişilerinin genelinde bir ayrışma ve yabancılaşma olgusunu ayrımsar. Roman, özellikle Arap Baharı kurgusu içinde bir yandan dinsel inançları için göç eden insanların üzerine odaklanırken, bir yandan da yüzyıllarca Avrupa tarafından sömürülerek kaynakları tüketilip üretim araçları ellerinden alınarak açlığa mahkum edilen Afrikalıların, ölümü göze alarak ve kesinlikle geri dönmeyi düşünmeden yığınlarla Fas ile İspanya üzerinden Avrupa'ya göç etmelerinin öyküsünü çarpıcı bir içimde okura sunmaktadır.

Anlatının başında ailesiyle anlaşmazlığa düşerek, ulusötesi göç eden Lakhdar'ın son durağı Barselona olmuştur. Hırsızlar Sokağı'nda İspanyollardan kopuk ve uzak bir yaşam süren sığınmacı ve göçer Afrikalılar için özlenen ve umur edilen göreli güvene ve işbirliğine dayalı bir yaşam söz konusu olmamakta, İspanyollar ile bir uyum ya da bütünleşme olanağı ya da olasılığı da görülememektedir. İrfan Atalay'ın da dediği gibi; "genellikle iç ya da dış göçle anakentlere gelen ve kendilerine uygun koşullar yaratılmayan insanlar, ekonomik sıkıntılarının da etkisiyle oluşturdukları derme çatma gecekondu mahallelerinde yaşarken, bir yandan yoksulluk ve yoksunluklarının sebebi olarak gördükleri içinde bulundukları devlete kin beslerler" (Atalay, 2016, s. 194). Kendi hemşerileri ile gurbet yaşamına tutunmaya çalışan göçerlerin birçoğu, şu ya da bu nedene bağlı olarak Lakhdar örneğinde olduğu gibi suç işlemekte ve göreli güvenlik durumu göç edilen yerde de göreli güvensizliğe dönüşebilmektedir. Bu da göçerlerin yazgılarındaki bu olumsuz döngüselliğin varlığını göstermektedir.

Sonuç yerine

Aşkının peşinden giderek yazgısını yaşamakta olup mutlu bir geleceği düşleyen, umudun ve özgürlüğün simgesi anlatı başkişisi Faslı kaçak göçer yeni yetme Lakhdar ile Barcelona'ya yıldırı eylemi yapmaya gelen onun çocukluk arkadaşı yıldırı örgüt Elkaideci "havada dönüp duran o mahşer kuşlarından birisi" (s. 294) olan Besim'in bu acıklı, bir o kadar da düşündürücü öyküsü okuru çok derinden sarsmaktadır. Romanın belki de en çarpıcı iletisi, masum insanları ve insanlığı korumak adına "iyilik yapmak için kötü bir yol seçen" (s. 297) Lakhdar'ın Barselona'da bir yıldırı eylemini önlemek için, çocukluk arkadaşı Besim'in canına kıymış olmasıdır. Lakhdar, her ne kadar yersiz yurtsuz kaçak bir göçer olsa da, o insanlığa mal olmuş bir öznedir bundan böyle.

Romanın sağlam kurgusu ve yazarın kusursuz anlatım gücü ve biçemi, okura olağanüstü bir okuma zevki vermektedir. Daha önceki göç çalışmalarımızda olduğu gibi, yaptığımız bu incelemede de, göç kültürü ve çatışma modeli'nin, "göçün sürekliliği, devingenliği ve çevrimselliği ile toplumsal boyutta bir kültüre dönüştüğü, eski çatışmaların yerini yinelemeli olarak yeni çatışmaların" alacağı savını (Tilbe, 2016, s. 17) bir kez daha doğrulamış olmaktayız. Enard'ın da vurguladığı gibi; dünyanın hangi coğrafyasında olursa olsun, göç olgusu insanlık için ortak bir yazgıdır ve renk, din, ulus, ırk ayırmaksızın herkes için acıklı bir durumdur.

İncelememizin daha iyi anlaşılmasını sağlayacağını düşündüğümüz çözümleme çizgesi aşağıda verilmiştir:

Tablo 4

Hısızlar Sokağı'nın Çözümleme Çizgesi

Anlama Aşaması →İçkin Çözümleme	Açıklama Aşaması → Aşkın Çözümleme
Anlatı Yerlemleri → Anlatı kişileri; Lakhdar, Besim, Şeyh Nureddin, Marcelo Cruz, Judit; 2010'lu yıllar, Fas; Tanca, Casablanca, esenliksiz uzam; Tunus ilk göç uzamı; düşlenen göç uzamı İspanya; Algeciras, Barselona. Genellikle korkunun egemen olduğu esenliksiz uzam baskındır.	2010'lu yıllarda Afrika'dan Avrupa'ya doğru yapılan göç yollarında binlerce insan denizde boğulmakta ya da sınır geçişlerinde ölümle yüz yüze gelmektedir. Göç dünya ülkelerinin temel sorunsallarından birisi olarak gündemde kalmayı sürdürmektedir.
Anlatının Yapısı → 300 sayfa, 3 bölüm; özöyküsel bir anlatıcı-kişi tarafından tekil birinci kişi öyküleme uygulayımı ile öykülenen anlatı, 17 yaşında Faslı bir gencin iç bakış açısıyla okura sunulur.	Yersiz yurtsuzluk, göç acısı, Arap Baharı: başkaldırı ve yıldırı eylemleri temel izlekler olarak belirmektedir.
Mezo düzey: mikro düzeyde kişisel göç üzerine kurgulanmış, ailesiyle çatışmaya girerek kendisini tinsel ve parasal açıdan güvende hissetmeyen ve daha güvenli olabileceğini düşündüğü bir uzam arayan yeni yetmenin göç devinimini öykülemektedir. Ataerkil bir toplumsal yapı ve özgürlük istenci çatışması söz konusudur.	Lakhdar, anayurdundan Barselona'ya uzanan tehlikeli ve acıklı göç deviniminin sonunda düşlediği güvenlikli uzamı ve toplumsal uyumu bulamadığı gibi, çocukluk arkadaşının kıyacısı olacaktır.

Kaynakça

Atalay, İ. (2016). *Türk ve Fransız Çocuk Yazınında Göç ve Göçerlik*. Kayseri: Tiydem Yayıncılık.

Civelek, K. (2016). "Çatışma ve Göç Kültürü Modeli Bağlamında Bir Roman Okuması: Le Clézio'nun *Göçmen Yıldız*'ı". Ali Tilbe ve Sonel Bosnalı (Ed.). *Göç*

Üzerine Yazın ve Kültür İncelemeleri. London: Transnational Press London. (s. 87-99).

Enard. M. (2012) *Hırsızlar Sokağı (rue des Voleurs).* Çev: Aysel Bora. İstanbul: Can yayınları.

Genette, G. (1972). *Figure 3.* Paris: Seuil.

http://www.bbc.com/turkce/haberler/2014/05/140530_ab_goc_artis

http://www.danistay.gov.tr/upload/insanhaklarievrenselbeyannamesi.pdf

https://www.contrepoints.org/2014/02/12/156396-immigration-africaine-pourquoi-quittent-ils-leur-pays

https://www.evrensel.net/haber/100683/ense-kokunde-sizlayan yaradirgocmenlik#.VJ0rm0qjnyQ.hootsuite

Sirkeci, İ. (December 2012). "Transnasyonal mobilite ve çatışma". *Migration Letters,* 9(4), 353-363.

Sirkeci, İ. ve Cohen, H-J. (July 2013) "Not Migrants and Immigration, but Mobility and Movement". http://citiesofmigration.ca/ezine_stories/not-migrants-and-immigration-but-mobility-and-movement/ (07.05.2015).

Tilbe, A. (2015). "Göç/göçer yazını incelemelerinde Çatışma ve Göç Kültürü Modeli" [Bildiri]. Ali Tilbe ve Ark.(Ed.). *3rd Turkish Migration Conference, Charles University Prague, Turkish Migration Conference 2015 Selected Proceedings,* (25-27 June 2015). (s. 458-466). London: Transnational Press London.

Tilbe, A. (2016). "Göç Kültürü ve Çatışma Modeli Bağlamında Latife Tekin'in *Sevgili Arsız Ölüm*'üne Bir Bakış" Ali Tilbe ve Sonel Bosnalı .(Ed.). *Göç Üzerine Yazın ve Kültür İncelemeleri.* London: Transnational Press London; (s. 1-19).

Bölüm 2. Yakın Dönem Mübadele Romanlarındaki "Türk" ve "Rum" Algısına Dair Mukayeseli Bir İnceleme

Atıf Akgün[1], İsmail Alper Kumsar[2]

Selânik içinde selam okunur
Selânın sadası cana dokunur
Rumeli Türküsü

Giriş

Tarihe ilişkin araştırmalar çoğunlukla olayların sebebi, gerçekleşme biçimi ve sonucu üzerinden birtakım rakamlara, kazanımlara, kayıplara yer vererek okurun zihninde genel bir şablon çizmeyi hedefler. Genelleştirme ne kadar büyük ve tutarlı ise varılan sonucun da o denli önemli ve isabetli olduğu düşünülür. Bu yaklaşım tarihe meraklı insanların geçmişte yaşananlar hakkında bilgi edinmesini ve bu bilgilerin kalıcı hâle gelmesini kolaylaştırıcı bir yoldur. Esasen bu genelleştirme, sadece Tarih'te değil bütün bilimlerde kullanılabilen bir metottur. Fakat şurası bir gerçek ki bahsi geçen genelleştirme eylemi, biricik olan 'insan'a ait duyguların yer yer görmezden gelinmesine ya da büsbütün geçiştirilmesine neden olabilir. Sözgelimi "I. Dünya Savaşı Avusturya-Macaristan veliahtı Arşidük Franz Ferdinand'ın 28 Haziran 1914'te Gavrilo Princip adında bir Sırp milliyetçisi tarafından Saraybosna'da öldürülmesi ile patlak verdi." şeklinde başlayan I. Dünya Savaşı betimlemeleri buna benzer birçok cümle ile olaylar arasında farklı nedensellik ilişkileri kurularak uzun uzadıya anlatılır. Bu betimlemeler içinde Arşidük Franz Ferdinand'ın veya Gavrilo Princip'in duygularına yer yoktur. Bir tarih araştırmacısı daha önce defalarca suikasttan kurtulmuş olan Franz Ferdinand'ın bir suikastle öldürülmek konusunda nasıl bir korku yaşadığını tarihin akışı içinde değersiz bir mesele olarak görebilir. Bu çalışma kapsamında ele alacağımız mübadele meselesinde de durum farklı değildir. Bir tarihçi için mübadele öncesinde ve sonrasında ortaya çıkan ekonomik, siyasi, sosyal sonuçlar hakkında bir hüküm vermek çok değerli iken toprağından koparılan "Mehmed Ağa'nın" duyguları genel manzara içinde önemli bir yer işgal etmez. Oysa edebî eserde esas olan Mehmed Ağa'nın duygularıdır. Edebî eser, insan tekine özgü bu duyguyu verebildiği ölçüde başarılıdır.

Tarihî roman, sosyal roman ya da daha da özelleştirerek söyleyecek olursak mübadele romanı gibi başlıklar altında söyleyeceklerimizi edebî esere özgü kriterler dahilinde değerlendirmedikçe edebî metni başka çalışma alanlarının arka bahçesi olmaktan kurtarma şansımız yoktur. O hâlde öncelikli ve önemli olan edebî eserin kendine özgü gerçekliğine saygı duymaktır. Edebî eser, herkesçe bilinen bir gerçekliği temel aldığını da söylese -mübadele gibi- o gerçekliği kendine özgü tarzıyla biçimlendirir. Bu bildiride tarihî gerçeklik bir zemin teşkil etmesi bakımından yer yer hatırlatılmakla birlikte asıl üzerinde durulacak mesele Türk ve Rum algısının edebî eserdeki görünümüdür.

"Mübadele" olayının sıradan göç hâdiselerinden oldukça farklı bir şekilde gerçekleşmiş olması, edebî bakımdan da birçok malzemeyi bünyesinde taşımasını sağlamıştır. Mübadele'yi insanlığın şahit olduğu diğer büyük göç olaylarından ayıran en belirgin özellik, belli bir anlaşma dahilinde, karşılıklı ve zorunlu olmasıdır. Lozan Antlaşmasına ek olarak yapılan 30 Ocak 1923 tarihli sözleşme uyarınca Yunanistan'da Batı Trakya dışındaki Müslümanlar ile Türkiye'de İstanbul dışındaki Ortodokslar

---

[1] Yrd. Doç. Dr., Ege Üniversitesi, Türk Dünyası Araştırmaları Enstitüsü, Türk Dünyası Edebiyatı ABD.
[2] Okt. Dr., Düzce Üniversitesi, Türk Dili Bölümü.

"zorunlu" olarak yer değiştirmişlerdir. Bu hâdise sonucunda, Türkiye'ye Yunanistan'dan 500.000; Yunanistan'a da Türkiye'den 1.200.000 kişi zorunlu olarak ve ayrıldıkları memleketlerine bir daha dönmemek üzere göç ettirilmiştir (Arı, 2017, s. 6). Mübadele romanlarını salt birer tarihî belge olmaktan çıkaran yönü de söz konusu göçün insan (roman kişileri) için ortaya koyduğu yeni durumlar ve bu yeni durumlar karşısında insanın yaşadığı çatışma, gerilim, uyum vb. eylemlerdir (Tilbe, 2015, s. 464-465). Bu bağlamda meseleye edebiyat bilimi çerçevesinde yaklaşan çalışmalar, mübadelenin tarihsel arka plânından ziyade, söz konusu hâdisenin, edebî eserin kurgu dünyasını nasıl şekillendirdiği konusuna eğilir.

Çalışmamızda yapılan inceleme ve değerlendirmeler yakın dönem mübadele romanlarındaki Türk ve Rum algısı ile sınırlandırılmıştır. Konunun salt edebî eserlerle sınırlandırılmış olması Karşılaştırmalı Edebiyat bilimi sahası içinde hareket etmemizi sağlamıştır. Bu konuda Gürsel Aytaç'ın şu tespiti bir dayanak noktası olarak kabul edilmiştir: "Araştırılan konu salt edebi eserlerle sınırlandırılmışsa Karşılaştırmalı Edebiyat biliminin alanına girebilir" (ayrıntılı bilgi için bkz: Aytaç, 2013, s. 109). Ayrıca incelediğimiz metinlerde belli bir algıyı tespit etme çabamız "İmgebilim" sahasına temas etmemizi gerekli kılmıştır. Bu vesile ile sıklıkla birbirinin yerine kullanılan "imge" ve "algı" kelimeleri hakkında kısa bir bilgilendirme yapmakta fayda görüyoruz. Latince'deki *imago* sözcüğünden kaynaklandığı düşünülen *imaj* ya da *imge* kavramı, 13. yüzyıldan başlayıp günümüze gelinceye kadar değişik birçok alanda kullanılmış ve değişen dönemlerde farklı anlamlar kazanmıştır (Aydın, 2008, s. 108-109). TDK sözlüğünde imge için verilen tanımlardan biri şöyledir:

> *Duyularla algılanan, bir uyaran söz konusu olmaksızın bilinçte beliren nesne ve olaylar, hayal, imaj*" (http://www.tdk.gov.tr). Yine aynı sözlükte algı için: "*Bir şeye dikkati yönelterek, duyular yoluyla o şeyin bilincine varma. Bir nesne duyular aracılığıyla algılanır, ancak algı duyusal izlenimlerden daha fazla bir şeydir, bilinçli bir farkına varmadır, duyumları bilince ileten bir olaydır*" ifadesi kullanılır.

Her ikisi de aynı zamanda felsefî birer kavram olan "imge" ve "algı" kavramlarından "imge"nin "algı"yı da içine alan geniş bir kapsam alanına sahip olduğu anlaşılmaktadır. Bu bağlamda zamanla "imgebilim" adıyla, imgelerin ortaya çıkışını, var oluşunu ve toplumsal etkisini inceleyen bir bilim dalı dahi meydana gelmiştir. Bu bilim dalı, öncelikle edebiyatta yaygınlık kazanmış daha sonra da sosyoloji, tarih gibi alanlarda kullanılmıştır. Çalışmamızda bahsedilen "algı" kavramının imgebilim dâhilinde değerlendirildiğini belirtmeliyiz. Bu yaklaşımın edebî eserlerde algı konusunu araştıran birçok çalışma için de geçerli olduğunu, çalışmamızda algı kelimesinin tercih edilmesinin de söz konusu bağlamda düşünüldüğünü bu vesile ile paylaşmak isteriz.

Edebî eserlerde "imge" konusu esasen okurlardaki "algı"yı şekillendiren bir husustur. İmge döneme ve şartlara göre değişim gösterebilmekte ve genellikle algıya tesir etmektedir. Bir başka deyişle eserdeki imgelem dünyası söz konusu eserdeki iletilerin algıya dönüşmesinde temel belirleyici olmakta ve "algı"nın çözümlenmesinde imgelerden hareket edilmektedir. Edebî eserde imgeyi Ulağlı'nın şu tanımı çerçevesinde düşünmek mümkündür:

> *Edebi metinlerde, imgeler yazar ile bilinçaltı, yazar ile toplum ve son olarak yazar ile okur arasındaki ilişkiyi ortaya koyan elemanlardır. Yazarın geçmişinden, bastırılmış dürtülerinden, inançlarından ve deneyimlerinden oluşan imgeler yazarın kişiliğini bizlere tanıtan anlamlı yapılardır. Yazar eserine yerleştirdiği imgeler ile*

okuruna kendi toplumunun siyasal, sosyal ve kültürel tablosunu sunar (Ulağlı, 2004, s. 4).

Aynı yazar, imgebilim çalışmalarının bir toplumun bir başka toplumu nasıl algıladığı konusunda önemli birtakım veriler sunabileceğini şu sözlerle ifade eder:

İmgebilim bir çalışma, sosyolojik bir yapı içerir. Bir toplumun diğer bir toplumla ilişkilendirilmesi ve bir toplumun bir diğer topluma nasıl baktığını anlamaya yardımcı olur. İkinci olarak imgebilim bir edebiyat incelemesidir. İmge incelenmesi edebiyatlar arası kültürel ve ideolojik etkileşimi, oluşum sürecini açıklamaya yardımcı olur (Ulağlı, 2001, s. 428).

"İmge" ve "algı" konusundaki görüşlerimizi bu şekilde açıkladıktan sonra Mübadele romanlarındaki "Türk ve Rum" algısını ele aldığımız bu tür bir çalışmaya yönelmemizdeki temel sebebi açıklayabiliriz. Bu tarz bir çalışmaya yönelmekteki amacımız, Karşılaştırmalı Edebiyat alanının temel kazanımlarından birini işaret etmektedir. Kefeli bu hususu şu sözleriyle ifade eder: *"Farklı milletlerin, farklı dil ve kültürlerin edebî metinlerini inceleyerek onlar arasındaki paralelliği, benzer ve farklı noktaları tespit eden bu sanat dalı aynı zamanda felsefe, sosyoloji, psikoloji, sinema gibi sahalarla edebiyat arasında ilişki kurarak daha geniş bir bakış açısı kazandırır"* (Kefeli, 2000, s. 9).

Çalışmamızda mübadele konulu romanların yoğunluk kazandığı yakın dönemden (1990-2013) 10 eser örneklem olarak seçilmiştir. Söz konusu eserlerdeki "Türk" ve "Rum" algısını mukayeseli olarak incelediğimiz çalışmamızda ele alınan eserler, mübadeleye sadece temas etmekten ziyade merkezlerine mübadeleyi alan kurguları ile öne çıkmaktadır. Herhangi bir edebî eserde yer alan ulus/millet imgesi ya da imajı somut bir gerçekliğe göndermede bulunurken bu romanlarda söz konusu "millet"e dair oluşan/oluşturulan "algı" romancının yer yer müdahale edebildiği, zihin süzgecinden geçirerek okuyucuya sunduğu öznel bir tasarım olarak karşımıza çıkmaktadır. Bu nedenledir ki yakın dönem Türk edebiyatında mübadele romanı yazarlarının eserlerinde her iki milleti aksettirirken takındıkları tavır ve kullandıkları argümanlar eserlerinde vermek istedikleri Türk ve Rum algısını yansıtmaktadır. Bu itibarla çalışmamızda odaklanılan alan, Türk ve Yunan milletlerinin tarihî kimlikleri değil, bu milletlerin yazarlar tarafından hangi algı/lar ile okura sunulduğu olmuştur. Çalışmamızda örneklem olarak yararlanılan on eser ve künyeleri şöyledir:

Tablo 1

Çalışmamızda İncelenen Mübadele Romanları

	Yazar	Roman Adı	Yayın Yılı
1	Feride Çiçekoğlu	*Suyun Öte Yanı*	(1992)
2	Kemal Yalçın	*Emanet Çeyiz-Mübadele İnsanları*	(1998)
3	Ali Ezger Özyürek	*Muhacirler -Bitmeyen Göç-*	(2003)
4	Saba Altınsay	*Kritimu -Giritim Benim-*	(2004)
5	Yılmaz Gürbüz	*Mübadiller*	(2007)
6	Nurten Ertul	*Kimlik*	(2010)
7	Yılmaz Karakoyunlu	*Mor Kaftanlı Selanik -Bir Mübadele Romanı-.*	(2012)
8	Akın Üner	*Çalı Harmanı -Mübadelenin Hazin Hikâyesi-*	(2013)

9	Demet Altınyeleklioğlu	*Ah Bre Sevda, Ah Bre Vatan*	(2013)
10	Belgin Karabulut	*Mübadele Günlerinde Aşk*	(2014)

1. Mübadele Romanlarında İki Farklı Yaklaşım: Millî ve Hümanist Söylem

Edebî metinlerin insandan bağımsız olması düşünülemez. Diğer sanat eserlerinde insansız bir içeriğin üretilebilmesi mümkün olmakla birlikte edebî eserlerde böyle bir durum söz konusu değildir. Bilhassa kişiler arası ilişkilerin tahkiye edilmesine dayalı roman gibi bir metin türünde insanı aradan çıkarmak imkânsızdır (ayrıntılı bilgi için bkz. Sazyek, 2013, s. 1127-1139). Bu bağlamda tarihî bir gerçeklikten hareket ettiğini söyleyen mübadele romanları da kaçınılmaz olarak insandan söz etmiştir. Ancak diğer romanlardan farklı olarak mübadele romanları çoğunlukla iki farklı milleti ele alıp değerlendirmek gibi bir zorunluluk yaşarlar. İki farklı milleti ve bunlar arasındaki ilişkileri değerlendirme zorunluluğu, "Türk" ve "Rum" algısını her romanda belli düzeyde görünür kılar. Bu romanları bir bütün içinde değerlendirdiğimizde ise "Mübadele Romanlarında Türk ve Rum Algısı"nı anlama imkânı buluruz.

Mübadele romanlarında, ele almak zorunda kalınan iki "komşu" ya da "düşman" millet karşısında iki farklı tutum belirlenmiştir. Kimi zaman hümanist bir bakışla, yaşanan hadiseler her iki millet için trajik olaylar dizisi biçiminde ele alınırken yer yer yazarların kendi milletlerine karşı duydukları sorumluluk bilinciyle romantik ve milliyetçi bir anlatımın da ortaya çıktığını söyleyebiliriz. Her iki söylem kalıbının içeriğine dair tespitlerimize geçmeden önce incelediğimiz romanlardan hümanist ve milliyetçi yaklaşımı ifade eden bazı alıntıları paylaşmayı uygun görüyoruz:

Tablo 2

Mübadele Romanları – Hümanist/Milliyetçi Söylem

HÜMANİST SÖYLEM	Eser Adı
Ben, "Türk, Yahudi, dönme Rum önemli değil, önemli olan insanlık." dedim, dinletemedim. Bak şimdi bütün insanlar eziyette. Neden? Türk'müşüz, dönmeymişiz, Rum'muşuz... Selanik'te Rum mübadillerin sefaletini de, bu vapurdaki Türk mübadillerin sefaletini de gördüm. İnsanlık!	Mübadiller: 467
Bir Allah, bir Hristiyan Sen Türk ben Rum Ama ikimiz de kardeşiz Her zaman	Emanet Çeyiz: 124
Sevgidir insanı insanlaştıran! Kan kanla yunmaz, kin kinle temizlenmez ki! Sevgiyle artar bereketimiz!	Emanet Çeyiz: 344
Fakat işte bu noktada zihnim bulanıyor. Biz şimdi, kendi istiklalimiz için harp etmekte haklıysak, istiklali için Osmanlı ile harp eden Giritli Hristiyanlar haksız mı idi?	Kritimu: 242
Cinayet değil miydi bu? Öyleyse eğer, yıllardır olup bitenden farkı neydi? Hıristiyanlar Müslümanları öldürüyor, Osmanlı'nın askeri dağları basıyor, önünden geçen keçileri bile kesiyordu.	Kritimu: 258
Fakat Dimitris onlar gibi düşünmüyordu. Doğan tek şey vardı: Düşmanlık. Artık kapı komşularıyla bile dost değillerdi. Savaş bu topraklarda doğup büyüyen insanları birbirine düşman etmişti, o kadar.	Ah Bre Sevda, Ah Bre Vatan: 20

Hangimiz dünyaya gelirken vatanımızı, memleketimizi, ailemizi, adımızı, dinimizi, dilimizi, rengimizi seçme şansına sahibiz? Sorgusuz sualsiz geliyoruz. Bizim için hazırlanan kodları alıyoruz. Bu kodlarla büyüyor, konuşuyor, inanıyoruz.	Mübadele Günlerinde Aşk: 249
...Doğru ya da yanlış olan ne din ne dil, ne renk, ne ırk, ne statüdür. Önemli ve değerli olan, içimizde sevgiyi, aşkı büyütmek, vicdanımızı ve yüreğimizi açık tutabilmek, sevilmeyi istemeden önce sevmeyi öğrenebilmek, mutluluğun mutlu etmekten geçtiğini bilmektir."	Mübadele Günlerinde Aşk: 250
Her harp, yeni kızancıkların toprağa düşmesi demekti. Toprağa düşen her delikanlı da ardında bıraktığı bir kadının yüreğine ateş düşmesi...	Çalı Harmanı: 15
Bu doğru değil Andreas. Padişah Müslüman olabilir ama Osmanlı hiçbir zaman sadece Müslümanların devleti olmadı. Sen Osmanlı zamanında dağlarda ya da mağaralarda saklanmış bir kilise inşa edildiğini duydun mu?	Çalı Harmanı: 11
Acaba bugüne kadar öldürdüğü Müslümanlardan kaçı Hamit gibi yaralı bir Hristiyan'ı hayata döndürecek kadar insandı? Bu soruyu kendisine sorduğunda savunma içgüdüsüyle "iyi ama Müslümanların öldürdüğü Rumların da arasında iyi kalpli insan vardı" cevabını almıştı.	Çalı Harmanı: 200
Herkesin aynı coğrafyanın insanları oldukları bilinciyle davrandığı; ulusal, dinsel farklılıkların önemsenmediği zamanlar geçmişti. Yenenler ve yenilenler, yıllarca egemen olanlar, kendini azınlık hissedenler vardı.	Muhacirler: 78
Düzenimiz iyiydi, neden çıktı bu savaş, bu düşmanlık. Biz güzelce geçinirdik Müslümanı Hristiyan'ı, alıp veremediğimiz yoktu. Şimdi değişti işler. Ben gene aynı düşünürüm, ayırmam Türk, Rum, Bulgar ama ayıranlar var.	Muhacirler: 71
Dimitris kederle içini çekti. Türklerle Rumların beraberce dolaşıp, günün ahvalini konuştuğu günler çok gerilerdeydi artık.	Ah Bre Sevda, Ah Bre Vatan: 16
Bizim gâvur İzmir'den geldi. Çolak Nikola derlerdi. İyi adamdı. Gâvur olsun ne olursa olsun, iyi insan olduktan sonra.	Muhacirler: 88
Türkler de severdi Yorgo'yu. "Gâvurun islası" derlerdi.	Muhacirler: 70
MİLLİYETÇİ SÖYLEM	**Eser Adı**
Hayat bir insan için kısaydı. Ömür yel gibi gelip geçiciydi. Ama hayat bir millet için ebediydi, sonsuzdu. Fakat bu sonsuzluğu ölümlü olan millet fertleri sağlayacaktı. Bu sadece Plevne'de, Dömeke'de savaşıp şehit ve gazi olarak sağlanmıyordu. İşte Tuna elden çıkmıştı ama orada dedesini ve babasını şehit bırakan Rahim ve çocukları yaşıyordu. İdraki olan için bütün yurt bir savaş alanı gibiydi. Vatanını seven insanlar, sade savaşarak değil çalışarak, çift sürüp buğday yetiştirerek askeri, milleti doyurdukları gibi evlenerek çoluk çocuk sahibi olarak da milleti ölümsüzleştirebilirlerdi.	Mübadiller: 72
Her ferdinde mefkûre bir, lisan, adet, din birdir... Mebusları temiz, orda Boşo'ların sözü yok, Hududunda evlâtları seve seve can verir, Ey Türkoğlu, işte senin orasıdır vatanın! Ziya Gökalp	Mübadiller: 126
Türklük şuuru yok baştakilerde. Esat Toptani, İsmail Kemal Arnavut. Bunlar Rumlarla koklaşıyor. Bunların ahbabı kim? Kel Tahsin Paşa. O da Arnavut. Bizim saf Müslüman Arnavutlara bir diyeceğimiz yok. Ama bu hainler devletten para alıyor, maaş alıyor; Selanik'teki Rum tavernalarında Boşo'yla, Yorgo'yla kadeh tokuşturuyor. Bunlardan ne hayır gelir?	Mübadiller: 165
Tek bir insanı değil, vatanı milleti sevmek daha değerlidir.	Mübadiller: 187

Balkan harbi yenilgisiyle, Türklerin asalet övünç, büyük, şatafatlı, koltuk kabartan sözler geçerliliğini yitirmişti. Beylik, zenginlik hâkimiyete bağlıydı. Şimdi Küçükbalkan'da hâkim olan Yunan jandarmasıydı. Yıllarca paşa ve beylerin asil ve insancıl zapturaptını görmüş topraklar, Yunan'ın görgüsüz, sırnaşık, şirret ve bencil yönetimine alışamamıştı.	Mübadiller: 212
-Bize niçin evladı fatihan diyorlar Ali? Çocuk daha önceleri tereddütsüz verdiği cevabı bu kez kekeleyerek cevaplandırdı: Kanla aldığımız toprağı sabanla vatan yaptığımız için. (…) –Aferin oğlum! Yarın da saban sürmeye devam edelim. Bu topraklar bizim. Toprak bizi bırakmıyor.	Mübadiller: 273
Abla! Bak şu cennet gibi bahçelere, bağlara, saray gibi konaklara. İşte mal mülk bunlar. Camiler, minareler, tekkeler, mezarlıklar. Biz bunlarla birlikte koskoca bir vatanı, coğrafyayı ve arkamızda bırakıp gidiyoruz. İki çaput götürsek ne olur, götürmesek ne olur!	Mübadiller: 329
Üsküplerin çıkışında başlarında iki Yunan Jandarması, bir kısmı yaya, bir kısmı tek atlı araba üzerinde Ege'den gelen Rum muhacirler göründü. Bunlar landoyu, faytonları ve uzun araba kuyruğunu görerek önce kervandaki Türklerin anlamadığı Rumca hakaretlerle ellerini salladılar sonra da Türkçe sövmeye başladılar: -Mustafa Kemal'in piçleri! –Mustafa Kemal'in piçleri! Şimdi en önde süren Halim Bey, Gazi'nin hemşehrisi olmaktan, daha büyük gurur duyuyordu. Bu pejmürde kılıklı Rum kaçkınlar, öyle kindar yumruk sallıyorlardı ki arabaların içindeki çocuklar, "Rum pedileri"nin taş atacakları korkusu ile eğilip korunmak istiyorlardı.	Mübadiller: 342-343
Ha Anadolu Türk'ü, ha Rumeli Türk'ü! Hep aynıyız. Çile çekmek, çalışmak ve savaşmak için yaratılmışız! (….) Yazık sana ağlamayan şiire yazık sana titremeyen vicdana… Yazık sana uzanmayan ellere… Yazık seni kurtarmayan insana!...	Mübadiller: 764
Vatan için canımı veririm. Ezan için dünyaları yıkarım. Türklük için dünyaları yakarım.	Emanet Çeyiz: 248
"Gene Türkçe konuşuyor" diye iç geçirdi Andreas. Papazlara terzilik yapan birisi niye Türkçe konuşur ki?	Çalı Harmanı: 112
Burada biraz soluklanmak için yol kenarına oturup Rum köylünün gönülsüzce verdiği küçük testiden su içtiler sırayla.	Muhacirler: 60
Tanrı hep bunlara gülecek değil ya. Yüce İsa babamız bu sefer zafer tacını Helen milletinin başına koydu.	Ah Bre Sevda, Ah Bre Vatan: 19

Söz konusu iki farklı yaklaşım, kimi zaman kahramanların dilinden kimi zaman da romanın anlatıcısı tarafından okura aktarılır. İncelediğimiz romanlar içinde milliyetçi söylemin en güçlü biçimde hissedildiği eser, Yılmaz Gürbüz'ün *Mübadiller* romanıdır. Diğer romanlardaki ikili kurgunun aksine bu eserde bir Türk ailesinin merkeze alındığı görülmektedir. Eserde, Üsküplerli bir Türk ailesi merkeze alınarak mübadelenin Türkler üzerindeki etkisi yansıtılmaya çalışılır. Türkiye ve Yunanistan'da bulunan bütün Türk boyları, romana bir şekilde dâhil edilerek mübadele coğrafyasında yaşayan tüm Türklerin mübadeleyle ilişkileri ortaya konur. Yunanistan'daki Hristiyan Gagavuzlardan, Anadolu'yu terk etmek zorunda kalan Hristiyan Karamanlı Türklerine kadar birçok Türk boyu roman içinde ayrıntılı sayılabilecek bir gözlemle anlatılmıştır. Hatta Türkçe bilmeyen bir kısım mübadiller; dillerini unutmuş, Arnavutlaşmış Türkler olarak romana dahil edilir: *"Kendimizden ayrı görmeyelim onları. Bunlar da Türk. Aynı Grebeneliler gibi. Özbeöz Türk. Bazı Boşnaklar, Konyarlar gibi. Soyları Türk. Dillerini unutmuşlar. Grebeneliler, Moralı Müslümanlar nasıl Rumca konuşan Türk'se, bunlar da Arnavutlaşmış, dili Arnavutçaya dönmüş Türk."* (Mübadiller, s. 721) Romanın bir yerinde Yunan jandarmaları, kanun kaçağı Yörük Zülfikar Ağa'yı, Hristiyan Gagavuz Türkü Yaprak Ağa'nın sakladığını düşünerek Yaprak Ağa'yı sorguya çekerler. Bu sırada bir Yunan jandarmasının söylediği şu sözler ilginçtir: *"Sizi de Müslümanlar gibi buralardan sürmek gerek! Ah Venizelos! Nerden 'Müslümanların mübadelesi' dedi de sizin gibi aynı soyun boku olan Melisor ve Gagavuzları başımıza bela bıraktı. Türk değil misiniz: Hristiyan'ınız da Müslüman'ınız da aynı. Hepinizin köküne kibrit suyu."* (Mübadiller, s. 357) Yunan jandarmasının söylediği bu ırkçı sözler, mübadelenin tek ölçüsü sayılan din olgusunun süregelen problemlerin çözümü için yeterli bir ölçüt olmadığını göstermektedir. Bu olay, kültürel kimliğin inşasında dinin çok önemli bir yeri olmakla birlikte milliyetin de göz ardı edilemeyeceği gerçeğini ortaya çıkarmaktadır. Nitekim Hristiyan Karamanlı Türklerinin Anadolu'dan gidişi Anadolu'daki Müslüman Türkler arasında üzüntüye sebep olmuştur. Halim Bey ile Kayserili bir tüccar arasında geçen konuşma bu bakımdan dikkat çekicidir: *"Bunlara yazık oldu, dedi. Orta Anadolu Rumları, Ege Rumlarının yaptığı gibi hiçbir hainlik yapmadı. (...) Bu giden Hristiyanların adları da Türkçe. Çevir sor bak. İkisinden biri ya Ayvaz'dır, ya Bülbül, ya Yadigâr, ya Hasbek!"* (Mübadiller, s. 695).

Mübadiller romanının ana kahramanı olan Halim Bey'in Selanik ve Manastır'daki milliyetçi aydınlarla teması, olaylara millî bir şuur perspektifinden yaklaşmasını sağlar. Halim Bey yer yer Ziya Gökalp, Mehmed Emin Yurdakul gibi Türkçü aydınların düşüncelerini de dile getirir. Kimi zaman anlatıcı perspektifinden kimi zaman da Halim Bey'in ağzından milleti millet yapan değerlerin neler olduğu, millet olmanın anlamı ve değeri üzerine birtakım sözler söylenir. Aynı romanda ciddi bir eğitim görmemiş kahramanlar ağzından da bazen millî duyarlılığı yansıtacak sözler duyulur. Mürsel Bey isimli bir köylünün "Türk'ü Türk'ten başkası düşünmez." sözü ve kendisini Yörük Türk'ü olarak tanımlaması bu duruma örnek olarak gösterilebilir. Mürsel Bey'in bu millî şuuru karşısında Atatürk'ün hissettiği şu duygular dikkate değerdir:

Küçükbalkan'dan yeni gelmiş bir Türk köylüsünde, bu milliyet duygusunu görmekten memnunluk duymuştu. Demek Genç Kalemlerin, cemiyetlerin çalışmalarının etkisi oralara kadar uzamıştı. Belki de bu bilinç kökten, aileden geliyordu. (...) Millete mensubiyet şuuru bizi ayakta tutacak, hanedana değil. Sıradan bir Rumeli köylüsü olarak görünen bu yeni tüccarın, böylesine bir tarih ve soyluluk şuuru içinde olması, mülazım Mustafa Kemal Bey'in memnunluğunu artırdı (Mübadiller, s. 112).

Bu vesileyle belirtmek gerekir ki mübadele romanlarındaki Türk ve Rum kahramanlar genellikle ciddi bir eğitim görmemiştir ve yaşadıkları olayları derinlikli biçimde yorumlayabilecek tipler değildir. Yine aynı sebeple romanların büyük çoğunluğunda yaşanan olayların tahlilinden ziyade tasvirinin ön plana çıktığını söyleyebiliriz.

Mübadiller romanında diğer romanlarda çokça rastlamadığımız Sabatayistler önemli bir yer tutar. (Kısmen Çalı Harmanı'nda da görülmektedir.) Müslüman olmakla birlikte kendi içlerinde evlilik yapmaya gayret gösteren, Balkanlardaki Yunanlılarla çok sıkı ilişkiler içinde bulunan, genellikle zengin tüccarlardan oluşan, İslami değerlere oldukça uzak bir yaşam biçimini tercih etmiş olan bu topluluk, romanda millî kimliği en zayıf insan grubu olarak takdim edilir. Millî ve dinî duyguları çok da önemsemeyen bu gruptan Mehlika, asıl değerin insanlık olduğunu; Türklük, dönmelik ya da Rumluğun bir şey ifade etmediğini düşünse de mübadele onları da etkileyecek; üstelik yıllarca kapılarında hizmetçilik yapmış uşakları bile kendileriyle alay edecektir. Göç yolunda Gülcemal Vapuru'nun en lüks kamarasında seyahat eden, piyanosunu bile yanında

33

götüren Mehlika ve yakın çevresindeki Sabatayistlere karşı mübadil Türklerde ve anlatıcıda belli oranda nefretin oluştuğunu da belirtmek gerekir.

Mübadiller romanı dışındaki diğer bütün romanlarda yer yer kahramanlara ait milliyetçi bir söylem kullanılmışsa da ağırlıklı olarak hümanist bir yaklaşımın olduğunu söyleyebiliriz. Bu romanlar içinde hümanist yaklaşımın en belirgin olduğu eser *Mübadele Günlerinde Aşk*'tır. Diğer romanlarda hümanist tutum, yaşanan sıkıntıları iki taraflı olarak anlatma çabası şeklinde ortaya çıkarken *Mübadele Günlerinde Aşk*'ta âşıkları mutlak masum ve haklı gösterme çabası içinde, aşkın ve âşıkların önünde engel olabilecek her türlü bağlayıcı unsura karşı çoğu zaman derinliksiz sayılabilecek hümanist bir söylem geliştirmeye çalışılır. Sözgelimi anlatıcı, aşkın ve âşıkların önünde engel olan aile, din, dil, ırk, vatan gibi kavramları kişilerin dünyaya gelirken seçemiyor oluşuyla ilişkilendirerek bir değer olmaktan çıkarmaya çalışır. Ona göre asıl olan insanın içindeki sevgiyi büyütmesi, vicdanını ve yüreğini açık tutabilmesidir. Daha evvel belirttiğimiz gibi diğer romanlarda da yer yer buna benzer düşüncelerle karşılaşmak mümkün olsa da bunlar çoğu zaman tek kahramana ait kişisel düşüncelerdir. Bireylerin hayata bakışını derinden etkileyen kültürel değerlerin anlamsızlığı düşüncesi temel bir felsefe olarak mübadele romanlarının bütününe yayılmaz.

Yazarların neredeyse bütün mübadele romanlarında hümanist bir söylem içerisinde oluşturduğu ve her iki millet tarafından kabul görmüş anlatı kişileri vardır. Söz konusu kişiler, ana karakterler olmamakla birlikte romanlarda kendileri hakkında az ya da çok bilgi verilmiş kişilerdir. *Ah Bre Sevda, Ah Bre Vatan* romanında mübadelenin Yunanistan tarafında cereyan eden olay örgüsünde Kuloğlu Cemal ile Stelyo'nun dinleri ve milliyetleri bir kenara bırakan sıkı dostlukları birçok soruna çözüm üretmektedir. Kuloğlu ve Stelyo'nun dostlukları o kadar güçlüdür ki mübadeleye giden süreçte ait oldukları milletler arasındaki gerilim giderek tırmansa da onlar bu ayrışmaya meydan okuyarak çevreden gelen baskıya direnirler. Öyle ki çocukları dahi artık bu iki dostun yakınlığından rahatsız olur. *"Kırk iki yıllık arkadaşı. Vefalı adamdı Stelyo. Hani Rum olduğunu bilmese, her Pazar kiliseye gittiğini görmese bu bizden deyip çıkacaktı."* (Ah Bre Sevda, Ah Bre Vatan, s.71) Romanda Stelyo'nun sadece yakın dostu Kuloğlu Cemal'e değil bütün Türklere karşı barışçıl yaklaşımı ve eski günlerdeki barış ortamına duyduğu hasret, Osmanlı taraftarı açıklamaları, Rum tarafındaki belli bir zümreyi tavsif etmektedir. Benzer bir figür olarak *Çalı Harmanı* romanında Terzi Kadın'ı görürüz. Hristiyan din adamlarına terzilik yapan bu kadına hem Türkler arasında hem de Rum tarafında sempati ile bakılır. Özellikle Terzi Kadın'ın çetecilere yardım eden din adamı Andreas ile gerçekleştirdiği buluşmalarda, Andreas'a, Osmanlı dönemine duyduğu özlemi anlattığı konuşmaları, Türkler ve Rumlar arasındaki birlikte yaşama geleneğini yansıtır. Aynı şekilde *Kritimu* romanı kişilerinden, Türk olduğu hâlde milliyeti roman kişilerince pek bilinmeyen Çakali'nin, Türkleri ve Rumları birleştiren cenaze merasimi iki milleti dinî merasimlerinde dahi bir araya getirebilecek, her iki millet tarafından sevilmiş roman kahramanları için dikkat çekici örneklerdendir.

Bu tip kişilikler, Osmanlı dönemindeki sakin ve huzurlu yaşamı hatırlatan unsurlar olarak karşımıza çıkar. Genellikle esnaf ya da kapı komşusu olan birleştirici nitelikteki bu kahramanlar hümanist söylemi geliştirmek için anlatıcıya güçlü bir zemin hazırlar. Anlatıcı, bu kahramanlardan hareketle oldukça geniş bir hümanist söylem yaratır. Bu tarz roman kişilerinin ortak özelliği birlikte yaşama arzusunu diğer bağlayıcı unsurlara tercih etmeleri, çevrenin eleştirilerine karşı umursamaz olmaları, huzur ve barış dolu geçmişe özlem duymaları, diğer kahramanlara nispetle daha açık fikirli olmalarıdır. *Ah Bre Sevda, Ah Bre Vatan'da* en yakın dostu bir Türk olan Stelyo, sözünü ettiğimiz hümanist kişilerin yaşadığı ikilemi başarıyla yansıtan bir örnektir. Stelyo, mübadeleye giden süreçte giderek artan mahalle baskısı nedeniyle Türklerle olan yakınlığını kendi eşine dahi kabul ettiremez. Eşi Matia ile gerçekleşen aşağıdaki konuşma, söz konusu hissiyatı yansıtması bakımından değerlidir:

Bir dostluk unutulmaz Matia, bir de düşmanlık. Ben bunlardan dostluktan başka bir şey görmedim. Şimdi bana onların düşmanımız olduğunu söylüyorlar. Acı tatlı günlerimde benden uzak duran kokonalar, şimdi kapımı aşındırıyor. 'Kes şu Müslüman karılarının ayağını evinden' diye başımın etini yiyorlar. Sen dostunu terk etmiyorsun, diye dinine, soyuna ihanet ettiğini düşünüyorsan, ya bunların yaptığına ne demeli? Asıl hainlik dost zayıf düşünce ona düşman kesilmek değil midir? (Ah Bre Sevda, Ah Bre Vatan, s. 77)

2. Mübadele Romanlarında Türkler ve Rumlar

Türk romanında tarihî hadiselere bağlı olarak azınlıklara yer verildiği bir vakıadır lakin bu etnik unsurlar ve azınlıklar romanımızda genellikle tali unsurlar olarak yer almıştır. Bu bağlamda Türklerin temas hâlinde olduğu azınlıklara dair konular üzerinde de ayrıntılı olarak durulmamış, bu tarz azınlıklardan roman kahramanlarının eserlerin merkezine çekilmediği görülmüştür (Ayhan, 2008, s. 5). Sacit Ayhan'ın bu tespitine genel anlamda katılmakla birlikte mübadele romanları söz konusu olduğunda ortaya istisnai bir durumun ortaya çıktığını belirtmeliyiz. Mübadele romanları Türklerle birlikte bir başka milleti de (Rumlar) merkeze almıştır. Her ne kadar Türk yazarların kaleminden çıkmış olsalar da yazarların diğerini/ötekini yansıtmadaki özeni ve işçiliği dikkat çekici boyuttadır. Yakın dönem mübadele romanı yazarlarının, Mübadele hadisesinin üzerinden belli bir zaman geçtikten sonra konuya eğilmeleri, Milas'ın işaret ettiği gibi nesnel bir tutum benimseyebilmelerini sağlamıştır (Millas, 2005, s. 431).

Mübadele romanlarında iki aslî unsur olan Türkleri ve Rumları sosyo-kültürel hususiyetleri ile görebileceğimiz sahneler belli alanlarda ağırlık kazanmıştır. Kurgu içinde Türklerin ve Rumların teması "komşuluk" ilişkilerinde yoğunlaşır ve bu ilişkiler vesilesiyle iki milletli olay örgüsü şekillenir. Aynı şekilde "din" olgusu bu farklı milletlerin ayrıldığı ve özerk hususiyetlerinin teşhir edildiği bir alan olarak dikkat çeker. Toplumların dine, din adamlarına, kültürel değerler ve sembollere karşı yaklaşımları bu anlamda önem taşır. İki toplumun bir diğer temas noktası ise "çetecilik" faaliyetleridir. Mübadele öncesi ve sırasında Türk ve Rum bölgelerinde kendiliğinden oluşan ve dış desteklerle güçlenen bu silahlı düzensiz gruplar, Türkler ve Rumların keskin ötekileştirme havası içerisinde birlikte resmedildiği önemli bir alandır. İki topluma ait algıyı belirginleştirecek son unsur ise "aşk ve evlilik" meselesidir. Özellikle Türk ve Rum aşkları/evlilikleri anlatıcının zihnindeki milliyet algısını yansıtması bakımından önemli bir zemin teşkil eder. Bu bağlamda mübadele romanlarında her iki milletin birbiriyle temas noktalarının yoğunlaştığı, söz konusu dört meselenin (komşuluk, din, çetecilik, aşk/evlilik) romanlardaki yansımalarını daha ayrıntılı ele almak gerekmektedir.

35

2. 1. Komşuluk İlişkileri

Bir dostluk unutulmaz Matia, bir de düşmanlık. Ben bunlardan dostluktan başka bir şey görmedim.

Mübadele romanlarında Türkler ve Rumlar arasındaki komşuluk ilişkileri genellikle olumlu bir çerçevede ele alınmıştır. Yazarların her iki milleti olumlu bir ilişki içinde resmederken kullandıkları fonda çoğu zaman Türklerin kapı komşusu olan Rumları görürüz. Bu sahnelerde birbirlerinin düğünlerine, cenazelerine katılan birbirleriyle daima yardımlaşan iki millet söz konusudur. Siyasi iradenin aldığı kararlar, devletlerin yaptığı mücadeleler halk arasında topyekûn bir çatışmaya neden olmaz. Konuyla ilgili benzer cümle ve durumları tekrar etmemek açısından eserlerde komşuluk ilişkilerinin yansıdığı cümleleri bir tabloda toplu hâlde gösterdikten sonra değerlendirmelerimize devam etmek istiyoruz:

Tablo 3

Mübadele Romanları – Komşuluk İlişkileri

Metin Alıntısı	Eser adı
İki yana sıralanmış dükkânlarıyla, Hristiyan, Müslüman bütün esnafın, iş erbabının toplaştığı, günün her vakti kaynaşan çarşısıydı.	Kritimu: 24
Hristiyanlarla Müslümanlar gergin zamanlarda atışır, çok seyrek de dövüşürler, derken birbirlerini topluca ayıplayarak yatışırlardı.	Kritimu: 25
Bu yüzden meydandaki kahvesi cümle Giritlilerin gelip oturduğu, üç masa ileride Hristiyanlar Girit'in Yunanistan'a ilhakını tartışırken, yan masada Türklerin Osmanlı'nın fesada son vermek için daha ne beklediğini tartıştığı bir yerdi.	Kritimu: 31
....Komşularım Artin'le Naum bozgun haberini bizden önce almışlar. Dün ikisi de çekmecelerini açıp bana mavi Yunan bayrakları gösterdiler. Çekmeye hazırlar. Aynı namussuzluğu Naim Bey'in çırağı da anlattı. Kokuşmuş tacir ahlaksızlığı çarşıda kol geziyor.	Mübadiller: 191
Bizim oralarda Müslüman gomşularımız vardı. Gül gibi geçinir giderdik. Nirden çıktı bu muhacirlik! Bizi de sizi de yirinizden ittiler! Dilimizi bilmeyen Yonan içine düştük.	Mübadiller: 205
...Bu yara Yunan Balıkesir'e girdiği gün, dükkân komşum Rum'un kasatura yarası. Kaçmasam beni öldürecekti. Kırk yıl bu Rum'a iyilik yapmıştım. Yerli Rumlardan Yunan gâvuru kadar zarar gördük.	Mübadiller: 304
Evin önündeki taş döşeme sahanlık yolcu etmeye gelen dimili, şalvarlı yerli İncesululular dolmuştu. Onların bir kısmı sepetlerin içinde haşlanmış yumurta, yufka, kete, iğde, kuru üzüm ve kayısı kurusu getirerek Aleksia'nın kızlarının ellerine tutuşturuyordu.	Mübadiller: 712
Abacığım, biz gidiyoruz. Amma döneceğiz, amma dönmeyeceğiz! Ne olacağımız belli değil. Bunlar kızlarımın çeyizleri! Size emanet! Gidip gelmemek, gelip görememek var! Gelirsek verirsin kızlarıma. Dönemezsek ver bir fukaraya, hayrımız olsun! Yeyip içtik birlikte! Çok yardım ettin bize. Hakkını helal et!	Emanet Çeyiz: 15
Çok ekmeğinizi yedim. Bugünleri de görecekmişiz. Hakkını helal et Didimov'un gelini! Haydi yolun açık olsun, Bizi birbirimize düşman edenler Allah'ından bulsun.	Emanet Çeyiz: 88-89
Gitme! Kal burada Eleni... Kırk yıllık komşuyuz... Birlikte büyüdük... Bakarız birbirimize. Emine'nin sesi ağlamaklıydı:	Mor Kaftanlı Selanik: 123-124

-Bakarız ya birbirimize...	
Sanki yukarıda uyuyor hala nenesi, yanı başında karanfil kutusu ve iğne oyası. Uyanıp yine sürüverse mangala kahve cezvesini(...) Lamis komşu bahçeden bağırınca, "Nihal gelsin oynayalım!" diye keşke salmasa onu, yanı başında tutsa geç oldu deyip.	Suyun Öte Yanı: 14
Gelen tabağı boş çevirmez, evde ne pişirirse komşularına gönderir, kendi mahallesindeki Müslümanları bitirdikten sonra, az ötedeki Müslüman mahallesindekilere de yetişir (...)	Kritimu: 68
Hristiyan-Müslüman hepimiz başka yerlerden gelip yerleştik Girit'e. Kim daha Giritlidir nerden bilecekler ki?	Kritimu: 100
Pontus'a kan düştü Andreas... Kan kokusu olan yere bereket gelmez! Artık akan kanı durdurmak lazım... Bizim öldürdüklerimiz, beş asırlık komşularımız. Bizi öldürenler de öyle	Çalı Harmanı: 44
(...) Yaşlı kadına Müslüman komşularının da büyük bir saygı gösterdiğine defalarca tanık olmuştu. (...) Köylerde iç içe oturmayan Hristiyanlarla Müslümanların şehirde birbirleriyle ne kadar kaynaşabildiklerine ilk kez o zaman tanık olmuştu.	Çalı Harmanı:111
Birbirleriyle evlerinin pencerelerinden yarı Rumca yarı Türkçe bağrış çağırış sohbet eden kadınların yırtık sesleri de duyulmuyordu bugün.	Çalı Harmanı: 109
Hani bak? Onca Rum geldi Anadolu'dan bu dağreye, bir tanesiyle ahbap olabildim mi? "Sana bir şey dediğimiz yok be ya... Ne kabahatin var senin? Biz de senden memnunuz; kilisemiz, camimiz başka ama Allah'ımız bir. Daraştık ondan böyle söyleniyoruz.	Çalı Harmanı: 292
Bak Papaz Efendi, ben Terzi Abla'nın komşusuyum. Geçen hafta bize uğradı, evinin anahtarını bana emanet etti. "Dönersem senden alırım" dedi ve gitti.	Çalı Harmanı: 288
Andreas ve Dimitra'nın da uykuları kaçmıştı. Aynı evi paylaştıkları Müslüman ev sahiplerine öylesine alışmışlardı ki sanki aileden birileri, ebediyen ayrılacakmış gibi hüzünlüydüler.	Çalı Harmanı: 366
Ne diyeceğini bilemedi Dimitra. Başını önüne eğdi. "Siz gidince mezarları bize emanet diyebildi."	Çalı Harmanı: 368
Döndü Andreas'a: "Al bunu gızanım," dedi, "Şavuk Mümün'ün evinde kandiller söndü dedirtmeyesin sakın kimseye!"	Çalı Harmanı: 369
Yerli Rumlarla Müslümanların ilişkileri önceleri çok iyiydi. Bu Rum, bu Ermeni, bu Türk diye bir ayrımcılık yoktu. Biz onlara "Gavur" derdik ama bunu kesinlikle bir aşağılama ifadesi olarak söylemezdik.	Muhacirler: 129
Böylece aynı köyde, ayrı evlerde Rumlarla Türkler birlikte yaşamaya başladılar. Köyde yerleşen Rumlar Sivas ve çevresinden gelmişlerdi. Orada yaşadıkları kötü olayları anlatmakla birlikte Türkler hakkında olumsuz düşünmüyorlardı. Zaten birlikte yaşadıkları altı ay boyunca bir sorun da yaşamadılar.	Muhacirler: 80
Sahibi Rum Yorgo, her milletten insana dostlukla yaklaşan iyi bir adamdı. "Siz benim velinimetimsiniz" derdi konuklarına. Türkler de severdi Yorgo'yu. "Gavurun islası" derlerdi.	Muhacirler: 71
Daha sonra çevredeki Rumlar ve Bulgarlardan az çok yapı ustalığı öğrenilmiş.	Muhacirler: 19
Balkanların değişik yörelerinde köylerde kentlerde yaşayan Türkler kendi ulusal kimliklerini öne çıkarmazken, Rumlarda milliyetçilik giderek	Muhacirler: 23

saldırgan bir tarzda, öteki halklara, özellikle de Türklere karşı ön yargılı tavırlara dönüşüyordu.	
Ama mahallede ne kadar Müslüman evi varsa, hepsinin kadınları kırk gün sinilerle, tepsilerle bize taşındı. Kırkım çıkana kadar elimi sıcak sudan soğuk suya sokturmadılar.	Ah Bre Sevda, Ah Bre Vatan: 76

Mor Kaftanlı Selanik'te, İzmir Rumlarından Philip ve eşi Eleni'nin mübadil olarak Yunanistan'a gidecekleri gün yaşananlar, yıllar boyu devam eden bir dostluğun göstergesi olması bakımından oldukça önemlidir. Seher Hanım, yola çıkacak komşuları için erişteli tavuk çorbası hazırlar. Çorbadan içen Philip, Seher'e "Her zaman böyle lezzetliydiler." diyerek teşekkür eder. (Mor Kaftanlı Selanik, s. 122) Eleni, ayrılık vakti geldiğinde komşusu Emine'ye sarılıp evinin anahtarlarını Emine'ye verir. Anahtarları verirken de şunları söyler:

"-Tam yirmi yıl her açışta kapayışta öper, başıma koyardım bu anahtarı... İncil gibi yüceltirdim değerini. Bu anahtar artık Muhammed'in şefaatine teslimdir. (...) Bu ev senin olsun Emine! Gözüm arkada kalmayacak..." Emine'nin bu sözlere verdiği cevap, mübadelenin gerçekleşeceğine inancın henüz tam olmadığını gösterir: *"Bu ev sizin Madam Eleni. Geldiğinizde tertemiz bulacaksınız, söz!"* (Mor Kaftanlı Selanik, s. 124) Anlatıcı, bu hüzünlü veda sırasındaki duygu selini şu cümlelerle tarif eder: *"İzmir, yüzlerce yıllık evladını bilinmeyen bir adanın talihine gönderirken mahcuptu."* (Mor Kaftanlı Selanik, s. 125) Bu duygusal ayrılık sahnesi çizilirken nereden geldiği belli olmayan bir taş, bahsi geçen evin büyük camını paramparça eder. Bu saldırı azınlık bir grup tarafından yapılmış olsa da komşuluk hukukunu büsbütün gözden çıkaran bir zihniyetin varlığını da gösterir. Komşuluk ve beraber yaşama hukukunun hiçe sayıldığı tek örnek bu değildir. Osmanlı Mebuslar Meclisi'ne bir şekilde girerek kendi milleti lehine kararlar aldırmaya çalışan, nüfus sayımı sırasında çeşitli hilelere başvurarak Balkanlardaki çeşitliliği kendi milleti lehine bozmaya çalışan siyasiler de vardır. Rum vekil Boşo, Yahudi Karosso ve Arnavut İsmail Kemal'in bu yolda yaptıkları *Mübadiller* romanında ayrıntılı biçimde ele alınır.

Yunanistan tarafında komşuluk ilişkileri Balkan Savaşları'ndan sonra bozulmaya başlar. *Mübadele Günlerinde Aşk* isimli romanda Sare isimli Türk kızı ile Adras isimli Rum genci arasındaki aşka itiraz eden Sare'nin babası Reşat Bey, Balkan Savaşları'ndan sonra başlayan Yunan zulmünü itirazına gerekçe gösterir. Adras'ın babası yaşanan olaylardan dolayı kendisinin de üzgün olduğunu, elinden gelse bunlara mani olacağını ifade etse de Reşat Bey, böyle bir birlikteliğin mümkün olamayacağını kesin bir dille ifade eder. Oysa Balkan Savaşları'ndan önce bu iki aile birbiriyle oldukça içli dışlıdır. Adras, iki aile arasındaki ilişkiyi şu sözlerle anlatır:

Aslında hiç böyle olacağını düşünmedim, nasıl düşünebilirdim ki? Hep bir aradaydık, senin ailen, benim ailem. Her şey ne kadar güzeldi. Çocuktuk, bir Türk düğününe gittik. Babanla babam karşılıklı zeybek oynadılar. Özenip illa ben de oynayacağım diye tutturdum. Baban da beni kucağına alıp 'Sana zeybeği ben öğreteceğim, karşılıklı oynayacağız' dedi. Sözünü tuttu. Bana zeybeği öğretti. Yıllar sonra yine bir Türk düğününde damatla babası oynarken baban da karşısına beni çağırdı. 'Benim oğlum yok, sen geç karşıma' dedi. (...) Bir gün dedim, bu bizim düğünümüz olacak. Baban beni oğlu yerine koyacak kadar severken nasıl bu hâle geldik? (Mübadele Günlerinde Aşk, s. 33-34).

Benzer bir durum da *Mübadiller* romanında anlatılır. Mürsel Bey'in yıllarca iyi ilişkiler kurduğu Rum esnaf komşusu Yorgo, Mürsel Bey'e adı değiştirilen Hamidiye Meydanı'nı anımsatacak biçimde *"Mürsel Bey, Konstantin Meydanı'na mı gidiyorsun, Hamidiye Meydanı'na mı?"* diyerek alay eder. Selanik henüz Osmanlı idaresindeyken *"Selanik bizim, Selanik elen olacak."* sloganlarıyla nümayiş yapan kalabalık da birlikte yaşamanın artık imkânsız bir hâl aldığını gösterir (Mübadiller, s. 182). Yine aynı romanda Türklerin mübadeleyle gideceğini öğrenen Rum tüccarların Türk mallarını almak istememesi, (Mübadiller, s. 239) "nasıl olsa gideceksiniz" diyerek yıllarca beraber yaşadıkları komşularının mallarına el koyma çabaları uzun uzadıya anlatılır.

Mübadele sonrasında Türkiye'de kalan Rumlar ve Türkler arasındaki ilişkinin nasıl bir seyir takip ettiği romanların çoğunda ele alınmaz. İncelediğimiz romanlardan *Suyun Öte Yanı*'nda bu ilişkiden ayrıntılarıyla söz edilir. Bu romanda, İstanbul'da kalan Rumlar ile Türkler arasındaki ilişkiler oldukça iyi resmedilir. Romanın ana kahramanı olan Nihal, sık sık Rum komşularıyla yaşadıkları güzel komşuluk ilişkilerini hatırlar:

> *Nihal bakıyor, iki katlı beyaz boyalı ahşap bir ev. Çocukluğumun geçtiği Yeşilköy'deki evi anımsatıyor. Ne büyük görünürdü, sofası, mutfağı. Nasıl üzülmüştü darlığa düşülüp zaten 6-7 Eylül'de son komşular ve Yuannalar da gidip ev satılınca. Ne parmak kadar, üzerine yumurta sarısı sürülüp çörekotu dökülmüş mis gibi küs çörekleri kalmıştı ne de 'Nihalimu, Nihalimu oh vre pedimu, freskia, freskia"[3] diye bir tane daha alması için ısrar eden güleryüzlü, hamarat komşu teyzeleri* (Suyun Öte Yanı, s. 24).

Girit mübadili Sıdıka Hanım'ın, yine bir Girit mübadili olan Arap Mustafa'nın, Yunanistan'daki Albaylar Cuntası'ndan kaçıp Cunda Adası'nda bir müddet gizlenen Yunan avukatın hikâyesi, Nihal'e hep Yeşilköy'deki komşularını hatırlatır. Çocukluk yıllarından aklında kalan birtakım sahneler, Nihal'in romandaki geçmişle şimdiki zaman arasında gidiş gelişler yaşamasını sağlar. Nihal, Sıdıka Hanım'a bir Rum şarkısı olan Samyotissa'dan söz edince Sıdıka Hanım, Girit'te düğünlerde bu şarkı eşliğinde oynadıklarından söz eder (Suyun Öte Yanı, s. 68).

Anadolu'dan giden Rumlarla Anadolu'ya gelen Türkler arasındaki kısa süreli karşılaşma anlarında iyi ilişkiler geliştirildiğine şahit oluruz. Selanik Limanı'nda kendilerini Anadolu'ya götürecek gemiyi bekleyen Halim Bey, Anadolu'dan gelmiş sefil kılıklı bir Rum'a para verir. (Mübadiller, s. 412) İki mübadil topluluğu arasındaki bu iyi ilişkiler iki grubun aynı kaderi yaşamaları nedeniyle bir duygudaşlık kurmalarıyla izah edilebilir. Türklerin mübadele sırasında bir müddet beraber yaşamak zorunda kaldıkları Rumlara karşı oldukça saygılı davrandıkları görülür. Türkler kendi evlerinde misafir konumuna düşseler de yeni gelenlere yaklaşımları çoğu zaman insancıldır. Hatta kimi romanlarda mübadil Rumlar, Türkleri kendi soydaşlarından üstün bile görürler. Çünkü kendi soydaşları onları henüz kabullenememişlerdir. Yunanlılar onlara Turkospoli ismini vermişler, çocuklarını "Türk piçi" diyerek aşağılamışlardır. (Mübadiller, s. 401) Anadolu'da bir Rum ailenin evine yerleşen Halim Bey, evin sahibi Bodos'un terk etmek zorunda kaldıkları kiliseyi seyrederken duyduğu hüzün ile Üsküpler'deki camide kıldıkları son namazın hüznü arasında bir benzerlik hisseder. (Mübadiller, s. 654) Aynı evde yaşamak zorunda kalan bu aileler yeni ortama alışmak konusunda birbirlerine yardımcı olurlar. Rumeli'de bir konak hanımı olan Halide Hanım, Anadolu'nun zor şartlarında yaşam mücadelesi verirken üstelik yerli halk

---

[3] (Rum.) Nihalciğim, çocuğum, taze taze. (Kitaptan)

tarafından "Macir, macir!" diye aşağılanırken Rum komşusu onun çeşmeden su taşımasına yardım eder (Mübadiller, s. 671).

2.2. Çeteciler ve Çetecilik Faaliyetleri

Mübadele romanlarındaki anlatıma göre çetecilik faaliyetleri, mübadeleden çok önce başlar. Balkanlarda devlet otoritesinin zayıflamasını fırsat bilen çeteciler; yağma, tecavüz, adam öldürme gibi işlere girişirler. Balkan Savaşı yıllarında Yunanistan tarafında komitacılık adı altında birçok zulme imza atılır. Komitacılar içinde özellikle Akritas ismi öne çıkar. Akritas önceleri Girit'te komitacılık yaparken sonradan Alasonya'daki ve Kozana'daki Türk köylerini basıp insanları öldürür. (Mübadiller, s. 70; 123) Türklerin ekip biçtikleri mahsul, Rum komitacılar tarafından yağma edilir, keyfî birtakım gerekçelerle malları ellerinden alınır. Henüz mübadele başlamadan çetecilerin zulmü ile Balkanlarda göç hareketi başlar. Bu göç, kimi zaman Anadolu'ya kimi zaman da Balkanlardaki daha güvenli bir başka noktaya yapılır. Bu bağlamda bir gece çiftliğindeki samanlığın hayvanları ile birlikte yakılması ve konağının taranması nedeniyle Selanik'e göç etmek zorunda kalan *Mübadiller* romanındaki Karaferyeli Mürsel Bey anılabilir. "Komşuluk ilişkileri"nde yaptığımız gibi burada da bir tablo ile eserlerdeki çetecilik faaliyetlerine dair alıntıları bütün hâlinde gösterebiliriz:

Tablo 4

Mübadele Romanları- Çeteciler ve Çetecilik

Metin Alıntısı	Eser Adı
(...) Girit'e durmadan silah, durmadan asker indirildiğinde, senelik erzaklanıp çeteye çıktıklarında, inip inip camilere, evlere alev saldıklarında, Girit'te Müslüman –Hristiyan her ailede telef olmuş bir can bulunduğunda (...)	Kritimu: 29
Rahim! Bu yıl mahsul bol olacak! Rum komitacılar çalıp çırpmazlar inşallah! Kâhya Rahim'in de en büyük korkusu buydu. Türk köylüsü çalışıp ekiyor, yetiştiriyor; Rumlar gelip talan ediyordu.	Mübadiller: 73
Osmanlının Trablus'u kaybetmesinin üzüntülü havası, Rumeli'nin üzerine kara bulut gibi çöktü. Rum komitacılar şirretliklerini artırırken, maneviyatı bozulan Türkler, korkudan kabuklarına çekilen kaplumbağalar gibi evlerinden, köylerinden çıkamaz olmuştu. Yunan sınırından Teselya'ya yakın Türk köylerinden her gün bir kara haber geliyordu. Rum çetebaşı Giritli Akritas Grebene köylerini yakıp yıkıp kuzeye doru ilerlerken, Osmanlı jandarmasındaki Arnavutların askerden kaçıp yakındaki köylere silahlarıyla sığındığı haberi de halkta endişe yaratıyor, tepkiye sebep oluyordu.	Mübadiller: 149
Kostika isimli Rum köyünden Atanasios adlı bir komitacı türemiş, Eymirli köyünü basmış, harmandaki çocukları şişlemiş.	Mübadiller: 159
Onun tarlaya, bağa bahçeye gitme hevesini kıran, bir de Anadolu'dan kaçıp gelen Rumların saldırgan hareketleriydi. Bu Pontus Rumları Osmanlı'ya isyan etmiş, Anadolu'da çeteler kurup, Türk köylerini basıp can almış canilerden ibaretti. Orada sıkıştırılıp yenilince Yunanistan'a kaçmış; şimdi Anadolu'da işledikleri cinayetleri Rumeli'de de işliyorlardı. (...) Yunan hükümeti bu komitacıları aratmayan, Rum çetecilerin eylemlerine göz yumuyordu.	Mübadiller: 197
Hüseyin Bey, iki kere Kozana'daki Rum yöneticilere ve karma kuruldaki yabancılara şikâyet ettiği hâlde, daha önce el konan iki değirmen ve çiftliğin karşılığını alamadığı gibi, ona böyle bir belge de vermediler. Çevre köylere yavaş yavaş, mübadele öncesi, Ege'de Yunanlılara yardım edip yenilince kaçıp gelen Rumlar yerleşmeye başlamıştı. Batı Anadolu'da birçok Rum köyünü yakan bu Rum muhacirler, Rumeli'de de Müslümanlara saldırıp kötülük	Mübadiller: 226

yapmaya başlayınca, belgelerini tamamlayamayan birçok Türk alabildikleri eşyalarını arabalara yükleyip Selanik yoluna dökülmüştü.	
Yunanlıların bozguna uğramasından sonra Karadeniz ve Ege bölgesinden kaçıp buraya gelen Rumlar, aylardır Türk köylerini rahatsız etmiyor mu? Şimdi bunların bin misli gelecek.	Mübadiller: 257
Yağmur şiddetlenmeye başladı. Evlerinin saçak altlarına bile sığınmalarının yasak olduğunu bağıran tüfekliler meydana inmiş, mübadil kafilesini sert darbelerle engellemeye başlamışlardı.	Mor Kaftanlı Selanik: 284
Göğüslerini mi kestiler? Uçlarini... Her akşam bir laf dolanirdi. Kemal'i kestik... kapi ardina siner beklerdik, babamiz sağ döner mi diye!	Suyun Öte Yanı: 34
Rumlara karşı Müslümanların yanında savaşacağım.	Mübadele Günlerinde Aşk: 51
Bir yıl önce tamamen farklı biriydim. Çevremdeki arkadaşlarımın tepkileri, düşünceleri, tahrikleri ile Müslümanlara karşı tepkiliydim. Onların burada olmasını istemiyordum. Her gün birbirimizi daha da kışkırtıyorduk. Sonunda çeteye katıldık. Köyler basıyor, oradaki Müslümanlara eziyet ediyorduk.	Mübadele Günlerinde Aşk: 57
Hristiyan veya Müslüman, civar köylerden birinin kanına girerlerdi hiç yoktan. (...) İhtimal dağlarda tek tük kalmış çetecilerden biriydi.	Kritimu: 50
96 İhtilali'nde çetelere yataklık etmede Seriso'dan daha iyi bir yer kimsenin aklına gelmezdi.	Kritimu: 124
Ya karanlığa kalmış bir Türk'ün yoluna iki-üç Rum alanyari çıkardı. Ya da fesini kaşının üzerine yıkmış bıçkın bir Eşrefpaşalı.	Ah Bre Sevda, Ah Be Vatan: 16
Engiz'in batısından Gerze'ye kadar herkese kan kusturan Nebyan Dağı eşkıyalarından hınçla söz etmesine şaşırmamak lazımdı.	Çalı Harmanı: 11
Sen canını sıkma, Debreli Hasan Müslüman'ın malına zarar etmez. Hayvanlar yavurun değil ya...	Çalı Harmanı:27
Balkan Harbinden sonra buralarda nizam kalmadı. Nizamı sağlamak biraz babam gibi beylere kaldı, biraz da Hasan gibi eşkıyalara.	Çalı Harmanı: 92
Aguşa'ya Debreli'nin selamı var deyin. Eğer yavurlara bir tane bile hayvan sattığını duyarsak kendisini ölmüş bilsin.	Çalı Harmanı: 88
Hür bir insan olarak kasabada dolaşmak, ruhunu okşamıştı. "Medeniyet alışkanlık yapar" derdi hep Andreas... gerçekten de dağda çarpışanların çoğunluğu köylü gençlerdi. Kentlerdeki yaşamın tadına alışan birisinin dağ başlarında, çalı diplerinde, elde silah, can derdiyle dolaşması pek mümkün değildi zaten.	Çalı Harmanı: 172
Kendi halinde bir köylü iken namlı bir eşkıya haline gelmişti Debreli. Köyünü basan Rum çetecilere karşı koymuştu, onları püskürtüp köyden kovalamıştı.	Muhacirler: 95
O zamanlar Rum çetesi ayrı, Türk çeteleri ayrı diye duyardık, ama bir sorunumuz yoktu Rumlarla. İyi geçinirdik. Hatta Türkiye'den gelenler oldu. Bir sene beraber durduk.	Muhacirler: 88
Dağdaki çetelere katılıp birkaç Yunan askeri, özellikle de köylülere zulüm edenleri öldürme fikrini ortaya atanlar olduysa da bu görüş taraftar bulmadı.	Muhacirler: 83
Doğrudan çetelere katılmasalar bile onlara yardım edenler veya hiçbir şeye karışmayan binlerce insan bu çetelerin eylemlerinin sonucu oluşan Rum düşmanlığının kurbanı durumundaydı.	Muhacirler: 79
Olamaz mı? Belki Türklere karşı teşkilatlanalım diye gönderiyorlardır altınları kiliseye?	Ah Bre Sevda, Ah Bre Vatan: 54

41

Yunan ordusu, kendi yapamadığı pis işleri hala dağlarda mesken tutan Rum çetelerine yaptırıyordu.	Ah Bre Sevda, Ah Bre Vatan: 78

Vraşno'dan Anadolu'ya gelen Muhittin Yavuz, daha Balkan Savaşları sırasında Osmanlının yenilmesi ile Yunan çetecilerin katliama giriştiklerini anlatır. (Emanet Çeyiz, s. 193) Vraşno'daki bir katliam teşebbüsü sırasında papazın çetecilere engel olması ya da Anadolu'da çeteciler tarafından kiliseye doldurularak aç susuz bırakılan Rumlara bir Türk gencinin yardım etmesi (Emanet Çeyiz, s. 88-89) iki halk arasındaki ortak yaşam bilincini göstermesi bakımından dikkat çekicidir.

Yunanistan tarafında ahalinin en çok korktuğu çeteciler Debreli Hasan, Kaptan Ziku ve Virvera, Anadolu'da ise Hristo ve Topal Osman'dır. Kaptan Ziku, Balkan Savaşı'ndan önce dağlarda eşkıyalık yapmaktadır. Balkan Savaşı başlayınca hükümete mektup yazıp Türklere karşı adamlarıyla savaşmak istediğini söyler. Bu teklifine olumlu cevap gelince Türk köylerini basıp para toplamaya başlar. Kastro köyünden para toplamaya geldiğinde ahali kendi din kardeşlerine karşı toplanan bu parayı vermek istemez. Kaptan Ziku'nun verdiği emirle açılan yaylım ateşi sonucunda camiye toplanmış yetmiş iki Türk öldürülür. (Emanet Çeyiz, s. 178-180)   Bilhassa II. Abdülhamid'in tahttan indirilmesinden sonra Balkanlarda çetecileri engelleyebilecek hiçbir kuvvet kalmaz. Türk ahalinin düşüncesine göre hürriyet Türkler için değil Balkan komitacıları için gelmiştir. Bu durum *Mübadiller* romanında şöyle ifade edilir: *"Hürriyet sanki bizim içinde değil de Balkan komitacıları için geldi. Eli kanlı Sandanski, Vasilev, Dimitri serbest. Ama onların eşkıyaları hâlâ dağda. Geceleri Türk köylerini basıyor. Jandarmamız baş edemiyor."* (Mübadiller, s. 88)

Mübadele Günlerinde Aşk romanında da çetecilik faaliyetleri Balkan Savaşları ile başlatılır. 1912-1914 Balkan Savaşları'ndan sonra Girit adasındaki Türkler, Yunanlılar tarafından baskı ve katliama maruz kalırlar. (Mübadele Günlerinde Aşk, s. 14-15) 1922'de Yunan ordusu Anadolu'dan büyük bir yenilgi ile çekilmek zorunca kalınca Girit'e gelen Yunan askerleri buradaki Müslümanlara eziyet ederler. (Mübadele Günlerinde Aşk, s. 69) Bir Türk kızı olan Sare'ye âşık olup da kavuşamayan Adras, soydaşlarının Türklere yaptığı katliamlara çok üzülür ve bir Rum çetesine sızar. Çetenin hangi köylere baskın yapacağını öğrenip önceden o köylere bilgi sızdıran Adras'ın bu faaliyeti anlaşılınca çeteciler tarafından vurulur. (Mübadele Günlerinde Aşk, s. 56-62) *Suyun Öte Yanı* romanındaki Girit mübadili Sıdıka Hanım, Girit'te genç kızların öldürüldüğünü, göğüslerinin kesildiğini söyler. Girit'te yaşadıkları zamanlarda, babalarının akşam eve gelemeyeceği korkusunu her gün yaşadıklarını belirtir. (Suyun Öte Yanı, s. 33-34)

Romanlarda çetecilik faaliyetleri çok önemli bir motif olarak öne çıkmakla birlikte çetecilerin yaptıkları zulümler çoğunlukla dehşet verici sahneler olarak tasvir edilmez. Ancak Yılmaz Gürbüz'ün *Mübadiller* romanında ve *Emanet Çeyiz*'de bu kural bozulur. *Mübadiller* romanında, Yunanistan'daki Türklerin Anadolu'daki Rumlara nispetle çok daha büyük acılar çektikleri, çetecilik faaliyetlerinden yoğun biçimde etkilendikleri tezi savunulur. Anadolu'ya gelen Halim Bey'in Yunanistan'ı soran bir Rum mübadile verdiği cevap bu bakımdan ilginçtir: *"Çok güzel bir memlekete gidiyorsunuz, dedi. Buradan zengin, buradan yeşil, buradan iyi. Hem her şeyinizi götürüyorsunuz. Biz bir canımızı kurtardık. Harpten önce de harpten sonra da Rum çeteciler çiftliklerimizi talan ettiler. Sürülerimizi götürdüler. Değirmen taşlarımızı kırdılar."* Halim Bey'in bu sözlerine karşı Rum mübadilin verdiği cevap Anadolu'daki hoşgörüyü yansıtır: *"...Biz, burada çok rahattık. Ne canımıza ne malımıza bir kötülük geldi. Biz de bir şey yapmadık. Hatta karılarımız çorap örüp Sakarya'da savaşan Mehmetçiklere yolladı. Biz gitmek istemiyorduk. Ama şu hükümetler ve siyaset var ya İngiliz oyununa geldiler. Venizelos denen bela. Sizi de mahvetti, bizi de!"* (Mübadiller, s. 699)

Romanlarda en azılı Yunan çetecilerin Yunan bozgunundan sonra Karadeniz ve Ege bölgesinden kaçan Rumlar olması dikkat çekicidir. Yunanlı hükümet yetkilileri onların vahşi olduğunu söyler: *"Biliyorsunuz komşu köylere Karadeniz'den Ege'den gelen Rum göçmenleri yerleştirdik. Bunlar vahşi. Bizim gibi değil. Batı Anadolu'da yakmadık Türk köyü bırakmamışlar. (...) Bu Pontuslular vahşi. (...) Dün Pontuslular Mavraki köyünden çıkıp, Beydilli köyünü basmışlar. Talan etmişler. Türklerin neleri varsa almışlar, biz gidip kovaladık."* (Mübadiller, s. 298) Romanlarda Orta Anadolu'daki Rumlar Ege ve Karadeniz Rumlarına göre çok daha masum olarak gösterilir. Orta Anadolu Hristiyanları arasında Karamanlı Türklerinin var olması kültürel anlamda da bir yakınlık duygusu oluşturmaktadır.

Mübadele romanlarında çetecilerin her iki toplumda birbirinin iz düşümü olan figürleri arasında Türkler arasında Debreli Hasan ve Topal Osman öne çıkarken Rumlar arasında çeteci olarak adı geçen figürlerin tarihî şahsiyetler olmadıklarını söyleyebiliriz. Kimi yazarların çetecilik bahsinde "çeteciliği" bütünüyle olumsuzlayan bir yaklaşımla meseleye eğilmedikleri görülür. Ali Ezger Özyürek *Muhacirler* romanında Balkanlarda çeteciliğin oluşumunun başlangıçta güvenlik amaçlı olduğunu ve farklı milletlerin dağlardaki eşkıyalarının bir arada bulunduğunu, milliyetçilikle beraber ise her bir milletin kendi eşkıyalarının çeteciliğe bürünerek ayrıştığını belirtir. (Muhacirler: s. 95). Türkler ve Rumlar için de aynı durum söz konusu olur ve güçlenen milliyetçilik dağlarda aynı eşkıya çetelerinde bir arada bulunan Türk ve Rumları ayrıştırır.

Mübadele romanlarında her iki milleti karşı karşıya getiren çetecilik bahsinde meselenin oluşumuna ve varlık nedenine dair benzer söyleme Akın Üner'in *Çalı Harmanı*'nda da rastlanır. Romanda eşkıyacılık ve çetecilik birbirinden ayrılarak çetecilik neredeyse müspet bir anlatımla verilir. Üner, romanın merkezine çoğu zaman olumlu bir havada taşıdığı kahraman Hristo'nun çetesine, din adamları Ayazma'nın isteğiyle katılan birkaç çeteci hakkında söyledikleri bu konuda ilginç bir örnektir: *"Oğlum bu herifler Stavro denen o eşkıyanın, Piç Aleko gibi adamların yetiştirmesi. Nebyan'dakiler Pontus için falan savaşmazlar! Fidye için adam kaçırır bunlar, hırsızlık için köy basar, hayvanlık olsun diye kadınları dağa kaldırırlar! Nasıl bize uyacaklar? Söylesene!"* (Çalı Harmanı, s. 31).

Bu sözleri söyleyen çete reisi Hristo'nun yine bir papazın isteğiyle Samsun merkeze yakın bir Türk köyünü basarak köyün camisinde cemaati vahşice katlettiği sahne romandaki en dramatik kısımdır. Bu tezat Türk yazarların çetecilik konusunda da aşırı hümanist tavırlarını sürdürme çabasının bir sonucu olarak yorumlanabilir. Öyle ki bir Rum çetecinin dilinden söz konusu çetecilerin varlık gayesi şöyle verilir okuyucuya:

Beyler eğer amacımız gerçekten Pontus'u hürriyetine kavuşturmak ise askerliğin kurallarına uymak zorundayız. Kaptan Hristo'nun askerleri katil değildir, hırsız değildir, eşkıya hiç değildir. Biz amaçsızca adam öldürmeyiz, hırsızlık etmeyiz, kadınların namusuna el uzatmayız. Bizler sadece Pontus halkının hürriyeti ve İncil için savaşırız, tamam mı? (Çalı Harmanı, s. 38).

Temas ettiğimiz husus, çete reisi Debreli Hasan ile Hristo'yu haksızlık karşısında mücadele eden olumlu kişilikler olarak ortak bir zeminde buluşturur. Bu suretle de mübadele romanlarında "çeteci tipi" gibi bir model oluşturulur. Aynı zamanda bu durum, milletlerin çetecilerini belli tipler üzerinden vermeye çalışan mübadele romanlarının temel karakteristiklerinden birini oluşturmaktadır.

2.3. Din, Din Adamları, Kültürel Değerler

Bizim Tanrı'mız kilisedeki çan kulesinde, onların Tanrı'sı da camideki minarede yaşıyor; öyle değil mi mama?

Mübadele romanlarında tarafların birbirinin dinine bakışı konusunda genel olarak aşırı sayılabilecek bir hoşgörü hâkimdir. Tarihî gerçekliğe göre iki toplum arasında çoğu zaman ayrışma ve çatışmaların kaynağı olan ve mübadelenin de tek ölçüsü kabul edilen "din", birçok roman kahramanı için basit bir ayrıntı gibidir. Romanlar birbirlerinin ibadethanesinde dua eden, "Allah'ımız aynı Allah" diyerek adeta ortak bir din anlayışı geliştiren kahramanlara rastlanır. Bu tavırda, yazarların dinleri suçlamak yerine din algısındaki bozukluğu göstermek gibi bir amaç güttüklerini düşünüyoruz. Ancak bunu yaparken bağlı kaldıklarını iddia ettikleri dış dünyadaki gerçeklikten epeyce uzaklaşmışlardır. Genel toplam içinde istisna sayılabilecek birkaç örnek üzerinden sanki iki toplum arasında din temelli hiçbir gerilim yokmuş gibi göstermek anlatıcının görmek istediğini anlattığı şeklinde yorumlanabilir: Özellikle *Mübadele Günlerinde Aşk* isimli romanda bu konuda aşırı romantik bir tavır görülür. *"Hiç birbirimizin inançlarını sorgulamadık ki sizin kandillerinizde birlikte dua ettik. Sizden gelen etli pilavları dört gözle beklerdik. Yine bizim kilisemizde birlikte mum yakıp dua ettik. Allah her yerde aynı Allah'tı."* (Mübadele Günlerinde Aşk, s. 34) Bu yaklaşıma benzer birçok örneği ve din konusundaki farklı yaklaşımları aşağıdaki alıntılarda görebilmek mümkündür:

Tablo 5

Mübadele Romanları- Din, Din Adamları, Kültürel Değerler

Metin Alıntısı	Eser Adı
Giritlilerin hepsi aynı sayılırdı üstelik. İşleri ibadetleri bile benzerdi. Mübarek ayda tas tas aşure, Paskalya zamanı sepet sepet yumurta göndermiyorlar mıydı birbirlerine?	Kritimu: 45
...Küçükbalkan köylerinden gelen köylüler, şehrin batı yamaçlarındaki beş asırlık Sarı Saltuk Tekkesi'nde misafir ediliyorlardı."	Mübadiller: 103
Hüseyin Bey de babası gibi her Cuma akşamı sofada aileyi toplar; oğullarını iki yanına oturtur, gür, dokunaklı sesi ile Kuran okur. Hepsi de sessizce onu dinlerdi.	Mübadiller: 194
Genç kızken Kayalar'da Yunus Baba Türbesine giderdik. İşlerimiz asan, talihimiz açık olsun diye (...)	Mübadiller: 287
Hıdırellezde taş atardık Mevlit Baba Yonusuna!	Mübadiller: 287
Girit'in dağlarına, yemyeşil toprağına, evlerine, sokaklarına, camisine, kilisesine (...)	Kritimu: 55
Hanya çoktan uyanmış, kilise çanları, ezan sesleriyle buluşmuş (...)	Kritimu: 60
Madem Paska bile dinlemiyorsun, beni günaha sokma o zaman.	Kritimu: 66
Giysileri toplayıp Bektaşi Tekkesine götürür, Çakali için der bırakırlardı. (...) Dede onu bizzat karşılar, yemeğini eliyle yedirir.	Kritimu: 81

Cemile'nin arkasında duran hoca hanım Yasin okuyacak, kelimeler Hristiyan-Müslüman herkesin kulağına çarpacak yüzlere mutlu ve içten bir ifade yayılacaktı.	Kritimu: 82
"defolsun gitsin" sözleri kilisenin duvarlarında çınlıyor, Meryem ikonasını titretiyordu. Erkekler Prensin adını anıp pencereden dışarı tükürüyorlardı.	Kritimu: 126
Paskalya'nın bir hafta öncesinde Girit'in Hristiyan evleri baştan aşağı temizleniyor (…)	Kritimu: 67
Kilisede toplanmışlar. Başlarında Venizelos varmış. Prens'e karşı silahlanıyorlarmış.	Kritimu: 131
Girit'in Bektaşi cemaati burada önemli işleri konuşmak için toplanır, dedenin yatıştırıcı sözlerini dinlerdi.	Kritimu: 164
Şu canlara çare, diye dergâhımıza koşmuş, derdini yandı. Dedem dedi toparlarsan sen toparlarsın.	Kritimu: 166
… Yeniden çeviriyor numarayı, içinden "Bismillah.." diye başlayan ve hiç tanımadığı bir sesi duymanın şaşkınlığıyla. Orta sondan bu yana inanmadığı hiçbir talep yollamadığı, hiçbir rica ve minnette bulunmadığı bir yardımı çağıracak kadar… Nasıl olur, hay Allah, diye düşünüyor, şaşkınlığını yeniden aynı kavramla dile getirişine büsbütün şaşıp sinirlenerek… Neyse çalıyor bu sefer. 'dindarlıktan ucu ucuna sıyırttık' diye düşünüyor Ertan kendisiyle dalga geçerek.	Suyun Öte Yanı: 81
Madam Fotini, Seher Hanım'ın anlattıklarını yine gülerek dinledi. Komşusunun ağır işten kulaklarının yarattığı mazerete sığınıp çoğu kere ezanı bilerek kaçırdığına inanıyordu. Her seferinde kar kış demez, evinden çıkıp komşusunun camını tıklatarak namaz vaktini hatırlatırdı.	Mor Kaftanlı Selanik: 24
Bütün silsilesine rağmen dinler, hala merak ve korkuyu birlikte telkin ediyorlar… İster Musa, ister İsa, istersen Muhammed de; cehennemi tamamen boşaltacak bir din bulmamız mümkün değil…	Mor Kaftanlı Selanik: 144
Birlikte cami avlusuna girdiler. Yannis doğru minareye yöneldi. Zincirleri kontrol etti. Ucuna takılan kilit öyle korku verecek türden değildi. Balyozun sapını geçirip zinciri gerdi. Araya bir demir çubuk yerleştirdi ve olanca hızıyla vurarak kilidi kırdı. Sonra zinciri çekip minare kapısını ardına kadar açtı: -Buyur Hocam! Söyle, müezzin çıksın yukarıya…	Mor Kaftanlı Selanik: 203
Allah'ım ben Sare. Müslüman'ım. Adras Hristiyan. Niye böyle bir ayrım yapıldığını bilmiyoruz. Ama ikimizin de Allah'ı sensin. İkimiz de yalnız sana inanıyoruz. Sana dua ediyoruz. (…) Camiyle kilise arasındaki bu ağaca adımızı kazıyorum. Yardım et, Allah'ım. Bizi görüp duyduğunu biliyorum.	Mübadele Günlerinde Aşk: 45
Niye böyle bir ayrım yapıldığını bilmiyoruz. Ama ikimizin de Allah'ı sensin. İkimiz de yalnız sana inanıyoruz. Sana dua ediyoruz. (….) ikimiz farklı dinden olsak da, burası bizim ibadet yerimiz. Sen dualarımızı kabul ederek ellerimizi tekrar birleştirdin.	Mübadele Günlerinde Aşk: 146
Samsun, mahmur bir sabah geçirdikten sonra Müslüman ahalinin Cuma telaşıyla biraz canlanır gibi olmuştu.	Çalı Harmanı:10
Tövbe estağfurullah! İbraammış! Kırk yıllık Avraam üç günde mi İbraam oldu?	Çalı Harmanı: 12
Şimdi senden, en kısa zamanda Samsun civarındaki kuvvetlerimizin bozulan morallerini düzeltecek bir vurgun yapmanı bekliyorum. Bunun için en iyisi, Samsun'a yakın köylerden birini basıp camisini ateşe vermek…	Çalı Harmanı: 31

Dimitra, iki eliyle, kıvır kıvır saçlarını arkasından topladı, ayağa kalktı. "öyle ya sen Müslümansın değil mi?" İbrahim cevap vermedi. "Samsun'da dolaşan herkes senin Rum dönmesi olduğunu biliyor" dedi hırçınlığını sakınmadan. Sonra döndü, üstüne basarak sordu: "Öyle değil mi Avraam enişte?"	Çalı Harmanı: 90
"Kutsal bakire yoldaşın olsun Kaptan!" dedi Andreas, Hristo'ya sarılırken.	Çalı Harmanı: 82
"Hadi Andreas Efendi, Pontusçulara en büyük yardımın köylerdeki kiliselerden gittiğini herkez biliyor" diye fısıldadı.	Çalı Harmanı: 189
Sen eniştemin cumaya gittiğine bakma, Pontus bayrağı çekilsin, hemen ilk Pazar günü kiliseye başlar. Onun için evde Avraam, dışarıda İbraam!	Çalı Harmanı: 188
"sünneti yok, kâfirmiş bu"	Çalı Harmanı: 181
Pontusçu ağabeylerinin kiliselerde yaptıkları gizli toplantılarda ettirdikleri özgürlük yeminlerini nasıl unutabilirdi?	Çalı Harmanı: 150
Dora Halam bile benden daha talihliymiş! Kadıncağız din kardeşleriyle omuz omuza yatıyor, ama öldüğümde beni bir Müslüman mezarlığına gömecekler. Ardımdan kimse İncil okumayacak. Kızımı da bir papaz değil hoca evlendirecek. Müslüman bir adamın koynuna verecekler zavallıyı.	Çalı Harmanı: 290
Vre, neye inanırsan inan. Şu zorunlu hicret meselesini atlatıncaya kadar Müslüman gibi davran, yeter.	Çalı Harmanı: 274
Askerler, camilerin Pazar günleri, Hristiyan göçmenler tarafından kilise olarak kullanılmalarını mecbur etmişlerdi. Bu nedenle Pazar günü sabah namazından sonra, camideki tüm kilimler toplanıyor, Kuran-ı kerimler kaldırılıyor, daha sonra cami kısa bir düzenlemeyle birkaç saatliğine kiliseye çevriliyordu.	Çalı Harmanı: 371
"Allah bilir ya..." dedi Cemile; "namaz kılmıyorlar ama kim bilir Papazın okudukları; Elhamın, Yasin'in Rumcasıdır belki de."	Çalı Harmanı: 372
Bizim Tanrı'mız Kilisedeki çan kulesinde, onların tanrısı da camideki minarede yaşıyor; öyle değil mi mana?	Çalı Harmanı: 336
"Cemal denen o kâfirin arkadaşı o" "Dinden çıkmış bu, çıkmış."	Ah Bre Sevda, Ah Bre Vatan: 78
Kilise kadınları görevlendirmiş, Müslümanlarla ahbaplık edenleri bildiriyorlar.	Ah Bre Sevda, Ah Bre Vatan: 90
Enver kilisede evlenmeyi kabul eder miydi? Aklının sesiydi cevap veren. "Asla yapmaz."	Ah Bre Sevda, Ah Bre Vatan: 121
"Rahatlayan Yordan, evden çıkıp doğru Büyük Analapsi Kilisesi'ne giderek mum yaktı."	Kimlik: 69
"Kurbanın kesileceği kilise, cami gibi yerler bir güzel temizlendi. Hayvanlar kutsandı. Kilisede yapılan hamd duası esnasında ev sahibi kurbanı çözdü. Üç defa mihrabın çevresinde dolandırdılar. Üçüncü turdan sonra hayvanın başını, doğuya çevirerek sunağa yatırdılar. (...) Ortodoks ve İslâmî kurallara uygun kutlamalar yapıldı. (...)	Kimlik: 74

Mübadiller romanında Raci Bey, evine yerleşen Rum aileye duvarda asılı Kur'an-ı Kerim için "ona dokunmayın" dediğinde Rum ailenin hanımı "O nasıl söz" derken ailenin küçük çocuğu da "Bilirik kitabı guranı! Gayseri'deki arkadaşımın babası da okurdu." şeklinde cevap verir. (Mübadiller, s. 205) Bunun tam tersi bir olay da Anadolu da yaşanır. Rum aile evini terk ederken bir gün dönme umutlarını ifade ederek Türk aileden evin duvarındaki ikonaları silmemelerini rica eder.

Ancak kimi zaman bahsi geçen bu aşırı hoşgörünün tam tersi durumlarla karşılaşıldığı da görülür. Kiliseye çevrilen camiler olduğu gibi "gâvur malı" denerek tahrip edilen kiliseler de görülür. *Emanet Çeyiz* romanında Kayserili bir mübadil Rum'un anlattığına göre Türklerin terk ettikleri köydeki bir cami, Rumlar tarafından kiliseye çevrilmiştir. (Emanet Çeyiz, s. 82) Balkanlardaki Saltuk Baba Türbesi Yunanlılar gelince bakımsız kalır, mermerleri Rumlar tarafından sökülüp götürülür. (Mübadiller, s. 259) Cunda Adası'ndaki Taksiyarhis Kilisesi de "gâvur malı" denerek tahrip edilir. (Suyun Öte Yanı, s. 43) Taksiyarhis Kilisesi'nin tahrip edilmesi karşısında roman kahramanı Nihal'in gözlemleri oldukça ilginçtir. Nihal, mimari mekânları her türlü dinî ve ideolojik yaklaşımın uzağında kültürün bir parçası olarak görmektedir. Bağnazca yaklaşımlar onu daima rahatsız eder. Bu, sadece dinî mekânlar için geçerli değildir. Boğazdaki yalıların burjuva kültürü olduğu gerekçesiyle yıkılması gerektiğini düşünen öğrencisine karşı da aynı rahatsızlığı yaşar. (Suyun Öte Yanı, s. 43-44) Mezar taşlarını sökmeye çalışırken Türkler tarafından uyarılan Rum hırsızın "sırıtarak" *"Nasıl olsa gideceksiniz! Buralar bize kalacak. Hadi bakalım işinize! Yoksa..."* (Mübadiller, s. 228) şeklindeki sözleri de dinî ve kültürel değerlere yaklaşım konusunda belli oranda bir hoşgörüsüzlüğün olduğunu düşündürmektedir.

İncelediğimiz romanlar içinde dine ve dini değerlere karşı belli bir mesafe ile yaklaşan kahraman tipleri *Suyun Öte Yanı*'nda görülür. Telefonla karısına ulaşmaya çalışan Ertan'ın birkaç başarısız denemesi anlatıcı tarafından şöyle yorumlanır:

... Yeniden çeviriyor numarayı, içinden 'Bismillah..' diye başlayan ve hiç tanımadığı bir sesi duymanın şaşkınlığıyla. Orta sondan bu yana inanmadığı hiçbir talep yollamadığı, hiçbir rica ve minnette bulunmadığı bir yardımı çağıracak kadar... Nasıl olur, hay Allah, diye düşünüyor, şaşkınlığını yeniden aynı kavramla dile getirişine büsbütün şaşıp sinirlenerek... Neyse çalıyor bu sefer. 'dindarlıktan ucu ucuna sıyırttık' diye düşünüyor Ertan kendisiyle dalga geçerek (Suyun Öte Yanı, s. 81).

Mor Kaftanlı Selanik'te Drama'nın kanaat önderlerinden olan Hasan Hoca ile yıllardır dargın olduğu Sokratis mübadele haberinden sonra barışır. Hasan Hoca, Sokratis'e bir Kur'an-ı Kerim hediye eder. Mübadeleyi fırsat bilerek Türklere zulmetmek isteyen Yorgo, jandarma olarak askerlerin arasına katılır. Üstelik bir müfrezenin de komutanı olmuştur. Sokratis'in evindeki Kuran-ı Kerim'i bulup onu döven Yorgo, bu kitabı Hasan Hoca'nın hediye ettiğini düşünerek onun evini de basar. Hasan Hoca'nın eşi Dilşat Hanım elindeki mavzeri ateşleyerek Yorgo'ya teslim olmasını söyler. Çaresiz teslim olan Yorgo, Sokratis tarafından çırılçıplak soyularak teşhir edilir. Bu aşağılayıcı olaydan fazlasıyla etkilenen Yorgo intikam almak için ertesi gün yola çıkan Türk mübadil kafilesini yağmur altında bekletir. Bu işkenceye dayanamayan Sokratis, silahıyla Yorgo ve adamlarını uzaklaştırarak Türkleri kilisede misafir eder.

Mor Kaftanlı Selanik'te kimi Rumların yaşadıklarından dolayı zaman zaman kendi dinî değerlerine karşı bir soğukluk yaşadığı hissettirilir. İzmir'den ayrılmak zorunda kalan Eleni, evindeki İsa heykelini eline alıp sert bir ses tonu ile şu sözleri söyler: *"- Haydi bakalım Nasıralı, göster kendini... Bu kötürümleri yürütmeye benzemez. Bir koca memleket ayağa kalkmış bekliyor. Gücün yetiyorsa yollarını açık tut."* (Mor Kaftanlı Selanik, s. 122) Eleni'nin komşusu Seher Hanım'ın şu sözleri de Eleni'nin kendi dinî değerlerine karşı bir soğukluk duyduğunu gösterir: *"-İsa'ya kızgınsın biliyorum. Senin için Muhammed'e söyleyeceklerim var."*(Mor Kaftanlı Selanik, s. 123) İzmir'den Resmo'ya gönderilen Anastas da kilise vaazlarını hep aynı şeylerden örülü bıkkınlık verici sözler olarak görür: *"Dinlediklerimiz inançlarımız değil, korkularımız... Onları bize öyle garip bir niyet ve dille anlatıyorlar ki erdemlerimiz bir eziyet mengenesine dönüyor. İnanç dedikleri şey birer hakikat düşmanlığına dönüşüyor. Ve biz onların kölesi oluyoruz."* (Mor Kaftanlı Selanik, s. 376)

Mübadeleden kurtulmanın tek yolu din değiştirmek olmakla birlikte bu yolu tercih eden mübadil oldukça sınırlıdır. Vatanlarından ayrılmamak için intihar edenler bile görülürken kahramanlar din değiştirmeye pek sıcak bakmazlar. Türklerle evlenip din değiştiren az sayıda Rum kızını ve Anadolu'dan gitmemek için takıyyeye başvuranları -*Çalı Harmanı*ndaki Avraam Efendi gibi- saymazsak bu konuda ciddi bir eğilim olmadığını söyleyebiliriz. *Mübadiller* romanında dağda koyun otlatırken mübadeleden haberdar olan ve yurtlarında kalmanın tek çıkar yolunun din değiştirmek olduğunu öğrenen Yörük Hasan kardeşine: "Hemen din değiştirelim öyleyse!" dese de kardeşinin onu tövbeye davet eden sert çıkışı ile karşılaşır.

Yazarlar sadece ihtida eden Rumları değil dinlerini terk etmeyenleri de temsil eden roman kişileri yaratmışlardır. Bu tarz kişilere *Kimlik* romanı kahramanlarından İspir iyi bir örnektir. İspir ve Yordan adlı iki Karamanlı Türkü'nün ve çocuklarının mübadele sırasında ve sonrasında başlarından geçenleri ele alan romanda, Yordan Efendi Hristiyanlık'tan İslam'a dönen Karamanlı Türklerinin, İspir Efendi de Hristiyanlık'tan vazgeçmeyen ve bu nedenle de Yunanistan'a sürgün edilen Karamanlı Türklerinin temsilcisidir. İspir'in verdiği bu karar, romanda yer alan birçok dialog ve monologda bilinç akışı tekniğiyle derinlemesine tahlil edilir. Mübadele, İspir'in torunları için tam bir yıkım olur ve bu Türkler, Hristiyanlık'tan dönmedikleri için Yunanistan'a göç ettirilir. Romanın sonlarına doğru okuyucu ile paylaşılan mektuplar, Karamanlı Türklerinin Yunanistan'daki zorlu dönemi anlatmaktadır. Karamanlı Türkleri, "gâvur" oldukları yargısıyla anayurtlarından sürülmüşler ve bu yeni yurtlarında da "türkofon" olarak nitelendirilmiş ve aşağılanmışlardır (Akgün & Şen, 2008, s. 23). Müslümanlığı kabul etmeyen İspir Ağa'ya göre İslam'ı kabul edenler samimiyetsiz bir şekilde yaşamaya mecbur kalacaktır:

> *Dininden dönenler; ne tam İslâm, ne de tam Hıristiyan idiler. Hayatlarında din kavramı hiçbir zaman olamayacak, dönenler zamanla paganlaşacaklar. (...) Bu insanların soyundan gelenler, yerleşmiş bir İslam kültürüne sahip olamadıkları için, inançlarında samimi davranamayacaklardı. Zamanla da, iki cami arasında kalan cahillere dönüşeceklerdi (...)* (Kimlik, s. 77).

Mübadelenin dinî kimliğe göre yapılmasının bir hata olduğunu fark eden Yunanlılar, Müslüman Arnavutları din değiştirmeye ikna etmek için çok uğraşırlar. *Mübadiller* romanında Yunan bir profesör, Müslüman Arnavutlara Melisorlar gibi Hristiyan olmalarını teklif eder. Arnavut Haşim Ağa bu teklife: *"Ben Türk'üm hem de kalubeladan beri Türk'üm"* diye cevap verir. Profesör gayet sakin bir dille Haşim Ağa'yı ikna etmeye çalışır: *"Lütfen otur Haşim Ağa, dedi, size dininizden hepten çıkın demiyoruz. Siz Arnavutlar da bizim gibi Dor soyundansınız. Aslınız Elen. Türkler ayrı ırk. Dinleri de Müslüman. Melisorlar gibi olun. Din bir elbise gibi ırka giydirilmiş örtü. Elbise. Bu elbiseyi şu mübadele sırasında çıkarın! Melisor olun."* Profesörün bu sözleri karşısında Haşim Ağa iyice çileden çıkar, yarı Arnavutça yarı Türkçe şu sözleri söyler: *Une Turkyom! More ben Türk'üm! Une Muslumen! Müslüman'ım, Arnavut'um! Size ne! Kandıramazsınız bizi. Anca beraber kanca beraber. Türkler nerde biz orda! Gideceğiz. Müslüman doğduk, Müslüman öleceğiz. Peygamberimiz hicret etti, biz de edeceğiz!"* (Mübadiller, s. 228) Romanın bir yerinde bir başka Arnavut (Gani Ağa) da bu düşünceyi tekrar eder: *"Nasıl 'Müslümanız elhamdülillah' dersek, üle 'Türk'üz elhamdülillah' da deriz be yavru! Sizden ayrımız gayrımız yoktur!"* (Mübadiller, s. 309) Haydar isimli Arnavut kahraman mübadele komisyonu tarafından sorulan "Sen Müslüman mısın?" sorusuna "Elhamdülillah Turkıyom" şeklinde cevap verir. Bunun üzerine Türk komisyon üyesi Hollandalı komisyon üyesine *"Türk'ten kastı, Müslüman'ım demek ister (...) Balkanlarda Türk'le Müslüman eş anlamlı"* (Mübadiller, s. 373) der. Durumdan rahatsız olan Yunan komisyon üyesinin yorumu ise oldukça ilginçtir: *"İşimiz zor, buraya gelen Çerkez'i de Boşnak'ı da, Arnavut'u da 'Türk'üm' der, Anadolu'ya gitmek ister. Ne var şu Mustafa Kemal'in Türkiye'sinde?"* (Mübadiller, s. 373) Roman anlatıcısı, Gani Ağa'nın bu sözlerini Balkan Harbi yenilgisinde Arnavutların cepheden ilk kaçanlar olmasının mahcubiyetine bağlar: *"Gani Bey, böyle konuşmakta haklıydı. Balkan Harbi yenilgisinden sonra Arnavutların çoğu, Türkler karşısında boynu bükük, suçlu duruma düşmüşlerdi. Çünkü cepheden ilk kaçanlar, savaş hatlarına yakın köyleri olan Arnavut köylüleriydi."* (Mübadiller, s. 309)

Mübadiller romanında iki toplumun dinî değerlere yaklaşımı diğer romanlara göre daha gerçekçi bir zeminde işlenir. Bu romanda dinî kimlik, sadece çocuklar arasında bir ilahî sükûn ve huzur havası estirmektedir. Hüseyin Bey ve ailesi Atina Limanı'nda mübadele gemisini beklerken Mihal Karayannis isimli eski bir aile dostu onları kendi konağına davet eder. Evdeki renkli ikonlar, haç ve istavroz çıkarma ritüeli Müslüman aile tarafından yadırganır. Aynı odada yatan çocuklardan Pakize besmele çekip *"Rabbiesir, velatüvasir, rabbitemin bilhayır. Yattım sağıma..."* diye dua etmeye başladığı sırada Maria nispet edercesine sesini yükselterek onu bastırır. İşin ilginç yanı iki küçük kızın "yatı duası" birbirine çok benzemektedir. Rum kızı *"Aya panayam, tatlı panayamu / Yattım soluma, döndüm sağıma / Melekler şahit olsun tatlı canıma"* şeklinde dua ederken Pakize yarım kalan duasını şöyle tamamlar: *"Yattım sağıma, döndüm soluma / İki ferişte iki yanıma / Allah, peygamber kerim imanıma / Yattım Allah, kaldır Allah! / İyilikler ihsan et canıma"* (Mübadiller, s. 388) Buna benzer bir başka olayı Anadolu'ya göç ettiklerinde yaşarlar. Bir müddet aynı evi paylaştıkları Rum ailenin çocukları tıpkı Yunanistan'daki kız çocukları gibi bu sefer Türkçe olarak aynı duayı ederler. Duayı Türkçe olarak yapmaları Pakize'de bir şaşkınlığa sebep olur. Pakize onların neden Anadolu'dan gitmesi gerektiğine, kendilerinin de niçin geldiğine bir türlü akıl erdiremez. (Mübadiller, s. 614)

Mübadele romanlarındaki din bahsinde fazlaca işlenen bir husus, roman kahramanlarının Türklük ve Müslümanlığı bir arada düşünmeleridir. Bu romanlarda, Müslümanlığını kaybeden Türklerin zaman içinde millî kimliklerinden de uzaklaşacağı yönünde belirgin bir kanaat vardır. Örneğin *Mübadiller* romanında Hunlar, Uzlar, Peçenekler ve Avarların Müslüman olmadıkları için kaybolup gittikleri ifade edilir. Balkanlara gelen Türklerin Türk kimliklerini Saltuk Baba, Abdal Musa gibi Ahmed Yesevi dervişleri vasıtasıyla koruduklarına dikkat çekilir. Saltuk Baba ve Abdal Musa Tekkeleri, Yunus Baba Türbesi, Mevlit Baba Yonusu Balkan Türkleri için dinî hayatın önemli merkezleridir. Selanik'teki Halil Ağa Hamamı'nda vücut kirlerinden arınan Halim Bey ve arkadaşları gönül kirlerinden arınmak üzere Saltuk Baba Tekke'sine giderler. Anlatıcı, burada gerek tekkenin mimarisi gerekse dervişleri hakkında oldukça ayrıntılı betimlemeler yapar. Halvet odasına alınan Rumelili gençlere şeyh efendi tarafından özel bir ilgi gösterilir. Bu ilginin temelinde Rumeli Türkmenlerinin evlad-ı fâtihan olmaları vardır. Şeyh Efendi, Balkanlarda tasavvufun yaygınlaşması ve işlevi konusunda ayrıntılı bilgiler verdikten sonra Müslümanların geçmişteki görkemli günleri ile bugün düştükleri durum arasındaki farka dikkat çeker. Bu duruma düşmenin temel sebebi ona göre iman selâmetini ve nefis ferâgatini kaybetmektir. (Mübadiller, s. 118-122) Mübadele olgusu ve mübadele sırasında çekilen eziyetler, *Mübadiller* romanının birçok yerinde Hz. Muhammed'in hicret yolculuğu ile özdeşleştirilerek katlanılabilir hâle getirilir. Abdurrahman Ağa evlatlarını teselli etmek için şu cümleleri kullanır: *"Biz Allah'ın sevgili kullarıyız (...) Şükür Allah'a! Peygamberimiz de hicret etti. Bize de hicret nasip oldu! Üzülmeyin evlatlarım."* (Mübadiller, s. 261) *Muhacirlik peygamberimizin de çilesi olmuş, bizim de olur. Çekeceğiz."*(Mübadiller, s. 279) Tursun Beğ Camii'nde son namazlarını kılan mübadillere vaaz veren Halim Bey de kendi göçlerini peygamberlerin hicretleriyle özdeşleştirerek mübadilleri teskin etmeye çalışır. Hz. Muhammed, Hz. İbrahim ve Hz. Şuayib'in hicretlerini örnek gösterdiği konuşmasında hicretin bir peygamber pratiği olduğunu ifade ederek kâfir memleketten İslam'ın hür havasının teneffüs edildiği memlekete gittiklerini ifade eder. (Mübadiller, s. 334) Romanda ezan, cami, minare gibi dinî semboller, Küçük Balkanların Türklük ve hâkimiyet sembolleri olarak takdim edilir. Osmanlı ordusu yenilerek Balkanlardan çekilmiş de olsa bu semboller halka büyük bir maneviyat aşılar: *"Ezan sesleri, sanki günlerdir, Güney Rumeli'de hiçbir şey olmamış, Osmanlı ordusu yenilip çekilmemiş, Yunanlılar Türk köylerini yakıp, masum insanları öldürüp, çoğunu kaçmaya zorlamamış gibi, Kayalarlılara maneviyat vererek yankılanıyordu."* (Mübadiller, s. 177) Tursun Beğ Camii'ndeki son namazdan sonra Halim Bey İslam'ın sembollerinden olan bu camiyi terk etmenin derin hüznünü yaşar. Bu caminin de Osmanlı eseri diye yıkılan diğer türbeler, hanlar, köprüler gibi yıkılacak olması onu derinden yaralar. Halim Bey; cami içindeki tonozlara, kubbelere, halılara, iç geçirerek bakar. Sedef kakmalı rahlenin üzerindeki bir Kur'an'ı alıp torbasına koyar. Halim Bey'in minber altında bulunan oyma dolaplarda gördüğü kitaplar Balkan Türklerinin din algısı konusunda belli oranda bir fikir verir: İlmihal, Envar'ül Aşıkîn, Yunus Divanı, Ahlak-ı Alâi, Marifetname, Fihi Ma Fih, Vesile-tün Necat, Risalet-ün Nushiye vb. *Mübadiller* romanında dinî semboller zaman zaman romanın başkişisi olan Halim Bey tarafından felsefi bir derinlikle yorumlanmaya çalışılır. Halim Bey, sabah ezanında geçen "namaz uykudan hayırlıdır" ifadesinden hareketle namazın bir uyanış ve hareket başlangıcı olduğunu düşünür. Bu anlamda dinin uyuşukluğa karşı olduğu, abdestle başlayan uyanma sürecinin gün boyu devam etmesi gerektiği sonucuna varır. Ona göre Balkan Türkleri ve Osmanlı, dinin istediği uyanık ve zinde bir insan tipine karşı uyuşuk, uyumuş ve uyutulmaya göz yummuş biçimde hareket ettiği için yenilmiştir. (Mübadiller, s. 588-589)

Bir bey ailesinin mübadele sürecindeki hayatını merkeze alan *Mübadiller* romanı, Rumeli'deki Türk teşkilatlanması konusunda birçok tarih kitabının veremeyeceği kadar ayrıntı içerir. Üsküpler Beyi Salih Efendi ve diğer Türk beyleri, Rumeli'deki Türklerin bir nevi bilge kişisi sayılırlar. Toplum nazarında ciddi bir itibarları vardır. Yoksula yardım etmek, toplumsal düzenin devamlılığını sağlamak, adaleti tesis etmek gibi birçok vazifeleri olan bu beyler, halkın tabiî önderleridir. Türk Beyleri ellerinde bulundurdukları ekonomik gücü kullanarak kendilerinde halka karşı gayr-ı insani davranma hakkı görmezler. Romanda geçen şu satırlar, beylik sisteminin nasıl işlediği konusunda bir fikir verebilir: *"Üsküpler beyi olmak kolay değildi. (...) Zengindi. Bütün komşu köylerdeki fakire fukaraya hediyeler, koyunlar gönderirdi."* (Mübadiller, s. 193) Romanda yer yer bu yapının tarihsel kökenleri konusunda da bilgiler verilir. Sözgelimi Salih Bey kendisine "Efendi, Efendibey!" diye seslenen Rum gencini: *"Ben Salih Bey'im, Artin Efendi, Yorgo Efendi değil. Bu beyliği de yedi göbek öncesi sipahi atalarımdan beri taşırız. Börksüz baş, beysiz Urumeli köyü ve kasabası olmaz."* (Mübadiller, s. 76) diyerek tersler. Yunanlılara ve diğer etnik gruplara karşı siyasi sayılabilecek faaliyetlerin organizasyonu ve direniş gruplarının oluşturulması da yine Türk beyleri tarafından yapılır. Türk beyleri, II. Abdülhamid'in tahttan indirilmesinden sonra isyancı Arnavutları teskin etmek amacıyla Rumeli'ye gelen V. Mehmed Reşat'ı karşılamak için halkı organize ederler.

Mübadele romanlarında sıkça "Balkan töresiydi", "Rumeli'de âdettir", "Rumeli geleneğine göre..." şeklinde başlayan cümlelerde bölgedeki Türklerin âdetlerine vurgu yapılır. Küçüklerin büyükler yanında konuşmaması, büyüklerin yanında eşlerin birbirine ve çocuklarına karşı mesafeli davranması, bayram ziyaretlerindeki incelikler gibi birçok gelenek roman içinde tekrar edilir. *"Rumeli Türk töresi dede, baba ile oğul, torun arasında mesafeli olmayı gerektiriyordu. Her konuyu bunlar birbirine açamazdı."* (Mübadiller, s. 142) *"Rumeli'de töreydi. Dede bile torunlarına 'bey oğlu' olduklarını hatırlatmak, sorumluluklarını anlatmak için 'bey'siz hitap etmezdi. Özellikle hanımlar kocalarına karşı bu töreye uymayı en büyük saygı ve nezaket kuralı sayarlardı. Yunan zulmü bu töreyi unutturmamıştı."* (Mübadiller, s. 194-195) *"Küçükbalkan örfüne göre görücülüğe kadınlar gelir; kız beğenilirse, dünürlüğe gene kadınlarla birlikte yaşlı ihtiyar erkekler giderdi."* (Mübadiller, s. 198) *Rumeli'de âdet, erkek misafirler selamlıkta ağırlanırdı* (Mübadiller, s. 244).

Mübadele romanlarında Türklerin kültürel değerlerini yansıtan mani, ninni, türkü ve şiirler de sıkça kullanılır. *Suyun Öte Yanı*'nda sıkça tekrar edilen Samyotissa isimli Rumca Türkü, Nihal'e çocukluk yıllarını Sıdıka Hanım'a ise Selânik yıllarını hatırlatır. Aynı Türkü, *Emanet Çeyiz*'de Murtaza Acar isimli bir Türk mübadil tarafından da söylenir. (Emanet Çeyiz, s. 190) *Emanet Çeyiz*'de bu türkünün dışında onlarca ninni, mani ve türküye yer verilir. Rum ve Türk mübadiller, eski yurtlarında öğrendikleri türküleri söyleyerek memleketlerini anarlar. *Mor Kaftanlı Selanik*'te her bölüm, bölümün içeriğine uygun bir şiir ile başlar. Ancak bu şiirler, halk kültürünün ürünü değildir. Muhtemelen yazarın kendisine ait olan şiirlerden birine örnek olması bakımından çalışmamızda yer veriyoruz:

Nerde kutularda boy veren o yorgun büyü?
Avucunda gizlenen bereket bahsi nerde?
Nerde Kaf Dağı'ndaki gururlu eski öykü?
Neden zaman pervasız bir takvimi döllüyor
Son tohumun gizlice çatladığı o yerde? (Mor Kaftanlı Selanik, 167)

Mübadele Günlerinde Aşk'ta Fransız sanatçı Joe Dassin'in "Et si tu n'existais (Eğer Sen Yoksan)" şarkısı Elay ile Adel yakınlaşmasında çok önemli bir rol üstlenir. Roman Konstantin Simonov'un savaş karşıtı "Bekle Beni" şiiri ile biter.

Mübadiller romanının başkişisi olan Halim Bey'in okuryazar oluşu ve milliyetçi Türk aydınları ile teması sayesinde yer yer millî edebiyatın önemli isimlerinden olan Mehmed Emin Yurdakul, Ziya Gökalp gibi şairlerin şiirlerine de romanda yer verilir. Esere Mehmet Emin Yurdakul'un "Rumeli, Anadolu ve İlk Yara" isimli şiiri ile giriş yapılması, yazarın olaylar karşısındaki tutumu konusunda bir fikir vermektedir. Şiirin altındaki dipnottan, yazarın babası ve aynı zamanda bir mübadil olan Halil Gürbüz'ün bu şiiri hatıralarını anlatmaya başlarken okuduğu anlaşılmaktadır. Rumeli türküleri olarak bilinen meşhur türküler, Türk mübadiller arasında bir özlemin dışavurumu olarak sıkça tekrarlanır. Balkan savaşlarında şehit olanlara yakılmış ağıtlar, mübadele esnasında Türk mübadillerin yaşadıkları çileleri ifade eden türküler romanlarda çok önemli bir yer tutar. Türk kültürünün önemli bir enstrümanı olan sazın, *Mübadiller ve Muhacirler* romanı dışında işlenmemiş olması dikkat çekicidir. *Mübadiller* romanında bu enstrüman birkaç kez kullanılır. Bunlar içinde bilhassa Anadolu'nun ıssız ve sefil bir köyünde bir Varsak kızının saz çalıp Karacoğlan'dan Türküler söylemesi ilginçtir. (Mübadiller, s. 628)

2.4. Aşk ve Evlilik

Günahtır bilirim... Ne çare ki senin oğlun bir Müslüman'a gönül verdi manamu.

Roman için önemli bir kurgu malzemesi sayabileceğimiz aşk ve evlilik, mübadele romanlarında da kimi zaman zayıf kimi zaman güçlü çizgilerle mutlaka karşımıza çıkan bir motiftir. Mübadele romanlarındaki aşk ve evlilikler çoğunlukla aynı milletin fertleri arasında gerçekleşmekle birlikte tarafları Rumlar ve Türkler olan aşk ve evlilikler de görülmektedir. Aynı milletin fertleri arasında gerçekleşen aşk ve evlilikler sayıca fazla olsa da kurgu içinde çok önemli bir yer işgal etmez. Psikolojik gerilimi düşük içindeki evlilikler, sadece hayatın doğal akışını yansıtması bakımından bir değer taşır. Ancak bir Türk ile Rum arasında gerçekleşen aşk ve evlilikler tıpkı komşuluk ilişkilerinde ve çetecilik faaliyetlerinde olduğu gibi yazara iki millet arasındaki iletişimin ve sınırların boyutlarını gösterme fırsatı verir. Yazar, "sıra dışı" ve "memnu" olan bu ilişkileri romanın merkezine taşıyarak romandaki gerilimi güçlendirir. Aşkı eserin merkezine taşıması bakımından *Ah Bre Sevda Ah Bre Vatan* ve *Mübadele Günlerinde Aşk* romanları anılabilir. Mübadele romanlarında Türk ve Rum aşkları çoğu zaman iki milletin dinî-millî farklılıklarına ve çevre baskısına kurban gider. Bahsi geçen engelleri aşarak birbirine kavuşan çiftler sayıca azdır. Dışarıdan bir etki olmaksızın kendi iradeleri ile milliyetlerinden yana tercih yapan kahramanlar da vardır. Her fedakârlık veya mecburiyet romanlardaki dramatik durumu güçlendirdiği için sonuç nasıl gerçekleşirse gerçekleşsin Türk-Rum aşkları okuyucu açısından etkileyicidir. Bu etki, romancının yeteneği oranında güçlenir ya da zayıflar.

Çalı Harmanı'nda Rum gençler Hristo ve Aleko'nun Müslüman bayanlara besledikleri duygular, Türk-Rum aşklarında okuyucu açısından etkileyici olan söz konusu ikilemi sergileyen birer aşk motifi olarak karşımıza çıkar. Hristo, ilk gençlik aşkı Dimitra'ya olan aşkını Pontus ülküsüne tercih eder: *"Ama bundan sonra benim tek aşkım var, o da Pontus... Ben Dimitra'nın o koyu mavi gözlerine sevdalanmıştım, şimdi de Yunan bayrağının mavisine sevdalıyım."*(Çalı Harmanı, s,47) Aşkın büyülü gücü sonradan Hristo'yu bir Müslüman kızı olan Çerkes Nalmes'e ilgi duymaya yöneltir. Hristiyan çeteci Hristo, misafir olduğu bir Müslüman evinde gördüğü kıza duyduğu hissiyat karşısında tedirgin olur; *"Yalnızlığıyla baş başa kaldığı uykusuz bir gece, 'Müslüman olmasaydı ona âşık olabilirdim' diye, kendi kendine aşkını itiraf bile etmişti."* (Çalı Harmanı, s. 285)

Anadolu'dan Yunanistan'a mübadele ile giden Tokatlı Rum genci Aleko ise çiftliklerine yerleştikleri Ağuş Ağa'nın kızı Cemile'ye gönül verir. Aşkı karşılıksız olmayan Aleko hangi engellerle karşı karşıya olduklarını bilir ama bu ilişkide "aşk" galip gelir ve Aleko-Cemile çifti tam da mübadele esnasında sırra kadem basarlar. Aleko ve Cemile çiftinin aşkları için karşı koydukları şey Türkler ve Rumlar arasındaki derin uçuruma işaret eder: *"Delirdin sen eycene herhal? Nerde görülmüş gavur gızanı, Müslüman gızına çiçek versin! İkinizi de öldürürler, ona göre ha!"* (Çalı Harmanı, s. 348)

İncelediğimiz romanlar içinde aşk meselesini en yoğun biçimde ele alan roman *Mübadele Günlerinde Aşk*'tır. Eser isminin hakkını verircesine *Sare ile Adras'ın* aşkı merkezde olmakla birlikte birçok aşkı ve evliliği gündeme getirir. Bu aşkların etki gücünü artıracak başarılı bir kurgu düzenlemesi, dil tasarrufu, psikolojik tahliller söz konusu değildir. Sare ile Adras'ın dinî ve kültürel farklılıklarından dolayı yarım kalan aşkları bir yığın tesadüf zinciri sayesinde torunları Elay ve Adel tarafından tamamlanır.

Mübadiller romanı, aşk çeşitliliği bakımından diğer romanlara göre oldukça zengindir. Romanda sadece Türk-Rum ilişkileri ve evlilikleri değil Sabatayist Mehlika ile Halim Bey, Yörük Mehmet ile Gagavuz Türk'ü olan Hristiyan Burçak arasındaki aşk da gündeme getirilir. Sabatayist Mehlika ile Halim Bey'in aşkı, ikilinin gençlik yıllarında Selânik'te başlar. Bu aşk öncelikle Halim Bey'in dedesi tarafından aradaki kültür farklılığı bahane edilerek engellenmiş, sonrasında ise Halim Bey'in bir başkası ile evlenmesi ikili arasında belli bir mesafe oluşturmuştur. Halim Bey evlendikten sonra da Mehlika onun peşini bırakmaz. Ancak Halim Bey, Müslüman olmasına rağmen Türklerden daha rahat bir yaşam biçimini tercih eden ve duruma göre şekil alan Sabatayistlerin kızı Mehlika'nın bütün birliktelik tekliflerine, içindeki derin aşka rağmen kulak tıkar. Romanda açık açık söylenmese de Halim Bey'in bu tavrında millî duygular noktasındaki hassasiyetinin etkili olduğu anlaşılmaktadır. Mehlika, Halim Bey'e yazdığı bir mektupta bu durumun farkında olduğunu şu sözlerle ifade eder: *"Biliyorum hislerinden de fedakârlık ettin. Meziyetin bu. Başkaları için feragat sana azamet veriyor. Deden, baban, ailen için."* (Mübadiller, s. 742) Mehlika, zaman zaman Türk kadınını ve aile kurumunu eleştiren sözler söyleyerek Halim Bey'in direncini kırmaya çalışsa da romanın bir yerinde *"Ben de bir aile özlüyorum Halim Bey."* (Mübadiller, s. 506) diyerek aile kurumunun bir ihtiyaç olduğunu itiraf etmek mecburiyetinde kalır. Mehlika'nın böyle bir ihtiyacı hissetmesinde ailesi tarafından sırf zengin olduğu için kendisinden yaşça büyük Naim Bey'le evlendirilmesinin de etkili olduğu düşünülebilir. Mehlika'nın: *"Şeriat ikinci karıya izin veriyor. Ne olur beni de yanına al Halim. İkinci karın olayım, metresin olayım. Beni zenginlik ve servet içinde, ateş ortasında yanarak yapayalnız bırakma!"* (Mübadiller, s. 469) sözleri karşısında Halim Bey'in şu düşünceleri dikkat çeker: *"Gazi'nin hemşehrisi ileri bir harsın temsilcisi olma sıfatlarına aykırı bir harekette bulunamazdı. O Gazi'nin yolunda Cumhuriyet'in de inkılapların da yaşayan ve yaşatan bir örneği olmalıydı. Gencecik karısının mutluluğunu, ham bir çocukluk aşkı ile gölgelendirip bulandırmaya hakkı var mıydı?"* (Mübadiller, s. 746)

Aynı milletten oldukları hâlde farklı dine mensup olan Yörük Mehmet ile Gagavuz Türkü Burçak'ın aşkı da mübadele nedeniyle yarım kalır. Burçak'ın *"Hristiyan ol, bizim obada kal."* (Mübadiller, s. 246) teklifi de bu ayrılığı engelleyemez. Romandaki bir diğer aşk Rum Feri ile Türk Osman arasındadır. Mübadele dedikodusu çıkınca bir Türk gencine kaçan Feri, Perihan ismini alarak Müslüman olur. Feri, henüz reşit olmadığı için yakalanma korkusu ile uzun müddet gizlendikten sonra ortaya çıkabilir. Ortaya çıktıklarında Feri'nin ailesi Anadolu'yu terk etmiştir. Rum kızların Türk erkeklerle evlenmeleri Rumlar arasında Anadolu'dan ayrılmamak için yapılmış bir hamle olarak da değerlendirilir: *"Ha Feriaki! Akıllı kız! Sevdiyse ne yaparız? Belki oğlanı sevdi, belki İncesu'yu bırakmak istemedi. Aynısını Yertsimani de yaptı. Mübadil olacağına yanında hizmetçi olarak çalıştırdığı yaşlı İlyas'la evlendi."* (Mübadiller, s. 735) Bu vesile ile ifade etmek gerekir ki mübadele romanlarında Hristiyan olup bir Rum'la evlenen Türk örneğine rastlanmazken Müslüman olup bir Türk erkeği ile evlenen roman kahramanları az da olsa görülür.

Mor Kaftanlı Selanik'te Musa isimli bir Türk'e âşık olan Penelope, ailesinin bütün tepkisine rağmen evden kaçıp Musa ile evlenir. Evlendikten sonra Müslüman olup Üzümkız adını alır. Aynı romanda Müslüman olup Halil isimli bir gençle evlenen Sofia isimli (Sonradan Safiye) bir Rum kızı da görülür. *Suyun Öte Yanı* romanında Sıdıka ile Arap Mustafa'nın aşkı mübadelenin bir başka yüzünü gösterir. Girit'teyken sözlü olan bu ikiliden Sıdıka, Türkiye'ye geldiklerinde zengin olduğu gerekçesiyle bir başkası ile evlendirilir. Evlendiği kişi mübadele komisyonundaki tanıdıkları vasıtasıyla zengin olmuş Mehmet Ali Bey'dir. Bu evlilik, mübadele şaşkınlığı içinde hayatta kalma arzusu ile mübadillerin birçok şeyden vazgeçmek durumunda kalmalarına bir örnek olması bakımından önemlidir.

Genellikle Türkleri ve Rumları kendi içlerinde tasvir eden romanlarda Türklerin ve Rumların aşklarını *Çalı Harmanı*'nda Hristo ve Dimitra, Andreas ve Eleni, Naim ve Nermin arasında görürüz. Romanda bir Türk ve Rum arasında gelişen tek aşk, Cemile'nin Anadolu'dan köylerine gelen bir muhacir genç olan Aleko ile yaşadığı aşktır. Kritimu'da ise İbrahim ile Cemile, Meletyos ile Hrisula arasındaki ilişki romanın geneline yayılan Türk ve Rum aşklarına örnek olarak anılabilir.

Mübadele romanlarında Türk ve Rum aşkının yaşandığı romanlardan birisi de *Ah Bre Sevda, Ah Bre Vatan*'dır. Romanın temel izleklerinden birini oluşturan Rum kızı Eleni ile Türk genci Enver'in aşkı, Enver'in sevdası ve vatanı arasında sıkışıp kaldığı bir durumla sona erdirilir. Milletlerin kendi içlerinden kişilerle yaşadıkları aşklarda olduğu gibi iki karşı milletten âşığı gördüğümüz aşklar da yine mübadele ile birlikte bir yol ayrımına tabi tutulmuşlardır. (Çalı Harmanı, Naim ile Nermin, Hristo ile Dimitra) Söz konusu aşkların âkibetini mübadele ile birlikte ayrılan yollar ve nihayetinde tercih edilen "vatan" almıştır. Mübadele romanlarındaki "aşk" izleğini yansıtan bazı metin alıntıları şöyledir:

Tablo 5

Mübadele Romanları- Aşk ve Evlilik

Metin Alıntısı	Sayfa Aralığı
(...) Adımını attığı her sokakta, her taşta, her bahçe duvarında Girit'i Hanya'yı düşünür, düşündükçe nişanlısı Cemile'yle bir tutardı.	Kritimu:14
Bıçağının çeliğine Girit'i ve Cemile'yi, iki sevdasını tek düşünerek, harf harf kazıdığı (...)	Kritimu: 54
Mehmet terlemiş ellerindeki al gelincik ve mavi peygamber çiçeklerini sevdiği kıza uzattı. Burçak, bu çiçekleri alırken eli eline değdi. Sanki gökle yer arasında şimşekler çakmıştı. İkisi de titriyordu. İlk defa tenleri birbirine değiyordu. Bu tatlı temas gözlerden de, sözlerden de etkiliydi. Çiçekler gençlerin ayaklarının dibine döküldü. Mehmet, başını kızın pembe tül yazmasından apak görünen kuğu boynuna doğru eğdi.	Mübadiller: 247
Mehlika on bir yıldır görmediği ilk aşkının, çocukluk arkadaşının (...) çıkıp gelmesini bekliyordu. Yıllardır arzuları köreleceğine daha da yoğunlaşmıştı. Damarındaki sıcak kanın daha da yoğunlaştığını hissetti. Alevli gözlerini delikanlıya dikti.	Mübadiller: 466

Sana ikinci evliliğinde bir kitap vermiştim. Okudun mu? "Osmanlı kadını kadar Osmanlı erkeği de bir kafese hapsedilmiştir." Diyordu. Ev ve evlenmek sizin için yaşanılan bir yer değil, hayattan kopulan bir yer oldu. Roman dedikodu ve uydurmaca duygular değil, okuyucu ile özdeşleşip paylaşılan acı ve sevinçlerdi Halim! Pol ve Virgini'yi bunun için sana verdim. Okudun mu? Toplum bizi kendisi gibi basitleştiren iğrenç bir hayvandır. Sen de ben de toplumun, çevrenin kölesi olduk. Bu yüzden beni babam yaşındaki Naim Bey'e layık gördüler.	Mübadiller: 468
Şeriat ikinci karıya izin veriyor. Ne olur beni de yanına al Halim. İkinci karın olayım, metresin olayım. Beni zenginlik ve servet içinde, ateş ortasında yanarak yapayalnız bırakma!	Mübadiller: 469
Sana "Pembe Mendil" kitabını armağan eden Selanikli Hanım" dersin. O kitapta Türk ailesi övülür. Ben de bir aile özlüyorum Halim Bey.	Mübadiller: 506
... topu topu on sekiz ay ayrı geçen öyle yıllar filan da değil. Bedenleri kendi kendine yetmeye mi alışmış, zihinleri mi çok dolu, sanki yeni tanıyor gibiler birbirlerini. Öyle de değil, bedenlerin yeni tanışmasında bir keşif merakı vardır ve bir fetih coşkusu. Hayır, yeni tanışıyor gibi değil bedenleri, sanki ölmüş ya da en azından yıpranmış bir şeyi diriltme telaşındalar. İstanbul zaten hayhuydu, gelen gideni bir sürü heyecan, ama yatakları birleştiriverdikleri zamanki sevinç neden sürüp gitmedi dün gece? Bir tutukluk, garip bir çekingenlik, adını koyamadığı...	Suyun Öte Yanı: 49-50
İnce, narin bir el, taş bir evin kapısını çalıyor usulca. Mustafa... İrtha!(Geldim) Önce ses yok. Sonra hafif bir çıtırtı. Hasırın üzerinde yün çoraplı bir ayak. İki adım. Duraklıyor. "Mustafa" Ahşap kapının aralığı. İşlemeli örtünün çevrelediği bu yüz... "Matyamu" Mustafa'nın iki gözü Sıdıkası... Kalosirthes (Hoş geldin)... Hrisomu..." Konuşuyor mu Arap Mustafa gerçekten, yoksa yüzyılın ilk çeyreğinden mi geliyor sesi? Okşayamamıştı geçen kez. Geçen kez... Girit'te. Başında yine bu örtü, o düğün günü... Olmaz ki herkesin içinde. İşte yanı başında şimdi... Sıyırsa örtüyü okşasa saçlarını...	Suyun Öte Yanı: 94-95
Hocam! Burası benim yeni vatanım. Bu toprağa kirle adım atamam. Karar verdik. Kayda girmeden önce Halil nikâh kıyacak. Karşıdaki mescidi gösterdi: -Fazla vaktini almaz, imam söyle, bilsin ki, adımı ve dinimi değiştirmeye kimse zorlamıyor.	Mor Kaftanlı Selanik: 366
Sesin geldiği yöne döndü. Nezarethane bekçisi Dora'yı getiriyordu. Saygıyla eğilip Komiserin elini öptüler. Dora o göz alıcı elbiselerinden kurtulmuş, fakir bir semt gelinini andıran tertipli bir pazen elbise giymişti. Üzerinde bütün düğmeleri iliklenmiş haki bir yelek vardı ve başı bağlanmıştı. (...) Nezarethane bekçisi sevinçliydi. Komisere döndü: Sevinç ve mahcubiyet iç içeydi: -Komiserim! Biz nikâhlandık...	Mor Kaftanlı Selanik: 246
Elay, gecemin karanlığında, gökyüzünde kayan yıldızımsın. Yıllardır seni bekledim, sen yoktun. Ben hep eksiktim. Aşk mı seni getirdi, sen mi aşkı getirdin bilmiyorum. Bildiğim tek şey seni gördüğüm an, aşkının ve senin büyüne kapıldım.	Mübadele Günlerinde Aşk: 247
Hayır Eleni! Son kez değil... savaş bittikten sonra her şey düzelecek... Siz İstanbul'dan geri döneceksiniz, ben papazlıktan istifa edeceğim ve hemen evleneceğiz.	Çalı Harmanı: 146
Yalnızlığıyla baş başa kaldığı uykusuz bir gece, "Müslüman olmasaydı ona âşık olabilirdim" diye, kendi kendine aşkını itiraf bile etmemişti.	Çalı Harmanı: 285

"Delirdin sen eycene herhal? Nerde görülmüş yavur gızanı, Müslüman gızına çiçek versin! İkinizi de öldürürler, ona göre ha!"	Çalı Harmanı: 348
Lakin sevdiğim kız bizden değil manam. Günahtır, bilirim... ne çare ki senin oğlun bir Müslüman'a gönül verdi.	Çalı Harmanı: 364
Beni anla Andreas, bir zamanlar gerçekten âşıktım Dimitra'ya... Ama bundan sonra benim tek aşkım var, o da Pontus... Ben Dimitra'nın o koyu mavi gözlerine sevdalanmıştım, şimdi de Yunan bayrağının mavisine sevdalıyım. Dimitra'ya olan aşkımın yerini, bayrağın üstündeki haç işareti aldı.	Çalı Harmanı: 47
"Günahtır bilirim... Ne çare ki senin oğlun bir Müslümana gönül verdi."	Çalı Harmanı: 364
"Senin şu küçük Eleni'n büyüdü de sevdalandı bile. Bir Türk'e gönül verdi!"	Ah Bre Sevda, Ah Bre Vatan: 34
"Utanmadan karşıma çıkmış, Rum kızına vuruldum baba diyor."	Ah Bre Sevda, Ah Bre Vatan: 141

Sonuç

Yakın dönemde sayıları artış gösteren mübadele romanlarında Türk yazarların Türkleri ve Rumları hangi bakış açılarıyla ele aldıklarının ortaya konması, meselenin Türk tarafındaki "Türk ve Rum" algısını açıkça ortaya çıkarmaktadır. Bu çalışmada söz konusu algıyı tespit etmek üzere on romandan hareketle bir değerlendirme yapılarak söz konusu milliyet algısındaki farklı ve benzer yaklaşımlar ortaya konmuştur.

Romanlarda mübadeleye giden süreç ortak bir bakış açısı ile ele alınır. Bu ortak bakış açısına göre henüz mübadele gündemde bile değilken Balkan Savaşları ve 1. Dünya Savaşı'nın yıkıcı etkisi ile Türkler ve Rumlar arasındaki toplumsal ilişkiler giderek gerginleşir. İki toplumun ortak yaşam sürdürebilmesi neredeyse imkânsız bir hâl alır. Bu bağlamda mübadele romanlarında, mübadelenin haklı gerekçelere dayandığı yönünde temel bir algının olduğunu söyleyebiliriz. Mübadele kararını alan siyasi iradeye dönük herhangi bir eleştirinin görülmemesi de bu temel algıyla doğrudan ilgilidir. Romanların ileti dünyasında, Yunan idarecilere karşı kısmen bir eleştiri görülse de Türk tarafındaki siyasi iradeye dönük bir eleştiri görülmez. Hatta birçok Türk mübadil, Türk idarecileri bir kurtarıcı olarak görür.

Mübadele romanı yazarlarının her iki millete dair algılarında ve onları yansıtmada birtakım farklılıklar bulunsa da yazarların algıyı yansıtmada kullandıkları ögeler büyük oranda benzerlik göstermektedir. Mübadele romanlarının iki temel unsuru olan Türklerin ve Rumların kültürel hususiyetlerinin ve birbirleriyle etkileşiminin genellikle "komşuluk, çetecilik, dinî yaşam alanı ve aşk motifiyle gelişen evlilikler" ekseninde ağırlık kazandığı görülür. Yazarlar her iki milleti çoğunlukla bu sahalarda birbirleriyle temas ettirmişledir.

Ele aldığımız metinler 'roman' hüviyetinde karşımıza çıkıyor olsa da yazarların birer anı ya da günce oluşturma amacı olduğu hissedilmektedir. Bu durum, roman yazarlarının birçoğunun mübadil kökenli olması; mübadil kökenli olmasalar bile anlattıklarını tarihî gerçeklikle ilişkilendirme gayretlerinden kaynaklanmaktadır. Bu bağlamda Mübadele romanlarında verilen "Türk" ve "Rum" algısı, söz konusu romanları husule getiren zaman ve mekândan ayrı düşünülemeyecek bir hususiyet arz eder. Bir başka ifade ile söz konusu romanların tarafları olan Türkler ve Rumlar mübadele gibi bir tarihî olayın içinde yaratılmış, bu olaydan azade değerlendirilemeyecek bir yapıda tasvir edilmişlerdir. Bu itibarla söz konusu romanlarda aksettirilen Türk ve Rum algısının mübadele öncesinde ve sonrasındaki söz konusu milliyet algılarından farklı olduğunu bizatihi mübadele romanları teyit etmektedir.

Mübadeleyi konu alan romanlar, mübadelenin doğasında bulunan çift yönlü yapıdan önemli oranda etkilenmişledir. Söz konusu ikili yapı, romanların kurgu dünyasını teşkil eden bütün unsurlara az ya da çok sirayet etmiştir. Romanlardaki düaliteyi temsil eden en belirgin husus yazarların her bir romanda değişkenlik gösterebilen hümanist ve milliyetçi söylem tercihleridir. Anlatıcılar, mübadelenin beşerî ve vicdanî yönü karşısında "öteki"ni de kucaklayan insanî bir söylem geliştirmişlerdir. Bu bakış açısının yansımalarını özellikle yakın komşuluk ilişkileri ile aşk ve evlilik bahislerinde görürüz. Dinden söz edilen bölümlerde kısmen, çetecilik faaliyetlerinde ise neredeyse tamamen milliyetçi bir söylemin ağırlık kazandığı görülür. Makale boyunca dikkat çekmeye çalıştığımız bu dört başlık hakkında öne çıkan tespitlerimiz şöyledir:

Komşuluk ilişkileri: Yüzyılların oluşturduğu ortak yaşam kültürüne bağlı olarak birbirleriyle son derece saygılı ve hoşgörülü komşuluk ilişkileri geliştiren iki toplum, mübadeleye giden süreçte ve mübadele sırasında bu kadim ilişkiyi bozmazlar. Ufak tefek taşkınlıklar görülse de bunlar genel insani yaklaşımı bozacak nitelikte değildir. Dolayısıyla iki toplumun en güçlü ve hoşgörülü karşılaşma alanı komşuluk ilişkileri olarak görülmektedir.

Aşk ve evlilik: İki toplum arasında romanlara yansıyan bir kız alıp verme durumu söz konusu değildir. Taraflar çok iyi komşular olsalar dahi din temelli ayrışma gereği böyle bir ilişkiye sıcak bakmazlar. Ancak hemen her romanda en az bir Rum ile Türk'ün toplum tarafından kabul görmeyen ilişkilerine şahit oluruz. Toplumun onaylamadığı bu ilişkinin tarafları çoğu zaman aşklarını toplum baskısına ya da daha ağır basan milliyet/vatan duygusuna feda etmek zorunda kalırlar. İstenmeyen aşkın tarafları genellikle içinde bulundukları duygusal yoğunluk nedeniyle mübadeleyi ve mübadeleyi getiren sebepleri anlamsız görme eğilimi içine girerler.

Din, din adamları, kültürel değerler: Mübadelenin tek ölçüsü olan ve iki toplumu çok belirgin çizgilerle birbirinden ayıran din olgusu, mübadele romanlarında yeterince işlenmiş bir mesele olarak karşımıza çıkmaz. Tıpkı aşk ve evlilik gibi iki toplum arasında doğal sınır olan din olgusu, kimi kahramanların zihninde aşırı romantik bir yaklaşımla basite indirgenir. Din değiştirme motifi çoğunlukla Rum kadınlar için bir gönül macerası sonucunda görülürken Türk ve Rum erkekleri söz konusu olduğunda imkânsız bir durum olarak karşımıza çıkar. Türk yazarların Rum kültürüne dair ciddi bir birikime sahip oldukları, Rum kültürüne dair unsurların romanlarında bolca yansıtılmasından anlaşılmaktadır. Ancak, yazarların Türklere ait kültürel değerleri işleme konusunda çok daha başarılı oldukları görülür.

Çeteler ve çetecilik faaliyetleri: Çeteler ve çetecilik faaliyetleri bütün mübadele romanlarında değişmeyen bir motif olarak karşımıza çıkar. Mübadeleden çok önce kamu otoritesinin zayıflaması ile ortaya çıkan çeteler ve çetecilik faaliyetleri mübadillerin en önemli problemi ve roman kurgularının ise en yaygın gerilim alanı olarak görülmektedir. Mübadele romanlarının en vahşi sahnelerinde çeteciler değişmeyen unsurdur. Mübadele romanlarında "çeteciler" romanların iki milletli şahıs kadrosu içinde ayrı bir yerde konumlandırılır. Sıradan roman kişileri kentlerde ve köylerde yaşarlar, çeteciler ise dağlardadır ve genellikle geceleri faaliyette bulunurlar. Anlatıcının belki de bilinçaltından kaynaklanan bir nedenle çeteciler toplum hayatının dışında resmedilir. Gerek Türkler arasındaki ve gerekse Rumlar arasındaki çeteciler, yerleşik ahaliden ayrı tutulur. Roman kişilerini çeteciler ve çeteci olmayanlar şeklinde bir tasnife tâbi kılan bu yaklaşım, çetecileri dahi kendi içinde ikiye ayırmaktadır. Bu bağlamda kimi romanlarda "çetecilik ve eşkıyalık" arasında bir ayrım gözetilerek çetecilik daha olumlu bir çerçevede çizilmeye çalışılsa da bu yaklaşımın kendi içinde tezatları olduğu da görülmektedir.

Kaynakça

Altınsay, S. (2011). Kritumu -Giritim Benim-. Can Yayınları, İstanbul.

Altınyeleklioğlu, D. (2013). Ah Bre Sevda, Ah Bre Vatan- Bir Mübadele Romanı-. Remzi Kitabevi, İstanbul.

Akgün A. & Şen, C. (2008). *Popüler Tarihî Bir Romanın Kimlik'i.* Edebiyat Bahçesi Dergisi, S.1, ss. 21-40.

Akgün, A. (2016). Balkan Türklerinin Muhacir Edebiyatı İncelemeleri. Grafiker Yayınları, Ankara.

Arı, K. (2017). *Türk Roman ve Öyküsünde Mübadele.* Tarih ve Günce, Atatürk ve Türkiye Cumhuriyeti Tarihi Dergisi, I/1, ss. 5-27.

Aydın, K. (2008). Karşılaştırmalı Edebiyat, Günümüz Postmodern Bağlamında Algılanışı. Birey Yayıncılık, İstanbul.

Ayhan, S. (2008). Türk Romanında Azınlıklar. Doktora Tezi, Uludağ Üniversitesi, Sosyal Bilimler Enstitüsü, Bursa.

Aytaç, G. (2013). Karşılaştırmalı Edebiyat Bilimi, Say Yayınları, İstanbul.

Çiçekoğlu, F. (1996). Suyun Öte Yanı, Can Yayınları, İstanbul.

Ertul, N. (2006). Kimlik - Osmanlı Topraklarında 700 Yıllık Yaşam ve Köklerimiz-. Nesa Yayın Grubu, İstanbul.

Gürbüz, Y. (2008). Mübadiller, Elips Yayınları, Ankara.

Karabulut, B. (2014). Mübadele Günlerinde Aşk, Cinius Yayınları, İstanbul.

Karakoyunlu, Y. (2012). Mor Kaftanlı Selanik -Bir Mübadele Romanı-. Doğan Kitap, İstanbul.

Kefeli, E. (2000). Karşılaştırmalı Edebiyat Çalışmaları, Kitabevi Yayınları, İstanbul.

Millas, H. (2005). *Türk ve Yunan Romanlarında Öteki ve Kimlik.* İletişim Yayınları, İstanbul.

Özyürek, A. E. (2011). Muhacirler -Bitmeyen Göç-, Kekeme Yayıncılık, İstanbul.

Sazyek, H. (2013). *Edebiyat Niçin İnsansız Olamaz?.* Turkish Studies, S. 8, ss. 1127-1139.

Tilbe, A. (2015). *Göç/göçer Yazını İncelemelerinde Çatışma ve Göç Kültürü Modeli.* Turkish Migration Conference Selected Proceedings, Transnational Press London, London, 2015, ss. 458-466.

Ulağlı, S. (2002). "Edebiyata Farklı Bir Bakış", I. Ulusal Karşılaştırmalı Edebiyat Sempozyumu, 06-08 Aralık 2001, OGÜ Basımevi, Eskişehir.

Ulağlı, S. (2006). İmgebilim ''Öteki'' nin Bilimine Giriş, Sinemis Yayınları.

Üner, A. (2013). Çalı Harmanı -Mübadelenin Hazin Hikâyesi-. Yakın Plan Yayınları, İstanbul.

www.tdk.gov.tr/index.php?option=com_bts&arama=kelime&guid=TDK.GTS.5a003f e98ea025.30950218, E.T. 06.10.2017

www.tdk.gov.tr/index.php?option=com_bts&arama=kelime&guid=TDK.GTS.5a003f ecb0aa95.25298404, E.T. 06.10.2017

Yalçın, K. (2011). Emanet Çeyiz-Mübadele İnsanları-,Birzamanlar Yayıncılık, İstanbul

Bölüm 3. Göçmen Emeği ve Sermaye Birikimine Etkileri: Suriyeli Sığınmacıların İstihdamı, Şanlıurfa Örneği

Ayşe Cebeci[1]

Göç Olgusu ve Sermaye Birikiminin Zorunlulukları

Türkiye'nin 2011 yılı Mart ayından sonra karşı karşıya kaldığı göç, daha önce bu topraklarda karşılaşılmadığı kadar kısa sürede ve yüksek sayıda insan hareketidir. Bu nedenle Suriye göçünün ortaya çıkarttığı etkiler daha görünür olmuştur. Oysa gerek Türkiye coğrafyasında gerekse gelişmiş ülkeler ve diğer coğrafyalarda göç insanlığın var olduğu dönemden beri vuku bulmaktadır. Aynı zamanda göç, toplumsal varoluşun her boyutunu etkileyen karmaşık bir süreçtir. Bu nedenle incelenmesi ve her boyutu ile analiz edilmesi de zordur. Dolayısıyla göç çalışmaları disiplinler arası olmalıdır ve hiçbir ilgili alan kendisinin tek başına göç olgusunu açıklayabileceğini iddia etmemelidir. Bu aşamada göç çalışmalarını özetlemek faydalı olacaktır.

Günümüz göç çalışmaları temel üç yaklaşımda toplanabilmektedir. Bunlar ekonomik (neoklasik) teori, tarihsel-yapısalcı teori/yaklaşım ve göç sistemleri yaklaşımlarıdır. Neoklasik ekonomik yaklaşım, insanların nüfusun yoğun olduğu yerlerden seyrek yerlere göç etme eğilimini iş döngülerindeki dalgalanma ile ilişkilendirirler (Castles ve Miller, 2008, s. 31). Bu teoriler itme-çekme teorileri olarak da bilinirler. Göç veren yerin itici etkileri ile göç alan yerin çekici etkileri kıyaslanır. İtici faktörleri; düşük yaşam standartları, ekonomik fırsat yoksunlukları ve siyasal baskılar şeklinde tanımlanırken, çekici faktörleri ise emeğe olan talep dolayısıyla yüksek ücretler, ekonomik fırsatlar ve siyasal özgürlükler olarak tanımlanırlar (Castles ve Miller, 2008, s. 31). Bu model, sosyoloji ve diğer disiplinlerden de etkilenmiştir. Ancak göç olgusunu bireyin kayıp ve kazançlarını rasyonel olarak, klasik iktisadın tanımladığı *homoeconomicus* insan modelinin bir tercihi olarak ortaya koyar. Bu nedenle tarihsellikten uzaktır.[2] Tarihsel yapısalcı yaklaşım ise göçü sermaye için bir çeşit ucuz emek hareketi olarak görür. Bu görüşe göre Castles ve Miller'ın aktarımıyla Göç, *"zenginleri daha zengin yapmak için eşitsiz kalkınmanın ve yoksul ülkelerin kaynaklarının sömürülmesinin devamlılığını sağlıyordu"* (Castles ve Kosack, 1985; Cohen, 1987; Sassen, 1988). Gene Dünya Sistemi teorisine göre, *"emek göçü kapitalizmin merkez ülkeleriyle onların az gelişmiş çevreleri arasında sahtekarlıkla oluşturulmuş olan tahakküm ilişkisinin temel yollarından biridir. Göç üçüncü dünyanın birinci dünyaya bağımlı kalması, dünya ticaretinin ve çıkarların kontrol edilmesi açısından askeri tahakküm kadar önemliydi"* (Castles ve Miller, 2008, s. 35). Castles ve Miller tarafından tarihsel- yapısalcı olarak adlandırılan Marxist göç teorileri, bazı çalışmalarda indirgemecilikle eleştirilmektedir. Üstüne üslük göç politikalarındaki değişimi açıklayamadıkları ileri sürülmektedir. Neoklasik yaklaşım göçlerin tarihsel nedenlerini göz ardı etmekle ve devletin rolünün önemini azaltmakla eleştirilirken "tarihsel-yapısalcı yaklaşım ise sermayenin çıkarını her şeyin belirleyeni olarak görüp söz konusu bireylerin ya da grupların eylem ve isteklerine yeterince ilgi göstermemekle eleştirilmiştir" (Castles ve Miller, 2008, s. 35).

Bir diğer teorik yaklaşım ise Göç Sistemleri Teorisidir. İki ya da birden fazla ülke tarafından oluşturulan göç sisteminin hem akışın amacının sorgulanması hem de söz konusu yerler arasındaki bütün bağların araştırılmasını hedeflemektedir. Bu nedenle

---

[1] Yrd.Doç.Dr., Harran Üniversitesi İktisadi İdari Bilimler Fakültesi, İktisat Bölümü Öğretim Üyesi
[2] Ekonomik göç teorisinin eleştirisi için bknz: Sassen, 1988

ortaya çıkan bağları disiplinler arası bir yaklaşımla incelemeyi hedefler. Bu bağlar, 'devletlerin birbirleriyle ilişkileri, kitle kültürü bağlantıları, aile ve toplumsal ağlar' olarak sınıflandırılabilmektedir (Fawcett ve Arnold, 1987, s. 456-7). Göç sistemleri teorisi, analizlerini çeşitli nedenlerle ülkeler arasında önceden var olan bağlar üzerinden ortaya çıktığını ileri sürmektedir. Bu nedenledir ki ekonomik, kültürel ya da herhangi tarihi bir olayın ortaya çıkarttığı bağ üzerinden analizlerini şekillendirir. Örneğin İngiltere'deki Hindistan, Pakistan ve Bangladeş göçünü İngiltere'nin Hint coğrafyasındaki sömürgeci varlığına bağlarken, Almanya'daki Türk nüfusu ise Almanya'nın 1960'lar ve 1970'lerdeki doğrudan emek talebinin sonucu (Castels ve Miller, 2008, s. 36) olarak ifade etmektedir. Göç sistemleri teorisi göçü etkileyen makro ve mikro yapıların birlikte ele alınması gerektiğini ileri sürerken makro yapılar olarak ekonomik sistemi, devletler arasında göçü düzenleyen kanun ve uygulamaları incelerken mikro yapılar olarak da göçmenlerin, göç sürecinin yarattığı koşullar ve yerleşme sorunlarıyla ilgili olarak kendileri tarafından geliştirilen enformel toplumsal ağlar incelenmektedir (Böhning, 1984; Cohen, 1987; Mitchell, 1989; Hollifeld, 2000). Son yıllarda yapılan çalışmalarda "ara yapılar" olarak adlandırılan, göçmenler ve siyasi, ekonomik kurumlar arasında aracı rol üstlenen kurumlar (birey ya da gruplardan da oluşmaktadır) dikkat çekmektedir (Haris, 1996, s. 132-6). Örneğin çalışmamızın olgusal alanını oluşturan Şanlıurfa'daki RIZK ofisi olarak adlandırılan kurum, göçmenlerin iş bulması için şirketler, kamu kurumları ve sivil toplum kuruluşları (STK) ile çalışmaktadır. Yasal kabul edilen bu ofislerin Suriyeli sığınmacıları kayıt dışı işlerde çalışmalarına olanak sağladığı ve bazı durumlarda buldukları işler için sığınmacılara ödenecek ücretlerden kesintiler yaptıklarına dair ifadelerle karşılaşılmıştır. Bu ara yapıların yasa dışı göç ya da göçmen sayısının fazla olması halinde sömürücü rollerinin ağır bastığını ifade eden Castels ve Miller'ın yaptığı tespit (Castles ve Miller: 1998, s. 39), Şanlıurfa'da sahada görüşülen Suriyelilerin bir kısmının ifadeleri ile örtüşmektedir.

Temel olarak üç grupta topladığımız teorilerin her biri göçü ve göç neticesinde ortaya çıkan sosyoekonomik değişimleri analiz etmektedir. Ancak gerek göç çalışmalarındaki araştırmacıların gerekse göçle birlikte ortaya çıkan sorunlara çözüm üretmesi beklenen bürokratların temel sorunlarından biri göçü dinamik bir sosyal süreç olarak görmemeleridir. Göçün dinamik ve sürekliliği olan bir süreç olması, göçmenlerin zaman içersinde karşılaştıkları sorunların farklılaşması ve entegre olunan toplumda ortaya çıkan etkilerin incelenmesini gerektirmektedir. Bu bağlamda göçmenlerin sermaye birikim sürecine eklemlenmeleri ve birikim sürecindeki etkileri de göçün ilerleyen dönemlerinde zaman içinde değişecektir. Örneğin bazı sektörler göçmenlere bağımlı hale gelerek ülke ekonomisinin yapısal bir özelliği haline gelmektedir. Benzer şekilde bazı göçmenler işveren haline gelerek, aynı kaynak ülkeden gelen göçmenlerin ihtiyaçlarını karşılayan alanlarda birikimci haline gelebilmektedirler.

Suriyeli Göçmenlere Dair Kavramsal Netleşme

Göçe dair birçok kavram ve ikili tanımlama mevcuttur, bunlardan bazıları; gönüllü göç- zoraki göç, düzenli göç-düzensiz göç, yasal göç-yasa dışı göç, iç göç-dış göç, mülteci, sığınmacı gibi ve benzerleridir. Konumuz açısından göçmenlerin, göç ettikleri ülkedeki artı-değer üretimine etkilerinin farklı koşullarda gerçekleşmesi gerekçesiyle ve Türkiye'ye 2011 sonrasında başlayan Suriyeli göçünün özgün koşulları nedeniyle zorunlu ve düzensiz göç kavramları önem kazanmaktadır.

İlk olarak düzensiz göç kavramına dair tanımlamalar incelendiğinde, kavramına dair üzerinde uzlaşılmış tek bir tanımın bulunmadığı görülmektedir. Ancak düzensiz göçün temel belirleyici kriterleri hemen her çalışmada benzer şekilde ifade edilmektedir. Buna göre düzensiz göçün temel kriterleri, göçmenlerin kaynak ülkeden (göç veren ülke), göç edilen ülkeye giderken herhangi bir başvuru, pasaport, izin yazısı vb. bir belge bulundurmadan, yasalarla düzenlenmiş yöntemler dışında göç etmeleridir (https://www.iom.int/key-migration-terms). Belirtilen kriterin tüm öğelerini taşıdığı için Türkiye'deki Suriyeli göçmenler düzensiz göç kavramı içerisinde yer almaktadırlar. Ancak temel tartışmalardan biri de Suriyeli göçmenlerin hukuki statülerinin *mülteci, sığınmacı* ya da *geçici koruma altındaki yabancı* olarak tanımlanmalarına dairdir. Bu konuda ve Türkiye Cumhuriyeti devletinin hukuki tanımlamasına dair birçok çalışma olmasına rağmen henüz üzerinde uzlaşılmış bir kavram mevcut değildir, ancak Suriye'den gelen göçmenlerin, kendi ülkelerini terk etmelerinin arkasında zorlayıcı bir neden olarak can güvenliği, savaş durumu olduğundan bu çalışmada *sığınmacı* kavramının kullanılması yerinde görülmüştür. Bu noktada belirtmek gerekir ki Türkiye, Suriye'den gelen sığınmacıları *geçici koruma* statüsünde kayıt altına alarak, kendi sorumluluklarını sınırlı tutmayı tercih etmiştir. Türkiye'ye gerek uluslararası düzeyde gerekse ulusal düzeyde en çok yöneltilen eleştirilerden biri *geçici koruma* statüsünün Suriyelilere uygulanamayacağına dairdir. Bu anlamda *geçici koruma* kavramının ilk kullanılışı ve hangi koşullarda uygulandığı önem kazanmaktadır. Buna göre *geçici koruma* statüsü ilk kez 1990'larda Yugoslavya'nın parçalanması sürecinde Avrupa'da uygulamaya koyulmuştur. Geçici korumanın ülkelere sağladığı en önemli avantaj, ani ve yüksek sayıdaki göçmenin mülteci statüsüne alınmadan önce ülke sınırları içine kabul edilebilmesidir. Böylece geçici koruma altındakilerin geri gönderilmesi için çalışmalar yapılabilecek ve ev sahibi ülkenin mültecilere karşı üstlenmek zorunda olduğu sorumluluklar, geçici koruma altındakiler için sınırlı tutulmuş olacaktır. Mülteci ve sığınmacılar, kendi ülkelerinden eziyet, insan hakları ihlalleri, genelleşmiş şiddetin yaşamlarını burada sürdürülemez kıldığı için ayrılırlar. Bu nedenle zorunlu göçmenlerin çoğu ilk sığınma yeri – ve kendileri de genellikle yoksul ve sıklıkla ekonomik olarak istikrarsız- olan komşu ülkelerde kalırlar. İleride daha iyi yaşam koşulları sunan ülkelere göç ise sadece küçük bir azınlık için mümkündür. Yine de bir ayrım temeli söz konusudur: ilerde göç edebilenler finansal kaynaklara, insani sermaye (özellikle eğitim), gidilecek ülkelerde sosyal ağlara sahip olanlardır (Zolberg ve Benda, 2001, s. 44). Bu nedenledir ki Suriye'den 2011 sonrasında göç edenler zorunlu göç sınıflaması içinde değerlendirilebilmektedir. Zira Zolberg'in belirttiği gibi komşu ülkelere sığınmışlardır ve gittikleri ülkelerde de mezhepsel farklılıklar ve çatışmalı toplumsal yapı gözlenmektedir.

Castles ve Miller 2008 çalışmalarında farklı koşullar ve yasal sistemler altında göç edenlerin ister mülteci, ister göçmen işçi olsunlar nihayetinde modernleşme ve dünya ekonomisinin entegrasyonu ile geleneksel üretim biçimlerinin ve sosyal ilişkilerin tahrip edilmesinden kaynaklandığını ileri sürmektedirler. Ulus devletin yeniden yapılanması, *azgelişmişlik, kötü yönetim, endemik çatışmalar ve insan hakları ihlallerinin birbiri* ile yakından ilişkili olduğunu ifade ederek bu koşulların hem ekonomik temelli göçe hem de siyasal temelli kaçışa neden olduğunu belirtirler (Castles ve Miller, 2008, s. 44). Dolayısıyla kaçışın yaşandığı ülkelerdeki siyasi veya kültürel temelli çatışmaların daha derinde modernleşme ve toplumsal dönüşümden kaynaklandığı ileri sürülmektedir. Zira gerek *Arap Baharı* olarak adlandırılan ülkeler gerekse mezhepsel ve etnik nedenlerle çatışmaların olduğu ülkelerden kaçışlar incelendiğinde bu ülkelerde henüz kapitalist toplumsal ilişkilerin tam olarak yerleşmediği bir başka deyişle sermayenin gerçek tahakkümünün oluşmadığı görülmektedir. Ancak bu tanımlama yakın zamandaki göçler için ifade edilebilecektir. Zira sömürgecilik dönemi olarak adlandırılan 18.yy.'da gerçekleşen göçlerin bir kısmı kapitalist toplumsal ilişkilerin oluştuğu Avrupa'dan, Afrika'ya, Asya'ya ve Yeni Dünya'ya gerçekleşmiştir. Castles ve Miller'ın aktarımıyla Lucassen (1995) bu dönemdeki göçlere dair şu tespiti yapar; "17. ve 18.yy.'da Hollanda Doğu Hindistan Şirketinin denizcilerinin ve askerlerinin yarısının Almanya'nın fakir bölgelerinden gelen Hollandalı olmayan 'muhacirlerden' oluştuğunu gösterir. Göçmen işçilerin ölüm oranları gemi kazalarına, savaşa ve tropik hastalıklara bağlı olarak çok yüksekti, fakat sömürgelere yönelen göç yoksulluktan kaçış için tek yoldu. Bu tarz denizaşırı göçler, hem göç veren Avrupa ülkelerinin hem de sömürgelerin ekonomik yapılarında ve kültürlerinde belirgin değişiklikler oluşmasına yardımcı oldu" (Castles ve Miller, s. 71). Ancak Afrika'dan ve Asya'dan Avrupa'ya götürülen köle emeğinin de tam tersi yönde oluştuğu da dipnot olarak verilmesi önemlidir. Zira bu dönemde Afrika'nın nüfusunda önemli oranda azalma tespit edilmiştir. Fakat bu nüfus hareketi kendi özgün koşullarından ötürü kaynak ülkeden kaçış ya da gidilecek ülkedeki daha yaşanabilir imkânlara bağlanmamalıdır. Dolayısıyla modern anlamda tanımlanan göç tarihi, kapitalist sistemin tarihi ve etkileri ile birlikte ele alınmalıdır. Aynı zamanda birikim sürecinin tarihsel analizi önem arz etmektedir. Bu çalışmada 2011 yılı sonrasında Suriye'den, Şanlıurfa'ya gelen göçmenlerin, sermaye birikimine katkılarının hangi mekanizmalar aracılığı ile gerçekleştiği ortaya koyulmaya çalışılmıştır. Bu amaçla bir sonraki bölümde sermayenin genişleyen yeniden üretimi ve bu sürece göçmenlerin etkilerine değinilmiştir.

Sermayenin Genişleyen Yeniden Üretimi ve Göçmenler: Nispi ve Mutlak artı değer

Sermaye birikiminin temel dinamikleri iki aşamada göçmenlerin birikim sürecine önemli derecede katkıda bulunduğunu göstermektedir. Bunlardan ilki göçmenlerin işgücü piyasasına girmeleri ve sermayenin talep ettiği ucuz işgücünü sağlamaları, buna ek olarak mevcut işgücü piyasasını genişleterek yerli işçilerin de pazarlık gücünü azaltarak genel ücret seviyesinin düşmesine neden olmalarıdır. İkincisi ise göçmenlerin kendilerini yeniden üretmeleri için gerekli olan ücret mallarına olan talebi arttırmalarıdır. Böylece ülke veya bölgede üretilen ürünlere olan talebin genişlemesine de etkileri olmaktadır. Bu iki etki göç edilen ülkede ortaya çıkan temel iki etkidir. Böylece üretken sermayenin, para sermaye formundan meta sermaye formuna geçerken gittiği iki piyasadan biri olan işgücü piyasasında ücretleri düşürücü etkisi dolayısıyla sermayenin aynı miktar ücrete karşılık daha fazla emek gücüne el koymasını sağlamaktadır. İkinci etki alanı ise üretilen metaların realize olması (yani satılması) aşamasında talebin genişlemesi dolayısıyla realizasyon sürecinin kısalmasıdır. Böylece realizasyon aşaması hızlanmaktadır. Genel olarak ülkede göçmen çalıştıran sektörlerin bu etkiler dolayısıyla diğer ülkelerdeki aynı sektörde faaliyet gösteren sermayedarlara oranla rekabet güçleri artmaktadır. Zira göçmenlerin ilk aşamada talep ettikleri ücret yaşamda kalmak ve geçimlerini idame ettirebilecek minimum seviyedir. Örneğin; yerel bir işçi, temel ücret malları dışında sosyal ihtiyaçlar, gösteriş için tüketim, eş dost akrabaya yönelik tüketim vb. birçok konudaki ihtiyaçlarını giderecek düzeyde bir ücretle çalışmayı talep ederken, göçmenler, gerek başka bir toplumda tutunabilmek gerekçesiyle gerekse "yabancı" olmanın getirdiği ağır yükler nedeniyle çok daha düşük ücret seviyelerinde çalışmaya razı olabilmektedirler. Ancak bu açıklamaların tamamı Türkiye'ye sığınmak zorunda kalan zorunlu göçmenler örneğinde olduğu gibi zorunlu ve düzensiz göç halinde geçerlidir. Aksi halde yasal süreçlerle düzenli göçmenlerin gidecekleri ülkedeki ücret, çalışma koşulları ve yaşam koşullarını tercih etme konusunda seçici olma olasılıkları daha yüksektir. Aynı şekilde nitelikli işgücü göçü için de aynı seçim imkânları söz konusu olacaktır.

Kapitalist sistemde sermayenin, birikiminin ön koşulları[3] oluştuktan sonra sermaye birikiminin devam etmesi ve yeniden değerlenmesi için iki temel problemle yüzleşilmesi gerekmektedir. Bunlardan ilki piyasadaki rekabet sürecinde ayakta kalabilmek için – en somut düzeyde- her bir bireysel sermayenin (individual capital) giderek daha düşük maliyetlerle (daha yüksek verimlilikle) üretim yaparak rekabet gücünü yükseltmesi gerekmektedir. Ancak bunu yaparken bir yandan da ürettiği metaların satılabileceği pazarlar bulmak zorundadır. Rekabet süreci giderek artan metaların değişim-değerinin[4] düşmesine neden olacağından üretim sürecinde ortaya çıkan artı-değerin realize edilmesi sorunu ile karşılaşılacaktır. Piyasada bollaşan metanın satışı zaman alacak hatta satılamaz hale gelecektir. Sermayedar karşılaşılan realizasyon[5] sorununu aşmak için ilk olarak ürettiği metanın henüz yeteri kadar bol olmadığı yeni pazarlara açılmaya çalışacaktır. İkinci bir strateji ise mevcut piyasadaki (aynı metanın üreticisi olan) rakiplerinin pazar payını almaya çalışacaktır. Bunun için mevcut üretim maliyetlerini azaltacak yönetim teknikleri ya da yeni teknolojilere başvuracaktır. Üretim maliyetleri ve teknoloji üzerinden süren bu rekabet belirli bir süre sonra pazarın sınırlarına gelinmesi neticesinde bu üretimin yapıldığı alandaki kar oranlarının düşmesine neden olacaktır. Böyle bir durumla karşılaşıldığında birikimin krize girmemesi için mevcut yatırım henüz sermayenin girmediği başka bir yatırım alanına kayabilecektir. Bu duruma Türkiye'de faaliyet gösteren sermayelerden örnek verilecek olursa SANKO Holding'in temel birikimini tekstil sektöründe yapmasına rağmen, tekstil sektöründe rekabetin artması ve kar oranlarının düşmesi neticesinde yatırımlarını enerji sektörüne yönlendirmiştir. Diğer bir strateji ise ürün çeşitlenmesine gitmek için yatırım yapılması ve talep yaratarak, kar oranlarının düşüşünün ertelenmesidir.

Bahsettiğimiz bu iki yönlü zorunluluk, hem daha düşük maliyetle daha fazla meta üretme zorunluluğu hem de bu ürünleri kendilerinin üretimi için gerekli kullanım-değerlerinden daha yüksek bir değişim-değerine satma zorunluluğu sermaye birikiminin (dolayısıyla sermayedarın) çözmesi gereken sorunlardır. Bu noktada ilk strateji genellikle daha düşük maliyetlerle daha yüksek miktarda çıktı üretebilmenin yollarına aramaktır. Örneğin tekstil sektöründe artan rekabet, tekstile yatırım yapan sermayedarların daha düşük maliyetlerle üretim yapabilecek yatırım ortamını aramalarına neden olmuştur.

Girişimcinin karını arttırmak için başvuracağı ilk yöntem işçilik maliyetlerini düşürecek stratejiler geliştirmektir. Bunlardan ilki üretim sürecine katılan emeğin

---

[3] Ön koşullardan kasıt kapitalizm öncesi toplumsal yapıdan kapitalist toplumsal yapıya geçiş sürecinin oluşumudur, bu aşamada toplumda emek-gücünü satmaya niyetli işçi sınıfının oluşması gereklidir. İkinci olarak iktisadi faaliyete bireylerin, şeylerin (metaların) kullanım değerinden öte değişim değeri biriktirmek için başlamaları gerekmektedir. Ve son olarak özel mülkiyetin tanımlanmış ve koruma altına alınmış olunması gerekmektedir. Bu ön koşulların daha ayrıntılı bir açıklaması için bknz: Ayşe CEBECİ, 2014, Kolektif Emperyalizm içinde Yeni Değerlenme Alanı Olarak Cezayir ve Emperyalizm'in Bugünü, makalesi.

[4] *Değişim-değeri*, her metanın iki değeri bulunmaktadır. Değişim değeri metayı değiştirmekten ötürü elde edilecek değeri ifade eder. Bu nedenle metanın piyasadaki belirlenen değişim değeri, o metayı üreten ve değişmekten ötürü gelir elde edecek olan sermayedarın bu alanda yatırım yapıp yapmamasına karar vermesinde önemli bir değişkendir.

[5] Realizasyon: üretim sürecinde ortaya çıkan artı-değerin ve yeni metanın temsil ettiği kullanım değerinin piyasada satılması sonucu para sermaye formunda realize olmasını ifade etmektedir.

üretkenliğini arttırmak yani daha kısa sürede daha fazla kullanım-değeri ürettirmektir. "Emeğin üretkenliğinde bir artış sözüyle, biz, genellikle, emek-süreçlerinde bir metaın üretimi için toplumsal gerekli emek-zamanının kısaltılması türünden bir değişikliği ve belli nicelikte emeğe, daha fazla kullanım-değeri üretme gücünün sağlanmasını anlıyoruz" (Marx, 1993, s. 329). Yani belli bir sürede aynı miktardaki emek ile daha fazla kullanım-değeri içeren meta ürettiğinde emeğin üretkenliğinin arttığı ifade edilmektedir. Bunu sağlamak için de emeğin üretkenliğinin yeni bir teknik ya da teknoloji ile desteklenmesi gerekmektedir. "Sanayiin yetkinleşmesi, kendileri yardımıyla bir işin eskisinden daha az insan ile ya da (aynı anlama gelmek üzere) daha az zamanda tamamlanabildiği yeni araçların bulunmasından başka bir şey değildir" (Galiani'den aktaran Marx, 1993, s. 329). Bu yöntem daha maliyetli ve zor olanıdır.

İkinci yöntem ise işgününün uzatılması aracılığıyla üretilen artı-değerdir. Bu kısmı Marx şöyle ifade eder; "İşgününün uzatılmasıyla üretilen artı-değere, ben, mutlak artı değer diyorum. Buna karşılık, gerekli emek-zamanının[6] kısaltılması ve bunun sonucu, işgününün iki kısmının uzunluklarındaki değişkenlikten doğan artı-değere, nispi artı-değer diyorum" (Marx, 1993, s. 329). Tanımdan da anlaşılacağı üzere mutlak artı-değeri arttırmanın bir sınırı, limiti bulunmaktadır. Bu çalışmanın olgusal alanını oluşturan Suriyeli göçmenlerin çalışma koşullarında yasal iş günü sınırlarının çok daha üstünde olduğu yüksek bir oranda tespit edilmiştir. Bu da Suriyeli göçmenlerin Şanlıurfa'da faaliyet gösteren girişimcilerin mutlak artı-değer üretimini arttırdığını göstermektedir. Gene benzer şekilde Suriyeli göçmenlerin uzun çalışma süreleri yerel işçilerin de aynı sürelerde çalışmayı kabul etmelerini sağlamaktadır. Bu çalışma sürelerini kabul etmeyen yerel işçiler bir süre sonra işlerini kaybetmektedir. Bu nedenle Suriyeli göçmenler hem kendileri çalışma sürelerinin uzun olmasından ötürü mutlak artı-değeri arttırırken, aynı zamanda işverenin, yerel çalışan üzerindeki baskıyı arttırarak onların da yasal çalışma sürelerinin ötesinde çalışma sürelerine razı olmalarını sağlayarak mutlak artı-değeri arttırmaktadır.

Nispi artı-değerin arttırılması ise işgününün sabit kaldığı ancak işgünü boyunca üretilen artı-değere işçi ve işverenin el koyma şekillerine bağlı olarak farklılaşmaktadır. Örneğin 8 saatlik iş gününün 4 saatini işçi kendi maliyetini (gerekli-emek zamanı) üreterek dolayısıyla maaşı karşılığı çalışmaktadır. Geri kalan 4 saatte ürettiği artı-değer ise işverenin el koyduğu kesimdir. Bu kesimler *karşılığı ödenmiş emek zamanı* ve *karşılığı ödenmemiş emek zamanı* olarak adlandırılmaktadır. İşverenin karşılığı ödenen kısmı azaltması durumunda el koyacağı karşılığı ödenmemiş emek-zamanı artacaktır. Örneğimizden hareketle, işçi bir işgününün 4 saatini kendisi için 4 saatini ise işveren için çalışıyorsa, işveren nispi artı değerleri attırmak için işçinin kendisini yeniden üretmek için gerekli kullanım-değerlerini üretmek için çalıştığı kısmı 3 saate indirerek, kendisi (işveren) için çalıştığı süreyi ise 7 saate çıkartabilecektir. Böylece artı-değer nispi olarak artmış olacaktır. İşveren ücretlilere ödediği ve üretim maliyetinin önemli bir kısmını oluşturan yükün bir kısmından daha kurtulmuştur. İşveren karşılığı ödenmiş emek zamanını 4 saatten 3 saate iki şekilde indirmeyi sağlayabilir, ya mevcut işçileri işten çıkartıp yeni ve düşük maaşa çalışacak işçiler bularak ya da mevcut işçilerin kendileri için gerekli kullanım değerlerinin toplamını çok daha kısa sürede üretmelerini sağlayacak bir teknik bularak. Bu noktada Şanlıurfa'da istihdam edilen Suriyeli

---

[6] Gerekli emek zamanı: gerekli emek zamanı ile kast edilen işçinin kendisi ve bakmakla yükümlü olduğu ailesini yeniden üretebilmek için ihtiyaç duyduğu kullanım-değerlerinin tümüne ulaşabilmek için üretimde değer üreterek geçirdiği süredir. Genellikle işverenler tarafından ödenen ücret bu kısma tekabül etmektedir.

göçmenler nispi artı-değer artışını sağlamak için işverenlere önemli bir fırsat yaratmıştır. Zira niteliklerinin uyumlu olduğu iş kollarında, düşük ücretlerle çalışmayı kabul ederek kendileri için gerekli kullanım-değerlerini üretmek için yerel işçilerden çok daha düşük bedellerle çalışmaktadırlar. Bu nedenle bazı işkollarında yerel işçi istihdam edilemez hale gelmiştir. Çünkü işverenlerin ödediği karşılığı ödenmiş emek zamanları, yerel işçinin kendisini ve bakmakla yükümlü olduğu kişilerin ihtiyacı olan kullanım değerlerini elde etmeye yetmemektedir. Bu nedenle çeşitli iş kollarından yerel işçiler tamamen çıkmıştır. Suriyeli göçmenlerin bu kadar düşük değerle çalışmalarının bir diğer nedeni ise içinde bulundukları durum dolayısıyla gerek uluslararası kuruluşlardan gerekse Türk Kızılayı ve diğer sivil toplum kuruluşlarından (STK) elde ettikleri yardımların (ayni veya nakdi) göçmenlerin çalışmayı kabul ettikleri kullanım değerleri toplamının düşmesine neden olmaktadır. Bu bir nevi Suriyeli göçmen çalıştıran işverenlere kaynak transferi etkisi yaratmaktadır. Örneğin; 4 kişilik bir ailenin geçinmesi için gerekli asgari kullanım-değerleri toplamı 1400TL'lik bir ücret gerektirirken, yerel işçi 1400 TL'nin altındaki bir ücrete çalışmayı kabul etmeyecektir. Göçmen aile gerek çocukları için gerekse çeşitli STK'lar tarafından toplamda aylık 500 TL. destek aldığında 900 TL'lik bir ücret ile çalışmayı kabul edebilecektir. Bu durum karşılığı ödenmiş emek zamanının 4 saatten 2 saate düşmesi anlamına gelmektedir. Böylece aynı işgünü (8 saat) boyunca göçmen işçinin işveren için çalıştığı süre 4 saatten 6 saate çıkacaktır. Nispi artı-değerin artması ile birikimin artması durumu ortaya çıkacaktır.

Sermaye Birikimi Açısından Düzenli ve Düzensiz Göçmen Olmanın Farklılıkları

Nispi ve mutlak artı-değerin arttırılması aşamalarında anlatıldığı üzere işverenin alı koyduğu ya da işveren adına çalışılan kısmın arttırılmasının en önemli nedenlerinden biri işgücü piyasasının genişliği, işçiler arasındaki rekabetin durumu ve işverenin pazarlık gücüdür. Ancak göçmenler söz konusu olduğunda artı-değerin arttırılması noktasında farklı mekanizmalar sürece dâhil olmaktadır. Bu farklı mekanizma düzenli göçmenler ile düzensiz göçmenler arasında da farklı işlemektedir. Dolayısıyla düzenli ve düzensiz göçmenlerin sermaye birikimine katkıları da farklılaşmaktadır. Bu nedenle öncelikle düzenli göçmen tanımlaması ve düzenli göçmenlerin tabi oldukları koşulları kısaca açıklayarak olgusal alanımız olan 2011 sonrasında Şanlıurfa'ya göç etmiş Suriyelilerin (düzensiz göçmen) koşullarını ve sermaye birikimine etki mekanizmalarını açıklamak yerinde olacaktır.

Düzenli göçmenler, düzenli göç (Regular Migration ya da Orderly Migration) eden göçmenleri ifade etmektedir. Buna göre Düzenli göç; "Tanınan yasal kanallar kullanılarak gerçekleşen göç" ya da "Menşei ülkeden çıkışı ve ev sahibi ülkeye seyahati, transit geçişi ve girişi düzenleyen kanun ve yönetmeliklere uygun olarak insanların olağan ikamet yerinden yeni bir ikamet yerine gitmeleridir" (Uluslararası Göç Örgütü, 2017, s. 14-15).

Düzensiz göçmenlerin (irregular migrant), düzenli göçmenlerden en büyük farkı, yasal olarak güvence altında olmamalarıdır. Zira düzensiz göçmenler, herhangi bir başvuru, pasaport, konsolosluk kanalı vb. yolları kullanarak değil, yasa dışı yollarla hedef ülkeye gelmiş ya da geldikleri ülkede yasa dışı koşullarda barınan göçmenlerdir. Uluslararası Göç Örgütü'nün tanımlamasına göre, "Yasadışı giriş veya vizenin geçerlilik süresinin sona ermesi yüzünden transit veya ev sahibi ülkede hukuki statüden yoksun kişi. Bu terim bir ülkeye giriş kurallarını ihlal eden mülteciler ve ev sahibi ülkede kalma izni bulunmayan diğer kişiler için geçerlidir. (ayrıca gizli/

yasadışı/kayıtdışı göçmen veya düzensiz durumdaki göçmen olarak anılmaktadır)" (Uluslar arası Göç Örgütü, 2017, s. 15).

Düzensiz göçmenlikle ilgili olarak üzerinde uzlaşılmış tek bir tanım olmamasına rağmen temel vurgu bu kişilerin ikamet etmek üzere geldikleri ülkede yasaların tanımladığı bir statüde olmamaları ve bu nedenle güvencelerinin olmamasıdır. Bu hali ile düzensiz göçmenlerin yerleştikleri ülkedeki çalışma koşulları ve sermaye birikimine katkı şekilleri düzenli göçmenlerden farklılaşmaktadır. Her şeyden önce düzenli göçmenler göç edecekleri ülkenin yasal düzenlemelerini, çalışma koşullarını, ücretlendirme politikalarını, yaşam seviyesini, sosyal hayatını önceden inceleme ve bu koşullara uyum sağlama noktasında öngörüye sahiptirler. Yasal süreçler sonucunda göçmen olarak kabul edildiklerinden yerleşilen ülkenin yöneticileri de göçmenlere karşı sorumludurlar. Bu tanımlı olma hali düzenli göçmenlerin işgücü piyasasında emekgücü olarak katılmaları aşamasında ücret düzeyinde pazarlık yapma şanslarını da arttırmaktadır. Oysa düzensiz göçmenler, kayıtdışı çalıştıkları ve o ülkede bulunmaları yasal koşullarda olmadığı için sürekli işverenin memnun olmaması durumunda kendilerini resmi makamlara şikayet etme tehdidi ile karşı karşıyadırlar. Örneğin; Amerika Birleşik Devletlerinde (ABD) bulunan düzensiz göçmenler bu koşullarda çalışmaktadırlar. Düzensiz göçmenlerin bu durumu işverenin uzun çalışma saatleri belirlemesine ya da ücretleri istediği seviyede tutmasına neden olabilmektedir. Aksi halde göçmen resmi makamlara şikayet edilerek sınır dışı edilme durumu ile karşı karşıya kalabilecektir. Mesai ödenmeksizin çalışma saatinin uzatılması mutlak artıdeğerin arttırılmasına örnek teşkil ederken, ücretlerin düşürülmesi ise nispi artı-değerin arttırılmasına örnek teşkil etmektedir. Bu nedenle düzensiz göçmenlerin kayıt altına alınması ve yasal güvenceye kavuşturulmaları önemlidir.

Şanlıurfa örneğinde de benzeri olgular gözlenmiştir. Şanlıurfa'daki Suriyeli göçmenler *geçici koruma* statüsünde yani yasal bir konumda ülkede bulunmaktadırlar. Ancak büyük bir çoğunluğu kayıt dışı olarak, güvencesiz istihdam edilmektedirler. Gerek işten çıkartılmamak için gerekse bazı işverenlerin sağladığı barınma imkânlarını kaybetmemek için Suriyeli göçmenler işverenin belirlediği koşullarda çalışmak zorunda kalmaktadırlar. Ancak işverenlere uygulanan anketlerde ise bazı durumlarda yerel işçinin Suriyeli göçmenlerden daha maliyetsiz olduğu bu nedenle Suriyeli çalıştırmaktansa yerel işçiyi tercih edeceklerini dile getirmektedirler. Suriyeli göçmen çalıştırmanın maliyetli olmasının gerekçesi olarak da barınma ve sağlık gibi hizmetleri de işverenin karşılamak durumunda olması ifade edilmektedir. Bu da göstermektedir ki Suriyeli göçmenlerin bu işkollarında emek piyasasını genişletmeleri dolayısıyla yerel işçiler işlerini kaybetmemek için Suriyelilerin aldıkları maaşlarla çalışmaya razı olmaktadırlar, üstelik yerel işçilerin barınma vb. ihtiyaçlarını ailelerinin Şanlıurfa'da olması nedeniyle farklı kaynaklardan bedelsiz karşılama imkânları olduğu için yerel işçiler de daha düşük ücretlere razı olmaya başlamıştır.

Şanlıurfa'da İstihdam Edilen Suriyeli Göçmenlerin Çalışma Koşullarının Değerlendirilmesi

Çalışmanın olgusal alanını oluşturan görüşmeler Şanlıurfa'da sanayi ve hizmetler sektörlerinde çalışan 267 Suriyeli göçmen ile yüz yüze gerçekleştirilen anket ve açık uçlu sorularla gerçekleştirilmiştir. Çalışmaya katılan göçmenlerin % 79'u erkek % 21'i ise kadınlardan oluşmaktadır. Göçmenlerin %30'u 24-29 yaş grubu, %21'i 18-23 yas grubu %22'si ise 30-35 yaş grubunu oluşturmaktadır. Ankete katılan çalışanların %5'i ise 18 yaşın altındadır. Toplamda %80'i 35 yaşın altında genç nüfustan oluşmaktadır.

İstihdam edilen göçmenlerin önemli bir kısmı %35'i okuryazar değildir. Ancak buna tezat bir şekilde %37'si üniversite mezunudur. Çalışanların eğitim durumuna göre dağılımı iki uç noktada yoğunlaşmaktadır. Diğerleri ilkokul, ortaokul ve lisansüstü eğitim derecelerine sahiptir.

Görüşülen göçmenlerin büyük kısmı Türkçe konuşabilmektedir, bunların %40'ı Kürtçe ve İngilizce konuşabilmektedir. Yüzde 43'ü ise üç dil bilmektedir. Göçmenlerin Türkiye'deki ikamet süreleri dikkate alındığında %32'si 4 ila 5 yıldır Türkiye'de ikamet ettiklerini, %31'i ise 2 ila 3 yıldır Türkiye'de ikamet ettiklerini ifade etmişlerdir. Bu durum istihdam edilen Suriyeli göçmenlerin Türkiye'de kalıcı olacaklarının göstergelerinden biri olarak değerlendirilebilecektir.

İstihdam edilen işçilerin işe devamlılığı ve iş disiplini, birikim açısından önemli olduğundan Suriyeli göçmenlerin işe devamlılığını tespit etmeye yönelik sorular katılımcılara yöneltilmiştir. İş değiştirme sıklığına dair sorulan sorularda %53,6'sı şimdiye kadar sadece bir işte çalıştıklarını söylemektedir. Bu da göstermektedir ki Suriyeli göçmenler girdikleri işverenin yanında süreklilik sağlamışlardır. Bunun en önemli nedenlerinden biri işverenin taleplerini yerine getirmeleri ve yerel iş gücünden çok daha düşük ücretlere çalışmalarıdır. Zira geldikleri yeni topluma tutunma, kayıt dışı koşullarda çalışma zorunluluğu ve iş bulma konusunda yaşadıkları zorluklar dolayısıyla buldukları işten atılmamak için işverenin taleplerini yerine getirme noktasında yerel işçilerden daha fazla isteklidirler. İki ila üç iş değiştirmiş olanların yüzdesi 33 ve dört-beş iş değiştirmiş olanların yüzdesi ise 12'dir. Diğerleri sekiz ve üzerinde iş değiştirmiştir. İşyerinde devamlılıklarına baktığımızda %60'ı şu anda çalıştıkları işyerinde bir yıl ve üzerindeki sürelerde çalıştıklarını ifade etmişlerdir.

Şanlıurfa'da istihdam edilmiş göçmenlerin niteliklerinin belirlenmesine yönelik olarak geldikleri ülkede yapmakta oldukları meslekleri ve şu anda yapmakta oldukları işe dair sorular yöneltilmiştir. Mesleğiniz nedir sorusunun yoğunlaştığı cevaplar; "vasıfsız işçi", ev hanımı, öğrenci, fabrika işçisi ve hamal olmuştur. Bu hali ile kişiler sanayide çalışacak özel niteliklere sahip değildir. Ancak tekrar sıklığı çok düşük olmakla birlikte içlerinde, akademisyen, diş hekimi, arkeolog, eczacı gibi mesleklere sahip olanlar da bulunmaktadır. Ancak bu meslek gruplarındaki kişiler de kendi mesleklerini icra etmemektedir. Zira "Şu anda çalışmakta olduğunuz işiniz ile daha önceki mesleğiniz arasında bir bağlantı var mı" sorusuna göçmenlerin %71' "hayır, yok" %21'i ise "evet, var" cevabı vermiştir. Geriye kalanlar ise "kısmen" şeklinde cevaplamıştır.

Şanlıurfa'da çalışan Suriyeli göçmenlerin mutlak ve nispi artı-değer üretimine katkılarını tespit etmek için ücretlendirme ve çalışma sürelerine dair geliştirilen soru seti ile tespit edilen sonuçlara göre "Günde kaç saat çalışıyorsunuz sorusuna" %33,7'si 8-10 saat %40,1'i 10-12 saat ve %12'si 12 saatten fazla cevaplarını vermişlerdir. Buna göre 267 kişinin %85,8'i günlük sekiz saatten fazla çalışmaktadır. Geri kalan yüzde sekiz saat çalıştıklarını ifade etmişlerdir. Ancak 8 saatten fazla çalışma süresi tek başına, mutlak veya nispi artı-değerin arttırıldığı sonucuna ulaşılmasını sağlamamaktadır. Buna ek olarak çalışılan fazladan süre için karşılığı ödenmiş emek zamanının artıp artmadığı yani fazladan çalışılan süre için fazladan mesai ücreti alıp almadıkları önem kazanmaktadır. Bu amaçla "Fazla mesai yapıyor musunuz" ve "Fazla mesai ücreti alıyor musunuz" soruları yöneltilmiştir. Katılımcıların %71'i fazla mesai yaptığını ve fazla mesai yaptıklarını söyleyenlerin %79,8'i hiçbir zaman fazla mesai ücreti almadıklarını ifade etmişlerdir. Buna karşılık sadece %10'u mesaiye kaldığında her zaman fazla mesai ücreti aldığını, %9,4'ü ise mesaiye kaldıklarında bazen fazla mesai ücreti ödendiğini ifade etmiştir. Bu da göçmenlerin iş gününün uzatılması sonucu mutlak artı-değeri arttırdıklarını göstermektedir.

Göçmenlerin diğer işçiler karşısında ücretlendirilme durumu değerlendirilmek istendiğinde aynı işte istihdam edilen yerel işçi ile göçmen işçi arasındaki ücretlendirme farklılıklarına dair soru yöneltilmiştir. Katılımcıların 79,8'i yerel işçilerden daha düşük ücret aldıklarını söylerken sadece 20,2'si aynı işte çalışan yerel işçi ile aynı ücreti aldığını ifade etmiştir. Gene aldıkları ücret sorusuna %44,2'si aylık 800 ila 1100 TL. arasında cevap vermiştir. Göçmen işçiler aleyhine gerçekleşen düşük ücretlendirme yerel işçilerin işten çıkartılarak, Suriyeli göçmenlerin istihdam edilmesi ile işverenlerin nispi artı-değeri de arttırdıklarını göstermektedir. Sonuç olarak her iki etki ile Suriyeli göçmenler istihdam edildikleri iş kollarında sermayedarın/yatırımcının birikim sürecine katkıda bulunmaktadır. Bu da üretim maliyetlerinin aşağı çekilmesi ve böylece göçmen istihdam eden sermayedarların göçmen istihdam etmeyenler karşısında rekabet gücünün artması anlamına gelmektedir. Ek olarak Suriyeli göçmenlerin hemen hepsi – katılımcıların %96,3,ü- kayıt dışı çalıştıkları için işveren sigorta pirim payı gibi giderlerden de muaf olmaktadırlar. Bu gibi uygulamalar sermayedarın el koyduğu artığın daha büyük bir kısmını birikim sürecinde yeniden değerlendirmeye yönlendirebileceğini göstermektedir.

Suriyeli göçmenlerin çalışma koşullarını tespit etmeye yönelik yöneltilen sorulardan "çalışma koşullarından memnun musunuz" sorusuna % 64,8'i evet cevabını verirken memnun olmayanlara yöneltilen "çalışma koşullarından memnuniyetsiz olmanızın nedeni nedir sorusuna, %98 oranında "çalışma sürelerinin uzunluğu" ve "ödenen ücretin az olması" cevabı verilmiştir. Sadece dokuz kişi ise iş güvenliği olmadığı ve sigortasız çalıştırıldığından ötürü memnun olmadığını ifade etmiştir. Yöneltilen soruya verilen cevaplar, Suriyeli göçmenlerin büyük kısmının sigortasız çalışmayı kabul etmek zorunda kaldığı ve bunu benimsediklerini ancak ödenen ücretin düşüklüğü ve çalışma sürelerinin uzunluğundan şikayetçi olduklarını göstermektedir. Bu da nispi ve mutlak artı-değer üretiminin, göçmen işçilerin istihdam edildiği sektörlerde arttığını göstermektedir.

İstihdam edilen Suriyelilere, "işverenin sizi işe almasında etkili olan nedenler nelerdir" sorusu yöneltildiğinde soruyu cevaplayanların %86,9'u "düşük ücretle çalışıyor olmak" %80,1 "sigortasız çalışıyor olmak" cevaplarını vermişlerdir. Gene "esnek çalışma koşullarını kabul etmemiz" cevabını verenlerin oranı ise %51'dir.

Göç İdaresinin 2017 yılı Kasım ayı verilerine göre Şanlıurfa, İstanbul'dan sonra en fazla Suriyeli göçmenin ikamet ettiği il olarak ifade edilmektedir. Birçok çalışma bunun nedenini Şanlıurfa'nın komşu, sınır ili olması, aynı dine mensup olunması, ailevi bağların olması ve kültürel yakınlığa bağlarken, saha çalışması bize Suriyeli göçmenlerin Şanlıurfa'da kalmasının nedenini %64,4 "çalışma imkânı" olması, %67 "başka illere gidecek maddi imkânının olmaması" olarak göstermektedir.[7] Dolayısıyla ekonomik nedenler diğer nedenlerden daha fazla etkileyici olmaktadır.

Sonuç Yerine

2011 yılından itibaren Türkiye'ye gelen Suriyelilerin günümüz itibariyle kalıcı olacağı gerek akademik çalışmalarda gerekse bürokratlar tarafından dillendirilmektedir. Bu nedenle uyum çalışmaları ve hatta bir kısım göçmene vatandaşlığın verilebilmesi

---

[7] Soruya verilen farklı cevapların toplamının %100'den fazla çıkmasının nedeni, katılımcılara bu soruda birden fazla seçeneği işaretleme imkânının sunulmasıdır.

için mülakat süreçleri başlamıştır. Her ne kadar büyük bir çoğunluğunun hukuki statüsü "geçici koruma" olsa da Suriyeli göçmenler gerek sosyal hayata entegrasyonları gerekse işgücü piyasasına bilfiil girmiş olmaları nedeniyle Türkiye toplumunun ayrılmaz bir parçası haline gelmişlerdir.

Çalışmada incelediğimiz Şanlıurfa özelinde Suriyeli göçmenlerin hemen her sektörde çeşitli aşamalarda üretim sürecine dâhil oldukları görülmektedir. Suriyeli göçmenleri istihdam eden işyerlerinde yapılan görüşmelerde göçmenlerin genellikle yüksek eğitim gerektirmeyen niteliksiz işlerde istihdam edildikleri tespit edilmiştir. Göçmen işçi çalıştıran işyerlerinde karşılığı ödenmemiş emek zamanı yerel işçi çalıştıranlara göre daha fazladır. Aynı işi yapan yerel ve göçmen işçi arasındaki ücret farklılaşması göçmenlerin istihdam edildiği işyerlerinin rakiplerine oranla maliyet avantajı elde etmelerini sağlamaktadır. Bazı işverenler Suriyeli göçmenlerin olmaması halinde üretime devam edemeyeceğini dile getirmektedir. Göçmen işçilerin sermayedar/yatırımcıya nispi artı değer ve mutlak artı değerin arttırılması aracılığıyla avantaj sağladığı sahada görüşülen tüm işletmelerde tespit edilmiştir. Fazla mesai ödemesi yapılmadan normal işgününden daha uzun sürelerde çalışmak göçmen işçiler tarafından kabul edilmektedir. Aynı zamanda işgücü piyasasının genişlemesi dolayısıyla yerel işçiler de daha uzun sürelerde çalışmaya razı olmaktadır. Razı olmayanlar, göçmen işçilerin çalıştığı sektörleri ve iş kollarını terk etmeye başlamışlardır. Suriyeli göçmenler istihdam edilmeye başladıktan sonra günlük yevmiye ve aylık maaşlarda düşüş gözlenmiştir. Taş işçiliği gibi özel nitelik gerektiren işlerde ise Suriyeli göçmenlerin yerel işçilere oranla aynı işi daha kısa sürede yaptıkları böylece toplumsal olarak gerekli emek zamanını kısaltarak sermaye birikimine katkı sağladıkları görülmektedir. Suriyeli göçmenlere Şanlıurfa ödenen günlük yevmiye 20 TL. civarındadır. Bu nedenle bazı göçmenler çalışmak yerine şehirde Birleşmiş Milletlerin finanse ettiği ve günlük 20 TL. ve öğle yemeği (iaşe) verilen eğitimlere katılmayı tercih etmektedirler. Bu da şehirdeki yevmiyelerin geçimlik –kendini yeniden üretmek için gereken mallar- seviyede kaldığını göstermektedir.

Şanlıurfa'da bu kadar fazla Suriyeli göçmenin ikamet etmesinin en önemli nedeni genel kabul gören kanının aksine kültürel yakınlıktan ya da akraba bağlarından değildir. Çalışmaya katılan göçmenler iş bulabildikleri için ve başka bir yere göç edecek maddi güçleri bulunmadığı için Şanlıurfa'da ikamet ettiklerini belirtmişlerdir. Bazı sektörlerde yem üretimi gibi, yerel işçi üretim sürecinden tamamen çıkmıştır. Bu da göçmenlerin yerli işçinin razı olamadığı kadar düşük ücretlerle çalışmayı kabul ettiği ve işverenlerin yerli işçinin sigorta, sosyal güvenlik gibi taleplerinden kaçarak işgücünün toplam maliyetini düşürme yönünde arayışlarda bulunduğunu göstermektedir. Göçmenlerin bu çalışma koşullarını kabul etmesinin nedeni düzensiz ve zorunlu göçmen olmalarıdır. Geride bıraktıkları çatışmalı ortam ve zorunlu göç neticesinde mülksüzleşmeleri dolayısıyla göç ettikleri toplumda ayakta kalmaya çalışmaktadırlar.

Şanlıurfa'nın teşvik bölgeleri içerisinde 6. bölgede bulunması ve Suriyeli göçmen işçilerin düşük ücretlere, uzun süreler, sigortasız çalışmayı kabul etmeleri nedeniyle önümüzdeki dönem emek yoğun sektörlerin (özellikle niteliksiz işgücüne ihtiyaç duyan) şehre geleceği beklentisini doğurmaktadır. Şanlıurfa'daki göçmenlerin istihdamının giderek artması çalışma koşullarının ve haklarının düzenlenmesini gerektirmektedir. Zira gerek Suriyeliler gerekse yerel işçiler için çalışma koşulları ve rekabet etmek giderek zorlaşmaktadır. Sınıfsal bir analiz yapıldığında göçmenlerin Şanlıurfa'da bulunması sermayedarların birikimlerini ve rekabet güçlerini arttırmalarını sağlarken, işçilerin arasındaki rekabeti arttırarak, işverenle yapacakları ücret pazarlığında güçlerini azaltmaktadır.

Kaynakça

Böhning, W.R. (1984). *Studies in International Labour Migration,* Londra: Macmillan; New York: St. Martin's Press.

Cebeci, A. (2012). *Bilmediğimiz Kapitalizm Gizli Elin Kurumsallaşması: YOİKK.* İstanbul: SAV Yayınları.

Cebeci, A. (2014). Yeni Değerlenme Alanı Olarak Cezayir ve Emperyalizm'in Bugünü. A. M. Özdemir (Ed.), *Kolektif Emperyalizm* içinde (s.163-200). Ankara: İmge

Castles, S. ve Miller, M.J. (2008). *Göçler Çağı Modern Dünyada Uluslar arası Göç Hareketleri.* İstanbul: Bilgi Üniversitesi Yayınları.

Castles, S. ve Kosack, G., (1985). *Immigrant Workers and Class Structure in Western Europe,* Oxford: Oxford University Press.

Cohen, R. (1987). *The New Helot: Migrants in the International Division of Labour,* Avebury: Aldershot.

Esen, A. ve Duman, M. (Ed.) (2016). *Türkiye'de Geçici Koruma Altındaki Suriyeliler: Tespitler ve Öneriler,* İstanbul: WALD.

Fawcett, J.T. ve Arnold, F. (1987). Explaining Diversity: Asian and Pacific Immigration Systems, J.T. Fawcett ve B.V. Cario (Ed.). Pacific Bridges: *The new Immigration from Asia and the Pacific Islands,* New York: Center for Migration Studies.

Galiani, F. (1750). *Scrittori Classici Italiani di Economia Politica,* Milano

Harris, N. (1996). *The New Untouchable: Immigration and the New World Worker,* Harmondsworth: Penguin.

Hollifield, J.F. (2000). The Politics of International Migration: How Can We "Bring the State Back in?", C.B. Brettel ve J.F. Hollifield (Ed.). *Migration Theory: Talking Across Disciplines,* New York ve Londra: Routledge.

Lucassen, J. (1995). Emigration to the Dutch Colonies and the USA, R.Cohen (Ed.), *TheCambridge Survey of World Migration,* Cambridge: Cambridge University Press.

Marx, K. (1993). *Kapital, Kapitalist ÜretiminEleşirel Bir Tahlili, Birinci Cilt.* A.Bilgi (çev.). Ankara: Sol Yayınları.

Mitchell, C. (1989) International Migration, International Relations and Foreign Policy. *International Migration Review,* Special Slver Anniversary Issue, 23:3.

Öğüt,T. ve Derya, H. (2016). Sürekli Göç Olgusu Olarak Osmanlı Konar-Göçerliği ve Mali Sistemin Göç Hareketlerini Düzenleyici Konumu. H.M.Paksoy (Ed.), *Ortadoğu'daki Çatışmalar Bağlamında Göç Sorunu* içinde (s.43-57). Ankara: Efil.

Sassen, S. (1988). *The Mobility of Labour and Capital,* Cambridge: Cambridge University Press.

Zolberg, A.R. ve Benda, P.M. (Ed.), (2001). *Global Migrants, Global Refugees: Problems and Solutions,* New York ve Oxford: Berghahn Books.

Elektronik Kaynaklar:

https://www.iom.int/key-migration-terms

https://ec.europa.eu/europeaid/sites/devco/files/communication-maximising-the-
       development-impact-of-migration_en_11.pdf

http://data.unhcr.org/syrianrefugees/country.php?id=224 .

Bölüm 4. Görselin Gör Dediği: Görüntünün Tahakkümünden Göçün Güçsüzlüğü

Bahar Yalın [1]

Görme, zihindeki imgelemin, gerçek ile düşsel olan arasındaki ilişkisini belirleyen zihinsel bir tasarım sunduğundan görüntü, insan üzerinde tahakküm kurar. Fotoğraf, görüntüyü, "an" üzerinden, deneyimlenmemiş olan, anlamı ya da anlaşmayı mümkün kılan bir ortak referans çevresi, ortak bir dil olarak inşa eder. Böylece özünü empati kültürünün oluşmasına olanak sağlayacak duygunun yaratımı ve insan deneyimlerini belgeleyerek tarihsel tasarımın hafızasını oluşturacak "haber"/bilgi boyutu oluşturur.

İnsan hareketliliği vurgusuyla yeniçağın en önemli gerçek ve sorunlarından biri haline dönüşen göç; siyasi, ekonomik, güvenlik gibi unsurların çok daha ötesinde sadece mekânın değil, kültürün taşınması bir başka ifade ile kültürel değişmedir.

Bu çalışmada göçün çerçevesini, haber/bilgi ve duygu/empati boyutu ile deneyimlemeye olanak sağlayan fotoğrafı, "anlamın aktarımı, anlamın göçüdür aslında" temeline koyarak ele almak amaçlanmaktadır. Bu doğrultuda Türkiye Kocaeli Gölcük Belediyesi ile Gölcük Fotoğraf ve Sinema Sanatı Derneği (GFSD) tarafından düzenlenen, Uluslararası Fotoğraf Sanatı Federasyonu (FIAP) ve Türkiye Fotoğraf Sanatı Federasyonu (TFSF) onaylı, 2. Uluslararası Göç konulu fotoğraf yarışmasında ödül kazanan 9 fotoğraf üzerinden göçün nasıl temsil edildiği göstergebilimsel yöntemle incelenecektir.

1. Görme Üzerine ya da Görüntünün Tahakkümü

İnsanın dünya hakkındaki bilgisinin kaynağı "görülebilir"den oluşur. İnsan kendini "görülebilir" aracılığıyla yönlendirir.... "Görülebilir" dünyayı ayağımıza getirir. Ama aynı zamanda durmaksızın, bunun içinde kaybolma tehlikesinde olduğumuz bir dünya olduğunu anımsatır. "Görülebilir", uzamı sayesinde dünyayı bizden alıp götürür de. Bundan daha iki yüzlü bir şey yoktur (Berger, 2008, s. 56).

Varlık alanının özünü bilgi kurar ve varlık alanı ile kurulan her temas "anlam" taşır. Anlamın heryerdeliği, duyulanın ve görülenin, yaşanan ve gözlemlenenin ötesine geçebilmesi demektir (Rıfat, 1993, s. 9). Anlam, gerçeği gerçek kılan, insanın algıladığı, edindiği, anladığı, yansıttığı (sezdiği, düşündüğü, söze-yazıya, çiziye dökülen) bilgi ve bu bilginin içerdiği bilişim, enformasyon olarak imler-imgeler (işaretler), simgeler (semboller), göstergeler (imge ve simge birleşimleri), kavram, kelimeler/terimler, resimler, tabulardan oluşur ve bu yönü ile öznel/subjektiftir (Atalayer, 2012, s. 38-39).

İnsan, içine doğduğu ortamın ve kültürlenme sürecinin doğal akışı içinde bilgilenir. Kültürlenme edimi, insanı anlamla donatırken, insanın edilgenliğini değil anlam üreten Homosignificans (Barthes, 1987, s. 63) ve varolanın ötesinde yeni anlamlar yaratan, anlam üretim sürecini yeniden yapılandıran özünde anlamlandıran Homosemioticus (Rıfat, 1993, s. 11) olarak etkinliğini gerçekler.

Görüntü, nesnesi ile toplumsal, kültürel ve ideolojik olarak üretilmiş kodlar düzenidir. Görüntüde anlamı oluşturan ve aslında görüntünün dışında kendi özerk anlamı olan nesnelerdir. Görüntüde kullanılan her bir nesne bütünsel bir anlam düzlemine eşlik eder. Fotoğraflar da görünür olandan alınarak/koparılarak bağımsız niteliklere dönüştürülen

[1] Doç. Dr., KTÜ İletişim Fakültesi, Halkla İlişkiler ve Reklamcılık Öğretim Üyesi, beroglu@ktu.edu.tr
Teşekkür: Bu bildirideki fotoğraflar Türkiye Kocaeli Gölcük Belediyesi izni ile kullanılmıştır.

görüntülerdir (Ökten, 2012, s. 116-118). Bu aynı zamanda görüntünün ve nesnesi ile yarattığı imgenin ait olduğu an, mekân ve uzamdan kopuşunu da ifade eder. Bu nedenle fotoğraf gerçeği sunmaz, gerçeğin aslı değildir. Fotoğrafla yaratılan imge yeniden yaratılmış/üretilmiş, ilk kez ortaya çıktığı yerden ve zamandan kopmuş/saklanmış, görünüm/görünümler düzenidir (Berger, 1988, s. 10). İmgeler fotoğrafla aktarılmak istenen anlamın taşıyıcısıdır. Bir imge açık ya da kapalı sınırsız anlam olanağına sahiptir ve her imgede algı ve yorumu belirleyen bir görme biçimi yatar (Berger, 1988, s. 10). Şu halde fotoğraf sınırsız ve değişken anlam olanakları arasından tek bir görme biçimine bağlı bir tercihin çoklu görme biçimlerine yansımasıdır.

Fotoğraf, gerçeğin görünümü, yansıması ya da görünenin kopyası olarak fotoğrafçının kendi düşün ve yaratıcı edimi, deneyim ve algılayışının, görüş ve yeğleyişinin bir toplamı ve sonucudur. Fotoğraf bir başkasının gördüğüdür. Bu yönüyle izleyenin bakışı fotoğraf üzerindeki ikinci bakıştır. Görüntünün görünürlüğü algılayabilme yetisi ve değer atfetme gerektirir. Açık ya da kapalı birçok anlamın keşfi izleyenin kültür ve deneyim zenginliğine koşut görme yetisi ile mümkün olur. İzleyen tarafından sürekli yeniden üretilen anlam yine aynı nedenden ötürü görecelidir.

Her görüntünün dile dönüştürülebilir, dile dökülebilir bir iletisi, dilsel bir yorumu olduğu gerçeğinden hareketle görüntünün yapısını kendi bütünlüğü içinde anlama, onu kurgulayan görüntü birimlerin bütünsel gösterge değerinin açımlanması, metinlerarası ilişkiler sonucu ortaya çıkan anlama ilişkin kodların çözümlenmesiyle gerçeklenir (Çamdereli, 2000, s. 96).

2. Fotoğraftaki: Göstergelerden Anlamın"Gücü"/"Göç"üne Gitmek

Gösterge, varlık alanına dair olanın anlatımına yarayan, bir başka şeyin yerini tutan ya da onu gösterendir. Göstergebilim ise göstergeleri, anlamsal üretim (anlamlandırma) olgusunu araştıran ve yeniden yapılandıran, kuram, yöntem ve betimleme açısından kendini kuran bilimsel yaklaşımdır (Rıfat, 1990, s. 84-85). Doğal dili de içine alan çok sayıda iletişim biçimlerinin genel bir bilimi, bilimler arası bir inceleme yöntemi olarak göstergebilim dilsel anlamdan başlayarak söylemsel içerik birimleri arasındaki bağıntılardan oluşan anlamlı bütünleri inceler (Guiraud, 1994, s. 11-12). Göstergebilimsel çözümleme, anlam göstergelerin birbirine eklemlenmesi sonucu oluştuğundan yaygın okumadan farklı, daha yoğun, daha dikkatli, daha duyarlı ve daha yöntemli bir çaba gerektiren bir okuma edimidir. Göstergebilimsel çözümleme, var olduğu kabul edilen yapıyı ayrıştırarak, bozarak, çözerek yeniden kurma, yeniden yapılandırma eylemidir (Rıfat,1993, s. 27). Fotoğraf için gösterge, fotoğrafçının iletisini kodladığı araçtır ve göstergeye ya da ait olduğu kültürel koşullara bağlı olan görünenin ötesindeki anlamın aktarılmasını sağlar (Kaptan, 2012, s. 31). "Fotoğrafın özelliklerinden biri de yaşayan varlıkları nesnelere, nesneleri de yaşayan varlıklara çevirme stratejisidir." (Sontag, 1999, s. 117). Fotoğraf, bir bilgi, anlam ve kayıt nesnesidir. Hem tanık hem kanıttır.

Fotoğraflar bir başka kültürün, bir halkın yaşadıklarını, umutlarını, hikâyelerini, gerçeklerini, acılarını aktarmanın aracıdır. Fotoğraf tarihine bakıldığında sosyal belgeci fotoğraf ve basın fotoğrafının toplumsal algıyı değiştirdiği görülür. Toplumun, yerel ya da küresel coğrafyada yaşananlardan haberdar olması fotoğrafla sağlanabilmiş, kamusal tepkinin oluşmasında önemli roller üstlenmiştir. (Tercan, 2012, s. 111).

Sanatsal anlamda çekilmiş olan her fotoğraf çağının ve içinde bulunduğu toplumun bir bütün olarak göstergesidir (Kaptan, 2012, s. 30). Bu çalışmanın amacı göç üzerine temellenen ve sanatçısının görüntü olanakları içinden yeğlediği olmasının ötesinde yeğlenen olarak fotoğraf yarışmasında dereceye giren fotoğraflar üzerinden göçün anlamını keşfetmektir. Göç, insanların İtici ve çekici nedenlere içinde yaşadıkları coğrafi ve sosyo-kültürel çevreden ayrılarak başka bir çevreye girmesidir. Göçte insanlar yeni çevrelerinde sosyo-kültürel, ekonomik ve siyasal değişmelere neden oldukları gibi kendileri de değişmektedir (Durugönül, 1999, s. 95). Araştırma birimi olarak alınan fotoğrafların iki aşamalı bir yeğleme sonucu olduğu düşünüldüğünde göçün anlamını en iyi ortaya koyan fotoğraflar olarak göç olgusu ve insan üzerinden algının nasıl biçimlendiği ve bu anlamın gören üzerindeki tahakkümü çok yönlü bir okuma eylemini gerekli kılmaktadır. Fotoğrafların çözümleme/okuması öncelikle Kaptan'ın (2012) önerdiği fotoğrafı göstergebilim üzerinden çözümleme modeli ile ele alınarak anlamın göç yolculuğuna çıkılacaktır.

1. Fotoğraf

1. FIAP GoldMedal-Digital, Mustafa Akgül, Türkiye Turkey, TRmusakD4 the end.jpg

Mekânın bir deniz ya da göl kenarı/kumsal/plaj olduğu görülmektedir. Denizin ve kumun birleştiği yerde güneşi ışığının aydınlattığı bir beyaz bir taş bloğun üzerinde İzleyenin bakışına ters yönde yan yana bir çift siyah erkek ayakkabısı durmaktadır. Ayakkabının bir tekinin ucu yukarı doğru kalkık durmaktadır. Kumun üzerinde ayrıca bir başka ayakkabıya ait bir iz bulunmaktadır. Görüntü 2015 tarihinde Türkiye sahillerinde yaşanan savaştan kaçan Suriyeliler'in olduğu botun batması ve beş göçmenin hayatını kaybetmesi trajedisine gönderme yapmaktadır.

Gösterge	Gösteren (anlatım)	Gösterilen (içerik)
Nesne	Ayakkabı (erkek)	Göç, ölüm, anıt
Nesne	Taş	Mezar, sağlamlık, kalıcılık, kaide
Zemin	Ayakkabı izi	Yaşam
Zemin	Deniz	Özgürlük, huzur, sonsuzluk, enginlik, uzaklık, zorluk, emek
Zemin	Kum	Parçalanma, geçicilik, zaman
Zemin	Diyagonal çizgi	Ölüm ve yaşam arasındaki çizgi
Renk	Siyah-Mavi-Gri	Matemin, karamsarlığın renkleri olan siyah ve griyi ferahlığın rengi olan mavi bütünlemektedir.

Ayakkabı: Fotoğrafın merkezi konumunda bulunan bir çift siyah erkek ayakkabısı bir taş bloğun üzerinde denize doğru durmaktadır. Bu duruş fotoğrafın izleyicisine adeta bir sitem niteliğindedir. Ayakkabının sahibi yoktur. Sahipsizliğin duruşu ve haykırışıdır. Ayakkabının sahibi bir başka yerdedir. Bir yanı ile fotoğrafın kadrajına aldığı yaşamdan "göç" etmiştir. Ayakkabının denize doğru durması yarım kalan bir yolcuğu işaret etmektedir. Umutlar denizde kalmıştır. Ayakkabının yolculuğunun son bulduğu mekân kum ya da deniz değil sağlamlığa ve kalıcılığa gönderme yapan taştır. Geleneksel olarak bakıldığında eve gelen misafirin ayakkabısı kapıya doğru çevrilir. Bu davranış, misafire duyulan saygıyı ve hoş karşılandığı gösterilir. Taşın üzerindeki sahibinin belki de hiçbir zaman giyinemeyeceği ayakkabı bu kez yeni bir yaşama açılan kapının eşiğinde son bir saygı ifadesi olarak çevrilmiştir.

Taş: Mekânın dış duvarlarının belki de başka birçok hikâyenin taşıyıcısı olan taş bu kez bir insan hikayesine "ev" sahipliği yapmaktadır. Taş, insanlığın ve yaşamın terk edişinin bir anıtı olarak duran ayakkabının kaidesi olarak görülmektedir. Taş aynı zamanda mezar taşını da çağrıştırmaktadır.

Deniz: Umudun ve özgürlüğün simgesi olan deniz ayakkabının arka planında görülmektedir. Ayakkabı denize doğru durmaktadır. Bu açı umutların denizde olduğunu göstermektedir. "Deniz de tıpkı gökyüzü gibi uçsuz bucaksız, derin ve sonsuzdur. Gök mavisine yükselme, dalgaların maviliğinde sallanma Baudelaire'e özgü iki büyük erinçtir: yükselişin verdiği mutluluk, düşüşün verdiği korku...." (Guiraud, 1994, s. 92). Fotoğraftaki deniz hem düşüşün korkusu, hem de yükselişin verdiği mutluluğu göstermektedir.

Kum: Hem zamanın, hem geçiciliğin, hem de parçalanmış hayatların göstergesidir.

Ayakkabı izi: Kumun üzerindeki bir başka ayakkabı izi yaşamın devam ettiğini göstermektedir. Ne umuda ne de izleyene dönük olan bu iz başka bir yaşantıya aittir. Siyah ayakkabı izini zamana karşı unutulmayacak olan taşa bırakırken, yaşayanların izleri kumlar üzerinde birazdan dalgaların sileceği geçici bir iz bırakmaktadır.

Güneş: Yaşamın ve ışığın kaynağı güneş fotoğrafın izleyicisi için gerçeği adeta bir sahne ışığının odağı gibi ayakkabıyı tüm çıplaklığı ile aydınlatmaktadır.

2. Fotoğraf

2. FIAP Silver Medal-Digital, HÜSEYİN SARI, Türkiye, TRhsynsD4 yolda gecen hayatlar.jpg

Mekân: Bir otoyol kenarı. Fotoğrafın öznesi olarak kendisine dönük uyuyan çocuğa sol eliyle sarılmış sağ eli başının altındaki çantasının üzerinde uyuyan gri başörtülü, siyah gömlek ya da pardesü giymiş genç bir kadın, arkasında otoyolun kenarında uyuyan diğer insanlar, insanların arkasında ağaçlar, otoyolun üzerinden geçen ve ışığı yanan araçlar, Otoyolun karşı tarafına dizilmiş evler. Otoyolun çizgisi ve araçların akışı statik ve dinamiği, hareket ve bekleyişi göstermektedir. Kadın ve çocuğun ön tarafında yarım kalmış bir su sişesi bulunmaktadır. Zemin yeşil ve gri renktedir.

Gösterge	Gösteren	Gösterilen
Modern yaşam	Otoyol	Zaman
Gelenek	Başörtüsü	İnanç, korunma
İnsan	Uyuyan Genç Kadın/Anne/Abla	Yorgunluk, bekleyiş
İnsan	Uyuyan Çocuk/Evlat/Kardeş	Umut, gelecek, masumiyet
İnsan	Diğer Uyuyan gölgeler	Yorgunluk, çaresizlik, yoksulluk
Nesne	Çanta	Maddi güç, güvenlik, kimlik
Nesne	Yüzük	Güç, süs eşyası, evlilik
Nesne	Battaniye	Korunma, Isınma, mekân, barınak
Nesne	Plastik Şişe Su (yarısı boş)	Yaşam kaynağı, doğalın yapaya hapsolmuşluğu
Nesne	Taşıtlar	Hayallere kavuşma, yolculuk

Nesne	Binalar	Kent Yaşamı, barınak, korunma
Nesne	Ağaç	Doğal yaşam, kök salma, ait olma
Nesne	Gökyüzü	Özgürlük, derinlik, yaşam
Zemin	Çimen	Huzur, geçicilik, yaşam
Zemin	Asfalt	Sert, katı, yapay
Renk	Turuncu-Yeşil-Siyah-Gri	Gençlik, heyecan, huzur, doğa, ölüm, sıkıntı, kasvet

Otoyol: Modern yaşamın hızını, duyarsızlığını, ritmini, düzenliliği ve mekanikliğini simgeleyen otoyol, fotoğrafta zamanı temsil etmektedir. Tüm taşıtlar ve insanlarzaman içinde belirli bir hız ve düzen içinde geçip gider. İnsan geçer ama zaman kalır, hep oradadır.

Başörtüsü: Kadının inancını ve korunma ve mahremiyet isteğini temsil etmektedir. Başörtüsü kadının kendisi ile diğerleri ya da dış dünya arasındaki sınıra işaret eder. Kadın kendini başörtüsü ile güvende hissetmektedir.

Uyuyan Kadın/Anne: Fotoğrafın öznesi çocuğa sarılmış uyuyan kadın göçün, kaçışın, yersiz-yurtsuzluğun bir görünümüdür. Kadının başının altında çantası bulunmaktadır. Tüm yorgunluğuna karşın sol eliyle çocuğunu, geleceğini, umutlarını korumakta, sağ eliyle başını koyduğu çantasından sahip olduğundan(maddi varlıklarından, kimliğinden) güç almaktadır. Ayrıca kadının sol elinin orta parmağındaki yüzük maddi gücü ya da evli olduğunu göstermektedir. Kadının yatış yönü ile araçların hareket yönü aynıdır. Her ikisi de ileriye doğru yönelmiştir. Kadın uyuyan diğer insanlara sırtını dönerek geçmişe değil geleceğe bakmaktadır. Aynı zamanda izleyene doğru bakan kadın var olduğunu, yaşanan yokluk ve acıların kanıtı olduğunu göstermektedir. Kadının hareketsizliği zamana karşı koymayı, bekleyişi, yorgunluğu, çaresizliği göstermektedir.

Uyuyan Çocuk: Sırtı izleyene dönük olan çocuk kadının ve her ikisinin üzerine sarılan battaniyenin koruması ve sıcaklığı altındadır. Çocuğun sağ eli kadının göğsünün üzerinde olması korunma ve açlığı göstermektedir.

Uyuyan Diğer İnsanlar: Otoyol kenarında asfalt zeminde ve kadının arkasındaki çimenlerin üzerinde uyuyan diğer insanlargöç hareketinin büyüklüğünü, çaresizliğin, yoksulluğun, tükenmişliğin boyutunu göstermektedir.

Çanta: Resmi belgeler, cüzdan, süs eşyası, önemli, değerli ve gerekli olan nesnelerin muhafaza edildiği bir nesnedir. Kadının sahip olduğu ve ona gereken her şey bir çantanın içindedir. Sahip olduğu hayat, var olduğunu kanıtlayan her şey bir çantanın içine sığmıştır.

Yüzük: Kadının her şeye rağmen yaşadığının, kadın olarak var olduğunun bir ispatı olmasının ötesinde, ihtiyaç halinde ekonomik amaçlı olarak kullanabileceği bir güç unsuru olarak ortaya çıkmaktadır.

Battaniye: Kadın ve çocuğa sahip olmadıkları mekânın sıcaklığını vermekte, sarıp sarmalamakta, geçici bir koruma, barınak sunmaktadır.

Plastik şişe: Kadının ve çocuğun hemen ön tarafında yaşam kaynağı olarak yapay bir plastik şişeye hapsedilmiş su çimenlerin üzerinde durmaktadır. Plastik şişe suyun tecimsel bir karşılığı vardır. Kent yaşantısında para karşılığı satın alınır. Kırsalın ve doğalın yaşam kaynağına ulaşma özgürlüğü kentte bulunmaz. Bu yönü ile doğadan ve doğaldan kopuşu, kentin yaşamı tutsak eden sınırlarını düşündürmektedir.

Taşıtlar: Zamanı temsil eden otoyolda şimdiyi ve bugünü taşıyan araçlar uyuyanların hareketsizliğine karşıt bir görüntü sunar. Belirli bir hız, sistematik ve düzen içinde yolun kenarındaki göç gerçekliğinden uzak, sadece kendi yollarını aydınlatan farlarıyla geçip gitmektedir. Göç edenlerin hareketsizliği taşıtların hareketiyle zıt bir görüntü oluşturmaktadır. Belli bir yere bir zamanda varmanın ve bu varışı sağlayacak mekanik araçların telaşına karşı, insan bedeni son derece güçsüzdür.

Binalar: Kent yaşamını, barınma ve mekân olma özelliği ile temsil eden yüksek binalar otoyol ile uyuyan insanlardan ayrılmaktadır. Bir ev ya da mekân arayışı o an içinde zamana bağlanmıştır.

Ağaçlar: Kök salmanın, yerleşmenin, ait olmanın temsili olan ağaçlar tıpkı uyuyan göçmenler gibi hareketsizdir. Fakat bu geçicilik ve kalıcılık arasında arasında kalmış uyuyanlar için şimdi içinde çok mümkün değildir. Köklerinden kopmuş yeni bir zemin arayışı bir ağaç olma özlemi ile bütünleşmektedir.

Çimen ve asfalt: Bir zıtlık ilişkisi içinde kırsalın, doğanın, toprağın şefkatine, yumuşaklığına, geçirgenliğine karşı kentin acımasızlığı, sertliği, sınırları durmaktadır. Toprak umutların yeşermesine izin verirken asfalt o umutların sadece taşınmasına hizmet eder.

3. Fotoğraf

3. FIAP Bronze Medal-Digital, Turgut ENGİN, Türkiye, TRtengiD2 sinirda.JPG

Gösterge	Gösteren	Gösterilen
İnsan	Beş çocuk	Gelecek, masumiyet
İnsan	İki yetişkin eli	Koruma
İnsan	Bir yetişkin bacağı	Çaresizlik
Nesne	Battaniye	Güvenlik, barınma, sığınma

Nesne	Çuval	Yaşam
Nesne	Sepet	Göç
Nesne	Toz	Belirsizlik
Nesne	Sağ el	Koruma
Nesne	Rüzgar	Şiddet, savrulmak
Nesne	Şişe su	Yaşam
Nesne	Şişe su kapağı	İz, kirlilik
Zemin	Toprak	Parçalanma
Zemin	Sararmış otlar	Umutsuzluk

Mekân: Issız bir arazide battaniyelerin altında rüzgârdan kaynaklanan tozdan korunmaya çalışan çocuk ve yetişkinler. Fotoğrafın isminden fotoğrafın sınır bölgesinde çekildiği anlaşılmaktadır. Battaniyelerin altındaki yetişkinlerin yüzleri görünmemektedir. Fotoğrafta sadece battaniyeden yüzlerini merakla çıkarmış ya da fotoğrafçı çeksin diye yetişkinler tarafından çıkarılmış beş çocuğun yüzleri görünmektedir. Erkek çocuğun ve yanındaki iki kız çocuğunun gözleri kapalıdır. Kulağında küpe olan kız çocuğunun başının üzerinde bir kadının sağ eli bulunmaktadır. Fotoğraftaki gözü açık olan tek çocuk yüzündeki merak ve rahatsız bir ifade ile sağ tarafına belirsiz bir yere bakmaktadır. Bir kadının bacağı üzerine oturmuş ağlayan bir çocuk kadının sol eli tarafından tutulmuştur.

Beş çocuk: Fotoğraftaki beş çocuk fotoğrafın öznesidir. Yalnızca bir kız çocuğu hariç hepsinin gözleri kapalıdır. Bir çocuğun bir yetişkin kucağında ağladığı görülmektedir. Yetişkinlerin yüzleri görülmemektedir. Yalnızca izleyiciye yaşadıklarını, orada olduklarını gösteren çocukların yüzleri görünmektedir. Çocukların gözlerinin kapalı olması izleyiciyi mekândan dışlamaktadır. Bir meydan okuma ya da karşı duruş değildir. Onların ki doğaya, parçalanmaya karşı duruştur. Beş çocuk aynı zamanda bir elin/yumruğun parmakları gibi bir arada durmaktadır.

İki yetişkin eli: fotoğraftaki her iki yetişkin eli de çocuklarını korumaktadır. Çocuğun başı üstünde duran bir sağ el tozdan korumaktadır. Diğer yetişin ise sol eli ile ağlayan çocuğuna sarılmıştır.

Bir yetişkin bacağı: Eylemsizliği, gidemeyişi, bekleyişi göstermektedir. Ağlayan çocuğunu bir eliyle sahiplendiği, koruduğu, engel olduğu görülmektedir.

Battaniye: Fotoğraftaki bir grup insana geçici bir korunak, barınak sağlamaktadır. Çocuklar, battaniyenin dışında, içinde bulunulan çaresizliğin ispatı olarak sergilenmektedir. Çocukların duruşu aynı zamanda bir isyanın, kabullenmeyişin de göstergesidir. Battaniye yaşanan korkuyu, güçsüzlüğü ve çaresizliği örtmeye çalışırken çocuklar bu gizemi açığa vurmaktadır.

Çuval ve sepetteki eşyalar: Geçmişten kalan izlerin ve devam eden yaşamın bir görüntüsüdür. Geçmiş ve gelecek sadece beyaz bir çuvalın içindedir ve battaniyenin altındakilerin geçmiş ve gelecekten çok şimdiyi düşündüğü sırtlarını eşyalara dönmelerinden anlaşılmaktadır.

Rüzgâr-toz-duman: Rüzgârın savurduğu toz gibi göçmenler de belirsizliğe savrulmuştur. Doğanın ve insanın tahakkümü battaniyeye sığınanları ezmektedir.

Plastikşişe ve su kapakları: Su, hayat verdiği doğadan, doğasından koparılmış, plastik şişeye hapsedilmiş, ticari bir meta olarak satılmaktadır. Şişe suyun bir meta olarak üretim süreci hatta rekabet koşullarından öte sığınmacılar için tek anlamı en temel ihtiyacın karşılanmasıdır. Plastik şişe de battaniyenin altındakiler de ait olmadıkları bir yaşantının içinde hapistir. Nasıl zemindeki kuru toprak ve sararmış otlar susuz kalmış veplastik şişedeki doğanın olmayan ama kaynağı doğa olan su hayat vermiyorsa battaniyenin altına hapis olanlarda mekânsızdır ve üzerinde bulundukları toprak onlara yaşam sunmamaktadır. Şişe kapakları doğayı ihtiyacı için sömüren ve doğal olmayan izler bırakan acımasız insanı tasvir etmektedir.

Toprak ve Sararmış otlar: Sararmış otlar köksüzlüğü, ait olamayışı, köklerinden kopmayı, köklerinden umudu koparmayı işaret eder. Toprağın üzerinde savrulan otlar gibi umutlar da tükenmektedir.

4. Fotoğraf

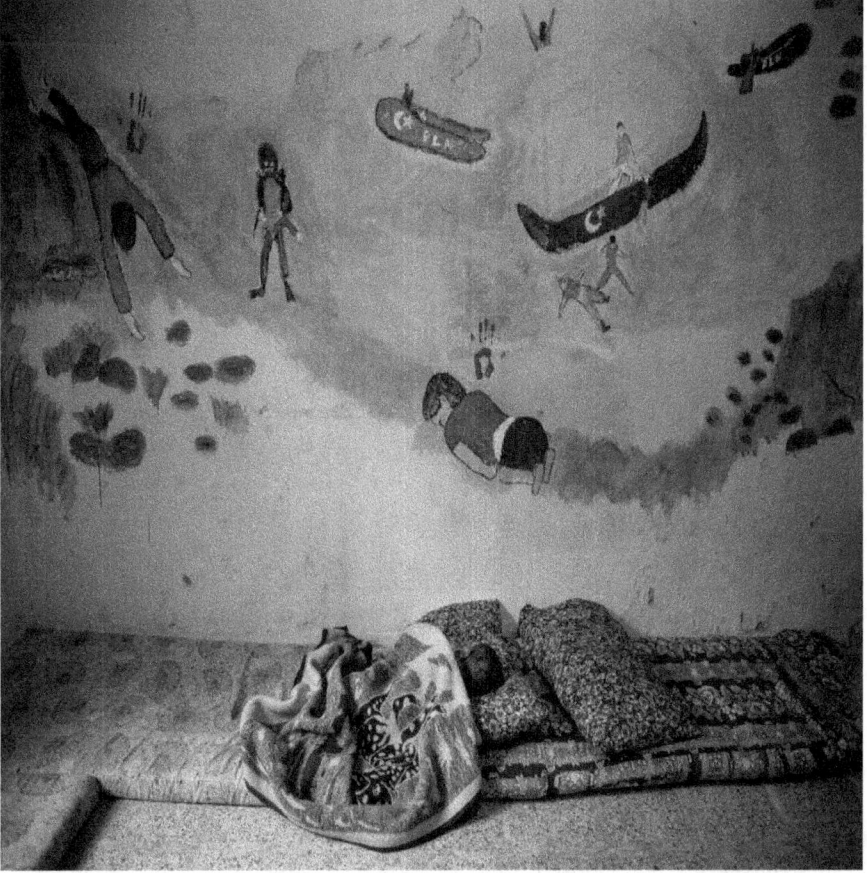

FIAP Mention, MEHMET YASA, Türkiye, TRmyasaD1 masumiyet.jpg

Gösterge	Gösteren	Gösterilen
İnsan	Uyuyan Çocuk	Gelecek, umut, masumiyet
Nesne	Battaniye	Güvenlik, barınma, sığınma, şefkat
Nesne	Yastık	Hayaller
Nesne	Duvar	Barınak, mekân, sınır, korunak, destek
Nesne	Resim	İz, hafıza, tarih, kanıt
Nesne	Deniz/kıyısı	Özgürlük, huzur, kapı
Nesne	Çocuk cesetleri(erkek çocuk Aylan Bebek) (kız çocuk)	Ölüm, umutsuzluk, yitim
Nesne	Erkek cesetleri	Çaresizlik, bitiş, son
Nesne	Denizdeki insanlar	Hayata tutunma, umut

Nesne	El izi (sağ ve sol el)	Tanıklık, imza
Nesne	Dalgıç	Arayış
Nesne	Sandal/bot	Kurtulma
Nesne	Ay-yıldız	Türkiye
Nesne	Sandal/bottaki insanlar	Kurtuluş
Zemin	Taş	Katı, bütünlük

Mekân: İçinde sadece oturmak/yatmak için kullanılan minderlerin ve iki yastığın olduğu bir oda. Taş zemin üzerindeki yastıklarda battaniyenin altında sırtı izleyene, yüzü duvardaki 2 Eylül 2015 tarihinde Suriye'den Yunanistan'a geçmek isteyen göçmenlerin bulunduğu botun batması sonucu aralarında Aylan Bebeğin de olduğu 5 kişinin yaşamını yitirdiği Türkiye sahilinde yaşanan dramınanlatıldığı resme dönük uyuyan bir çocuk.

Resmin olduğu duvar, yaşamla ölüm arasında, çırpınma ve kurtulma arasında bir sınır gibi durmaktadır. Duvar aynı zamanda resmi çizenin yaşadığı gerçeklerin taşıyıcısı ve aktarıcısıdır. Fotoğraf nesne ile insanı, sanat ile gerçeğio an içinde buluşturmaktadır. Resmi çizen yaşam ve ölümü, geçmiş ve şimdiyi, yaşadığı gerçeği ve anı duvara, fotoğrafı çeken sanatçı ise fotoğrafa işlemiştir. Fotoğraf ve resim tarihi birlikte belgelemiştir ve çizerin de fotoğrafçının da tanık olduklarını gösteren izlerdir.

Uyuyan Çocuk: Bir odanın içinde tek başına uyuyan çocuk umudu, geleceği ve masumiyeti simgelemektedir. Çocuğun yüzünün duvara dönük olması izleyeni de duvardaki resimde anlatılan gerçeğe davet etmektedir. Uyuyan çocuk duvardaki resimdeki bot faciasından sonra Suriyeli göçmenlerin yaşadığı dramın simgesi haline gelen Aylan Bebeğe dönük uyumaktadır. Kalan, yaşama tutunan bebek geleceğin bir parçası olarak yaşamını yitiren diğer bebekleri geçmişinin bir parçası olarak unutmayacaktır.

Battaniye -Yastık: Duvardaki resimde kumların üzerinde yatan Aylan Bebeğin aksine uyuyan çocuğun üzerinde bir battaniye vardır. Aylan bebeğin aksine yaşamın, geleceğin, şefkatle korunduğunu göstermektedir. Çocuğun başını koyduğu yastığının yanındaki yastık ise boştur. Göç yüzünden hayatını kaybeden bebeklerin boşluğunu temsil etmektedir.

Resim: Eskimiş duvarın yeni rengi eskide kalan göçün izleridir. Duvardaki bir iz gibi ortak hafızanın bir parçası olmuş, izleyeni tanıklığa davet etmektedir. Resim aynı zamanda yaşananlar için aynı görüntüyü sürekli ve yeniden hafızalara kazıyan medyadır. Suriyeli göçmenlerin yaşadıklarının dünya kamuoyunda simgesi haline gelen Aylan Bebeğin yaşamını yitirdiği bot faciasına dair haberler medya aracılığı ile sunuldu. Bilgilenmenin başat kaynağı medya aynı zamanda toplumsal hafızanın kayıtlarını sergilerken kamuoyu gücü uluslararası haber medyasının tekeli ile sınırlı olan mültecilerin kendi hafıza kayıtlarını mekân duvarı ile sağladıkları görülmektedir. Medyanın geçici ve geçirgenliğine karşı duvar kalıcı ve katı bir bellek sunar. Yaşananlar bu kez medyanın medyası ile kamuoyu oluşturmakta ve tazeliğini korumaktadır. Eskinin üzerine inşa edilen mekân, içindeliğin bedelinin sergisi olmaktadır. Toplumsal gerçekliğin iki hatta çok boyutlu görüntüsü tarihsel belleğe bu sayede işlenmiştir. Resim geçmiş ve gelecek, yaşam ve ölüm, eski ve yeni arasındaki sınır ve zıtlığın taşıyıcısıdır. Resimdeki bottaki cankurtaran adam ve dalgıç dışında hiçbir insanın yüzü izleyene dönük değildir. Resim, çizenin, ortak geçmişin izlerini taşıdığı insanlara karşı duyduğu minnet ile hayatta kalmış olmaktan dolayı duyulan suçluluk duygusu kaynaklı bir yüzleşememe olarak görülebilir.

Deniz/kıyısı: Özgürlüğü tanımlayan deniz, göçün bir sonraki yaşantıya açılan kapısıdır. Öte yandan hayatta kalma savaşının verildiği yaşam ile ölüm arasındaki kesişmenin tanığı olan bir savaş alanıdır.

Çocuk cesetleri (erkek çocuk Aylan Bebek) (kız çocuk): Fotoğrafın öznesi olan iki çocuk biri umudu diğeri umutsuzluğu simgeleyen iki çocuk fotoğrafın ismi gibi masumiyeti temsil etmektedir. Bir diğer çocuk, resimdeki dalgıcın elindeki kız çocuğudur. Dalgıcın ellerindeki kız çocuğu denizin diplerinden çıkarılan ölü bir bedeni işaret etmektedir. Battaniyenin altındaki çocuk şimdinin uykusundayken resimdeki çocuklar yarım kalan düşsel bir geçmişin, sonsuzluğun uykusunu uyumaktadır.

Erkek cesetleri: Resimdeki ölü bedenler erkek bedeni olarak tasvir edilmiştir. Bitişi, sonu temsil etmektedir.

Sandal/bot ve Denizdeki insanlar: denizin ortasındaki insanlar botlara bindirilmeye çalışılmaktadır. Ölüm kalım savaşı verenler botlara çıkmaya çalışmakta ve bu savaşı kaybedenler denizin üzerinde yaşamlarının değil bedenlerinin taşınmasını beklemektedir. Bu insanlar bir ulusun temsilidir.

El izi (sağ ve sol el): Duvardaki sağ ve sol el izleri ilk insanların tarih öncesi devirlerde mağara duvarlarına ellerini boyayarak bıraktığı izleri anımsatmaktadır. Biri denizin kıyısındaki erkek cesedinin üst kısmında diğeri de Aylan Bebeğin üst kısmında olan her iki el izi, ilk insanların tarihten şimdiye *"biz buradaydık"*diye seslendiği mağara duvarına bıraktığı izler gibi resmi çizenin *"ben buradayım ve sizi geleceğe anlatıyorum"* deme biçimidir. Öte yandan her iki el izinin kırmızı olması her iki ölü beden üzerindeki "kanlı" ellerin unutulmayacağını da göstermektedir.

Dalgıç, Sandal/bot: Dalgıç bir arayışın, sandal ve bot ise kurtuluşun simgesidir. Sandal ve botun üzerinde duran ay yıldız ve dalgıç, olay örgüsü içinde Türkiye'yi işaret etmektedir.

Ay-yıldız: Türkiye'yi temsil eden ay ve yıldız kurtarma botlarının üzerinde bulunmaktadır. Türkiye'nin göç sürecinde oynadığı role işaret etmektedir.

Taş: Katılığı ve bütünlüğü temsil etmektedir. Yaşanan acıların büyüklüğüne ve katılığına karşı bir bütün olabilmeyi ifade etmektedir.

5. Fotoğraf

FIAP Mention, Mehran CheraghchiBazar, Iran, IRmehraD1 war.jpg

Gösterge	Gösteren	Gösterilen
Nesne	Kuş (5 adet)	Göç, terk ediş, barış
Nesne	Harabe, bina kalıntısı	Eski, geçmiş, savaş
Nesne	Gökyüzü	Özgürlük, derinlik, yaşam, hüzün
Renk	Gri, sarı, siyah, mavi, yeşil	Karamsarlık, ayrılık, acı, umut, doğa
Zemin	Kum	Parçalanma

Mekân: Yıkık, harabe bir bina. Binanın görüntüsü, kasveti çağıran gökyüzü ile kesit oluşturmaktadır. Fotoğrafın ismi İngilizce savaş anlamına gelen "war"dır. Hem bir masalın başlangıcı hem de bir masalın sonu aynı karede buluşmuştur. Bir tarafta geçmiş, bir tarafta gelecek. Bir tarafta eskinin tutsaklığı, diğer tarafta yeninin özgürlüğü. Gökyüzünün rengi kasveti çağırmaktadır. Binanın ayakta kalan kısmı izleyene dönüktür. Bina boşluğun ve hiçliğin mekânıdır. Isınma ya da yemek ihtiyacının karşılandığını gösteren siyah is izleri binanın içinde bir zamanlar bir yaşam olduğunun kanıtıdır.

Kuş: Fotoğrafta yaşama dair tek unsur göğe yükselen dört adet kuştur. Kuşlar, geçmişi ve artık bir yaşamın olmadığı mekânı tıpkı içindeki insanların yaptığı gibi terk etmektedir. Barışı temsil eden kuşlar, göçün simgesi olarak savaşın mekânını terk etmektedir. Bu uzaklaşma, içinde yaşayan insanların yaşamlarının devam edip etmediği sorusunu çağrıştırmaktadır. Kuşlarla temsil edilen göç belki bedenlerin belki de ruhun göçüdür.

Gökyüzü: Gökyüzünün kasvetli rengi insanın savaşının bıraktığı izleri doğanın temizleyeceğini ya da gidenlerin arkasından yakılan ağıdın simgesidir. Bulutlar ya da harab olmuş bu yere yeniden bereket getirecek ya da biraz sonra güneş tüm sıcaklığı ve şefkati ile hayat kaynağı olarak mavi gökyüzünde kendini gösterecektir. Fakat o an gidenler için sadece savaşın verdiği acı ve yıkım vardır.

Kum: Şimdinin, insanın ve mekânın geçiciliğini temsil etmektedir. İnsanın doğada bıraktığı iz kuma çizilen resim gibi geçicidir ve yine insan doğayı en çok tahrip eden varlıktır. İnsandan geriye kalan ise yıkımdır. Canlı-cansız, hareketli- hareketsiz, yatay-dikey, umut-umutsuzluk, savaş- barış, karanlık-aydınlık, geçmiş-gelecek zıt renklerin kullanımı bu kurgunun düzenini ve uyumunu göstermektedir.

6. Fotoğraf

FIAP Mention / MAHFUZUL HASAN RANA / United States / US_MHASB_3.jpg

Gösterge	Gösteren	Gösterilen
Gelenek	Kırmızı şal	Geçmiş, acı
İnsan	İki erkek	Yoksulluk, bekleyiş, çaresizlik, güçsüzlük
Nesne	Su borusu	Güç, kent, dünya, mekân, barınak
Zemin	Asfalt	Kentin katılığı, acımasızlığı, soğukluğu

Mekân: Mekân, insan ve nesne karşıtlığını güç üzerinden konumlandırmaktadır. Metropolun su kaynağını taşıyan, devasa su boruları bu kez iki insana barınak olmuştur. Tamamı görünenüç su borusundan en öndekinin içinde iki erkek bulunmaktadır. Boruların üst kısmı karanlık alt kısmı ise aydınlıktır. Zemin kentin göstergesi olan asfalt zemindir.

Kırmızı Şal: Kente bir direniş, moderne bir karşı duruş olarak erkeğin şalı, hem kafasını hem de boynunu örtmektedir. Başörtüsü olarak geleneğin, inancın koruması altında olan düşünceler, yine beslenme ve ısınma noktasında bir teslimiyeti işaret etmektedir. Boğazı örten de başı örten de yine aynı gelenek ya da inançtır.

İki erkek: Su borusunun içinde yan yana duran erkeklerden biri yemek yerken diğeri uyumaktadır. Kentin büyüklüğü ve insanı içine hapseden dünyasında yoksulluk, bekleyiş, çaresizlik ve güçsüzlüğü temsil etmektedir. İzleyiciye dönük olan erkek, izleyici ile göz teması kurmamaktadır. Başın sol omza eğik hareketi hem yorgunluğun hem de bir teslimiyetin göstergesidir.

Su borusu: İçindekilere tezat oluşturacak biçimde gücün temsili olan borular bir mekân, barınak olarak işlev görmektedir. İçindekilerin dünyası dairesel görüntüsü ile boruların içidir. İçindekilerin tüm yaşamı bu boruların içi kadar içine sığabildiği kadardır.

7. Fotoğraf

FIAP Mention, KENAN KAHRAMAN, Türkiye, TRknnkhD3 siyah ve diğer renkler.jpg

Gösterge	Gösteren	Gösterilen
Gelenek	Kara çarşaf	Mahremiyet, İnanç, korunma, saklanma, sakınma, üzüntü, keder, güvenlik
İnsan	Kadının duruşu	Çaresizlik, bekleyiş direnme, onur
Nesne	Duvar	Barınak, mekân, sınır, korunak, destek
Nesne	Merdiven	Yücelmek, zafer, varış, yükselmek, zaman, gelecek
Nesne	Battaniye	Güvenlik, barınma, sığınma
Nesne	Renkler	Siyah, beyaz, kırmızı, turuncu, gri
Nesne	Kare, dikdörtgen	Ev, yuva, mekân
Zemin	Taş	Katı, bütünlük

Mekân: Bir binanın duvarında merdivenin altında kara çarşaflı ve duvara yaslanmış ayakta duran bir kadın. Merdiven diyagonal bir çizgi oluşturarak fotoğrafı iki üçgene ayırmaktadır. Bu haliyle fotoğraf karesi iki ayrı zamanda ve mekânda çekilmiş izlenimi vermektedir. Fotoğrafın üst tarafında beyaz bir merdiven bulunmaktadır. Beyaz merdivenin üçgeni oluşturan üst kısmı yukarıyı işaret etmektedir. Merdivenin üst tarafını oluşturan duvarın cephesinde turuncu, mavi, kırmızı ve beyaz renklerden oluşan kare ve dikdörtgen şekiller görülmektedir. Fotoğrafın alt kısmında ise merdivenin altında gri renkli taş duvara yaslanmış kara çarşafıyla ayakta duran ve izleyene bakmayan, yüzünün yarısı ve bir gözü çarşafla kapalı bir kadın ayakta durmaktadır. Merdivenin üstündeki duvarı süsleyen renkler merdivenin altında kadının üstüne bastığı battaniyelerin renkleridir.

Kara Çarşaf: Kadının kara çarşafı bir geleneği ve inancı göstermektedir. Aynı zamanda kadının sağ gözü dışında kalan tüm vücudunu örtmesi bir sakınma ve saklanmayı da işaret etmektedir. Kentin yalnızlığı ve yabancılığı içinde kadını koruyan ve kadının sığındığı, kendini, bedenini, inancını, gelenek ve köklerini dışarıda kalandan koruyabildiği bir mekâna dönüşmüştür. Sokak ortasında, göz önünde bir yaşantının tek mahremi kadının kendini içinde rahat huzurlu ve güvenli hissettiği örtüsüdür.

Kadının duruşu: Kadının merdivenin altında gri duvara yaslanarak durması renklerini yitirmiş geçmişine sırtını döndüğünü fakat yine aynı geçmişten güç aldığını göstermektedir. Kadının duruşu, yaşama dair güzellikleri, tüm renkleriyitirmeye direnen bir varoluşu simgelemektedir. Kadın, daha yüksek, daha iyi bir yaşam ve bu yaşamın sunduğu olanakların uzağındadır. Daha iyi bir yaşam hayalinin altında kalan kadının içinde bulunduğu yaşantı bu hayali, bu yaşantının sunduğu renkleri kirletmektedir. Merdivenin üstünde duran ve ev/yuvayı temsil eden şekillerin renkleri ile aynı olan kadının ayaklarının altına taş zeminin üstüne serili duran battaniyeler ev/yuvasının merdivenin üstündekiler gibi değil soğuk bir sokak olduğunu göstermektedir.

Duvar: Fotoğraf iki duvardan oluşmaktadır. Biri merdivenin altındaki sert, acımasız, kirli, katı gri merdivenin altındaki duvar, diğeri ise fotoğrafın öznesi kadınınulaşmak istediği temiz, renkli, huzurlu hayatı temsil eden merdivenin altındaki duvar. Kadının ait olmadığı yaşam modern yüzü ile estetik ve kusursuz görünmektedir. Duvar bu yaşantı ile hayalleri ve gerçekleri arasındaki sınırdır. O kendi gerçekliğine ait renksiz, tedirgin, kasvetli şimdiyi işaret eden gri duvara yaslanmış acılarına sarınmış halde beklemektedir.

Merdiven: Umutların ve hayallerin gerçekleşeceği zamanı ve geleceği temsil eden merdiven hem bir sınır hem de bir araçtır. Eş zamanlı aynı anın aynı mekânın birbirinden bir o kadar uzak yaşantılarını birbirinden ayıran, kadının ait ve orada olamadığı modern kent yaşantısı ile arasında bir sınır, aynı zamanda bu yaşantıya ulaşmak için gereken zamanı ve umutları işaret eder. O temiz ve güzel gelecek de umutları sürdükçe orada durmaktadır. Aynı zamanda başını sokacağı bir evin çatısı, bir sığınak işlevi görmektedir.

Battaniye: Dağınık duranbattaniyeler kadınının dağılmış ve sokak ortasında bir yaşamın içinde bir evin sıcaklığını, özlemini temsil etmektedir.

Renkler: Duvarın üstündeki kare ve dikdörtgen şekillerin kırmızı, turuncu, mavi ve beyaz renkleri aşkı, gençliği, özgürlüğü ve umutları temsil etmektedir. Kadın için bunlar son derece uzak bir dünyanın renkleridir. Öte yandan aşk, gençlik, özgürlük ve umutlar sokağa serili battaniyeler gibi yıpranmış eskimiş, kirlenmiştir. Yaşamın renklerinin onun için anlamı sadece bir meta olmasıdır. Gençlik de, aşk da, umutlar da özgürlük de artık sadece tek bir metada cisimleşmiştir: yuva. Üstteki renkler yağmurun düşüşü ve kirlenişi gibi sokağa düşmüş ve kirlenmiş izlenimi vermektedir. Ayrıca merdivenin beyaz rengi umuda, rahatlık ve feraha erişmeye işaret etmektedir.

Kare, dikdörtgen: Merdivenin üstündeki kare ve dikdörtgen şekillermodern kentin düzenini, uyumunu, estetiği, mekânları, mekânların düzen ve uyum içinde biraradalığını temsil etmektedir. Merdivenin altındaki duvarın üstünde yer alan kare şekillerin içi ise duvarın rengidir. Gri bir boşluk kadının sırtını döndüğü ancak güç aldığı geçmiş yaşantısındaki ev/evlere işaret etmektedir.

8. Fotoğraf

FIAP Mention, Burak BERBEROĞLU, Türkiye, SRBburakD4 umutyolculuğu4.jpg

Gösterge	Gösteren	Gösterilen
Gelenek	Başörtüsü	İnanç, korunma
İnsan	Kadının duruşu	Düşünce, merak, tedirginlik
Nesne	Yüzük	Güç, süs eşyası, evlilik
Nesne	Cam	Güvenlik, barınma, sığınma, sınır
Nesne	Perde	Sakınma, mahremiyet
Nesne	Gökyüzü	Yaşam, özgürlük, derinlik
Nesne	Su damlası	Saflık, temizlik, arınma, gözyaşı
Renk	Yeşil, beyaz, siyah	Doğa, huzur, saflık, umut, acı, sıkıntı

Mekân: Bir yolcu taşıtının (tren ya da otobüs)camından dışarıya bakan kadın.

Başörtüsü: fotoğrafın öznesi olan camdan bakan kadının başını siyah üstüne beyaz başörtüsü ile örttüğü görünmektedir. Siyah renk acılarını temsil ederken, saflık ve umudun rengi olan beyaz acılarını örtmektedir.

Kadının duruşu: Kadın, fotoğrafın adından anlaşıldığı gibi"umuda yolculuk" etmektedir. Kadının gözlerinde meraklı bir bakış, yüzünde ise tedirgin bir ifade vardır. Sol elinin işaret parmağını ağzına götürmüş halde duruşu endişe ve merakı anlatmaktadır. Sol elin yüzük parmağındaki yüzük kadının evli olduğunu göstermektedir. Yalnız görülen kadının eşini beklediği de düşünülebilir.

Cam: Kadın, yolculuk ettiği aracın camından merak ve endişe ile etrafını izlerken, fotoğrafçı makinasının camından bu merak ve endişeye izleyeni davet etmektedir. Cam, aynı zamanda fotoğrafçı, izleyen ve kadın arasında bir sınırdır. Bu şeffaf ama geçirgen olmayan sınır kadının artık dışarıda kalan gözyaşlarına, acılarına tanıklık etmeye davet etmektedir. Evinin penceresinden eşini bekleyen kadın belki de bu kez otobüsün camının arkasından eşini beklemektedir.

Perde: Bir yöntem olarak insan gözü soldan sağa doğru görüntüyü algılar. Fotoğrafın solundan başlayarak perde açılmakta ve kadınla karşılaşılmaktadır. Perdenin yeşil rengi huzur duygusunu ve doğayı çağrıştırmaktadır. Dışarıda yağan yağmur tüm acıları, kirleri, izleri ve kötülükleri temizlemektedir. Kadın şimdilik geçici bir barınak olan ve geçmişteki evi ile belki de tek ortak noktası olan bu geçici mekânın verdiği geçici huzura sığınmıştır.

Gökyüzü: Özgürlüğün simgesi olan özgürlük şimdi için sadece kadının baktığı camın gerisindedir. Ona ulaşmak için çıkılan bir yolculukta gökyüzünün yansımasının kadının yüzüne vurması özgürlüğün dışarıda onu beklediğini göstermektedir.

Su damlası: Doğal olan şimdi için kadının sadece görebildiği ancak temas edemediğidir. Öte yandan su damlaları kadının ve tanıklık ettiği insan hikâyelerinin gözyaşları gibidir. Kadın artık bu gözyaşlarının ulaşamadığı korunaklı bir yerdedir. Yağmur ya da gözyaşı artık ona işlemez. Çünkü korunduğu bir mekân bulunmaktadır.

9. Fotoğraf

FIAP Mention, Orkun Akman, Türkiye, DSC 0529.JPG

Gösterge	Gösteren	Gösterilen
İnsan	Çocuk (erkek)	Haykırma, yakarış, yardım çağrısı, davet
İnsan	Asker (erkek)	Güvenlik, sınır
İnsan	Fotoğrafçı (erkek)	Tanık
Nesne	Fotoğraf makinesi	Kanıt
Nesne	Ağaç	Kök salma, gelenek
Nesne	Tepe	Zorluk
Nesne	Gökyüzü (mavi)	Özgürlük, derinlik
Nesne	Güneş	Hayat kaynağı, aydınlık, ışık
Nesne	Arma (ay-yıldız)	Türkiye

Mekân: Açık alanda kent merkezinin dışında bir jandarma bölgesinde, yüksek biryerden kendisini dinleyen ve hepsi erkek olan bir grup asker ve iki fotoğrafçıya doğru haykıran bir erkek çocuğu fotoğrafın öznesini oluşturmaktadır.

Çocuk (erkek):Üzerinde beyaz bir tshirt olan erkek çocuğu fotoğrafın izleyicisine değil kendisini dinleyen dinleyici topluluğuna bakmaktadır. Yüzündeki ifade dehşet, acı ve yalvarışı düşündürmektedir. Sol eliyle kalbini sağ eliyle ise çoğunluğunu askerlerden oluşan dinleyici grubunu işaret etmekte, onlara güce, iktidara doğru haykırmaktadır. Tüm gözler erkek çocuğun haykırışı üzerindedir.

Asker (erkek): Devlet gücü ve otoritesinin temsilcisi olarak üniformalı askerler izleyici ile erkek çocuk arasında bir sınır, engel, mesafe oluşturmaktadır. Üniformanın varlığı asker-sivil ayrımını da beraberinde getirir. Üniformalılar karşısında çocuk üniformalı olmayanların karşı duruşunun figürüdür. Hiyerarşiyi temsil eden askerler fotoğraftaki çocuğun üstte konumlandırılışına zıt bir varoluş içindedir. Bireyden çok daha büyük bir gücü ve egemenliğini vurgulayan üniformalı askerlerin konumlandırılışı bu hâkimiyet ve egemenliği tersine çevirmiş görünmektedir. Bu kez otorite suskun dinlerken güçsüz birey konuşmaktadır. Askerler herhangi bir eylem içinde değildir.

Fotoğrafçı (erkek): Fotoğrafta erkek çocuğundan sonra elleri görülen sadece iki fotoğrafçıdır. Fotoğrafçılar çocuğun haykırışına fotoğraf makineleri ile tanıklık etmektedir. O an için fotoğraf makineleri bu gerçeğin taşıyıcısı konumundadır. Çocuğun elleri izleyiciyi işaret ederken, fotoğrafçıların ellerindeki makineler haykırışını başkalarına duyurmaya çalışmaktadır. Fotoğrafı çeken sanatçı ise fotoğrafçıların da fotoğrafını çekerek anın hafızasını tutmaktadır.

Fotoğraf makinesi: Yaşananların kanıtı olan görüntüyü, gerçeğin bilgisini/kurgusunu aktaran araçlardır. Şimdi içinde yaşanan dramın kanıtı olan makine görünen ve görünmeyen olarak fotoğrafın içinde var olmaktadır.

Ağaç ve tepe: Çocuğun arkasında askerlerin yeşil şapkalarından oluşan çizgiye paralel bir çizgi ile bir başka sınır durmaktadır. Bir tarafta insan bir tarafta doğa (ağaç/tepe) çocuğun çevresini sarmıştır. Çocuğun yan yana duran ağaçlardan biri canlı (yeşil) diğeri cansız (kuru, yapraksız). Bu iki ağaç çocuğun geçmişindeki hala canlı olan ve yok olmuş değerleri temsil etmektedir. Çocuk ağaçlar gibi kök salmak isterken iktidar/devlet otoritesi/siyasal alan buna engel olmaktadır. Çocuğun ve temsil ettiği kitlenin bir ulusun tüm zorluklara karşı verdiği mücadeleyi temsil etmektedir.

Gökyüzü: Özgürlüğün simgesi gökyüzü tüm canlılığıyla ve yine aynı derecede tüm uzaklığıyla çocuk ve temsil ettiklerini beklemektedir.

Güneş: Hayat kaynağı güneş çocuğun yüzünü ve dinleyicileri aydınlatmakta gerçekleri ortaya çıkaran bir ışık sunmaktadır.

Arma: Türkiye Cumhuriyeti Devletinin göç sürecinde oynadığı role dikkat çekmektedir.

Zemin: İnsanlar

Sonuç

Sıkıntının, bunalımın ve acının yeridir burası, sürgün toprağıdır. Düş, sevgiye yer vermeyen bu yaşantıdan kaçıp kurtulmamızı sağlar. Yani adalara, güzel kokuların, düzenin, uyumun, keyfince gezmenin, bolluğun, güçlülüğün, sağlığın, gençliğin, zevkin bulunduğu yere kaçışı sağlar (Guiraud, 1994, s. 92).

Görme, anlama uzanan bilme yoludur. Görmeyi değerli kılan anlamını algılamak ve sorgulamaktır. Algıyı dile getirmek etkileşim, bilişim ve tartışma sağlar. Bilim ve sanatın en çok ihtiyaç duyduğu da tartışmak, irdelemektir. Tartışmayı olumlayacak anlamlar için çalışmada ödüllü göç fotoğraflarında göçün nasıl temsil edildiği sorusunun yanıtı aranmıştır.

Göç fotoğraflarında tüm fotoğrafların fotoğraf öznesinin karşısından çekildiği ve fotoğrafçıların kendi yükseklikleri fotoğrafın nesnesi ile eşitleme yolunu tercih ettikleri görülmektedir. Bu fotoğraflarda aslında insan kendi kendisi ile karşılaşmakta, insanlık durumuyla yüzleşmektedir. Fotoğrafların hiçbirindeki imgeler (hatta ayakkabı bile) izleyici ile temas kurmadığı gibi fotoğraftaki hiçbir insan da fotoğrafçıyla/izleyiciyle göz teması kurmamaktadır. Göz teması kurmak aynı zamanda fotoğrafçının/izleyenin de görülmesi, *"Biz bakarken bize nasıl bakılıyor?"* sorusunun yanıtıdır.

Fotoğraftaki ana imge/özne olarak insan/insanların fotoğrafçı/izleyeni görmemektedir. Bu temassızlık, duyarsızlığa bir tepki, bir meydan okuma olarak düşünülebilir. Aynı zamanda fotoğrafların çok yakından çekildiği gözlenmektedir. Fotoğrafçı insanların kişisel alanına girmiş mahrem alanın içine dâhil olmuştur. Fotoğrafların biri hariç hepsi dış mekânla ilgilidir (umuda yolculuk ve masumiyet adlı fotoğraflarda aslında mekânsızdır). Özellikle sokak ve arazi kamusal alandır ve fotoğrafçı izleyiciyi de bu alana davet etmektedir. Buradaki insanlar izleyenin de dâhil olduğu kamusal alanı ihlal etmektedir ve bu ihlalde izleyen sadece izleyenken, fotoğrafın nesneleri özel yaşantısı kamusallaşmış insanlardır. Fotoğraflarda göçü ya da göçün güçsüzlüğünü vurgulamak için en çok kullanılan özne kadın ve çocuktur.

Fotoğrafların haykıran çocuk fotoğrafında görülen fotoğraf makinalarının dışında hiçbirinde yeniçağın teknolojisine rastlanmamaktadır. Bu durum fotoğrafın kültürel bellek/kanıt, belge olma özelliğinin zaman ve teknoloji bağımsızlığına bir gönderme olarak düşünülebilir. Fotoğraflarda Aylan Bebeğin resmi dışında zaman olgusuna dair kesin bir delil sunan hiçbir imge kullanılmamıştır. Tüm fotoğrafların renkli olması içinde bulunulan zamanın, şimdinin, gerçeğin anlatımını sağlamak içindir. İzleyenin kendi gözleriyle şimdiye ve gerçeğe tanıklık etmesi istenmektedir.

Fotoğrafların uzamına bakıldığında en çok duvar ve zemin olduğu görülmektedir. Fotoğrafların duvar mekânsızlığı, sınırları işaret etmektedir. Siyasal Sınırları aşmaya çalışan, geçmiş, şimdi ve geleceğin zamanın sınırları kalan, yeni ile eski, yaşam ile ölüm, umut umutsuzlukzıtlıklarının sınırları arasında kalan insan suretleri. Öte yandan zemin taş, toprak, kum ve asfalt olarak (umut yolculuğu ve haykıran çocuk fotoğrafı dışında) her fotoğrafta kullanılmıştır.

Fotoğraftaki insan bedenleri kendi ve izleyen için huzursuzluğu göstermektedir. Hiçbir öznenin duruşu rahatlık içermemekte, aynı rahatsızlığı izleyene de taşımaktadır. Fotoğraflardaki ellerin duruşu, çaresizlik, yakarış, koruma durumundadır. Fotoğrafların hiçbirinde ayaklar görünmemekte, bu durum öznenin statik halini temsil etmektedir: *Duran, bekleyen insanlar.* Giden insanı, yokluğu ile gösteren ayakkabı fotoğrafında bile eylemin sonucu ölümdür.

Fotoğraf gibi göçün insanları da akıp giden zaman içinde var oluşlarını sessizce sorgulamakta, soru sorulmayı beklemektedir. *O an* yani şimdi öncesi ve sonrası olmayan bir bekleyişin görünümüdür. *O an* nasıl fotoğraf içine hapsolduysa ve fotoğraf anın sınırlarını belirlediyse, insanlar da tüm sınırların çizildiği *o anın* içine hapsolmuştur. Bu gidemeyişin ama aynı zamanda kalamayışın öyküsüdür.

Fotoğraflardan kalan, çerçevesine sığmayan, sınırsızlaşan, sürekli soru soran ve göçün güçsüzlüğünü anlamın gücü ve göçü sayesinde yeniden üreterek yeniden keşfettirmeyi bekleyen yeni anlamlardır.

Kaynakça

Atalayer, F. (2012). "Ve Anlama İlişkin Genel Bir Yaklaşım". İFSAK Fotoğraf ve Sinema Dergisi, S.147, Şubat, s.38-46.

Barthes, R. (1988). Anlatıların Yapısal Çözümlemesine Giriş. Gerçek Yayınevi, İstanbul.

Barthes, R. (1987). Yazı Nedir?,Hil Yayın, İstanbul.

Barthes, R. (2005). Göstergebilimsel Serüven, Çev. Mehmet Rıfat, Sema Rıfat, YKY, İstanbul.

Berger, J. (1988). Görme Biçimleri, Çev. Yurdanur SALMAN, 3. Basım, Metis Yayınları, İstanbul.

Berger, J.(2008). Ve Yüzlerimiz, Kalbim, Fotoğraflar Kadar Kısa Ömürlü, Çev. Zafer Aracagök, 2. Basım, Metis Yayınları, İstanbul.

Çamdereli, M. (2000). "Çok İleri Giderek Bir Mavi Afişi Okumak Ya da Bir Reklam Afişinin Göstergebilimsel Çözümlemesi, İletişim, 5. Sayı, Bahar, ss.93-120, Ankara.

Durugönül, E. (1997). "Sosyal Değişme ve Göç ve Sosyal Hareketler", Toplum ve Göç, II. Ulusal Sosyoloji Kongresi (20-22 Kasım 1996), Bildiri Kitapçığı, DİE Yay., Ankara.

Guiraud, P. (1994). Göstergebilim, Çev. Mehmet YALÇIN, 2. Baskı, İmge Yay., Ankara.

Kaptan, A. Y. (2012). "Fotoğraf Okuma Süreçlerinde Bir Yöntem Olarak Göstergebilimsel Çözümleme", İFSAK Fotoğraf ve Sinema Dergisi, S.147, Şubat, s.30-35.

Ökten, A. İ. (2012). "Fotoğraf ve Anlamı", İFSAK Fotoğraf ve Sinema Dergisi, S.147, Şubat, s.116-119.

Rıfat, M. (1993). Homo Semioticus, Yapı Kredi Yayınları, İstanbul.

Rıfat, M. (1990). Dilbilim ve Göstergebilim Çağdaş Kuramları, Düzlem Yayınları, İstanbul.

Tercan, S. (2012). "Yasa ve Fotoğraftaki Anlam", İFSAK Fotoğraf ve Sinema Dergisi, S.147, Şubat, s.110-111.

Ürper, O. (2012). "Fotoğraftaki Kompozisyon Öğeleri ve Anlam Üzerine Göstergebilimsel Bir Çözümleme", İFSAK Fotoğraf ve Sinema Dergisi, s. 147, Şubat, s. 60-69.

Bölüm 5. Fransa'da Yaşayan Türkiyeli Göçmenlerin Evliliğe, Boşanmaya ve Kadın/Erkek İlişkisine Dair Görüşleri

Ceylan Türtük [1]

Bu yazının amacı, Fransa'da yaşayan Türkiyeli erkeklerin evliliğe ve boşanmaya dair düşüncülerinin sosyolojik bakış açısıyla değerlendirmektir. Fransa'ya olan Türk göçü 1960'lı yıllarda devletlerarası (Türkiye-Almanya örneğinde olduğu gibi) ikili anlaşmayla başlamıştır. 1970'den sonra yaşanan ekonomik krizle yılında göçmen almayı sınırlandırmaya yönelik politika izleyen Fransa'da göçmen sayısı aile birleşmesiyle sayısını arttırmaya başlamıştır (Armagnague, 2010). Bu bağlamda evlilik Türk göçünün Fransa'da devamlılığında ve sosyal normun gelecek nesillere aktarılmasında stratejik bir önem kazanmıştır (De Tapia, 2009). Buna karşılık göç sürecinde ayrılma ya da boşanma, bu stratejiye karşı bir tehdit olarak ele alınabilir.

Araştırmamızın çıkış sorusu şöyledir: Fransa'da yaşayan Türkiyeli göçmen erkeklerin aileye ve boşanmaya dair bakış açıları göç sürecinde değişime uğruyor mu?

Bu soruyla birlikte araştırmamızda aşağıdaki hipotezleri oluşturduk

Fransız aile yapısı-kadın/erkek ilişkisi, Türkiyeli göçmen erkeklerin düşünme yapısını etkiliyor. Göç nedeni (siyasi, ekonomik, vb.) grupların arasında evliliğe ve boşanmaya dair farklı görüşlerin oluşmasına etkendir. Çalışılan sektör (restorasyon, tekstil, inşaat, vb.) bir şekilde evlilik-boşanma üzerindeki görüşleri etkilemektedir. Fransızcayı bilip-bilmemek evlilik ve boşanma konuları üzerinde bir fark yaratmaktadır. Sonradan gelenlerin, orada doğup-büyüyenlere göre evliliğe ve boşanmaya daha gelenekçi bakış açıkları vardır.

Araştırmamız için Fransa'da Paris ve çevresinde yaşayan farklı meslek, medeni duruma ve yaşa sahip 11 Türkiyeli erkekle evlilik, boşanma ve toplumsal cinsiyet rolleri üzerine mülakat yaptık:

Tablo 1

Her görüşmemizin kendisine farklı görüşleri olsa da ortak görüşler sonucu kategori yapmayı tercih ettik. Araştırmamızda ortaya çıkan üç tane kategoriyse şöyledir:

[1] cturtuk@gmail.com

Fransa'ya ekonomik nedenlerden dolayı göç edenler, Fransa'ya politik nedenlerden dolayı göç edenler ve Fransa'ya küçük yaşta gelen ya da Fransa'da doğanlar. Yazımızda öncelikle kısaca göç ve birliktelikler/ayrılma üzerine olan teorik çerçeveyi aktaracağız. Daha sonra görüşmecilerimiz için Fransa'nın ne ifade ettiğini açıkladıktan sonra grupların evlilik, boşanma ve kadın-erkek ilişkilerine dair görüşlerini aktaracağız.

Teorik Çerçeve

1985 yıllara kadar aslında göçün (ulus içinde ya da uluslararası) birlikteliklere etkisi üzerine kapsamlı bir araştırma yapılmamıştır (Boyle & all, 2008). Günümüzde bu zamana kadar yapılan araştırmalar 2 önemli bulgu sunmuştur. Birinci olarak göç/taşınma stresli bir olaydır ve birlikteliklerin ayrılıklarla bitmesine neden olabilmektedir. İkinci olarak göç daha çok bir partnerin kariyerine odaklı oluyor (genelde erkek) ve kadın göçte dezavantajlı durumda kalıyor. Bu durum kendiliğinden ilişki üzerinde negatif bir rol oynuyor (Caarls, 2015).

Birliktelikler üzerinde negatif etkisi olabilecek diğer etkenler ise şöyledir: Partnerleden biri göçü arzularken, diğeri göçe dair isteksiz olabiliyor (Flowedew & Al-Hamad, 2004). Daha önce yaşanılan şehirden ayrılmak/ülkeden ayrılmak daha önce var olan sosyal dayanışmanın kaybına yol açmaktadır ve bu da bireyi yalnızlaştırmaktadır (Rosenthal, 1985). Bireyin rutini, rolleri ve kimlikleri değişmektedir (Brett, 1982). Yeni geldiği ülkede/bölgede yeni roller ve kimlikler edinmektedir. Bu da çiftler arasındaki iletişimi olumsuz etkileyebilmektedir. Diğer taraftan çocuklarla yapılan göç eşleri daha stresli bir duruma getirmektedir (Fitchen, 1994). Göç eden ebeveynlerde çocuklarının geleceği için ayrı bir tansiyon vardır. Son olarak varılan ülkenin evliliğe-boşanmaya ve kadın-erkek ilişkilerine farklı tutumları göç edenlerin düşünme biçimini etkileyebiliyor (Kalmijn,de Graaf ve Portman 2004).

Fransa ne ifade ediyor?

Görüşmecilerimizin Fransa'yı nasıl algıladıkları ve kendilerini Fransa'da nasıl hissettikleri (göçmen, yabancı, dışlanmış, ait hissetme vb.) araştırmamız için önemlidir. Fransa'ya göç nedenleri, Fransa'da geçirilen süre, Fransızcayı bilip-bilmeme durumu Fransa'ya dair düşüncelerini değiştirmektedir (Orton, 2012). Fransa'ya olan görüşleri de algı ve davranışlarının etkilemektedir (Blumer,1958).

Politik nedenlerden dolayı Fransa'ya gelen görüşmecilerimize göre Fransa güven veren ve korunduklarını hissettiren sosyal bir devlettir. 3 görüşmecimizden 2'si Fransa'ya gelene kadar Yunanistan, İtalya ve Almanya gibi Avrupa ülkelerinden geçmiştir; ama yaşamak için Fransa'yı tercih ettiklerini belirtmiştir. 2 görüşmecimizin devam eden Türkiye'ye girme yasağı bulunmaktadır. Türkiye'ye karşı özlemleri olduğunu belirtikleri gibi ileride Türkiye'de yaşayabilme projelerinin olduğunu dile getirmişlerdir.

Fransızca söz konusu olduğunda 3 görüşmecimiz Paris Belediyelerin veya Türk derneklerin verdiği dil okullarına gitmişlerdir. Görüşmecilerimiz iş ortamında diğer göçmenlerle çalıştıklarını ve boş zamanlarında genelde aynı siyasi görüşte oldukları Türkiyeli göçmenlerle vakit geçirmektedir. Görüştüklerimizden birisi Fransız vatandaşıdır ve diğerlerinin 10 yıllık oturum izinleri vardır.

Ekonomik nedenlerden dolayı göçenler için Fransa "ekmek kazanılan yer" olarak ifade ediliyor. "Fransa'yı sevmiyorum ama Türkiye'ye de dönemem"(Koray, 44 yaş). Alıntıda gördüğümüz gibi Fransa'ya bağlılıktan çok Fransa'nın sunduğu hayat koşullarına alışma olduğunu görüyoruz. Fransız vatandaşlığına sahip olsalar da kendilerini Türk olarak tanımlıyorlar. Fransızcayı çalışırken öğreniyorlar ve kendilerini ifade edebildiklerini belirtiyorlar. Fransa'daki arkadaş çevreleri genelde hemşerilerinden oluşmaktadır. Türkiye'ye yaz tatillerinde gidiyorlar ve Türkiye'ye yatırım yapmaktadırlar (Ev, arsa satın alma, vb.).

Fransa'ya küçük yaşta gelenler ve Fransa'da doğanlar Fransa'yı ülkeleri olarak görmektedir. Kendilerini Fransız ve aynı zamanda Türk olarak tanımlamaktadırlar. Görüşmecilerime göre Türk kimliğine sahip olmak pozitif bir durumdur. Beaud ve Pialoux bu durumun bir önceki neslin kültürel mirasına bağlı olarak geliştiğini öne sürmektedir (Beaud, Pialoux, 2003). Fransa'nın eğitim ve iş açısından birçok avantaj sunmakta olduğunu belirtmektedirler. Ayrıca sosyal çevrelerinin Türkiye'de değil Fransa'da olması ve Fransızcayı Türkçe'den iyi konuşmaları Fransa'ya olan bağlılıklarını arttıran faktörlerdir. Yakın arkadaş çevrelerinin Türkiyeli ve Arap olduklarını belirmişlerdir. Yaz tatillerinde Türkiye'ye gitmektedirler.

Evlilik-Boşanma ve Kadın-Erkek İlişkilerine Dair Görüşleri

Politik göçmenlerin görüşleri

Görüşmecilerimize göre evlilik üzerine çok düşünmediklerini belirtmişlerdir. Evlilik imzaya dayanan bir anlaşmadır ve evlilik olmadan da birlikteliklerin var olabileceğine inanmaktadırlar. Paradoksal olarak iki görüşmecim evlilikten ve evlilik içindeki iletişimden bahsederken "kutsal ve mahrem" kelimelerini kullanmıştır. Bu gruptaki görüşmecilerim 18-30 yaş arasında Fransa'ya gelmiştir ve ilk sosyalizasyonları (Dubet ve Martuccelli'nin sosyalizyon teorisini referans almaktayız) Türkiye'de olmuştur. Sol görüşte olan görüşmecilerim evliliği de politik görüşleri üzerinden tanımlasalar bile görüşme sırasında evliliğe dair içselleştirdikleri düşünceleri zaman zaman ortaya çıkmaktadır diyebiliriz.

Osman ve Ahmet oturma iznini daha kolay alabilmek için sevdikleri ve aynı politik görüşe sahip oldukları Türkiyeli kadınlarla evlenmiştir. Diğer üçüncü görüşmecimiz Orhan da resmi olarak evli olmasa da uzun yıllardır aynı politik görüşü paylaştığı kadınla beraberdir. Bu bağlamda aynı politik görüşü paylaşmanın ilişki üzerinde önemli bir rolü vardır. Görüşmecilerimizin 3'ü de âşık olarak ve severek ilişkilerini kurduklarını söylemişlerdir. İlişkilerinde eşitlik taraftarı olduklarını belirtip ev işlerine yardım ettiklerini belirtseler de Ahmet kendini şöyle ifade etmiştir: "Ne kadar solcu da olsam, feodal sistemi eleştirsem de maçoluk yapıyorum." Bu erkek rolüne politik anlamda karşı olsa bile özel ilişkilerinde tekrardan eleştirdikleri rolü üretebiliyor diyebiliriz.

Boşanma konusunda görüşleri ise ilişki yürümediği takdirde ilişkinin bitirilmesi gerektiğini ifade ettiler. Çevrelerinde tanık oldukları boşanma nedenleriyse başta ekonomik olmak üzere aldatma ve kıskançlıktır.

Fransa'nın evlilik, boşanma ve kadın-erkek ilişkilerine dair görüşlerini ne kadar etkilediğini sorduğumuz zaman görüşmecilerimiz genç yaşta geldiklerini; Fransa'da büyüdüklerini ve çevreyi gözlemlediklerini söyledi. Görüşmecim Orhan ise Türkiye'de hapishanedeyken bu konular üzerine düşündüğünü belirtti. Fransa'daki kadın-erkek ilişkilerinin ve aile yapısının Türkiyeliler'den çok farklı olduğunu ve daha eşitlikçi olduğunu düşünmektedirler. Fransız kadınının Türkiyeli bir kadına göre "rahat" olduğunu söylemişlerdir. Fransızlarla kültür farklılığından doğacak problemlerden korktukları için partnerlerinin Türk olmasını tercih etmişlerdir. Ayrıca bu gruptaki görüşmecilerimin partnerlerinin hepsi çalışmaktadırlar.

Ekonomik nedenlerle göçenlerin görüşleri

Bu gruptaki görüşmecilerime göre evlilik yetişkin bireyin hayatında olması bir süreçtir. "Evlenmeye karar verdim, köye gittim ve şimdiki eşimi buldum." (Yetkin) Görüşmecimiz Yetkin'in cümlesinde gördüğümüz gibi evlilik üzerine pek düşünülmüyor ve aynı zamanda istenilen zamanda evlenebileceğine dair bir kanı vardır. Mehmet hariç diğer üç görüşmecim akrabalarıyla veya aynı köyden/kasabadan olan kadınlarla evlidir ve aile birleşmesiyle Fransa'ya gelmişlerdir. (kendileri ya da partnerleri) Aynı aileden birisiyle evli olmak Fransa'da var olma stratejilerinden birisi olarak kabul edilebilir. Bu gruptaki görüşmecilerime göre evlilik için âşık olmak bir ön koşul değildir ve görücü usulüyle eşleriyle tanışmışlardır. Evlilikten beklentileri "huzur bulmak", "mutlu olmak" ve "çocuk sahibi" olmaktır. Bu gruptaki görüşmecilerimin hiçbiri boşanma deneyimi yaşamamıştır. Boşanmayı başarısızlık olarak değerlendirmektedirler. Ekonomik kaygıların boşanma üzerinde rol oynayan en önemli faktör olduğuna inanmaktadırlar.

Birinci gruptaki görüşmecilerimiz gibi Fransız aile yapısını Türk aile yapısından farklı bulmaktadırlar. « Serbest », « sorumsuz » ve « rahat » kelimelerini kullanmışlardır. Evlenmeden önce Fransız kadınlarla ilişkisi olan 2 görüşmecim evlilik için bir Türk partneri tercih ettiklerini belirtmiştir. Bazı görüşmecilerim çocuklarının yabancı birisiyle evlenmesinden endişelenmektedir. Koray ve Yetkin'nin söyleminden çocuk yetiştirme söz konusu olduğunda Fransa'nın tehlike olarak algılandığını fark ettik. Onlara göre Fransa'nın çok farklı etnik gruplara sahip olması çocukları için dezavantaj dönüşebilir. Bu yüzden çocuklarını boş zaman aktivitelerine (yüzme, müzik kursu, dil kursu vb.) yönlendirmekteler. Bu gruptaki görüşmecilerimin partnerlerinden sadece 2'si çalışmaktadır.

Fransa'da doğan ve büyüyenlerin görüşleri

Bu gruptaki görüşmecilerim yaş ortalaması diğer iki gruba göre daha gençtir. Maïtena Armagnague araştırmasında belirttiği gibi kendilerini Fransızlardan ayrı tanımlamıyorlar, ama bununla birlikte Türk kültürü ve kimliği bu grup için çok önemlidir (Armagnague, 2010).

Görüşmecilerimiz evliliği, « bir ömür sürmeli », « mutluluk ve huzur bulunmalı » gibi ifadelerle tanımlamışlardır. Bu gruptaki görüşmecilerimden Aydın ve Kaan bekârdır. Gelecek için evlilik projeleri vardır. Evlenecekleri kadına âşık olmak istemektedirler. Bu noktada yeni neslin görücü usulü evliliklerinden ziyade aşk evliliğini benimsediği söylenebilir. Ama ailelerinin onayının alınmasının gerektiğini belirtmişlerdir. Fransız sevgililerinin olduğunu ama evlilik söz konusu olduğunda aynı kültürden bir kadınla evlenmek istediklerini ifade etmişlerdir. Bu noktada Türkiyeli eş seçimi gelecek kuşaklara kültür aktarımı için önemli bir stratejidir (Akgönül,2009).

Görüşmecimiz Aydın'ın annesi ve babası ayrılmıştır. Bu sebepten dolayı evliliğinde boşanma gibi bir süreç istememektedir. Ayrılmış bir çiftin çocuğu olmanın zor olduğunu dile getirmiştir. Görüşmecimiz Arda şu anda bekârdır ama daha önce Fransız bir kadınla evlilik yaşamıştır. Kültür farklılığından dolayı ayrıldıklarını belirten Arda Fransız kültürüne dair düşüncelerini "Buranın (Fransa'nın) en iyisi, bizim en kötümüze denktir" cümlesiyle ifade etmiştir. Şimdi evlilik düşünmeyen Arda, eski karısı hamile kalınca evlenme kararı aldığını belirtmiştir. 4. görüşmecimiz Akın ayrılık sürecindedir. Bir düğünde eşiyle karşılaşmıştır ve âşık olarak evlenmiştir. Ekonomik nedenlerden dolayı boşandıklarını belirten Akın boşanmayı "Biz başaramadık evliliği" cümlesiyle açıklamaktadır. Hala karısını sevdiğini belirtirken; boşanmanın çocuklarının geleceğine negatif etkisi olacağından korkmaktadır. Karısı boşanma davasını açmıştır ve kendisi boşanmayı istemediği için mahkemelere katılmayacağını söylemiştir. Görüşmecilerim eşlerine, sevgililerine ve annelerine ev işlerinde yardım ettiğini belirtmişlerdir. Partnerleri ve anneleri profesyonel anlamda aktiflerdir. Fransa'da doğup-büyüyenler Türk aile yapısının Fransız aile yapısına göre daha güçlü olduğuna inanıp, Türk geleneklerini yaşatmaya çalışmaktadırlar.

Sonuç

Politik göçmenler aileyi politik açıdan kritik edebilmektedir. Bununla beraber Fransız aile yapısını merak etme ve inceleme isteği vardır. Fransızca öğrenip Fransızları tanıma isteği bulunmaktadır. Ama aynı zamanda dili tam bilememe durumu bu gruptaki görüşmecilerim için sosyal bir bariyer oluşturmaktadır. Özel ilişkilerinde eşitlikçi bir yaklaşıma sahip olmaya çalışmaktadırlar. Kendilerine de özeleştiri getirebilmektedirler. (Maço olduklarını, kıskanç olduklarını söylemeleri, vb.) Boşanmayı de kişisel tercih olarak görmektedirler.

Ekonomik nedenlerle göçenlerde akraba evliliği ile kültürel ve ekonomik mirası koruma isteği bulunmaktadır. Anne ve babaları gibi sağlam bir evliliğe sahip olma isteği vardır. Bir diğer anlamda bir önceki kuşağa özenme söz konusudur. Dil bariyerinin bulunması bu gruptaki görüşmecilerime Fransız aile yapısını gözlemesine engel oluyor ya da iş yerinde olan deneyimlerine dayanarak Fransız aile yapısını analiz etmelerine neden olmaktadır. Fransa'da çocuk büyütmekten kaygılılar ve bu kaygılarının sebebi Fransa'nın çok göçmen barındırmasıdır. Eşlerine ev işlerinde yardım etmeleri ve bir konuda karar alırken (tatile gitme, evde tadilat, mobilya seçimi, vb.) eşlerinin fikirlerini sormaları eşitlikçi bir transformasyonun belirtileri olarak okunabilir.

Fransa'da doğan ve büyüyenler için aile önemli ve saygı duyulan bir kurumdur. Aile tarafından onaylanan kişilerle evlenilmelidir. Bu nesilde gelenekçi yapının korunduğunu söyleyebiliriz. Türk aile yapısı ve kültürü kritik edilmiyor. Bu da içselleştirilmiş kültürel mimarı koruma olarak okunabilir. Boşanma başarısızlık olarak görülüyor. Kendilerini Fransız gibi görseler de Fransız aile yapısını çok farklı bulmaktadırlar.

Son olarak Türk aile yapısını Fransız aile yapısına tercih etmektedirler. Görüşmecilerimizde Judist Stern'nin de belirtiği gibi sadakatin ve saygının temel olduğu nostaljik bir aile algısı vardır (Stern, 1996). Bununla beraber boşanmanın kodlanışı başarısızlık üstündendir. Çalışılan sektörden (inşaat sektörü, restorasyon, vb) ziyade göç nedeni kadın-erkek ilişkilerinde ve Fransız kültürüne karşı farklı bir bakış açısını beraberinde getirmektedir. Fransızca, sonradan gelen gruplar için etkileşimde bariyer oluşturup kapanmayı beraber getirirken Türk aile yapısının değişmesinde bir fren oluşturmaktadır. Aynı şekilde Fransızcanın sorun olmadığı gruplarda da bir önceki kuşaklara saygı yabancı gruplarla karışmada engel teşkil etmektedir.

Kaynakça

Akgönül S. (2009). "Appartenances et altérités chez les originaires de Turquie en France. Le rôle de la religion". Hommes & Migration, s. 35-49.

Armagnague M. (2010). "Les dynamiques d'adaptation sociale des communautés turques en France et en Allemagne. Le cas des jeunes générations". Sociologie, 2010/2 Vol.1. s. 235-252.

Beaud S. & Pialoux M. (2003). Violences urbaines, violence sociale. Genèse des nouvelles classes dangereuses. Paris, Fayard.

Blumer H. (1958). "Race prejudice as a sense of group position". The Pacific sociological review, 1, 1, pp. 3-7.

Boyle P. J. & Kulu, H. & Cooke T. & Gayle V. & Mulder C. H. (2008). "Moving and Union Dissolution". Demography, n.45/1, s. 209-222.

Brett, J. M. (1982). "Job transfer and Well-being". Journal of Applied Psyhology, 67, 450-63.

Caarls, K. (2015). "La migration internationale est-elle un facteur de divorce? Les couples ghanéens au Ghana et à l'étranger". Population, vool.10. n.1., s.135-61.

De Tapia, S. (2009). "Permanences et mutations de l'immigration turque en France". Hommes et Migration: Les turcs en France: Quels ancrages? 2009, s.8-20.

Dubet F. & Martuccelli D. (1996). "Théories de la socialisation et définitions sociologiques de l'école". Revue Française de Sociologie, v.37, n.4, s.511-35.

Fitchen J. M. (1994). "Residential-Mobility Among the Rural Poor", Rural Sociology, 59s. 416-36.

Flowerdew R. & AL-Haamad, A, (2004). "The relationship between marriage, divorce and migration in a British data set". Journal of Ethnic and Migration Studies, vol 30, no. 2, pp. 339-35.

Kalmijn M. & De Graaf, P. M. & Poortman A-R. (2004). "Interactions between cultural and economic determinants of divorce in the Netherlands". Journal of Marriage and Family, 66(1), p. 75-89.

Kastoryano R. (1996). La France, l'Allemagne et leurs immigrés: négocier l'identité, Paris, Armand Colin/Masson.

Orton, A. (2012). Permanences et mutations de l'immigration turque en France, Document d'orientation du Conseil de l'Europe, s.47.

Rosenthal C. J. (1985). "Kınkeeping in the Familial Division of Labor". Journal of Marriage and the Family, 47, s.161-72.

Stern J. (1996). "L'immigration, la nostalgie et la deuil". Filigrane, s. 15-25.

Bölüm 6. Anneyi Kusmak; Kristevacı İğrençlik Üzerinden Sevim Burak'ın "İşte Baş İşte Gövde İşte Kanatlar" Adlı Oyununda Göçün Dili

Duygu Toksoy Çeber[1]

Giriş

Göç olgusu sınır bir durumdur; iç ile dışa, uzak ile yakına, yaşayan ile ölüye, görünen ile görünmeyene, geçmiş ile şimdiye ait sınırların orta yerinde beliren bir muğlaklık yaratır. Bu arada olma durumu toplumda, kültürde, dilde, sanat ve edebiyatta yeni formlar yaratma imkanına sahiptir. Sabitlik yerine, hareketlilik ve akışkanlığı ifade eden göç, yazınsal ve tiyatral metinlerin mekan, zaman ve dilinde aynı muğlaklığa ve akışkanlığa yol açabilir.

Yeni coğrafyalarda muğlak bir ötekine dönüşen göçmen, mülteci veya sığınmacı, göç ettiği yerlerde bir hayalete dönüşme potansiyeli taşır. Bu açıdan göç olgusunun yarattığı kültürel karşılaşmalar, göçmeni bir hayalete dönüştürürken Julia Kristeva'nın iğrenç/abject adını verdiği kavramı da yaratabilir.

I. Hayalet ve İğrenç Olarak Göçmen

Sigmund Freud "The Uncanny/Tekinsiz" adlı makalesinde Almanca "unheimlich" (tekinsiz) sözcüğünün "heimlich" sözcüğünün zıt anlamlısı olduğunu ifade eder; "heimlich", sılaya, yuvaya, aileye ilişkin olandır, rahat, huzurlu, tanıdık, ferahtır ve "evin dört duvarı arasında huzur ve güvenlik duygusu"na işaret eder. Freud örnek olarak "ülken, yabancılar kol gezerken de güvenli mi?" cümlesini verir. "Heimlich" aynı zamanda "gizlenen, başkalarından saklanan, gözden ırak tutulan" anlamlarına da sahiptir. Freud, "heimlich" sözcüğünün iki farklı anlam kümesine sahip olduğunu, bunlardan birincisinin "aşina olunan, makul" gibi anlamlar taşırken ikinci kümenin "gizlenen, saklanan" gibi anlamlar içerdiğini ifade eder. "Unheimlich" sözcüğü bu anlam kümelerinden birincisinin zıt anlamlısıdır (Freud, 1925, s. 220-221). Unheimlich/tekinsiz, tanıdık olanın bastırılmak suretiyle rahatsız edici bir hayalet veya hortlağa dönüşmesini ifade eder. Jacques Derrida "Marx'ın Hayaletleri: Borç Durumu, Yas Çalışması ve Yeni Enternasyonal" adlı kitabında hayalet kavramından söz eder. Derrida'nın "musallat bilimi (hantologie)" diye adlandırdığı hayalet, "hep bir geri-gelendir zaten. Gidiş ve gelişleri denetlenmez, çünkü geri gelmekle başlar zaten" (Derrida, 2007, s. 30). Hayalet veya hortlama, bastırılan, dışlanan, saklanan, görünmezliğe terk edilenin dönüşüdür;

> "(…) tuhaf şekilde tam da kendisini yabancılaştıran alana aitmiş gibi görünen yabancı bir unsurdur. Demek ki ancak alakalı olduğumuz ama gözardı etmeyi, unutmayı ya da bilinçdışımıza kilitlemeyi tercih ettiğimiz şey ya da kişi bize musallat olabilir" (Saybaşılı, 2011, s. 28).

Hayalet veya hortlak daima bir mekansallığa ve zamansallığa işaret eder. Bu mekan öncelikle sınırlarının kesinliği dolayısıyla huzurlu bir ev veya yuvayı imler. Dolayısıyla mekana musallat olan hayalet veya hortlak öncelikle bu eve musallat olur, evi tekinsiz hale getirir; "ev perilidir". Bununla birlikte, "musallat olunmuş coğrafyalar da aynı

[1] Yrd.Doç. Dr., Atatürk Üniversitesi Güzel Sanatlar Fakültesi Sahne Sanatları Bölümü (e-posta: toksoyduygu@hotmail.com)

zamanda "tekinsiz coğrafyalar"dır (Saybaşılı, 2011, s. 27). Aynı zamanda göçmen, mülteci veya sığınmacı bir tür hayalete dönüşür; evi-yuvayı tehdit eder.

Bu hayaletler aslında hep oradadır ve sınırları içerden tehdit ederler; kapitalist dünya, kuruluşunu ucuz işçi gücü ve sömürü üzerine kurduğundan, aslında göçmen oraya sonradan gelen değil, kuruluştan itibaren zaten orada olandır. Hayaletler "hep içeridedir ve sessizce sıralarının gelmesini beklerler" (Saybaşılı, 2011, s. 31). Göçmenin bir hayalete dönüşmesi onun bastırılmasından, görmezden gelinmesinden, toplumda bir parazit olarak anılmasından, ekonomik bir yük olarak düşünülmesinden ileri gelir. Böylece bir hayalet olarak göçmen, yaşam ile ölüm, varlık ile yokluk, beden ile ruh arasında "geçici bir kiplik" kazanır. (Saybaşılı, 2011, s.62) Bu hayalet aynı zamanda Julia Kristeva'nın iğrenç/abject dediği şeyi de yaratabilme potansiyeline sahiptir. Kristeva iğrenç ve iğrenmenin kültüre doğru ilk adımlar olduğunu söyler; neyin temiz neyin kirli olduğu "bir kimlik ve bir farklılık arayışını temsil eder" (Kristeva, 2004, 115). İğrenç "kirlilik ya da hastalık değil, bir kimliği, bir sistemi, bir düzeni rahatsız eden"dir; "İğrenç, sınırlara, konumlara ve kurallara saygı göstermeyen bir şeydir. Arada, muğlak ve karışmış olandır" (Kristeva, 2004, s. 17). İğrenmenin bütün "uygarlıklarda mevcut" olduğunu söyleyen Kristeva, iğrencin farklı "simgesel sistemler"de farklı biçimler aldığını, farklı kodlamaların söz konusu olduğunu ifade eder (Kristeva, 2004, s. 98). Bu nedenle göçün yarattığı kültürel karşılaşmalar iğrenci ortaya çıkarabilir. İğrenç, simgesel sistemin dışında kalandır; bir yandan toplumsal bütün içinde yaşar, diğer yandan bu toplumsal bütünün üzerine inşa edildiği mantıktan "kaçıp kurtulan bir şeydir". Toplumların iğrenç veya murdara ihtiyacı vardır; murdar sayesinde toplumsal bütün kendisini yapılandırırken "rasgele bir araya gelen bir bireyler yığınından" farklılaşır (Kristeva, 2004, s. 95,96). Kristeva iğrenci üç kategoride toplar; 1-Yiyecek tabuları; 2-Bedensel değişim ve bu değişimin zirvesi olan ölüm; 3-Dişil beden ve ensest (Kristeva, 2004, s. 134).

II. Hayalet ve İğrenç Olarak Sevim Burak'ın Metinleri

Sevim Burak'ın metinlerinin dikkat çekici en önemli özelliği dili ele alma biçimidir. Burak, dili sınırlarına doğru taşır; metinlerinde dilbilgisi sınırlarının dışında kullandığı büyük, küçük harflere, noktasız cümlelere, tire (-), eğik çizgi (/) gibi işaretlere, harflerin 'yanlış' kullanımlarına, parçalı metin yapılarına, metnin kendisini bir şema veya tablo haline getiren sağa sola, yana, alta üste kaymış sözcüklere ve fotoğraflara, çizimlere, dil bilgisi derslerine rastlanır. Burak'ın metinlerinde özellikle dil ile gerçekleştirdiği sınır ihlalleriyle Burak'ın yaşam öyküsü arasında bir ortaklık kurmak mümkün görünür.

Sevim Burak 1931 yılında İstanbul'da doğar ve 1983 yılında 50 yaşında ölür. Sevim Burak'ın dil konusundaki ısrarı, özellikle Kuzguncuk'a işaret eder; dönemin Kuzguncuk'u azınlıklar ve özellikle de Yahudilerle dikkat çeker. 20 yaşına kadar Kuzguncuk'ta babaannesi, büyükbabası, büyük halaları, büyük amcaları ve onların diğer yaşlı akrabalarıyla yaşayan Burak'ın 1965 yayımlanan ilk kitabı "Yanık Saraylar"dan itibaren bu çevrenin "kendilerine özgü konuşma biçimleri, anlattıkları hikayeler"in etkisi görülür (Güngörmüş, 2014, s. 7). Burak, Osmanlı deniz subayı oğlu olan kaptan Mehmet Seyfullah Burak ile Romanya veya Bulgaristan kökenli Mandil ailesinin kızı olan Marie Mandil, sonraki adıyla Aysel Kudret'in kızlarıdır. Marie Mandil'in kökeni hakkındaki karışıklık, Burak'ın yazılı bir biyografisinin olmamasından ve Burak ailesinin verdiği farklı bilgilerden kaynaklanmaktadır; Anne Marie Mandil 1910'lu yıllarda Balkan Savaşları'nın neden olduğu göç dalgalarıyla Bulgaristan veya Romanya'dan İstanbul'a sürüklenir. 1916 civarında Kuzguncuk'a yerleşir. I. Dünya Savaşı yıllarında Mandil ailesi dağılır ve Marie Mandil Kuzguncuk'ta yalnız kalır ve bu sırada her iki ailenin de yoğun itirazlarına rağmen Seyfi Kaptan ile evlenir. Önce Zonguldak-Bartın arasında gemide yaşayan aile, daha sonra Kuzguncuk'a gelir; baba ve abla aile köşküne kabul edilirken anne kendi annesinden kalma küçük bir eve yerleşir. Ayrı evlerde yaşamanın zorluğundan sonra anne de köşke kabul edilir. Sevim Burak 4-5 yaşlarındayken anne Marie, Müslüman olup resmen Aysel Kudret adını alır. Daha sonra bu Yahudilik meselesi gizlenmeye çalışılır. Bütün gizlemelere rağmen annenin bozuk Türkçesi kimliğini ele vermektedir. Sevim Burak da bu yıllarda Yahudilerden ve annenin bozuk Türkçesinden nefretle karışık bir utanç duyduğunu dile getirir.

Küçük bir kızken burnum çok havadaydı, şimdi yerlere, yerin dibine indi. Yahudilerden, annemde utanırdım, nefretle karışık... Annem hep bir gün anlayacaksın der, ağlardı... İşte, şimdi bu bir avuç Yahudi, iki tanecik ev, bana anamdan kalanlar... Onun için yazdım Yehova'yı (Burak, 2009, s. 24-25).

Nilüfer Güngörmüş, Sevim Burak'ın kendisiyle yapılan söyleşilerde yazarlık kaynağını babaya ve babanın tarafı olarak gösterdiğini, babaannesinden, dedesinden ve diğer yaşlı akrabalardan dinlediği hikâyelerin onda bıraktığı etkilerden beslendiğini dile getirir. Hatta Güngörmüş bu durumu "babasının edebiyatı" biçiminde tanımlar. Ancak Güngörmüş'ün de belirttiği gibi Sevim Burak edebiyatı babanın değil, annenin edebiyatıdır; daha doğrusu bastırılan, görmezden gelinen, gizlenen anne dilinin edebiyatıdır. Sevim Burak ablasının tersine annesinin dilini öğrenmeyi reddederek bu dili bastırır. Burak yıllarca annesine hiç çekmediğini, ondan hiçbir şey almadığına inanır. (Güngörmüş, 2009, s. 5)

Sevim Burak'ın ilk hikâye kitabında yer alan ve Burak'ın annesine atfettiği "Ah Ya Rab Yehova" hikâyesinin ana kahramanı Yahudi olmayan bir adamdan hamile olan Zembul'dur. Bu yüzden ona öfke duyan erkek kardeşi, Zembul'ü Yahudi olmayan bir adamdan olan çocuğu için "o çocuk senin değildir, sana 'Anam' diyemeyecek, ismini tanımayacak, bu toprak üstünde gizli kalacak, yeryüzünde serseri ve kaçak olacaktır" diyerek bizzat Sevim Burak ile annesi arasındaki ilişkiye işaret eder (Burak, 2009, s. 60). Aynı zamanda da göçmen, mülteci veya sığınmacının yaşadığı "serseri ve kaçak" hayatı ima eder.

Sevim Burak metinlerinde dil göçebe bir akışkanlık içerisinde kendi sınırlarını ihlali eder; Türkçe'nin dilbilgisi kurallarını 'bozar'. Bu metinler aynı zamanda türler arasındaki sınırları, tekrar eden hikâyelerle yazınsal metinlerin kendine ait sınırlarını, sözlü dil ile yazılı dil arasındaki sınırları, yazınsallık ile görsellik arasındaki sınırları bulanıklaştırır. Sınır ihlalleriyle gerçekleşen göçebe dil, bununla birlikte bir metnin gölgesini bir başka metne veya bir dilin gölgesini başka bir dile ve bir tür veya biçimin gölgesini başka bir tür ve biçim üzerinde düşürerek, bütünü imkânsızlaştırır ve bu metinlere içerik ve biçimsel açısından musallat olan hayaletler yerleştirir.

Bu sınır ihlali öncelikle hikâye, roman ve tiyatro metni gibi türlerin sınırlarında gerçekleşir; Sevim Burak "Everest My Lord" metnini "Roman 3 Perde" biçiminde nitelendirir (Burak, 2012, s. 8). Tiyatro sahnesinin sınırlarını roman ve hikâyenin sınırlarına getirir. İkinci sınır durumu, bir metinden diğer metne hareket eden, bir metnin artık kapanmış veya bitmiş sınırları içinde durmayan/duramayan hikâye parçaları ve kişilerin yarattığı sınır ihlalidir. "Yanık Saray" adlı kitabın ilk hikâyesi olan "Sedef Kakmalı Ev" hikâyesi, tiyatro sahnesi için yazılmış olan "İşte Baş, İşte Gövde, İşte Kanatlar" metninde yeniden yazılır. Her iki metinde de zaman 1930'lu yıllardır ve

101

mekân Kuzguncuk'tur. Bu metinler birbirlerinin devamı olmadıkları gibi bir metin diğer bir metnin daha ayrıntılı biçimde işlenmiş hali de değildir. Biri, içerisinde tiyatral veya sinematografik gölgeler göstermekle birlikte hikâye türünün sınırları içerisinde yazılmıştır, diğeri ise hikâyeye özgü anlatısallığın gölgesinin düştüğü bir tiyatro metnidir. Aynı biçimde "Ya Rab Yehova" hikâyesi ile "Sahibinin Sesi" adlı tiyatro metni aynı hikâyeyi konu edinir; bir Yahudi olan Zembul Allanahati/Sümbül Hanım ile Bilal Bagana arasındaki birliktelikten doğan Ferdi/Verdul adlı çocuğun her iki 'taraf' içinde yarattığı sorunlar ve bu sorunların Bilal Bagana'nın bütün mahalleyi ateşe verme girişimiyle son bulmasıdır. Bir metindeki anlatının kendi tür ve sınırları içerisinden kalmayarak diğer metinlere atlaması, akmaya devam etmesi veya sızması metinleri birbiri için hayaletlere dönüştürerek metinleri göçebe bir hale getirir. Bir diğer sınır ihlali ise sözlü dil ile yazılı dil arasındaki sınırlar üzerinedir; özellikle "Afrika Dansı" kitabında yer alan "On Altıncı Vay" hikâyesinde "bütünüyle sözel kalmış bir diyalektin edebiyatı yapılır" (Güçbilmez, 2003, s. 9).

Djennet giubi baghtche.. Beuyurtlen fidane.... gullindjıh tcithcheyi......mouchmoula aghadjé (Burak, 2016, s. 67).

Yazılı dilde karşılığı 'Cennet gibi bahçe... böğürtlen fidanı, gelincik çiçeği…muşmula ağacı' olan bu bölümde, yazılı dilin sözlü dilin konuşulduğu gibi aktarılmaya çalışılması, aynı zamanda Türkçeye bir kat daha yabancılaşmaya neden olan ç, ğ, ö, ü, ş gibi Türkçe karakterlerin bozulmasıyla yapılır. Sözel dile veya konuşan özneye ilişkin dil kullanımları da yazılı dile özgü fiil çekimlerinde kullanılır;

Sévédjéguim/ Sévédjéksin/ Sévédjék/ Sévédjéguiz/ Sévédjéksenez/Sévédjéklér" (Burak, 2016, s. 66).

Sevim Burak metinlerini akışkan, hareketli hale getiren bir diğer mesele ise Türkçe içine sızan diğer dillerdir. Deleuze ve Guattari "Kafka/Minör Bir Edebiyat İçin" kitabında minör edebiyatı açıklarken minör edebiyatın majör bir dil içinde yapıldığını ifade ederler. Burak metinlerinin majör dili Türkçe iken, Türkçe'nin içine yerleştirilen Fransızca, İngilizce, İbranice, Osmanlıca Türkçenin minör bir kullanımına neden olur. Yazı olan ile görsel olan arasındaki sınır ihlalleri ise özellikle "Afrika Dansı" ve "Everest My Lord"da karşımıza çıkar. Bu metinler görsel özellikleri gösterir ve metinlerde fotoğraflar, çizimler, şema ve tablolara rastlanır.

(Burak, 2012, s. 22)

Sevim Burak metinlerindeki sınır ihlallerinin, özellikle bastırılan, görmezden gelinen bir kimlik ve bir dilin işaretleri olduğu söylenebilir; bu kimlik ve dil, metinleri göçebe bir noktaya taşırken Burak edebiyatı var eden yaratıcı bir kanal olarak karşımıza çıkar. Dolayısıyla göçün yarattığı musallat bilim, Burak metinlerinde yaratıcı bir edebiyatı ortaya çıkarır.

Sevim Burak metinlerindeki göçün yarattığı etkiler, Kristevacı iğrençlik açısından da takip edilebilir. Kristeva, "iğrenme duygusuna sahip, ebeveynlerinden kurtulmaya çalışan bir çocuğun, ona verilen hiçbir şeyi kabul etmeyen, armağanları, nesneleri reddeden ve kusan" bir çocuktan söz eder (Kristeva, 2004, s. 23). Burak'ın metinleri, bir öteki olarak konumlanan anneden kurtulma veya bir öteki olan anneyi özellikle dil yoluyla 'kusmanın' bir yöntemi olarak düşünülebilir. Bu metinlerde iğrenç öncelikle dil noktasında kendisine yer bulur; Kristeva çocuğun "anne sevgisinin yerine bir boşluğu veya babanın sözüne karşılık sözü olmayan anne nefretini" yuttuğundan söz eder; "çocuk bıkıp usanmadan bu nefretten arınmaya çalışır" (Kristeva, 2004, s. 19). Burak için anne ve annenin kimliği bir özne olarak onu tehdit eden bir iğrençtir. Kristeva, en baştan iğrencin sınırları belirsizleştiren bir muğlaklık olduğunu söyler ve bu muğlaklığı öznenin kendi özneleşme hali için de geçerli görür. Burak metinlerinin kişileri, birer özne değil, özneleşme veya özne-oluş süreci içerisinde ele alınırlar. Dil ve edebiyat yolu ile anneyi 'kusma', bir tehdit olan anneden kurtuluş yolu olsa bile, bu kopuş radikal bir kopuş değildir; "tam tersine onun sürekli tehdit altında olduğunu itiraf" eden bir yapı oluşturur. Bu açıdan Burak'ın metinlerinde görülen anneden iğrenme ve anneyi 'kusma', metinlere tehdit motifini ekler. Örneğin "İşte Baş, İşte Gövde, İşte Kanatlar" metninin oyun kişileri Melek ve Nıvart oyun boyunca izlenme tehdidi altındadırlar; bir parçası yaşamaya devam eden ölü Ziya Bey, onları evin içinden izleyerek tehdit ettiği gibi, alacaklı Mezar Taşçı onları dışardan tehdit eder ve aynı zamanda Melek ve Nıvart perde arkasına saklanmaktan söz ederek de birbirleri için izlenme tehdidi oyununu oynarlar. Bununla birlikte tehdit evin içinde veya dışında konumlanmış dışsal bir varlık değildir; onları yokluk da tehdit eder.

NIVART: Ne gelen var ne giden, in cin top oynuyor... (Burak, 2012, s. 44)

İğrenç, "öznenin kendini dışarda arama çabalarının sonunda içerde karşılaşılan bir şeydir ve özne, iğrencin ta kendisinden başka bir şey olmayan varlığı" olduğunu gördüğünde, özne kendi benliğinden iğrenir. (Kristeva, 2004, s. 18).

III. Hayalet ve İğrenç Olarak "İşte Baş, İşte Gövde, İşte Kanatlar"

Sevim Burak'ın kanon dışı metni "İşte Baş, İşte Gövde, İşte Kanatlar" kabaca 13 yaşlarında yabancı bir yerden getirilerek Ziya Bey adında yaşlı bir adamla evlendirilen bir kadının (Melek'in), konağın bir gün kendisine kalacağı umudu ile yıllarca Ziya Bey ve kardeşlerinin bakıcılığını/hizmetçiliğini yapması, şimdi Ziya Bey'in ölmek üzere oluşu ve konağın beklediği gibi kendisine kalmamasını konu edilir. "İşte Baş, İşte Gövde, İşte Kanatlar" belirli bir mekan, belli bir zaman ve belirli bir dil bütünlüğü içerisinde tanımlanan tiyatral sahneyi, muğlak, akışkan, zaman ve mekanda göçebe bir noktaya taşır. Tiyatral sahnenin yersiz yurtsuz bir oluşa varmasının altında Burak'ın bir öteki olan annesinin dili, kültürüyle ve Kutsal Kitap'la olan etkileşiminin yarattığı sınırların muğlaklığı saptabilir. Sınırların ve farklılıkların ihlal edilmesi, bir yandan özneleri ve toplumları hayaletleştirirken, diğer yandan Kristevacı iğrençliğe yol açar.

"İşte Baş, İşte Gövde, İşte Kanatlar" oyunu ilk sahneden itibaren gerçekçi olmayan bir eylem biçimi kurar; kendisi zaten oyun mekanı olan sahneyi, yeniden oyun parantezine alarak sahnenin katmanlarını çoğaltır. İlk sahnede Melek ve Nıvart yemeğe otururlar; aşırılık yüklü bu sahne, sahneye gerçekten gelmeyen ancak her yeni yemeğin bitmeyen bir açlıkla yendiği, makarna, balık, kuşkonmaz, pirzola, ceset gibi aşırı yemek listesiyle oyun oynamayı aşırı bir noktaya getirerek tiyatral oyunun kodlarını oyun oynayarak aşındırır. Yemek yiyerek bitmeyen açlığı bastırma oyunu, ölümle, simgesel sistemin baskıyla ve korkuyla başa çıkma oyununa dönüşür;

> NIVART: Senden saklayacak değilim ya, çok açım...Sabahtan beri bir şey yemedim. (Midesini bastırır.) Söylemek ayıp ama açlıktan ölüyorum. (Burak, 2012, s. 44).
>
> NIVART (çığlık atar): Ahh...çok açım, açlıktan ölüyorum...
>
> MELEK: Üzülme, veriyorum, bak pirzola, şimdi getiriyorum. (Gider, döner, her seferinde daha hızlı.) Al...al...
>
> NIVART: Ah açım...açım... (Ağlar.)
>
> MELEK: Doktora para vermek istemiyorsan, ye...Lup lup yut etleri. Bak ben nasıl yutuyorum!
>
> NIVART: Daha ver, daha ver... (Bağırır.) (Burak, 2012, s. 51).

Yemek yeme ritüelini andıran ilk sahne öncelikle Kristeva'nın üç başlık altında topladığı iğrencin ilk kategorisi, iğrenmenin en temel ve en arkaik biçiminin olduğunu ifade ettiği "yiyecekten tiksinme" üzerinedir; makarna, balık, kuşkonmaz, pirzola, soğan, domates gibi yiyecekler bitkisel ve hayvansal gıdaların ardı ardına, bir karışım halinde yenmesinin getirdiği sınır ihlalini gerçekleştirir. Besin "temiz bedene giren (doğal) ötekini betimler" (Kristeva, 2004, s. 107) ve bu haliyle Melek ile Nıvart'ın bedenlerinin temiz olmasını sağlayan bütünlüğünü, karışık ve bitmeyen açlıkla yeme sonucu bozar. Besinden iğrenme aynı zamanda anneye ve anne sütüne de işaret eder. Kristeva'ya göre "önemsiz süt tabakası"nın yarattığı bulantı çocuğun özellikle anneden ayrımını gösterir (Kristeva, 2004, s. 15). Bu açıdan yemek yeme ritüeli aynı zamanda Melek ve Nıvart'ın çocuğu anneden ayıran dolayısıyla çocuğa simgesel sistemde bir ad veren kimlikleriyle de ilişkilendirilebilir. Melek ve Nıvart yiyerek simgesel düzene kayıtlı kimlik ve bedenlerinin bütünlüğünü bozarak, onu bu düzenden kaydırarak iğrenç noktasına taşınırlar. İğrenç, "kendinde bir nitelik değildir, bir sınırla ilintili olanla ve özellikle de bu sınırların yerinden edilmiş nesnesini, ötekini yanını, marjını temsil eden şeyle bağlantılıdır" (Kristeva, 2004, s. 100). Karışık yemek listesine Kristeva'nın iğrencin zirvesi dediği şey olan ceset de eklenir. Melek, Mezar Taşçıyı yakalar, baş, gövde ve kanatlarına ayırarak sofraya getirir ve organ parçalarını Nıvart'la birlikte yer.

> NIVART (sofra başında): Ona ne yapacaksın?
>
> MELEK: Tabii ki yiyeceğim.
>
> NIVART (sofrada sabırsızlanarak): Hemen pişiriver, çabuk öldür onu.
>
> MELEK: İlk önce kafasını kesmeliyim... (Dışardan içeriye sözde bir insan, Mezar Taşçı'yı sürükler, odanın öbür ucundaki mutfağa götürür...Mutfakta kaybolur, gene sesi gelir.) İşte kafasını gövdeden ayırdım; işte baş, işte gövde, işte kanatlar...Hepsi tamam...
>
> NIVART: Hemen tencereye koy. (Sevinçli)

MELEK: Tencereye koyuyorum, şimdi bir parça domates ilave ediyorum, bir parça tuz, biber, maydanoz doğradım... bol suuu, tamam...çok güzel oldu, çok beğeneceksin. (Burak, 2012, s. 52-53)

Melek'in Mezar Taşçı'yı parçalara ayrılması yeme ritüeline bir de kurban etme ritüelini ekler. Kristeva'ya göre yiyecek insan ile Tanrı arasındaki ilk ayrımı gerçekleştirir: "Yaşayan varlıklar (kurban etmeyle) Tanrı'ya aitken, bitkisel yiyecekler insanlara aittir. Çünkü "öldürmeyeceksin!"" (Kristeva, 2004, s. 134). Kutsal Kitap'a göre "kurban etme, ancak bir ayırt etme, ayırma ve fark mantığını görünür kılması koşuluyla etkili olacaktır" (Kristeva, 2004, s. 135). Ayrıca Kutsal Kitap, hayvanlar arasında da ayrım yapar; "Ve tahir hayvanla murdar olanı ve murdar kuşla tahir olanı birbirinden ayırt edeceksiniz" (Levililer, 20, 24-25). Melek'in Mezar Taşçı'yı bir insan gibi değil de kanatları olan bir gövde, dolayısıyla bir kuş gibi parçalaması, Burak'ın Kutsal Kitap'ın yasasına göndermesidir. Kutsal Kitap, katletmekten kaçınmak gerektiğini, etoburu ve yırtıcı kuşları yememek gerektiğinde ısrar eder. Bu sınıflandırmaya uygun olan kurban temiz sayılırken; "bu sınıflandırmayı altüst eden, karışıma ve düzensizliğe yol açan kirli sayılacaktır...Tek unsurla yetinmeyenler, karşımı ve karışıklığı hedefleyenler kirli sayılacaktır" (Kristeva, 2004, s. 136). Böylece Burak, bu kurban etme ritüeli ile Kutsal Kitap'ın çizdiği insan/Tanrı farklılığını siler, muğlaklaştırır. Ayrıca "yasak bir yiyeceğin yenilmesiyle ortaya çıkan hatanın gerisinde dişil ve hayvani bir girişim"in saklı olduğu düşünülürse iğrencin dişil bedenle olan ilişkisi de ortaya çıkar (Kristeva, 2004, s. 133).

İki kadının kendilerini sürekli tehdit eden Mezar Taşçı'yı yemeğe dönüştürmesi tehdidin son bulduğu anlamına gelmez; Mezar Taşçı bikirmiş borçlarını almak, belki de bu kadınlara kötülük yapmak için oyun boyunca tekrar tekrar ortaya çıkacaktır. Bu anlamda Mezar Taşçı'nın yemeğe dönüşmesi ancak dışardaki tehdidin yeme yoluyla bedene alınması şeklinde yorumlanabilir. Bu jest iç ile dış, ben ile öteki, yaşayan ile ölü arasındaki sınırları inşa eden yasağın çiğnenmesi, ben-olmayanın ben'in içine yerleşmesini şeklinde düşünülebilir. Ceset parçalarının yenmesi ile simgesel düzen arasındaki ilişki ise özellikle bir yabancı ve muhtemelen bir hizmetçi olan Nıvart üzerinden verilir;

MELEK: Al, şimdi, sana dili, en tatlı yeridir... Hadi bakayım, hadi yut onu.

NIVART: Sanki midem bulanıyor, lokmalar ağzımda büyüyor. (Burak, 2012, s. 53)

Mezar Taşçı'nın dili, "konuşan öznenin dilin düzenine bağımlılığı ve bu düzene eklemlenmesi"nin somut bir göstergesidir (Kristeva, 2004, s. 97) ve Melek ve Nıvart'ı iğrenç olarak işaretleyen majör dilin somut düzlemdeki karşılığıdır. Bu dilin oyundaki sahipleri Mezar Taşçı ve Ziya Bey'dir, dolayısıyla bu dil aynı zamanda erkeğin dilidir. Bu sahnede majör dilin parçalanması ve yenmesi, oyun boyunca Mezar Taşçı'nın Melek ve Nıvart'ın tehdit etmeye devam etmesinde de görüldüğü gibi aslında majörün gücünü zayıflatan bir girişim değildir. Dilin yenmesi minörün imkansız bütünlüğüne işaret eder. Bu sahne oyundaki diğer majör tehdit olan Ziya Bey'in emriyle son bulur: "ZİYA BEY'İN SESİ (bağırarak): Sofrayı kaldır" (Burak, 2012, s. 54).

Ziya Bey Melek'ten yaşça oldukça büyük, varlıklı, nüfuzlu, simgesel tanınırlığa sahip bir paşazadedir. Melek ve Nıvart'ın dünyasına sürekli müdahale eder ve onlara simgesel düzeni dayatır. Melek Ziya Bey'e olan evliliği boyunca hiçbir zaman Dağana olamamış, yıllar boyu köşkte bir hayalet ve iğrenç olarak yaşamıştır. Artık yaşlı bir yatalak olan Ziya Bey'in sofrayı kaldır talimatı, sadece sahnenin şimdisinde değil, bütün geçmiş zamanlarda yankılanır. Ziya Bey'in sesi, kaynağını, çıktığı bedenini aşar, kaynağı belirsiz akuzmatik sese dönüşür; Ziya Bey'in sesi "herhangi bir yerden, her yerden yayılır gibidir" (Dolan, 2013, s. 64). Bu yüzden tiyatral sahnenin temelleri olan zaman, mekan ve karakter bütünlüğünü de parçalar. Bir iktidar yankısı olarak Ziya Bey'in sesi, Melek ve Nıvart'ı hem kendi ben'lerine hem de kişisel tarihlerindeki sabit bir zamana karşı onları yabancılaştırır. Ziya Bey'in akuzmatik sesinin yarattığı yabancılaşma üç kez tekrarlanır. Ziya Bey'in her emri Melek ve Nıvart'ı koptukları simgesel düzene geri çağırır. Tekrarlanan yabancılaşma sahneleri sonucu Melek ve Nıvart'ın belirli bir mekan, belirli bir zaman ve belirli bir kimlik içinde var olan öznelliklerinin tekilliğini bozar. Melek bu yabancılaşmalar boyunca, kişisel tarihinin hangi noktasında durduğunu, Ziya Bey ve Nıvart'la olan ilişki biçiminin ne ve nasıl olduğunu sürekli kaybeder, kendisini konağa geldiği zamandaki çocukluğundan, Nıvart'la Ziya Bey'den gizlice gittikleri Kuşdili Çayırı'ndaki gençliğinden ayırt edemez, dolayısıyla tekil bir özne olarak kendisini tanıyamaz. Ayrıca her yabancılaşma bölümü simgesel düzenin ezberden var oluşlarını içerir; Melek bu düzeni tekrar eder, yaşar. Melek bir hayalet olarak farklı zaman, mekan ve var oluşlar arasında dolaşır ancak simgesel düzenin farklı uğraklarında hep bir iğrençtir. Bu uğrakların çoğalması simgesel düzenin üzerine kurulduğu karşıtlıkları da muğlaklaştırır; ölüm ile yaşam, bebek ile yaşlı, geçmiş ile şimdi, kadın ile erkek, ben ile öteki, rüya ile gerçek, oyun ile gerçek olmaya özgü karşıtlıklar yersiz yurtsuz bir noktaya ulaşır. Bu çoğalma durumunda sabit kalan gerçeklikler yalnızca Ziya Bey ve Mezar Taşçı'dır.

Melek, erkek üyelerden oluşan (Ziya Bey ve kardeşleri) ailenin simgesel kaydında yer bulamayacak dişil bedendir ve Dağanalar için tehlikelidir. Melek'in hiçbir zaman simgesel düzene kayıtlı olamaması, Ziya Bey ve kardeşleri için bir tehdit olarak görülmesine bağlanabilir. Oyunun dramatik anını var eden de Melek'in simgesel sistemi reddederek Ziya Bey ile girdiği mücadeledir. Bu yüzden Melek, Ziya Bey'in annesi mi karısı mı olduğunu karıştırır ve iki temel dişi iletişim biçimi birbirinin yerine geçer. Bu noktada Kristevacı iğrencin dişil bedene yüklediği iğrenç ve ensestin biraradalığına tanıklık ederiz. Ziya Bey ile Melek arasındaki ilişkinin iğrençliği ensest noktasına taşınır ve dişil bedenin tehlikesi, annenin tehlikesine ulaşır. Sınırların belirginliği için gerekli olan anne ve eş ayrımı Ziya Bey'e hasta yatağından eziyet etmenin bir başka biçimidir artık. Melek, Ziya Bey'i bebeği olarak adlandırarak ondan intikam alır: "Arkaik anneden korkma, temelde annenin doğurma gücünden duyulan bir korkudur" (Kristeva, 2004, s. 108). Anneyle ilişkiye atfedilen iğrenç, "kimi toplumlarda kadınlara (annesoylu akrabalığa ya da bunu andıran akrabalığa, iç evliliğe, türün yeniden üretiminin toplumsal grubun varlığını sürdürmesinde sahip olduğu can alıcı öneme) atfedilen olağanüstü öneme işaret eder" (Kristeva, 2004, s. 94). Melek'in Ziya Bey'in hem annesi hem de karısı olması, ayrım, sınır ve farklılıkların silinmesinin getirdiği iğrençtir. Ayrıca "bozuk yanya diliyle" konuşan bir besleme olan Melek'in Ziya Bey'i çocuğu olarak adlandırması Ziya Bey'i simgesel sistemden düşürmenin kasıtlı bir girişimidir.

Böylece "İşte Baş, İşte Gövde, İşte Kanatlar" oyunu Kristevacı üç iğrenç kategorisini birbirine bağlar; çünkü anneden duyulan korku ile insan eti yeme yasağı arasında kuvvet bir ilişki vardır: "Denetlenemeyen yaşam veren anneden duyulan korku beni bedenden dışarı atar: İnsan eti yemekten vazgeçerim, çünkü (annenin) iğrençliği beni ötekinin, benzerimin, kardeşimin bedenine saygı duymaya yöneltir" (Kristeva, 2004; s. 110). İlk sahnedeki yemek yeme ritüelinin yarattığı karmaşanın iğrençliği, annenin iğrençliğinin yarattığı insan eti yemekten vazgeçişin Mezar Taşçının yenmesiyle iptal edilmesi ve hasta yatağında intikam alınan Ziya Bey'in dişil bedenle tehdit edilmesi... Oyunun sonunda Melek'in kanatlı bir ölüm meleğine dönüşerek Ziya Bey'e saldırması, simgesel düzende iğrenç olarak işaretlenen dişil bedenin simgesel düzenden ve geçmişten alınan intikamıdır. Oyun "yaşam ve ölüm, bitkisel ve hayvansal, et ve kan, sağlıklı ve hasta, ötekilik ve ensest" arasındaki sınırları birbirine karıştırarak üç iğrenç kategorisine de yerleşir; "yiyecek tabuları, bedensel değişim ve bu değişim zirvesi olan ölüm; dişil beden ve ensest" (Kristeva, 2004, s. 134).

"İşte Baş, İşte Gövde, İşte Kanatlar" adlı oyunda sınırların ve farkların ihlal edilmesi aynı zamanda zaman ve mekanda da izlenir. Sürekli geçmişteki farklı anlara, hatta yaşanmamış olasılıklara, geçmişteki farklı mekanlara ve olası mekanlara hiç durmadan açılan oyun, zamanı çizgisel değil döngüsel bir zamana çağırarak da dişil bedeni ima eder. Döngüsel zaman sürekli yeniden doğmanın zamanı olarak, "biyolojik ritmin sürekli tekrar" ettiğini "khora"yla ve anneyle ilişkilidir (Kristeva, 2007, s. 226).

Oyunun geçmiş yükü, ilk örneğini "Kral Oidipus"ta gördüğümüz Batı tiyatrosunun geçmişi ele alma modelini hatırlatır. Oidipus'un geçmişe yolculuğu, bir kimlik sorununa dönüşür ve ontolojik bir muğlaklık yaratır. Ancak Batı tiyatrosunun geçmişi ele alma konvansiyonunda tiyatral sahne bu muğlaklıktan en az etkilenen unsurdur; sahne muğlaklıkların üzerinde yükselmesine vesile olan temel zemindir ve kendi gerçekliğini korumaya devam eder. "İşte Baş, İşte Gövde, İşte Kanatlar" oyununda tiyatral sahnenin de benzer bir muğlaklık içinde var olduğu söylenebilir. Melek ve Nıvart'ın diller, zamanlar, mekânlar ve kimlikler arasında çıktıları yolculuklar, sahneyi de göçebe bir gerçeklik noktasına taşır. Bu oyunda sahne kendi hareketini bir aşırılıkla çoğaltır ve kendi kendini aşındırır. Böylece sahne artık, içine yerleşeceklere yer açan içi boş bir kap ya da karşısına geçecekleri aynı berraklıkla yansıtacak iz tutmayan bir ayna olarak dışsal bir gerçekliği temsil eden bir yer değildir. Bu oyunda sahne, önce yazdığını hemen silerek yeniden yazan, kurduğunu yıkıp yeniden kuran bir çoğalma mekanıdır, üst üste binen mekanlar, zamanlar ve olasılıklar bir palimpsest gibi birbiri içine girer, bütün zaman, mekan ve olasılıkları tek bir anda görünür kılar. Bu şu demektir aynı zamanda; içeriğe ilişkin ontolojik kayma, tiyatral sahnenin ontolojik bütünlüğünü bozarak sahneyi de aynı akışkan ve göçebe bir ontoloji içine almıştır.

Sonuç

Tiyatro açısından dilde, mekanda ve zamanda gerçekleşen bütünlüğün bozumu önemlidir. Aristotelesyen tiyatronun bütünlüğüne karşı kurulan bütünsüzlük, Artaud'un "organsız beden"inde takip edilebilir. Artaud "organsız bedeni" şöyle ifade eder:

Beden, bedendir. Kendine yeterlidir. Organlara gereksinmesi yoktur. Beden, organlardan oluşmuş bir yapı değildir. Organik yapılar, bedenin yıkımıdır. Olan biter her şey, hiçbir organın aracılığı olmadan gerçekleşir. Her organ bir asalaktır, asalaklarla ilgili bir işlevi vardır. Orada var olmaması gereken bir varlığı yaşatmak için (Artaud, 1995, s. 14).

Artaudcu "organsız beden", bütünlüklü Aristotelesyen tiyatroya karşı "organların organizasyonu" olmayan bir muğlaklık yaratır. (Deleuze, 2009, s. 50). "İşte Baş, İşte Gövde, İşte Kanatlar" adlı oyun göçün getirdiği yersiz yurtsuzlukla tiyatral sahneyi baş, gövde ve kanatlarına ayırarak onun ontolojik zemini "organsız beden"e kaydırır.

Derrida, hayaletin içimizden soluk aldığını vurgular; "hayaletten söz etmek, hayaletle konuşmak, onunla birlikte konuşmak, yani özellikle de bir ruhu konuşturmak ya da konuşmasına izin vermektir." (Derrida, 2007, s. 30). Bu anlamda Sevim Burak metinlerinde bastırılan, gizlenen ve görmek istenmeyen annenin hayaletiyle konuşur, metinler bastırılan anne hayaletin konuşmasına izin verir. Annenin bir hayalete dönüşmesine yol açan şey, göçün neden olduğunu kültürel karşılaşmayla ortaya çıkan iğrenç/abjecttir. Sevim Burak annenin kimliğinden kaçmaya çalıştıkça Kristeva'nın özellikle anneyle ilişkilendirdiği iğrenç/abject'le daha çok ilişkiye geçer. Sevim Burak metinlerinde yaratıcı ve kanon dışı kuvvet, hayalete dönüşerek iğrençleşen annenin metinler yoluyla 'kusulmasına' bağlanabilir.

Kaynakça

Artaud, A.(1995). Yaşayan Mumya, Çev.: Yaşar Gönenç, Ankara: Yaba.

Burak, S. (2016). Afrika Dansı, İstanbul: YKY.

Burak, S. (2009). Beni Deliler Anlar, İstanbul: Hayykitap.

Burak, S. (2012). Everest My Lord, İşte Baş İşte Gövde İşte Kanatlar, İstanbul: YKY.

Deleuze, G. (2009). Francis Bacon-Duyumsamanın Mantığı, Çev.: Ece Erbay, Can Batukan, İstanbul: Norgunk.

Deleuze, G. (20089. Guattari, Felix. Kafka/Minör Bir Edebiyat İçin. Çev.; Özgür Uçkan, İstanbul, YKY.

Derrida, J. (2007). Marx'ın Hayaletleri, Borç Durumu, Yas Çalışması ve Yeni Enternasyonal, Çev.: Alp Tümertekin. İstanbul: Ayrıntı.

Dolan, M. (2013). *Sahibinin Sesi Psikanaliz ve Ses*, (B. E. Aksoy, Çev.). İstanbul: Metis.

Freud, S. (1925). "The Uncanny", The Standard Edition of the Complete Psychological Works of Sigmund Freud, Trans. and Ed. James Strachey, The Hogarth Press, London.

Güçbilmez, B. (2003). "Tekinsiz Tiyatro: Sahibinin Sesi / Sevim Burak'ın Metninde Tekinsiz Teatrallik ve Minör Ses'in Temsili", Tiyatro Araştırmaları Dergisi, 16.

Güngörmüş, E. N. (2009). "Sanatçının Annesinin Kızı Olarak Portresi", Cinsiyetli Olmak Sosyal bilimlere Feminist Bakışlar, İstanbul: YKY.

Güngörmüş, N. (2014). Bir Usta Bir Dünya: Sevim Burak, İstanbul: YKY.

Kristeva, J. (2004). Korkunun Güçleri: İğrençlik Üzerine Deneme, Çev.; Nilgün Tutal. İstanbul: Ayrıntı Yayınları.

Kristeva, J. (2007). Ruhun Yeni Hastalıkları, Çev.; Nilgün Tutal. İstanbul: Ayrıntı Yayınları, 2007.

Saybaşılı, N. (2011). Sınırlar ve Hayaletler: Görsel Kültürde Göç Hareketleri, Çev.; Bülent Doğan, İstanbul: Metis.

Bölüm 7. Türk Şiirinde Almanya'ya İşçi Göçü Olgusu

Efnan Dervişoğlu[1]

Giriş

İkinci Dünya Savaşı sonrasında Batı Avrupa ülkeleri hızlı bir gelişme dönemine girerler; gelişen ekonomileri ve ülkelerinin yeniden imarı için mevcut kaynaklar yetersiz kalınca da işgücü ihtiyacını yabancı işçilerle karşılama yolunu seçerler; bu ülkelerin başında Almanya gelir.

1961 Anayasası'nın kabulünden sonra hazırlanan Birinci Beş Yıllık Kalkınma Planı'nda (1962-1967) işgücünün dışarıya gönderilmesinin ülkenin döviz ihtiyacını karşılayacağı ve işsizliği azaltacağı vurgulanır. Bu çerçevede 1961'de Federal Almanya ile imzalanan anlaşmayla Türkiye'den de geçici olarak işçi gönderilmesi kararlaştırılır (Kirişçi, 2003, s. 83) Sonraki yıllarda başka Avrupa ülkeleri ve Avustralya ile de benzer anlaşmalar ya da daha az kapsamlı anlaşmalar yapılarak işçi gönderilmesi sağlanır; ancak Türkiye'den en çok göç alan ülke, Almanya olur.

1961-1973 yılları arasında İş ve İşçi Bulma Kurumu (İİBK) aracılığıyla yurtdışına gönderilen 790.289 işçinin 648.029'u Almanya'ya gitmiştir. 1967'de 131.300'ü çalışan olmak üzere 172.400 Türkiye göçmeni Almanya'dayken; 1980'de bu rakam, 588.000'i çalışan olmak üzere 1.462.400'e yükselir (Gitmez, 1983, s. 20, 24). 1999'da, işçi sayısı 739.446'ya, ülkede yaşayan Türkiye göçmenlerinin sayısı da 2.107.426'ya ulaşır (Göksu, 2000, s. 34). Bugün "Türk kökenliler ülkenin 7,3'lük yabancı nüfusunun üçte birini ve genel nüfusun % 3,5'ini" oluşturur (Kaya, 2016, s. 43). Bu durum, edebiyata, Turgut Uyar'ın şiirindeki gibi yansır: "Dursun Ali'yi mi sordunuz nevşehir'den, dışardadır, almanya'da / 'karanfil suyu neyler'i söyler durmadan / nevşehir koca bir şehir, bakmadan kim geçebilir yanından // Seyfettin'i mi sordunuz, dışardadır, almanya'da / 'adına gül denen menekşe'yi hatırlar durmadan" (Uyar, 2014, s. 512).

Türkiye'den en çok göç alan ülkenin Almanya oluşu, Türk edebiyatını da büyük oranda etkilemiştir. Çalışma amacıyla ya da siyasal nedenlerle gittikleri Almanya'da yazma çalışmalarını sürdüren yazarların gözlem ve tanıklıklarının bunda büyük payı vardır. Bu konudaki yazma uğraşına, Almanya gerçeğini Türkiye'de yaşayan yazarlar da katılınca işçi göçünü ve devamında yaşananları ele alan pek çok yapıt ortaya konmuştur. 1960'lı yılların ikinci yarısından itibaren, daha çok da 70'li, 80'li yıllarda ve sonrasında kaleme aldıklarıyla birçok yazar, göçün ve göçmenliğin çeşitli yönlerinin anlaşılmasına; üzerinde düşünülüp tartışılmasına katkı sağlamıştır. Yüksel Pazarkaya, Bekir Yıldız, Fethi Savaşçı, Aras Ören, Habib Bektaş, Güney Dal, Yücel Feyzioğlu, Fakir Baykurt, Adalet Ağaoğlu, Füruzan, Aysel Özakın bu isimlerden yalnızca birkaçıdır.

Edebiyatın toplumsal gerçekleri yansıtması dışında tarihsel dönemlere tanıklık etmesi gibi bir özelliği vardır. Bu özellik, yansıtılan gerçekler şu ya da bu oranda değişse bile ilgili dönemi iyi anlamamıza ve iyi yorumlamamıza yardımcı olur. Edebiyatın her türünü bir de bu bakış açısıyla değelendirmeliyiz.

Almanya'ya emek göçünü, göçmen işçilerin yaşamlarını konu alan şiirlere baktığımız zaman; ülkedeki çalışma ve yaşam koşullarının, karşılaşılan sorunların, göçmenlerin duygu ve düşüncelerinin, farklı boyutlarıyla ele alındığını görürüz. Bugün o şiirlerde söz konusu olan toplumsal koşullar, Türkiye kökenlilerin sosyal konumları ve

[1] Yrd. Doç. Dr. Kocaeli Üniversitesi Kandıra MYO, Kocaeli, Türkiye. E-mail: efdervisoglu@gmail.com

beklentileri değişmiştir; insanlar o dönemdeki gibi duyup düşünmüyorlar; ama şiirler o zaman nasıl yaşadıklarını, neler düşünüp hissettiklerini iyi anlatan tanıklar olarak dikkat çekiyor.

Almanya: Umut kapısı

Türkiye'nin içinde bulunduğu ekonomik sorunlar, işsizlik, tarım arazilerinin miras yoluyla paylaşılması ve giderek küçülmesi, makineleşmeye bağlı olarak tarım işçisi ihtiyacının ve yarıcılığın azalması, köylerden kentlere göçü hızlandırmış; ardından da Almanya başta olmak üzere Batı Avrupa ülkelerine göçü hazırlamıştır. Habib Bektaş'ın "Göç" şiirinde vurguladığı husus, pek çoklarının gerçeğidir aslında: "toprak / kıraç mı kıraç / toprak dediğin ne ki / sel yatağında el kadar baba armağanı / ki eşitti yeryüzüyle / tanımasaydık alman markını" (1983, s. 69) dizelerindeki gibi, aileyi geçindirmeyen toprak terk edilir; kentler de sanayileşmelerini tamamlayamadığından istihdam sağlamada yetersizdirler; böylece hem kırsaldan hem de kentlerden göç edilir; sanayileşmiş bir ülkenin fabrikalarına, maden ocaklarına gidilir.

Özgür Savaşçı, yurtta iş bulamamanın öfkesini taşıyan bir işçiyi şöyle anlatır şiirinde: "Alamanya'ya giderken İşçi Mustafa / Vagon pencerelerinden geri bakıyordu / İşsizlikten ustura gibi bilenmiş / Gözlerinden nefret akıyordu" (1976, s. 23). 60'ların ilk yıllarından itibaren kafileler halinde Almanya'ya giden emek göçmenleri için "tren" ve "vagon", ayrılığı, yurttan kopuşu sembolize eder. Edip Cansever de ünlü "Mendilimde Kan Sesleri" şiirinde şöyle der sözgelimi: "Trenler tıklım tıklım / Trenler cepheye giden trenler gibi / İşçiler / Almanya yolcusu işçiler" (2013, s. 619). Yıllar içinde dönüşü hep erteleyecek olan bu yolcular, geride yalnızca ailelerini, sevdiklerini bırakmazlar; onlar gibi olmayı bekleyen, zengin olma düşleri kuran köylüleri, hemşehrileri kalır geride; üstelik azımsanmayacak kadar çokturlar:

Refik Durbaş, Almanya'ya gitme hayaliyle tutuşan ve önündeki 50-60 kişiye rağmen sıranın kendisine gelmesini bekleyen Halil'in duygularına yer verdiği "Çaylar Şirketten"de "elimden her iş gelir yeter ki çalışacağım iş olsun" (2016, s. 254) diyen bir adamın iç dünyasına eğilir. Almanya'daki arkadaşı Rasim'den aldığı mektuplarla Almanya düşleri kuran Halil, bu isteğine rağmen umutsuzdur: "Ne kadere inandım şimdiye kadar / ne kısmetten medet umdum / ama biliyorum ki / 'vasıfsız işçisin' deyi silecekler künyemi / Almanya defterinden de" (2016, s. 255).

Bir iş sahibi olanlar da daha iyi koşullara kavuşma umuduyla çıkarlar yola. Yüksel Pazarkaya'nın Sivas'ta babadan kalma usullerle yürüttüğü terziliği ve ailesini geride bırakıp yola koyulan Hasan Uzun'u onlardan biridir mesela: "sattım / ütüyü makası makinayı / buzul bir günde / öyle ağır kafamın bir yanı / bir yanı umut olur boş / ben bu terziliği / ha ben / ha babam de babam / otuz yıl dönen kağnıyı / satıp aldığım kuruşa / borç koyup bir o çok / sığındırdım üç oğlanı kadını / tanrıya / çıktım yola" (Pazarkaya, 1968, s. 15).

Türkiye göçmenleri Almanya'da

Türkiye göçmeni işçiler, zamanla işçiler arasında en büyük topluluğu oluştururlar. Aile birleşimi yoluyla Almanya'ya gelen eş ve çocukların varlığı da buna eklenince Almanya'nın "acı vatan"a dönüşmesi gecikmez: "Almanyanın ortasında Ahmet / Almanyanın ortasında Mehmet / Ayşeler, / Fatmalar, / Darmadağın, kıyamet! // Almanyanın ortasında bir Anadolu! / Bir gözü güler, ekmek için / Bir gözü ağlar, dert dolu" (Arıburnu, 1985, s. 81). Orhan Murat Arıburnu'nun 1976 tarihli şiirindeki gibi gelişir her şey. Yurttan ve sevilen onca şeyden uzak kalmak zor olsa da işin ve paranın kaynağı olarak görülen Almanya, bu yönüyle mutluluk kapısıdır. Para kazanmak gereklidir; Almanya "gel" demiştir; gidilmiştir.

"Gel dediniz / Geldim geldim geldim ben / Akın akın yığın yığın / Başımda kırk canlı bir sevda / Ağzımda ateşten türküler / Berlin Kreuzberg parkında / Tarihin ortasında dineldim ben" (Yüce, 1989, s. 24). Ali Yüce'nin, şiirinde Kreuzberg'i seçmesi önemlidir. Berlin'in diğer bölgeleriyle karşılaştırıldığında, Kreuzberg'in Türk nüfusu yoğunluğu açısından ilk sırada yer aldığı görülür. Bir göçmen mahallesi olan ve otuz yıla yakın bir süre, Berlin Duvarı'nın yanı başında yaşayan Kreuzberg'in, Türkiye göçmenlerinin yoğunluğu oranında edebiyata yansıdığını söylemek mümkündür. 1980'den beri Berlin'de yaşayan Gültekin Emre, "Kreuzberg" şiirinde, semtin kozmopolit yapısına vurgu yapar sözgelimi. Türklerin bu çok dilli, çok kültürlü yapı içinde, gelenekleriyle birlikte alışkanlıklarını da sürdürdüklerini gözlemiştir şair: "Bahçe duvarları haritadan beter / Her dilde aşk ilanları, perişan / Memleketi aratmıyor sokaklar / Solgun suskunluğa teskin / Oynak düğün havası korna başı" (2012, s. 26).

Türkiye göçmenlerinin, Kreuzberg'in çok kültürlü yapısı içindeki varlığı, duvarın yıkılıp iki Almanya'nın birleşmesinin ardından da etkisini sürdürür; kuşaklar değişir, semtten ayrılanlar olur; ama onu "küçük İstanbul" kılan özellikler korunur. Ali Özenç Çağlar'ın "aldatmasın güllü şalvarı sizi / burası Çemişgezek değil / berlin'de kreuzberg'tir / köln'de weidengasse" (1994, s. 17) dizelerindeki gibi yalnızca Kreuzberg ya da Berlin de değil, Almanya'nın başka yerlerinde de Türkiye göçmenleri, diğer göçmen topluluklar arasında çoğunluğu oluşturur; bununla birlikte Kreuzberg, Türkiye kökenlilerin Almanya'daki varlığı söz konusu olduğunda sembolik bir anlam kazanır.

Berlin'le özdeşleşen bir yazar olan Aras Ören, *Berlin Üçlemesi*'nde Kreuzberg'e ve buradaki göçmen yaşamına odaklanır. Üçlemenin birinci kitabı Niyazi'nin *Naunyn Sokağı'nda İşi Ne?* 1973'te Almanya'da yayımlanır; onu 1974 tarihli *Kâğıthane Rüyası* izler. Üçlemenin son kitabı *Gurbet Değil Artık*'sa 1980'de okuyucuyla buluşur. Almanya'da Almancaya da çevrilen kitapların bir arada ve "Berlin Üçlemesi" adıyla Türkiye'de yayımlanması ise 1980'de gerçekleşir. Üçlemenin her kitabında da var olan tek isim, Berlin'e 1964'te gelen ve bazı bölümlerde anlatıcı görevini üstlenen Niyazi Gümüşkılıç'tır:

"Bak her üç Kreuzberg'liden bugün / biri Türk. / Günboyu sokaklarda bir sürü çocuk, / çığırtkan, başıbozuk ve özgür / koşuyordur / bir oraya, bir buraya. (...) Biz başka bir tarihten, / başka bir yabancı diyara gelip, / gene yabancı kaldık. / Amacımız: kendimizi güvende duymaktı. / Bu Türkiye'de olmadı, / burada da arıyoruz" (Ören, 1980, s. 180).

Türkiye göçmenlerinin emek piyasalarındaki görünümleri

İşgücü olarak gidilir Almanya'ya; bir iş sahibi olmak, para kazanmak için. Gidenler, yabancı bir ülkede karşılaşabilecekleri olası sorunları düşünmezler bile. Sonrası, Sıtkı Salih Gör'ün 1983 tarihli şiirindeki gibi gelişir: "Bir ekmek kavgasının yüzü suyuna / açıldı Avrupa kapıları / en çok da Almanya kapıları / Köln'deki Memet, Münihtekine / seslenemez oldu / Almanya kapıları kaptı Hasanı, Hüseyini" (1987, s. 62). Emek göçmenlerinin Almanya'ya gidişi zorunlu bir göç değildir; bununla birlikte ülkedeki yaşamları, yıllar yılı Türkiye gündemini de meşgul ettiği üzere sıkıntılarla doludur. Edebiyat ürünlerinin, dolayısıyla şiirin de göçmen yaşamının olumsuz yönlerini gözler önüne serdiği söylenebilir. Bu gönüllü gidiş ve orada yaşayış, Almanya'nın gideni kapması, ezmesi; giderek yok etmesi biçiminde yansır şiire.

Çalışılan alanlar, çoğunlukla fiziksel güç gerektirir, koşullar ağırdır, tehlike barındırır. Sözgelimi 1972'de, Almanya'daki Türk işçilerinin % 41'i metal sanayinde, % 24'ü imalat sanayinde çalışırken % 15'i inşaat sektöründe, % 7'si de kömür ve elektrik işlerindedir (Gökmen, 1972, s. 293). Çalışma koşullarının ağırlığı, göçmenlerin emek piyasalarındaki deneyimleri edebiyat ürünlerinde de konu edilir. Dikkati çeken bir husus, işin niteliğinden ya da çalışma temposundan duyulan rahatsızlığın sıklıkla dile getirilmesidir; nispeten kolay gibi görünen işlerin de tekdüzeliği ve aynı duruş pozisyonunda çalışmayı gerektirmesi, hoşnutsuzluğa yol açar. İşçi göçüne katılarak Almanya'ya giden Fethi Savaşçı, kitaba adını da veren "Çöpçü Türküsü" şiirinde, bir çöpçünün duygularına yer verir mesela; şiirin öznesi, "Almanya'nın sokakları"nı temizlemeyi onur kırıcı bulur. "Çıkardılar attılar bizi sınırlardan / Alman para babalarına köle ettiler" (1975, s. 5) deyişinde, yurtta tutunamayışın öfkesi ve kapitalist sistemin eleştirisi vardır. Fazıl Hüsnü Dağlarca'nın "Almanya'larda Çöpçülerimiz" şiirinde de benzer duygularla karşılaşırız: "Ne duruyoruz, aylık bin yeşil mark, / Varalım, dağılalım, kartal Anadolu'dan yeryüzüne. / Beyler altın uykularından uyanmak üzre, hadi yollarını temizleyelim (1977, s. 23).

Şiirlerde söz edilen işler, doğaldır ki Türkiye göçmenlerinin yoğun olarak çalıştığı alanlarla ilgilidir; sözgelimi Yaşar Miraç kömür ocaklarına götürür okuru; Türkçe-Almanca iki dilli kitabı *Kömürkirchen*'de, kömürüyle ünlü Gelsenkirchen'i ve insanlarını anlattığı şiirlerle madenci yaşamını konu alan diğer şiirlerini bir araya getirir. Yirmi yılını geçirdiği kenti iyi bilen şairin gözlem ve tanıklıklarını içeren şiirleri, madencilerin çalışma koşullarını ve işin tehlikeli boyutlarını gerçekçi bir bakışla yansıtır: "dokuzyüzseksendörtte / kömürkirchen kentinde / kırk kat dibinde yerin / yüreğinde kömürün / durmuştu yüreciği" (2015, s. 64).

Diğer meslektaşları gibi ağır iş koşulları, saat ücretleri, işten çıkarmalar konusunda rahatsızlık duyan Türkiye göçmeni işçilerin grevlere katıldığı; hatta 1973'te, Köln'deki Ford fabrikasında gerçekleştirilen ünlü işçi eyleminin pek çoklarınca hâlâ "Türk Grevi" olarak anıldığı bilinir. Eğitim amacıyla gittiği Almanya'ya yerleşen, yazdıkları ve çevirileriyle birlikte Türk-Alman ilişkileri ve çalışma yaşamı konusundaki araştırmalarıyla da dikkati çeken Yüksel Pazarkaya'nın "Gurbetin Grev Gözcüleri" şiiri, bu durumun şiire yansıyışının bir örneğidir; Türklerin en yoğun çalıştığı alanda, metal sanayinde, Stuttgart'taki grevleri konu alır şair: "dursun hıdır cemal yaşar ve hacer / sıladan tarih kadar uzak / bu nöbette / ne yavuklu yürekte / ne uslarında çocuklarından bir haber / yağmur çalınıyor // yağmur çalınıyor / bosch daimler kreidler / kara kirli camlarından / artık çıt çıkmayan volanlarından / ölümcül boşluklara bakıyor" (1979, s. 56).

Farklı bir kültürde

Türkiye göçmenleri için Almanya; dili, dini, yaşama düzeyi ve alışkanlıkları çok farklı bir çevredir; bu yeni çevreye uyum göstermeye çalışmak, çoğu zaman bir gerilimi de beraberinde getirir; bu gerilimle baş etmek zorunda kalan göçmenlerin, çalıştıkları ülkede "yabancı olmak"tan, kimi zaman da dışlanmaktan kurtulamadıkları görülür. Anlatılarda sıkça ele alınan bu konu şiirlere de yansımıştır. Mehmet Başaran, "Yabancıydı Adı" şiirinde şöyle der sözgelimi: "Yetmez içini yatıştırmaya / Hayımlarda kandil gibi titreyen Türkçe / Göğsüne bastırdığı türküler / Dalları ayrı sızar / Kökleri ayrı / Adı yabancı" (1983, s. 22).

Türkiye'nin farklı coğrafî bölgelerinden ve farklı yaşam deneyimlerinden geçerek Almanya'ya gelenler, kendi içlerinde de kültürel ayrılıklar taşırlar; bununla birlikte yeni çevrede karşılaştıkları sorunlar ortaktır. Göçmenlerin Almanya'daki temel sorunlarından biri dildir; Almanca bilmemeleri yüzünden özellikle ilk yıllarda pek çok sorunla karşılaşırlar. Habib Bektaş'ın "dilini ikilemiş / biri konuşmayıp çok sevdiği / biri konuşamayıp hep duyduğu" (1983, s. 58) dizelerinde farklı bir dilin konuşulduğu yabancı bir coğrafyada yaşamanın psikolojik etkisi sezilir. Yine Başaran'ın "kandil gibi titreyen Türkçe" benzetmesi de bu bakımdan önemlidir.

Günümüzde Almanya, Fransa'dan sonra, Batı Avrupa'nın en fazla Müslüman azınlığa sahip ülkesi durumundadır; Müslüman göçmenlerin "yaklaşık olarak dörtte üçünden fazlası -3 milyon- Türkiyeli göçmenler ve/veya onların çocukları"dır (Kaya, 2016, s. 43). Dolayısıyla Türkiye göçmenleri Almanya'da İslâm dini ve dünya görüşüne bağlı kültürel değerlerin de temsilcisi konumundadırlar; bu da Alman toplumuyla sürüp giden değerler çatışmasında başat rol oynar. "Çan sesleriyle uyandım bir sabah Münih'te" (Savaşçı, 1971, s. 9) ya da "Kilise çanları durmadan / Çalıyor burada / Yıl on ay yağmur yağıyor" (Savaşçı, Ö., 1976, s. 51) dizelerinde farklı bir inanç kültüründe bulunmanın güçlüğü hissedilir mesela. Molla Demirel de "Bayram" şiirinde; "İşte bugün bayram / Öpülüyor büyüklerin elleri / Ben öpemiyorum" (1989, s. 61) derken sıla özlemiyle birlikte; dinî günleri, gelenekleri yaşayamamanın hüznünü yansıtır.

Gurbette yine kendi gibilerle, hemşehri ve tanıdıklarıyla iletişim kuran, birbirlerine çok yakın yerlerde oturan göçmenlerin tamamen olmasa da yabancılık duygusundan uzaklaştıkları; zevk ve alışkanlıklarını, kültürel değerlerini sürdürebildikleri ölçüde kendilerini rahat hissettikleri gözlenir. Yurt özlemini dağıtan da yurda özgü değerler, kültürel motiflerdir: "Aldı sazı eline / dağıtır ve süzer gibi hücrelerini / anlattı ceviz ağaçlarını büküle ine / söyledi o yerde esen türküyü" (Gör, 1987, s. 65).

Yurt / sıla özlemi

Yabancı işçiler, bu arada Türkiye göçmenleri de sosyo-ekonomik açıdan kendilerini çoğu kez yetersiz bulurlar; kazanılan paranın yurtta değerlendirilmek üzere biriktirilmesi, yaşam kalitesini düşüren bir husus olarak göze çarpar; çalışma koşullarının ağırlığı da buna eklenince özellikle ilk kuşak göçmenlerin Almanya'daki yaşamlarından hoşnut olmadıkları gözlenir. Bu memnuniyetsizlik, Alman toplumu içinde ayrıksı duran, kendini güvensiz hisseden göçmen işçilerin Türkiye'ye, Türkiye'de bıraktıkları yakınlarına özlemi biçiminde gelişen duygularını pekiştirir. "Turunculu Yeşilli" şiirinde, Almanya'da aldıkları otomobillerini, yurtta satmak zorunda kalan iki işçiyi anlatan Gülten Akın, aileden uzakta yaşamanın getirdiği hüznü şöyle yansıtır: "Onu ben, gün güneş görmeden / Kollarım ayrıla eğnimden / Yalnız, ölesiye yalnız / Bin çıyanlık bin kahpelik içinde / Büyüyen kızımın boyunu görmeden / Gözü gözüme değmeden yarimin / Sekiz yıl / Onu ben / Satmazdım onu ben" (1986, s. 97).

Bütün sıkıntılarına rağmen yine de katlanılır Almanya'ya. Tatillerde evine barkına kavuşup hasret giderenler, biraz daha para kazanmak, yaşam koşullarını iyileştirmek amacıyla Almanya'ya dönerler. Sıla özlemi; gidişlerde, dönüşlerde yaşanan ayrılığın acısı, şiire yansıyan en belirgin duygulardandır. Habib Bektaş'ın "Göç" şiirinde olduğu gibi: "üç çocuk / küçüğü tay-taya durmuş / kırış kırış ihtiyar bir ana / ve toprak damlı evinin gülü, karın / toprakça cömert / sabırlı / güzel / yörük kızı kezban'ın / bıraktın işte gidiyorsun" (1983, s.69).

Almanya'da çalışan işçilerin sorunlarına odaklanan yapıtların çokluğu yanında geride kalanların, gurbetçi yakınlarının yaşadıklarına eğilen edebiyat ürünlerinin daha sınırlı kaldığı görülür. Sennur Sezer, "Tirenler Geçiyordu" şiirinde "Alamanya taze kızlar istiyordu makinelerine / Sağlam bilekler / Geride kalanlar düşünülmesin" (1977, s. 64) diyerek Türkiye-Almanya arasında parçalanmış ailelerin varlığını duyurur okura. İsmail Uyaroğlu "Annesi Almanya'da Çalışan Çocuğun Şiiri"ni yazar sözgelimi: "Hiç bir şey istemiyorum / Ne oyuncak, ne saat, ne elbise / Herkesinkinden yeni paltom / Kalın ve kürklü sözde / Ama herkesten çok üşüyorum gene" (1981, s. 52).

Dışlanma ve ırkçı saldırılar

Yabancı işgücü istihdamının yaygınlaşması, oturma ve çalışma sürelerinin uzaması, zamanla yurttaki eş ve çocukların da Almanya'ya getirilmesi, göçmen toplulukların nüfusundaki artışı beraberinde getirir. Alman toplumunun her kesiminden insanların dikkatini çeken bu durum, Alman ırkçılarını harekete geçirir. Yabancı düşmanlığı 1980'li yıllarda şiddet eylemlerini doğurur. 1991'de iki Almanya'nın birleşmesiyle daha da artan eylemlerde Türklere ait işyerleri tahrip edilir; Mölln'de (1992), Solingen'de (1993) facialar yaşanır.

"Yalnız 1993 yılında dört binden fazla yabancı düşmanı, ırkçı, bir bölümü örgütlü *Neonazilerin* eylemi olan saldırı" saptanır; "Solingen cinayetlerinin yıl dönümünde, 29 Mayıs 1993 ile 29 Mayıs 1994 arasındaki bir yılda saptanan saldırıların sayısıysa, yedi bini" aşar (Pazarkaya, 1995, s. 11). 1993 ve 2003 yılları arasında yabancı düşmanlığından kaynaklanan 110.000 cezai suçun 11.000 kadarı doğrudan şiddet eylemleri çerçevesindedir (Keskin, 2011, s. 110).

Irkçı grupların, diğer yabancılar içinde Türk topluluğunu seçerek farklı ve saldırgan davranmaları günlük, sıradan olaylar sayılırken (Turan, 1992, s. 86) bu düşmanca tavırların şiirde de sorgulandığı gözlenir. Mesela Ruhi Türkyılmaz, "Solingen Yangını" şiirinde, Türklere yönelik ırkçı saldırıların vardığı en üst noktayı konu alır: "can alıcı bilenmiştir solingen / çocuklar ve torunlar / ilkyaz uykusundadır / mevlüde ana dışarıda // insanı kara boyadı mevsim / alevlendi taze canlar / cehenneminde akşamın" (2012, s. 46).

Göçmenlerle, bu arada Türklerle iyi ilişkiler kuran, iletişim halinde olan Almanlar da yok değildir; ancak toplumun çeşitli kesimlerinde, göçmenlerin; Almanların işlerini ellerinden aldıkları, kendi kültürel değerlerini Alman toplumuna yaydıkları yönünde yaygın görüşler vardır.

Göçün ilk yıllarındaki olumlu yaklaşımın giderek silinmesi şiirlere yansıyan bir husustur. Yaşar Miraç, halk şiirinin özelliklerinden yararlandığı "Mola"da şöyle der sözgelimi: "ruhr dediğin kömür müdür / ocakları göçük müdür / 'raus raus' diyen kimdir / dün 'wilkommen' diyen mola?" (y.t.y., s. 166). Molla Demirel de aynı noktaya değinerek şöyle der şiirinde: "Bando takımlarıyla, bayraklarla karşılanmıştın / Bütün yollar ve damların üstü 'Hoş geldiniz' yazılarıyla süslenmişti / Fabrikaları, kömür ocakları işlensin / Ve temizlikleri yapılsın diye / Şimdi yaşlandın diye istemiyorlarmış / Doğru mu" (Demirel, 1987, s. 90). Ümit Yaşar Oğuzcan'a göre; bu davranış değişikliğinin temelinde ekonomik çıkarlar yatar: "Alamanın derdi çok / Gelsin Türk işçileri / Alamanın karnı tok / Gitsin Türk işçileri" dizeleriyle başlayan "Alaman'a Yergiler"de, II. Dünya Savaşı sonrasındaki yıllarda işgücü ihtiyacını yabancı işçilerle karşılayan Almanya'nın, ihtiyacı kalmaması durumunda dışlayıcı olduğu vurgulanır:

"Şimdi işleri tıkırında, tuzları kuru / Bir teşekkür bile etmeden / Kıçımıza tekme vurup / Defolun diyorlar" (2004, s. 246).

Sonuç

Edebiyatın, toplumsal yaşamdaki her türlü sorunun yansıdığı bir alan oluşu, işçi göçü ve sonrasında yaşananları ele almasıyla da kendini gösterir. Göçün öncelikli yönü Almanya olduğundan yazılanlar da ağırlıklı olarak Almanya üzerinedir. Çalışma amacıyla ya da siyasal nedenlerle Almanya'ya giderek yıllarını burada geçiren pek çok yazarın gözlem ve deneyimlerinden yararlandıkları ürünler ortaya koydukları, Almanya gerçeğini Türkiye'de yaşayan yazarların da bu birikime katkıda bulundukları bilinir. Göç sürecinin ve göçmenlerin Almanya yaşamının gözlenip sorgulanması, Türk edebiyatının konu alanını genişletmiştir; bu, şiirde duygusal yönü ağır basan ve bireylerin iç dünyasına eğilen ürünlerle gözlediğimiz bir durumdur. Birçok şiirde, göçe yol açan etkenler üzerinde durulur; ekonomik sıkıntılar, işsizlik, işleyecek toprağın azlığı ya da verimsizliği gibi nedenlerin "umut kapısı" olarak görülen Almanya'ya gitme isteğini beraberinde getirdiği vurgulanır. Gidebilenler, çalışma ve yaşam koşullarının ağırlığı, yabancı bir kültürde bulunmanın güçlüğü altında ezilirken; kalanların, gitme çabasını, bazen umutsuz da olsa sürdürdükleri şiirlerden anlaşılabilir. Göçün nedenleri; göçmen işçilerin genellikle itibarsız sayılan, düşük ücretli ya da tehlikeli işlerde çalışması; Almanya yaşamından memnun olmamakla daha da pekişen yurt ve aile özlemi; dışlanma ve ırkçı saldırılar; kültürel çevreyle uyumsuzluk, bu şiirlerde ele alınan başlıca konulardır. Almanya'ya işçi göçünü ve devamında yaşananları konu alan şiirlerin, yazıldıkları dönemin koşullarını, bu dönemin sosyal ve psikolojik yönlerini yansıttıkları söylenebilir; kimi özellikleri bugün unutulmuş olan bir dönemdir bu. Günümüzde Almanya'da yaşayan Türkiye kökenlilerin çok daha farklı uğraş ve sorunları olduğu bilinmektedir.

Kaynakça

Akın, G. (1986). *Seyran Destanı*, İstanbul: Alan Yayıncılık.

Arıburnu, O. M. (1985). *Buruk Dünya*, İstanbul: Adam Yayınları.

Başaran, M. (1983). "Yabancıydı Adı", *Yazko Edebiyat*, S. 31, s. 22.

Bektaş, H. (1983). *Erlangen Şiirleri*, İstanbul: Derinlik Yayınları.

Cansever, E. (2013). *Sonrası Kalır I Bütün Şiirleri*, 10. Baskı, İstanbul: Yapı Kredi Yayınları.

Çağlar, A. Ö. (1994). *Destanca*, İstanbul: Broy Yayınları.

Dağlarca, F. H. (1977). *Horoz*, İstanbul: Cem Yayınevi.

Demirel, M. (1987) *Dünyam İki Değirmentaşı/Zwischen Zwei Mühlsteinen*, Oberhausen: Ortadoğu Druck&Verlag.

Demirel, M. (1989). *Bir Uzak Yerden Geldim*, Ankara: Memleket Yayınları.

Durbaş, R. (2016). *Çırak Aranıyor/Toplu Şiirler I*, İstanbul: Islık Yayınları.

Gitmez, A. S. (1983). *Yurtdışına İşçi Göçü ve Geri Dönüşler*, İstanbul: Alan Yayıncılık.

Gökmen, O. (1972). *Federal Almanya ve Türk İşçileri*, Ankara: Ayyıldız Matbaası.

Göksu, T. (2000). *İşçilikten Vatandaşlığa: Almanya'daki Türkler*, Ankara: Özen Yayımcılık.

Gör, S. S. (1987). *Yaban El*, Ankara: Kerem Yayınları.

Gültekin Emre (2012). *Berlin Şiirleri*, Ankara: Bencekitap.

Kaya, A. (2016). *İslâm, Göç ve Entegrasyon*, İstanbul: İstanbul Bilgi Üniversitesi Yayınları.

Keskin, H. (2011). *Türklerin Gölgesinde Almanya*, Çev. Y. Pazarkaya, İstanbul: Doğan Kitap.

Kirişçi, K. (2003). "The Question of Asylum and Illegal Migration in EuropeanUnion-Turkish Relations", *Turkish Studies*, 4:1, s. 79-106.

Oğuzcan, Ü. Y. (2004). *Taşlamalar/Hicivler 2*, İstanbul: Özgür Yayınları.

Ören, A. (1980). *Berlin Üçlemesi*, İstanbul: Remzi Kitabevi.

Pazarkaya, Y. (1968). Koca Sapmalarda Biz Vardık, İstanbul: İzlem Yayınları.

Pazarkaya, Y. (1979). *İncindiğin Yerdir Gurbet*, Ankara: Şiir-Tiyatro Yayınları.

Pazarkaya, Y. (1995). *Almanya Üzerine Düşünmek*, İstanbul: Sis Çanı Yayınları.

Savaşçı, Ö. (1976). *Yalınayak Yürüdüler*, İstanbul: Yeditepe Yayınları.

Savaşçı, F. (1971). *Bu Sarı Biraları İçince*, İstanbul: Yeditepe Yayınları.

Savaşçı, F. (1975). *Çöpçü Türküsü*, İstanbul: Yeditepe Yayınları.

Sezer, S. (1977). *Direnç*, İstanbul: Cem Yayıneci.

Turan, K. (1992). *Almanya'da Türk Olmak*, İstanbul: Sümer Kitabevi Yayınları.

Türkyılmaz, R. (2012*). Göçdeniz*, Trabzon: Kıyı Yayınları.

Uyar, T. (2014). *Büyük Saat*, 18. Baskı, İstanbul: Yapı Kredi Yayınları.

Uyaroğlu, İ. (1981). "Annesi Almanya'da Çalışan Çocuğun Şiiri", *Yazko Edebiyat*, S. 13, s. 52.

Yaşar Miraç (2015). *Kömürkirchen*, İstanbul: Ayrıntı Yayınları.

Yaşar Miraç (y.t.y.) *Yurdumun İşçileri*, Duisburg: Yeni Türkü-Türkiye Şiir Dizisi.

Yüce, A. (1988). *Şiir Tufanı*, Ankara: Üçbilek Matbaacılık.

Bölüm 8. Müslümanların Avrupa'da Var Olabilme Sorunları

Erkan Perşembe[1]

Bu çalışmamızda geçen yüzyılın ortalarından itibaren Avrupa'ya yoğunlaşan göç hareketlilikleri içinde Müslümanların var oluş sorunlarını, son dönemdeki gelişmelerle (Sığınmacılar ve İslami terör tartışmaları) birlikte değerlendirerek tartışmak istiyoruz.

Avrupalı Müslümanlar genelde, ekonomik yönden dezavantajlı ve yaşadığı topluma yeterince entegre olamamış konumdadır. Müslüman göçmenler, genellikle zayıf ekonomileri olan ülkelerden Avrupa'ya göç etmişlerdir. Avrupa'ya geldikleri günden beri kültürel ve dinî farklılıkları nedeniyle dışlanan ve entegrasyon şansı bulamayan Müslüman göçmenlerin buradaki varoluşlarının parçalı yapısı, Avrupalının gündelik yaşamında genellikle sorunlu olarak kabul edilmektedir. Avrupalıların öteki olarak ayrıştırdığı Müslümanların, kendilerinden kaynaklanan uyum sorunları bulunmakla birlikte, yarım yüzyılı aşan bir sürede misafir işçi kabul eden ülkelerin, soruna insani ve akılcı yaklaşamamalarının katkısı da göz ardı edilemez.

Genelde göçmenlerin kimlik ve aidiyet arayışları, yabancı bir kültürle karşılaşmadan doğan tedirginlik ve uyumsuzlukla birlikte güçlenmektedir. Kentlerin gettolaşmış ortamlarında dışlanmışlık algılamasını hissederek paralel bir topluluk haline gelen göçmenlerin burada doğan büyüyen çocuklarının daha marjinal kimliklere yönelmesi kaçınılmazdır.

1. Avrupa'da Müslümanların varlığı

Hıristiyan Batı dünyasıyla Müslümanların savaş alanlarında başlayan macerası, her iki tarafın etki alanlarını genişletebilme mücadelesi kapsamında tarihe damgasını vurmuştur. Müslümanların İber yarımadasında kurduğu Endülüs Devleti sekiz yüzyıl boyunca varlığını korumuştur. Osmanlının, Avrupa'nın iç bölgelerine kadar gerçekleştirdiği fetihler döneminde, "Müslümanlar hakkındaki zihinsel korku ve kaygılar giderek kuvvetlenmiş Müslümanlar -özelde Türkler hakkında- olumsuz önyargılar kalıcı hale gelmiştir"(Spohn, 1996). Aslında ötekileştirme bir karşılıklılık ilişkisi içinde gerçekleştirilmektedir. Önyargılı bakış açılarının temelinde, bu tarihsel miras ve zihinlere kazınmış kimi acı deneyimlerin etkisi yadsınamaz (Subaşı, 2008, s. 124). Göle, "İslam ile aynı zaman ve mekânı paylaşmanın, dünyanın diğer tüm bölgelerinden daha fazla Avrupa'da can alıcı bir problem olarak gündeme geldiğini dile getiriyor. Müslümanlar ve Avrupalılar, "öteki"nin karşısında hissettikleri yitirme duygusunu, araya kimlik sınırları çizerek aşmaya çalışıyorlar" (Göle, 2009).

İslâm ve Hıristiyanlık arasındaki temasın Avrupa'nın kültürel ve siyasi tarihinin değişmez bir özelliği olduğu açıktır. Müslümanların Avrupa'da geçen yüzyılın başından beri oluşan varoluşu, günümüzde Ortadoğu'daki gelişmelere bağlı olarak gelişen sığınmacı akınlarıyla birlikte ciddi güvenlik sorunlarını beraberinde getirmektedir.

Küreselleşen dünyada artık sınırlar eskisi kadar keskin değil. Farklı etnik, kültürel ve dini yapıya sahip toplumlar ne kadar kaçmayı deneseler de birbirleriyle yüzleşmek zorunda kaldıkları alanları paylaşıyorlar. Avrupa'da, küreselleşme süreci ve süreklilik gösteren göçler, çok kültürlü yaşam deneyimlerinin geleceği açısından önemli sosyolojik veriler sağlamaktadır. Avrupa örneğindeki gibi kendini merkeze koyan ve

---

[1] Prof. Dr. Ondokuz Mayıs Üniversitesi, İlahiyat Fakültesi, Felsefe ve Din Bilimleri Bölümü, erkanper@omu.edu.tr

hiyerarşik bir yaklaşımı benimseyen toplumlarda, ötekinin önceden kurgulanan ve kuralları belirlenen düzene ayak uydurması beklenmektedir. Aksi takdirde ötekinin güvenlik zaafı yaratan bir tehdide dönüşmesi söz konusudur.

Nitekim, ABD ve Avrupa birliği ülkelerinin Ortadoğu üzerinde hakimiyet stratejilerinin bölgede yarattığı kaos ortamı, Müslümanlığı siyasal okuma üzerinden temellendiren grupların hem İslâm dünyasında hem de batı ülkelerindeki genç işsiz göçmenlerde radikal eğilimleri artırmıştır. Bölge ülkelerinde hakimiyetini korumak isteyen batılı devletlerin bölgenin istikrarsızlaştırılması ve bazı terör örgütlerine örtülü desteği Müslümanların ve insanlığın mücadele etmekte giderek zorlanacağı canavarlar yaratmaktadır. Dini ve siyasi kökleri, selefi yorumlarla destek bulan yeni cihatçılık mantığı, batı ülkelerinde de sivil halka yönelik eylemleriyle tedirginlik oluşturmaktadır. Şüphesiz bu gelişmelerin gerek İslâm ülkelerinde gerekse de batı ülkelerinde bulunan ortalama Müslüman toplulukları daha fazla yorduğunu, tedirgin ettiğini görebiliriz. Müslümanların bu ülkelerdeki uyum problemlerinin doğru çözümlere odaklanabilmesi bu koşullarda giderek güçleşmektedir.

Tarık Ramazan, Müslümanların, iyi bir Müslüman olmakla batıda yaşamak arasındaki çelişkilerden endişe etmemeleri gerektiğini ve kamusal hayata tümüyle katılabilecekleri düşünmektedir: "Müslüman aydınlar, İslâm'ın daha saf bir versiyonunu geliştirerek olumlu diyalog yollarını aramalıdır" (Ramazan, 2005, s. 298). Müslümanların bugünkü var olma koşulları ve gelecekleri açısından soruna yaklaşıldığında, kendi aralarındaki parçalı ve uyumsuz görüntüleri giderebilecek projelerin ve organizasyonların geliştirilmesinin önemi anlaşılabilir. Tibi, "Müslümanların kendi kültürlerini getto ortamlarına sıkışarak değil, modern kültürle bağdaşarak yaşamalarının önemini vurgulamaktadır"(Tibi, 2009, s. 69). Avrupa'da gündelik yaşamın bir parçası olan Müslümanların, o yapıya kendi özelliklerini marjinalliğe savrulmadan koruyarak dahil olabilmeleri, buradaki geleceklerini de ilgilendirmektedir.

1.1. Son yüzyılın göç hareketliliği içinde Müslümanlar

Yüzyılın başlarında İngiltere ve Fransa gibi ülkelerin sömürgelerinden getirdiği göçmenlerle başlayan kitlesel göçler, İkinci Dünya Savaşı sonrasında Batılı ülkelerin, kalkınma projelerinde eksikliğini yoğun olarak hissettikleri işgücü azlığı nedeniyle yakın çevre ülkelerine yönelmiştir.

Böylece Müslümanların kitlesel göçleri 1950-70 yılları arasında uygulanan geçici göçmen işçi politikasıyla artmıştır. Ucuz işçi göçünün Avrupalı işverenler tarafından cazip bulunmasıyla göçmenlerin sayısında sürekli artış gözlenmiştir. Müslümanların, Avrupa'da din, siyaset ve kimlik arasında oluşturdukları kendi tarihsel tecrübelerinden kaynaklanan yol haritası, Avrupalının ötekileştirdiği bir zeminde yeni kuşakların kimliklerini de etkilemektedir.

Ayrıca, Avrupa ülkelerinin, Müslümanlarla birlikte yaşamalarına dair görüşleri ve bu görüşlerin(Avrupa dışındaki İslam'la ilgili olaylarla bağlantılı olarak) nasıl değişiyor olduğunu anlamak da önemlidir. "Avrupa'da İslam'ın varoluşuna yönelik algı ve özellikle onun gündelik yaşam içindeki görünürlüğüne gösterilen dikkat, son dönemde dünyada gelişen olaylarla büyük önem kazanmaktadır" (Ulfklotte, 2007, s. 95).

1.2. Avrupa ülkelerinde Müslüman nüfusu

Avrupa'da Müslümanların nüfus bilgisi konusunda, tahminlere dayalı bilgilere sahibiz. Bu konuda 15 ya da 17 milyon gibi farklı rakamlar dile getirilmektedir. Fransa'da 4.7 milyon (% 7,5); Almanya'da 4 milyon (% 5.0); İngiltere'de 2.8 milyon

(% 4.6); İtalya'da 1.5 milyon (% 2.6); Hollanda'da 900 bin (% 5.5); Belçika'da 600 bin (% 6.0); İsveç'te 450 bin (% 4.9); İsviçre'de 430 bin (% 4.9) Müslüman yaşamaktadır(Rohe, 2015).

Günümüzde ise Suriye'den ağırlıklı olarak başlayan, Irak, Afganistan, Libya ve diğer Afrika ülkelerinin de eklendiği sığınmacı akını, Batıyla İslam dünyası arasında önemli bir sorunsal olarak gündemdedir. Sığınmacıların hedef ülkesi konumundaki F.Almanya, 2015 yılında 476 bin, Macaristan 177 bin, İsveç 162 bin sığınmacıyı kabul etmiştir.(Bundesamt für Migration und Flüchtlinge, 2016, s. 30). Yunanistan ve İtalya üzerinden devam eden sığınmacı göçü son dönemde hız kesmiş olsa da, ülke sınırlarında biriken kalabalıkların dramı gözler önündedir.

Aile birleşimi, göçmen ailelerinin doğurganlık oranlarının yüksekliği ve sığınmacı akını nedeniyle Avrupa'nın çokkültürlü yapısında Müslümanların nüfus artış hızı daha yüksektir. Bu nedenle islamofobi tartışmaları ekseninde Avrupa'nın geleceğine yönelik yapılan nüfus projeksiyonları medya ve bilimsel çalışmalarda sıklıkla yer almaktadır.

Tablo 1

Avrupa'da Müslüman nüfusun 2010-2030 arası projeksiyonu

Ülkeler	Müslüman Nüfusu 1990	Ülke nüfusunda oranı (%)	Müslüman Nüfusu 2010	Ülke nüfusunda oranı (%)	Müslüman Nüfusu 2030	Ülke nüfusunda oranı (%)
Almanya	2.506.000	3.2	4.119.000	5.0	5.545.000	7.1
Belçika	266.000	2.7	638.000	6.0	1.149.000	10.2
Danimarka	109.000	2.1	226.000	4.1	317.000	5.6
Fransa	3.568.000	4.8	4.704.000	7.5	6.860.000	6.9
İtalya	858.000	1.5	1.583.000	2.6	3.199.000	5.4
İngiltere	1.172.000	2.0	2.869.000	4.6	5.567.000	8.2
İspanya	271.000	0.7	1.021.000	2.3	1.859.000	3.7
İsveç	147.000	1.7	451.000	4.9	993.000	9.8
İsviçre	149.000	2.2	433.000	5.7	663.000	8.1
Hollanda	344.000	2.3	914.000	5.5	1.365.000	7.8

Kaynak: Pew Forum on Religion & Public Life, 2016.

1.3. Müslümanların entegrasyon sorunları

Avrupa ülkelerinde hakim kültür ile göçmenler arasında eşit olmayan karşılaşma, göçün başlangıcından itibaren yapılan işin niteliği ve onlara tanınan yaşam alanlarının konumu açısından önemli bir farklılaşma içermektedir(Kastoryano, 2000, 45). Göçmenlerin entegrasyonu üzerine yapılan çalışmalarda, genellikle Müslümanların parçalı ve çok yönlü kimliksel varoluşlarıyla Avrupalı yaşam deneyimine arzulanan düzeyde katılamadıkları ve dışlandıkları vurgulanmaktadır (Abadan-Unat, 2002).

Avrupalılar, kendi medeniyet projelerine uyamadığını düşündüğü Müslümanları kendi toplumlarının geleceği açısından tehdit unsuru olarak görmektedir. Nitekim son yıllarda Müslümanların, uyumsuzlukları üzerine yapılan tartışmalar, artan oranda korku psikolojisiyle beslenmektedir.

Entegrasyon deneyimlerinin başarısı ya da başarısızlığı, kimliğin tanımlandığı dinî referanslardan hareketle değerlendirilebilmektedir. Bellekle kimliğin kavşağında yer alan ve sadece geçmişi geleceğe bağlamakla kalmayıp, kuşakları da birbirine bağlayan din, ortak bir bellek oluşturmakta, yeni bir topluma girildiğinde, referans kaybına bir cevap olarak ortaya çıkmaktadır. Kültürel kimliğin korunması ve var oluşu konusunda duyulan kaygılar, işyerinde ve çeşitli toplumsal ortamlarda sergilenen dışlayıcı tavırlar da, Müslümanların içe dönük, bir arada bulunabileceği mekânlar oluşturmalarını gündeme getirirken, gündelik yaşantıdaki çok yönlü ilişkilerden soyutlamaktadır (Perşembe, 2005).

İslam bugün yalnız İslam ülkelerinde değil, Batılı ülkelerde yaşayan Müslümanların, gündelik hayatlarında kendisi için güvenli ve saygın bir yer edinmeye çalışıyor (Kastoryano,1996). Ancak, İslam dünyasındaki parçalı dinsel yapılar, bu ülkelerin istikrarı konusunda da olumsuz gelişmelere neden olabilmektedir. Avrupa'daki Müslümanların yaşam dünyalarına da yansıyan bu durum, zamanla Batıyla hesaplaşma çabasına girebilen radikal kesimlerin eylemleriyle olumsuz Müslüman imajını beslemektedir. Müslümanlar için, uyumsuz ve güvensiz önyargısı, yaşanan terör eylemleri ve sığınmacılar krizi ile güçlenmektedir. Bu durumun en olumsuz sonucu ise, Avrupalının zihin dünyasında, sıradan Müslümanları bile radikal İslamcılarla aynı görebilen islamofobik yaklaşımdır.

2. İslamın doğru anlaşılması tartışmaları ekseninde sorunun ele alınışı

İslam tarihi boyunca, dinî metinlerin farklı devirlerde ortaya çıkan yüzlerce yorumuyla karşılaşırız. Birbirleriyle yarışan fikirlerin çokluğu, geleneksel İslam'ı mükemmel bir zenginliğe kavuşturmuş ve bireylere kendi inanç ve ibadetleri yoluyla güvenlik, barış ve huzur arama imkânı sunmuştur. İslam medeniyetinin zirve döneminde, alimlerin çeşitli alanlarda yaptığı çalışmalar, Müslüman toplulukları refah ve saadet içinde yaşatırken Müslüman kimliği, hoşgörü, incelik, cömertlik, başkalarına hizmet ve alçakgönüllülük gibi erdemlerle kendisini göstermişti.

İnsan, evren ve din bilimleri alanlarında başarılı bilimsel faaliyetler sergileyen büyük alim ve düşünürlerin önemli bir medeniyetin temsilcisi konumuna getirdiği Müslüman dünyasının bu üstünlüğünü kaybetmesiyle, dinin anlaşılması ve yaşam dünyalarına yaptığı olumlu katkılarda ciddi oranda sorunlar söz konusu olmuştur. İslâm'ın topluma yeniden dinamik bir yenilenme ruhu kazandıracağı beklentisi günümüze kadar hasretle beklenmiştir. Ancak ne yazık ki, geleneği dinin aslı gibi kabullenerek bilimsel gelişmelere kapalı ve erdemliliğe ilişkin yetkinliğini kaybeden bir topluluk olmak, İslâm ülkelerini durağanlaştırmıştır. Batı karşısında geri kalmışlık sendromu içinde arayışlara giren, gelenek ve modernlik arasında çelişkili bir psikolojiyi barındıran Müslüman toplumlarda çözüm odaklı arayışlar halen devam etmektedir (Köse, 2007).

Günümüzün en önemli sorunu ise, "barış" anlamına gelen hoşgörü dini İslâm'ın, sivil halka yönelik terör eylemleri için belirli gruplar tarafından selefi yorumlarla çarpıtılmasıdır. İslâm adına hareket ettiğini iddia eden grupların, belirlediği inanç ve yaşam biçimlerinin sürekli ayrılık ve ihtilaflara yol açtığı gerçeği ise sorunun diğer cephesidir. Cihatçı İslamcılar, kendilerini ümmetin "hakiki" temsilcisi olarak konumlandırarak, gerektiğinde Müslüman ülkelerdeki sıcak savaşı, (terör eylemlerini) Batı'nın güvenilir kabul edilen yaşam merkezlerine taşıyabilecek kararlılığa sahiptir.

İslâm teröre dayalı taktikleri reddetse de, birçok İslamcı, şiddetin gerek dini ve toplumu, gerekse bütünüyle dünyayı ıslah etmenin başlıca yolu olduğuna inanıyor.

Modernliğe karşı mücadele atmosferinde radikal çıkış arayan hareketler, örgütsel iletişim ağlarının gelişiminden yararlanarak, sosyo-kültürel ve ekonomik güçlerinin birikimi için Batı'nın daha güvenli bir ortam sağladığını keşfetmişlerdir. Çünkü Batı dünyası radikal İslamcılar için geldikleri ülkelerin despot rejimlerinin zulmünden uzak güvenli bir sığınak ve aynı zamanda ideolojik propaganda ve eylemleri için elverişli bir sığınaktır. Müslümanlığı siyasal okuma üzerinden temellendiren bu gruplar hem İslam dünyasında hem de batı ülkelerindeki genç işsiz göçmenlerde radikal yönelişleri güçlendirmektedir (Qandil, 2010).

2.1. Müslümanlar hakkında olumsuz kanaatleri besleyen gelişmeler

Avrupalıların Müslümanlara karşı mesafeli oluşunun göç sürecinin başlangıcından beri devam ettiği bilinmektedir. Ancak son dönemde sığınmacı trafiği ve terör eylemlerinin yarattığı gelişmelere bağlı olarak medyada Müslümanlar üzerinden olumsuz genellemeler yapılmaktadır. Olumsuz bir olay içinde yer alan kişinin Müslüman olduğu öğrenilince bu dini kimlik, suçla ilişkilendirilmekte ve medyada abartılı bir şekilde sunulmaktadır. Avrupalının zihinsel algısında, Müslümanların uyumsuzlukları ve potansiyel suçlu olarak kabulü önemli bir sorundur.

11 Eylül sonrasında tüm dünyada yayılan İslam korkusu ile ırkçılık ve yabancı düşmanlığı, Avrupa'yı da derinden etkilemiştir. "İslam'ın yeni imajı, ABD ve Avrupa'da cihat/terörizm algısı olarak oluşturulmuştur (Tibi, 2009, s. 149)". Ancak, "Batının İslam dünyasına yönelik demokratikleştirme, teröre karşı koruma gibi gerekçelerle gerçekleştirdiği saldırıların, Müslüman dünyasında radikal hareketlere alan yarattığı da göz ardı edilmemelidir" (Fuller, 2010, s. 302).

Son yıllarda Avrupa'da Müslüman militanlar tarafından gerçekleştirilen terör eylemleri, kent yaşam alanları(sokaklar, garlar, havaalanları, metrolar), buluşma yerleri (kafeler, barlar), alışveriş merkezleri, pazarlar ve ticaret merkezlerini hedef almıştır. Bu grupların kendi sapkınlıklarını kutsamak ve taraftar bulmak adına İslam'ı kullanarak, sivil halka yönelik terör eylemlerinde bulunmaları, diğer Müslümanların bu ülkelerdeki konumuna zarar vermektedir (Kandel, 2011). Müslümanların şiddet yanlısı oldukları gündemde tutularak, Avrupa yaşam biçimine ciddi bir tehdit oldukları iddiası güçlendirilmektedir.

Avrupa'da sivil halka yönelik radikal İslamcı gruplarca gerçekleştirilen eylemlerin[2] yarattığı travma, Müslümanlara karşı güvensizliği güçlendirmektedir. Fransa,

---

[2] Avrupa'da sivil halka yönelik radikal İslamcı gruplarca gerçekleştirilen eylemler, bütün insanlığa karşı gerçekleştirilmiş, Müslümanlarca da nefretle anılan bir travma yaratmıştır.

Ağustos 2017, Barcelona; Las Ramblas'ta bir minibüs insanların arasına daldı. Saldırıda 12 kişi hayatını kaybetti.

Haziran 2017, Londra; bir kargo aracı Londra Köprüsü'ndeki yayaların üzerine sürüldü. Saldırıda 7 kişi hayatını kaybetti.

Mayıs 2017, Manchester; Ariana Grande'nin konseri sonrası Salman Abedi adlı terörist kendini havaya uçurdu. 23 kişi hayatını kaybetti.

Nisan 2017, Stockholm; bir kamyoneti insan kalabalığı üzerine sürüldü. 5 kişi hayatını kaybetti.

Mart 2017, Londra; Bir saldırgan, otomobili yayaların üzerine sürdü. 4 kişi hayatını kaybetti.

Ocak 2017, İstanbul; Reina gece kulübüne düzenlenen silahlı saldırıda 39 kişi hayatını kaybetti.

Aralık 2016, Berlin; Bir TIR, Noel pazarındaki insanların üzerine sürüldü, 12 kişi hayatını kaybetti.

Temmuz 2016, Nice; bir kamyon kutlamalara katılan kalabalığın üzerine sürüldü. Saldırıda 86 kişi hayatını kaybetti.

Mart 2016, Brüksel; Brüksel Havaalanı'nda ve bir metro istasyonunda İslamcı saldırganların düzenlediği bombalı saldırılarda 32 kişi yaşamını yitirdi.

Avrupa'nın en fazla Müslüman nüfusuna sahip ve Müslümanlara en çok tolerans gösterilen ülke olarak bilinmesine rağmen, halkta travma yaratan olağandışı terör olayları yaşamıştır.

Ayrıca, kent merkezlerindeki camiler, sokaklarda kılınan namaz, başörtüsü ve burka kullanan kadınlar etrafında, gündelik yaşamın Müslümanlar ve Avrupalılar açısından görünürlüğündeki temel sorunlar gündemdeki yerini korumaktadır (Göle, 2015).

Özellikle, Müslüman kadınların peçe, burka ve başörtüsü gibi semboller üzerinden görünürlüğünün yarattığı tedirginlik giderek daha dikkat çekici hale gelmektedir. Bu kapsamda İslam korkusunun yaygınlaştığı Fransa'da, kamuya açık alanlarda yüzü tamamen kapatan peçe ile dolaşılması yasaklanmıştır. Geçtiğimiz yıl içinde Belçika, Hollanda, İsviçre ve İtalya'da da burka, peçe gibi yüzün tamamını kapatan kıyafetlerle dolaşılması yasaklanmıştır.

2.2. Batı dünyasında Müslümanlarla ilgili tedirgin edici gelişmeler

"Aşırı sağ hareketler, 2000'li yılların başından beri İslam'ı hedef alarak yeni bir siyasi repertuar oluşturuyorlar ve İslam korkusuna yatırım yaparak kamusal alanda daha sağlam yer edindiler (Göle,2015, s. 59)". AB ülkelerinde iktidardaki parti liderlerinin, Müslüman sığınmacılara yönelik ılımlı politikaları yoğun eleştiriler almaktadır.

Almanya'da 2014 yılından sonra Pegida (Patriotische Europäer Gegen Islamisierung des Abendlandes; "Batının İslamlaşmasına Karşı Vatansever Avrupalılar"), adıyla Dresden'de siyasi bir hareket, toplu gösteriler düzenlemeye başlamıştı. 20 Ekim 2014'te ilk kurulduğunda 350 üyesi olan hareketin günümüzde 25.000 üyesi vardır (Topcu, 2016).

Almanya seçimlerinde, "Almanya için Alternatif Partisi"nin (AfD), neredeyse tüm partilerin seçmenlerinden tepki oyları alması, göçmen karşıtı hareketlerin büyüyen tabanı hakkında önemli bir veridir. 2014 yılında Avrupa parlemento seçiminde % 7.1 oy alabilen AfD, Mart 2016 Saksonya-Anhalt seçimlerinde % 24,4, Eylül 2016 Mecklenburg-Vorpommern seçimlerinde, % 20,8 oy alarak, ikinci büyük parti olarak eyalet parlamentolarına girmeyi başarmıştır (DW, 2016).

Mecklenburg-Vorpommern seçimlerinde partilerin seçmen profili incelemek AfD'nin sistem üzerinde etkisine dair öngörülerde bulunmaya yardımcı olabilir. Parti 18-24 ve 70 yaş üzeri tüm yaş gruplarında neredeyse eşit ölçüde ve %20'nin üzerinde oy oranına ulaşıyor. İşçiler arasında en popüler parti konumunda olan AfD, bu kesim içerisinde %33'lük oy oranına ulaşırken, seçmenleri arasında düşük eğitimlilerin belirginliği göze çarpıyor. Bu kesim içerisinde %28'lik bir oya erişen partinin yüksek

---

Ocak 2016, İstanbul; Sultanahmet Meydanı'nda turist kafilesinin ortasında intihar saldırısı düzenlemesi sonucu 12 Alman turist hayatını kaybetti.

Kasım 2015, Paris; Stade de France, çok sayıda restoranın bulunduğu bölgeye düzenlenen eş zamanlı saldırılarda, IŞİD militanları 130 kişi hayatını kaybetti.

Ocak 2015, Paris; Charlie Hebdo mizah dergisi binası ve bir koşer markete düzenlenen saldırılarda 17 kişi hayatını kaybetti.

Mayıs 2014, Brüksel; Bir Fransız İslamcı, Brüksel'de bir Yahudi Müzesi'nde dört kişiyi vurarak öldürdü.

Temmuz 2005, Londra; İngiliz pasaportlu dört radikal dinci, metro ve bir otobüste patlayıcıları ateşledi: 56 ölü, 700 yaralı.

Mart 2004, Madrid; İspanya'nın başkentinde yolcu trenlerine yerleştirilen bombaların patlaması sonucu 191 kişi hayatını kaybetti.

©Deutsche Welle

eğitimliler arasındaki görece daha düşük, %15'lik oy oranı da yabana atılır türden değil (Şentürk, 2016).

Diğer Avrupa ülkelerinde de Müslüman karşıtı hareketlerin, nefret söylemlerinin ve siyasi oluşumların giderek artan boyutları göz ardı edilmemelidir. Tablo:2'de görüldüğü gibi, aşırı sağ partilerin son seçimlerde oy artışları dikkat çekicidir.

Tablo 2

Avrupa'da Aşırı Sağ Partilerin Oy Oranları

Ülkeler	Siyasi Partiler	Seçim Yılı	Oy yüzdesi (%)
İsviçre	İsviçre Halk Partisi	2015	29.5
Almanya	AfD	2016	24.1
Avusturya	Özgürlük Partisi	2015	27.1
Hollanda	Hollanda Özgürlük Partisi	2014	12.1
Fransa	Ulusal Cephe	2015	30.0
Macaristan	Jobbik	2015	20.5

Avrupa parlamentolarında giderek büyüyen aşırı sağ partiler, toplumdaki Müslümanlara karşı yaygınlaşan hoşgörüsüzlüğün boyutlarını göstermektedir. "Müslümanların tüm dinsel pratikleri aşırı sağın gözünde siyasal İslam'ın görüntüsü olarak takdim ediliyor (Göle, 2015, s. 61)". Konunun diğer dramatik yönü ise son yıllarda "Müslümanlara yönelik ırkçı saldırıların da artış göstermesidir" (UHİM, 2015). Bu gelişmelere bakıldığında, Avrupa'nın geleceğinde Müslümanları zor günlerin beklediğini tahmin edebiliriz.

2.3. Avrupa'nın geleceğinde Müslümanlar ve beklentiler

Modern dünyayla olumlu ve kalıcı bir birliktelik kurabilmesi için öncelikle biz Müslümanlar, İslam dininin insan ve topluma yönelik inanç (Tevhid gerçekliği) ve yaşam gerçekliği sistematiğini doğru şekilde oluşturmaya çalışmalıyız. İslam dini, uluslararası insan hakları standartlarıyla uyumlu, insani bir değerler sistemi olmanın yanında erdemli insan ve topluluk oluşturabilme mücadelesinin adıdır. Gerçek Müslüman, başkalarıyla paylaştığı çok kültürlü ortamlarda yaşadığı toplumun ortak değerleriyle çatışan değil, buna katkı sağlayan örnek bireydir.

Batı'nın toplumsal modelinin esasını oluşturan temel ortak değerlerle bütünleşme olmalıdır. İslam'ın ahlaki değerleri ile Batı'nın toplumsal bağlayıcı normları arasında bir sentez yapma gereği vardır. Böyle bir sentez, Müslümanların kendi kalarak, başkalarıyla birlikte paylaştığı toplumsal zeminde ortak insan hakları düzeyinde bütünleşmeyi sağlayacaktır. Kuşkusuz, İslam'ın toplumsal ahlak ve erdemlilik normlarının doğru temsilinin, çok kültürlü bir dünyada Müslümanlara avantajlar sağlayabileceği üzerine düşünmeliyiz.

"Bir insanın canına kıymamak" gibi ahlaki ilkeler sadece bireyleri korumak için değil, aynı zamanda bizleri şiddetten uzaklaştıran bir ölçüt belirlemek için de vardır. Bunu yapmak için biz Müslümanlar, Avrupa kültürünün parçası olarak algılanmak istediğimizi söylerken ne kastettiğimiz konusunda açık ve net olmalıyız. Batı'daki ve genel olarak dünyadaki barışa katkımız, sadece medya kanallarında İslam'ın barışçı bir din olduğunu övmekle değil, aynı zamanda Avrupa'ya katkımızı toplumsal angajman yoluyla da görünür kıldığımız zaman netleşir. Ufukların dünyada daha büyük bir barışa doğru genişletilmesi, herkes tarafından hayata geçirilmesi gereken bir ahlaki ilkedir.

Uzun bir ortak yolculuğun henüz başında bulunuyoruz. Müslümanların, topluma genellikle ilerici, iyimser ve inisiyatif almaya yatkın olan diğer Avrupalılar kadar katılması için hâlâ pek çok şeyin gerçekleşmesine ihtiyaç vardır. Şiddeti reddedişimiz demeçlerle sınırlı kalır ve kendi toplumumuzda barışı teşvike kadar uzanmazsa, yeni ülkelerimize sadakatimiz kalıcı sayılmayacak kadar kırılgan demektir.

Bizler Müslümanlar ve Avrupalılar olarak, yapıcı ve sürdürülebilir fikir ve stratejiler üzerinde düşünmeliyiz. Özellikle, güvenlik sorunu oluşturan burka giyimi ve diğer kimlik sembolleri üzerinde sürekli tekrarlanan savaşlara son vermeliyiz. Asıl görevimiz, dinimizin özünü billurlaştıracak ve temel ahlaki değerleri teşvik edecek bir İslam yorumu geliştirmek ve ayrıntılandırmaktır. İslam'ın ve Batı'nın ihtiyaç duyduğu şey, tarihsel özgüvenimizi sürekli ve özeleştirel bir süreç içinde sorgulamaktır.

Batı'da yaşayan Müslümanlar için manevi ve kültürel bir kaynak olan İslam, topluma önemli katkılar yapabilir. Daha barışçı, daha demokratik, daha insancıl ve daha açık bir Avrupa'yı ancak bu tür katkılar yaratabilir. Adanmış bir Müslüman gibi yaşayarak, yeni vatanımıza, köklerimizin bulunduğu ülkelere ve dünyanın geri kalanına tüm insanlar için daha insancıl bir hayat vaadi, İslam'a ve Müslümanlara karşı ya da onlarsız değil, onlarla birlikte yaşanacak bir gelecek sunabiliriz; dünyaya hepimizin gurur duyduğu bir İslam'ı verebiliriz. Gerçekten barışçı bir dinin, benim dinimin, en derin ahlaki hazırlığını başka hiçbir şey kanıtlayamaz.

İslam dünyası, radikalizmin dayandığı düşünsel ve siyasal temeller üzerine özeleştiri yapılmalıdır. Aynı şekilde Müslümanı örnek kılması gereken doğru İslam algısını geri plana atan fırsatçı, din istismarcısı hurafe dindarlığıyla da kararlı mücadele yapılmalıdır.

Eğer Müslümanlar çok kültürlü bir dünyada var olabilme bilincini zenginleştirebilecek potansiyel hazinelerini keşfederlerse Batıyla olumlu diyalog yolları açılabilir. Batı dünyası da bu tartışmaları, gereksiz kışkırtma, kibir ve cehaletten kaçınarak eşit koşullarda mümkün kılmak suretiyle hem Müslümanlara hem de kendisine yardımcı olabilir. Hatta barışçı ve güvenli bir ortak geleceğe yönelik yolun belirlenmesi iki tarafın karşılıklı saygı ve özverili girişimleriyle sağlanabilir.

Sonuç

Avrupa'da gündelik yaşamın bir parçası olan Müslümanların, o yapıya kendi özelliklerini marjinalliğe savrulmadan koruyarak dahil olabilmeleri, buradaki geleceklerini de ilgilendirmektedir. Müslümanların Avrupa'daki bugünkü var olma koşulları ve gelecekleri açısından soruna yaklaşıldığında, kendi aralarındaki parçalı ve uyumsuz görüntüleri giderebilecek projelerin ve organizasyonların geliştirilmesinin önemi anlaşılabilir. Müslümanların kendi ülkelerinden kaçarcasına sığınmaya çalıştığı bu ülkelerde, toplumsal yaşama uyumsuz bir yaşantıyı seçmeleri, çelişkili bir psikolojiyi barındırıyor. Günlük yaşamla ilgili son derece basit bir konu, dini grup ve cemaatler tarafından önemli bir sorun haline getirilerek, Müslümanların bir arada yaşama kültürüne uyumsuz bir konumda görünürlüğü söz konusu olmaktadır. Sorunun temelinde, İslam'ın hoşgörü, barış, dürüstlük adalet ve sevgi gibi değerlerinin yeterince temsil edilememesi yatmaktadır. Buna karşılık radikal grupların gerçekleştirdiği terör eylemlerinin gölgesinde yükselen göçmen karşıtı hareketler, Müslümanların, kıtanın geleceğindeki varlığını ciddi anlamda tehdit etmektedir.

Kaynakça

Abadan-Unat, N. (2002). Bitmeyen Göç Konuk İşçilikten Ulus-Ötesi Yurttaşlığa. İstanbul: Bilgi Üniversitesi.

Das Bundesamt in Zahlen 2015. (2016). Asyl Migraiton und Integration, Bundesamt für Migration und Flüchtlinge.

DW (2016). Avrupalı aşırı sağcıların AfD sevinci. http://www.dw.com/tr/avrupalı-aşırı- sağcıların-afd-sevinci/a-19526916 (erişim: 22.11.2016).

Fuller Graham E. (2010). İslamsız Dünya. İstanbul: Profil

Göle, N. (2009). İç içe Girişler: İslam ve Avrupa. İstanbul: Metis.

Göle, N. (2015). Gündelik Yaşamda Avrupalı Müslümanlar, Avrupa Kamusal Alanındaki İslam İhtilafları Üzerine Bir   Araştırma. İstanbul: Metis.

Kandel, J. (2011). Islamismus in Deutschland, Zwischen Panikmache und Naivität. Freiburg, Basel, Wien: Herder.

Kastoryano, R. (1996). Kimlik Pazarlığı: Fransa ve Almanya'da Devlet ve Göçmen İlişkileri. İstanbul: İletişim.

Köse, S. (2007). "Cihad Şiddete Referans Olabilir mi?". İslam Hukuku Araştırmaları Dergisi, 9, 37-70

Oandil, Y. (2010)."Avro-İslamcılar ve İslam'ın içindeki egemenlik mücadelesi", Diğer   Müslümanlar, Ed: Z.Baran, İstanbul: Remzi K.

Perşembe, E. (2005). Almanya'da Türk Kimliği, Din ve Entegrasyon sorunları. Ankara: Araştırma.

http://www.pewforum.org/2011/01/27/future-of-the-global-muslim-population-regional-europe/ (erişim: 20.11.2016)

Ramazan, T. (2005). Avrupalı Müslüman Olmak. Ç.A. Meral. İstanbul: Anka.

Rohe, M. (2016). Der Islam in Deutschland, Eine Bestandsaufnahme. München: C.H. Back Verlag.

Spohn, M. (1996). Her şey Türk işi Almanların Türkler hakkındaki 500 yıllık önyargıları. Ç. L. Serdaroğlu. İstanbul: YapıKredi Y.

Subaşı, N. (2008).Fransa'da Türkler: Din eksenli kimlik ve bütünleşme sorunları. Entegrasyonun Ötesinde Türkiye'den   Fransa'ya Göç ve Göçmenlik Halleri. D. Danış & V. İrtiş (Ed).İstanbul: Bilgi Üniversitesi.

Şentürk, C. (2016). Almanya Almanya kalacak. http://www.birikimdergisi.com/guncel-yazilar/7912/almanya-almanya-kalacak#.WDxe3IVOJPY   (erişim: 15.11.2016).

Tibi, B. (2009). Euro-İslam Die Lösung eines Zivilisationskonfliktes. Darmstadt: Primus.

Topcu, E. (2016, 22 Kasım). PEGIDA: 'Son Alman fenomeni' hakkında bilmeniz gereken her şey 9 Soruda. http://www.diken.com.tr/9-soruda-pegida-son-alman-fenomeni-hakkinda-bilmeniz-gereken-sey

UHİM (2015). Avrupa'da Yükselen Ayrımcılık Nefret, İslamofobi ve Irkçılık, H. Türkan (Ed.), Uluslararası Hak İhlalleri İzleme Merkezi.

Ulfkotte, U. (2009). Heiliger Krieg in Europa, Frankfurt am Main: W. Heyne Verlag.

Bölüm 9. Suriyeli Mültecilerin Ekonomiye ve İstihdama Etkileri: Gaziantep Bölgesi Üzerine Gözlemler

F. Serkan Öngel

Giriş

Bu çalışma Suriye savaşının sonucu olarak yaşanan kitlesel göçün ilk uğrak yerlerinden olan Gaziantep ili ve alt bölgesinde, ekonomik ve sosyal yapıyı nasıl etkilediğini ortaya koyma amacı taşımaktadır. Bu amaçla öncelikli olarak Gaziantep bölgesinin Türkiye'de ekonomisi ve yeni sanayi odakları içerisindeki yeri sektörel bazda ele alınacak bu bağlamda bölgenin uluslararası iş bölümü ve değer zincirleri içindeki konumu tartışılacaktır. Bunun için dünya ekonomisi açısından kritik bir öneme sahip olan değer zincirleri kavramı literatürüne kısaca değinilecek, İSO (İstanbul Sanayi Odası) tarafından açıklanan Türkiye'nin en büyük ilk 500 sanayi firması verileri, Türkiye İhracatçılar Meclisi, Sanayi ve Ticaret Bakanlığı verileri, TÜİK illere göre GSYİH verileri başta olmak üzere resmi istatistikler temelinde Gaziantep ili ve alt bölgesinin dönem olarak gelişme eğilimi değerlendirilecek ve güncel ekonomik verilerle mevcut durum ortaya konulmaya çalışılacaktır.

Sonrasında ise Gaziantep bölgesinde işgücü piyasalarındaki gelişmeler, ekonomik büyüme ile sosyal göstergeler üzerinden göçün etkileri irdelenecektir.

Yeni sanayi odaklarından ayrışma

Gaziantep ekonomisi Türkiye imalat sanayi açısından her zaman kritik bir öneme sahip olmuştur. Tarihi İpek Yolu üzerinde kurulu olan kent Ortadoğu pazarına açılan bir kapıdır. Bu nedenle Gaziantep'in el sanatları ve küçük sanatlarda yeri tarihsel olarak önemli olmuştur. Cumhuriyet döneminde de kent bu önemini sürdürmüştür. 1927 yılı sanayi ve işyerleri sayımları sonucu Gaziantep 1248 işyeri sayısı ile İstanbul, İzmir ve Bursa'dan sonra dördüncü sırada yer almış ve 1950 yılına gelindiğinde Ankara ve Konya'nın gerisinde kalarak altıncı sıraya yerleşmiştir (DPT 2000, s. 198).

1970'lerin bunalımı sonrasında üretimin küresel ölçekte örgütlenmeye başlanması ile birlikte sermayenin yer değiştirme eğilimlerinin başat bir hale geldiği, küresel ölçekte maliyet avantajları temelinde üretim birimlerinin daha elverişli bölgelere kaydığı görülmektedir. Bu yönelim sadece ülkeler arasında değil, aynı zamanda bölgeler arasında da görülen bir eğilimdir. Bu eğilim katma değeri yüksek sektörlerin merkez ülkelerde, katma değeri düşük olan sektörlerin çevre ülkelerde konumlandığı yeni bir iş bölümünü doğurmuştur. Bu dolayımla 1980'lerde küresel ilişkiler içinde, lider şirketler tarafından örgütlenen üretim süreçlerine (değer zincirlerine) farklı düzeylerde eklemlenerek, hızlıca büyüyen yerel firmaların harekete geçirdiği dinamiklerle ön plana çıkan yeni sanayi odaklarının varlığından bahsetmek mümkündür. (Öngel 2012, Eraydın 2002, DPT 2000).

Gaziantep de 2000'li yıllara özellikle tekstil sektöründe ağırlığı ile Türkiye'nin yeni sanayi odakları arasında yer alan illerden biri olarak girmiştir. İllerin, imalat sanayi içindeki payları, işyeri sayısı, istihdam, katma değer, ithalat-ihracat, GSYİH vb değerleri üzerinden Adana, Ankara, Bursa, İçel, İstanbul, İzmir, Kırıkkale, Kocaeli, Tekirdağ, Zonguldak illeri gelişmiş iller seviyesinde kabul edilmektedir. Bu iller katma değer içindeki payı yüzde 2'nin üzerinde olan ve geleneksel sanayi merkezleri ile onların ard bölgeleri olan illerdir. Afyon, Balıkesir, Bilecik, Bolu, Çorum, Denizli, Eskişehir, Gaziantep, Kahramanmaraş, Konya, Karabük, Karaman, Kayseri, Kırklareli,

127

Malatya, Uşak illeri ise yeni sanayi odağı (YSO) sayılabilecek iller olarak ele alınmaktadır (DPT 2000, s. 182).

Bu iller arasında 1988-1997 yılları arasında YSO olarak tanımlanan illerin 1980 ve 1997 yıllarındaki toplam imalat sanayi işyeri sayısı içindeki payları incelendiğinde hemen hemen tüm illerde artış yaşandığı görülmektedir. Denizli ve Gaziantep gerçekleştirdikleri oldukça yüksek artışın sonucu, paylarını 1980'den 1997'ye sırasıyla; yüzde 1,34'den 3,75'e ve yüzde 1,61'den 2,73'e çıkararak, imalat sanayi işyeri sayısı bakımından ülke genelinde ilk sıralara yükselmişlerdir (DPT 2000, s. 186).

Grafik 1- Sanayi katma değerinin Türkiye sanayisi içindeki payı 2004-2014

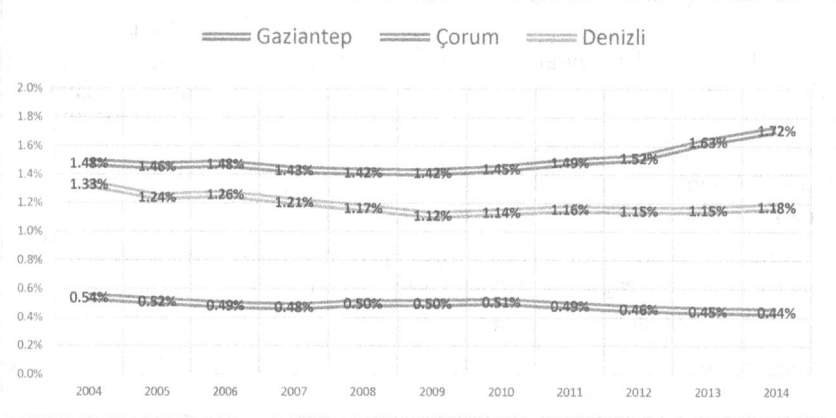

Kaynak: TÜİK (2017a) verileri üzerinden hesaplanmıştır.

2000'li yıllar Gaziantep'in YSO arasında öne çıktığı bir dönem olmuştur. Grafik 1'de görüldüğü gibi Gaziantep'in sanayi katma değerinin Türkiye sanayi içerisindeki payı dikkat çekici oranda artmış ve 10 yıllık bir zaman diliminde payını yüzde 1.48'den yüzde 1.72 düzeyine yükseltmiştir. Buna karşın 1990'lı yılların parlak illerinden Denizli ve Çorum Türkiye sanayisindeki paylarını yitirmişlerdir. Çorum'un 2004 yılında yüzde 0.54 olan payı yüzde 0.44'e, Denizli'nin yüzde 1.33 olan payı yüzde 1.18'e düşmüştür (TÜİK 2017a, DPT 2000, s. 185).

Tablo 1- Seçilmiş illerin 1988-2014 yılları arasında sanayi katma değerinden aldığı paydaki değişim

Yıl	Gaziantep	Çorum	Denizli
1988	0,78	0,65	0,72
1992	0,77	0,88	0,79
1997	0,87	0,85	1,27
2004	1,48	0,54	1,33
2009	1,42	0,5	1,12
2014	1,72	0,44	1,18

Kaynak: TÜİK (2017a), DPT (2000, s. 185)

Tablo 1'de görüldüğü gibi 26 yıllık bir süreçte Gaziantep sanayisi, Türkiye sanayisi içindeki payını 1994, 1999, 2001, 2008-2009 yıllarındaki krizlere ve Suriye savaşının yarattığı etkilere rağmen sürdürmeye devam etmiştir. 2014 yılı itibari ile il sanayi katma değerinden aldığı pay ile İstanbul, Ankara, İzmir, Bursa, Kocaeli, Antalya, Konya, Adana ve İçel'den sonra 10. sırada gelmektedir. Gaziantep 10 yıllık sürede Manisa ilini geride bırakmıştır (TÜİK, 2017a). Sanayi istihdamı açısından ise il, 2016 Yılı Sanayi Kapasite Raporu İstatistiklerine göre 8. sıradadır (TOBB, 2017).

Gaziantep'in en büyük sanayi kuruluşu Sanko Tekstil İşletmeleri San. ve Tic. A.Ş.'dir. Firma İSO 500 Büyük Sanayi Kuruluşu listesinde 55. sıradadır. Sanko Tekstil İşletmeleri San. ve Tic. A.Ş. tekstil imalatı sektöründe Türkiye'nin en büyük ve öncü firmasıdır. Yine listede tekstil imalatında ikinci sırada yer alan Gülsan Sentetik Dokuma San. ve Tic. A.Ş., dördüncü sırada yer alan Merinos Halı San. ve Tic. A.Ş. Gaziantep firmasıdır (İSO 2017, s. 102).

Giyim sanayi, tekstil imalatı ve mobilya sektörü işgücü verimliliğinin en düşük olduğu sektörlerdir. Deri ve deri ürünleri imalatı ile söz konusu sektörler katma değeri düşük sektörlerdir. 2016 yılında 500 büyük firmanın istihdamının yüzde 10.2'si tekstil ürünlerinin imalatı sektöründeyken, üretilen katma değerde söz konusu sektörün payı yalnızca yüzde 4.8'dir (İSO 2017, s. 86-88).

Türkiye'nin en büyük tekstil firması olan Sanko Tekstil İşletmeleri San. ve Tic. A.Ş. örneğinden hareket edersek, firma parakende sektöründe değer zincirlerini yönlendiren öncü firmalardan Marks and Spencer'ın dünya genelindeki 1871 üreticisinden biridir (Forbes 2017, M&S 2017). Bu veri Gaziantep'in küresel ilişkiler içinde var olan aktörlerden biri olduğunu göstermektedir.

Gaziantep'in uzun döneme yayılan ve göçlerle beslenen ekonomisi "üretim alanındaki düşük teknolojisi ve verimlilik düzeyleri, ürün sofistikasyonundaki gerilik, sektörel uzmanlaşmanın derinleştirilememesi" gibi faktörler nedeniyle risk altında görülmektedir. Buna karşın Gaziantep'in sürdürülebilir bir bölgesel çekim merkezine dönüşmesini mümkün kılacak potansiyellerin varlığına da işaret edilmektedir (TÜRKONFED 2017, s. 122).

Gaziantep'te sektörel yapı

Net satışlar üzerinden bakıldığında Gaziantep'teki sektörlerin Türkiye sanayisi içinde payını gösteren "Büyüklük" değişkenine göre, Tekstil ürünlerinde öne çıkmaktadır. Sektörün Türkiye sanayisindeki net satışlar için payı yüzde 17 seviyesindedir. Deri ve deri ürünleri imalatının payı da yüzde 9.2 ile oldukça yüksektir. İldeki sanayi içerisinde net satışlardan en yüksek payı yüzde 41.6 ile tekstil ürünleri almaktadır ("Başatlık"). Gıda ürünlerinin imalatı yüzde 24.6'lık bir paya sahiptir. Kauçuk ve Plastik Ürünleri İmalatı (yüzde 9.6) ve Kimyasallar ve Kimyasal Ürünlerin İmalatı (yüzde 6) ile Gaziantep sanayisinde ağırlığı olan sektörlerdir. "Başatlık" ve "Büyüklük" değerleri üzerinden elde edilen sonuçlara göre Gaziantep tekstil ürünlerinde ve deri ile ilgili ürünlerin imalatında uzmanlaşmış bir ildir (BSTB, 2017).

Tablo 2

Gaziantep sanayisinin büyüklük, başatlık ve uzmanlaşma düzeyleri

SEKTÖRLER	Büyü klük %	Başatlık %	Uzma nlaşm a
10 - Gıda Ürünlerinin İmalatı	5,9	24,6	1,7
11 - İçeceklerin İmalatı	0,2	0,0	1,0
12 - Tütün Ürünleri İmalatı	0,0	0,0	0,0
13 - Tekstil Ürünlerinin İmalatı	17,0	41,6	5,0
14 - Giyim Eşyalarının İmalatı	0,9	1,5	0,3
15 - Deri ve İlgili Ürünlerin İmalatı	9,2	2,9	2,7
16 - Ağaç, Ağaç Ürünleri ve Mantar Ürünleri İmalatı (Mobilya Hariç); Saz, Saman Ve Benzeri Malzemelerden Örülerek Yapılan Eşyaların İmalatı	2,1	0,9	0,6
17 - Kâğıt ve Kâğıt Ürünlerinin İmalatı	5,3	3,2	1,6
18 - Kayıtlı Medyanın Basılması ve Çoğaltılması	0,6	0,2	0,2
19 - Kok Kömürü ve Rafine Edilmiş Petrol Ürünleri İmalatı	0,1	0,1	0,0
20 - Kimyasalların ve Kimyasal Ürünlerin İmalatı	4,3	6,0	1,3
21 - Temel Eczacılık Ürünlerinin ve Eczacılığa İlişkin Malzemelerin İmalatı	0,1	0,0	0,0
22 - Kauçuk ve Plastik Ürünlerin İmalatı	5,8	9,6	1,7
23 - Diğer Metalik Olmayan Mineral Ürünlerin İmalatı	1,2	1,9	0,4
24 - Ana Metal Sanayii	0,3	0,8	0,1
25 - Fabrikasyon Metal Ürünleri İmalatı (Makine ve Teçhizat Hariç)	0,8	2,1	0,2
26 - Bilgisayarların, Elektronik ve Optik Ürünlerin İmalatı	0,1	0,1	0,0
27 - Elektrikli Teçhizat İmalatı	0,2	0,3	0,1
28 - Başka Yerde Sınıflandırılmamış Makine ve Ekipman İmalatı	1,2	1,4	0,4
29 - Motorlu Kara Taşıtı, Treyler (Römork) ve Yarı Treyler (Yarı Römork) İmalatı	0,1	0,3	0,0
30 - Diğer Ulaşım Araçlarının İmalatı	0,7	0,2	0,2
31 - Mobilya İmalatı	1,5	0,9	0,5
32 - Diğer İmalatlar	0,5	0,2	0,1
33 - Makine Ve Ekipmanların Kurulumu Ve Onarımı	1,0	1,3	0,3

Kaynak: BSTB 2017

Gaziantep'in 1990 yılların sonunda Çukurova ve GAP bölgesinden elde edilen pamukların çırçırlanması ve pamuk ipliğine dönüştürülmesini üstlendiği, bu işi yapan işletmelerin genellikle ithal teknoloji kullanmakla birlikte makinaların tamir, bakım ve yedek parça ihtiyacının Gaziantep'teki makine ve metal eşya üreticileri tarafından gerçekleştirildiği belirtilmektedir. Yine makine-metal sektöründe yetişen elemanlar ile kalifiye eleman ihtiyacının, **dışardan alınan göç ile de vasıfsız işçi** ihtiyacının rahatlıkla karşılandığına işaret edilmektedir. Bölge halıcılık ve halı makine üretimi konusunda uzmanlaşmıştır (DPT 2000).

"Gaziantep'in geçmişten gelen dokumacılık özelliği ile daha önceden mevcut kilim dokuma tezgâhları halı dokuyabilecek şekilde geliştirilmiş ve Gaziantep kendi imkanları ile makine halısı dokuma tezgâhları üretmiş ve bu makinaların ihracatını da gerçekleştirebilme başarısını göstermiştir. Gaziantep'te 5 adet çeşitli büyüklükte halı makinası üreticisi bulunmaktadır. Bu işletmelerin ürettiği tezgahlar ile halı üretimi yapan 2500 tezgâh ve yan sanayi işletmeleri ile birlikte 1000'e yakın işletme mevcuttur. Bu sektör gelişmesini tamamen bölgede yer alan halı makinası üreticilerine borçludur. Bunun yanında halı üretimi ile ilgili olarak, akrilik iplik, jüt ipliği, tekstil boyama vb. alt gruplar da gelişme imkanı bulmuştur" (DPT 2000, s. 199).

Halı üretimi günümüzde de Gaziantep açısından son derece önemlidir. İhracatın 2016 yılında yüzde 20.8'si halı satışlarındandır. Tekstil ve hammaddesinin ihracat içindeki payı ise yüzde 20.7'dir. Hububat, Bakliyat, Yağlı Tohumlar ve Mamulleri ihracatın dörtte birini oluşturmaktadır. Söz konusu 3 ürün grubunun ihracat içindeki payı yüzde 67'yi bulmaktadır.

Tablo 3

Gaziantep Sanayisindeki İhracatçı Firmaların İhracat Performansı (1000 $) 31.12.2016, USD, İlk üç sektör

Ürün grubu	2012	2013	2014	2015	2016
Halı	1.496.334	1.605.593	1.605.191	1.377.142	1.304.602
Tekstil ve Hammaddeleri	1.074.516	1.376.999	1.376.867	1.322.164	1.294.997
Hububat, Bakliyat, Yağlı Tohumlar ve Mamulleri	1.583.437	1.455.953	1.454.010	1.577.134	1.606.744
Genel toplam (Tüm sektörler)	6.476.655	6.641.304	6.637.497	6.263.809	6.258.347

Kaynak: TİM 2017

Ancak Gaziantep ekonomisini sırtlanan Tekstil ve hammaddeleri ile halı sektörünün ihracatı 2013 yılından bu yana daralmaya başlamıştır. Söz konusu durum genel ihracat rakamlarında da bir düşüşe neden olmaktadır. Bu durumun Suriye ve Irak'ta açığa çıkan iç çatışma ve Suriyeli göçü ile ilişkisi ele alınmak durumundadır.

Göç olgusu Gaziantep açısından yeni bir durum değildir. Bölge daha önce de Doğu ve Güneydoğu'dan alınan göçlerle işgücü ihtiyacını ucuz bir şekilde karşılayabilmiştir. Sermayenin ise; geleneksel tarım ürünleri (fıstık, zeytin, üzüm vb.) ile bölgede gerçekleşen ticaretten elde ettikleri artı değer, şehrin gelişmesi ile il merkezinde yeni imara açılan bölgelerde yer alan arazi ve arsaların beklenenin üzerinde değer kazanması ile elde edilen rantlar, göçle birlikte gelen sermaye ve benzeri kaynaklardan sağlandığı ifade edilmektedir (DPT 2000:199).

Akdemir ve Öngel (2017) de çalışmalarında, göçün bölge açısından önemine dikkat çekmektedir. Gaziantep'in yaşadığı üç büyük göç dönemine işaret eden Akdemir ve Öngel, bu göçlerin bölgedeki üretim ve emek süreçlerine de rengini verdiğini ifade etmektedir. Çalışma göçün sadece emek havuzunu artıran bir olgu olarak değil aynı

131

zamanda sermaye ve güç ilişkileri ile birlikte gelişen birikim olanakları üzerinden okunması çabasındadır.

İlk göç dönemi 1950'lerden başlayarak 1970'lerin ortalarına kadar devam eden kırdan kente göç olarak da adlandırılan dönemdir. Bu dönemde Türkiye'nin her yerinde olduğu gibi kırsal alandaki tarımsal faaliyetlerden kent merkezlerindeki kamu yatırımlarına ve özel sektörün gelişmekte olan fabrikalarına doğru bir hareket görülmüştür. Bu göç sadece Gaziantep'in yakın çevresindeki kırsal alanlarda var olan topraksız ve küçük toprak sahibi köylülerin kente gelmeleri ve işçileşme süreçlerini kapsamamaktadır. Aynı zamanda büyük toprak sahibi olanların da ticaret ve sanayiye sermaye sahibi olarak dahil olmaları sürecini beraberinde getirmiştir.

Çalışmaya göre Gaziantep'i etkileyen ikinci göç dönemi ise 1990'larda başlayan Kürt göçüdür. Gaziantep'in sanayi içindeki payının özellikle tekstil sektörü üzerinden arttığı bu dönemde göç dalgası sadece ucuz işgücü sağlamakla kalmamış aynı zamanda yeni iş alanlarının açılabilmesini sağlayan bir niteliği de açığa çıkarmıştır.

Üçüncü göç dönemi Suriye savaşının bir sonucudur. Savaşı şiddetlenmesi ile giderek kalabalıklaşan Suriyeli nüfus hem Gaziantep ticaret hacmini büyütmüş hem de kendi içinde bir ekonomi yaratmıştır. Dolayısıyla Gaziantep kentinin büyümesi her dönem göç ile birlikte gerçekleşmiştir.

Göçün ekonomik, demografik ve sosyal etkileri

Suriye Savaşı ile birlikte Türkiye'ye gelen ve kayıtlı Suriyeli mülteci sayısı 2012 yılında 248 bin, 2013 yılında 586 bin, 1 milyon 578 bin, 2015 yılında 2 milyon 504 bin, 2016 yılında 2 milyon 823 bin olarak gerçekleşti[1]. Toplamda Türkiye'deki 15 ilin nüfusundan daha fazla kişi 4 yıllık periyotta Türkiye'ye geldi. Doğallığında bu büyük göç Türkiye geneline homojen bir biçimde dağılmadı. Bu nedenle de illere etkileri farklı düzeyde yaşandı.

Tablo 4

Coğrafi bölgelere göre Suriyeli mülteci sayısı, yerli nüfus ve Suriyeli mültecilerin yerli nüfusa oranı

Bölge	Suriyeli Mülteci	Nüfus	Suriyeli Mültecilerin Nüfusa Oranı %
Karadeniz	13.274	7.773.491	0,2
Doğu Anadolu	34.771	6.560.014	0,5
Ege	134.588	10.265.111	1,3
İç Anadolu	210.233	12.109.169	1,7
Marmara	599.423	24.415.423	2,5
Akdeniz	811.808	10.182.776	8,0
Güneydoğu	1.030.344	8.508.887	12,1

Kaynak: GİGM (2017, s. 78-79) verileri üzerinden tarafımızca hesaplanmıştır.

---

[1] Bu kişiler geçici koruma altındaki yabancı nüfus içinde değerlendirilmektedirler.

Bölgelere göre bakıldığında göçün hem oransal hem de miktar olarak yoğunlaştığı yerler Güneydoğu Anadolu ve Akdeniz bölgeleridir. Bu bölgelere gelen Suriyeli sayısı 1 milyon 800 binden fazladır. Suriyeli mültecilerin nüfusa oranı Güneydoğu Anadolu bölgesinde yüzde 12, Akdeniz bölgesinde yüzde 8'dir. Buna karşın Karadeniz ve Doğu Anadolu'da Suriyeli mültecilerin toplam nüfusa oranı yüzde 1'i bile bulmamaktadır. Dolayısıyla Suriyeli göçünün etkisi bölgeseldir.

Tablo 5

Suriyeli göçünün en fazla yöneldiği 10 il, Suriyeli mülteci nüfusu, yerli nüfus ve oranları

İller	Suriyeli Mülteci Sayısı	Nüfus	Suriyeli Mültecilerin Nüfusa Oranı %	Bölge
Kilis	122.327	130.825	93,5	Güneydoğu
Hatay	379.141	1.555.165	24,4	Akdeniz
Şanlıurfa	405.511	1.940.627	20,9	Güneydoğu
Gaziantep	318.078	1.974.244	16,1	Güneydoğu
Mardin	93.504	796.237	11,7	Güneydoğu
Osmaniye	41.610	522.175	8,0	Akdeniz
Mersin	139.953	1.773.852	7,9	Akdeniz
Kahramanmaraş	86.964	1.112.634	7,8	Akdeniz
Adana	149.738	2.201.670	6,8	Akdeniz
Kayseri	55.430	1.358.980	4,1	İç Anadolu

Kaynak: GİGM 2017, s. 78-79

İl bazında baktığımızda Suriyelilerin toplam nüfusa oranının en fazla olduğu iller yüzde 93 ile Kilis, yüzde 24 ile Hatay, yüzde 21 ile Şanlıurfa ve yüzde 16 ile Gaziantep'tir. Bu illerde göçün etkilerinin söz konusu oranın düşük olduğu illere göre farklılık gösterdiği şüphe götürmez bir gerçektir.

Tablo 6

Suriyeli göçünün en fazla yöneldiği 10 il, Suriyeli mülteci nüfusu, yerli nüfus ve oranları

İller	Suriyeli Mültecilerin Sayısı	Nüfus	Suriyeli Mültecilerin Nüfusa Oranı%
Adıyaman	24.797	610.484	4,1
Gaziantep	318.078	1.974.244	16,1
Kilis	122.327	130.825	93,5
Toplam	465.202	2.715.553	17,1

Kaynak: GİGM 2017, s. 78-79

Çalışma kapsamında ekonomik ve sosyal etkilerini irdelemek istediğimiz il ve alt bölge Gaziantep'tir. NUTS2 sınıflandırmasına göre Gaziantep alt bölgesi (Bundan sonra Gaziantep bölgesi olarak kullanılacaktır) Gaziantep ilinin yanı sıra Adıyaman ve Kilis'i de içermektedir. Söz konusu 3 il için Suriyeli resmi mülteci sayısı 465 bindir. Suriyeli mültecilerin ise nüfusa oranı Tablo 6'ya göre yüzde 17.1 olarak tespit edilmiştir. Suriye savaşı ile birlikte Suriyeli mültecilerin ülke nüfusuna göre oranının en fazla olduğu yer Lübnan'dır. Lübnan'da her 6 kişiden biri, Ürdün'de her 11 kişiden biri ve Türkiye'de her 28 kişiden biri mültecidir (UNHCR 2017). Gaziantep alt bölgesinde mülteci oranı Lübnan ile benzerdir.

Suriyeli göçmenler geçici koruma statüsü nedeniyle resmi istatistiklerde yer almamaktadır. Bu nedenle resmi işsizlik, kayıtdışılık ve nüfus verilerinde Suriyeli mültecilerin izlerine rastlamak mümkün değildir (Öngel 2017).

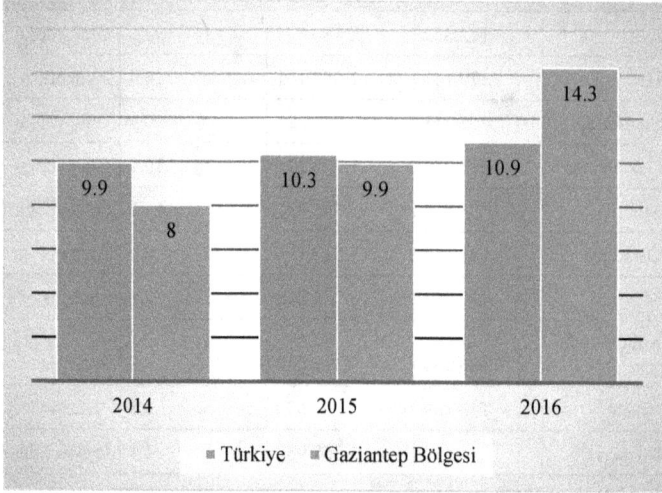

Grafik 2. Resmi İşsizlik Oranlarında Gaziantep Bölgesi (Düzey 2)-Türkiye KarşılaştırmasıKaynak: TÜİK (2017b)

Buna karşın Gaziantep bölgesi için resmi işsizlik verilerinde ciddi bir artış görülmektedir. 2014 yılında Türkiye'de resmi işsizlik oranı yüzde 9.9 iken, Gaziantep bölgesinde bu oran yüzde 8'di. 2015 yılında söz konusu oran Türkiye için yüzde 10.3 olurken Gaziantep için yüzde 9.9 oldu. 2016 yılında ise Gaziantep bölgesinde işsizlik yüzde 14.3 ile Türkiye ortalamasının yüzde 3.4 puan üzerinde gerçekleşti (TÜİK 2017b). Bu veri işsizliğin sadece mülteciler için değil aynı zamanda yerli işgücü açısından da ciddi bir tehdit haline geldiğini göstermektedir.

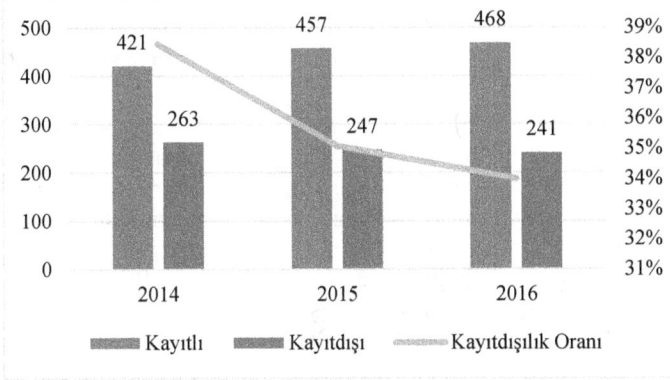

Grafik 3. Gaziantep bölgesinde kayıtdışılık (1000 kişi)Kaynak: TÜİK 2017b

Yine TÜİK işgücü istatistiklerine göre Gaziantep bölgesinde kayıt dışı çalışanların sayısı 2014-2016 yılları arasında 22 bin kişi azalmıştır. Bununla birlikte kayıtlı çalışanların sayısı 47 bin kişi artmıştır. Kayıtdışı verilerindeki azalışta geçici koruma altındaki Suriyeli mültecilerin bu istatistiklerde yer almamasının katkısı mutlaka vardır. Ancak bir başka unsur işgücünün niteliğindeki dönüşümdür.

SGK 2014 ve 2016 yılı istatistikleri karşılaştırıldığında söz konusu dönemde Gaziantep bölgesinde kayıtlı işgücündeki artış ise 42 bindir. Bu artışın 29 bini çırakların sayısındaki artıştan ileri gelmektedir. İşçi statüsünde (4-1/a) çalışanlar dikkate alındığında, kısmi süreli çalışanlar, kursiyerler ve çıraklar hariç artış sadece 6 bindir. Gaziantep ili için ise bu rakam 2 bin kişi azalmıştır. Buna göre kayıtlı istihdamdaki artış çırak ya da aktif işgücü programlarındaki kursiyerlerin sayısındaki artıştan ileri gelmektedir.

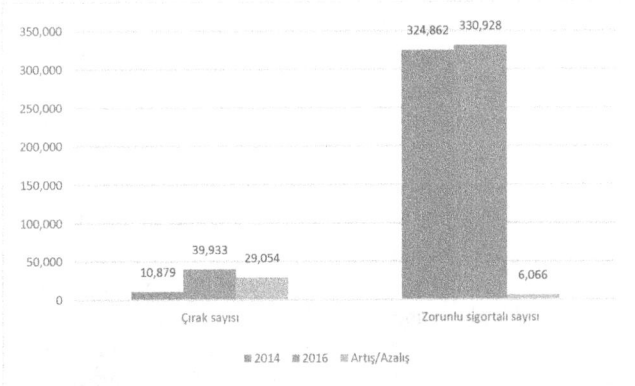

Grafik 4. Gaziantep bölgesinde kayıtlı işgücünde çırak ve işçi statüsünde çalışanların sayısındaki artış/azalış 2014-2016

Söz konusu durum Grafik 4'te görülmektedir. Zorunlu sigortalı sayısı 6 bin kişi artarken, kursiyer ya da çırakların sayısındaki artış 29 bin kişi olmuştur. Bu anlamda işçi statüsü için kayıtlı istihdamda ciddi bir artış söz konusu değildir.

Ürdün'de mülteciler için işgücüne katılım oranı yüzde 51, işsizlik oranı ise yüzde 57'den fazladır. Mülteci kadınlarda işgücüne katılım talebi günümüzde yüzde 7 ile Suriye'deki düzeyindedir. İşsizlik oranı ise kadınlar için yüzde 88'dir. Lübnan'da ise

135

Suriyeli göçmen erkeklerin % 70'i, kadınların ise % 21'i istihdama katılmaktadır. Erkekler için işsizlik oranı %21, kadınlar için % 68'dir (Stave ve Hillesund 2015, s. 5, ILO 2014, s. 23-24).

17 Ağustos 2017 tarihi itibari ile Suriyeli göçmenlerin sayısı 3 milyon 141 bindir. Bunların 1 milyon 969 bini çalışma çağındadır. Çalışma çağındaki erkek nüfus 1 milyon 76 bin, kadın nüfus 892 bindir. Mültecilerin ülke geneline aynı oranda dağıldığını varsayarsak, bu sayının yüzde 15'i Gaziantep bölgesindedir. Bu nüfusun istihdam ve işsizlik oranlarının Ürdün'deki oranlarda olduğu kabul edersek, Gaziantep bölgesinde mevcut işgücüne 92 bin kişinin ilave olduğu hesaplanabilir. Bunun 37 bini istihdamda, 55 bini işsizdir. Bu veriler 2016 yılı resmi işsizlik oranı verilerine uygulanırsa işsizlik oranı yüzde 14 değil, yüzde 19 olarak hesaplanır. Aynı değerleri Lübnan'daki değerleri esas alarak hesaplarsak, Gaziantep bölgesinde mevcut işgücüne 141 bin kişinin ilave olduğu tahmin edilebilir[2].

Sonuç

Gaziantep bölgesi açısından göç ve ekonomi arasındaki ilişki süreğen ve dinamik bir özelliğe sahiptir. Dönemsel olarak gelen göç hareketleri, emek yoğun sektörlerde uzmanlaşmış olan ilin sanayisi için ucuz işgücü sağlamaktadır. Bu anlamda Gaziantep ekonomisinin başarısı, göç ve kriz süreçlerini, işgücü ve sermaye hareketlerinden etkin bir şekilde organize edebilmesinde aranabilir.

2009 krizi sonrasında 2014 yılına kadar milli gelirden aldığı payı hızlıca artıran kentin, payındaki artışın 2012-2014 yıllarında bir sıçrama yaptığı görülmektedir. Bu kentin krizin ilk göç dalgasını kolayca hazmettiği şeklinde değerlendirilebilir.

Ancak 2014 sonrası ihracat ve işgücü verilerine baktığımızda Gaziantep ekonomisi açısından kimi sıkıntıların açığa çıktığı anlaşılmaktadır. Kentin ekonomisini ayakta tutan sektörlerde ihracatın azalmaya başlaması, resmi işsizlik oranlarındaki ciddi artış bu sıkıntıların gün yüzüne çıkan ürünleri olarak okunmalıdır. Yine 2014-2016 yılları arasında Gaziantep ilinde işçi statüsünde çalışan, zorunlu sigortalı sayısının azalması da bu durumun göstergelerindendir.

Geçici işçi statüsü nedeniyle işgücü istatistiklerinde yer almayan Suriyeli mültecilerin etkisiyle özellikle işgücü piyasalarında (işsizlik ve kayıtdışı verilerinde) ciddi bozulmanın yaşandığı tahmin edilebilir. Nitekim bu çalışma kapsamında yaptığımız hesaplamaya göre işsizlik oranının yüzde 20'lere ulaştığı tahmin edilmiştir.

Sonuç olarak Suriyeli göçünün etkileri bölgelere göre farklılık göstermektedir. Gaziantep ve alt bölgesi bu krizi en ağır biçimde hisseden bölgelerden biridir. Göçün büyüklüğü düşünüldüğünde daha önceki göç hareketlerini hazmedebilen kentin ekonomisinin bu sefer ciddi güçlüklerle karşı karşıya kaldığı görülmektedir. Bu anlamda göçün 2012-2014 yıllarındaki etkisi ile 2014-2016 arasındaki etkisi farklılık göstermektedir.

Kaynakça

Akdemir ve Öngel (2017) Gaziantep'te Göç ve Yerellik Üzerinden Birikim Dinamikleri, Emek Araştırma Dergisi (GEAD), Cilt 8, Sayı 11, Haziran , s.55-74.

---

[2] Benzer bir hesaplama tarafımca, aynı kaynaklar üzerinden, Türkiye verisi için yapılmış, Suriyeli göçünün Türkiye'deki resmi verilere dahil edilmesi halinde yaratacağı etki ele alınmıştır (Öngel 2017).

BSTB (2017) Bilim, Sanayi ve Teknoloji Bakanlığı Girişimci Bilgi Sistemi
https://gbs.sanayi.gov.tr/Raporlar.aspx.

DPT (2000) Sekizinci Kalkınma Planı Bölgesel Gelişme Özel İhtisas Komisyonu
Raporu, Ankara: DPT, http://ekutup.dpt.gov.tr/bolgesel/oik523.pdf 199
Erişim [26.07.2017].

Eraydın, A. (2002) Yeni Sanayi Odakları: Yerel Kalkınmanın Yeniden
Kavramsallaştırması, Ankara: ODTÜ Mimarlık Fakültesi

Forbes (2017) World's 25 Largest Retail Companies in 2016
https://www.forbes.com/pictures/5746003c31358e68498fa010/marks--
spencer/#17bf77692c80.

GİGM (2017) Türkiye Göç Raporu-2016, Göç İdaresi Genel Müdürlüğü, Nisan 2017,
Ankar.

ILO (2014). Assessment of the impact of Syrian refugees in Lebanon and their
employment profile. International Labour Organization Regional Office for
the Arab States, Beirut, April.

İSO (2017) Türkiye'nin 500 Büyük Sanayi Kuruluşu-2016, İstanbul Sanayi Odası
Dergisi, Haziran, Özel sayı.

M&S (2017) M&S Supplier map,
https://interactivemap.marksandspencer.com/export.pdfgen?event=reloadMa
pMarkers&currentPagePiD=56a74f982a445506e029ae9c&parentFolderPiD=
56c35a9772529b06981918a5&categoriesPiD=&resultAssetPiD=&authorPiD
=&queryString=&assetType=&orderBy=datedesc&take=1000000000&skip=
0

Öngel, F. Serkan (2012) Kapitalizmin Kıskacında Kent ve Emek, Nota Bene
Yayınları, Ankara.

Öngel, F. Serkan (2017) Resmi İstatistiklerde Suriyeli Göçmenlerin Yeri: Geçici
Korumanın Ardına Saklanan Veriler, Katkı E-Dergi, 5. Sayı, Yayın
aşamasında.

SGK (2014) SGK İstatistik Yıllıkları,
http://www.sgk.gov.tr/wps/portal/sgk/tr/kurumsal/istatistik/sgk_istatistik_yilli
klari.

SGK   (2016)   SGK   İstatistik   Yıllıkları,
http://www.sgk.gov.tr/wps/portal/sgk/tr/kurumsal/istatistik/sgk_istatistik_yilli
klari.

Stave, S. & Hillesund S. (2015) Impact of the influx of Syrian refugees on the
Jordanian labour market : findings from the governorates of Amman, Irbid
and Magraq; International Labour Office ; Fafo Institute for Applied
International Studies. - Geneva: ILO.

TİM (2017), "İhracatçı Firmaların Kanuni Merkezleri Bazında Ülke İhracat
Performansı (1000 $) 31.12.2016", Türkiye İhracatçılar Meclisi,
http://www.tim.org.tr/tr/ihracat-rakamlari.html, Erişim [30/07/2017].

TOBB (2017) 2016 Yılı Sanayi Kapasite Raporu
https://tobb.org.tr/BilgiErisimMudurlugu/Sayfalar/sanayi-kapasite-raporu-
istatistikleri.php.

TÜİK (2017a) İl Bazında Gayrisafi Yurtiçi Hasıla, iktisadi faaliyet kollarına göre, NACE Rev.2, 2004-2014, www.tuik.gov.tr [26.07.2017].

TÜİK (2017b) Kurumsal olmayan nüfusun yıllar ve cinsiyete göre işgücü durumu (Düzey 2), www.tuik.gov.tr [26.07.2017].

TÜRKONFED (2017) Kent-Bölge: Yerel Kalkınmada Yeni Dinamikler Türkiye'nin Kentlerinden Kentlerin Türkiyesi'ne, İstanbul, Nisan 2017.

Bölüm 10. Güney Dal'ın Romanlarında Göç, Kimlik ve Farklılık

Fatih Özdemir[1]

1972 yılından beri Berlin'de yaşayan Güney Dal, eserlerini Türkçe yazmaktadır. 12 Mart döneminde Almanya'ya gitmiş siyasi sürgün yazarlardandır. 1944 Çanakkale doğumlu olan yazar, Türkiye yıllarında radyoculuk ve tiyatro ile ilgilenmiş, oyunlar ve öyküler yazmıştır. Almanya'ya gittikten sonra yazarlığa devam etmiş ve 1976 yılında ilk romanı *İş Sürgünleri*'ni (*Memeleri Büyüyen İşçi*) yazmıştır. Romanları Almanya'nın önemli yayınevleri tarafından yayınlanan Dal, çeşitli ödüller almış ve Yüksel Pazarkaya ile de bir antoloji hazırlamıştır. Antolojisi ise, Yüksel Pazarkaya ile 1990 yılında hazırladıkları *Geschichten aus der Geschichte derTurkei'* dir.

İlk dönem eserlerinde geleneksel-gerçekçi edebiyat anlayışına sahiptir. Kendisi gibi Almanya'ya göçmüş ya da sürülmüş insanların, işçilerin hayatından, onların sömürülmesinden, yabancılaşmalarından yola çıkarak, konu bütünlüğüne dikkat ederek ve zamandizinselliği kullanarak eserler verir. Daha sonra bu anlayışını değiştirerek postmodern romana yönelir. Yazma sürecini öne çıkaran, üstkurmacaya, metinlerarasılığa ve biçime önem veren bir yazar olur. Yıldız Ecevit'e göre "seksenli yılların başında bilinçli bir biçimde postmodern eğilimle üreten ilk Türk romancısıdır." (Ecevit, 2001, s.170) *Gelibolu'ya Kısa Bir Yolculuk* dışındaki romanları Almanya'da geçen Güney Dal, zaman içinde roman anlayışını değiştirmiş olsa da göç, göçmenlik ve sürgün konularını işlemeye devam etmiştir. Almanya'daki işçilerin günlük hayatları, uyum sorunları, yabancılaşma, iş gücü sömürüsü, kimlik meseleleri ve kültürel farklılıklar gibi konuları romanlarındaki çatışmaların başlıca kaynağıdır.

Güney Dal'ın ilk romanı *İş Sürgünleri* 1976 yılında yayımlanmıştır. Toplumcu gerçekçi roman özellikleri taşıyan eserde Türkiye'den Almanya'ya çalışmak için giden işçilerin zor şartları anlatılmaktadır. Romanın başında Şevket'in Türkiye'deki tatilinden üç gün geç döndüğü için fabrikadaki işinden atıldığını öğreniriz. Ford fabrikası Şevket gibi yüzlerce işçiyi benzer sebeplerle işten çıkarmaktadır. Bu durum romanın devamında on bin Türk işçinin katıldığı greve sebep olacak, romanın genelinde grevin gelişimi ve kırılması üzerinde durulacaktır. Romanın bu genel çerçevesi içinde Türklerin ve Almanların birbirlerine bakışı, öteki olma meselesi ve göçmen işçilerin zor yaşam koşulları ele alınmıştır. Çalışma şartlarının zorluğu, yabancılık, yeni kültürle bağdaşamama gibi konular öne çıkar. (Ecevit, 2001, s. 164)

Şevket, Adana'dan Köln'e dönerken trafikte Almanların eleştirisine uğrar. Korna sesi ile yol isteyen Şevket'e bir Alman "kafadan zorun mu var?" anlamına gelen bir hareket yapar ve toplumlarının kurallarından habersiz yabancılardan rahatsızlığını dile getirir. Daha sonra Şevket'in Türk olduğunu anlayınca şunları söyler: "Yanılmışım, Türk'müş. Yabancı bile olamamış bir yaratık." (Dal, 1976, s.6) Şevket, evine döndüğünde ise "bir saniyenin bile hesabını isteyen" Almanların işe geç gelmesinin hesabını soracaklarını düşünür. Eve gelen Almanca mektuplarda sadece adını ve soyadını okuyabilir. Tatilde sürekli yer değiştirmenin yanı sıra sabahları uyanınca işe geç kalma hissiyle de zihni yorulmuştur. Kendini Almanya'da zannedip sabahları telaşla uyanmıştır izindeyken. Şevket'in Almanya'ya dönüşüyle tekrar başlayan yabancılaşma duygusu anlatıcı yazar

---

[1] Yrd. Doç. Dr. Karamanoğlu Mehmetbey Üniv. Edebiyat Fak. Türk Dili ve Edebiyatı Bölümü, fatihozdemir@kmu.edu.tr.

tarafından şu şekilde ifade edilir: "Kendisiyle hiç ilgili olmayan bir uygarlığın, bir kültürün kafesine yeniden tutsak ediliyordu. Bir yabani hayvan gibi, yaşama ancak sezgileriyle çakışacaktır... Bu yabancı kültürün insanları da ona, anlayamadıkları bu yaratığa bir yabanıla, bir ilkele yaklaşır gibi yaklaşacaklardı. Yani bazen yapmacık bir sevecenlik, bazen de bir sömürgecinin acımasız hayvan yüreğiyle." (Dal, 1976, s. 9-10)

Şevket'e gelen mektupları Türkçeye çeviren Ramazan, Almanya'daki başka bir Türk işçi tipini temsil eder. Almanya'da gâvura kul köle olmalarını memleketteki mekteplilere bağlar. Almanya'da "din yoluna dövüşecek talebeler yetiştirilmesinden, Türklerin kilisenin ve ahlâk düşkünlüğünün elinden kurtarılması gerektiğinden bahseder. En büyük düşmanlığı ise fabrikalarda solculuk yapan Türkleredir. Onların nankör olduğunu, ev sahibine saygısızlık yaptığını düşünür.

Romanda, grevdeki işçilere yardım eden biri olarak öne çıkan Ali, sosyoloji öğrencisidir. Paris'te iş kazasında ölen bir Türk işçiye yakılan ağıtı dinler sürekli. Ali'nin okuduğu gazetelerdeki göçmen işçiler aleyhine yazılar özetlenip aktarılarak, Alman kamuoyunun bu konudaki görüşleri özetlenir. Kötüye giden ekonomiyi düzeltmek için göçmen işçilerin ülkelerine gönderilmesi, onların uyum sorunları, bir türlü Avrupalı olduğu kabul edilmeyen Türklerle ilgili olumsuz görüşleri aktarılır. Onlardan biri grevdeki işçilerin kendi ülkelerinde bulamadığı özgürlüğü Almanya'da bulunca ne yapacaklarının bilememeleri yönündedir. Ali, Federal Alman Yabancılar Yasası'nı "canavar Alman sermayesinin" faşistliğinin bir uzantısı olarak görür. Mehmet Âkif'in torunlarının başlarında çan seslerinin uğuldadığını düşünür. Ali'nin Alman sevgilisi Helga'nın babası onların ilişkisine karşı çıkar. Kızına Türklerin yabani olduğunu söyler, bir gün Ali'nin onu Türkiye'ye götürme ihtimali olduğundan bahseder.

Romanın Berlin'de yaşayan kahramanı Kadir Derya'nın yaşadıkları da göçmen işçilerim dramını yansıtır. İlaç fabrikasında kobay hayvanlara bakan Kadir'in bir süredir memeleri büyümektedir. Bu sebeple ailesinden ve çevresinden utanan Kadir, intiharı düşünür. Ayrıca küçük oğlu Türkçe bilmediği için onunla anlaşamaz ve bu durumdan da üzüntü duyar. Romanın sonunda göğüslerini kestiği için Kadir'in hastaneye kaldırıldığını öğreniriz. İlaç fabrikasının sahipleri ise hormonlu ilaç verip denek olarak kullandıkları Kadir'in bu durumunun verimsizliğe yol açmasından endişe duyarlar.

Romanda daha başka işçi roman kahramanlarına da yer verilmiştir. Örneğin Kumkapı'da küçük ve güzel bir yaşamı varken Almanya'da sinir hastası olan Hamdi gibi. Ayrıca derdini anlatamayan ve bunalan pek çok Türk'ün ülser olduğuna da değinilir. Bütün roman kahramanlarının ortak özelliği feodal ilişkilerden gelip kapitalizmin içinde ezilen göçmenler olmalarıdır. Yazar genellikle sorunlara sınıf meselesi doğrultusunda yaklaşır ve çalışma şartlarının ağırlığından bahseder. İşveren Almanların gaddarlıkları vurgulanır. Romanda Almanların göçmen işçilere bakışı şöyle özetlenmiştir: "Almanlar, canavar bir sanayi toplumundaki ilk günlerini kocaman çocuk gözlerini merakla her şeye açarak, izleyen, elden geldiğince topluluklar biçiminde yaşayan bu garip yaratıklara biraz alay, biraz da seyirlik olarak bakardı." (Dal, 1976, s. 112)

Güney Dal'ın ikinci romanı *E-5* de göçmen işçilerin sorunlarına eğilir ve yine toplumcu gerçekçi bir yapıdadır. Roman, "Bir yolculuk öyküsüdür... yetmişli, seksenli yıllarda, Türkiye'ye izne gelen bir çok göçmen işçi ailesinin karabasanı olmuş bir kara yolunun adını taşır." (Ecevit, 2001, s. 165)

Bir buçuk yıldır Almanya'da işçi olan Salim ve eşi Sünbül'ün hayatlarından bir kesiti anlatır roman. Çanakkale'den Almanya'ya gelen roman kahramanlarının en büyük hayali memlekette bir ev sahibi olmaktır. Salim, hasta babasını tedavi için Almanya'ya çağırmıştır. Çanakkale gazisi olan babanın tedavi süreci uzayınca oturma izni olmadan Almanya'da kalmıştır. Polise, babasının memlekete döndüğünü söylemiş olan Salim, babasının ölümüyle onu Türkiye'ye götürmenin yollarını arar. Babası için aldıkları renkli televizyonun kutusuna onun ölüsünü koyup E-5'te uzun bir yolculuğa çıkarlar. Hâlbuki Salim, televizyon kutusunu temelli dönüşte lazım olur diye saklamıştır. Yolda bir sürü badire atlattıktan sonra arabalarına aldıkları anarşist gencin de etkisiyle Türkiye sınırında yakalanırlar.

Romanda zorlu yolculuk şartlarının dışında Türklerin Almanya'daki yaşamları ve iki toplum arasındaki ilişkiler de dile getirilmiştir. Salim'in çalıştığı yorucu iş, izin sürelerindeki sıkıntı ve Almanya'ya alışamamaları en büyük sorundur. Çalışmaktan ayda ya da mezarda yaşadığını zanneder. Yorgunluk sebebiyle kazandığı parayı harcayamamaktan şikâyetçidir. Almanların yaptığı gariplikleri Türkler hoş görürken Türklerin en ufak bir hatası Almanlar tarafından affedilmemektedir. Kültür çatışması Salim'i Türklerin de güngörmüş bir millet olduğunu düşünmeye zorlar; ancak bu kadar savaş kazanan bir milletin gâvurların ülkelerinde köle olmaya gelmesini anlayamaz. Salim'in babası ise Çanakkale Savaşı'ndan tanıdığı Almanların Müslümanlara en yakın millet olduğunu düşünür ve şimdiki durumlara anlam veremez. Romanda babanın Almanlarla ilgili savaş anıları uzun uzun anlatılmıştır. Böylece iki millet arasındaki ilişkinin tarihi seyri gözler önüne serilmiştir.

Yolda kısa bir süreliğine tanıştıkları bir Türk ailesi aracılığıyla göçmen işçilerin başka sorunlarıyla da karşılaşırız. Konuşmalar ailenin beş yaşındayken Almanya'ya getirdikleri çocukları Kayhan üzerinden ilerler. Babası okul çağına gelince Kayhan'ı okula göndermek istemez. Almanların baskısı sonucu Kayhan okula gönderilir. Çocuk yuvaları pahalı olduğundan ve baba orada Hristiyanlığın öğretildiğini düşündüğü için Kayhan okuldan sonra kardeşlerine de bakmaktadır. Daha sonra babası Kayhan'ı dövdüğü için o da evden kaçar ve Almanlar Kayhan'ı aileden alır. Yıllar sonra Alman vatandaşı olan Kayhan'ın Alman bir adamla birlikte olduğunu öğrenir aile ve baba onun adının anılmasını bile yasaklar. Oğlunun kazada öldüğünü söyler. Ayrıca baba ile küçük oğlu Cem arasında ideolojik sebeplerden de kaynaklanan nesil çatışması gözler önüne serilir. Ailenin kızı Nurcan da Almanca şarkılar söyler. Daha sonra bu ailenin bir kazada öldüğünü görürüz. Almanya'ya gidip parçalanan ve yok olan ailelerin bir temsilcisi olarak görebiliriz bu aileyi. Romanın sonunda karakolda olan Salim'in Türk arkadaşlarından birine yazdığı bir mektupta, iyi dileklerini ilettiği Alman ustalarından izin süresinin uzatılmasını rica ettiğini görürüz. İşten atılma korkusu onu Türkiye'de de rahat bırakmamıştır.

Kılları Yolunmuş Maymun, Güney Dal'ın postmodern teknikleri başarıyla kullandığı romanıdır. Üstkurmaca tekniği öne çıkar, metnin yazılma sürecinin romanın ana konusunu oluşturur. Bölümlerin sonundaki numaraları takip ederek bir başka kitap gibi de okunabilen romanda biçimcilik öne çıkar. İki ana bölüm, iki kahramanla özdeşleşir. Birinci bölümün kahramanı Ömer Kul, evinde duvar gazetesi çıkarır ve kitaplar yazmak ister. İkinci bölümün kahramanı İbrahim Yaprak ise, birinci bölümde okuduklarımızın yazarıdır.

Kurgu özelliklerinin öne çıkmasına rağmen bizim üzerinde durduğumuz göçmen işçilik ve Almanya'da yaşamanın zorluklarıyla ilgili de konulara değinilmiştir romanda.

Almanların yabancılardan çekinmesi ve yıllar geçmesine rağmen Türklere soğuk davranmaları gündeme gelir. Bunda Papa suikastinin de etkisi olduğu söylenir. Ömer Kul, altı yıldır Türkiye'ye gitmemiştir. İşe de gitmek istemez. Kendini hem fiziksel hem de zihinsel olarak yorgun hisseder. Doktoru onun hastalığıyla ilgili şu teşhisi yapmıştır: "Vücutsal hastalıkların ruhla ilgisi daha sonraları benim ilgimi pek çok çekmiştir. Bu ilgi sonucu, "göçmen hastalıkları" diye bilinen bir dizi hastalığın ruhun sıkılmasıyla çok yakından ilişkisi olduğunu kitaplar karıştırarak öğrenmişimdir." (Dal, 1988, s.32) Ömer Kul ise göçmen hastalığına yakalanmadığını söyler. Doktor birçok yabancı hastası gibi Ömer'in de yorulduğunu ve ülkesine dönmesinin zamanı geldiğini söyler. Ömer, işte çalışmaktan düşünsel çalışmalarına vakit ayıramadığını söyler. Aldığı on günlük raporla notlarından kitap oluşturmak ve kendi doğrularını yazmak için çalışma fırsatı bulur.

Ömer dosyalama titizliği olan biridir. Gazetelerden ve televizyondan takip ettiği haberlerin gerçeğe aykırı olduğunu düşünüp kendi gazetesini çıkarma çabası ailesi için kâbusa dönüşür. Besmele yerine Almanca tekerleme ile yemeğe başlayan kızı, Alman sevgilisi olan oğlu ve bütün gün çalışan eşi için zor günler başlar. Sabahlara dek çalışıp evde duvar gazetesi çıkarır ve bu durumunun anormalliğinin farkında değildir. Gazetesinde pek çok konuyu kendi bakış açısıyla yazar. Bunlardan biri de Avrupa'daki işçilerimizin kültürsüz bir milletin üyesi olarak algılanmasından duyduğu üzüntüyle ilgilidir. Türklerin sanat ve mimarideki başarılarından örnekler vererek bunu çürütmeye çalışır.

İkinci bölümde birinci bölümün yazarı İbrahim Yaprak'la tanışırız. Onun kendini tanıtan şu sözleri aslında birinci bölümdeki kahramanın takıntılarının da sebebi olarak okunabilir: "Buradasın, Berlin'de. Dört gün önce yaşın kırk sekiz oldu. Ve yıllardır kendine ruhunun içinde bir tüy gibi yüzebileceği sızısız, yerçekimsiz bir toprak parçası arıyorsun… Göçmen huzursuzluğunun onsuz yapılamaz ama onunla da eninde sonunda ölünür telaşı, o güneşli ve denizli adanmış toprak parçasında acınası bir zavallı olarak gelip kapında duracak… o yahudi yalnızlığının, yirmi yıldır göçmen olmanın getirdiği o şizofreninin, o parçalanmışlığın romanını yazmak istiyordun." (Dal, 1988, s.224) Böylece birinci bölümdeki Ömer Kul'un şizofrenisinin göçmenlikten kaynaklandığını öğreniyoruz.

Romanda İbrahim'le ilişkili olarak karşımıza çıkan kahramanlar ya İstanbul ve Türkiye özlemiyle öne çıkar. Almanların önyargıları, artan yabancı düşmanlığı, çocukların yetişme problemleri dile getirilir. Örneğin İbrahim'in kızı erkek arkadaşıyla aynı eve çıkar. Romanda yine bir doktor, İbrahim'in ve oradaki Türklerin durumunu özetler. Yabancı karşıtlığının giderek arttığını belirten doktor, ruh dengesizliği bulunan çoğu göçmen için ülkelerine dönmelerini tavsiye ettiğini, İbrahim'in de ülkesine dönmesi gerektiğini söyler. (Dal, 1988, s.298) Romanın ismindeki kılları yolunmuş maymun imgesi göçmenleri işaret eder. Birden uygarlaşmayı isteyen ve atalarından miras kalan kılları önüne gelen herkese yolduran ve bunun verdiği acıyla kıvranan bir adamı, aydını ve ülkeyi temsil eder. (Dal, 1988, s.358) Sürgünlük duygusu, yalnızlık ve bunun yol açtığı ruhsal bozukluklar, postmodern bir teknikle dile getirilmiştir romanda.

Fabrika'da Bir Saraylı, üstkurmaca tekniğinin öne çıktığı bir romandır. Avrupa'daki işçilerin ikinci kuşağından Tansu Çağlar, yazara çeşitli notlar getirir. O da küçük değişikliklerle bunları yayımlar.

Bir gazetede stajyer olarak çalışan Tansu Çağlar, Ethem'in hikâyesinin peşine düşer. Gizemli biridir Ethem. Yedi yıldır Berlin'de AEG fabrikasında aynı fabrikada çalışmaktadır. Bir gece yarısı bağıra çağıra tangolar söylemeye başlar. Rahatsız olan yurttaki diğer işçiler onu döver. Bunun sonucunda ortadan kaybolan Ethem'in hikâyesini fabrikadaki iş arkadaşlarından görüşmeye başlayarak araştırır Tansu Çağlar. Bu postmodern kurgunun içinde yetmişli yıllardaki göçmen işçilerin günlük yaşamlarıyla karşılaşırız. Bunların ortak özelliği belli yaşlarına kadar mark biriktirip memlekete dönme isteğinde olmalarıdır. Fabrika işçiliğinin bir araç olduğunun farkında olmayan Türk işçiler, dış dünyayla bağlarını koparmış, yemek-fabrika-uyku arasında bir yaşam sürmektedirler. Şehirle tek bağlantıları bankaya gidip ne kadar para biriktirdiklerini öğrenmeleridir. Köylerindeki gibi kırk elli sözcükle yetinip düşünme zahmetine katlanmayan kişilerdir. Uygarlığın merkezinde ondan uzakta yaşamaktadırlar. Bunların içinde sıla hasretinden ve yabancılaşmadan intihar edenler bile olmuştur. Ethem ise bunların tam tersidir. Şiir okuyan, tango söyleyen, güzel giyinen bir işçidir. Yurttaki işçiler içinde bir yabandır ve bu sebeple dışlanır.

Ethem'i araştırırken karşımıza çıkan Bodos Efendi de Türkiye ve İstanbul özlemi duyanlardandır. O Türklerin Almanya'da olmasından memnundur, çünkü memleket hasreti biraz azalmaktadır. Romanda hayatı araştırılan saraylı Ethem, Türklerin Almanya'daki hayatını anlatmak için bir fon olarak kullanılmıştır. Romanın sonunda Ethem'in not defterinden bize aktarılan parçaların Saffet Nezihi'nin *Zavallı Necdet* romanından parçalar olduğunu öğreniyoruz. Necdet, Ethem'in arkadaşı olmuştur ve Ethem bu defteri temize çekmiştir. Böylece roman postmodenizmin oyunsallığından, metinlerarasılığından faydalanarak ikici kuşağın kendine kültürel köken aramasına dönüşür. Romanın bir yerinde bu kimlik meselesi Türklerin Yahudileşmesi kavramıyla anlatılır. Almanya'daki Türklerin çocukları da artık köklerini araştırmaya başlamıştır. Sürgün ya da göç olgusunun belli bir döneminden sonra kökleri araştırma döneminin başladığı ifade edilir. Tansu'da köklerinden sökülmüş olmanın acısı erken başlamıştır. Tansu'nun psikolojisi şu sözlerle anlatılır: "Köklerini arıyor ya, belki biraz daha ışık verir bu anlattıklarım... Nedenler ne olursa olsun, sürgüne uğramış, (çocukluk) topraklarından edilmiş insanların ana düşüncesi hep bir noktada birleşir: Vatan... Sürgünün sürekli düşüncesi vatana yeniden kavuşmaktır; yollar, kökler soruşturulur... arama bir amaç olmuştur artık, aranan değil. İşte bu bir iç sürgündür." (Dal, 2016, s.131)

Gazeteci Tansu Çağlar, kültürel sorunlar yaşayan ve birinci kuşağı beğenmeyen biridir. Onlardan çok Almanlarla anlaşabildiğini düşünür. Kız kardeşi bir Almanla evlidir. Çocukların Almanya'da kalacağı kesinleşince babası melankoliye kapılan babası bunu atlatmak için camiye gitmeye başlamıştır. Ayrıca Tansu'nun Sabine isimli Alman sevgilisi vardır. Sevgilisinin kocasıyla da arkadaş olmuştur. Dolayısıyla iki kültür arasında kalmış bir göçmen kimlikli gazeteci olarak Almanya'da kimlik sorunları çeker ve Ethem'in hayatını araştırır. Yirmi altı yaşında olduğu halde iki dilli, iki kültürlü olduğu için kendini elli iki yaşında hisseder. Kendisine öğretilen hamasi söylemler, dinî ve milli anlatılar ona yetmez. Arayışını, kimlik sorunlarını şöyle değerlendirir: "Kendime, benim gibi olanlara daha "köklü" bir gelenek aramak bana mı kalmıştı? Ana babamın Müslümanlığı beni "yeteri" kadar doyuramıyordu... Türklük adına mehter takımlarını bir ileri bir geri yürüyüşleriyle Ku'damm Bulvarı'ndan geçirmeler de bana yabancıydı... Bizlerin köklerini besleyecek daha derine inen, daha usa yatkın kaynaklar vardır kuşkusuz; onları araştırıp bulmalı." (Dal, 2016, s. 211) Romanın sonunda kendini "uluslararası bir insan" olarak gören, ne Türk ne de Alman kimliğe ait hissetmeyen Tansu'nun göçmenliği devam eder. Sabine ile Avustralya'ya göçmüştür. Roman değindiğimiz gibi ikinci kuşağın kimlik krizlerine odaklanmıştır.

Aşk ve Boks Ya da Sabri Mahir'in Ring Kıyısı Akşamları romanı, gerçek bir hayat hikâyesine dayanır. Galatasaray Lisesi'nde iken Türkiye'nin ilk futbolcularından ve boksörlerinden olan Sabri Mahir'in, Berlin'deki hayatından bir kesiti anlatır Güney Dal. Bu konunun seçilmesini postmodern edebiyatın mikro tarihe, unutulup gitmiş hayatlara ve macera çeşnisine olan ilgisine bağlayabiliriz.

Sabri Mahir, gerçek hayatında adli bir olaya karışıp Meşrutiyet yıllarında İstanbul'dan kaçmıştır. Romanda ise siyasi kargaşanın olduğu İstanbul'dan ailesi tarafından resim eğitimi alması için Paris'e gönderilmiştir. Ressam olmak isterken kendini sporun içinde bulmuş ve Avrupa'nın çeşitli ülkelerinde adından söz ettirmiş bir göçmendir. Romanda onun Almanya'da boksu geliştirmesi, Berlin'de açtığı spor salonu dolayısıyla dönemin ünlü isimleriyle ilişkisi ve eşi Luise'yle aralarındaki güzel aşk anlatılmıştır. Osmanlı kültürü romanda alttan alta hissedilir ve 1920'lerin Avrupa kültürü ile eğitimli bir Türk'ün yaptığı sentez öne çıkar. Bunun dışında Sabri Mahir'in İstanbul özlemi önemli bir motif olarak işlenmiştir. Berlin'de Osmanlı mutfağının izini sürer. Aynı özlem onun New York'a gittiğinde karşılaştığı İstanbullu Rum ve Yahudilerde de görülür. Ayrıca başka bir göçmen grup, Beyaz Ruslar'ın Berlin'deki yaşamları da zaman zaman öne çıkar. Ancak 1920'lerin sonunda Berlin faşizmin yükselişiyle tüm yabancılar için cazibesini kaybeder. Romanda bu durum "Bir şeyler oluyordu Almanlara" (Dal, 2005, s.192) cümlesiyle ifade edilir. Farklı kültürlerin sıra dışı bir hayat öyküsüyle kesişmesini anlatan Aşk ve Boks, Almanya'da ve dünyanın çeşitli yerlerinde her zaman Türkiye'den göçmüş birilerinin varlığını, kültürlerin göç sebebiyle iç içe geçmişliğini gösterir.

Güney Dal'ın *Küçük <g> Adında Biri* romanı 2003 yılında yayınlanmıştır. Küçük <g> Almanya'ya göç etmiş, orada diğer göçmenlerle bir Türk lokantasında görüşüp göç hikâyeleri anlatan metinler, günlükler yazan biridir. "Bu göçmenler ilk kuşak göçün aktörleridir. Hemen hepsinin hikâyesinde vatan hasreti, yabancı olma, yalnızlık ve uyum sorunları ile karşılaşırız." (Adıgüzel, 2008, s.21) Küçük <g> , ilerleyen yaşlarda Almanya'ya siyasi sebeplerle gitmiş, bu notlarını Türkiye'deki bir bakkala göndermiştir. Bu notları genç bir yazar adayı araştırıp bulur. Romanın başında Sandor Marai'ye ait olan şu epigraf, romanın içeriği hakkında okura bazı şeyleri sezdirir: "İnsan, kelimelere bağımlı olarak yaşamaya adamışsa kendini, anadilinden başka vatan yoktur ona."

Küçük <g>'nin görüştüğü göçmenlerin profili her yaştan her meslekten Türk'ün Berlin'de bulunduğunu göstermektedir. Romandaki kahramanların çoğu eğitimli, sanatla uğraşan, siyasi eğilimleri olan kişilerdir. Ressam Burak, şair Arpat, sendikacı İzzet, tiyatrocu Meriç, mimar Ayhan, radyo muhabiri Gürel Bey, doktor Selma ve Muzaffer gibi ya Türkiye'de ya da Almanya'da eğitim almış kişilerdir. Bunlar genellikle Almanların yabancılara karşı tutumlarını beğenmezler. Ancak göçmen Türklerin de köylülüğü bırakamadığından, evrensel olana yaklaşamadığından şikâyet ederler. Örneğin tiyatrocu Meriç, Türk çocuklara Türkçe tiyatro oynatmaktadır. Ancak yine de ailelerin yeterli desteğini alamaz ve Türkleri cahillikle, kıskançlıkla suçlar. Kahramanlar Türkçenin içinden, Türkiye'den çıkıp gelmiş bir avuç aydın kişi olarak, lokantada sosyalleşirler ve diğer Türklerle aralarında mesafe vardır. Bu da onların göçmenliğinin trajik yönünü daha da artırır. Bir diğer ortak özellikleri ise Türkiye ve Türkçe özlemidir. Bazıları siyasi sebeplerle vatandaşlıktan da çıkarılmış bu aydınların düşüncelerini Stutgart'da mimarlık okumuş Ayhan şu şekilde özetler: "Gideceğim… Alacaklarımı toplayayım şu dört beş ay içinde… Öylesine canım çekiyor ki yanımda yöremde çocuklar koşusun, bağrışsın... Haz duyduklarım, sevdiklerim yanımda yöremde; yaşlısı genci... Tanıyan tanımayan Merhaba! Desinler bana..." (Dal, 2003, s.130)

Güney Dal, gerek toplumcu gerçekçi gerekse postmodern anlayışla yazdığı eserlerinde Almanya'da bir göçmen olarak yaşamanın zorlukları üzerinde durmuştur. Eserlerine genel olarak bakıldığında uyum sorunlarında tek taraflı davranmamış, Almanları yabancılara ön yargılı davranmakla suçlarken, özellikle Türk işçileri de Almanya'daki modern yaşama uygun davranmadıkları için eleştirmiştir. Bazı romanlarda ise işçilerin dışında Almanya'da yaşayan eğitimli göçmenleri anlatmıştır. Bunlar hem Almanlarla hem de Türk işçilerle iyi geçinememeleri yönüyle öne çıkar. Bütün romanlarda memleket ve dil hasreti, bir gün Türkiye'ye dönme isteği, sonraki kuşaklardaki kimlik sorunları, değerler çatışması ve önceki kuşakla aralarındaki yaşar tarzı farkları öne çıkar.

Kaynakça

Adıgüzel, A. (2008). *Göçmen Edebiyatı Bağlamında Güney Dal ve Zafer Şenocak: Küçük "g" Adında Biri ve Tehlikeli Akrabalık Romanlarının İçerik Bakımından Karşılaştırılması.* Yayımlanmamış YL Tezi. Yeditepe Üniv, Sosyal Bilimler Enstitüsü. İstanbul.

Dal, G. (1988). *Kilları Yolunmuş Maymun.* İstanbul: İnter Yayıncılık.

Dal, G. (2003). *Küçük <g> Adında Biri.* İstanbul: Dünya Kitapları.

Dal, G. (2005). *Aşk ve Boks Ya da Sabri Mahir'in Ring Kıyısı Akşamları.* İstanbul: Dünya Kitapları.

Dal, G. (2016). *Fabrika'da Bir Saraylı.* İstanbul: Eksik Parça Yayınları.

Dal, G. (1976). *İş Sürgünleri.* İstanbul: Karacan Yayınları.

Dal, G. (1979). *E.* İstanbul: Milliyet Yayınları.

Ecevit, Y. (2001). "Almanya'da Yaşayıp Türkçe Yazan Bir Yazar: Güney Dal". *Gurbeti Vatan Edenler: Almanca Yazan Almanyalı Türkler.* Yay.Haz: Mahmut Karakuş, Nilüfer Kuruyazıcı. Ankara: Kültür Bakanlığı.

Bölüm 11. Alfabeden Alfabeye Zorunlu Göç: Türk Edebiyatında Bir "Sözde Transkripsiyon" Vakası

Fırat Caner[1]

Giriş: Transkripsiyon ve Harf Devrimi

Türkiye'de Osmanlı alfabesinin değiştirilmesine ilişkin tartışmalar bu değişikliği uygulamaya koyan 1928 tarihli yasanın çıkartılmasından çok uzun süre önce başladı. Tartışmalar özellikle 1923-1928 tarihleri arasında yoğun bir şekilde devam etti (Korkmaz, 2009, s. 1974). Latin alfabesinin kabulünü uygun görenler olduğu gibi, böyle bir değişikliğe karşı çıkanlar da vardı. Latin harflerinin kabulünü savunanlar, nüfusun önemli bir kısmının okuma yazma bilmeyişi ve Latin harflerinin eski alfabeye kıyasla daha kolay öğrenilebildiği vb. savları öne çıkarttı (Ülkütaşır, 1998, s. 48). Bu köklü değişikliğe karşı çıkanlarsa, böyle bir değişikliğin mevcut yazılı kültür birikimiyle okur-yazar kesim arasındaki bağın kopmasına sebep olacağı vb. savları kullandı. Örneğin Kâzım Karabekir 5 Mart 1923 tarihli *Ulus* gazetesinde "Latin Harflerini Kabul Etmeyiz" başlıklı bir yazı yazdı ve böyle bir değişikliği "felâket" olarak nitelendirdi:

Bu kabul edildiği gün memleket herc ü merce girer. Her şeyden sarf-ı nazar bizim kütüphanelerimizi dolduran mukaddes kitaplarımız, tarihimiz ve binlerce cild âsarımız bu lisanla yazılmış iken büsbütün başka bir şekilde olan bu harfleri kabul ettiğimiz gün, en büyük felâkete derhal bütün Avrupa'nın eline güzel bir silah verilmiş olacak (Ülkütaşır, 1998, s. 43).

Nihayet 1 Kasım 1928 tarihinde Türkiye Büyük Millet Meclisinden Türkiye Cumhuriyetinde Osmanlı alfabesinin yerine Latin alfabesinin kullanılması yönünde bir yasa çıktı ve söz konusu yasa 3 Kasım 1928'de *Resmî Gazete*'de yayımlanarak yürürlüğe girdi. Bu yasa, "Türk İnkılâbı" olarak bilinen, Türkiye Cumhuriyetinin kuruluşunu takiben, hem Osmanlı devlet sistemininin yerine Batılı bir sistemi getirmek hem de dönemin siyasî ve sosyokültürel ihtiyaçlarına uygun bir altyapı oluşturmak amacıyla gerçekleştirilen köklü yasal ve kurumsal değişiklikler silsilesinin bir adımıydı ve liretatüre "harf devrimi" veya "alfabe devrimi" olarak geçti.

Böylece, daha önceki tarihlerde Avrupalıların, Batı Türkçesini öğretmek gibi amaçlarla yaptığı Osmanlı alfabesiyle yazılmış metinlerin transkripsiyonu, alfabe devriminden sonra Türkiye'de de -eski alfabeyi bilmeyen nesillerin eski metinleri okuyabilmesi için- bir ihtiyaç hâline geldi. Eski alfabeyle yazılmış metinlerdeki dil ile yeni alfabeyle yazılmış metinlerdeki dil aynı dildi; dolayısıyla söz konusu olan dil aktarımı (Translation) değil, bir harf aktarımıydı (Transliteration). Ancak burada söz konusu olan transkripsiyon daha önce örneği görülmemiş türden bir transkripsiyondu: Amaç yazılı bir metnin nasıl seslendirileceğini tespit etmekten ziyade, o metni, metnin yazıldığı dili bilen ancak alfabesini tanımayan kişiler için okunabilir, dolayısıyla anlaşılabilir kılmaktı.

Bir metnin hangi alfabe ile yazılı olduğu, o metnin erişilebilirliği bakımından büyük önem taşır. Metnin yazılı olduğu alfabeyi bilmeyenler için, dil anadili bile olsa metin erişilmezdir. Örneğin, Türk Dili ve Edebiyatı araştırmacıları 1851'de ve Türkçe yazılmış olmasına rağmen 1991'de Andreas Tietse Latin harfleriyle yayımlayana kadar *Akabi Hikâyesi*'nden haberdar değildi. Ermeni alfabesiyle Türkçe yazılmış pek çok

---

[1] Yrd. Doç. Dr. Karadeniz Teknik Üniversitesi, firatcaner@yahoo.com

eserin transkripsiyonu bu tarihten sonra yapılmaya başlandı. Benzer şekilde, Türkçe fakat Osmanlı alfabesi ile yazılmış metinler, o alfabeyi tanımayan nesiller için erişilmezdi.

Bu erişilmezlik hem erişilebilirliği sağlamak için transkripsiyonu gerekli hem de teorik olarak literatürde var olmayan bir türü imkânlı hâle getirdi: Sözde transkripsiyon metinler. Sözde transkripsiyon metinler, bir dilde ve bir alfabe ile yazıldığı iddia edilen, ama aslında var olmayan bir metnin, yine aynı dilde fakat bir başka alfabede yayımlanmış metinleridir. Bu sayede, alfabe değişikliği yaşamış ve dolayısıyla tarihte anadilinde fakat başka bir alfabeyle yazılmış metinlerle entelektüel bağı zayıflamış bir toplumda, bir yazar, kendi yazdığı (veya hayattaki başka birine ait) bir metni geçmişte yaşamış, kendisiyle aynı dilde, fakat başka bir alfabe ile yazan birine atfetme imkânı bulur.

Böyle bir vaka, 1940lı yılların Türkiye'sinde gerçekleşti. Bir tarihçi olan İsmail Hami Dânişmend, eşi Nazan Hanım'ın şiirlerini -bir Selçuklu ya da Osmanlı şairi olduğu iddia edilen- Rabia Hatun'un şiirleriymiş gibi yayımladı ve sözlü kültürde yaygınlaşan bu iddialara hiçbir müdahalede bulunmadı. Mevcudiyeti iddia edilen kaynak metnin yazıldığı dilin, bir yabancı dil değil Türklerin günlük yaşamda kullandığı dil olması sebebiyle bu vaka bir sözde çeviri vakası değildi.

Sözde çeviriler, çeviriymiş gibi takdim edilen, buna karşılık aslında mevcut bir metnin çevirisi olmayan metinlerdir; aslen kendisini mütercim olarak gösteren kişiye aittirler. Çevirinin kültürdeki konumunu iyi kavrayan bazı kişiler bundan faydalanmak üzere çeviriymiş gibi sunmak üzere metin yazarlar. Bu metinler bir kaynak metinle örtüşmeyen, hiçbir aktarma işlemine ya da çeviri ilişkisine sahip olmayan sözde ya da uydurma çevirilerdir. Edebiyat tarihinde sözde çevirilerin, bir araştırma sahası teşkil edebilecek sayıda örneği bulunur. Horace Walpole'nin ilk gotik roman kabul edilen, William Marshal'ın İtalyancadan İngilizceye çevirdiği bir metinmiş gibi gösterdiği Otranto Kalesi (1765) adlı eseri, Karen Blixen'in Fransızca bir metnin Dancaya çevirisi olarak sunduğu Melek Yüzlü İntikamcılar (Angelic Avengers) (1944) adlı romanı bu tür metinlere, Emily Apter'ın "Translation with No Original: Scandals of Textual Reproduction" başlıklı makalesi ve Olaf du pont'un "Robert Graves's Claudian Novels: A Case of Pseudotranslation" başlıklı makaleleri de kaynak metni var olmayan çevirilerle, yani sözde çevirilerle ilgili araştırmalara örnek gösterilebilir (Toury, 1995, s. 40-42).

Rabia Hatun vakası ise sözde çeviri vakalarına benzeyen, ancak "sözde çeviri" terimi ile açıklanması mümkün olmayan, yalnızca kullanılmakta olan alfabenin terk edildiği bir kültürde örneği görülebilecek türde bir "sözde transliterasyon" hadisesiydi. Çünkü şiirler, Latin alfabesiyle yayımlanan bir dergide, bir tarihçi tarafından, eline geçen bazı yazmalarda bulundukları iddiası ile yayımlanmışlardı.

Rabia Hatun Vakası

Rabia Hatun'un şiirleri (Batur, 2000a) 1930'lu yıllarda dillerde dolaşmaya başlamıştı. Tarihçi İsmâil Hâmi Dânişmend'in dönemin edebiyat ortamına tanıttığı ve kesin olarak bilinmeyen bir sebeple bir XVI. yüzyıl Osmanlı şairi olduğu zannı ve dedikodusu edebiyat ortamında çok kısa sürede yaygınlaşan Rabia Hatun'un şiirleri, Peyami Safa'nın bazı fıkralarında daha o yıllarda bahis konusu olmuştu bile. Örneğin Nihat Sami Banarlı, 12 ve 21 Haziran 1948 tarihli *Hürriyet* gazetelerinde Rabia Hatun'un bir XIII. yüzyıl şairi olduğu iddia edilen *Erzurumlu Bilginler* adlı kitabı eleştirmek amacıyla "Rabia Hatun Efsanesi" başlıklı iki yazı neşretmişti. *Aile* dergisinin çok kısa bir süre sonra, Yaz 1948 sayısında (Cantek, 2005, s. 272) bu XVI. yüzyıl şairinin şiirlerini art arda yayımlamaya başlamasıyla Rabia Hatun, yıllar sonra şiirlerini yeniden yayımlayarak bu tarihi vakayı da gündeme taşıyan Enis Batur'un deyişi ile bir olay hâline geldi. Abdülkadir Karahan'ın verdiği bilgilere göre, şiirlerin yayımlanmasını takiben Vâ-Nû 02.08.1948 tarihli *Akşam* gazetesinde, Bahadır Dülger 07.08.1948 tarihli *Tasvir* gazetesinde, Reşat Feyzi Yüzüncü de 07.08.1948 tarihli gibi *Son Telgraf* gazetesinde bu konuda birer fıkra yazdı. Tartışma konusu, Rabia Hatun'un sahiden de sanıldığı gibi yüzyıllar önce yaşamış bir şaire olup olamayacağıydı (Karahan, t.y.).

Nihat Sami Banarlı 12.06.1948 tarihli *Hürriyet* gazetesinde yayımladığı fıkrasında Rabia Hatun'un şiirlerinin dil, vezin, uyak ve söyleyişleri bakımından 20. yüzyıldan önce yayımlanmış olamayacaklarını açıklamıştı (Cantek, 2005, s. 272). Danişmend itiraz etti; Levent Cantek'in tespitine göre basın da ona destek verdi. Çeşitli spekülasyonlar üretiliyor, ortalıkta Rabia Hatun'un türbesi olan bir Divan şairi olduğu iddiaları bile dolaşıyordu. Şiirleri yayımlayan İsmâil Hâmi Dânişmend, Rabia Hatun'un şiirlerini tesadüfen eline geçen bir elyazmasında bulduğunu öne sürmekteydi (Batur, 2000b, s. 7-8). Nihayet Dânişmend, 31.08. 1948 tarihli *Akşam* gazetesinde Rabia Hatun'un 1947 yılında vefat eden merhum eşi Nazan Hanım olduğunu itiraf etti (Cantek, 2005, s. 272).

1948'e kadar, Rabia Hatun'un üç kıtasıyla ilgili gazete makaleleri yazılmış ve bu kıtaların ikisi bestelenmişti (Aile Dergisi, 2000, s. 15). Sadun V. Savcı ve Yahya Kemal Beyatlı'nın bakış açısına göre, şiirlerin yayımlanması ile başlayan, şiirlerin şairine ve yazıldıkları döneme ilişkin tartışmalar çok önemli değildi; çünkü şiirler fazlasıyla beğenilmişti. Yahya Kemal, şiirlerin sahte olabileceğine ilişkin iddialar hakkındaki fikrini "Hâsılı bir sahtekârlık ise de bu şiir yoksulluğunda iyi bir şeydir" cümlesiyle ifade ediyor (Beyatlı, 2000, s. 58), Savcı da 6 Temmuz 1948 tarihli *Vatan* gazetesinde yayımlanan yazısında, benzer şeyler söylüyordu (Savcı, 2000, s. 19):

Râbia-Hâtun var mı, yok mu; o ayrı mesele! On üçüncü mü, on altıncı mı, on dokuzuncu mu asırda yaşamıştır, yoksa bugün yaşayanlardan biri midir; o da ayrı mesele! Varlığı muhakkak olan şiirleri gerçekten güzeldir ve henüz neşredilmeyenleri görmek için Aile'nin yeni sayılarını da sabırsızlıkla bekliyoruz. Hakikat budur.

Buna karşılık bir edebiyat tarihçisi olan Nihad Sami Banarlı konuya bilimsel açıdan yaklaşmakta ve Rabia Hatun'un şiirleriyle ilgili spekülasyonları bu çerçevede değerlendirmekteydi. Banarlı, 21 Haziran 1948 tarihli *Hürriyet* gazetesinde yayımlanan makalesinde, şiirlerle ilgili çeşitli iddiaları yanıtladı. Rabia Hatun ile Hasan Basrî arasındaki tasavvufî müşaadelerin Erzurum'da halk arasında hâlâ söylendiği yönündeki -*Erzurumlu Bilginler* adlı kitapta yer alan- iddiayı mercek altına aldı ve bu iddianın ancak belgelerle desteklenmesi hâlinde bir kıymet-i harbiyesi olacağını ifade etti: "Şu demek ki, müşaarelerin bugün kimler tarafından ve hangi ağız özellikleriyle söylenildiği tesbit edilir, Erzurum halkının yedi asırdan beri dillerde sakladığı iddia olunan bu söyleyişler, asırların uğrattığı çeşitli değişiklikleriyle ilim âlemine tanıtılmış olurdu" (Banarlı, 2000a, s. 20- 21).

Banarlı, bu kitapta tek bir şiirmiş gibi sunulan üç kıtanın iddia edildiği gibi bütünlük arz etmediğini, zira Divan şiirinde farklı vezin ve kafiyelerle yazılmış dörtlüklerle şiir inşa etmenin mümkün olmadığını söyledi. Kıtaların üstüne iliştirilen başlıkla ilgili olarak da şu yorumu yaptı: "Bu kıt'aların baş tarafına yerleştirilen Aşk ve Maşuk

149

serlevhası da şüphesiz tamamiyle uydurmadır. Çünkü eski şairler, şiirlerine bugünkü gibi hususî isim koymazlar ve onları kaside, gazel, muhammes, rubai v.s. gibi muayyen ve klâsik şekillerinin isimleriyle adlandırırlardı" (Banarlı, 2000a, s. 21).

Banarlı, ayrıca, kıt'aların rübaî usülünde yazıldıkları iddiasını da, vezin ve kafiye usüllerinin rubaî usül ve kafiyeleriyle örtüşmediğini söyleyerek yalanladı. Ayrıca, şiirlerdeki kafiye düzeninden yola çıkarak, onların XIX. yüzyıldan önce yazılmış olamayacaklarını ispatladı. Banarlı, aşağıdaki dörtlükteki kafiye düzeninin Türk şiirinde ilk kez Abdülhak Hâmid tarafından kullanıldığını ve Avrupa kökenli olduğunu belirtti (Banarlı, 2000a, s. 22):

> *Pâyın sadâsı gelse de sen hiç gelmesen*
> *Men beklerem kıyâmete dek vuslat istemem*
> *Bulsam izinle semtini ol semte ermesem*
> *Aşsam zamânı hasretin encâmı gelmeden.*

Ona göre bu ayrımı, kafiye ilmini bilen herkes yapabilirdi. Kafiye ilminin Osmanlı'da medrese tedrisatında yer aldığı ve Divan şiirinin kafiye ilmi çerçevesinde belirli kuralların dışına çıkmayan bir yapısı olduğu da göz önüne alınırsa haklılığı daha da belirginleşir. Banarlı, aynı yazıda, "Olsandı sen havâ olsamdı men semâ" dizesiyle başlayan dörtlüğün Divan şiirinde görülmeyen bir vezinle yazıldığını da söyledi. Ona göre bu dörtlüğün vezni ilk kez XIX. yüzyılın sonlarında Servet-i Fünun şairleri tarafından kullanılmıştı (Banarlı, 2000a, s. 23).

Banarlı, 14 Temmuz 1948 tarihli *Hürriyet* gazetesinde yayımlanan "Acaip Bir San'at Hâdisesi" başlıklı makalesinde, tüm sayıp döktüğü bu çelişkilerin aydınların dikkatini çekmemesine ilişkin hayretini şu sözlerle ifade etti: "Fakat bütün bunlara rağmen memleketimizde hattâ edip ve mütefekkir diye şöhret kazanan bazı tanınmış imzalar; muallim, muharrir, profesör ve doçentler manzumeler üzerinde en ufak bir ilmî şüpheye düşmeden; bunların Türk dili edebiyatının eski asırlarında yazılıp yazılmayacağına dair bir tereddüt göstermeden; şiirleri olduğu gibi kabul ediyorlar" (Banarlı, 2000b, s. 28).

Dânismend, 1961'de kitap hâlinde yayımladığı *Râbia Hâtun Şiirleri*'ne yazdığı "Zarûrî Bir Tavzîh" başlıklı önsözde, İsmâil Habib Sevük'ün bir makalesine dayanarak, isteyen herkesin mahlas kullanarak şiir yayımlayabileceğini, kimsenin buna karışmaya hakkı olmadığını söylüyordu:

> *İsmâil Habib yevmî gazetelerden birinde neşrettiği haklı bir makalede her kim isterse nâm-ı müstearla şiir yazıp neşretmekte serbest olduğunu, buna kimsenin karışamayacağını ve karışmak hakkı olmadığını ve bilhassa gerek Türk, gerek dünya edebiyyât târihinin her devrinde bunun birçok misâlleri bulunduğunu söyliyerek vâveylâcıları akıl ve mantık dâiresine dâvet etmiş ve bir müddet sonra da mesele unutulup gitmişti* (Dânişmend, 2000, s. 133).

Rabia Hatun'un şiirlerini yeniden yayımlayan Enis Batur'un isabetle vurguladığı gibi, Sevük'ün ve ondan destek alan Dânişmend'in bu yaklaşımı, yazın etiği bakımından değerlendirilmedi. Üstelik bu olay yalnızca edebiyat değil, aynı zamanda bilim etiği bakımından da ele alınmalıydı. Zira şiirleri yayımlayan kişi bir tarihçiydi; bir tarihçi sıfatıyla, onları bir yazmada bulduğunu söylüyordu. Bu, bir şairin mahlas kullanmasıyla karşılaştırılabilir bir şey değildi; çünkü söz konusu olan yalnızca şiirlerin şairlerinin saklı tutulması değil, aynı zamanda okurun yanıltılmasıydı (Batur, 2000a, s. 8).

Nitekim Dânişmend, olaylar patlak verdikten bir süre sonra, "Rabia Hatun"un aslında eşi Nazan Hanım'ın mahlası olduğunu itiraf etti. Dolayısıyla "Rabia Hatun Olayı" kriminolojik açıdan üç boyutluydu: Birinci boyut, Nazan Hanım'ın "Rabia Hatun" mahlasını kullanması ile ilgiliydi. İkinci boyut, Dânişmend'in, aslında rahmetli eşi olan Nazan Hanım'ın ta kendisi olan Rabia Hatun'un XVI. yüzyılda yaşamış gerçek bir şair olduğunu, ona ait yazmaların eline geçtiğini iddia etmesi ile ilgiliydi. Bu iddia, dolaylı olarak kendisinin şiirlerin transkripsiyonunu yayımladığı iddiasını da içeriyordu. Dânişmend'in rahmetli eşi Nazan Hanım'ın şiirlerini bir XVI. yüzyıl şairinin şiirleri olarak yayımlamasıyla bir sözde transkripsiyon metni vakası ortaya çıktı.

Nitekim Murat Bardakçı, 26.06.2011 tarihli *Haber Türk* gazetesinde yayımlanan "Büyük Tarihçi İsmail Hâmi Danişmend aynı zamanda çok büyük bir âşıkmış" başlıklı yazısında Dânişmend'in ikinci eşi İclâl Hanım'ın futbolcu yeğeni Metin Turan'ın iki ay önce kendisine bazı belgeler teslim ettiğini söyledi. Bardakçı'nın iddiasına göre bu belgeler arasında Dânişmend'in kendi elyazısı ile Rabia Hatun'un şiirleri ile bu şiirlerin aslında ilk eşi Nazan Hanım'a ait olduğunu açıkça ortaya koyan "Nâzan'ın ölümünden şüphe ediyorum; Nâzan ölmüş olamaz, ölemez; ölüm ölür de Nâzan ölmez: Bu halvethânenin yok başka vârı. 'Zaman sensin, mekân sensin, hava sen' diyebilen nasıl ölür?" gibi cümleler de vardı (Bardakçı, 2011).

Sonuç

Bir edebiyat eleştirmeni ve antolog olan Memet Fuat'ın (1994) bakış açısına göre Rabia Hatun vakasını bu kadar ilginç kılan, bir şairin 20. yüzyılda yaşadığı hâlde geçmişte yaşamış gibi yazmasıydı; çünkü bu durumda şiirlerinin Divan şiiri antolojilerine mi yoksa çağdaş şiir antolojilerine mi koyulması gerektiği sorunu ortaya çıkıyordu. Memet Fuat'ın aktardığı bilgilere göre, Vasfi Mahir Kocatürk 1947'de yayımladığı Divan Şiiri Antolojisi'ne Rabia Hatun'un üç şiirini almış; ancak ilişiklerine şu notu düşmüştü: "Birkaç parça şiiri ellerde ve dillerde dolaşan, fakat hayatı hakkında hiçbir bilgi edinilemeyen Rabia Hatun'un yaşadığı asır belli değil. Biz bu hususta bir hüküm vermemekle beraber, antolojimizi onun güzel mısralarından mahrum etmemek düşüncesiyle şiirlerini kitabımızın sonuna ilave ettik."

Zamanla Rabia Hatun'un bir uydurma şahsiyet olduğu anlaşıldı ve arkaik şiirleri de 20. yüzyıl Türk şiiri tarihinin bir parçası olmak üzere tarihlendirildi. Sonuç itibariyle "Rabia Hatun" ismi, Nazan Dânişmend'in kullandığı mahlas olarak tarihe geçti. Bununla birlikte İsmail Hami Dânişmend'in *Aile* dergisinde yayımladığı şiirler, bir şairin mahlasla yayımladığı metinler değil, bir tarihçinin - bir dedikodunun aslını bilip ilgili tartışmalarda konunun etrafından dolaşmak suretiyle onu düzeltmeyerek bile olsa-bir sözde transkripsiyon metnine dönüştürdüğü metinlerdi.

Rabia Hatun vakası, muhtemelen (ve ümit ederiz ki) Türk edebiyatı tarihinde biricik bir vakadır. Böylesi bir biricikliğin ortaya çıkmasına yol açansa, 1928'de Türkiye'de gerçekleşen alfabe devrimidir. Çünkü bu devrim, milyonlarca kişiden meydana gelen bir insan topluluğunun fertlerinin, o topluluğun okuryazarlarının yüzyıllardır kullandığı alfabeyle üretilmiş yazılı kültürden –o kültürün ürünlerinin erişilebilirliği bakımından-uzaklaşması anlamına geliyordu. Eskiden kapıdan çıkar çıkmaz eriştikleri o yere erişebilmek için artık hem ellerinde olmayan bir araca, yani ikinci bir alfabe bilgisine hem de o aracı elde etmek için harcayacakları fazladan zamana ve enerjiye muhtaçtılar. Bu, bir bakıma, vatanlarını terk etmeleri ve bir başka yerde iskân edilmeleri anlamına geliyordu. Öyle ki, bir nesil sonra, eski vatanlarına giden yolu bilen kılavuzlara yani transkripsiyoncular gebe kaldılar. Nitekim Nihat Sami Banarlı da "Acaip 'Bir San'at Hâdisesi" başlıklı yazısında bu hususa dikkat çekiyordu: "Biz]...] Türk dili buhranının milletimizin yeni nesillerini, ecdadımızın dilini ve edebiyatını tanımayacak hale getirdiğini söylemiş, bu gidişle [...] bir Yahya Kemal'i okumak ve deşifre etmek için bile bir gün Almanya'dan mütehassıs getirmek zorunda kalacağımız'ın ağlanacak kadar acı bir hakikat olduğunu belirtmeye çalışmıştık." (Banarlı 2000b, s. 27)

Sonuç olarak, sözde transliterasyonu imkânlı kılan büyük ölçüde matbaanın Osmanlıya geç gelmiş olması ve harf devriminin okuryazar kişilerle Cumhuriyet öncesi metinler arasına -eski alfabenin okunabilmesini ve öz Türkçe hareketiyle gitgide arkaikleşen Osmanlı Türkçesinin anlaşılabilmesini sağlayacak- fazladan bir öğrenim süreci gerektiren bir mesafe ortaya çıkmasına sebebiyet vermesidir. Bu özgün devrim hem sıra dışı bir göç olan dil göçünün örneğidir hem de yine sıra dışı bir edebiyat vakası olan sözde transliterasyonun ortaya çıkmasına vesile olmuştur.

Kaynakça

Aile Dergisi, (2000). *Râbia-Hatun'un Şiirleri*. Râbia Hâtun: "Tuhaf Bir Kıyâmet" +   Kırkbir Şiir. 1. Baskı içinde (15-16), İstanbul: Yapı Kredi Yayınları.

Banarlı, N. S. (2000a). *Râbia Hatun Efsanesi*. Râbia Hâtun: "Tuhaf Bir Kıyâmet" +   Kırkbir Şiir, 1.Baskı içinde (20-26), İstanbul: Yapı Kredi Yayınları.

Banarlı, N. S. (2000b). *Acaip 'Bir San'at Hâdisesi*. Enis BATUR, Râbia Hâtun: "Tuhaf Bir Kıyâmet" + Kırkbir Şiir, 1.Baskı içinde (27-32), İstanbul: Yapı Kredi Yayınları.

Bardakçı, M. (2011). *Büyük Tarihçi İsmail Hami Danişmend Aynı Zamanda Çok Büyük Bir Aşıkmış*. Haber Türk Gazetesi, www.haberturk.com/yazarlar/mynet- bardakci/643082-buyuk-tarihci-ismail-hami-danismend-aynı-zamanda-cok-   büyük-bir-asıkmıs (24.02.2017).

Batur, E. (2000a). *Râbia Hâtun: "Tuhaf Bir Kıyâmet" + Kırkbir Şiir*. 1.Baskı, İstanbul: Yapı Kredi Yayınları.

Batur, E. (2000b). *Râbia Hâtun: 'Tuhaf Bir Kıyamet*. Enis BATUR, Râbia Hâtun: "Tuhaf Bir Kıyâmet" + Kırkbir Şiir, 1.Baskı içinde (7-14), İstanbul: Yapı   Kredi Yayınları.

Beyatlı, Y. K. (2000). *Yahya Kemal'in Bir Mektubundan*. Enis BATUR, Râbia Hâtun: "Tuhaf Bir Kıyâmet" + Kırkbir Şiir, 1.Baskı içinde (58), İstanbul: Yapı Kredi   Yayınları.

Cantek, L. (2005). *Gündelik Yaşam ve Basın (1945-1950): Basında Gündelik Yaşama Yansıyan Tartışmalar*. Doktora Tezi, Ankara: Ankara Üniversitesi Sosyal   BilimlerEnstitüsü Gazetecilik Anabilim Dalı.

Dânişmend, İ. H. (2000). *Zarûrî Bir Tavzîh*. Enis BATUR, Râbia Hâtun: "Tuhaf Bir Kıyâmet" + Kırkbir Şiir, 1.Baskı içinde (133), İstanbul: Yapı Kredi Yayınları.

Fuat,   M.   (1994).   *Rabia   Hatun*.   Cumhuriyet   Gazetesi, http://earsiv.sehir.edu.tr:8080/xmlui/bitstream/handle/11498/18826/001511937006.pdf?sequenc e=1&isAllowed=y (20.02.2017).

Karahan,   A.   (t.y.).   *Rabia   Hatun   Masalı*.   Tasvir   Gazetesi, http://earsiv.sehir.edu.tr:8080/xmlui/bitstream/handle/11498/18758/001511927006.pdf?sequenc e=1&isAllowed=y (25.02.2017).

Korkmaz, Z. (2009). *Alfabe Devriminin Türk Toplumu Üzerindeki Sosyal ve Kültürel Etkileri*. Turkish Studies 4(3), s.1469-1480.

Savcı, S. G. (2000). *Râbia-Hâtun, Aile'de*. Enis BATUR, Râbia Hâtun: "Tuhaf Bir Kıyâmet" + Kırkbir Şiir, 1.Baskı içinde (17-19), İstanbul: Yapı Kredi   Yayınları.

Toury, G. (1995). *Descriptive Translation Studies and Beyond*. Amsterdam: John Benjamins.

Ülkütaşır, M. Ş. (1998). *Atatürk ve Harf Devrimi*. İstanbul: Yenigün Haber Ajansı.

Bölüm 12. Suriyelilerin Eğitimine Suriyelilerin Gözünden Bakmak: Eskişehir'de Suriyelilerin Toplumla Bütünleşme Perspektifleri Üzerine Değerlendirmeler

Fuat Güllüpınar[1]

Giriş

Göç; bireylerin ekonomik arzularla karar verdiği bir hareketlilik eylemi olmaktan oldukça farklı yönleri olan bir toplumsal olgudur. Bu yönüyle, günümüzde, kaynakların kıtlığı, demokrasinin yeterince konsolide olmaması, etnik, dinsel, politik vb nedenlerle ortaya çıkan savaşlar ve istilalar nedeniyle, bireylerin hiç arzu etmedikleri şekilde bir hareketliğe zorlandıkları durumlar azımsanamayacak kadar kitlesel bir görünüm arz etmektedir. Göçü, sadece daha iyi bir yaşam şansı arayışındaki kişinin başka bir yere göçmeye karar vermesi, doğduğu yerle köklerini koparması ve yeni yerde çabucak asimile olması gibi basit bir eylem olarak düşünmek oldukça güçtür. Göç, toplumsal değişimin neden olduğu kolektif bir eylemdir ve hem göç alan hem de veren yerdeki bütün bir toplumu etkiler (Castles ve Miller, 2008). Nicos Papastergiadis'in (2000) "türbülans"a benzettiği uluslararası göçün fiili olarak yarattığı çokkültürlülük ve melezleşme, beraberinde toplumlardaki farklı toplulukların nasıl yönetileceği meselesini gündeme getirmiştir. Bu anlamda, göç sahip olduğu sayısız çeşitliliğiyle, modern yaşamın her noktasını etkilemekte ve dönüştürmektedir.

Dünya Göç Örgütü (International Organization for Migration-IMO) tarafından yayınlanan "2010 Dünya Göç Raporu"na göre, bugün dünya genelinde göçmen sayısı 214 milyonun üzerindedir. Üstelik göçmen sayısındaki artış şimdiki hızıyla devam ederse, bu sayının 2050 yılına kadar 405 milyonu bulması beklenmektedir. Bununla birlikte, Avrupa'daki gelişmiş ülkelerin hepsinde nüfusun ortalama olarak % 10'u göçmenlerden oluşmaktadır (aktaran, Unutulmaz, 2012: 136). Anlaşıldığı üzere, hem kıtlık ve savaşlar nedeniyle hem de kitlesel ulaşım ve iletişim teknolojilerinin gelişmesinin de sonucu olarak hem iç göçlerin hem de uluslararası göçlerin yakın gelecekte yavaşlayacağına dair herhangi bir işaret görünmüyor. Bu açıdan bakıldığında, ekonomik eşitsizliklerin yanı sıra, iç/etnik savaşların, açlık, kıtlık ve otoriter yönetimler altında yaşama tehlikesinin de günümüzde güneyden kuzeye doğru ya da başka bir ifadeyle doğudan batıya yaşanan uluslararası kitlesel göçlerin arkasındaki temel dinamikler olmaya devam ettiğini görüyoruz.

Kitlesel çapta bahsedilen nedenler ve küreselleşmenin etkisiyle hız kazanan kitlesel göçler hacimli çapta sosyolojik sonuçlar ortaya çıkarmaktadır. Uluslarası göçler, giderek artan sayıda ülkeyi kaynak ve hedef ülke haline getirerek dünya çapında bir göç sistemi içinde ülkeleri birbirine bağlamaktadır. Göçmenlerin geldikleri bölgelerin çeşitliliği arttıkça, göç alan ülkelere gelenler geniş bir ekonomik, sosyal ve kültürel geçmişe sahip olmaktadır. Göçün kendi içinde farklılaşmasıyla birçok ülkede kayıtsız göçmenler, mülteciler, sürekli yerleşen göçmenler bir arada bulunmakta ve hükümetlerin bunları önleme çabaları etkisiz kalmaktadır. Geçmişte göçler erkek ağırlıklı iken ve kadınlar aile birleşmeleri kapsamında ele alınırken, 1980'lerden bu yana özellikle göçmen kadın işçilerin ve mültecilerin sayısı artmaktadır. Göç iç politikaları, ikili ve bölgesel ilişkileri, devletlerin ulusal güvenlik politikalarını etkilemekte, ulus-devletin geleneksel mekân/vatan anlayışlarını, aidiyet biçimlerini,

[1] Anadolu Üniversitesi, Sosyoloji Bölümü. İletişim: fgullupinar@anadolu.edu.tr

153

kimlikleri ve vatandaşlık kavramını tartışmaya açmaktadır (Toksöz, 2006).

1970'lerden itibaren, bölgesindeki büyük çatışmalar ve kargaşalardan kaynaklı olarak çok sayıda insan korunma ihtiyacı kapsamında Türkiye'ye gelmiştir. Bunlar arasında Afganlar, İranlılar, Iraklı Kürtler, Bulgaristanlı Türkler, Boşnaklar, Lübnanlılar ve son olarak Suriyeliler önemli kitlesel akınlar arasında sayılabilir. Bu bağlamda, Türkiye'ye gelen göçü de kendi içinde tarihsel olarak 5 kategoriye ayırmak mümkündür (Sirkeci ve Yüceşahin, 2014, s. 5):

1. 1910'lardan itibaren Türk ve/veya Müslüman nüfusların eski Osmanlı ülkelerinden Türkiye'ye zorunlu göçü,

2. 1970'lerden itibaren özellikle yakın bölge ülkelerinde yaşanan şiddetli çatışmalardan kaynaklı zorunlu göçler,

3. 1960'lardan itibaren Bulgaristan ve Kıbrıs gibi yakın komşu ülkelerden Türklerin zorunlu göçü,

4. 1980'lerden itibaren geri dönüş göçleri dahil yurtdışındaki Türkiyelilerin ve onların ailelerinin Türkiye'ye göçü,

5. 1990'lar itibariyle transit göç dahil Türkiye'ye yabancı doğumluların ve yabancı ülke vatandaşlarının göçü.

Türkiye'deki sığınmacılar ve mülteciler, ülkeye yönelik toplam göçmen akışının önemli bir dilimini oluşturmaktadır. 1995 ile 2010 yılları arasında toplam 70.000'in üzerinde sığınma başvurusu alınmış; başvuru sahiplerinin çoğu İran'dan (% 47) ve Irak'tan (% 40) gelmiştir. Bu ülkelerden gelen sığınmacıların sayısı son yıllarda ciddi anlamda değişkenlik göstererek giderek artmaktadır. Ayrıca, 2000'li yıllardan itibaren ülkelerindeki siyasi ve ekonomik çalkantılar yüzünden ülkelerinden kaçan Afgan, Filistinli, Özbek, Somalili ve Sudanlı insanların sığınma taleplerinde de artış gözlenmektedir (İçduygu, 2015).

Özellikle, Suriye'de yaşanan iç savaşla birlikte 2011 yılından itibaren Türkiye'ye sığınmacı olarak yerleşen insanların sayısı 3 milyona yaklaşmaktadır. Suriye'den Türkiye'ye yönelen ve savaştan kaynaklanan bu zorunlu göç, kitlesel sığınma olarak adlandırılmaktadır. Bu durum, Türkiye'nin tecrübe ettiği ilk kitlesel sığınma akını değildir; 1989'da Bulgaristan'da Türk ve Pomak kökenli 300 binden fazla Bulgaristan vatandaşı Türkiye'ye göçe zorlanmıştır. Türkiye bu kitlesel sığınma akınları karşısında duruma göre farklı stratejik yaklaşımlar göstermiş olmakla birlikte, çoğu zaman mültecilere cömert davranmış; insani yardım ve empati duygusuyla yaklaşmıştır (Kirişçi ve Karaca, 2015, s. 297).

Metodoloji

Saha çok dinamik, hem değişen yasal prosedürler açısından hem de Suriyelilerin demografik, coğrafi dağılımları her an değişiyor. Ayrıca, kültürel, siyasal ve sosyal ilişkiler açısından da Suriyeliler meselesi fotoğrafını çektiğiniz andaki gibi kalmıyor, sürekli değişiyor, çok dinamik bir özellik gösteriyor.

Türkiye'de Suriyeliler üzerine yapılan çalışmalar çoğu zaman meselenin siyasal, sosyal ve kültürel yönleri hakkında projeksiyonlar yapmaktan daha çok meseleyi nicelikselleştiren ve istatistiki bir olguya indirgeyen bir yaklaşım sergiliyor. Çoğu çalışma, ya Suriyelilere bir istatistik gözüyle bakıyor ya da meseleyi "evsahibi" toplumun gözünden ele alıyor. Suriyelilerin gözünden meseleyi tartışan antropolojik ve etnografik tartışmalara odaklanan çalışmalar henüz çok az ve yetersiz.

Suriyelilere konuşma fırsatı vermek, onlara bize sığınmış ve yardım nesnesi olarak bakmanın ötesine geçip, aktif bir şekilde yaşadıkları yerde deneyimledikleri travma ve acılara ışık tutmanın yanında onların potansiyelleri, motivasyonları, hayata dair beklentileri, gelecek kaygıları, umutları, eylemleri hakkında aktifleşmelerine olanak sunacaktır.

Eliznideki bildiri sahası devam eden Eskişehir'deki saha çalışmasının sadece sınırlı düzeyde etnografik gözleme dayalı bir bölümü, bu yönüyle henüz tamamlanmamış bir çalışma. Bu yönüyle, daha çok Suriyelilerin eğitimi konusunda Türkiye'yi ve Suriyelileri bekleyen meydan okumalar ve Eskişehir'deki sınırlı gözlemleri içeriyor. Bu çalışma kapsamında 6 üniversite öğrencisi 6 işsiz kadın ve 12 (çoğu tarım ve inşaat işleri olmak üzere) farklı işlerde çalışan erkekle, 1 cami imamıyla derinlemesine görüşmeler yapılmıştır.

Bulgular ve Tartışma

İlk olarak Suriyelilerin burada kalma isteği konusundaki eğilimlerini tespit etmek gerekiyor: Görüştüğümüz Suriyeliler, geri dönmek istediklerini ama savaş şartlarından ve oluşan kaos ortamından dolayı ve radikal grupların Suriyedeki güçlü varlıkları yüzünden geri dönmenin zor olduğunu belirtiyorlar. Suriyelilerin hemen hemen hepsi ülkenin geleceği hakkındaki umutsuz ifadeler kullanıyor ve ifadeleri çoğunlukla karamsarlık ve hayal kırıklığı barındırıyor.

Suriyeli sığınmacıların eğitim ihtiyaçları konusunda Suriyeli sığınmacıların eğitime erişimi, öncelikli sorun alanı olarak göze çarpmaktadır. 18 yaş altı gençlerin eğitim faaliyetlerine katılımı % 10 ile   % 15 arasında değiştiği belirtilmektedir. Bu sayıyı Eskişehir'de yaklaşık 3000 (2980) kişilik nüfusu ile birlikte düşündüğümüzde okullarda her kademede toplam 110 öğrenci olması bu tabloya çok benziyor. Eğitime erişim sorununun sunulan imkânlarla ilişkili olduğu kadar göçmelerin yaklaşımlarıyla da ilişkili olduğu anlaşılıyor.

Devletin ve sığınmacıların ilk etapta bu sürecin geçici olduğuna yönelik algısı, eğitime katılım probleminin arka plana atılmış olduğu kanaatini güçlendirmektedir. Bu algı ile birlikte Suriye'den göç edenlerin sayısının hızlıca artmaya başlaması ve kalış sürelerindeki uzama eğitime erişim problemini güçlü biçimde hissettirmeye başlamıştır.

Eskişehir'de (yaklaşık 2000 Suriyelinin yaşadığı Erenköy mahallesindeki görüşmeciler arasında konştuğumuz birçok anne baba ve çocuk ekonomik zorluklar yüzünden çocuklarının çalışmak zorunda kaldığını, Türkçe engeli ve toplumsal uyum konusundaki zorluklar sebebiyle de çocukları okula gönderemediklerinden şikayet etmektedir.

Genel olarak, görüşmelerde eğitimle ilgili öne çıkan şikayetlerin kurumsal desteğin yetersizlikleri, sistematik olmaması ve buna bağlı olarak etkili bir takip ve izleme sisteminin olmamasından kaynaklandığı söylenebilir.

Eskişehir'de bazıları da çocukların yabancı tanıtma belgesiyle okula kaydolabildiğini ama derslerde hiç birşey anlamadıklarını çünkü derslerin Türkçe yapıldığından şikayet ediyorlar. Bazıları da okulda öğrencilerin Suriyeli öğrencileri dışladığından şikayet ediyor.

Eskişehir'de görüştüğümüz Suriyelilerin çoğu ekonomik koşulları, gerek devlet okullarına, gerek geçici eğitim merkezlerine erişimlerinin önündeki esas engel olarak görüyor. Bazı aileler ve çocuklar ise dil sorunu ve uyum sorununu temel bir sorun olarak gördüklerini ifade ediyor. Bir kaç aile de kayıt için ne tür bir prosedür uygulandığı hakkında fikirleri olmadığını veya yalan yanlış bilgileri olduğunu ifade ediyor.

Eskişehir'de okula kayıt yaptırmamanın rapor edilen diğer nedenleri arasında; kente yeni gelmiş olan ailelerin civardaki okulların durumuyla ilgili bilgiye sahip olmamaları, mülteci çocukların maruz kaldıkları zorbalık ve ayrımcılık nedeniyle okula gitmek istememeleri ve ailelerin kendilerini çocuklarını okula gönderecek kadar güvende hissetmemeleri yer alıyor.

Türkiye genelinde kamplarda yürütülen eğitimin dili Arapça olup, eğitim verenlerin yaklaşık %80'i Suriyelidir. "Nasıl olsa dönecekler" kanaatinin güçlü biçimde etkilediği bu uygulama, sığınmacıların kalış sürelerindeki uzama yani bu sürecin kalıcı hale gelmesi ile probleme dönüşme potansiyeline sahiptir. Yerleşikleşme ihtimaline sahip sığınmacıların sosyo-kültürel farklılıklarını koruyup yeniden üreterek içinde yaşadıkları toplumla iletişim kurmalarına ve entegre olmalarına imkân tanımayan bu uygulamanın yeniden gözden geçirilmesi gerekmektedir. Eğitimdeki bu ayrışmanın kalıcı biçimde Türkiye 'de kalacak Suriyeliler ile Türkiye toplumunu da ayrıştıracağı ihtimali gözden uzak tutulmamalıdır.

Ekim 2014 tarihli Geçici Koruma Yönetmeliği ile, eğitime erişimin iyileştirilmiştir. Yönetmelik, Suriyeli mülteci çocukların Türkiye'deki devlet okullarına erişebilmeleri için ailelere şart koşulan ikamet izni alma şeklindeki bürokratik engeli kaldırıyor. Ancak Yönetmelik'te Suriyeli mültecilere yönelik Arapça eğitim veren özel okulların açılmasını kolaylaştıracak herhangi bir hüküm bulunmuyor. Bu tür okulların açılabilmesi için gereken hukuki usullerin belirsizliği, hem bu okulların açılmalarına mani oluyor, hem de uluslararası mali yardımın sağlanmasını engelliyor.

Eskişehir'de Suriyeli çocukların eğitiminde öne çıkan temel sorun, ekonomik zorluklar ve dil bariyeri olarak tanımlanabilir. Türkiye'de Devlet okullarında eğitim, Türkçe yürütülmektedir. Farklı bir dille yetişen öğrencilerin Türkçe eğitim veren okullarda eğitime uyum sağlayabilmesi başlangıçta zorlaşmaktadır. Dil farklılığının yanında, kültür ve hayat tarzındaki farklılaşmalar ve travmatik bir sürecin mağduru olan öğrencilerin psikolojik durumları eğitim ortamlarına uyumu hayli zorlaştırmaktadır.

Bu bağlamda örgün eğitime katılan öğrencilere yönelik olarak dil eğitim hizmetlerinin arttırılması veya yeniden düzenlenmesi (dil hazırlık okulları gibi) gerekmektedir. Kamp dışında eğitim gören öğrencilerin devam ettikleri okulların kalitesi de ayrı bir sorun olarak göze çarpmaktadır. Eskişehir eğitimde başarı bakımından Türkiye ortalamasını yansıtsa da, eğitimde genel olarak var olan kalite ve müfredat sorunu, Suriyeli gençleri etkilemeye devam etmektedir.

Bugün Eskişehir'de toplam eğitim sisteminin içinde olması gereken tahminen 600'e yakın çocuk bulunmaktadır. Ancak bu çocukların pek azı eğitim imkanlarına kavuşabilmektedir. Eskişehir'de eğitim çoğunlukla, Devlet okulları tarafından verilmektedir. Ancak, bu okullarda eğitim gören Suriyeli çocuklar ile eğitim imkanlarına halen erişemeyen diğer çocukların, belirli bir müfredat içinde sistemli bir eğitim alma olanaklarının sağlanması ve gerekse sertifikalandırılması (diploma) için Milli Eğitim Bakanlığı tarafından bir an önce gerekli girişimlerin yapılması gerekmektedir.

Eskişehir'de eğitime erişimleri bulunan Suriyeli çocukların hiçbiri Suriyeliler tarafından işletilen ve Arapça dilinde eğitim veren özel okullara gitmiyorlar. Bu kurumlara kayıtlı öğrenci sayısı hakkında ise herhangi bir veri mevcut değil. Görüşülen bir mülteci, "bu okullarda eğitim dilinin Arapça olmasından halinde çocuklarını bu okullara göndermeyi tercih edeceklerini ifade ediyor. "

Son olarak, kurumsallaşamama sorunundan bahsedilebilir: Örneğin, Görüştüğümüz birçok Suriyeli Göç İdaresi biriminde kadrolu ve daimi Arapça Tercüman bulunmadığından dolayı işlerinin çok zorlaştığından söz ediyor. Bu durumda bürokrasinin meseleyi takip ederken her ne kadar motivasyonu yüksek bir enerji harcıyor görünse de, işin gereğini yapmakta yavaş davrandığı durumlardan söz edilebilir.

Özellikle kamp içinde yaşayan ve kamp dışında yaşayanların eğitim yaşantılarındaki farklılaşmalar ve sivil toplum kuruluşları, belediyeler, müftülük, diyanet gibi birimlerin eğitim sorunlarını hafifletmeye yönelik kısa vadede ihtiyaç giderici alternatif girişimleri de Suriyelilere yönelik eğitim faaliyetlerini daha da çeşitlendirmekte ve sorunun kontrol altına alınmasını bir anlamda zorlaştırmaktadır. Bu bağlamda, Türkiye'deki Suriyelilerin eğitimi ile ilgili bir koordinasyon biriminin oluşturulması ve kentlerde yürütülen eğitim faaliyetlerinin bu birim tarafından koordine edilmesi kaçınılmaz görünmektedir.

Bu sorunlara paralel biçimde, bir de eğitimin niteliğini doğrudan etkileyecek müfredat sorunu var. Sadece Suriyeliler için hazırlanacak ve Suriye müfredatına uygun bir müfredatın mı? işletilmesi yoksa Suriyelilerin sosyo-kültürel ve tarihsel özelliklerini dikkate alan bir ders programı ile kaynaştırılmış eğitim müfredatımı mı? işletilmesi önemli bir tartışma alanı gibi gözükmektedir. Eğitim dili de okul ve müfredat gibi bir diğer tartışma alanı olarak karşımıza çıkmaktadır. Kalıcı olma ihtimali yüksek Suriyelilerin eğitim dilinin Arapça mı? olacağı, Türkçe mi olacağı ya da Arapça ve Türkçenin birlikte mi kullanılacağı da bir diğer tartışma ve sorun olarak durmaktadır. Bu konudaki Eskişehir'deki mültecilerin önemli bir kısmı her iki dili de öğretilmesi gerektiği konusunda görüş bildirmektedir.

Okul, müfredat ve dil gibi meselelerle sıkı sıkıya bağlı olan önemli bir diğer mesele de öğretmenlerdir. Öğretmenlerin müfredat ve dilde alınacak kararlar doğrultusunda ek bir eğitime tabi tutulması kaçınılmaz görünmektedir. Suriyeli öğretmenlerin özellikle Türkçe konusunda yoğun bir eğitim sürecinden geçirilerek eğitim faaliyetlerine hazır hale getirilmesi ve Türkiye'de lisans eğitimi sırasında Arapça eğitimi almış öğretmen ve öğretmen adaylarının Suriyelilere yönelik sunulacak eğitim hizmetlerinde aktif rol oynaması bir başka öneri olarak geliştirilebilir.

Ayrıca savaş ve göç gibi travmatik bir sürecin mağduru olan öğrencilerin eğitim sürecinde psikolojik olarak desteklenmesine (sosyolog, psikolog ve rehberlik öğretmenlerinden oluşan birimlerce) yönelik olarak hizmetlerin de eğitim faaliyetlerine dahil edilmesi elzemdir.

Eskişehir'de görüştüğümüz bir Suriyeli üniversite öğrencisi Cihat özellikle içinde bulundukları durumun travmatik bir deneyim olduğunu şu sözlerle vurguluyor: "Biz normal değiliz, kimse bizden normal olmamızı beklemesin. Bizim bütün her şeyimiz Suriye'de kaldı ve biz hiç bir şeyi geri getiremiyoruz."

Suriyelilerin Eğitimi ve Bütünleşme Politikaları Hakkında Bazı Fırsatlar ve Meydan Okumalar

Suriyeliler, tıpkı diğer toplumlar gibi, demografik, sınıfsal, etnik ve mezhepsel olarak çok farklı gruplardan oluşan bir toplum. Suriyeliler ile ilgili herhangi bir analiz işe, her açıdan heterojen olan Suriyelilerin her bir kesiminin kendilerine özgü sorunları olduğunu kabul ederek başlamalıdır.

157

Eskişehir'de şimdiye kadar ulaşabildiğimiz Suriyeliler en azından şimdilik, üniversitedeki öğrenciler hariç, en alttakiler. Önemli bir kısmı Roman kökenli insanlar. Bu kişilerin günlük geçim kaygıları, tümüyle eğitim vb. ihtiyaçların önüne geçmiş durumda. Eğitime sıra hiç gelemeyebilir. Çoğu tarım işiyle uğraşıyor. Ekmek kavgasındalar. Erenköy'deki yaklaşık 1500-2000 kişilik Suriyeli grubun bağlantı noktası bir cami imamı, bütün gündelik işlerini bu cami imamı üzerinden yürütmeye çalışıyorlar. Bakkala borç yazdırma, borçların ödenmesi vb. cami imamı üzerinden gerçekleşiyor. İmam da gönüllü hayırseverler üzerinden bir kaynak yaratmaya çalıştığını söylüyor. Özeti, sistematik ve kurumsal bir ağ bazen çok sınırlı bazen de söz konusu bile değil. Yapılan görüşmelerden anlaşıldığı kadarıyla, Suriyelilere sunulan kurumsal destek; sistematik ve sürdürebilir araçlarla sunulmuyor.

Mevcut durumda Suriyeliler eğitimi ve toplumla bütünleşmelerine yönelik politikalar konusunda en az beş temel meydan okuma ile karşı karşıya bulunuyoruz.

İlk meydan okuma, eğitime erişimle ilgili: Eğitime erişimi olumsuz etkileyen faktörler: ekonomik zorluklar ve yoksulluk, dil (Türkçe) engeli, kültürel alışkanlıklar, yasal presedürlerin yeterince bilinmemesi, okullarda ayrımcılığa uğrama endişesi vb. olarak ifade edilebilir.

İkinci meydan okuma; eğitime erişemeyen çocukların akıbetiyle ilgilidir. Çocuk işçiler, çocuk gelinler ve daha istisnai olarak radikal grupların çocukları kazanması sorunu. Çocuk işçilerin Emek piyasasının enformel kıskacında güvencesiz, düşük ücretle, sağlıksız, zor çalışma şartlarında çalıştırılması; Kız çocuklarının ataerkil sistemin kıskacında ikinci eş olmaya, zorla evliliğe mecbur bırakılmaları ve daha istisnai olmakla bilrikte geleceksizlik fikrinin egemen olduğu bir ortamda radikal grupların kucağına itilen çocukların bu alanlarda yaşadıkları istismar, sömürülme, savaşçılaştırılma ve kararan hayat deneyimleri. Son olarak, eğitime erişemeyen çocukların sokakların acımasız hayatına terkedilmesi, dilencilik yapmaları..

Üçüncü meydan okuma; Müfredat ve eğitimin niteliği sorunu olarak tarif edilebilir ki Suriyeli göçmenlere sunulacak müfredat konusunda hala ciddi kafa karışıklıkları var.

Dördüncü meydan okuma; Eğitim konusunda yerel ve uluslararası STKlar arasındaki işbirliği ve uyum sorunu. Eğitim alanında ve başka alanlarda Suriyelilere yardım meselesi sadece bazı (inanç temelli) STK'ların himayesinde yürütülmektedir. Başka bazı özellikle uluslararası kuruluşlara ciddi bürokratik zorluklar çıkarıldığı rapor ediliyor.

Yardım faaliyetlerinin ağırlıklı olarak bazı gruplarca yürütülüyor olmasının sosyolojik sonuçları hakkında şimdiden bir akıl yürütme yapılamaz belki ama bu alanın daha kontrollü ve kapalı devre çalışan mekanizmalarının daha çok inanç temelli STK'lara açık tutulduğunu tespit etmemiz gerekiyor. Önemli kuruluşların raporlarına göre, ulusal ve uluslararası bazı kuruluşların katı bürokratik engelleri aşmaları gerekiyor yardım faaliyetleri yürütebilmek için. Mülteciler ve beraberindeki insani kriz, sadece Türkiye'nin sorumluluğunda değil. Bu, tartışmasız, uluslararası bir sorun. Ancak Türkiye'ye göre, bu dayanışma düzeyi, arzulanan seviyenin çok gerisinde.

Buna paralel olarak bürokrasinin ve siyasilerin kullandığı dil ve argümanlar ise daha fazla yük paylaşımını ve dayanışmayı mobilize etmeye yardımcı olacak gibi görünmüyor. Bu açıdan hükümetin suçlayıcı-kınayıcı dilden çok daha yapıcı ve aynı zamanda daha gerçekçi bir argümana geçmesi, daha kritik bir hâle gelecek.

Beşinci meydan okuma; Suriyeli göçmenlerin varlığının Türkiye toplumunu çokkültürlü bir toplum olma yolunda daha spesifik olarak da eğitimin çokkültürlü bir müfredata kavuşturulması noktasında bir fırsata dönüşüp dönüşmeyeceği meselesidir.

Tepkisel Kimlik Oluşumu: Sosyolojik Süreçler ve Riskler

Göç ile göçmen davranışları hakkında genel bir eğilimden söz edebilmek her ne kadar zor görünse de göçmenlerin ev sahibi toplum tarafından bu toplumun bir parçası olarak görülmemesi ve göçmenlerin ekonomik, sosyal ve kültürel alanlarda ciddi bir sosyal dışlanma ile karşılaşmaları; göçmen çocuklarının eğitimdeki başarısızlık kısır döngüsü ve buna bağlı olarak gelişen işsizlik sorunları; işyerinde ve emek piyasasındaki karşılaştıkları ayrımcılıklar; sosyal ve kültürel yaşamda kabul görmemeleri ve yabancı düşmanlığına maruz kalmaları vb. nedenler göçmenlerin dinsel ve etnik kimliklerine daha fazla sarılarak tepkisel bir kimlik inşa etmelerinin temel nedenleridir. Göçmenler, eğitim ve istihdam alanındaki sorunlara ek olarak bir de toplumsal kabul sorunu yaşarlarsa, kimliklerine sarılıp tepkisel bir inşa sürecine girmek neredeyse tüm göç hikayelerinde ana akım bir eğilimdir. Göçmenler ve onların göç edilen ülkede doğmuş olan yeni nesil çocukları bulundukları toplumun asli vatandaşları olarak görülmüyor ve bu konuda ciddi bir kabul sorunu yaşıyorlar ise tepkisel kimlik oluşturabiliyorlar. Bu yüzden, bazı durumlarda göçmen gençlerin çoğu kendilerini siyasal, etnik, dinsel veya müzik gruplarının içlerinde tanımlayan bir kimlik ediniyorlar ve bu kimlikleri oluşturan temel parametre toplumda kabul görmeme, onaylanmama hissi ve duygusu aslında. Ev sahibi toplum tarafından o toplumun bir vatandaşı olarak kabul edilmeme durumu, çoğu zaman göçmenlerin kimliklerinin daha tepkisel ve protest bir kimlik haline bürünmesini sağlıyor. Bu durumu sosyolog Alejandro Portes ve Ruben Rumbaut (2001), 'tepkisel kimlik oluşumu' olarak adlandırmaktadır.

Göçmen topluluğun etnik veya dini kimliklerine sıkıca bağlanıp etnik azınlık haline gelmesi göç sürecinin otomatik sonucu olmayıp, toplumdaki dışlama mekanizmalarına bağlı olarak yerleşik göçmenlerin marjinalleşmesi sonucu ortaya çıkar (Toksöz, 2006). Tekrar edecek olursak; göçmenlerde kendi grup aidiyetlerine, dinsel ve etnik kimliklerine güçlü bir bağlılığın gelişmesine tepkisel kimlik oluşumu adını verebiliriz. Göçmenlerin etnik veya dini kimliklerine sıkıca bağlanıp, tepkisel kimlik edinmelerini ve radikalleşmelerini sağlayan nedenleri şu şekilde sıralayabiliriz: Göçmenlerin ev sahibi toplum tarafından bu toplumun bir parçası olarak görülmemesi ve göçmenlerin ekonomik, sosyal ve kültürel alanlarda ciddi bir sosyal dışlanma ile karşılaşmaları; Göçmen çocuklarının eğitimdeki başarısızlık kısır döngüsü ve buna bağlı olarak gelişen işsizlik sorunları; Emek piyasasındaki karşılaştıkları ayrımcılıklar; Sosyal ve kültürel yaşamda kabul görmemeleri ve yabancı düşmanlığına maruz kalmaları onları potansiyel olarak toplumun kıyısına ve radikalleşmeye yöneltebilecek sosyolojik süreçlerdir.

Suriyeli göçmenlerin çocuklarının eğitim alanında kitlesel bir başarısızlığı Türkiye'de toplumsal patlamalara ve krizlere yol açacaktır. Peki, göçmenlerin eğitimdeki başarısızlıkları neden bu kadar önemli bir sorundur? Çünkü eğitimdeki bu başarısızlık durumu göçmenlerin bu toplumlardaki yukarıya doğru hareketliliğini ve toplumda kabul edilme düzeyini olumsuz etkilemektedir. Eğitimli insanın toplumda kabul edilmesi, saygın bir konum elde etmesi, toplumda herhangi bir yukarıya doğru tırmanma özelliğinin olabilmesi günümüz dünyasında çok önemli bir sosyal gerçektir. Erenköy mahallesinde görüştüğümüz Suriyeli bir anne bu istihdam eksikliğinin sonuçlarına dikkat çekmektedir: "Bizim çocuklarımızın geleceği belirsiz, hiçbiri doğru dürüst eğitim alamıyor, eğer çalışmasalar bu az Türkçeleriyle nasıl bir eğitim alacaklar. Yarın birçoğu sokak çocuğu olacak, başıboş ve işsiz."

Sonuç ve Öneriler

Öncelikle, Suriyelilerin eşit kabulünü toplumun ajandasına yerleştirebilmek için göçmen karşıtı iklimi ortadan kaldırmakla işe başlamalıyız. Göçmen karşıtı iklimi ortadan kaldırmak için aşağıdaki girişimler desteklenmelidir:

• Öncelikle, göç alan ülkeler demokratik bir toplumu tesis edebilmek için tüm bireylerin eşit fırsatlarla kendilerini geliştirme olanağına kavuşmalarını sağlamalıdır.

• Ancak kendisini kültürcü paradigmalardan kurtarmış bir siyaset kurumu göçmenlere yönelik ayrımcılıkları sonlandırıp, eşit sosyal politikalar inşa edebilir.

• Gündelik dilde ve medyada tekrarlanan hoşgörü, misafirperverlik vb. kavramlar ve anlayışlar yerine, "hak temelli" bir anlayış geliştirilerek göçmenlerin temel haklarının altını çizen ve onlara eşitlik ilkesi içerisinde davranılmasını anlatan yaklaşımların medyada ve bürokraside benimsenmesi ve bu yönde bilgilendirme çalışmalarının yapılması oldukça önemlidir.

• Sadece vatandaşlık hakları ekseninde belirlenmemiş, 'küresel işçi sınıfı' bilinciyle göçmenleri her yönüyle kuşatacak ve belki de göçmenlik kavramını hukuksal ve siyasal zeminde ortadan kaldıracak sosyal, kültürel ve politik anlayışlar geliştirilmelidir.

Mültecilerle ya da göçmenlerle yapılan çalışmaların etkili ve güvenli bir biçimde sürdürülmesini sağlamak amacıyla, personele psikolojik destek verilmelidir.

Türkiyeli, Suriyeli ve uluslararası STK'lar arasında koordinasyon sağlanmalı ve hem sahada yürütülen farklı alanlardaki çalışmaların hem de teknik bilgilerin paylaşılacağı bir platform oluşturulmalıdır. Türkiye özellikle mülteci kampı dışında yaşayan ve acil yardıma muhtaç mültecilere verilen desteği genişletmek için Türkiye'de çalışmak isteyen uluslararası STK'lara uygulanan kayıt sınırlamalarını hafifletmeli. Aynı zamanda hükümet, yerel ve uluslararası STK'lar arasındaki işbirliğini destekleyecek yollara başvurmalı.

Türkçe eğitim veren okulları tamamlayıcı ve destekleyici nitelikte olan ve Arapça eğitim veren Geçici Eğitim Merkezleri'nin amacı yeniden tanımlanmalı ve müfredat güncellenmelidir.

Fiziki altyapının iyileştirilmesinin yanı sıra, öğretmenlerin psikolojik olarak etkilenmiş çocuklarla çalışma ve ikinci dil olarak Türkçe'yi öğretme kapasitelerinin arttırılması da öncelikli konular arasında olmalıdır. Yaşça daha büyük olan Suriyeli okul çağındaki çocukların resmi eğitim sistemine dahil edilebilmeleri için hızlandırılmış kurslara, takviye derslere ihtiyaç duyulmaktadır.

Şu anda, devlet okullarında anadili Türkçe olmayanlar için düzenlenmiş örgün veya sistematik herhangi bir destek bulunmuyor. Suriyeli çocukların eğitime yerleştirilmesine yönelik mevcut çabalar, mültecilere Türkçeyi yabancı dil olarak öğretmek için bu konuya odaklanan nitelikli eğtiim materyalleri gerekiyor. Türkçeyi yabancı dil olarak öğreten bir müfredat ve programa acilen ihtiyaç var. Mülteci gençlerin ve çocukların, eğitim dilinin Türkçe olduğu devlet okullarına gidebilmeleri için "özel okuryazarlık programları ve telafi dersleri [yapılması] son derece acil bir ihtiyaç.

Hoşgörü ve sosyal kaynaşmanın temellerini atabilmek için mülteciler ve göçmenlerle ilgili konular, ulusal müfredat kapsamına dahil edilmelidir. Müfredat çoğulcu ve çokkültürlü bir pradigma ile insan hakları perspektifiyle yeniden inşa edilmelidir. Üniversitelerde mülteci hakları, göç yönetimi, insani yardım ve sosyal koruma konularında dersler verilmeli ve böylelikle bu konularda uzmanlaşma ve mesleki eğitim sağlanmalıdır.

Suriyeli üniversite öğrencilerinden Cihat şöyle diyor: Suriyeliler için okullar açılması ve Suriyeli eğitimcilere burada ders verme imkânının sağlanması, Suriyelilerin açtıkları okulların desteklenmesi ve resmiyet kazanması gerektiğini söylüyor. Cihat, öğrencilerin Türkçe öğrenmesine yönelik çalışmalar güçlendirilmeli ve yaşadıkları travmalara karşı öğrencilere psikolojik destek sağlanmalı, bunlar en öncelikli konular olmalıdır, diyor.

Son olarak, mültecilerin ya da göçmenlerin toplumla bütünleşmeleri hususunda akıldan çıkarmamamız gereken bir noktanın altını çizmek gerekiyor. Hiçbir uyum tek taraflı olarak gerçekleşmez. Çoğunlukla uyum denildiğinde, azınlığın değişmek suretiyle değişmez olduğu varsayılan çoğunluğa eklemlenmesi anlaşılmaktadır. Halbu ki uyum çift taraflıdır ve uyum sürecinde en az iki tarafın varlığı söz konusudur ve azınlık bu süreçte değişirken çoğunluk da değişmektedir. Bu değişim, her iki taraf açıdan da bakıldığında kendini dilde, kültürde, demokraside, normlarda, demografik yapıda, inavosyon süreçlerinde ve daha pek çok alanda gösterir (Kaya, 2014).

Toplumdaki göçmenlere yönelik olumsuz tutumların dönüştürülmesi için kısaca şu tür önlemleri almak ve hayata geçirmek gerekiyor: Toplumdaki bireylerle, göçmenlerin birbirleriyle etkileşime girebilecekleri, temas edecekleri ve alışverişte bulunacakları toplumsal alanların ve mekânların genişletilmesi ve çoğaltılması gerekiyor. Çoğunluğun tahakkümü yerine, toplumsal grupların birbirlerinden öğrenebilecekleri imkânları azamiye çıkarmak gerekir. Farklılıkların altını çizmek yerine kurulabilecek ortaklıklar üzerine kafa yormak ve kimliksel sınırları muğlaklaştırmak gerekir. Kurumsal ayrımcılıktan sakınmak için bürokratik mekanizmalara sürekli olarak farklılıklarla temas, yabancı insanların farklılıklarını kabul edebilecek bir diyalog anlayışını yerleştirmek gerekiyor. Göçmenler ve çoğunluk toplumu arasında hem bireysel hem de grup düzeyinde sosyal ve kültürel temasların arttırılması için çeşitli projeler teşvik edilmelidir. Toplumsaki bireylerin, göçmenlerle kültürel olarak karşılaşabilecekleri tüm imkanlar düşünülmeli, gerektiğinde bireysel ve grup olarak karşılaşmaları, birlikte vakit geçirmeleri ve tanışmaları sağlanmalıdır. Göçmenlerin temel haklarını eşitlik ve ayrımcılık karşıtı bir anlayışla güvence altına almanın önemini tüm bürokrasi, siyaset kurumuna benimsetmek gerekir. Kimlik merkezli değil, insan merkezli yaklaşımlarla insanların ortak sorunlarına ortak çözümler geliştirmek gibi bir perspektif benimsenmelidir: Örneğin, insan hakları paradigmasının temel göstergeleri olan herkesin eğitim ve sağlık hizmetlerinden nitelikli bir şekilde yararlanmasının temel hak olduğu, sağlıklı bir çevrede ve konutta barınma hakkının olduğu, iyi bir iş ve meslek sahibi olmanın herkesin ihtiyacı olduğu vurgusu öne çıkarılmalıdır. Göçmenlerin istihdam koşullarının titizlikle düzenlenmesi, emek piyasasında karşılaşabilecekleri ayrımcılıklara karşı yasal önlemlerin alınması ve istihdam edilebilirliklerinin artırılması için gerekli önlemler alınmalıdır.

Kaynakça

Castles, S. ve Miller, Mark, J. (2008). *Göçler çağı: Modern dünyada uluslararası göç hareketleri*, İstanbul: Bilgi Üniversitesi Yayınları.

Ihlamur-Öner, S. G. (2012). Göç çalışmalarında temel kavramlar. (Ed. Ihlamur-Öner, S. G. ve N. Aslı Şirin-Öner) *Küreselleşme Çağında Göç: Kavramlar, Tartışmalar*, İstanbul: İletişim. ss. 13-29.

İçduygu, A. (2015). "Türkiye'ye Yönelen Düzensiz Göç Dalgaları İçinde Transit Göç," (Ed. M. Murat Erdoğan ve A. Kaya) *Türkiye'nin Göç Tarihi: 14. Yüzyıldan 21. Yüzyıla Türkiye'ye Göçler*. İstanbul: Bilgi Üniversitesi yy. s.277-295.

Kaya, A. (2014). Türkiye'de göç ve uyum tartışmaları. *İdeal Kent Dergisi Göç Özel Sayısı I*, sayı: 14., ss.11-29.

Kirişçi, K. ve Karaca, S. (2015) "Hoşgörü ve Çelişkiler: 1989, 1991 ve 2011'de Türkiye'ye Yönelen Kitlesel Mülteci Akınları," (Ed. M. Murat Erdoğan ve A. Kaya) Türkiye'nin Göç Tarihi: 14. Yüzyıldan 21. Yüzyıla Türkiye'ye Göçler. İstanbul: Bilgi Üniversitesi yy. s.295-315.

Papastergiadis, N. (2000) *The Turbulence of Migration: Globalization, Deteritorialization and Hybridity.* Cambridge: Polity Press.

Portes, A. ve Rumbaut, R. G. (2001) *Legacies: The Story of the Immigrant Second Generation.* Berkeley: California University Press.

Sirkeci, İ. ve Yüceşahin, M. (2014) "Türkiye'de Göç Çalışmaları," *Göç Dergisi*, cilt 1(1): s. 1-10.

Toksöz, G. (2006). Uluslararası emek göçü, İstanbul: Bilgi Üniversitesi Yayınları.

Unutulmaz, O. K. (2012). Gündemdeki kavram: Göçmen entegrasyonu-Avrupa'daki gelişimi ve Britanya örneği," (Ed. Ihlamur-Öner, S. G. ve N. Aslı Şirin-Öner) Küreselleşme Çağında Göç: Kavramlar, Tartışmalar. İstanbul: İletişim. s. 135-161.

Bölüm 13. E. Auerbach'ın İstanbul Yılları: Mimesis'in Yazarı ve Türkiye'nin Hümanist Reformu

Gülnihal Gülmez [1]

Giriş: Darülfünun'dan İstanbul Üniversitesine

Üniversitenin ülkemizdeki gelişimi her zaman sancılı olmuştur. Osmanlı devletinin modernleşme projesine uygun olarak, öncelikle Batı'daki teknolojik gelişmelerin gerektirdiği becerileri öğrencilere kazandıracak yükseköğretim kurumları kurulmuştur (Mühendishane, Tıbbiye, Harbiye, vb.). Tanzimat sonrasında ise, Batı'daki örnekleri gibi, eğitim verme, araştırma yapma ve bilgi üretme işlevlerini birlikte üstlenen bir üniversite düşüncesine dayalı girişimler sonucunda, 1900 yılında Darülfünun kurulmuştur. Sonraki yıllarda sık sık eleştirilere konu olan Darülfünun'un geliştirilmesi ve verdiği eğitim düzeyinin yükseltilmesi için birçok düzenlemeler yapılmış ama bu düzenlemelerden istenen sonuç alınamamıştır (Bermek, 2007, s. 8).

Kurulduğunda "gerçek bir üniversite değil, sadece bir yüksek meslek okulu niteliği" taşıyan, "bir üniversitenin en temel niteliğini oluşturan" bilim üretme ve yayma faaliyetlerinin önemine ilk kez 1912 tarihli nizamnamesinde yer verilebilen Darülfünun, bilimsel ve mesleki uzmanlaşma düzeyine "ancak Cumhuriyet döneminde, 1923-1933 yılları arasındaki çabalarla" ulaşabilmiştir. (Bahadır, 2007. s. 55) Ne var ki, 1919 Nizamnamesi ile bilimsel özerkliğe kavuşmuş olan ve rektörünü kendi belirleyen bir Darülfünun devralan Cumhuriyet Türkiye'sinin (Bahadır, 2007, s. 55) bu kurumdan beklentileri çok daha yüksektir.

Son 33 yıllık tarihi boyunca "reform istek ve girişimlerinin asla eksik olmadığı" (Bahadır, 2007, s. 70), "yöneticilerini de, ülkenin diğer entelektüel kesimini de, kendi öğretim elemanlarını da tatmin etmekten uzak kalan" (Bahadır, 2007, s. 55) Darülfünun'un, 1929 yılında sunduğu "kendi ıslahat projesini erteleyen" hükümet, "geniş kapsamlı bir reform programını" (Bahadır, 2007, s. 60) gündemine almıştır bile. Bu çerçevede, 1931 yılından itibaren, yükseköğretim sisteminin yenilenmesi yönündeki çalışmaları yürütecek bir komisyon oluşturulmuş ve aynı yıl Darülfünun'un durumunu incelemesi ve iyileştirme önerileriyle birlikte bir rapor hazırlaması için Cenevre Üniversitesinden Profesör Albert Malche Türkiye'ye davet edilmiştir.

Albert Malche, 1932 yılında sunduğu raporunun son bölümünde, amacının "İstanbul Darülfünunu milli kültür ve modern bilim için yüksek bir makam haline nasıl dönüştürülebileceğini göstermek" olduğunu belirtmekte ve şöyle devam etmektedir (Bahadır, 2007, s. 65):

> Son bir defa tekrar ediyorum ki, meselenin merkezi, bilimleri artık sabit olup, nakli ile görevli bulunulan vahdetler şeklinde değil, lakin zihni melekeleri yaratıcı tarzında telakki eylemektir. Darülfünun, bilimsel zihniyeti yaratmakla yükümlüdür ve bunun dışında selamet yoktur. Bu zihniyet ise kendilerini şahsi araştırmalar karşısında bulundurmak suretiyle talebeler tarafından kuvvetli ve azimli bir gayret sarf edilmesini temin sayesinde ve sadece bu sayede gelişir. Raporumda her şey bu şarta bağlıdır ve bu olmadan gerçek bir darülfünun, gerçek bir fikri faaliyet yoktur.

Malche'ın raporunda "meselenin merkezi" olarak sunulan düşünceyi, İstanbul Üniversitesi rektörü Cemil Bilsel'in 1936 ders yılı açılış konuşmasında da (Erichsen, 2007, s. 308) bulmamız, reformun esas düşüncesini özetlemek açısından önemlidir:

---

[1] Prof. Dr. Gülnihal Gülmez, Anadolu Üniversitesi, Fransız Dili Eğitimi ABD. ggulmez@anadolu.edu.tr

Yirminci asır üniversitesinde araştırma yapılmalı, deneysel bir bilim anlayışı yerleştirilmeli ve Cumhuriyet'te yayılması sağlanmalıdır; öğretim araştırmaya dayandırılmalıdır; üniversite hocası kendini "ilmi ve ameli" çalışmalara vermeli, öğrencisi ile birlikte araştırmalı, böylece onda arama ve çalışma hevesi uyandırmalıdır.

Sonunda, bilimsel kimlikleri tartışılamayacak birçok hocanın varlığına rağmen, Darülfünun kadrolarının yükseköğretimde gerek duyulan bu atılımı gerçekleştiremeyeceği gerekçe gösterilerek 31 Temmuz 1933'de Darülfünun kapatılmış, üniversite özerkliği de kaldırılmış, 1 Ağustos'ta İstanbul Üniversitesi adıyla da kurulan yeni üniversite Maarif Vekâletine bağlanmıştır.

Burada kısaca hatırlatmak gerekirse, Prof Malche'ın Darülfünun'a karşı "oldukça objektif ve özenli bir tutum içinde" olmasına karşın, özellikle Kadro dergisi yazarları ve kısmen de Maarif Vekili Reşit Galip "Darülfünun'u daha çok Türk inkılabının ideolojisini hazırlama ve yaymadaki eksikleri noktasından eleştirmektedir" (Bahadır, 2007, s. 71). Bazı çevrelerde açık ya da kapalı biçimde ileri sürülenin aksine, "Türk modernleşmesinde ve ulus oluşumunda temel rolü bilime" vermiş olan Atatürk'ün bu konudaki eleştirileri ise, doğrudan doğruya Darülfünun'un "bilim üretmekteki yetersizlikleri" noktasına odaklanmaktadır.(a.y.)[i]

Darülfünun'un kapatılmasıyla birlikte "240 öğretim üyesinden 157'si" görevlerinden uzaklaştırılmış ve profesörler düzeyinde daha da düşen bir oranla, "yaklaşık üç öğretim üyesinden sadece biri yeni üniversiteye girebilmiştir" (Bahadır, 2007: 72). Siyasi ortamın da etkisiyle, oldukça sert ve bilimsel liyakat ilkesine uyulmadığı durumlarda haksız bir tasfiyeye dönüşen bu görevden almalarla (Dölen, 2010, s. 79-145) ortaya çıkan kadro açığı, 1927'den başlamak üzere her yıl düzenli olarak yurtdışına gönderilmiş öğrencilerden (Demirtaş, 2008, s. 165) öğrenimini tamamlayarak dönenlerle ve Osmanlı'dan beri gelen olduğu üzere, yabancı bilim adamlarıyla kapatılmaya çalışılmıştır.

1. Faşizmden kaçan Alman Akademisyenlerin İstanbul Üniversitesine Gelişi

Yabancı profesörlerin bulunması için de yardımı istenen Malche, "belirli kültürel ve politik etkileri yeni üniversiteden uzak tutabilmek için, her milletten küçük profesör gruplarını görevlendirmeyi arzu ediyordu" (Widmann, 1981, s. 38). Ancak yeni üniversitenin açılışına çok kısa bir süre kalmışken bu hiç de kolay değildir. İşte bu sıkışık dönemde, Zürih'te kurulan Notgemeinschaft deutscher Wissenschaftler (Alman Bilim Adamları Yardım Cemiyeti) temsilcisi Profesör Philipp Schwartz, Malche ile ilişki kurar ve temmuz ayı başında Türkiye'ye gelerek cemiyeti aracılığıyla çok sayıda üstün nitelikli Alman profesörün İstanbul Üniversitesinde görev alabilmesi için görüşmeler gerçekleştirir. Aralarında nasyonal sosyalizmin düşmanları sayılan liberaller, sosyalistler ve komünistler de bulunmakla birlikte, esas olarak Yahudi soyundan geldikleri ya da bir Yahudi'yle evli oldukları için üniversitelerdeki kürsülerinden kovulan bilim adamlarıdır bunlar. "Fransa'ya, ABD'ye ve İsviçre'ye göç eden ve çoğu acı bir yoksulluk içinde yaşayan göçmenlerin aksine Türkiye'de Yahudi bilimcilere işgücü olarak ihtiyaç duyuluyordu" (Vialon, 2010: 21). Alman Eğitim Bakanlığıyla iletişime geçmeye gerek kalmadan sağlanan bu entelektüel göçü "Batılılaşmış ama bağımsız bir eğitim sistemini kalıcı kılmak isteyen Türklere gayet uygun görünüyordu" (Konuk; 2011, s. 99). Benzer şekilde, göçmen profesörlerin temsilcisi Profesör Philipp Schwatz da bu gelişmelere büyük önem vermektedir:

Mustafa Kemal... ve arkadaşları Türk halkının yeniden doğuşu için fevkalade planlar yapmışlar; ama bunları nasıl uygulayacaklarını bilmiyorlar. Ama bir tesadüf, tarihin tuhaf bir sapması bu planların gerçekleşmesine olanak sağladı: Yüzyıla yayılan bir geleneğin, bilim insanlarının ve araştırmacıların seçme ürünlerini beraberimde getirdim. Ait oldukları dünyanın bariz çöküşünden sonra, yerine getirecekleri görevle artık burada kabul görebilirler (Schwartz, Notgemeischaft, s. 50. Aktaran: Konuk, a.y. dipnot 50)

İstanbul Üniversitesi tarafından hemen işe alınan kırktan fazla sığınmacı Alman ve Avusturyalı akademisyen arasında, sadece bilim üretmeye devam edebilmek için değil, hayatta kalabilmek için Türkiye'yi zorunlu bir sürgün yeri olarak tercih etmiş olanlar bulunabilir elbette. Ne var ki, Avrupa kültürünün bu saygın temsilcileri, Rönesans modeli ve hümanizm ile özdeşleşip bilgiyi laikleştirmeyi amaçlayan Türk reformcuların modernleşme ideallerini desteklemiş ve kültürel yenilenmede, yeni bir cumhuriyet nesli yetiştirmede önemli görevler üstlenmişlerdir. Ne de olsa, "Avrupa'da faşizmin kuşatması altında" olan hümanist dünya görüşleri, "ne kadar sorunlu olurlarsa olsunlar (...), Türkiye'de Avrupa kültürünün çekirdeği olarak muhafaza" ediliyordu. (Konuk; 2011, s. 123).

2. İstanbul Edebiyat Fakültesinde Romanistik Kürsüsünün Kuruluşu

Doğu Batı Mimesis adlı kitabında "1930'lar Türkiye'sindeki modernlik kavramının bütünüyle Avrupa ilmine, özellikle de hümanist geleneğe dayandığını" ileri süren Konuk (2011: 1988), Türk reformcuların bunca değer verdikleri laik hümanist ilmin Malche'ın raporunda da *"hakiki bir edebi kültürün* temeli olarak*"* yer bulduğunu, "Fransız edebiyatı, genel dilbilim ve karşılaştırmalı edebiyat kürsüleri olan ve bilhassa düşünce tarihine odaklanan bir edebiyat fakültesi tahayyül" eden İsviçreli bilimcinin, "yazdığı raporda aklın rafine edilmesi bakımından beşeri bilimlerin önemini" vurguladığını ve "üniversiteye filoloji bölümleri kurabilecek bir dilbilimciyi işe almayı" önerdiğini hatırlatır (a.g.y., s. 102).

Malche'in önerisine uygun olarak, İstanbul Üniversitesi Edebiyat Fakültesinde yeni kurulan "Garp Filolojileri" kürsüsüne, Yahudi kimliği yüzünden Köln Üniversitesi'ndeki görevinden uzaklaştırılan Avusturyalı ünlü dilbilimci, Romanolog ve karşılaştırmalı filoloji uzmanı Leo Spitzer'in çağrılması, Türkiye'de filolojinin kurumsallaştırılması işini uluslararası üne sahip bir bilim adamına teslim etmek anlamına geliyordu.

Reform sürecinin ilk üç yılı boyunca Roman filolojisi bölümünün temellerini atan Spitzer, aynı zamanda tüm fakültelerdeki binlerce öğrenciye yabancı dil eğitimi vermesi öngörülen Yabancı Diller Okulu'nun kuruluşuna da çok önemli katkılarda bulundu. Spitzer'in yönetimindeki Romanoloji bölümü, öğrencilere "Fransız sözdizimi tarihinden Ortaçağ tiyatrosuna, 19. Yüzyıl gerçekçiliğinden çeviri, klasisizm ve romantizme kadar her şeyi içeren geniş bir ders yelpazesi", Cervantes, Calderon ve Latince derslerinin yanı sıra Grekçe ve Almanca'yı da içeren bir müfredat sunuyordu. (Konuk, 2011, s. 169). Dil ve edebiyat eğitiminde karşılaştırmalı düşünmeye yatkınlığı sayesinde, ünlü filolog Romanoloji bölümünü disiplinlerarası fırsatların değerlendirildiği bir karşılaştırmalı edebiyat programına dönüştürmüştür (Konuk, a.y.).

3. Auerbach'ın İstanbul'a gelişi

Genellikle, İstanbul Üniversitesinde "daha çok pratiğe dayanan görevler" ve "iyi donatılmış kütüphanelerin eksikliği" nedeniyle, kendi "bilimsel çalışmalarını ilerletmek

165

için pek az imkân bulabildi"ği (Widmann, 1981: 90) vurgulanan Spitzer, Türk Hükümetiyle ilk üç yıllık anlaşma süresinin sona erdiği 1936 yılında, iki yıldır kendisini beklemekte olan John Hopkins Üniversitesine gider.

Spitzer'in önerisi üzerine, onun yerine Marburg Üniversitesindeki işinden uzaklaştırılan Romanist ve karşılaştırmacı Erich Auerbach çağırılır. Bu yıllarda İstanbul Üniversitesi'ndeki kadroların Nazilerin işsiz bıraktığı bilimciler için hâlâ cazip olduğunu Auerbach'ın Walter Benjamin'e mektubundan da çıkarabiliyoruz:

> *Burada [İstanbul'da] tekrar Spitzer'in halefi oldum, kendisi Baltimore'a gitti; bu çözüm yolunu ona, Croce'a ve Vossler'a borçluyum. Hiç de kolay olmadı, çünkü benimle aynı kaderi paylaşan en az yedi kişinin yanı sıra Avrupa'dan pek çok kültür bakanlığı, özellikle de Almanlar ve Fransızlar adaylığımı hoş karşılamamışlardı* (Vialon, 2010, s. 300).

İstanbul'da Auerbach da, Spitzer ve daha pek çok göçmen profesörün yaşadığı Bebek'te, Boğaz'a bakan Aslanlı Konak da yaşamaya başlar. Mektuplarından anlaşıldığı kadarıyla hayat şartlarından memnundur:

> *Ben pek çok açıdan memnun sayılırım. İstanbul, özellikle de Avrupa yakasında oturmakta olduğum Boğaziçi büyüleyici bir güzelliğe sahip; hem de bizim gibi insanların en sevdiği türden, tarih içinde gelişmiş bir güzelliğe. Bu, çoğu harap durumdaki yalılarıyla kıyı boyunca uzanan tepelerden, camilerden, minarelerden, mozaiklerden, minyatürlerden ve kaligrafilerden kaynaklanmıyor sadece, çeşit çeşit giysileri ve hayat tarzlarıyla insanlar, yediğimiz sebze ve balık, kahve, sigara ve Müslüman dindarlığının kusursuzluğunun kalıntıları da var. İstanbul asıl olarak hâlâ bir Helenistik şehir; Arap, Ermeni, Yahudi ve şimdi hâkim durumdaki Türk öğeler birbiriyle kaynaşarak ya da yan yana yaşıyor, bunları birarada tutan da eski Helenistik kozmopolitlik* (Vialon, 2010, s. 304).

Bu İstanbul tasvirine ilişkin olarak, Konuk şu tespitte bulunur: "Kelimenin anlamı zaman içinde değişmişse de, Auerbach 'Helenistik' derken açıkça Batılı olanı kasteder" (2011, s. 33-34). Buradan hareketle de, İstanbul'u genellikle Batı'dan çok farklı bir yer olarak niteleyen Auerbach araştırmacılarının aksine, sürgün filoloğun "bu kent ile Batı Avrupa klasik mirası arasında bağlantı kurduğunu" (a.g.y., s. 89) söyler, "İstanbul'u Helenistik, kozmopolit bir şehir gibi görmesinin, sürgünde kendine bir yer edinmesine olanak sağlamış" olabileceğini savunur ve Auerbach'ın İstanbul'da "kendini aşina olmadığı bir kültürün içinde ama aynı zamanda da evinde bulduğu" (a.y.) düşüncesini benimser. Çünkü der, "1930'lar Türkiye'sinde modernlik kavramı bütünüyle Avrupa ilmine, özellikle de hümanist geleneğe" dayanmaktadır ve "Auerbach hümanizmi aslında tam da Avrupa'dan sürüldüğü bir zamanda yeni yuvasında bulmuştur (a.g.y., s. 88).

4. Auerbach'ın İstanbul'daki yakın çevresi

Saygın selefinin yoktan var ettiği Roman Filolojisi Kürsüsünü 1936 yılının sonundan itibaren geliştirmeyi başaran Auerbach ondan yedi asistan devralmıştır: Spitzer'in aryan asistanı "ve sevgilisi" (Konuk, 2011, s. 81) Rosemarie Burkart, İstanbul'a varışını "Nazilerden önce Almanya'nın son derece entelektüel çevrelerinde var olan koşullara dönmenin Rönesansvari coşkusu" (Konuk, a.y.) diye betimleyen öğrencisi Traugott Fusch, Filoloji Bölümünde öğretim görevlisi ve Yabancı Diller Okulunda okutman olarak çalışan Liselotte ve Hans Dieckmann, Hans Marchand, Eva Buck, ve Heinz Anztock. Daha sonra, Auerbach'ın yardımıyla bu ekibe önce İsviçre'ye göç etmiş bulunan tarihçi Ernst Engelberg, savaştan sonra Amerika'da Türkoloji profesörü olarak çalışacak olan Andreas Tietze, okutmanlar Robert Anhegger, Karl Weiner, Kurt Lauquer de katılmıştı. (Widmann, 2000, s. 170-174). Bu genç mültecilerin yanı sıra, aynı zamanda Spitzer'in öğrencileri de olan Süheyla Bayrav, Nesteren Dirvana, Mina Urgan, Safinaz Duruman, Fikret Elpe, Güzin Dino ve doçent Sabahattin Eyüboğlu ile arkadaşı Azra Erhat gibi yetenekli genç Türkler, Auerbach için "birbirlerine üniversitedeki iş ilişkilerinin ötesinde bir dostlukla bağlı akademik bir çevre" (Vialon, 2010, s. 25) oluşturuyordu.

Auerbach'ın İstanbul'da hazır bulduğu çok özel bir disiplinlerarası entelektüel çevre daha vardır ki, kendisi de bir sürgün entelektüeli olan Edward Said'in sunduğu "Şarkiyatçı bir dünyadaki yabancılaşmış Auerbach" imgesine, "Avrupa ilim gelenekleriyle bağı koparılmış" bir sürgün portresine karşı çıkan Kader Konuk (20011: 87) haklı olarak buna dikkat çeker: "Auerbach İstanbul'a gelene kadar, Alman sığınmacılar dönemin temel sorunlarıyla meşgul olan ufuk açıcı bir akademik topluluk oluşturmuştu bile" (Konuk, 2011, s. 82). "Boğaziçi'ne Sığınanlar"ın (Neumark, 1982) anılarında canlı tuttukları bir "ortak Batı kültürü mirası"nın yanı sıra, göçmenliğin getirdiği sıkıntıların ve özellikle de Avrupa'da yaşananlar karşısında duydukları kaygının da "karşılıklı bir bağlılık hissi yaratması ve entelektüel etkileşimin zeminini oluşturması gayet doğaldır" (Konuk, 2011, s. 84).

5. Auerbach'ın İstanbul'daki akademik çalışmaları

1938 Haziranında Karl Vossler'e yazdığı bir mektupta (Vialon, 2010, s. 309), "Biz burada genel olarak iyiyiz", der Auerbach ve devam eder:

Ülke ve insanlara giderek alışıyoruz, işim meyvelerini vermeye başlıyor ya da bu açıdan umut veriyor, kendi çalışmalarıma vakit bulabiliyorum ve çeşitli zorluklardan kaçınmayı ya da onlarla yaşamayı öğreniyorum. Eğer sürgüne gitmek kaçınılmazsa böyle güzel, baharatlı ve tarih dolu bir şehirden daha iyisi olamaz. Hiç eğilse ABD'den daha iyi, en azından yüreğim için.

Gerçekten de, selefi Spitzer gibi Auerbach da "Romanoloji disiplininin içini farklı bir şekilde doldurarak çok kapsamlı bir Batı Avrupa filolojisi biçimi yaratma" (Konuk, 2011, s. 170) çalışmalarının meyvesini almıştır. Spitzer'in 1936 sonunda hazırladığı ve ilk kez 1937'de yayımlanan *Romanoloji Semineri Dergisi* bu çalışmaların önemli bir simgesidir. Spitzer ve Auerbach'ın yanı sıra diğer sığınmacı ve Türk akademisyenlerin yenilikçi, çok dilli-çokkültürlü ve disiplinlerarası yazılarına yer veren bu derginin önemine Emily Apter şöyle dikkat çeker: " (…) Atatürk tarzı Avrupai hümanizmin, Alman temelli filolojiyi daha sonra Amerika'da beşeri bilimler bölümlerinde kurumsallaştığında karşılaştırmalı edebiyat olarak tanınacak küresel bir disipline dönüştürmekte nasıl kilit bir rol oynadığının ipuçlarını bu dergide görebiliriz (Apter, 2006, s. 43)".

Amacı "öğrenciyi bir konuyu araştırmaya ve topladığı belgeleri düzenli biçimde sunmaya alıştırmak" (Bayrav, Keskin, 2000: 148) olan seminer çalışmaları, metin açımlama tekniğini örnek ebedi metinlere uygulama yöntemi, dilbilimin düşünmeyi yönlendiren bir kılavuz gibi öğretilmesi, klasik ve çağdaş Batı Avrupa dilleri ve edebiyatları eğitiminin benimsetilmesi ve bu amaçla çeviri edimine gerekli önemin verilmesi, Auarbach yönetimindeki Romanistik bölümü öğrencilerinde derin izler bırakmıştır. Örneğin, hocasının 1943 yılında Fransızca olarak kaleme aldığı el yazmalarını *Roman Filolojisine Giriş* adıyla Türkçeye çeviren Süheyla Bayrav bu dönemi, "akademik yaşamının 'muhteşem ve unutulmaz' bir evresi olarak" nitelemiştir (Vialon, 2010, s. 24).

Sonuç olarak, Auerbach'ın Türkiye'deki 11 yıllık sürgün dönemi entelektüel üretkenlik açısından oldukça verimli geçmiş ve yazmayı İstanbul'da tamamladığı ama 1946'da Bern'de yayımlanan baş eseri *Mimesis* kitabıyla taçlanmıştır.

6. Auerbach'ın *Mimesis*'i

Batı Edebiyatında Gerçekliğin Temsili alt başlıklı bu kitap karşılaştırmalı edebiyat tarihinde çığır açıcı bir eser olarak anılırken, melankolik sonsözü de çok çeşitli yorumlara yol açmıştır:

Kitabın savaş yıllarında, İstanbul'da yazıldığını eklemekte fayda var. Kütüphanelerde Avrupa araştırmaları için yeterli kaynak yoktu, uluslararası iletişim sekteye uğramıştı; dolayısıyla neredeyse hiçbir dergiye, yakın dönemde yapılmış araştırmaya, hatta kullandığım metinlerin güvenilir eleştirel basımlarına erişimim olmaksızın çalışmam gerekiyordu... Kuvvetle muhtemel ki kitabımı tam da bu eksikliğe, zengin ve uzmanlaşmış bir kütüphanenin olmamasına borçluyum. Çeşitli konularda birçok çalışmaya erişim imkânım olsaydı, hiçbir zaman yazma noktasına gelemeyebilirdim (çev. Kader Konuk, 2011, s. 204)

Bu sonsöze dayanan yorumlar, genellikle eserin üretildiği ortamla ilgili yanlış ve haksız bir görüşe yol açmıştır. Sürgünü, "yeni eleştirel bilinç biçimleri oluşturmanın bir koşulu olarak" yorumlayan, "kenar mekânı potansiyel olarak verimli bir yer" (Konuk, 2011: 33) gibi gören edebiyat eleştirmenleri, *Mimesis*'in de "1942-1945 yılları arasında, Avrupa dışında, yeterli araştırma malzemesi olmaksızın yazıldığını" ısrarla vurgulayarak, "paradoksal bir biçimde" İstanbul'u "kitap yokluğu sayesinde entelektüel üretkenlik sağlayan bir yer" (a.g.y., s. 204) olarak görmüşlerdir. Belli bir sürgün kuramı çerçevesinde geliştirilen bu düşüncelere karşı çıkan ve kitabının "*İstanbul'da Mimesis'i Yazmak*" başlıklı bölümünde çok kapsamlı bir inceleme sunan Konuk ise (2011, s. 200-244), eserin üretildiği mekâna ve "ulusaşırı entelektüel üretime" yeni bir bakış geliştirir:

Auerbach'ın ortaya attığı ve okurların da nesiller boyu yinelediğinin aksine İstanbul, zengin bir düşünce hayatı, sayısız kütüphane ve daha nice kültürel kaynak sunuyordu. Üstelik yeni Avrupalı kimliğinin getirdiği bir heyecan sarmıştı şehri ve bu da Avrupa tarihini konu alan bir başyapıtın yazılmasına olanak sağlayan bir durumdu aslında. Mimesis'in alımlanışını düzeltmeye çalışırken, Auerbach ve savaş yıllarında İstanbul hakkında, dahası entelektüel üretimin ulusaşırı bağlamda nasıl işlediğine dair pek çok şey öğreniriz. Belki de en önemlisi, Avrupa olan-Avrupa olmayan, entelektüel-entelektüel karşıtı, memlekette bağlanma-sürgünde kopuş gibi ısrarla devam ettirdiğimiz bazı ayrımların siyasi retoriğin bir mübalağasından ibaret olduğunu görürüz. Bu ayrımları sorgulayıp ulusaşırı entelektüel üretimi daha incelikli bir yaklaşımla ele alırsak, daha verimli bir biçimde iletişim kurmamız mümkün olabilir (Konuk, 2011, s. 205).

İstanbul'da yazılan *Mimesis*'te bu şehirden, Türkiye'den, Türk ve İslam edebiyatından, tek bir satırla bile söz edilmemesi ise ayrı bir inceleme konusu olabilir.

7. Amerika'ya Gidiş: Sığınmacılıktan Göçmenliğe

Mektuplarından anlaşılıyor ki, Auerbach kendisini misafir eden ülkede geleceğe güvenle bakamamaktadır. 1938 Mayıs'ında İsviçre'deki bir dostuna şöyle yazar:

(...) Ellerine güç geçtiğinde "kimilerinin" bizi buradan süreceği şüphe götürmez, böyle bir durumda burada da düşmanlar eksik olmayacaktır. Tabii ki bunlardan fazlasıyla var ama şimdilik sesleri çıkmıyor. Gericiler yabancı oluşumuza, faşistler sürgün oluşumuza, anti-faşistler de Alman oluşumuza kuşkuyla bakıyor ayrıca anti-Semitizm de var. Ben de pratikte taşıdığı önem asıl olarak Fransız edebiyat tarihine dayanan bir kürsü sahibi bir Alman. (...) Ama söylemiş olduğum gibi henüz her şey yolunda. İşim genel olarak hoş ve yavaş yavaş gelişme kaydediyor. Her günü kazanılmış sayıyorum (Vialon, 2010, s. 306).

Kuşkusuz, sürgün Alman profesörler hiç aşına olmadıkları bir ülkede kaldıkları kısa ya da uzun sürede, geride bıraktıklarının verdiği acıyla birlikte çok çeşitli zorluklarla da karşılaşmışlardır. Elbette her biri bu zorluklar karşısında farklı tutumlar geliştirmiş, her birinin üniversite reformuna katkıları ve kendilerini davet eden ülkeye karşı tutumları da farklı olmuştur. Çünkü iki yönlü bir deneyim olan sürgün "sadece kayıp ve süreksizlik değil, yeniden yönelim, yerleşme ve hatta yeni aidiyetler de getirir beraberinde."(Konuk: 2011, s. 1999). Örneğin, "bu ülkeye minnet borcum var" diyen dâhiliyeci Frank gibileri savaştan sonra bile ülkelerine dönmemiş; hukukçu Hirsch, iktisatçı ve sosyolog Kessler, yine iktisatçı Neumark, şehirci Reuter, bakteriyolog Braun, dermatolog Petrifi, zoolog Kosswig gibi akademisyenler, Türkiye'den "memleketim", "ikinci vatan", "sevgili Türkiye" diye söz etmiş, "asil Türk halkına" minnet duygularını cömertçe dile getirmişlerdir. Bu akademisyenlerin Türkiye'ye sığınmalarına önayak olan Prof. Schwartz da, 1951'de ülkeden ayrılmadan önce, "İstanbul Üniversitesinin Bugünkü Durumu ve İstikbali" hakkında Türkçe olarak yazdığı ve hükümete sunduğu raporda (Schwartz, 2007, s. 496) yetersizliklere yönelik acı eleştirilerini sıraladıktan sonra, iyileştirme dileklerini genç Cumhuriyet dönemi Türk reformcularının görüşlerine pek de uygun düşen şu sözlerle ifade edebilmektedir:

Bilhassa geri kalmış ve manevi buhranlar geçiren bir memlekette, zaman ve emek israfına meydan vermeden terakki etmek imkânları ancak sağlam ve emin bir ilmî rota takip etmek sayesinde temin olunabilir ki, bunu da tek kaynağı kuvvetli, yaratıcı Üniversitelerin varlığıdır. Bu itibarla Üniversite, Türkiye'miz için milli müdafaa ruhunun en asil müessesidir.

Türk eğitim reformunu başından beri coşkuyla benimseyen patalog Schwartz'dan çok farklı olarak, Auerbach daha sürgünün varış noktası sayılabileçek 1937'de yazdığı bir mektupta (Vialon, 2010, s. 301), Almanya'da aşırı milliyetçiliğin yol açtığı yıkımın bir tanığı olarak, Atatürk'ün devleti Türkleştirme girişimleri konusundaki endişelerini dile getirmiştir:

Büyük şef, sempatik bir otokrat, zeki, cömert ve esprili biri. Avrupalı meslektaşlarından tamamıyla farklı: Bu toprağı bizzat bir ülke haline getirmiş (...) Fakat bütün yaptıklarını bir yandan Avrupa demokrasileri ile diğer yandansa eski Müslüman-Panislamist saray ekonomisine savaş açarak gerçekleştirmek zorunda kalmış;(...) Sonuç: Had safhada bir milliyetçilik ve aynı zamanda tarihsel millî karakterin tahribatı. İtalya ve Almanya ve muhtemelen Rusya(?) gibi öteki ülkelerde henüz herkesin gözüne çarpmayan bu tablo burada bütün çıplaklığı ile ortada.

Auerbach'ın edebiyat eleştirisinde kullandığı yöntem bile geleneğe verdiği önemi gösterir. Öğrencisi Bayrav bu yöntemin özünü, belli bir konuyu, "birçok yazarda ve devirde o konuyu işleyen metinleri ele alıp açıklamasıdır" (Bayrav, Keskin, 2000, s. 151) diye tanımlıyor. Üzerinde çalıştığı metinlerde küçük ama örnek teşkil eden belirtileri çıkış noktası olarak alıp edebi dönemleri kavramaya çalışırken, geleneğin birikimlerini kurtarmayı ve bilinç kazandırmakta kullanmayı amaçlamaktadır. (Vialon, 2010, s. 295): "Bu eleştirel yaklaşımın kurtarıcı yönü aktarılmış bulunanları unutulmanın elinden almasında, bilinç kazandırıcı yönü ise modern olanın antik ve Yahudi-Hıristiyan geleneği olmaksızın anlaşılamayacağını vurgulamasındadır."

Düşünce dünyası bu şekilde işlenmiş bir Avrupalı için Türkiye'nin devrimci modernleşme sürecindeki olağanüstü hızın ürkütücü olması anlaşılabilir elbette.

Öte yandan, İstanbul'daki son yıllarında üniversitedeki ve toplumdaki ilerici atmosferin yok olmaya başlaması da Auerbach'ı tedirgin etmiştir. 1943'te Alman Dışişlerinin marifetiyle kurulan Almanca bölümüne ilk başkan olarak ortaçağ uzmanı Nazi Hennig Brinkmann'ın atanması, savaştan sonra da yine iki Nazi Germanist'in, Gerhard Fricke ve Heinz Heimsoeth'in kadroya alınması, antisemitizmin yükselişe geçmesi, Hasan Âli Yücel'in reformlarının komünizm karşıtı çevrelerin saldırısına uğraması ve Azra Erhat gibi hümanist akademisyenlerin işten atılması gibi gelişmeler Auerbach'ın 1947'deAmerika'ya gidişini açıklayabilir.

Sonuç

Türkiye'deki sürgün döneminin çıkış noktası sayılabilecek Amerika'ya göç kararını aldığı yıl bir dostuna yazdığı mektuptan İstanbul'da geçirdiği on bir yılın sonunda neler başarabildiğini sorgularken, Auerbach'ın şu sonuca vardığını öğreniyoruz (Konuk, 2011, s. 198). "Üniversitede çok şey başardık, fakat daha fazlasını da yapabilirdik; yönetimin belirsiz ve çoğu zaman acemice siyaseti işleri çok zorlaştırıyor ama haklarını vermek gerek, onların işi de kolay değil."

Filoloji geleneğinin büyük ismi Spitzer'in ardından, aynı gelenekten gelen ve karşılaştırmalı edebiyatın başyapıtı sayılan *Mimesis'*in yazarı Auerbach da, İstanbul Üniversitesi Batı Dilleri ve Edebiyatları Bölümünün çekirdeğini oluşturan Romanistik Kürsüsünün gelişmesine ve *Türk hümanizminin parlak isimlerinin yetişmesine çok değerli katkıda bulunmuştur. Amerika'daki göç döneminde yazdığı mektupların özelliği de geride bırakmış olduğu ve "çocuklarım" diye söz ettiği, Mina Urgan, Güzin Dino, Fikret Elpe, Safinaz Duruman gibi öğrenciler hakkındaki soruları ve anılardır* (Vialon, 2010: 24).

Auerbach'ın "Çalışma alanlarına ilişkin taleplerini karşılayan tek öğrencisi" (Vialon, a.y.) *olarak tanımladığı Süheyla Bayrav, hocasıyla son birlikteliklerini şöyle anlatmaktadır:* "1957'de Auerbach bizi, arkadaşlarını, öğrencilerini görmek için İstanbul'a geldi. Bir süre beraber kaldık, dönüşte hastalandı ve bir ay sonra da öldü."

Sonuçta, bilinen şu ki, o öğrenciler Atatürk devrimlerine hep minnettar kalmışlardır.

Kaynakça

Apter, E. (2006). Translatio globale: l'invention de la littérature comparée, Istanbul 1933. Armand Colin/Littérature, 144: 25-55. [Elektronik Sürüm]. Cairn.Info.　　Erişim: 12 Nisan 2017. http://www.cairn.info/revue-litterature-2006-4-page-25.htm

Bahadır, O. (2007). 1933 Üniversite Reformu Niçin Yapıldı? *Türkiye'de Üniversite Anlayışının Gelişimi* (1861-1961), Ankara, Türkiye Bilimler Akademisi, 52-86.

Bayrav, S. & Keskin, F. (2000). Siz misiniz? Burada İşiniz Ne? *Cogito*, 23, YKY, 146-154.

Bermek, E. (2007). Önsöz, N.K. ARAS, E. DÖLEN, O. BAHADIR, *Türkiye'de Üniversite Anlayışının Gelişimi* (1861-1961). Ankara, TÜBA, 7-16.

Demirtaş, B. (2008). Atatürk Döneminde Eğitim Alanında Yaşanan Gelişmeler. *Akademik Bakış Dergisi*, 1(2), 155-176.

Dölen, E. (2010). *Türkiye Üniversitesi Tarihi. Darülfünun'dan Üniversiteye Geçiş*, c. 3, İstanbul: İstanbul Bilgi Üniversitesi Yayınları.

Erichsen, R. (2007). 1933-1944 Alman Bilim İnsanları: Türk Bilimine Katkıları ve Politik Koşulların Etkileri. *Türkiye'de Üniversite Anlayışının Gelişimi* (1861-1961), Ankara, TÜBA, 305-316.

Konuk, K. (2011). *Doğu Batı Mimesis. Auerbach Türkiye'de*, İstanbul, Metis Yayınları.

Neumark, F. (1982). *Boğaziçine Sığınanlar. Türkiye'ye İltica Eden Alman İlim Siyaset ve Sanat Adamları 1933-1945*, İstanbul: İ.Ü. Maliye Enstitüsü Yayınları.

Schwartz, P. (2007). İstanbul Üniversitesinin Bugünkü Durumu ve İstikbali. *Türkiye'de Üniversite Anlayışının Gelişimi* (1861-1961), Ankara, TÜBA, 474-497.

Vialon, M. (2010). *Erich Auerbach. Yabanın Tuzlu Ekmeği*, İstanbul, Metis Yayınları.

Widmann, H. (2000). *Atatürk ve Üniversite Reformu*, İstanbul, Kabalcı Yayınevi.

Bölüm 14. 70'li Yıllardan 2010'lu Yıllara Almanya'ya Dış Göçün Türk Sinemasındaki Yansımaları

Hanife Nâlân Genç[1]

Giriş

İnsanlık tarihiyle koşut olan göç, bireysel veya toplumsal olabilir. Göçün çok farklı sebepleri olsa da insanları göç yapmaya iten en önemli sebep daha güzel, daha esenlikli ve daha rahat bir yaşam arzusudur. XIX.Yüzyılda tarımsal alanlardan sanayi bölgelerine göçün yoğunluk kazanmasıyla bir kırılma noktası yaşanır. Kırsal alanda çalışma olanağı kalmayan İnsanları göçe iten temel sebep yaşama tutunma mücadelesidir. Bu göçler iş bulma amaçlı olmaları sebebiyle 'işçi göçleri' olarak tanımlanabilir. 1950'li yıllarda Türkiye'de kırdan kente göç siyasal, ekonomik ve toplumsal olgularla belirmiş ve tüketim toplumunun tetiklemesiyle de cazip hale gelmiştir.

Türk sinemasında göç olgusu iki biçimde yansımasını bulmuştur. 1950'li yıllarda başlayan göç hareketinin sinemaya yansımaları benzer bir gelişim süreci izlemiştir. 1950 ve 60'lı yıllarda hız kazanan köyden kente iç göç beyaz perdede toplumsal ve kültürel değişimin göstergesi olarak yansıtılmıştır. Türk sinemasında iç göç hareketinin yansıması 60'lı yılları bulmuştur. Bu yıllarda çekilen filmlere Gelin (1973), Düğün (1973), Diyet (1974) üçlemesiyle Gurbet Kuşları (1964) örnek verilebilir. Anadolu'nun değişik il, ilçe, belde, köy ve bölgelerinden iç göç hareketi taşı toprağı altın İstanbul yönüne olmuştur. Çoğunlukla bu kentten ayrık ve kapalı toplum özelliği taşıyan gruplar halinde yaşayan insanlar, İstanbul'da kendi dünyalarını oluşturmakta gecikmemişlerdir. Bu açıdan bu büyük kentte kendi gelenek görenek, yaşam biçimiyle düzenledikleri dünyalarının sınırları içinde kalmışlar ve/veya bırakılmışlardır. Bir bakıma ne kentli olabilmiş ne de köylü kalabilmiş olan bu insanlar yıllarca yaşadıkları kentle de bağ kuramamıştır. Öte yandan, ne bu kente dâhil olabilmişler ne de ondan tümüyle kopup geldikleri yerlere dönebilmişlerdir. Bu büyük kentte kendi küçük köylerini kurmuşlardır adeta. Kırdan kente göç eden bu insanlar köyden farklı, kentten ayrı yeni bir yaşam biçimini benimsemişler veya benimsemek zorunda kalmışlardır. İç göçü konu alan filmlerde bu insanların sorunları gerek kendi yaşantıları, gerekse onları dışlayan kentlilerin bakış açılarından yansıtılmıştır. Bu filmlerin ortak yönleri iç göç olgusunu özellikle kişi ve aileler üzerinden yansıtmalarıdır. Büyük kente göç sorununu ele alan bu filmler kahramanların iş ve özel yaşamlarında karşılaştıkları temel sorun ve çatışmalar üzerinde temellenmiştir.

Dış göç olgusu Türkiye ile Almanya arasında 1961 yılında imzalanan İşgücü Anlaşması'yla başlamış, altmışlı yılların sonunda yoğunluk kazanmış, 1970'li yıllarda ise oldukça artış göstermiştir. Kolat, kırk yıllık süreç dikkate alındığında Almanya'nın bir göç ülkesi olduğu gerçeğini şu bilgilerle ortaya koymaktadır: 1945 ile 2006 arasında Almanya'ya %80'ni göçmen kökenli 36 milyon insan gelmiş ve bu süreç içerisinde 27 milyon insan ülkeyi terk etmiştir. Yani Almanya'nın 5/2'sinin nüfusu değişmiştir (2011: 153). Almanya'ya göç eden Türk nüfusla birlikte sinemaya dış göç hareketinin yansıması gecikmemiştir. Buna koşut olarak da Türk sinemasında göç olgusu iç göçten dış göçe evrilerek farklı bir boyut kazanmıştır. Bu yıllardan sonra Türk sinemasında neredeyse tümüyle dış göç ve onun toplum ve birey yaşamına etkileri irdelenmiştir.

---

[1] Prof. Dr., Ondokuz Mayıs Üniversitesi Eğitim Fakültesi Fransız Dili Eğitimi Anabilim Dalı, ngenc@omu.edu.tr

1980'lerde Almanya'ya göç olgusuna yer veren filmlerin sayısı yoğunluğunu korurken, bu tarihten sonra sayısal olarak bir düşüş gözlemlense de çekilen filmlerde göçle ilgili yansıtılan izlek ve bakış açılarında kimi değişiklikler olmuştur. Almanya'ya dış göç hareketinin 60'lı ve 70'li yıllarda yoğunluk kazanmasının en önemli sebeplerinden biri göçün bu yıllarda başlamış olması ve eş süremli olarak beyaz perdeye yansımasıdır. Bu yıllardan sonraki dönemde Almanya'ya göç olgusunun beyaz perdede hem daha seyrek hem de farklı bakış açılarıyla ele alındığı görülmektedir. Çünkü 1960'lı yıllarda Almanya'ya başlayan göçün imlediği anlam boyut değişmiştir. Giden gurbetçilerin çocukları için Almanya göçle gelinen yer değil, bir anlamda vatan olmuştur. İkincisi ise ilk gurbetçiler ve sonrakiler için bu ülkenin belirttiği anlamın değişime uğramasıdır. Kentleşme kavramıyla birlikte göçle giden insanlar bulundukları yerle bütünleşmiş ve aidiyet duyguları artmıştır. Göç bulunulan yerle gelinen yer arasında uyumu da beraberinde getirmekte ve insanlar bulundukları yere göre davranış ve tutum belirlemekte bu yeni yaşam biçimine uygun biçimde yaşamlarını düzenlemektedirler. Bu düzenleme kimi zaman kişilerin geldikleri geleneksel yapı çerçevesindeki yaşantı ve düşünce biçimini değiştirmekte, kimi zamansa kendilerine ait olmayan yaşantı biçimine yöneltmektedir. Bu yönelme ilk gurbetçilerde uyum sorununu beraberinde getirmekle birlikte ikinci ve daha sonraki nesil için durum değişmektedir. Anavatanla manevi bağlar zayıflamakta ve onlar için vatan olgusu ebeveynlerininkine göre başka bir anlam kazanmaktadır. Çünkü sosyal ve özel yaşam, içinde bulundukları ülke ve kültüre göre düzenlenmiştir.

1960 ve 1970'li yıllarda Türk Sineması'nda ağırlık kazanan Almanya'ya dış göçte, özellikle göç eden kişilerin sorunları mercek altına alınmıştır. Almanya Acı Vatan, 40 m² Almanya, Berlin in Berlin, Duvara Karşı ve Ayrılık gibi filmlerde ağırlıkla ailelerin sorunları üzerinde durulmuş ancak her biri aynı konuyu farklı bakış açılarıyla değerlendirmişlerdir. Bunun yanı sıra, filmlerde ele alınan sorunlar da yıllar içerisinde yaşamın kaçınılmaz olarak getirdiği değişime koşut olarak çeşitlenmiş ve modern yaşamın birey üzerinde etkileri mercek altına alınmıştır. Aslında bu dönem Türk filmleri de dünya sinemasından çok ayrı değerlendirilemeyecek bir nitelik kazanmıştır. Göçün insan yaşamındaki görünür etkilerinden çok, göç sonrası biçimlenen yeni yaşam tarzının kökleşik düzenle uyuşmazlığı ön plana çıkmıştır. Göç edilen yerlere aidiyet duygularını yitiren yeni neslin sorunları artık göçle ilintilenemez olmuştur. Bu yüzden 2000'li yıllar sonrasında beyaz perdede bu insanların göçe dayalı sorunları değil, yalnızlık ve yabancılaşma gibi sorunları yer bulmaya başlamıştır. Bu insanların ait oldukları kökler dışında vatanlarıyla ilişkileri oldukça zayıflamış neredeyse kopma noktasına gelmiştir.

Türk Sineması'nda Dış Göçün ilk Adresi: Almanya

Büyük bir dünya savaşından bitkin çıkmış olan Avrupa yeniden kendini var edebilmek için insan gücüne gereksinim duymuştur. II. Dünya Savaşı'ndan sonra özellikle Batı Avrupa ülkelerine iş gücü göçü yoğunluk kazanmıştır. Bu ülkeler içinde Almanya en fazla göç hareketine sahne olan ülkelerin başında gelir. Bu savaşta milyonlarca insanını kaybetmiş Avrupa ülkeleri ekonomik gelişimleri ve hızla gelişen sanayilerine gerekli olan işgücünü sağlama arayışına girmişlerdir. "Batı Avrupa ülkeleri, bu dönemde ihtiyaç duydukları emek gücünü yerli nüfustan karşılayamayınca, başlangıçta İtalya, İspanya ve Yugoslavya gibi Güney Avrupa ülkelerinden emek gücü ithal etme yoluna gitmişlerdir. 1960'ların ortasına doğru gelindiğinde, Türkiye de Batı Avrupa ülkelerine işçi ihraç eden ülkeler kervanına katılmıştır" (Anık, 2012: 31).

Türkiye'den özellikle Batı Avrupa ülkelerine dış göçün başladığı tarihin 1961 olarak esas alınmasının temel sebebinin Türkiye'yle Federal Almanya arasında imzalanan işgücü anlaşmasının olduğu söylenebilir. Bu anlaşmayla yalnızca Almanya'nın değil, Türk ekonomisinin gelişimi de hesap edilmiştir. Başlangıçta yalnızca ülke ekonomisinin gelişimi için planlanmış olan bu göç hareketi anlaşmanın yapıldığı yıllarda büyük bir hız kazanmış ve daha sonraki dönemlerde göç eden nüfus geçici olmaktan çıkarak yerleşik hale dönüşmüştür.

Belirttiğimiz gibi Türk sinemasında dış göç ağırlıkla 70'li yıllarda başlayıp 2010'lu yıllara kadar süren bir süreçte yansımasını bulmuştur. Bu 40 yıllık süreçte yer alan filmlerde ele alınan konular, bu göçün birey ve toplum yaşamındaki yansımalarının değişimine koşut olarak farklılaşmıştır. Bu açıdan bu süreci onar yıllık dönemler halinde ele aldığımızda filmlerde yansıtılan sorunları daha ayrıntılı ve açık biçimde değerlendirme olanağına sahip olacağımız kanısındayız. Bu dört aşamalı süreç kapsamında Almanya'ya göç olgusuna değinen ilk dönem filmleri arasında Dönüş (1972), Almanyalı Yârim (1974), Almanya Acı Vatan (1979), ikinci dönemde Polizei (1985), 40 m² Almanya (1986) ve Sahte Cennete Elveda (1989), üçüncü dönem filmleri arasında Berlin in Berlin (1993) ve 2000'li yıllardan sonrasını kapsayan son dönem filmleri arasında Duvara Karşı (2004) ve Ayrılık (2010) filmleri sayılabilir. Çalışmamızda onar yıllık dört dönem halinde sınıflandırdığımız bir süreçte yukarıda isimlerini belirttiğimiz filmleri inceleyeceğiz.

Birinci Dönem Filmleri

1960'lı yıllarda başlayan ve 1970'li yıllarda ağırlık kazanan bu dönemde Almanya'ya dış göçü konu alan filmler içerisinde Dönüş (1972), Almanyalı Yârim (1974), Almanya Acı Vatan (1979) sayılabilir. Bu filmlerin çekildiği yıllar Türk sinemasının "gerçek sorunlar üzerinden" (Esen Kuyucak, 2010: 73) toplumcu gerçekçi konulara yöneldiği yıllardır. 1960'ların ortalarında hız kazanan dış göçü konu alan filmler arasında Bitmeyen Yol (1965), Umut (1970) ve Baba (1971) sayılsa da belirgin olarak bunu ele alan ve öyküsünde yer veren ilk film olarak Dönüş (1972) kabul edilmektedir (Makal, 1987: 59). 1970-80 yıllarını kapsayan on yıllık süreçte birinci dönem filmlerinde Almanya'ya dış göçün ilk kuşağın bakış açısından ele alındığını bu nedenle de ağırlıkla Türk işçilerinin Almanya'da karşılaştıkları sorunların gündeme getirildiğini söyleyebiliriz. "Genel olarak bakıldığında 1961-1971 yılları arasındaki on yıllık birinci dönem; Almanya'ya giden işçilerimizin özlem ve umut dolu günleri yaşadıkları bir dönem olmuştur" (Doğan, 2000: 20). Bu ilk dönemde, Türk işçilerin Almanya'yı bir süre para kazanmak için yaşamak zorunda oldukları bir yer olarak değerlendirdikleri ve memlekette daha refah bir yaşam sürme düşünü canlı tuttuklarını söyleyebiliriz. Kendilerini gurbette kalıcı görmeyen bu ilk neslin temel gereksinimlerini karşılayacak ve kendilerine yetecek kadar Almanca öğrenmiş olmaları bunun kanıtlarından biridir.

Dönüş (1972)

1972'de çekilen ve dram, romantik türde bir sinema filmi olarak değerlendirilen Dönüş'ün yönetmeni olan Türkan Şoray aynı zamanda başrol oyuncusudur. Film 2000 yılında Belçika Kadın Yönetmenler Festivali Özel Mansiyon ödülüne layık görülmüştür. Yapımcılığını İrfan Ünal, senaryosunu Safa Önal, müziğini Yalçın Tura'nın üstlendiği filmin oyuncuları arasında Gülcan (Türkan Şoray) dışında onun eşini oynayan İbrahim (Kadir İnanır) ve Reşit (Bilal İnci) rol almışlardır. Dış göçün konu edildiği bu dönem filmlerinin ilki olan Dönüş'te maddi sıkıntılarına arayış içinde olan bir çiftin öyküsü anlatılır. Kocası Almanya'ya işçi olarak giden köylü bir kadının

175

yaşadıkları, karşılaştığı güçlükler ve baş etmek zorunda kaldığı sorunlar yansıtılır. Filmde olaylar bir kadının bakış açısından anlatıldığı için aile ve özellikle de kadın sorunlarına eğilen bir yapı taşır. Bunda yönetmenliğini bir kadının yapmış olması da özellikle dikkate değerdir. Ayrıca sırf bu nedenden ötürü kimi erkek sinema sanatçılarının filmde rol almak istemedikleri düşünüldüğünde, bu dönemde kadın ve üstlendiği rollere yönelik nasıl bir toplumsal cinsiyet anlayışı olduğu görülür. Filmde başrol oyuncusu Türkan Şoray'ın yakın plan çekilen gözleri filmin dramatik etkisini artırmaktadır. Filmde oyuncuların köylüleri simgelemesi ve halktan insanların yer alması özellikle 1970'li yıllarda başlayan Almanya'ya dış göç hareketinin bir yansıması olarak değerlendirilebilir. Filmde köy yaşamındaki feodal yapının özellikle ön plana çıkartılması halkın gerek ekonomik, gerekse yaşam koşulları hakkında bilgilendirici olmuştur. Filmde Almanya'ya göç ekonomik sorunların çözümüne yönelik bir çare olarak gösterilmiştir. Gülcan karakteriyle güçlendirilen bu baskıcı toplumsal yapı özellikle kadının karşı karşıya kaldığı sorunları ortaya koymuştur. Bireysel ve toplumsal düzlemde yaşanan sıkıntı, güçlük ve sorunlar bir kadın söz konusu olduğunda yalnızca ekonomik değil, aynı zamanda cinsel boyutta bir sömürüye dönüşmektedir. Bu noktada dinsel yanı ağır basan tahriklere kapılarak Gülcan'ı eleştiren köylülerin davranışlarıyla çağdaş düşüncenin simgesi olarak gösterilen öğretmenin düşüncelerinin çatışmasına vurgu yapılmıştır.

Filmde iki farklı uzamda gelişen olaylara yer verilmektedir. Çalışmak için eşi Almanya'ya giden bir kadının köyde yaşadıkları ağırlıkta yer alırken, eşinin Almanya'daki yaşamı doğrudan perdede yer almaz. İbrahim'in izne geldiğinde Gülcan'a bakış açısının değişmiş olduğunun, onu köylü olduğu için küçümsemesinin Avrupalı kadınlarla karşılaştırması yoluyla yapılmış olması filmin ilerleyen sahnelerinde Gülcan'ı aldatacağının ip uçlarını vermesi açısından önemlidir. İbrahim'in geçirdiği değişim ya da daha doğrusu dönüşüm, özellikle Almanya'ya ikinci kez çıktığında onun diğerleriyle yabancılaştığını da açıkça ortaya koymaya yeter. Filmde kişisel boyutta gösterilen bu değişim aslında bu yıllarda 'Almancılar' üzerinden Türk toplumunda yaşanan değişimi simgelemektedir. Bu sözcük yalnızca Almanya'daki gurbetçileri değil, yurt dışına çalışmak için giden herkesi kapsayan genelleyici bir ifadeye dönüşmüştür. Doğan, Belçika, Fransa, Hollanda, Avusturya, Danimarka, İsveç ve İsviçre'de çalışan ve yaşayan vatandaşlarımıza bile "Almancı" denmeye başlandığını belirtmektedir (2000: 19). İlk gidişinde elinde tahta bir bavulla giden İbrahim ikincisinde deri bir valiz tercih eder. Filmde Gülcan ve Avrupalı kadın arasındaki karşıtlık köy-kent (Almanya) karşılaştırması ile kesinlenir. Bu karşıtlıkla Gülcan ve İbrahim aşkının dış koşullara ne kadar dayanabildiğinin sınavı verilmiş olur.

Almanyalı Yârim (1974)

Başrollerini Filiz Akın (Maria/Meral), Kadir İnanır (Murat) ve Atıf Kaptan'ın (Maria'nın babası Binbaşı) paylaştıkları dram, duygusal türde değerlendirilen 82 dakikalık film Almanya'ya göçü konu alan ilk dönem filmlerindendir. Filmde olaylar Almanya'ya çalışmak için giden Murat (Kadir İnanır) adında bir Türk genci ile varsıl bir Alman işadamının kızı olan Maria'nın yaşadıkları bir aşk öyküsü çerçevesinde anlatılır. Filmde Murat ve Maria'nın (Filiz Akın) hafif bir trafik kazası sonucu başlayan aşkları anlatılır. Ancak bu imkânsız aşk öyküsü Türk-Alman karşıtlığını ön plana çıkartılarak film boyunca canlı tutulur. Filmde olaylar, Murat ve Maria'nın tanışmalarına vesile olan bu küçük kaza sonrasında yaşadıklarına bağlanarak bir seyir izler. Kaza yaptıklarının günün akşamında Murat ve iş arkadaşları gittikleri barda Maria ile karşılaşırlar. Hiç yoktan çıkan bir tartışma nedeniyle Murat ve arkadaşları tutuklansalar da Maria'nın tanıklık etmesi sonucu kurtulurlar. Filmde Almanların Türklere karşı sergiledikleri ayrımcı tutum, söz ve davranışlar öylesine ön plana çıkartılır ki izleyicide Almanya'ya işçi olarak çalışmaya giden Türkler'in benzer durumlarla karşılaştıkları algısı yaratılır. Bingöl, Alman göç politikasının dört öğeye dayandığını bunlardan birinin de Alman olmayanların kalıcı göçmenliğinin reddi olduğunu belirtir (2006: 53). Filmdeki Almanların Türklere karşı yaklaşımını bu yönde değerlendirmek olasıdır. Diğer Almanların aksine Maria ön yargısız, alçakgönüllü, dürüst ve güzel Alman kızıdır. Bu yönüyle de Murat'ı etkilemeyi başarmıştır zaten. Murat ve Maria arasında başlayan duygusal ilişki kısa sürede gelişir, gelişmesiyle birlikte de engellerle karşılaşır. Varlıklı ve sözü geçen bir ailenin kızı olan Maria sevdiği genci ailesine kabul ettirmekte hayli zorlanır. Bunun altında iki önemli sebep vardır. İlki Murat'ın sosyo-ekonomik durumu yani işçi oluşu diğeri ise yabancı, dahası Türk oluşudur. Maria'nın ailesi bu evliliğe karşı çıkar. Bunun üzerine iki sevgili Türkiye'ye kaçmaya karar verir. Görünürde Maria için tek önemli olan şey Murat'a karşı duyduğu aşktır. Bu yüzden ailesinin şiddetle karşı çıktığı dil, din, ırk ayrılığı ve bundan doğabilecek sorunlar onun umurunda değildir. Filmde Murat'ın sınır dışı edilmesiyle başlayan engeller artarak devam eder. Maria babasının şikâyeti üzerine Murat'ın sınır dışı edilmesine göz yum(a)maz ve o da Murat'la birlikte Türkiye'ye gider. Filmde olaylar Almanya ve Türkiye'de geçen uzamlarda gösteriliyor gibi olsa da aslında tüm film ekibinin Almanya'ya gitmediği anlaşılır. Şöyle ki Murat ve Maria'nın Almanya'nın bazı bilindik yerlerindeki kimi kareler dışında diğer oyuncular özellikle de Maria'nın ailesi hep kapalı uzamlarda yer alır. Bu durum da filmin ağırlıkla Türkiye'de çekildiği izlenimini güçlendirir.

Film Türk-Alman karşıtlığı üzerine kurulmuştur. Almanya'da, özellikle Türklere yönelik yabancı düşmanlığının tohumlarının göçün ikinci on yıllık döneminde atılmaya başladığı (Soysal, 1991: 22) düşünüldüğünde, filmde özellikle buna gönderme yapıldığı görülür. Filmde Türk-Alman karşıtlığı oyuncuların söz ve davranışlarında da yansımasını bulur. Bu açıdan değerlendirildiğinde, Türkler hep iyi Almanlar hep kötü olarak gösterilir. Filmde oyuncuların Almanlara benzetilmesi adına yapılan kimi uygulamalar, kullanılan peruk ve kıyafetler yapay bir durum yaratır. Bunda iki ulusa ve vatandaşlarına ait kalıp yargıların baskın olduğu ortadadır. Bu yargıların yoğun biçimde gösterildiği ikinci boyut filmin Türkiye'deki sahnelerindedir. Maria, Meral adını alarak Müslüman olur ve Murat'la evlenir. Ancak Maria yani Meral'in babası izlerini sürmeye devam etmektedir. Yaşadıkları yeri bulup yanlarına gelmekte gecikmez. Babası Maria'ya annesinin ağır hasta olduğunu söyleyerek Almanya'ya dönmesini ister. Bu yalana inanan Meral Almanya'ya döner. Meral'le Almanya'ya giden ve hiçbir şeyden haberi olmayan Murat'ın çantasına Maria'nın babası uyuşturucu koydurur ve onu ihbar eder. Bunun üzerine Murat tutuklanır. Meral eşinin masum olduğuna inandığı için baba evini terk eder. Öte yandan Murat polisin elinden kaçmayı başarır. Meral'le tekrar buluşan Murat'ın tek çaresi kalmıştır: Sahte pasaportla Almanya'dan kaçacaklardır. Ancak engellerin ardı arkası kesilmez ve polise yakalanırlar. Murat ve Meral için artık geri dönüş yoktur. Alman polisiyle kovalamacaya girerler. Meral açılan ateşle vurulur ve sevdiği adamın kollarında can verir. Bu acıyla çılgına dönen Murat polise ateşle karşılık verir. Ancak Murat öldürülür ve trajik bir aşk öyküsünden geriye acımasız dünyanın kötü insanları kalır.

Almanyalı Yârim filmi bir aşk ekseni üzerinden iki toplum insanını karşı karşıya getirirken Alman ulusunu Türklere karşı ön yargılı tavırlarıyla gösterir. Gerek özel, gerek iş gerekse sosyal yaşamda etkin ve söz sahibi olan Almanlar kendi vatanlarının efendileridir. Bu yüzden yabancılara neredeyse yaşam hakkı tanımazlar, onları küçük görürler. Filmde tüm yabancılardan çok Türkler üzerinden düşmanlık ve olumsuz davranış örnekleri sergilenir. Bu açıdan filmin Türk vatanseverliği ve milliyetçilik duygularını güçlendiren bir yaklaşımla değerlendirildiği söylenebilir.

Almanya Acı Vatan (1979)

Senaryosunu Zehra Tan, yapımcılığını Selim Soydan ve yönetmenliğini Şerif Gören ve Zeki Ökten'in ortaklaşa paylaştığı film, dram, duygusal ve politik bir film olarak değerlendirilmektedir. Başrollerini Hülya Koçyiğit, Rahmi Saltuk ve Müşfik Kenter'in paylaştıkları film, 1979 yılında o zamanki Doğu Almanya'nın başkenti olan Berlin'de çekilmiştir. Dış göçü konu alan diğer filmlerde olduğu gibi filmde işçi olarak Almanya'ya giden Türklerin orada karşılaştıkları sorunlar dile getirilmektedir. Bu temel izleğe kadının erkek bakış açısıyla toplumsal cinsiyetçi algısı eklemlenmektedir. Bu yönden film yalnızca Türk işçilerin Almanya'da karşılaştıkları benzer sorunlardan çok kadının gerek Anadolu'da, gerekse Avrupa'da yazgısının değişmediğini gözler önüne sermektedir. Almanyalı Yârim isimli filmde olduğu gibi keskin bir Türk-Alman ayrımcılığının varlığı gösterilmese de, filmde Almanların Türk işçilerini küçümseyen söz ve davranışları özellikle Mahmut'un yabancı bir ülkede yalnız kalması sonucu karşılaştığı sorunlarla ön plana çıkartılır. Filmde Güldane (Hülya Koçyiğit) ve Mahmut'un (Rahmi Saltuk) anlaşmalı bir evlilikle Türkiye'de başlayan öyküleri Almanya'da devam eder. İki farklı uzamda gelişen olaylarla iki ülkenin sosyal, ekonomik, kültürel ve diğer olumlu ve/veya olumsuz farklılıklarının izleyici tarafından karşılaştırılmasına olanak sağlanır. Bu yolla Şark-Garp, Anadolu-Avrupa, Doğu-Batı karşıtlığı sergilenir.

Almanya'dan iznini geçirmek üzere köyüne gelen Güldane, tek amacı yurt dışına çıkıp daha refah bir yaşam sürmek olan Mahmut'la anlaşmalı bir evliliğe razı olur. Başlangıçta iki taraf için de karlı görünen bu anlaşmalı evlilikte her ikisi de almak istediklerine kavuşacaklardır. Filmin Almanya ve Türkiye sahnelerinde anavatan ve gurbet kavramları anayurdunda olup Almanya'yı tanımayanların gözünden değerlendirilir. Özenilen, daha esenlikli bir yaşam olduğu düşünülen Almanya aslında fırsatlar ülkesi değil, tam tersi insanların birbirlerine yabancılaştığı mekanik bir dünyanın adıdır. Yurt dışından izinlerinde köylerine gelen işçilerin gıpta edilen yaşamları gerçekte türlü çile ve zorluklarla doludur. Almanya'da maddi durumlarını yükseltenler için köyde kalanların düşündüğünün aksine yalnızca iş ve çalışma söz konusudur. Mahmut da bu gerçekle, Almanya'ya adım attığı anda yüzleşir. Para ve arazi karşılığında Mahmut'la evlenmeyi kabul eden Güldane Almanya'ya gittikleri anda oradaki yaşamına hem uyum sağlar ve onu tek başına bırakır. Zaten Güldane bu formalite evliliği para karşılığında yapmıştır. Amacı sahip olduğu taşınmazların sayısını daha da artırmaktır. Köyünden tekrar Almanya'ya dönen Güldane için pek bir şey değişmemiştir. Yaşamını tek düze bir biçimde geçiren Güldane için Almanya para kazancını artırdığı yerden başka bir şey değildir. Çektiği tüm sıkıntılara para biriktirmek için katlanan Güldane, Mahmut'la yaptığı evliliği bir anlaşma olarak görür. Bu yüzden Almanya'ya gittiklerinde kendi sıradan yaşamına döner ve Mahmut'u umursamaz. Ancak bu anlaşmalı evlilik ona bir yükümlülük getirmekte gecikmez. Alman polisi sokaklarda bir başına dolaşan Mahmut'u yakalar ve ona teslim eder. Filmin bu bölümünde Güldane'den başka sığınacak kimsesi olmayan Mahmut dilini bilmediği yabancı bir ülkede çaresizce sokaklarda kalır. Ona yardım eli uzatan yine Türk vatandaşlar olur. Mahmut'un bu hali "Türklerin durumunu kamera ve sinemasal anlatı dili ile çok güzel özetlemektedir" (Kula ve Koluaçık, 2016: 395). Mahmut'un çaresiz ve kimsesiz hali izleyicide derin bir katarsis duygusu yaratırken, olayların seyri birden bire değişir. Güldane bu zoraki evliliğin gereği olarak Mahmut'u eve almak zorunda kalır ancak o yokmuşçasına kendisi çalışma yaşamına devam eder. Filmde bu aşamadan sonra bir kırılma noktası yaşanır. Güldane kendisini uzun zamandır rahatsız eden bir Türk'ten kurtulmak için Mahmut'a yaklaşır. Aslında onu bir koruyucu olarak görür. Çünkü onu kendisini yabancı bir ülkede tüm tehlikelerden koruyacak güçlü bir erkek olarak görür. Güldane bekarkenki para kazanma idealini Mahmut'la yaşamını gerçekten birleştirdiğinde de sürdürmek ister. Ancak bu evlilikten ikisinin beklentileri farklıdır. Kendisini sağlama alan Mahmut karısının kazandığı paraları birahanelerde harcarken çapkınlık yapmaktan geri kalmaz. Ancak bu sırada beklenmedik bir olay olur. Güldane hamile kalır. Bu durum karısının sırtından yaşamayı planlayan Mahmut'un hiç hoşuna gitmez. Zira Güldane bebeği doğurup işi bırakırsa kendisine para kazancı sağlayacağı kaynak kuruyacaktır. Bu yüzden Güldane'nin bebeği aldırmasını ister. Güldane için vereceği karar bir yol ayrımı olur. Kendisini para kazanma kaynağı olarak gören Mahmut'a isyan eder görünse de asıl isyanı kendisini mekanikleştiren bu düzenedir. Filmin sonunda Güldane kararını verir. Anne olmaktan ne pahasına olursa olsun vazgeçmeyecek ve bebeğini yalnız başına da olsa dünyaya getirecektir. Film yarı çılgına dönmüş Güldane'nin bu kararı aldıktan sonra Türkiye'ye dönmek üzere attığı acı kahkahayla sonlanır.

Filmde büyük oranda kadın erkek ilişkileri ve kadına yönelik toplumsal cinsiyet ayrımcılığının ikircikli bakış açısıyla sergilendiği söylenebilir. Kendi çıkarı için karısının çalışmasına ses çıkartmayan Mahmut, onu başka kadınlarla aldatırken ilişkiye sadık kalma konusunda karısına aynı hakkı tanımayacağını da açık bir biçimde dile getirir. Aslında kendince bu çifte standardın haklı bir gerekçesi vardır. Erkeğin birinci görevi eşini korumaktır. Erkek eşini aldatsa da kadın aldatamaz. Onun birlikte olduğu kadınlar da Alman kadınlardır. Filmde kadın konusunda şu saptama yapılabilir. Türk kadınlar evlenmek, Alman kadınlar eğlenmek içindir. Evde olan kadın daimidir ve erkeğin aldatması bu yüzden hoş görülebilir oysa ki dışardaki kadın gelip geçidir. Bu noktada Mahmut'un Güldane'ye yaklaşımını toplumsal cinsiyetçilik açısından değerlendirmek olanaksızdır. Zira Mahmut geleneksel aile yapısı içinde değerlendirdiğinde karısına daha farklı biçimde davranması beklenirken, o çıkarı gereği bir tavır sergileyerek yaptıkları ve düşünceleri arasındaki çelişkiyi ortaya koyarak karısını ve onun üzerinden kadını küçümsediğini gösterir. Yine Almanya'da yaşayan Türk ailelerin karılarını kilit altında tutup, evin içinden dışarıya çıkmalarına izin vermemeleri gösterilirken kahramanların ağzında bu durum haklı bir gerekçeye dayandırılmaya çalışılır. Bu bir tutsaklık değil, tam tersine kadını dışarıdaki olası tehlikelerden korumaya yönelik bir önlemdir. Bu davranış da kadına güven duyulmadığını gösteren bir başka örnektir. Bu yönden filmde yabancı bir ülkede yalnız kalan bir insanın çaresizliği, işçilerin işverenlerin aşağılayıcı söz ve davranışlarına maruz kaldıkları, Almanya'da dışarıdan (Anadolu'dan) görüldüğü gibi rahat bir yaşam değil tam tersine türlü zorluklarla ayakta durmaya çalışan emekçilerin yaşadıkları ve kadın sorunsalının ele alındığı rahatlıkla söylenebilir.

İkinci Dönem Filmleri

Dış göçü konu alan filmlerin oldukça varsıl olduğu 1980'li yıllarda Polizei (1985), 40 m² Almanya (1986) ve Sahte Cennete Elveda (1989) isimli filmler yer almaktadır.

Polizei (1985)

Oyuncuları arasında Kemal Sunal (Ali Ekber), Yalçın Güzelce (Filinta), Kaya Gürel'in(Hamza)   yer aldığı filmde yabancı oyuncuların da ağırlıkta olduğu görülmektedir. Türkiye ve Almanya'da çekilen filmin diğer oyuncuları arasında Nuri Sezer (Hamza), Levent Beceren (Kemal), Claudia Hackermesser (Babet-Alman Kadın) sayılabilir. Senaryosu Hüseyin Kuzu'ya ait filmin, Yönetmenliği ve yapımcılığını Tuncay Aksoy'la birlikte Şerif Gören'in üstlendiği film dram, komedi ve politik türde değerlendirilmektedir. Filmin politik değerlendirilmesinin altında yatan en önemli gerekçeyse Almanya'da yaşayan Türkler ve Alman disiplinine getirilen yergidir. Filmde Berlin'de çöpçülük yapan Ali Ekber'in düşleri, yalnızlığı ve umutları dile getirilir. Ali Ekber yalnız yaşayan ve tek sırdaşı Garip adlı kuşu olan bir Türk işçisidir. İşinden geri kalan zamanlarda bir Türk tiyatrosunda temizlik işleriyle uğraşmakta bir yandan da burada küçük de olsa bir rol almayı düşlemektedir. Bu yalnız yaşamda tek eksiği bir sevgilidir. Bir kafede çalışan Alman kızına âşık olan Ali Ekber onunla tanışabilmek için her yolu dener. Bu arada çalıştığı tiyatrodan beklediği güzel haber gelir. Kendisine polis rolü verilir. Polis üniformasıyla gittiği bakkalda ilgi gören Ali Ekber'in aklına ilginç fikirler gelir.

Filmde Türk ve Alman toplumu trafik kurallarına uyma, ahlak, örf adet ve gelenekler açısından karşılaştırılır. "Alman Yabancılar Politikasını belirleyen düşünce, ya işçi sıfatıyla Almanya'ya gelenlerin geri döneceği, ya da Almanya'yı yaşama alanı olarak seçen yabancıların hâkim toplumun ve kültürün mesleki, sosyal ve kültürel standartlarına benzeyeceği ve böylelikle hâkim toplum ve sonradan ona dâhil olan grup arasındaki farkın nesiller itibariyle azalacağı temeli üzerine kurulmuştur" (Koçak ve Gündüz, 2016: 78). Örneğin, Alman trafik polisinin Ali Ekber'e arabasını park ederken sınır çizmesi irojik bir sahneyle filmde yansımasını bulur. Markete alışverişe giden Ali Ekber daha önce gelmiş olmasına kaşın diğer Alman müşterileri beklemek zorunda bırakılır. Kadın erkek ilişkileri ise namus açısından ele alınır. Bir erkeğin baba evinden ayrı yaşaması doğal bulunurken, kız için aynı özgürlük yoktur. Filmde bu eleştirel bakış da yer alır.

40 m² Almanya (1986)

Yönetmenliğini Tevfik Başer, oyunculuğunu Yaman Okay, Özay Fecht, Demir Gökgöl'ün üstlendiği filmin Almanca ve Türkçe altyazılı olması daha fazla izleyiciye ulaşmasına olanak sağlamıştır. Film, 1986 yılında Cannes Film Festivali, Unesco Ödülü almıştır. 1987 yılında ilki Locarno Film Festivali, Gümüs Leopar Ödülü, ikincisi Rotterdam Film Festivali, Altın Aslan, En İyi Film Ödülü ve sonuncusu da Alman Film Ödülleri, En İyi İlk Film Ödülü olmak üzere toplam üç ödüle layık bulunmuştur. Alman Film Ödülleri'nde Özay Fecht En İyi Kadın Oyuncu ödülüne layık bulunmuştur. Film ayrıca En İyi Müzik Ödülüne de sahiptir.

Filmde kırklı yaşlardaki Dursun (Yaman Okay) ile köyden evlendiği karısı Turna'nın Almanya'nın Hamburg kentinde geçen ve köylerinden çok da farklı olmayan yaşamları anlatılır. Film ismini Turna'nın bakış açısından Almanya'nın ifade ettiklerinden almıştır. Kocasının evden çıkmasına izin vermediği Turna için büyük umutlarla geldiği Almanya 40 m² lik bir apartman dairesinden ibarettir. Evren'in "iki oyuncu ile 40 metrekarelik bir mekân içinde" (1990, s. 147) etkileyiciliğinden hiçbir şey kaybetmediğini belirttiği filmin gerçekçi bir bakış açısıyla anlatılan öyküsü hiçleşen bir Anadolu kadınını konu alır. Filmin uzamını oluşturan bu çok kısıtlı alan ağırlıkla

Turna'nın yaşamına ayna tutması açısından oldukça varsıldır. 40 metrekarelik zorunlu yaşam alanına hapsolmuş/hapsedilmiş Turna için dış yaşam alanı yoktur. Filmde dış göçle birlikte yaşanan uyum sorunu, kadın erkek ilişkileri ataerkil bakış açısıyla ele alınır. Bu izlek etrafında filmde erkeğin kadına uyguladığı şiddet, baskı, tek taraflı kimi zamansa hoyrat bir cinsellik de konu edilir.

Turna için Almanya Anadolu, Hamburg da köyü gibidir. Hatta köyünün koşullarından uzak kalan yaşamı tekdüzelikle geçtiğinden burada mutsuzdur. Dursun, Almanya'daki yaşamın kadın için türlü tehlikelerle dolu olduğu düşüncesiyle Turna'nın bu yaşamda yeri olmadığına karar verir ve onu dış dünyadan uzak tutar. Dursun evin kapısını kilitli tutar ve Almanya'nın bir kadın için tehlike anlamı taşıdığına gerekçe olarak da buranın yaşadıkları yere benzemediğini gösterir. Turna'nın güvende olabileceği tek yer evidir. Dursun onun yaşam alanını öylesine kısıtlamıştır ki karşı evde oturup kendisine bebeğini gösteren küçük çocukla işaretleşmesine dahi izin vermez. Turna için zaman adeta durmuştur. Kargı'nın vurguladığı gibi "sinemada zaman gelişimi cümlelerin başladığı veya bittiği yerde değil de cümlelerin içerisinde olmaktadır ve hep şimdiki zamanı içerir" (2016, s. 191). Bu yüzden onun sözlerinin içine hapsolmuş sonsuz bir şimdi vardır.

Ancak bir kaza sonucu Dursun ölür. Bu Turna'yı bir başka sorunla karşı karşıya bırakır. Bir başına kaldığı bu diyarda çaresiz kalmıştır. Hamiledir, Almanca bilmemektedir üstüne üstlük dış dünyayı tanımamaktadır. Doğan, "Almanya'ya yerleşen insanlarımız bugün de büyük bir çoğunlukla yaşadıkları toplumdan izole bir şekilde varlıklarını sürdürmeye çalışmakta" olduklarını ifade etmektedir (2000, s. 18).

Anadolu'daki yoksul yaşamdan kurtulmak için 'fırsatlar ülkesi' anlamı taşıyan Almanya ne yazık ki Turna karakteriyle somutlandığı gibi kadın için sıkışmışlık anlamından öteye geçemez. Filmde bu 40 m²lik alanda yalnızlık, yabancılaşma, iletişimsizlikle baş başa kalan/bırakılan kadının yaşam alanı odağa oturtulmuş olduğundan dış uzam yer almaz. Bu köhne ev Turna'nın yaşamın kırmızı çizgileridir. Yasaklanan her şey gibi Turna da dışarıdaki yaşamı merak eder. Dışarıyı öylesine merak eder ki kocası evde yokken bu isteğini ona nasıl söyleyeceğinin provasını dahi yapar. Bu isteğini söylediğinde Dursun bunu bir yaptırım olarak kullanır. Onu dışarıya çıkartmak için Turna'nın yemeği hazırlamasını bir ön koşul olarak koyar. Turna dışarıya çıkacağı için süslenir, köyündeki gibi kıyafetlerini giyer ancak Dursun bir bahaneyle evden çıkar ve onu dışarıya çıkartmaz. Turna iki kez dış dünyaya çıkabilir. İlki kocasının kapıyı kilitlemeyi unuttuğunda olur. Ancak dış yaşamı tanımayan Turna büyük bir korku ile tekrar eve döner. İkinci çıkışı ise Dursun'un kalp krizi geçirerek banyodan çıktığında yardım istemek içindir.

Filmde, Anadolu'dan Almanya'ya göç eden bir ailenin farklı bir kültürle olan uyum sorunu kadın erkek ilişkileri üzerinden anlatılır. Filmin Almanya'da çekilmiş olması ataerkil aile yaşamının ülke sınırları ötesine geçebildiğini vurgulaması açısından önemlidir. Dursun karısını Alman toplumundan yalıtarak korumaya çalışır. Kadın-erkek ilişkileri bağlamında ele alınan özgürlük-tutsaklık karşıtlığı ise erkeğin güçlü ve özgür, kadınınsa onun kurallarına tabi olmasıyla gösterilir. Dursun erkek ve koca olarak güçlüdür, dilediğini yapmakta özgürdür. Turna kadın ve eş olmasının kendisine yüklediği toplumsal cinsiyet rolü gereğince Dursun'un özel alanında kalmalı ve birincil görevi olan anne ve eş olma yükümlülüğünü yerine getirmelidir. Filmde olayların Turna'nın bakış açısıyla anlatılması izleyicinin onunla özdeşleşmesini sağlamıştır.

181

Sahte Cennete Elveda (1989)

Senaryosu ve yönetmenliği Tevfik Başer'e ait olan film, pek çok ödüle imza atmıştır. 39. Berlin Film Festivalinin yarışma bölümüne Almanya adına katılmış film 1989'da Evangelischer Filmkritik Film Ödülü yanında Strasbourg'da düzenlenen Grand Prix Film Festivali En İyi Film Ödülü'ne layık bulunmuştur. 1990 yılında ise Salso Film Festivali 89, Köln, (Civis Ödülü) Seyirci Ödülü'nü almıştır. Deneysel, dram ve psikolojik bir film olarak değerlendirilen Sahte Cennete Elveda isimli filmde Zuhal Olcay (Elif), Serpil İnanç, Çelik Bilge (Hasan), Brigitte Janner, Ruth Olafsdottin, Barbara Monawiecz, Ayşe Altan, Birgül Topçugürler gibi isimler yer almıştır. Yaşamadan Ölen Kadınlar isimli romandan beyaz perdeye uyarlanan filmde, kocasını öldürmekten altı yıl hapis cezasına çarptırılan Elif'in cezaevinde yaşadıkları anlatılmaktadır. Dilini bilmediği bu yabancı ülkede suçlu olmak, durumu daha da güçleştirir Elif için. Yabancı düşmanlığına bir de göçmen olma durumu eklendiğinde Elif'in korkuları büsbütün artar.

Elif'in yaşamı cezaevine girdikten sonra tümüyle değişir. Birey ve kadın olduğunun ayırdına hapse girdikten sonra varan Elif için yaşamının bu bölümü farklı bir anlam kazanır. Cezaevinde dil öğrenen, kitap okuyan, kendini geliştiren ve yeni bir insana dönüşen Elif'in yaşamı tümüyle değişir. Hatta erkekler koğuşundan mektuplaştığı bir sevgilisi bile olur. Ancak kocasının kardeşleri Elif'i öldürmek için hapisten çıkmasını bekliyorlardır. Filmde asıl tutsaklığın Elif'in kendisini yeniden yarattığı cezaevinde mi, yoksa baskıcı çevrenin ona yaşattıkları mı olduğu sorgulanır.

Üçüncü Dönem Filmleri

1990'lı yıllara damgasını vuran Berlin in Berlin (1993) göçün savurduğu yaşamların beyaz perdedeki önemli örneklerindendir. Bu dönem filmlerinde ilk dikkat çeken konu, filmlerdeki oyuncuların artık Almanya'da yerleşik düzene geçmiş olduklarının gözlemlenmesidir. Hatta Berlin in Berlin filminde olduğu gibi üç kuşaktır Almanya'da yaşıyorlardır.

Berlin in Berlin (1993)

Sinan Çetin imzası taşıyan filmde Hülya Avşar (Dilber), Cem Özer (Mürtüz), Armin Block (Thomas), Aliye Rona (Uğur), Eşref Kolçak (Ekber), Nilüfer Aydan (Zehra), Clemens-Maria Haas (Olaf), Zafer Ergin (Mehmet), Emrah Aydemir (Yüksel), Volkan Akabalı (Yücel), Susa Kohlstedt (Bea), Mustafa Portakal (Mustafa), Tom Neubauer (Diana'nın kocası) Sarah Chaumette (Diana)'in paylaştıkları film üç kuşaktır Almanya'da yaşayan bir Türk ailesinin yaşadığı olayları konu almaktadır. Mehmet ailesiyle birlikte yaşayan ve bir şantiyede işçi olarak çalışan biridir. Filmde olayların seyrini değiştiren durum şantiyedeki Alman mühendis Thomas'ın Mehmet'e öğle paydosunda yemek getiren karısı Dilber'in gizlice fotoğraflarını çekmesi ve bunları odasının duvarına asması bunu da Mehmet'in görmesidir. Bu manzara karşısında çılgına dönen Mehmet Dilber'i dövmeye başlar. Ancak onları ayırmaya çalışan mühendis Mehmet'i duvara iter, Mehmet kafasına inşaat çivisi saplanarak ölür. Bu kazanın neden olduğu ölümden kendisini sorumlu tutan ve vicdan azabı çeken Thomas, Mehmet'in ailesine gider. Ancak ağabeyinin ölümünün kaza olmadığını öğrenen en büyük kardeş Mürtüz, Thomas'ı öldürmeye kalkışır. Büyükanne bunun töreye uygun olmadığı gerekçesiyle Mürtüz'e engel olur. Görünürde büyükanneye ve töreye karşı çıkmak istemeyen Mürtüz, silahıyla Thomas'ın evden çıkmasını beklemeye başlar. Ancak günlerce süren tutsaklıktan bir yolunu bulup kurtulan Thomas, evden Dilber'le birlikte kaçar. Çılgına dönmüş olan Mürtüz Alman Thomas'la ele ele giden yengesi Dilber'in arkasından bakakalır.

Filmde ele alınan temel izlek erkek egemen bir anlayışla kadının yeri ve değeridir. Dilber kendisinden habersizce çekilmiş fotoğrafları yüzünden kocası tarafından şiddet görür. Mehmet'in kardeşleri yengelerini gizlice izleme hakkını kendilerinde görürlerken bir yabancının ona aynı gözle bakmasına katlanamazlar. Sonunda Dilber, tutsak yaşadığı bu evden kurtulmak için Thomas'la kaçar. Thomas bu ailede tutsak tutulduğu süre içerisinde evin yaşayış biçimine doğrudan veya dolaylı olarak katılmış, ona ayak uydurmuştur. Filmde geleneksel aile yaşantısının yansıtılması da Thomas'ın tutsak tutulduğu bu süreçte gerçekleşmiştir. Bu arada Mürtüz'ün Thomas'ı öldür(e)meyeceği ortaya çıkmışsa da, bu Mürtüz için bir umut ışığı anlamı taşımaz. Zira Dilber onu sevmediğini yüzüne söylemiştir. Mürtüz'ün asıl dayanamadığı Dilber'in başkasına üstelik de bir Alman'a yar olmasıdır. Dilber tanımadığı biriyle dilini bilmediği bir bilinmeze doğru sürüklenirken oğlu onu yalnız bırakır. Almanya'ya göç eden bu aileler aslında ait olmadıkları Alman toplumunda yalnız ve çaresizdirler. Kadın erkek ilişkilerinin temel alındığı filmde, namus sorunu batı toplumunda feodal aile yapısı içinde değerlendirilir. Bunun yanı sıra aile yapısındaki çözülmeler, aile içi şiddet, iletişimsizlik ve yabancılaşma da ele alınır.

Dördüncü Dönem Filmleri

2000'li yıllardan sonra çekilen iki film Duvara Karşı (2004) ve Ayrılık (2010) birinci dönem Türk filmlerinden oldukça farklı nitelikler taşımaktadırlar.

Duvara Karşı (2004)

Yönetmenliğini ve senaryosunu Fatih Akın'ın üstlendiği filmde Sibel Kekilli, Birol Ünel, Meltem Cumbul, Mehmet Kurtuluş ve Güven Kıraç rol almışlardır. Dram ve romantik türde değerlendirilen filmin yapımcısı Mehmet Kurtuluş ve Ralph Schwingwl'dir.

Filmde 40'lı yaşlardaki Cahit ile Sibel'in öyküsü anlatılır. Psikolojik sorunları olan bu iki kişinin yolları tuhaf ve ilişkisiz kesişir ve filmin devamında Almanya'ya yerleşmiş ancak iki kültür arasında kalmış Türklerin durumu gözler önüne serilir. Bu açıdan yerleşik yaşamla birlikte göç hareketi yalnızca ekonomik nedenli olmaktan çıkar. Çünkü "…göç sonrası yerleşme ve kalıcı olabile sürecinin sadece ekonomik değil sosyo-kültürel de birçok sonucu vardır" (Şahin, 2014).

Yaşama dair bir beklentisi olmayan Cahit Tomruk (Birol Ünel) tam anlamıyla bir yabanlaşmanın ortasında yitmiştir. İçinde yaşadığı acıyı dindirmek için kokain ve alkol bağımlısı olmuş amaçsız biridir. Filme ismini veren de Cahit'in varoluş sorunsalıdır. Cahit'in amaçsızlığı bilinçli olarak arabasıyla duvara çarpıp intihar girişiminden son anda kurtulmasıyla gösterilir. Sibel Güner (Sibel Kekilli) de aynı amaçsızlığı farklı boyutta yaşayan bir genç kızdır. O da intihara kalkışmış ancak kurtulmuştur. Bu iki kişi psikiyatri kliniğinde tanışırlar. Sibel ailesinin baskıcı tutumlarından ve tutucu ortamından kurtulmak için Cahit'ten onunla evlenmesini ister. Cahit başta bu öneriyi reddetse de sonunda kabullenir. Tümüyle anlaşmalı bir evlilik yürütecek olan bu iki kişi özel yaşamlarında özgür olacaklar yalnızca aynı evi paylaşacaklardır. Başlangıçta birbirlerine yakınlaşacaklarını hesaba katmayan Cahit ve Sibel için durum tamamen farklı bir hal alacaktır. Cahit, Sibel'in sevgililerinden birini öldürür ve hapse girer, Sibel'se İstanbul'a gider. Ancak kuruluş yolu olarak düşündüğü İstanbul onu tüketir. İstanbul'da da uyuşturucu ve içki batağına giren Sibel pek çok felakete uğrar. Cahit hapisten çıkıp onu kurtaracaktır. Ancak Sibel bir yandan Cahit'le Almanya'ya dönmek istese de çocuğu ve kocasını bırakıp gidemez.

Kadın erkek ilişkileri adet, gelenek, görenekler çerçevesinde namus olayıyla ilişkili biçimde değerlendiren bir ahlak anlayışının eleştirildiği filmde, Almanya'da yaşayan Türk kızlarının durumu mercek altına alınmıştır. Baskı altında kalan Sibel'in bu baskıdan kurulmak için evlenmekten başka seçeneği yoktur. Çünkü tutucu aile anlayışına göre bir genç kız evlenene kadar ailesinin, evlendikten sonra da eşinin namusudur. Sibel çevrenin özellikle de ailesinin baskılarından ancak evli bir kadın olduğunda kurtulacağını düşündüğünden, Cahit'i koca rolü üstlenmesi için bir kalkan gibi kullanır adeta.

Filmde Almanya'ya göç etmiş üçüncü kuşak Türklerin durumları yansıtılır. Artık onlar da Anadolu'dan kopup gittikleri zamanlardaki saflıklarını yitirmişler, bozulmuşlardır. Alman toplumuyla kültürel ve sosyal bağlamda ilişkiye giren Türklerin kendi aile yaşantısı, kültürü ve geleneklerini korumaları güçleşmiştir. "Kültürel ilişkilere girmek yeni bir grup kimliği oluşturmakta ve yeni bir kültür, gelenek ve var olma yolu açmaktadır" (Koçak ve Gündüz, 2016: 72). Filmdeki kahramanlar dikkate alındığında aile içi ve dışarıdaki ayrı yaşam biçimleri onları bunalıma itmiş ve içki, uyuşturucu bağımlılığı, düzensiz cinsel hayat gibi pek çok olumsuzluğun içine atmıştır onları. İki dili kullanan ancak iki topluma da uyamayan bu insanların yalnızca dilleri değil, duyguları da çelişik hale gelmiştir. Ancak filmde yansıtılan bu toplumsal çözülme, yabancılaşma ve kuşak çatışması yalnızca Almanya'ya özgü değildir. Filmin Almanya ayağında bunlar yansıtılırken, İstanbul'da da orayı aratmayacak bir kokuşmuşluk vardır.

Ayrılık (2010)

Oyuncularını Settar Tanrıöğen, Ufuk Bayraktar, Derya Alabora, Sibel Kekilli, Nursel Köse'nin paylaştıkları senaryosu ve yönetmenliğini ise Feo Aladağ'ın üstlendiği film dram türünde değerlendirilmektedir.

Filmde göçün adresi yön değiştirmiş ve bu kez Türkiye'den Almanya'ya değil, Almanya'dan Türkiye'ye göçen Umay'ın öyküsü anlatılır. Almanya'nın Berlin kentinde yaşayan Umay evlenerek İstanbul'a yerleşir. Ancak eşinin şiddetine uğrar ve bunun üzerine çocuğuyla birlikte tekrar Berlin'e baba evine döner. Ancak Umay'ı ailesi dışlar. Umay bu evliliği ve ona şiddet uygulayan eşi istemediğinden yeni bir yaşam biçimi çizmek ister kendisine. Ancak bu kararı kendi başına almada engellerle karşılaşır. Dayakçı kocaya ikinci bir evlat vermeyi istemeyen Umay bebeği aldırır. Baba evine dönünce daha rahat bir yaşam sürmeyi düşleyen Umay'ı zor günler bekliyordur. Çevre baskısı ve ailesinin bu olaya bakış açısı bir çatışma ortamı yaratır. Zira aile Umay'ı suçlamakta ve namuslarının bu yolla lekelendiğini düşünmektedir. Umay ailesinin oğlu Cem'i babasına göndermesini istemesiyle kendi başına kaldığının ayırdına vararak tek başına savaşmaya karar verir ve evi terk eder. Oğluyla birlikte yeni bir hayat kurması da hayli güç görünmektedir. Çevre baskısı, ataerkil aile yapısı ve tutucu çevre Umay'ın düşlediği özgür yaşama ulaşmasını engeller. Bu aşamadan sonra Umay hem çalışmakta hem de oğluna bakmaktadır. Bu arada iş yerinden bir Alman ona ilgi duymakta, Umay da onun duygularına karşılık vermektedir. Umay'ın bu yeni ilişkisine onay vermeyen ailesi onu her aşamada yalnız bırakmakta ve dışlamaktadır. Babası memlekete giderek büyüklerinden Umay'ın öldürülmesi için icazet alır. Yaşadıklarını babasına ve annesine anlatmakta ve kabul ettirmekte büyük güçlük çeken

Umay'ın öldürülmesi görevi yaşı küçük olduğu için küçük erkek kardeşine verilir. Ancak kardeşi tetiği çekemez ve silahı atıp gider. Bu arada büyük ağabeyi Umay yerine yanlışlıkla yeğeni Cem'i bıçaklar. Umay oğlunun cansız bedeniyle sokaklarda kalakalır. Filmde kadına karşı şiddet olgusunun evrenselliğine dikkat çekilir. "Filmde en küçük anlam ifade eden birimin dramatik eylem" (Kargı, 2006: 63) olduğu anımsandığında bu kavramın filmde somut biçimde yansımasını bulduğu kolayca anlaşılır. Umay Almanya'da da Türkiye'de de şiddete uğrar. Şiddetin uygulayıcısı değişir yalnızca. Filmde erkek eş, ağabey veya baba olarak güçlü, kadınsa güçsüz olarak yansıtılmaktadır.

Sonuç

Dört dönem olarak değerlendirdiğimiz filmlerin yansıttıkları dönemler dikkate alındığında özellikle bu dönemdeki toplumsal, kültürel, beşeri ve politik sorunların beyaz perdeye yansıtıldığı görülmektedir.

İlk dönem filmlerinde Almanya'ya işçi olarak çalışmaya giden Türklerin göç süreci toplumcu gerçekçi bir yaklaşımla gösterilmektedir. Göç olgusu Türkiye'de kalanlar ve Almanya'da yaşayanlar açısından değerlendirilmiştir. Özellikle dar gelirli, sosyo-ekonomik düzeyleri düşük insanların Almanya'ya göç etmek istemelerinde oraya göç edip kısa süreliğine yurda gelen gurbetçilerin oradaki yaşamlarına dair yansıttıkları ve söylemleri büyük etken olmuştur. Filmlerde Almanya bu açıdan iki biçimde algılanır: Görünürdeki ve gerçek Almanya. Bu dönemi yansıtan filmlerde Almanya'ya gidenlerin bir gün memlekete dönüş yapma düşlerinin daima canlı tutulduğu görülür. Yapılan yatırımlar, zor yaşam koşullarına katlanmanın altında hep bir gün yurda dönüp refah bir yaşam sürme düşü yatar. Bu dönem filmlerinde yansıtılan kadın erkek ilişkilerinde ataerkil anlayışın izleri baskındır. Filmlerde bu izleklere koşut olarak kadın/erkek, Türk/Alman, dürüst/yalancı, hovarda/namuslu, zengin/yoksul gibi kimi karşıtlıklar da yer almaktadır.

İlk dönem filmlerinde göç hareketinin adresi olan Almanya sözcüğü Almanyalı Yârim ve Almanya Acı Vatan filmlerinde izleğin yansıttığı olgunun altını çizerek kullanılır. İkinci dönem filmlerinden 40 m² Almanya filminde de benzer biçimde kadının dar bir alanda hapsolmuşluğuna vurgu yapar. Yine benzer izlek çevreninde Berlin in Berlin filminde Almanya ve/veya ona ait bir gönderme aynı amaçla kullanılır. Son döneme gelindiğinde işlenen konu gereği Almanya veya ona gönderme yapan bir imge, isim ya da kent yer almaz. Filmlerin başlıkları imgesel değerlerle güçlendirilmiş olarak evrensel konuları yansıtır.

Birinci dönem filmlerinde namus sorunu yanında feodal aile yapısında baş gösteren çözülmeler, Alman toplumunda işçi ve yabancı olma sorunları gibi konulara değinilmektedir.

İkinci dönem filmlerinde göç olgusu genellikle kadın erkek ilişkileri bağlamında ele alınmıştır. Anadolu'dan Almanya'ya göç eden orta sınıf insanlar ne yaşadıkları toplum kurallarına uyum sağlayabilmişler ne de kendi gelenek, görenek ve kültürlerinin ön gördüğü yaşam ve davranış biçimlerinden kopabilmişlerdir. Bu dönem filmlerindeki kahramanlar Almanya'ya ya Polizei filmindeki Ali Ekber gibi çocukluklarında gelmiş ya da bir süredir Almanya'da yaşayan kişilerdir. Alman ve Türk toplum yaşamını karşılaştıran, yer yer de eleştiren bu filmlerde ağırlıkla Alman toplum yapısının katı kuralcılığı, insan ilişkileri, kadın ve erkek ilişkilerinin değerlendirmesi ön plana çıkar. İnsanların Alman toplumundan ayrık yaşamalarının en önemli sebebi ise yabancı dil bilmemeleridir. Elif de Turna da bundan olumsuz yönde etkilenirler. Dil bilmeme bu kahramanları yalnızlığa ve iletişimsizliğe iter.

Üçüncü dönem filmlerini bir önceki dönemlerden ayıran en önemli nokta filmlerde yansıtılan kişilerin artık göç eden değil, yerleşik yaşama geçmiş olan kişiler olduklarıdır. İkinci dönem filmlerinde kısmen yerleşmeye başladıkları gözlemlenen kişilerin bir sonraki dönem filmlerinde artık tümüyle bu yerleşik yaşamın içinde oldukları gözlemlenir. Üç kuşaktır Almanya'da yerleşik bir yaşam sürseler de bu kişiler kendi örf, adet ve geleneklerini sürdürme eğiliminde görünürler. Bu yönüyle yaşadıkları toplumdan ayrı bir yaşam anlayışı benimserler. Bu durum da filmlerde çatışma durumunu yaratan en önemli sebep olarak yer alır.

Filmlerde ağırlıkla işlenen kadın sorunsalının, filmlerin çekildiği yıllara göre değerlendirildiğinde çok da farklılık taşımadığı görülür. Örneğin, Turna (40 m² Almanya), Sibel (Duvara Karşı) ve Güldane'nin (Almanya Acı Vatan) kadın olarak durumları yansıtılır. Almanyalı Yârim Filmi hariç diğer filmlerde kadın, erkeğin baskısı altında onun istediği gibi bir yaşam sürmeye itilmiştir. 40 m² Almanya ve Berlin in Berlin filmlerinin her ikisinde de kadın bir ev içinde tutsak edilmiş, ilişkileri kısıtlanmıştır. Kadınların tutucu aile ve çevre baskısından kurtulmalarının tek yolu bu yasakları getirenin yani eşlerinin ölmesidir. Turna da Dilber de ancak kocaları öldüğünde esaretten kurtulabilirler. Yine hemen hemen tüm filmlerde anne ve evlatları arasında sıkı bir bağ olduğu da gözlemlenir. Çünkü Dilber hariç diğer anneler hangi koşulda olurlarsa olsunlar evlatlarından vaz geçmemişlerdir.

Dördüncü dönem filmlerinde ataerkil aile yapısındaki kadının özgürleşme durumu ön plana çıkartılmaktadır. Duvara Karşı filmdeki Sibel ailesinin baskısından kurtulmak adına evliliği seçmekteyken, Umay aile baskısının kurbanı olur. Her ikisinin ailesi de kızlarının namusunu ön planda tutarlar. Sibel bu baskıdan evlenerek kurtulmayı düşlerken, Umay sığınacak bir dal arar. Ancak ailesi onu sevse de töre gereği bağışlayamaz ve infazına karar verir. Umay da, Berlin in Berlin'deki Dilber gibi bir Alman'la birlikte olmayı seçmiştir. Ancak Dilber'i öldüremeyen töre Umay'ı infaz edemese de evladını kendisinden alır. Burada dikkat çekici bir nokta şudur ki töre gereği kız kardeş ya da yengelerin öldürmesinde küçük değil büyük erkek kardeşlerin bu görevi üstlendikleri görülür. Bu da töre cinayetlerinde küçük erkek kardeşlerin infazın dışında kalmayı seçtiklerini gösterir. Çünkü ailenin bu yaşantı biçimi ve değer yargıları büyük kardeşlere (Mürtüz ve Mehmet) aktarılmıştır. Bu yolla da bir anlamda geleneklerin sürdürülmesi görevi onlara yüklenmiştir. Dördüncü dönem filmlerinde kadın ve namus olgusu ataerkil bir aile yapısıyla değerlendirilir. Bu değerlendirmede kadının ailenin namusu olarak görüldüğü ataerkil bakış açısı baskındır ve yaşanılan yerin Almanya olması bu gerçeği değiştirmez. Hatta kadınlar Almanya'da daha yoğun bir baskı altındadırlar. Çünkü yabancı bir toplumun bilinmeyen tehlikelerine açıktır kadın. Bu yüzden 40 m² Almanya, Almanya Acı Vatan kısmen Berlin in Berlin filmlerinde kadınlar eve hapsedilir. Seçme hakları tümüyle ellerinden alınmış olan kadınlar erkek koruması altında bir yaşam sürmeye itilirler. Umay (Ayrılık) ve Dilber'e (Berlin in Berlin) yakın çevrelerindeki erkekler (kardeş ya da kayınbirader) eşlik eder.

Bu filmlerde zamanla kadınların imajları ve giyim tarzları değişmiştir. Birinci dönem filmlerinde özellikle Türk kadınları başları kapalı gösterilirken Berlin in Berlin (Dilber) filminde kimi zaman başı kapalı kimi zamansa açık bir kadın gösterilir. Dilber katı geleneksel kurallara bağlı aile içi yaşamında başını kapatırken, sürücü kursuna gittiği zamanlarda biraz da Alman kadınlarına özenerek başını açtığı görülür. Son dönem filmlerinde ise özgür ve modern bir kadın imgesi çizilir.

Kaynakça

Anık, M. (2012) "Türk Sinemasında Yurtdışına Göç Olgusu" *Türk Sinemasında Sosyal Meseleler*, Der., Ensar Yılmaz, İstanbul: Başka Yerler Yayınları. 31-58.

Bingöl, A. S. (2006). Almanya ve Hollanda'da *Türk Göçmen İşçi Çocuklarına Dönük Eğitim Politikaları ve Uygulamaları*, Gazi Üniversitesi Eğitim Bilimleri Enstitüsü Eğitim Bilimleri Anabilim Dalı Eğitimin Sosyal ve Tarihi Temelleri Yüksek Lisans Tezi, Ankara.

Doğan, A. A. (2000).Türkiye'den Almanya'ya Göçün 40. Yılında Beklentiler ve Gerçekler. *Sosyal Bilimler Dergisi 2000-2001*. 17-37.

Esen Kuyucak, Ş. (2010). *Türk Sinemasının Kilometre Taşları*. İstanbul: Agora Yayınları.

Evren, B. (1990). *Türk Sinemasında Yeni Konumlar*, İstanbul: Broy Yayınları.

Kargı, B. (2006). "Edebiyat Kılavuzluğunda Sinema Yapıtlarının Başlangıç Düzeyi Sonrası Yabancı Dil Öğretimine Katkısı" *Ondokuz Mayıs Üniversitesi Eğitim Fakültesi Dergisi*. Sayı: 22. 60-71.

Kargı, B. (2016). "Edebiyat ve Sinema Etkileşiminde Şehir ve Kadın İzdüşümü" Geçmişten Günümüze Şehir ve Kadın Cilt I. Canik Belediyesi Kültür Yayınları Yayını, Samsun, Aralık, Cilt I, 191-197.

Koçak, O. & Gündüz, R. D. (2016). Avrupa Birliği Göç Politikaları ve Göçmenlerin Sosyal Olarak İçerilmelerine Etkisi. *Yalova Sosyal Bilimler Dergisi*. Yıl: 7, Sayı: 12 (Mayıs-Ekim) 66-91.

Kolat, K. (2011). "Göçmenin Yanındaki Aktör: Sivil Toplum Kuruluşları" *Almanya ve Göç 50. Yılında Almanya'da Türkler Sempozyumu*. 153-155.

Kula, N. & Koluaçık, İ. (2016). "Sinema ve Toplumsal Bellek: Türk Sinemasında Almanya'ya Dış-Göç Olgusu" *Sosyal Bilimler Araştırmaları Dergisi*. 384 - 411.

Makal, Oğuz. (1987). *Sinemada Yedinci Adam*, İzmir: Marş Matbaası.

Soysal, M. (1991). "Göçün 30. Yılı". *Bizim Dergi*, Sayı 3, Kasım, Köln.

Şahin, Ç. (2014). Türkiye'de Arabesk Müzik Kültürü ve TRT Sansür Kararlarının Etkisi: "Sen Benim İçimde Bir Korkulu Rüya..." Umut Vakfı 5. Hukukun Gençleri *"Edebiyat ve Sanat'a Sansürde Yargı Kararları"* başlıklı Sempozyumda sözlü sunulan bildiri.

Bölüm 15. Bir Sürgünün Suçu Yücelten Öyküsü: Hırsızın Günlüğü

Hanife Nâlân Genç [1]

Jean Genet, gerek yazınsal kariyeri, gerekse özel yaşamıyla kendisinden çok fazla söz ettirmiş Fransız düşünür, deneme ve roman yazarıdır. Şiirleri de olan yazar yazınsal kimliğini daha çok tiyatro oyunlarıyla kanıtlamıştır. Onu ayrıcalıklı veya farklı kılan yanı yalnızca yazınsal alanla sınırlı değildir. O aynı zamanda toplumsal sorunlara da sırtını dönmeyen bir politika aktivistidir. Fransa'daki toplumsal hareketlerle sınırlanmayan bu savaşım Filistin mücadelesinde olduğu kadar Amerika'da Kara Panterler hareketine değin uzanır. Yazarın özgünlüğü yaptığı seçimlerden kaynaklanır. Jean Genet yazını seçmemiş, onu kendisini anlatmak için bir araç olarak görmüştür. Bir bakıma yazınla tanışmasını sağlayan durum aslında toplumca kabul görmeyen ve onunla özdeşleşen suçlarla dolu özel yaşamıdır denilebilir. Bu saptamanın yerindeliği yapıtlarında ele aldığı konu ve izlekler dikkate alındığında daha açık biçimde ortaya çıkacaktır.

19 Aralık 1912 yılında evlilik dışı bir çocuk olarak dünyaya gelen Jean Genet, 15 Nisan 1986'da yaşamı boyunca küfür ettiği Paris'te Jack's Hôtel'de ölür. Genet'nin Fransa ve Paris'e öfke dolu bakışı onu suçlu olarak görmüş olmasından kaynaklıdır. Anayurt onun için yersiz yurtsuzlara yaşama hakkı vermeyen bir otorite simgesidir. Yaşama gözlerini mutsuz açan küçük Jean "…daha yedi aylıkken Fransa'nın Çocuk Esirgeme Kurumuna (L'Assitance Publique) terk edilmiştir" (Dichy ve Fouché, 1989, s. 22). Yaşama gözleri açtığında peşini bırakmayan amansız yalnızlık, terk edilmişlik ve mutsuzluğa dayanabilmek için suçu seçtiğini de açıkça belirtir. *Hırsızın Günlüğü*'nde içinde bulunduğu ve kurtulmayı başaramadığı mutsuzlukla yaşamayı öğrenmesi gerektiğini daha çocuk yaşta anlayan Jean Genet, toplumca hoş karşılanmayan ve ahlâk kurallarıyla örtüşmeyen edimlerinin sebebini bu mutsuzluğa bağladığını "mutsuzluğumdan kurtulmak için, soğukkanlılıkla yapabileceğim cesurca ihanetleri icat ediyordum" (Genet, 2012, s. 68) sözüyle itiraf eder. On yaşına kadar yetimhanede ve Morvan'da bir çiftçi ailenin yanında kalır. Babası belli olmayan, annesi Camille Gabrielle Genet'nin doğar doğmaz terk ettiği Jean, çocukluğunda kendisini bu durumundan ötürü etiketleyen topluma ve onun yaşam biçimine on yaşına kadar boyun eğer. Terk edilmiş bu çocuğun kökenlerine ait bilgisi annesinin ilk ismi, babasınınsa meçhul olduğuyla sınırlıdır. Gerçek anne ve baba sevgisi yaşayamaması onu sevgi arayışına itmişse de bunu hiçbir zaman bulamamıştır. Sartre'a göre "Genet insanın tek sorunsal olduğu insansızlığın ürünüdür" (Sartre, 1952, s. 58). On yaşında girdiği ıslahevinden kaçarak Fransız sömürge birliklerine katılır. Henüz on beş yaşındayken üç aylığına Metray Islahevine konulan Genet'nin "dışarı çıktığında serseri hayatına devam etmekten başka çaresi yoktur. Cebinde tek metelik, kalacak belli bir yer ve gidecek kimsesi yoktur" (Küzeci, 2013, s. 436). Bu kaçış ne ilk ne de son olur. Birçok Avrupa ülkesinde kaçışlarını sürdüren Genet, oradan oraya savrulurken hırsızlık ve kaçakçılık olaylarına karışır. Daha doğrusu bunu bilerek ve isteyerek yapar. Bu serseri yaşam onu hapishanelerle tanıştırır. Hatta ömür boyu hapis cezasına çarptırılır. Hapisteyken kaleme aldığı *Notre-Dame des Fleurs* (Çiçeklerin Meryem Anası) isimli romanı André Gide, Jean Cocteau ve Jean-Paul Sartre gibi dönemin önemli isimlerince beğeni toplar.

[1] Prof. Dr., Ondokuz Mayıs Üniversitesi Eğitim Fakültesi Fransız Dili Eğitimi Anabilim Dalı, ngenc@omu.edu.tr

Bu yazarlar Cumhurbaşkanı'na bir dilekçe vererek bağışlanmasını dilerler ve Genet bu yolla özgürlüğüne kavuşur. Genet, aftan sonra yeniden suç dünyasına dönmemiş, kendini yazına adamıştır. Ancak onu dışarıda bekleyen ne sıcak bir yuva, ne de anne ve baba şefkatiyle yoğrulmuş bir aile ortamıdır. Ona yalnızca boş sokaklar ve kötü insanlar kalır. Tüm yaşamı boyunca onu dışlayan dünyayla derdi olan Genet, pisliğe bulanmış dünyasında yazınla tepkisini ortaya koymaya çalışır. Suça, suçlular dünyasında daha da bulaşan Genet, yaşamına kötülükle devam edeceğinin kararını alır. Böylece onu gözden çıkartan dünyayla da kendince eğlenir. Suça yöneldiği tüm kötülüklerinin kaynağı olarak da tek adres verir: Metray'da yaşadığı kötü anılar. Metray Islahevinde yaşadıkları Genet'nin eşcinsel eğilimlerini güçlendiren bir anlam taşır. Hırsızın Günlüğü'nde bu durumdan duyduğu utancı da onu kabullenmeyi de öğrendiğini anlatır.

Genet kendisini dışlayan, varlığını reddeden toplumu bir bakıma o dünyayı reddetmeye devam ederek yaşam sürdüğünü itiraf eder. Genet'ye göre bu simgesel bir yaşamdır. (White, 1993, s. 384). Yazarın kendi yaşamı ve bu yaşama dair düşünceleri doğrudan romanlarına yansır. O asla toplumun sıradan bir üyesi olmaz. Ezilen, dışlanan hor görülenler onun yapıtlarında taçlandırılır. Genet'ye göre yaşam kavranabilse de tümüyle açıklanabilir değildir. İnsanlar kendilerini tanımladıkları gerçek eylemleri yapabildiklerinde bu edimler törensi bir niteliğe bürünür. İşte bu yüzden Genet yerleşik ahlâk kurallarını yadsır. Böylesi bir ahlâk anlayışını yaşamının tanığı kılan yazar, aykırı yaşamı ve ahlâk anlayışıyla sesini kitlelere duyurmak ister gibidir. O, henüz on yaşındayken düştüğü ıslahevinde kendisine benimsetilmek istenen yazgıya karşı çıkar. Bu yüzden kaçar, hırsızlık yapar, serseri yaşamı yeğler. Genet üzerine yazılan biyografik çalışmalarda da vurgulandığı gibi onu suça yönelten en önemli sebeplerden biri yazına düşkünlüğüdür. Okuduğu kitaplardaki yerlerde olma isteği onu küçük hırsızlıklar yapmaya itmiştir. Gerçi bunları Genet'in arkadaşı Camille Harcq tam anlamıyla hırsızlık olarak değerlendirmez. Ona göre bunlar her çocuğun yapabileceği masum ve "çocukça aşırmalar..." dır. (Sartre, 1952, s. 70). On yaşındaki bu küçük çocuk, gerçek kimliğini kendisine dayatılan bir kimlikle değil, kendi özgün düşüncesiyle var eder. Toplumun yerleşik ahlâk anlayışına ters düşen tüm durumları reddetmek onda tutkuya dönüşen bir amaç olur. Küçük bir çocukken kabul etmediği disiplin ve aile bağları onun asi ruhunda hiçbir yere bağlan(a)mamaya karşı güçlü bir istençle karşılık bulur. Bu yüzden yaşamının tanığı günlüğünde de görüldüğü gibi toplumsal disiplin ve siyasi bağlantıların tümünden sıyrılarak kendisini dışlayan bu dünyadan kendince intikam alır. Sartre, Genet üzerine kaleme aldığı *Saint Genet-Comédien et Martyr* (1952; Aziz Genet-Oyuncu ve Kurban) isimli uzun soluklu ve kapsamlı incelemede onun kendisini aşağılayarak yüceldiğine inanır. Bu çabaları da bir azizinkiyle açıklar. Genet böylece Jean Paul Sartre'ın ayrıcalığına ya da lanetine sahip olur. Tüm yaşamı boyunca insanlık durumunu kendi yaşamının merkezine oturtan Genet, duyduğu öfkeyi bu toplumun belirlediği yerleşik ahlâk kuralları dışında bir yaşam sürerek gösterir. Suça yönelmesini de "suçun benden yaptığını olmayı seçtim" (Sartre, 1952, s. 74) sözüyle açıklar.

Genet'nin, yaptığı kötü eylemin adına yazmış olduğu *Hırsızın Günlüğü* özyaşamöyküsel öğeleri ön plana çıkartırken, toplum dışına itilmişlerin dünyasına farklı bir pencereden bakar. Eşcinsel alt kültürden söz ettiği romanları, kendi yaşantısından kesitler taşır. Bu türlerden biri olan *Hırsızın Günlüğü*, içine girilmeden okunduğunda okuru dışlayabilir. Genet kişiye özgü tutkuların, ideallerin ne pahasına olursa olsun hatta ahlaki normlarca yadsınsa da bunun peşinden gidilmesi gerektiğine inanır. Kitapta özellikle eşcinselliğin cüretkâr bir biçimde anlatılması kimi çevrelerce yadırgatıcı bulunmuştur. Jean Genet'nin şairliği romanlarında kullandığı dille kendisini gösterir. Bu biçemde özellikle de romanlarında yazarın özyaşamından izler saklıdır. Yazarın yazınsal kariyerinde ismini duyurduğu tiyatro oyunlarında özyaşamöyküsel izlere rastlanmaz. Roman bu niteliği ile *Le Petit Robert*'de tanımlandığı gibi özyaşamöyküsel türün en belirgin yanı olan "yazarın kendisi tarafından yazılmış yaşamöyküsü" (2003, s. 1836) olma özelliği gösterir. Özyaşamöyküsü sözcüğü kökenbilimsel olarak incelendiğinde, auto: Yunanca autos= kendi kendine, doğrudan doğruya; bio: Yunanca bios=yaşam; graphie: yunanca graphein= yazmak sözcüklerinin bileşiminden geldiği görülür. Bu kendine özgü simgesel yaşam tanımı yazarın düşünce sisteminden izler taşır. Philippe Lejeune, özyaşamöyküsel türü; "gerçek bir kişinin öz varlığından devinimle, kendi yaşamını, özellikle de kişiliğinin öyküsünü vurguladığı artgörümlü düzyazı metin" (Lejeune, 1975, s. 14) olarak tanımlar. Roman adı gerçek bir kişiliğe göndermede bulunan bir anlatıcının kimliğiyle aktarılır. Roman tek başına değerlendirildiğinde birkaç ayrıcalıkla özgün bir yapıt durumuna yükselir. Genet'ye dair gizli ya da ahlâk dışı sayılabilecek pek çok bilgiyi içinde barındıran romanın yazarın kendisinin de ait olduğu suçlular, kaçakçılar, hırsızlar, fahişeler, eşcinsellerle bezeli dünyayı şiirsel bir dille betimlediği söylenebilir. Günlük, Jean Genet'nin yaşamından gerçek bilgilerle oluşturulmuş olsa da bunlar ona özgü biçemle öylesine yetkinlikle kullanılmıştır ki okur salt bir özyaşamöyküsü okuyormuş izlenimine kapılmaz. Genet'nin kurgunun içine yerleştirdiği özyaşamöyküsel kimi bilgiler belli olaylarla ilişkilendirilmiş olarak anlatımı güçlendirdiği gibi kitapta betimlenen yeraltı dünyasını onu tanımayanlara tanıtır. "Ben 19 Aralık 1919'da Paris'de doğmuşum... Annemin adı Gabrielle Genet'ymiş... Morvan bölgesinde köylüler tarafından büyütülmüşüm" (Genet, 2012, s. 43). En başından terk edilmiş bir çocuk olarak yazgısı belli olan Jean Genet, yoksul Morvan Bölgesindeki Alligny'de on iki yaşına dek kalır. Genet'nin kendisini küçümseyen ve alaycı bakışlar savuran Morvan'lı köylülere duyduğu öfke hem yaşamının her anında, hem de yazınsal yapıtlarında yer alır. Ufak tefek suçlar ve zanaat okulundan firarla başlayan sıra dışı bir yaşam Mettray Islahevine dek uzanır. Orduya yazılır, özellikle *Sevdalı Tutsak*'ta siyasi bir görüşün savunucusu olur. Dilenci ve serseri olarak İspanya'daki yaşamına Nazizm yükselirken Orta Avrupa'da devam eder. Günlükte söz ettiği bu ülkeler hakkında şu bilgilere yer verir. "Arnavutluk, Sırbistan, Avusturya, Çekoslovakya, Polonya. Bu ülkelerin her birinden kovuldum. Sonra Hitler Almanya'sına gittim. Daha sonra Belçika'ya. (Genet, 2012, s. 86). "Genet'nin zaman, uzam, bellek ve unutuş boyunca yaptığı yolculuk, hayatının gidişatında yoğun biçimde belirleyicidir" (Barber, 2005, s. 15). Bu yolculuklar sırasında işlediği çok sayıdaki suç nedeniyle ömür boyu hapse girmesi kesinleşir.

1948'de yayımlanan *Hırsızın Günlüğü* (Journal du voleur) Genet'nin kendi bedeni, cinsel geçmişi ve suçla yoğun biçimde varsıllaştırdığı romanıdır. Genet kitabın temel izleklerini ihanet, hırsızlık ve eşcinsellik olarak belirtir. "İhanet, hırsızlık ve eşcinsellik bu kitabın temel konularıdır. Bunlar arasında, her zaman açıkça görülmese bile, bir ilişki vardır; en azından, ihanetten, hırsızlıktan hoşlanmam ile aşklarım arasında bir tür kan bağı varmış gibi görünüyor" (Genet, 2012, s. 157). Genet diğer romanlarında olduğu gibi *Hırsızın Günlüğü*'nde de sokakların suçla, şiddetle dolu bilinmeyen yüzünü aktarır. Genet burada doğrudan doğruya kendisinden konuşur. Yaşamını, sefilliğini ve mutsuzluğunu, aşklarını anlatır; düşüncelerini dile getirir. Roman temel olarak onun 1930'lu yıllarda bir yıldan fazla sürmemiş Avrupa yolculukları sırasında yaşadıklarını konu alır. Lejeune, yazar-anlatıcı-anlatı kişisi arasında ad kullanımına ilişkin iki görüşü örtük ya da açık biçimde olmak üzere belirtir. *Hırsızın Günlüğü*'nde yazar ve anlatıcının açık bir biçimde aynı kişi olduğu görülmektedir. Romanın anlatısında anlatıcı-başkişinin kendisine verdiği ad ile kapaktaki yazar adının aynı olması bunun kanıtıdır. (Lejeune, 1975, s. 27). Bir bakıma Genet'nin otobiografisi olarak değerlendirilebilecek olan yapıt, hırsızların, fahişelerin, eşcinsellerin, katillerin, alt kültür uzamlardaki dünyanın kapılarını açar. Bununla birlikte yazarın kendini diğer insanlardan uzak tuttuğu, onlarla arasında kalın duvarlar ördüğü açıkça görülür. İnsanlardan uzak bu yaşamda ölüm ve yalnızlık onun tek sığınağıdır. İspanya kıyılarında kendini yaşamın doğal akışının dışında tutar ve bir yalnızın yaşamını görkemli ve eşsiz bir güzellikle anlatır. Romana konu olan süre kendisi de bir yanılsamaya dönüşerek erir gider. Romanda anlatılan zaman yalnızca bu görüntüde ancak cinselliğin anlatıldığı sahnelerde varlığını hatırlatır. Romanın sonunda yaşanan zamanla dolaysız biçimde birleşen zaman Genet için bir son durak gibidir. Genet bu romanın son romanı olduğunu ilan eder. "Genet'nin ilişkileri bazen bütün zamanını vakfettiği meşguliyetler haline geliyordu" (Barber, 2005, s. 71). Barcelona'da karşılaştığı ve yalnızca suç arzusuyla birlikte olduğu suçlu âşıklar, Armand ve Stilitano ile yaşadıklarını anlatır. Stilitano ve Armand'nın ona karşı ilgisiz tutumları onun yalnızlığını daha da derinleştirir. Antwerp ve Barcelona, kendisini dışlayan bir topluma duyduğu tiksintiyi yansıtır. Günlük, bu kentte ortaya çıkan pis ve ucuz otel odalarından yine orada sonlanan yaşam kesiti hakkındadır. 1930'larda sevgilileri Stilitano ve Armand ile başlayan yaşamöyküsü aynı yılın sonunda Lucien ve Java ile devam eder. Romanın genelinde anlatılan otel odalarına Paris'tekiler eklenir. Böyle bir topluma dâhil olmaktansa onun dışındaki bir evrene kaçar. Suç eylemini haklı çıkartmaya çalıştığı bu kaçış, onu hırsızların yerine koymasına yarar. Böylece suçlu şöhretini koruyan Genet, bunu geçtiği her yerde suça bulaşmış yaşamından izlerle süsler. Hırsızlık yapar, kiliselerdeki bağış kutularını kırar, soygun ve uyuşturucu planları yapar. Kökleşik ahlak ve hukuk kurallarının sınırlandırmasından uzak suç dünyasına ait karakterler hapishane, genelev, arka sokaklar gibi uzamlarda yani yeraltında yaşatılır. Asıl öfkesi, dışında kaldığı ve onu bir suçlu gibi gösteren toplumadır. Bilindiği gibi toplumsal ve siyasal olaylara tepkisiz kalmayan Genet'nin yazdıkları ve röportajları *Açık Düşman*'da yer bulur. 68 öğrenci olayları, ırkçılığa karşı Kara Panterler'in yanında olmuş, İsrail'e karşı Filistinlilerin yanında yer almıştır.

Yazar romanın her bölümünde okurla konuşur gibi söyleşse de kendine özgü bu dünyanın içine kimseyi sokmaz. Günlüğünde kendi sözleriyle doğruladığı gibi asıl kutsanacak olanlara atfeder günlüğü. Okuru "hırsızlara, hainlere, katillere, kalleşlere sonsuz bir güzellik atfediyorum; sizlere asla," diyerek uyarır. Okura 'sizin dünyanız' diyerek kendi özel alanının sınırlarını belirlerken, bu alana onu sokmayacağını hatta okurun buna cüret dahi edememesi gereğini sezdirir. Bizim dünyamızda pis, kötü ve aşağılık olarak görülebilecek her şey onun kaleminde büyük bir saygınlığa layıktır. Yanı başımızda duran ancak görmezden geldiğimiz toplum dışına itilmiş bir serserinin yaşamı şiirsel bir biçemle birleşerek yasadışının estetiğine dönüşür. O okuru asla kendi dünyasına davet etmez. Aksine onunla kurduğu uzaklık o kadar belirgindir ki günlükte kullanılan "siz" ve "okur" sözcükleri onun suçlular dünyasına aitliğini kesinlerken, diğerlerini yavaşça uzaklaştırır. Onun serzenişi biraz da genel ahlak kuralları çerçevesinde yaşayan ve onu içine almayan "ötekileredir" aslında. "Yaşamı eksiksiz biçimde yansıtmak, görünmeyeni göstermek, bilincin dolambaçlarında gezinmek, karşılaştırmalar yapmak, her şeyi ayan etmek, dile gelmeyen duyguları dile getirmek isteyen kurmaca yazarı için "anlatıcı ses" seçimi yaşamsal bir önem taşımaktadır." (Tosun, 2001). Genet'nin kendi yaşamından kesitler aktardığı yapıttaki okurla iletişim biçimi ne Alphonse Daudet'nin *Değirmenimden Mektuplar*'ına, ne de Jean-Jacques Rousseau'nun *Emile*'ine benzer. Daudet'nin 'sevgili okurum', 'efendim', 'siz' biçiminde, Rousseau'nun 'İnsanlar!' ve 'siz' gibi seslenimleri Daudet için okurla mektuplar aracılığıyla konuşma, Rousseau içinse okuru çocuk eğitimi konusunda yönlendirme ereği taşırken, Genet'ninki böylesi bir gereksinim için değildir. Genet kışkırtıcı öğelerle güçlendirdiği biçemi ve dil kullanımı ile okuru belli bir uzaklıkta tutar. Daudet'nin *Değirmenimden Mektuplar*'da 'siz' demesi Paris'li olduğu düşünülen okurla anlatıcının dünyalarının farklılığını ortaya koymak için değil, anlatıcının okurunkinden ayrı ancak daha güzel bir yaşamı seçmesinin sebebini açıklamak için kullandığı açıktır. "Artık, nasıl olur da ben, sizin o gürültülü ve karanlık Paris'inizi özlerim! Değirmenimden öyle hoşnudum ki! Burası tam istediğim gibi, gazetelerden, paytonlardan, sisten fersah fersah uzakta, güzel kokulu, ılık bir köşe!" (Daudet, 1962). Genet'nin bu iki yazar gibi okuru anlatının içine çekme gibi bir amacı yoktur. O, okurla özellikle korumayı istediği uzaklığı böylece gerçekleştirir. Tek amacı okurun suçlular dünyasında gezinmeyi seçen birini anlamasıdır. Günlükte bunu kendisi de açıkça "beni anlamak için okurun suç ortaklığı gerekecek" (s.18-19) sözleriyle belirtir zaten.

Öte yandan romanı eşsiz kılan ne özyaşamöyküsel niteliği, ne de suçlular dünyasını yansıtıyor olmasıdır. Mutsuz bir çocukluk ve yalnız bir yaşam onu bu dünyaya atmıştır. Kendi deyimiyle içinde bulunduğu "bu hırsız, orospu, dilenci, ibne kalabalığı..."na (Genet, 2012, s. 37) itilmiş olan Genet, daha sonra buraya ait olmanın ayrıcalığına ererek onu dışlamış dünyayı yok saydığını belirtir. O ne ilk ne de son olacaktır. Toplumsal yaşamda sosyal çelişkiler, uyumsuzluklar var oldukça suç da var olacaktır denmektedir (Dönmezer, 1984). Yazar, okurlarına yeraltı dünyasının kapılarını çekincesizce açarak suçlular dünyasını azizlik mertebesine ulaştıracak biçimde betimlemez. Onun imgelemiyle güçlendirdiği suçlular dünyasında fahişeler, eşcinseller, hırsızlar, kaçakçılar, katiller yüksek bir onurla simgelenir. Bu insanlarla dolu yaşam pisliği ve şiddeti yansıtmak yerine Genet'nin biçeminin özünü oluşturup, ona onurlu ve büyüleyici bir güzellik katar. Günlükte Genet kendisini aykırı yaşama yönelten sebepleri açıkça belirtir. "Kökenimin belirsizliği...Ailem tarafından terk edilmiş olduğum için, bu durumu erkeklere karşı duyduğum ilgiyle, bu ilgiyi hırsızlıkla, hırsızlığı da suç işlemek ya da suç işlemekten hoşlanmakla ağırlaştırmak bana zaten doğal geliyordu. Bu yüzden, beni reddetmiş olan bir dünyayı ben de elbette reddettim." (Genet, 2012, s. 82). Henüz çocukken işlemediği suçların sorumlusu ilan edilen küçük Jean bu edimleri yapsa da yapmasa da kabul edecek ve böylece kendisini yüceltecektir. "Bana yöneltilen her suçlamaya, haksız da olsa, yürekten evet diyecektim. ...Beni neyle suçluyorlarsa, içimde öyle olmak gereksinimi duyuyordum" (Genet, 2012, s. 161). Kendisini yalıttığı bu evren, gezegen sistemleri, güneşler, bulutlar, galaksilerin onu hiçbir zaman avutamayacağını söylerken kendisini ermişliğe itecek olan şeyin bu ahlaksal tutum olduğunu belirtir. (Genet, 2012, s. 185-197) Genet'nin suça yönelmesinin altında yatan sebepleri Sartre "gayrimeşru ve kimsesiz olmanın yanı sıra, hırsız damgası yemenin, tuhaf bir boşluk ve acı, çok derin bir mahrumiyet ve huzursuzluk hissettirmesinden" (Bataille, 2004, s. 162) kaynaklı olduğunu belirtir.

Günlüğün eşsizliği, içinde geçen kişileri tüm yalınlığı ve açıklığı ile derin bir içsel çözümlemeyle anlatıyor olmasıdır. "Özyaşamöyküsünde içtenlik ve gerçeklik sözleşmesi öne çıkarken, romanda kurmaca yapı önem kazanır." (Civelek ve Tilbe, 2016, s. 30). Günlüğün başından sonuna Genet'nin kendisine seçtiği yaşam tüm

193

yönleriyle yansıtılır. Yaşamını iyisi ve kötüsüyle kabullenen Genet, onu küçümsemek yerine kötülükle, suçla eşsiz kılar. "Bu yaşamı olduğundan başka bir şey yapmaya hiçbir zaman çabalamadım; onu süslemek, gizlemek için uğraşmadım; tam tersine onu tam pisliği ile ortaya koymak istedim en pis göstergeler benim için büyüklük göstergeleri oldular" (Genet, 2012, s. 21). Zayıflığını kabul etmişse de hırsızlığı yüceleştirerek erişilmez kılar. Bunu açıkladığı sözleri çarpıcıdır. "Bu hırsızlık yok edilemez bir şey olduğu için, onu bir ahlaksal yetkinlik durumunun kökeni yapmaya karar verdim" (Genet, 2012, s. 77). Sosyal düzenin temel taşı olarak aileyi gören yazar kendisini eşcinselliğe ve diğer suçlara iten en büyük sorumlu olarak bunu görür. Genet üzerine yaptığı derinlikli araştırmasında Sartre, iyi vatandaş olma hakkını elinden alan topluma tepkisini suça yönelerek hatta en dibe vurarak Genet'nin "aziz" olma mertebesine farklı bir yol izleyerek ulaştığını düşünür. Genet, kendisini dışlayan insanlara nefretini "tamamen sapkınlığa 'kötü'ye ve suça yönelerek" (Arısan,1997, s. 40) gösterir hatta suçu, suçluyu yüceltir. Yaşamın bilincine varmış olan Genet, kendi özgürlük etiğini suç, şiddet, cinsellik ve vatansızlıkla taçlandırır. Hatta bir korkak olduğunu da söyler. "Jean Genet en güçlü ve en güçsüzdür: en güçsüz olduğunda en güçlü, en güçlü olduğunda da en güçsüzdür" (Sartre, 1952, s. 369). Yapıtlarında toplum dışına itilmiş ve kökleşik ahlak dizgesinin yadsıdığı hırsız, fahişe, eşcinsel, katillerle dolu bir dünya yine onların ait oldukları alt kültür uzamlarında; yeraltında geçer. Yeraltının genel alanları hapishaneler, genelevler, barlar, arka sokaklardır. Kendi yaşam gerçeğinin yansımaları yapıtta yerini bulur.

Hırsızın Günlüğü'nde okurun dikkatini çeken bir başka nitelik kuşkusuz bir erkek tarafından erkek bedenine yapılmış yazınsal övgüleri içeriyor olmasıdır. Suçlu âşıkları, Armand ve Stilitano ile ilk kez Barcelona'da karşılaşmalarından söz eder. Erkek bedenini övgü ile betimleyen Genet'nin eşcinsel eğilimlerini açığa çıkarttığı ifadelerinden sonra bu betimlemeler de doğal algılanabilir olur. "...Kaslı butları düz pantolon kumaşının altından sarkıyordu; butların üstüne koyduğu eli güçlü, kalın ve sertti" (Genet, 2012, s. 210). Ancak suç arzusuyla kurulmuş bu birliktelikler onun yalnızlık hissini pekiştirirler. "Genet'nin yalnızlığı, sadece peşine düşmeden yakaladığı sevgi jestleriyle bir anlığına dağılır" (Barber, 2005, s. 68). "Stilitano benim gözümde çok hoş ve güçlü bir efendi olarak kaldı; ne var ki, ne gücü ne de çekiciliği asker, gemici, serüven düşkünü, hırsız, katil gibi her çeşit erkeğe olan cinsel isteğimi doyurmadı" (Genet, 2012, s. 42). Yazarın hemcinslerine yaptığı bu övgü yadırgatıcı gelebilir okura. Ancak belirttiğimiz gibi Genet'nin eşcinselliğini onun küçültücülüğünü kabul ederek soylu bir düzeye ulaştırmak istediğinin ayırdında olan okur için bu başka bir anlam ifade ediyor olacaktır. Cinsellik, insan psikolojisinin gizli yanları gibi ayrıksı konulara yönelen ve bunları genel geçer ahlaki kabulleri dışında değerlendiren yeraltı edebiyatı etik ve estetik değerlere farklı bir yaklaşımla değerlendirir. Hatta bu olgulara karşı çıkıp, kafa tuttuğu dikkate alındığında *Hırsızın Günlüğü*'nü tam olarak bir yeraltı yazın örneği olarak görmek olasıdır. Genet okuru bilir ki o eşcinsel olduğunu özyaşamöyküsel anlatılara dayanan romanlarda itiraf etmekten çekince duymaz. Pis ve lanet olarak değerlendirdiği eşcinsellik onun yaşaması için son çaresidir. "Berlin'de yaşamak için fahişeliği seçtim" (Genet, 2012, s. 131) der. Hatta bunu yüksek sesle söyleyerek başkalarının gözünde düşsel olarak yansısını yaratmaya çalışır. Suça yönelimini de eşcinsel eğilimiyle güçlendirir. "...Hırsızlıktan hoşlanmam ve hırsızlık etkinliğim eşcinselliğimle ilişkiliydi" (Genet, 2012, s. 223) diyerek bunu açıkça sergiler. Erkek söylemlerine de davranışlarına da kendince meydan okuyan Genet, bu yolla erkekliğin küçültücü hazzını yaşamak istemiştir. Kuşkusuz bu istenç onun yaşamak isteği doyumu tüm benliğiyle yaşamayı istemesinden çok farklı anlamlar taşır. Örneğin, Genet bu yolla erkek egemen güç ve iktidarın kendisiyle alay etmiş, gücün temsil edildiğini düşündüğü 'erkek' ve 'polis' kavramlarını eleştirmiştir. Bu iki kavramı birbirine yakınsayarak onların gözünde büsbütün küçülmelerini görerek garip bir mutluluk yaşadığı satırlara yansır. Yaşamın bir tanımını vermeye çalışır kitapta. Kendini betimlerken sıkça kullandığı 'korkak, hain, hırsız ve eşcinsel' ifadeleri onun için kutsal bir değer sınıfına yükselir. Çünkü bu değeri ona kendi kendisi vermiştir. Bu yüzden de cesurca korkaklığını, vatan aşkıyla hainliğini, cömertliği ile hırsızlığını, insanı sevmesiyle de eşcinselliğini kabul eder. Bu nitelemelerin hiç birini toplum ona vermemiş, o kendisi bile isteye bunları olmak istemiştir. Kendisini aşağılayarak yüceltirken romanda kesin çizgilerle ayırdığı 'bizim dünyamıza' alaycı ve küçümseyici bir bakış fırlatmaktan da geri durmaz.

Çocukluğunda öksüz, büyüdüğünde hırsız ve eşcinsel olan Jean Genet, suç ve suçluların dünyasını son derece şiirsel bir anlatımla aktarır kitapta. Özyaşamöyküsel öğelerle güçlendirilmiş *Hırsızın Günlüğü*, derin ve incelikli tinsel çözümleme ve imgelerle topluma karşı bir meydan okumadır. Genet aşağılanmanın en üst mertebesinde bir aziz gibi dolanır. Yasadışının estetiğiyle yeraltında yaşayanların sesi olur. Okura, insanların dokunmaya cesaret edemedikleri yaşamını görkemli bir törenle izlettirir.

Kaynakça

Arısan, M. (1997). *Ölü Bir Ozandan Sakat Doğmak: Jean Genet ve Alternatif Kimlik. Defter.* Cilt: 10, Sayı: 30, 39-58.

Barber, S. (2005). *Jean Genet.* (Türkçesi: Sinan Okan), İstanbul, Güncel.

Bataille, G. (2004). *Edebiyat ve Kötülük.* (Çev. Ayşegül Sönmezay), (2. Basım), İstanbul, Ayrıntı Yayınları.

Civelek, K. & Tilbe, A. (2016). *Frédéric Beigbeder'in Romantik Egoist Adlı Karma Benli Anlatısı: Özyaşamöyküsü mü, Yeniötesi Günlük mü, Özkurmaca Roman mı?. Border Crossing.* London, May Volume: 6, No: 1, 27-45.

Daudet, A. (1962). *Değirmenimden Mektuplar.* (Çev:Sabri Esat Siyavuşgil), Ankara, Millî Eğitim Basımevi.

Dichy, A-F, P. (1989). *Jean Genet Essai de Chronologie 1910-1944.* Paris, Bibliothèque de la Littérature française,

Dönmezer, Sulhi. (1984). *Kriminoloji.* İstanbul, Filiz Kitabevi.

Genet, J. (1949). *Journal du voleur.* Paris, Gallimard, (2012), *Hırsızın Günlüğü,* (Çev. Yaşar Avunç), İstanbul, Ayrıntı Yayınları.

Küzeci, D. (2013). *Jean Genet'de Toplumsal Mesaj. Turkish Studies* - International Periodical For The Languages, Literature and History of Turkish or Turkic Volume 8/10 Fall, 431-439.

Lejeune, P. (1975). *Le Pacte autobiographique.* Coll. "Poétique", Paris, Seuil.

Le Petit Robert. (2003). Paris, Editeur, LR; Édition, Nouvelle.

Rousseau, J-J. (2005). *Emile "Bir Çocuk Büyüyor",* İstanbul, Selis Kitaplar.

Sartre, J. P. (1952). *Saint Genet, comédien et martyr, (Oeuvres Complètes, TomeI)* Paris, Gallimard.

Tosun, N. (2001). *Öyküde Anlatıcı Ses. Hece Öykü,* Yıl: 8, Sayı: 47Ekim-Kasım, 61-70.

White, E. (1993). *Jean Genet,* Paris, Gallimard.

Bölüm 16. Cumhuriyetin İlk Yıllarında Balkanlardan Türkiye'ye Gelen Göçmenlerde Sosyal ve Kültürel Uyum

Hikmet Öksüz[1], Ülkü Köksal[2]

Türkler tarih boyunca çeşitli coğrafi bölgelerde sıklıkla göç olgusuyla karşı karşıya kalmıştır. Türk tarihi açısından Osmanlı Devleti'nin Balkanlardan tasfiyesi sürecinde 1877-1878 Osmanlı-Rus Savaşı ile hız kazanıp Balkan Savaşları ile birlikte adeta akın halini alan göçler Cumhuriyet'in ilk yıllarında da devam etmiştir. Gerek zorunlu gerekse isteğe bağlı bu göçler yeni kurulan Türk Devleti'nin temellerini şekillendirmiştir. I. Dünya Savaşı'nın ardından kurulan Türkiye bir yandan siyasi bağımsızlığını elde etmek için mücadele ederken diğer yandan ulus-devlet idealinin somutlaştığı, homojen nüfusun hâkim olduğu bir toplum oluşturmayı ilke edinmişti. Buna bağlı olarak da yıllarca çeşitli problemlere neden olan azınlıklar sorununun çözüme ulaştırılması hedeflenmişti. Bu amaçla Lozan görüşmelerinde, 30 Ocak 1923 tarihinde "Türk ve Rum Mübadelesine İlişkin Sözleşme ve Protokol" imzalanmıştır. Sözleşmenin birinci maddesinde Türk topraklarında yerleşmiş Rum Ortodoks dininden Türk uyruklular ile Yunan topraklarında yerleşmiş Müslüman dininden Yunan uyrukluların 1 Mayıs 1923 tarihinden itibaren zorunlu mübadelesine girişileceği, ikinci maddede ise 30 Ekim 1918 tarihinden önce İstanbul'a yerleşmiş olan Rumlarla, 1913 Bükreş Anlaşması ile belirlenen sınırın doğusunda kalan Batı Trakya Türklerinin bu değişimin dışında tutulması öngörülmüştür (Soysal, 1983, s. 177-183). Mübadelenin uygulama safhasında ise göçmenlerin ihtiyaçlarını karşılamak ve iskânlarını sağlamak üzere 13 Ekim 1923 tarihli bir kanunla Mübadele, İmar ve İskân Vekâleti kurulmuştur. 8 Kasım 1923'te 20 maddeden oluşan Mübadele, İmar ve İskân Kanunu yürürlüğe konulmuş, aynı zamanda Türkiye'de on iskân mıntıkası belirlenerek imar ve iskân müdürlükleri tesis edilmiştir (Çapa, 1990, s. 51). Belirlenen iskân mıntıkaları ve kapsadıkları alanlar şu şekildedir:

Birinci Alan: Sinop, Samsun, Ordu, Giresun, Trabzon, Gümüşhane, Amasya, Tokat, Çorum.

İkinci Alan: Edirne, Tekfurdağı, Gelibolu, Kırkkilise, Çanakkale.

Üçüncü Alan: Balıkesir.

Dördüncü Alan: İzmir, Aydın, Menteşe, Afyon.

Beşinci Alan: Bursa.

Altıncı Alan: İstanbul, Çatalca, Zonguldak.

Yedinci Alan: İzmit, Bolu, Bilecik, Eskişehir, Kütahya.

Sekizinci Alan: Antalya, Isparta, Burdur.

Dokuzuncu Alan: Konya, Niğde, Kayseri, Aksaray, Kırşehir.

Onuncu Alan: Adana, Mersin, Silifke, Kozan, Ayıntap, Maraş (Arı, 1995, s. 52-53).

Adı geçen yerleşim alanlarına iskân edilecek göçmen sayısı ve geldikleri bölgelerin isimleri de kabaca belirlenmiş, çoğu çiftçi olan bu göçmenler uğraş alanlarına göre gruplandırılmıştır. Diğer taraftan göçmenlerin iskân bölgelerindeki emval-i metrukelerde yerleştirilmeleri kararlaştırılarak bu yerlerin kendilerine tahsis edilmesi yönünde vilayetlere talimatlar verilmiştir. Gayrimüslim unsurlardan kalan bu malların pek çoğu uzun savaş yıllarının ardından yakılıp yıkılmış, bir kısmı yerli halk tarafından

[1] Prof. Dr., Karadeniz Teknik Üniversitesi, Edebiyat Fakültesi, Tarih Bölümü, Trabzon. h.oksuz@ktu.edu.tr
[2] Yrd. Doç. Dr., Karadeniz Teknik Üniversitesi, Karadeniz Araştırmaları Enstitüsü, Trabzon. ulkukoksal@gmail.com

işgal edilmiş veya bölgelerden ayrılan Rumlar tarafından tahrip edilerek oturulamaz hale getirilmişti (McCarthy,1998, s. 344-364; Arı, 2015, s. 57-78). Dolayısıyla göçmenlerin en önde gelen ihtiyaçlarından olan barınma sorununa acil olarak çözüm bulunması gerekmiştir. Mübadele, İmar ve İskân Vekâleti bu evleri tamir ettirmek yönünde çalışmalar yaparken diğer yandan mübadillerin kullanımı amacıyla çeşitli bölgelerde *numune köyler* inşa edilmesine karar vermiştir.[3]

Mübadelenin başlangıcından itibaren geçen bir yılın sonunda *numune köy*lerden 7'si barınma sorunlarının en fazla yaşandığı, köy kökenli mübadillerin fazlaca olduğu ve bu anlamda öncelik verilen Samsun'da inşa edilmiştir. Aynı bölgede ayrıca çamur, kerpiç ve saz kullanılarak ucuza mal edilen 1.717 adet *iktisadî evin* yapımına başlanmıştır. Göçmenlerin barınması amacına yönelik olarak 1924 yılı sonunda, ülke genelinde 15.881 ev onarılmış,[4] Samsun, İzmir, Bursa, İzmit, Antalya ve Adana'da toplam 14 numune köy inşa edilmiştir. Bunun dışında İzmir, Bursa, İzmit, Antalya, Adana, Afyon, Manisa, Tokat, Çorum, Yozgat, Bafra, Çarşamba, Samsun ve Amasya'da 6.903 *iktisadî evin* inşasına başlanmıştır (Çapa, 1990, s. 52, 66-67). Meskenlerin yapım ve tamir işlemleri çeşitli aksamalara uğramışsa da 1925 yılı sonlarında barınma sorunu büyük ölçüde çözümlenmiştir.[5] Mübadillere ev temini için uğraş verildiği bu dönemde, diğer yandan üretici duruma getirilmeleri yönünde de çalışmalar yapılmıştır. Bu amaçla çeşitli tarım arazilerinin kura usulüyle taksim edilmesi yönünde Bakanlar Kurulu kararı çıkarılmış, ayrıca muhacirlere ihtiyaç duydukları tarım alet edevatı ile hayvan ve tohumluk verilmesi şeklinde çeşitli yardımlarda bulunulmuştur (Geray, 1962, s. 55-69; Öksüz, 2016, s. 120-122; Köksal, 2004, s. 77-79).

Türkiye Cumhuriyeti kurulduktan sonra dış politikada *Yurtta Sulh Cihanda Sulh* ilkesini benimsenmiş, bu süreçte özellikle komşu ülkelerle dostluk ve ittifak anlaşmaları imzalanmıştır. Türkiye'nin Balkan ülkeleriyle imzaladığı anlaşmalarda bu ülkelerdeki Türk azınlıkların sosyal ve kültürel hakları da teminat altına alınmıştı (Soysal, 1983). Fakat 1930'lu yıllarda Avrupa'da oluşan diktatör eğilimler ve esen savaş rüzgârları Balkan ülkelerinde de etkisini göstermiş, çeşitli baskılara uğrayan Müslüman-Türk unsurlardan önemli bir kısmı göç etmek zorunda kalmıştır. 1923-1938 yılları arasında Yunanistan'dan gelen yaklaşık 400.000 mübadilin yanı sıra bir o kadar göçmenin de diğer Balkan ülkelerinden Türkiye'ye göç ettiği anlaşılmaktadır. 1923-1938 yılları arasında yaşadıkları ülkelerde gördükleri siyasi, iktisadi ve toplumsal baskılar nedeniyle ve kendi istekleriyle gelen bu göçmenlerin 180.919'u Bulgaristan, 113.720'si Romanya ve 115.427'si Yugoslavya'dan Türkiye'ye gelmiştir(Geray, 1962: Ek Tablo 2).[6] Büyük kısmı devletin destek ve yardımlarından faydalanan Balkan göçmenleri Türkiye'nin

---

[3] Numune köyler oluşturma projesi kapsamında başlangıçta 27 köy kurulması planlanmış, bu sayı daha sonra 69'a çıkarılmışsa da; 50 hane, bir cami ve bir mektepten oluşan bu köylerden yalnızca 14 adet inşa edilebilmiştir (Yıldırım, 2006, s. 250; Erdal, 2006, s. 172). Numune köyler ile ilgili ayrıntılı çalışmalar için bkz. (Cengizkan, 2004; Seçkin, 2013).
[4] Tamir işlerinin daha hızlı yapılması için mesleği inşaat ustası mübadillerin nakline öncelik verilmesi yoluna da gidilmiştir (Arı, 1995, s. 62).
[5] 1923- 1938 yılları arasında göçmenler için yaptırılan ev sayısı 123.716'dır.Bunun 66.872'si 1923-1933 yılları arasında yaptırılmıştır (Geray, 1962, s. 49).
[6] II. Dünya Savaşı öncesinde Balkanlarda huzursuzluk iyice artmış bu süreçte, 1934-1939 yılları arasında, Bulgaristan, Romanya ve Yugoslavya'dan toplam 181.064 kişi Türkiye'ye göç etmiştir (*NARA*, January 3, 1942, s. 2050.3; Geray, Ek Tablo-2).

çeşitli bölgelerinde iskân edilmiştir. (Geray, 1960; Ağanoğlu, 2001; Köksal, 2004; Öksüz ve Köksal, 2004; Çavuşoğlu, 2007; Duman, 2008; Öksüz, 2016).[7]

Göçmenler genellikle meslek ve uğraşları, geldikleri bölgenin iklim koşulları da dikkate alınarak iskân edilmişlerdir. İstatistiksel veriler göçmenlerin Ege, Marmara, Karadeniz, İç Anadolu ve Akdeniz bölgesinde yoğun olarak yerleştirildiğini göstermektedir. Mübadil yerleşimlerinin yapıldığı İstanbul, Edirne, Kırklareli, Tekirdağ İzmir, Balıkesir, Bursa, Çanakkale, Manisa, Niğde, Samsun gibi yerler sonraki yıllarda diğer Balkan göçmenlerinin de iskan edildiği bölgelerin başında gelmektedir.(National Archives Records Administration [*NARA*], NND 745023, Group: 165, Entry:77, Box: 3036. January 3, 1942, 2050.4; Geray, 1962, s. 30-31; Arı, 1995, s. 113-114).

Türkiye Cumhuriyeti Devleti göçmenlerin yeni yurtlarına intibakları için gereken fiziki koşulları sağlamaya gayret etmiş ve yerleştirildikleri bölgelerde en kısa sürede üretici olmaları konusunda desteklemiştir. Balkanlardan gelen göçmenler ülkenin ekonomik ve siyasi yapısına olduğu kadar sosyal, kültürel ve demografik yapısının şekillenmesinde de etkili olmuştur. Milli Mücadele Dönemi'nde ve Lozan'da imzalanan Mübadele Sözleşmesi sonrasında yaklaşık 1.200.000 Rum Yunanistan'a göç etmişti. Dolayısıyla büyük kısmı özellikle liman şehirlerinde ticaret ve sanat erbabı olan azınlıkların gidişi iktisadi açıdan önemli bir kayıptı. Bu kaybın gelen göçmenlerle ve özellikle de onların uğraş alanı olan tarım sektöründe yapılacak atılımlarla sağlanması hedeflenmiş, savaş yılları boyunca ekilemeyen verimli Anadolu topraklarının kullanılır hale getirilmesi, tarımsal üretimin arttırılması, şehirlerde ekonomik faaliyetlerin canlanması yönünde çabalar sarf edilmiştir. Mübadele yoluyla Yunanistan'dan çok sayıda Türk'ün Türkiye'ye göç etmesiyle azınlık sorunlarına bir çözüm getirilerek ulus-devlet ideolojisinin gerektirdiği homojen toplum oluşturma idealine katkı sunulmuştur. Mübadele sonucunda, o dönemde yaklaşık 12 milyon nüfusa ilaveten ortak özelliklere sahip yarım milyon nüfusun eklenmesi yeni devletin sosyo-kültürel yapısının, ekonomik ve siyasi oluşumunun şekillenmesinde etkili olmuştur (NARA, 2000. 7; Kazgan, 1983, s. 1557; Önder, 1990:210; İpek, 2000, s. 161-167; Ağanoğlu, 2001, s. 307; Gökaçtı, 2002, s. 295; Aktar, 2007, s. 135-154, Hirschon, 2007, s. 17-28; Oran, 2007, s. 165).

Göç, kuşkusuz maruz kalan kitlelerin hafızalarında derin izler bırakan travmatik olaylardandır. İnsanların doğup büyüdüğü yerleri pek çok maddi ve manevi unsuru bırakarak, bir daha dönmeyeceği/dönemeyeceği duygusuyla ve zorunlu olarak terk etmesi, yeni yaşamlarına, geleceğe dair duyulan korku ve endişe travmayı arttıran unsurlardandır. Dolayısıyla böylesine psikolojik bir yıkımla başlayan yeni bir yaşama uyum kitlelerin sancılı bir süreç geçirmesine neden olur. Mübadele yoluyla gelen göçmenler iki ülke arasındaki bir anlaşmaya dayalı olan zorunlu bir nüfus değişimi ile; sonraki yıllarda Bulgaristan, Romanya ve Yugoslavya'dan gelen göçmenler ise bulundukları bölgelerde siyasi, iktisadi, sosyal ve kültürel baskılar neticesinde canlarını kurtarmak adına, kendi istekleriyle, bu yolculuğa çıkmışlardır. Sebebi ne olursa olsun yurtlarından ayrılıp başka bir yerde yeni bir yaşama başlamak, maddi ve manevi kayıplarını onarıp kültür ve kimlik ögelerini korumak göç eden kitleler açısından çeşitli sorunları ortaya çıkarmıştır.

---

[7] 1923-1938 yılları arasında Türkiye'ye gelen toplam 801.818 göçmen, mübadil ve mülteci için devletin harcadığı miktar 33.885 liradır (Kazgan, 1983, s. 1557).

İnsanları doğup büyüdükleri yerlere bağlayan pek çok maddi ve manevi unsur vardır. Bunlar toprak ve taşınmaz mallar üzerindeki mülkiyet hakları, doğa, çevre ve toplumla kurulan bağlar, o güne kadar edinilen kültür ve hüner birikimi gibi kişinin kendisini oraya ait hissetmesini sağlayan niteliklerdir. Göçmenler toplumsal, kültürel ve ekonomik çevrelerini yitirmiş olarak geldikleri Türkiye'de bu bağları yeni baştan elde etmek, kurmak veya onarmak zorunda kalmışlardır. Başlangıçta ekonomik açıdan ortaya çıkan zorluklar göçmenlerin uyumu açısından sosyal ve kültürel zorlukları da beraberinde getirmiştir. Göçmenlere anlaşma maddelerine göre arazi verilmesi, devletin sunduğu barınma, iskân, araç-gereç desteği gibi kolaylıklara rağmen pek çok mübadil eski yaşamına göre ekonomik statü kaybına uğramıştır (Özsoy, 2017: , s. 529-531). Daha fakir bir yaşam standardı ile karşılaşan mübadillerin yitirdiği moral değerlerin ortaya çıkardığı boşluk yeni yerlerde soyut bağlılıklarla doldurulabilecekti. Zorunlu göç yalnızca gelenlere değil devlete ve yerleşilen topluma da ciddi bir ekonomik yük oluşturmuştur. Bu durumun ortaya çıkaracağı ekonomik ve toplumsal zorluklar göçmenle yerli halkın birlikte üstlendiği bir süreci ortaya çıkarmıştır. Nitekim yerli halka sağlanmayıp göçmenlere sunulan imkânlar pek çok kez iki tarafı karşı karşıya getirmiş, ekonomik kaynakların kullanımı konusunda yaşanan bu mücadelede bazı bölgelerde arazi, mera, otlak, yayla ve sınır anlaşmazlıkları meydana gelmiştir(Arı, 1995, s. 164-169).

Geçmişin pek çok maddi ve manevi unsuru yalnızca anılarında özlem halinde kalan bu göçmenlerin yeni yerleşim alanlarına ve yüzyıllardır yaşadıkları, yurt edindikleri coğrafyadan ayrılıp kendileriyle aynı ırk, dil, din ve az çok benzer kültürel öğelere sahip olsalar da yeniden bir yaşam kurmaları, yeni çevreye ve topluma uyum sağlamaları için belirli bir zamana ihtiyaç duyulmuştur (Kaplanoğlu ve Kaplanoğlu, 2014, s. 210; Gökaçtı, 2002, s. 269-270). Buna ilaveten savaş ortamından henüz çıkılmış olan ülkede zorunlu göç kapsamında ayrılan Rum ve Ermenilerin iş ve toplumsal alanda yarattığı boşluğun en kısa sürede doldurulmak istenmesi sıkıntılı bir süreci ortaya çıkarmıştır.[8] Devletin kısıtlı imkânlarla barınma ve geçimlerini sağlamak yönünde yürüttüğü çabalar sonucunda meslek gruplarına göre iskân ettiği göçmenlerin üretici olmaları ve ekonomik zorlukları kısa sürede aşmalarına yardım edilmiştir. Geldikleri bölgelerin iklim ve doğa koşullarına uygun bölgelerde iskân edilerek uyumun daha sorunsuz ve hızlı bir şekilde gerçekleşmesi hedeflenmişti. Göçmenler kimi bölgelerde ayrı mahalleler veya köyler halinde kimi yerlerde ise serpiştirme usulüyle yerleştirilmiştir. Kaynaşma ve uyum sürecinde ortaklaşa yaratılan kültüre katkının yerliler tarafından daha fazla olduğu muhakkaktır. Nitekim serpiştirilerek çeşitli bölgelere yerleştirilen göçmenlerin kısa sürede yerel halkla kaynaşıp yeni topluma uyum sağladığı, bununla birlikte ayrı köylerde ve topluca iskân edilen göçmenlerin ise kendi kültürel özelliklerini daha uzun yıllar sürdürdüğü görülmüştür (Arı, 1995, s. 167-169; Ağanoğlu, 2001, s. 344).[9]

---

[8] Türkiye'den ayrılan Rumların ülke ekonomisinde oldukça önemli bir payı vardı. Nitekim bunların çoğunluğu tüccar, esnaf ve zanaatkâr iken Türkiye'ye gelen göçmenlerin pek çoğu çiftçiydi. Bu durum başlangıçta ekonomik anlamda olumsuz etki bırakmışsa da mübadele, uluslaşma sürecinde bir rahatlamaya neden olmuştur. Mübadele sonrasında yaklaşık 10-15 yıllık süreçte de Yunanistan ve Bulgaristan gibi Balkan ülkelerinden de çok sayıda göçmen Türkiye'ye gelmiştir. Türkiye, geniş tarım topraklarının işlenmesi ve bu anlamda yaşanan işgücü eksikliğini gidermek amacıyla Balkanlardan gelen göçmenlere kapılarını açmıştır (NARA, January 1, 1942, s. 2100.14).

[9] Bir görüşe göre Türkiye'ye gelen göçmenlerin çoğu yerlilerden daha muhafazakârdı. Fakat bir süre sonra etkileşim sağlanıp bu özellikleri kaybolmuştu (NARA, January, 1942, 2050.2).

Göçmenlerin bir kısmı yerleştirildikleri bölgelerden ayrılıp başka bölgelerde iskân edilmeyi tercih ve talep etmiştir. Bu nedenle pek çok bölgede uyum sorunları daha başlangıçtan itibaren ortaya çıkmıştır. İskan bölgelerini terk etmede verilen arazinin yetersizliği, toprağın verimli olmayışı, arazi konusunda hukuki anlaşmazlıklar, çoğu mübadilin uzun bir süre tapuya kavuşamaması, göçmenlere dağıtılan toprak nedeniyle yerli halkın itirazlarının neden olduğu geçimsizlik, elverişsiz iklim koşulları ve kuraklığın ürün alımını olumsuz etkilemesi gibi temel nedenler etkili olmuştur (Geray, 1970, s. 30; Köksal, 2004, s. 75; Yıldırım, 2006, s. 243-244: Köker, 2007, s. 300-305). Mübadele sırasında yerlerinden yurtlarından ayrılarak gelen göçmenler arasında pek çok ailenin parçalandığı bunun da psikolojik bir yıkım getirdiği muhakkaktır. Nitekim aile fertlerinin ülkenin farklı bölgelerinde yerleştirilmesi ilerleyen dönemde bir araya gelme çabalarını da ortaya çıkarmıştır.[10]

Yerli halk ile göçmenlerin kaynaşmasında başlangıçta ekonomik kaynakların kullanımından doğan çatışmalar söz konusudur. Mübadillerin toplumsal yapıya uyumu esnasında yaşanan sorunlar arasında Rum ve Ermenilerden kalan emval-i metrukeleri bir şekilde ele geçiren yerli halkın bunları mübadillere terk etmek zorunda kalması, tarımsal faaliyetlerde göçmenlere toprak ve arazi dağıtımı, kredi, malzeme ve araç-gereç kolaylığının sağlanması sonucunda iskân bölgelerindeki yerli halkta kıskançlık ve çekememezlik duygusunun ortaya çıkardığı gerginlik gelmektedir. Yerli hakla çatışma yaşayan muhacirlerin benzer koşullarda kendilerinin de aynı tepkiyi gösterdiği anlaşılmaktadır. İzmir Muradiye bölgesine iskân edilmiş olan mübadiller II. Dünya Savaşı öncesinde Balkanlardan yaşanan göçmen akını ile gelenlerle bir arada yaşamayı kabullenmekte zorlanmışlardır. Nitekim durumlarını kendileriyle karşılaştırarak pek çok açıdan kendilerinden farklı gördükleri ve devletten daha fazla destek aldıklarını düşündükleri bu insanları dışladıkları, mübadele sonrasında yerlilerin kendilerine gösterdiği davranışları yeni gelen göçmenlere karşı takındıkları görülmüştür. Mübadillere göre göçmenler şanslıydı. Çünkü gelmeyi kendileri seçmiş, en azından mallarını satma imkânı bulmuşlardı. Kendileri ise istekleri dışında, zorunlu bir göçe maruz kalmış, üstelik oldukça fazla maddi kayba uğramışlardı (Köker, 2007, s. 305). Yerli halk tarafından *ötekileştirilen* mübadiller bu kez diğer göçmenleri *ötekileştirip* kendilerini ayrı bir konuma oturtmuşlar, uzun yıllar yurtlarını gönülsüz terk etmiş olmanın etkisinde kalmışlardır. Samsun'a yerleştirilen Sarışaban mübadillerinden birinin bu konudaki sözleri şu şekildedir: *"Aslında biz macir değiliz. Mübadiliz. Mübadil değişilen demek. Buradaki Rumlar oraya oradaki Türkler Anadolu'ya. Biz kendi keyfimizle bırakıp gelmedik. Devletlerarası anlaşma yapıldı. Yoksa serbest olarak kimse vatanını bırakıp gelmezdi. Niye vatanını bıraksın ki. Macir harp olur, oradan kaçar. Bize macir diyen çok oluyor. Aslında macir değiliz."* (İpek, 2014, s. 19). Cunda adasına yerleştirilen Girit mübadilleri de kendilerine *muhacir* yerine *mübadil* denilmesini istiyorlardı. Bu ayırımda temel aldıkları nokta ise kendilerinin para ve mallarıyla geldiği, muhacirlerin ise fakir olup devlete yük olduğu yönündeydi. Bu

---

[10] Mübadelenin ilk yıllarında çeşitli nedenlerle yerlerini terk eden göçmenler bir hareketliliğe sebep olmuştu. Devlet ilerleyen yıllarda iskân işlerini daha planlı ve programlı hale getirme amacıyla kanuni düzenlemeler yapmıştır. 1930'lu yıllarda dışardan gelenlerin ve içerideki göçebelerin yarattığı asayişsizliğin çözümü için 1934 yılında *2510 Sayılı İskân Kanunu* kabul edilerek uygulamaya konulmuştur. Kanunun 7. Maddesine göre Türk ırkına mensup olup iskân yardımı istemeyenlerin istediği bölgelere yerleşebileceği belirtilmişti. Buna karşılık devlet desteği isteyenler hükümetin göstereceği yerlerde yerleştirilecekti (Resmi Gazete, Sayı: 2733, 21 Haziran 1934, s. 4003). İskânlı göçmenler ev, arazi, araç-gereç, hayvan gibi pek çok açıdan devletin tam desteğine haiz bir şekilde iskân olabilecekti (NARA, 2050.4).

anlamda kendilerini diğer göçmen gruplarından ayrı ve üstün görüyorlardı (Koufopoulou, 2007:314).[11] Kendilerini diğer göçmenlerden farklı tutan mübadillerin yerli halka kendi kimliklerini kabul ettirmekte zorlandıklarına dair örneklere de sıkça rastlanmıştır. Geldikleri yerlerde Türk-Müslüman kimlikleri nedeniyle dışlanan mübadillerin yerleştikleri bölgelerde diğer göçmenler veya yerli halk tarafından bu kez *Rum* veya *Musevi dönmesi, Yarı Gavur, Gavur fidanı* gibi tanımlamalara maruz kalmışlardır. Ötekileştirilmiş olmanın etkisi ile iki topluluğun yıllarca etkileşim içinde olmamaya gayret ettiği hatta bu amaçla ayrı kahvehaneleri tercih ettiği, evliliklerin uzun süre yapılmadığı, mübadillerin düğün adetlerinin bile yerliler tarafından yadırganıp alay konusu edildiğine dair örnekler mevcuttur (Arı, 1995, s. 167-169; Ağanoğlu, 2001, s. 344; Koufopoulou, 2007, s. 323-324; Emgili, 2011, s. 235-236; İpek, 2014, s. 19; Kaplanoğlu ve Kaplanoğlu, 2014, s. 210-211; Özsoy, 2017, s. 527-528).

Çatışma ve anlaşmazlıklar zaman zaman bölgesel tatsızlıklara da neden olmuştur. Örneğin Çanakkale'ye yerleştirilen mübadiller bölgedeki Yörükler tarafından "çingene" yaftası ile karşılanmış, bazı mübadillerin hayvanlarına yerli halk tarafından el konulmuştur. Bu şekilde dışlanan ve rahat edemeyen göçmenlerin bir kısmı bölgeyi terk etmiştir (Dalaman, 2014, s. 98,135). İskân bölgesini çeşitli nedenlerle uygun bulmayıp başka bölgelere göç etme talebi başlangıçta muhacirlerin sıkça başvurduğu bir yöntemdi. Kendilerine verilen evi, araziyi yeterli bulmadığı, mesleğine uygun bir bölgede iskânı sağlanmadığı, yerli komşularıyla geçinemediği veya çevreye uyum sağlayamadığı gibi gerekçelerle başka bölgelere göç edenler olmuştur (Yıldırım, 2006, s. 243-245). Çeşitli bölgelere yerleştirilen mübadillerden bazıları İskân Müdüriyetlerine müracaat ederek Tekirdağ'da akrabalarının yanına iskân edilmeyi talep etmişlerdir (Kırca, 2017, s. 514-515). Birçok bölgede bu ve benzeri durumlara rastlanmıştır. Antalya ve Bursa'da mübadillerden bir kısmı iskân alanlarını beğenmeyip hemşerilerinin yerleştiği bölgelere gitmiştir (Ilgın, 2012, s. 60; Kaplanoğlu ve Kaplanoğlu, 2014, s. 195-197; Kaya, 2017, s. 5). Aynı şekilde Niğde'ye iskân edilen mübadillerden bazıları kendilerine verilen tarım arazisini geçimleri için yeterli ve verimli bulmayıp başka bölgelere gitme isteklerini yetkililere bildirmişlerdir (Özkan, 2010, s. 139-140). Sinop'a yerleştirilen bazı mübadiller de iklim koşullarına alışamamaları, ayrıca tütüncülük, bağcılık ile uğraşmalarına ve iskân mahalli olarak İzmit gösterilmesine rağmen Sinop'a gönderilmeleri üzerine Samsun, Çatalca, İzmir, Yalova ve İzmit'e göç etmişlerdir (Kaya ve Yılmaz, 2016, s. 285-287). Benzer bir durum Trabzon'da yaşanmış, bölgeye gönderilen pek çok mübadil muhacir yerleşecek bir mesken bulamama ve geçim koşullarına uygun olmaması nedeniyle iskân edilmeyip başka yerlere göç etmiştir. (Çelik, 2016, s. 204). Sivas Suşehri'ne iskân edilen mübadillerden büyük şehirlere gitmeyi tercih edenler olduğu gibi, Giresun'a gönderilen mübadillerinden bazıları dağlık bölgede geçim sıkıntısı yaşayacaklarını düşünüp yerleşmek için Sivas'ı tercih etmiştir (Tevfik, 2017, s. 167-168). Ayvalık bölgesine yerleştirilen mübadiller arasında hayvancılıkla uğraşanlar kent içerisinde yerleşmeyi kabul etmedikleri için civar köylerde iskân edilmişlerdir. Ayrıca bu bölgeye Rumeli'den gelen göçmenler çoğunlukla tütüncülükle geçindikleri için kendilerine verilen zeytinlikleri satıp başka bölgelere göç etmişlerdir (Taşdemir, 2017, s. 429). Kapadokya bölgesi Güzelyurt civarına yerleştirilen bazı mübadiller de bölgeyi terk edip Samsun

---

[11] Yeni gelen kitleleri ötekileştirme göçmenlerin kendi aralarında da söz konusuydu. Örneğin 1878 göçmenleri kendilerini mübadillerle karşılaştırırken kendilerini *yerli*, gelenleri *muhacir* olarak tanımlamaktaydı (Ağanoğlu, 2001, s. 344).

tarafına göç etmiştir (İşlek, 2009, s. 32). Romanya'dan gelip Seyhan'a iskân edilen göçmenlerin bir kısmı ise iklim ve yaşam koşullarını gerekçe göstererek başka vilayetlere yerleşmişlerdir (Çanak, 2015, s. 66).

Göçmenler ve yerli halk arasında hemen her bölgede kültürel farklılıklar kendini belirgin bir şekilde göstermiştir. Ancak konuşma, dil ve şive farklılıkları, örf adetler, giyinme, yemek ve günlük yaşam alışkanlıkları gibi kültürel konularda birbirini yadırgayan ve dışlayan iki tarafın etkileşiminin artmasıyla yaşam biçimleri benzeşmeye başlamıştır(Oran, 2007, s. 167-168; Köker, 2007, s. 303).

Mübadillerin kültürel bütünleşme sorunlarından biri dil ve şive farklılıklarıdır. Özellikle Girit adasından gelen göçmenlerin bir bölümünün Türkçe bilmemeleri yerli halk ve resmi makamlar nezdinde mübadilleri zaman zaman sıkıntıya düşürmüştür. Dindarlıkları sorgulanan bu mübadiller toplum içinde haklarını aramakta güçlük çekmiş, bu durum yerli halkla kaynaşmalarına da engel teşkil etmiştir (Gökaçtı, 2002, s. 282; Oran, 2007, s. 168; Sepetçioğlu, 2007, s. 74; Emgili, 2011, s. 228; Suda Güler, 2012, s. 50; Okuşluk Şenesen, 2012, s. 260; Özkan, 2015, s. 140).[12] Örneğin diğer mübadillere göre daha az toprak dağıtılan Girit, Preveze ve Pomak göçmenleri Türkçe bilmedikleri için haklarını savunamamıştır (Ağanoğlu, 2001:304). Türkiye'de 1928 yılından itibaren başlayan alfabe ve dilde yenileşme çalışmaları kapsamında, güneş-dil teorisi çerçevesinde, Türkçeyi yabancı dil ögelerinden arındırmak hedeflenmiş, öztürkçe kullanımı ön plana çıkarılmış ve "Vatandaş Türkçe Konuş" sloganıyla Türkçe konuşma telkin edilmiştir. Bu süreçte çeşitli yaptırımlar da uygulamaya konulmuştur.[13] Bu çalışmalara rağmen anadili Türkçe olmayan birinci kuşak mübadiller hiçbir zaman Türkçeyi tam olarak öğrenememiştir. Girit mübadillerinin Türkçe bilmemeleri dönemin meclis konuşmalarına da yansımıştır (Çapa, 1990, s. 57; Sepetçioğlu, 2010, s. 90-91; Macar, 2015, s. 186). Bu konuda bir diğer örnek mübadele yoluyla Türkiye'ye gelen az sayıdaki Müslüman Pomak'ın dışarıda Türkçe konuşmalarına rağmen kendi aralarında Bulgarca konuşmaları gösterilebilir.[14] Göçmenlerin bir kısmının yaşadığı bu zorluklara rağmen Anadolu insanına dil yönünden katkı sunduğu muhakkaktır. Farklı şiveleri

---

[12] Bu konuda bazı mübadillerin sözleri şu şekildedir: *"Bizim Eceabat'ın köyleri hepsi yerli. Ilgarlı, Pazarlı köyü birde Karaedebi köyü, bunlar yerli. Bunlar bize aynı düşman gözüyle bakmışlar. Türkçede bilmiyoruz. Makedonca bildiğimiz için bizi düşman gözüyle görmüşler. Bunlar Türkçe bilmez Allah'tan korkmaz demişler. Bunlarla ilişki kurmayın demişler. Ama sonradan bunlar öğrenmişler bizim nasıl insan olduğumuzu. Bizimkiler İslamiyet'i en iyi şekilde biliyorlarmış. Bizimkilere Müslümanlıkla ilgili sorular sormuşlar. Bizimkiler hepsine cevap vermişler. Bizimkiler sorunca onlar cevap verememişler. Daha sonra anlamışlar ki Türkçe bilmeyenler de Müslüman olabilirlermiş..."* (Dalaman, 2014, s. 98-99). *"Uzun süre bize gâvur, Yunan tohumu dediler. Yıllarca hep o gözle baktılar bize. Biz, Rum mahallesine yerleşmiştik. Onlar da eski Türk mahallesinde idi. Çocuklar arasında Rumlar zamanında belki de hiç olmayan, mahalle kavgaları olurdu. Biz onların deyimi ile Rum idik, onlar da Türk. Taşlı sopalı bu mahalle kavgalarında bazen biz Türk mahallesini işgal ederdik, bazen de onlar, Rum mahallesini. Bize uzun süre gâvur muamelesi yapıldı. Kendi dilimizi bile dışarıda konuşmaya çekinirdik."* (Kaplanoğlu, 2014, s. 210-211).

[13] Bu konu ile ilgili olarak 14 Haziran 1934 tarihinde kabul edilen 2510 sayılı İskân Kanunu'nun 11. Maddesinin B fıkrasında *"Türk kültürüne bağlı olmayanlar ve Türk kültürüne bağlı olup da Türkçeden başka dil konuşanlar hakkında harsî, askerî, siyasî, içtimaî ve inzibatî sebeplerle İcra Vekilleri Heyeti kararı ile, Dahiliye Vekaleti lüzumlu görülen tedbirleri almaya mecburdur. Toptan olmamak şartı ile başka yerlere nakil ve vatandaşlıktan iskat etmek de bu tedbirler içerisindedir."* ifadesi yer almıştır (*Resmî Gazete*, Sayı: 2733, 21 Haziran 1934, s. 4004.) Özellikle kamu alanlarında Türkçeden başka dil konuşulmamasına yönelik uygulamalar esnasında Bursa ve Tekirdağ'da 5 lira tutarında cezalar kesildiği iddia edilmektedir (*NARA*, November 24, 1941, s. 2030.2, 2050.3).

[14] Anadolu'nun pek çok yerinde iskân edilen göçmenler arasında Arnavut, Boşnak, Pomak gibi unsurlar da mevcuttu. Bu unsurlar kendilerini Türk olarak addedip zamanla yerleştiği toplumla bütünleşmiş ve iyi birer vatandaş olmanın gereği olarak ülkenin kalkınmasında pay sahibi olmuşlardır (*NARA*, 2020.1.a).

Türkiye'deki yerleşik kültüre aktaran bu göçmenlerin "h" sesinin yutarak değişik bir şive konuştukları görülmüştür. Makedonya göçmenlerinin "abe", "mari", "kızan", "kızancık", "açan mari", "piynir", "ziytin", şeklinde konuştukları bilinmektedir (Arı, 1995, s. 172). Edremit'te yerleşik mübadiller arasında farklı şiveleri olan, beyaz tenli, mavi gözlü, sarı saçlarıyla farklı fiziksel özelliklere de sahip bu insanlar yerliler tarafından *Arnavut* olarak nitelendirilmiştir. Zamanla yerlilerle kaynaşan mübadil çocuklarının, aynı zamanda Türk okullarında eğitim almaları ile mübadil şivesini terk ettikleri görülmüştür (Çevik, 2016, s. 52).

Göçmenler yeni yerleşim yerlerine kendilerine özgü kültürel ve folklorik değerleri de taşıdılar. Halk oyunları figürleri, giysiler, çalgılar, çeşitli oyunlar, türküler, ezgiler, maniler, yemek yapma teknikleri, yeni tatlar ile Anadolu'da çeşitliliğin arttığı söylenebilir. Makedonya bölgesinden gelen Türkler örf adet ve geleneklerini yeni yurtlarına taşımışlar ve böylece yıllarca kültürel kimliklerini muhafaza etmişlerdir (Turan, 2012, s. 324).

Avrupa kültürüne yakın bölgelerden gelen mübadiller sevk ve iskân bölgelerinde karşılaştıkları daha ilkel yapıdaki ev tiplerini ve mimari tarzı yadırgamışlardır. Sivas Suşehri'ne iskân edilen bir mübadilin bu konudaki sözleri şöyledir: *"...Artık akşamüstü Şebinkarahisar misafirhanelerine girdik. Burada en çok tuhafımıza giden binaların üstünün toprak oluşuydu. Çünkü kümesleri bile kiremit olan bir ülkeden geliyorduk. Büyüklerimiz de görmemiş böyle binaları. "Diri diri mezara giriyoruz" diyorlardı. Yalnız bu binaların pencereleri duvarlarındandı. Daha sonraları tavandan pencere yerine birer delik olduğunu da gördük..."* (Tevfik, 2017, s. 93).

Mübadiller yerleştirildikleri bölgelere pek çok açıdan yenilikler getirmişlerdir. Ev inşasında mimari açıdan farklı bakış açıları getiren göçmenler, evlerin geniş pencereli, düz dam yerine üç köşeli yapılması tarzını, ayrıca kireçle badana edilmesi gerektiği gibi usulleri de yerli halka öğretmişlerdir. Bu etkileşim sonucunda eve daha bol miktarda güneş ışığı ve hava girdiğini gören yerli halk da yeni evlerini bu usullerle yapmaya başlamıştır (Arı, 1995, s. 170-171). Göçmenlerin getirdiği yeniliklerden biri de at arabalarıdır. Halk arasında "muhacir arabaları" adı verilen bu araçlar seri yol tutuşları sayesinde zamanla yerli halk tarafından da kağnıların yerine tercih edilmiştir. Yine tarlaların sürülmesinde inek, öküz ve mandaların yanında at kullanımı da mübadillerin getirdiği yeniliklerdendir. Tarımda sulama tekniğinin gelişmesini sağlayan mübadiller patates ve tütün ekimi, ekmek yapımı gibi konularda da katkı sunmuştur. Makedonya'dan Trakya'ya gelen ve tütüncülük yapan mübadiller bölgedeki üretimin artmasını sağlamıştır (Arı, 1995, s. 180; Erdal, 2006, s. 274). Mübadillerin gelişiyle Samsun'da da tütün üretimi canlanmıştır (İpek, 2000, s. 166). Bursa civarında da tütün üretiminde mübadillerin katkısı oldukça fazlaydı. Bununla birlikte tütün yetiştirmek için bölgedeki bağların, dut ve zeytin ağaçlarının kesilmesi ise bu alanlardaki üretimi ve ekonomik potansiyeli düşürmüştür (Kaplanoğlu ve Kaplanoğlu, 2014, s. 206-207). Mersin'de ise Girit mübadillerinin yetiştirdiği zeytin ağaçları bu tarım ürününü bilmeyen bazı yerli köylüler tarafından sökülerek yakacak odun olarak kullanılmıştır. Bu bölgede zeytin yetiştirmeye başlayan mübadiller zeytin üretiminin artmasını sağlamıştır (Emgili, 2011, s. 223). Cumhuriyetin ilk yıllarında mübadillerin katkısıyla ihraç ürünlerinden biri olan pamukta da artış sağlanmıştır (Arı, 1995, s. 182). Buna karşılık mübadele ile Rumların ayrılışı, incir ve kuru üzüm gibi ürünlerin Türkiye'de üretim ve ihracatını azaltırken Yunanistan'da önemli ihraç ürünü olmalarını sağlamıştır (Kontogiordi, 2007, s. 89-110; Alpan, 2008, s. 74).

Göçmenlerin yerleştirildiği bölgelerden biri Adana ve çevresidir. 1924 ile 1928 yılları arasında Adana vilayetine çoğunlukta Selanik, Yanya, Girit, Manastır az da olsa Kosova ve Edirne vilayetlerinden göçmenler iskan edilmiştir. Adana havalisine gelenler tütüncülük, bağcılık ve zeytincilik ile uğraşmaktaydı. Diğer iskân mıntıkaları ile kıyaslandığında mübadil yoğunluğunun oldukça az olduğu bölgede Rum ve Ermenilerin ayrılışından sonra mübadillerin yerleştirilmesine kadar geçen yaklaşık 2 yıllık sürede Kayseri ve Darende'den gönüllü olarak göç edenler yerleşmiş, yerli halk ile aralarında milli ve kültürel açıdan birlik sağlanmıştır. Adana'da iskân edilen mübadiller diğer bölgelerde olduğu gibi memleketlerini terk etmenin acı hatıraları, yeni bir hayata başlamanın sıkıntısı, bununla birlikte kendileri için tamamen yabancı bir bölgede yaşama gereği gibi zorluklarla birbirlerine daha da kenetlenmişlerdir. Mübadiller kentin sosyal yapısında bir çeşitlilik getirmekle birlikte memleketlerini zorla terk etmiş olmasının verdiği hüzün ve yeni yaşama ayak uydurma telaş ve korkusu ile başlangıçta ekonomik hayatı şekillendirecek isteğe sahip olamamışlardır. Adana'ya yerleştirilen mübadillerin ekonomik hayatın içinde katılmaları, işadamı, esnaf ve toprak sahibi olmaları ve bu anlamda bölgeden ayrılan Ermeni ve Rumların yerini almaları ancak 1940'lardan sonra gerçekleşmiştir (Çomu, 2005, s. 121-123). Çukurova bölgesine yerleştirilen Girit göçmenlerinin büyük kısmı tarım, hayvancılık gibi geçim kollarının yanı sıra dokumacılıkta da tecrübeliydiler. Bundan dolayı ilerleyen zamanda Adana'da çeşitli dokuma fabrikalarında iş bulma olanağını elde etmişlerdir (Okuşluk Şenesen, 2011, s. 65).

Edremit ve çevresine Selanik, Drama, Midilli ve Girit gibi bölgelerden çok sayıda mübadil yerleştirilmiştir (Çevik, 2016, s. 47). Edremit mübadilleri de bir yandan yerleştirildikleri bölgede özellikle tarımsal faaliyetlerin gelişmesine katkı sunarken diğer yandan uyum problemleri ile baş etmek zorunda kalmışlardı. Bölgedeki mübadillerin sosyal ve kültürel uyum sürecinde en önemli sorun pek çoğunun Türkçeyi bilmemeleriydi. *Krikita* adı verilen bir dille konuşan bu mübadillere Türkçe konuşmadıkları için para cezası kesilmişti. Komşularının dışladığı birinci kuşak mübadiller sıkıntılı dönemler geçirmiştir. Bu nedenle başlangıçta köylerin dışında ayrı mahallelerde yaşadıkları, daha içe dönük bir yaşam tarzını seçerek kendilerini mümkün olduğunca sosyal ortamdan soyutladıkları görülmüştür. İlerleyen dönemde yerli halkla kaynaştıkları görülen mübadiller yeni kültürün yaşam biçimine uymaya başlamıştır. İki taraf da birbirini etkilerken, göçmenlerin maddi kültür değerlerinin daha yüksek olduğu bir gerçekti. Zira onlar geldikleri coğrafyaya bağlı olarak Avrupa kültürünü daha fazla benimsemiş olduklarından Anadolu köylüsüne göre pek çok alanda daha üstündüler (İpek, 2000, s. 166; Koufopoulou, 2007, s. 321-325; Emgili, 2011, s. 227). Belki de bu nedenle uzunca bir dönem her iki taraftan evlilik olayları görülmemiştir. Mübadiller beraberlerinde daha gelişmiş iş araçları ve kaliteli tohumluklar getirmiş, patates ve tütün üretimi yerli halk arasında daha da yaygınlaşmıştır. Giyim kuşamları ve yiyecek çeşitleriyle de farklılık oluşturan göçmenler katıldıkları topluma yeni kültür ögeleri katmışlardır. Örneğin Selanik'ten Antalya'ya yerleşen bir grup mübadilin geldikleri bölgenin soğuk iklimine uygun giysilerini bir süre terk etmedikleri görülmüştür. Pantolon yerine çuldan yapılmış "benevrek"i tercih etmişler, giyeceklerinde pamuk ipliğinin dokunmasıyla elde edilen kaput bezini kumaş olarak kullanmışlardır (Ilgın, 2012, s. 60). Selanik'in Kılkış bölgesinden İzmir'e gelen mübadiller de yerli halktan farklı giyim tarzına sahipti (Döğüş ve Atasoy, 2017, s. 218). Yine 1924 yılında İzmir'de yerli halkın çoğunlukla ceket, pantolon; nadiren şalvar ve potur giymesine karşılık, Limni mübadillerinin ceket ve pantolon; Pirveşte mübadillerinin eleyte ve potur giydikleri, göçmen kadınlarının da genellikle çarşaf, yeldirme ve başörtüsü taktıkları görülmekteydi. Aynı şekilde Samsun'da iskân edilmiş olan Drama, Kavala ve Sarışaban muhacirleri yerli ahaliden çok farklı bir giyim tarzına sahipti(Arı, 1995, s. 171).

Mübadillerin mutfak alışkanlıkları da yerleştikleri bölgelere zenginlik katmıştır. Örneğin İzmir'e yerleşen muhacirlerde balık, zeytinyağı ve keçi eti tüketiminin yaygın olduğu, ayrıca çeşitli otlardan yemek yaptıkları, ekmeklerini buğday ve arpa unundan ürettikleri, köylerde tandır ekmeği kullandıkları görülmüştür (Arı, 1995, s. 172). Bafra'da yerleşik Selanik, Drama ve Kavala bölgesi mübadillerinin de yemek, giyim kuşam, örf adet vb. günlük alışkanlıkları yerli halktan oldukça farklıydı (Öksüz, 2006, s. 90). Edremit ve Ayvalık'a yerleştirilen Girit ve Midilli mübadillerinin mutfak alışkanlıkları da bölgeye zenginlik katmıştır. Girit mübadilleri çurlama, peynirli kabak, kabak çiçeği dolması, karışık otlar, kuzu etli arap saçı, kabak böreği, sarmaşık, kuşkonmaz, "Girit leblebisi"ni beraberlerinde getirmişler; Midilli mübadilleri de ada köftesi, bağırsak dolması, ayak ve işkembe sarması, balıklı bamya, ahtapot, çeşitli balık yemekleri ile bölgenin yemek kültürüne katkı sunmuşlardır (Turan, 2008, s. 87; Çevik, 2016, s. 52). Çukurova bölgesine yerleşen Girit göçmenleri de yemek ve sofra alışkanlıklarını bölgeye taşımışlardır. Zeytinyağlı sebze yemeklerinin fazlaca olduğu, kalabalık ve bol çeşitli sofralarda mübadelenin ilk yıllarında şarap tüketimi de yaygındı. Bölgedeki mübadillerin mutfak kültürü zamanla yerli halka da ilham vermiş, kendileri de bölgenin yemek çeşitlerinden etkilenmişlerdir (Okuşluk Şenesen, 2011, s. 174,255; Koufopoulou, 2007, s. 325).

Mübadillerin yerli halk ile akrabalık ilişkisi kurmaları da hemen her bölgede uzun zaman almıştır. Örneğin Söke'deki mübadillerin evliliklerini 1950'lere kadar kendi içlerinden yaptıkları, (Sepetçioğlu, 2007, s. 77) Grebene'den Denizli Honaz'a yerleşen mübadillerin 1960'lı yıllara kadar yerli halkla evlilik yapmadığı görülmüştür (Haytoğlu, 2006, s. 57). Benzer şekilde Sinop'a yerleştirilen mübadiller de uzun yıllar evliliklerini kendi içlerinden yapmış, kadınlara değer vermedikleri düşündükleri yerlilerle akrabalık ilişkisi kurmaktan çekinmişlerdir (Kaya ve Yılmaz, 2016, s. 297). Konya'da iskân edilen göçmenler de yerli halkla uzun süre yakınlaşamamış, evlilik bağı kurmaktan uzak durmuşlardır (Kurtulgan, 2010, s. 147). Bafra' da evlilik yoluyla akrabalık ilişkisi kurulması iki tarafın duyduğu kaygılar nedeniyle uzun yıllar sağlanamamıştır. Mübadillerin çok farklı yaşam tarzları nedeniyle kızlarının yerli köylülerle uyum sağlayamayacağı inancına karşılık yerlilerin mübadil kızlarının çok rahat yetiştirildiklerine dair düşünceleri bu etkileşimi geciktirmiştir (Öksüz, 2006, s. 91). Göçmenlerle yerli halk arasında evlilik yoluyla akrabalık bağları kurulmuşsa da oluşan yeni hane genellikle ataerkil aile yapısına uygun biçimde isimlendirilmiştir. Örneğin Kapadokya Güzelyurt bölgesine yerleştirilmiş mübadillerin yerlilerle evlilikler yaptığı, eğer muhacir olan erkekse o hanenin "muhacir hanesi" kadınsa "yerli hanesi" olarak adlandırıldığı görülmektedir. Bununla birlikte kimi zaman yalnızca annesi muhacir olan ikinci kuşak kendisini muhacir olarak tanımlamıştır (İşlek, 2009, s. 33).

Yerli halkla mübadillerin etkileşiminde mekânsal farklılık da engel teşkil etmiştir. Bazı bölgelerde Rumlardan kalan mal ve mülklerin verildiği muhacirler mübadele öncesinde Türk ve Rumların farklı mahallelerde yaşamasının getirdiği mekânsal farklılık nedeniyle yerli ahaliye uzak kalmış, bu sebeple etkileşim zaman almıştır. Köylerde iskân edilen göçmen kitleleri için de benzer durum söz konusuydu. Köylerin merkezlerinde yer bulunmadığı için köyün dışına yerleştirilen göçmenlerin yerli halkla etkileşimi de doğal olarak geç olmuştur(Arı, 1995, s. 169). Kimi bölgelerde mübadillerle yerlilerin kaynaşamamalarının temel nedeni geleneklerin farklı olmasından kaynaklanıyordu. Özellikle düğün ve bayram adetleri her iki taraf için de ortak bir uygulayış alanına sahip olmasına rağmen düğün adetlerinin ayrı oluşu iki taraf için de sorun teşkil etmiştir. İç Anadolu'ya yerleşen muhacirlerin düğünlerde zor hazırlanan zeytinyağlı yemekleri ve çeşitli tatlıları ikram ettiği dolayısıyla az sayıda kişiye sunduğu, yerlilerin ise o dönem köylerde yaygın şekilde, etli bulgur pilavı, yarmayla yapılan yoğurtlu soğuk çorba ve tatlıyı bütün ilçe veya mahalle halkı için hazırladıkları görülmekteydi. Bu durum bir muhacirin dilinden şu şekilde aktarılmıştır: *"Bizim yemekler zor tabi! Nerede çağıracaksın öyle herkesi? En fazla 40, bilemedin 50 kişi doyar o yemekle. Eee! Herkese de yapamıyorsun. Ne oldu sonra? 'Bu adamlar yabani, bizi düğünlerine çağırmıyor, iki aç doyururuz demiyorlar'... Ama bizim yemekler de zorluydu. Öyle sade (yalnızca) düğünlerde değil, bir mevlüt okutsa biri, altı-yedi çeşit yemek hazırlanırdı bizde. Onlarda öyle değildi. İki çeşit olurdu o kadar. O yemekle ahaliyi çağırmak kolay..."* Başka bir muhacir ise; *"Önceden tüm köyü çağırmazlardı muhacirler. Yani münasip olan insanları çağırırlardı, şimdi o da kalktı. Şimdi yerliler gibi herkese söylüyorlar. Ama önceden böreğine falan, 15 tane sofra kursan 15 tane börek yapmak zorundasın. 50 tane sofra yapsan kursan, 50 tane börek yapmak zorundasın. Kolay değil...ama şimdi biz de böreği falan kaldırdık. Muhacirlerde yani... Hemen hemen biz de yerlilere döndük gibi bir şey. Kolayına kaçtık."* Söz konusu durum cenaze yemekleri için de geçerliydi. Muhacirler de cenazelerinde yemek ikram ederler, fakat düğünlerde olduğu gibi az kişiye yetecek kadar hazırlarlardı. Bu durum yerli halk tarafından uzun yıllar hoş karşılanmamıştı. İlerleyen yıllarda farklılıkların ortadan kalktığı ve artık muhacirlerin de cenaze ve düğünlerde ikram ettikleri yemeklerin yerlilerinkine benzediği görülmüştür (İşlek, 2009, s. 43-44).

Göçmenler ile yerli halk arasında uyum sorunlarını en aza indirmede etkili olan başlıca unsur din faktörüydü. Başlangıçta birbirini yadırgayan, dışlayıp ötekileştiren iki topluluğun her ne kadar dil, ırk ve bir takım kültürel benzerlikleri bulunsa da bunlar ortak dini inancın yarattığı etki kadar birleştirici olmamıştır. Bu birleştiricilikte yüzyıllardır gayrimüslim unsurlarla paylaştıkları yaşam alanlarında artık aynı dine mensup toplulukların yerleşmiş olmasının yanı sıra cami gibi ortak kullanım alanlarının iki grubun kaynaşmasını sağladığı söylenebilir (İşlek, 2009, s. 51).

Göçmenlerin kimliklerini ve kültürel birikimlerini devam ettirip ortak hafızayı canlı tutmak, yeni yaşam alanlarında eskiyi yaşatmak amacıyla kenetlendikleri görülmektedir. Nitekim bu amaçla dernek ve kahvehaneler önemli kamusal alanlar olarak işlev görmüştür. Özellikle köylerde tarımsal faaliyetlerin yapılamadığı dönemlerde kahvehaneler herkesin rahatlıkla ulaşabildiği, geçmişe ait anıların paylaşıldığı, dil, kültür açısından etkileşimin rahatlıkla sağlandığı, sorunların anlatılıp dertleşildiği, güncel haberlerden istifade edilip tartışıldığı dolayısıyla ortak hafızanın korunduğu mekânlar olmuştur. Büyük çoğunluğu tarım sektöründe yer alan mübadiller yerleştirildikleri köylerin kalkınması amacıyla yapılan faaliyetlere de katılmışlardır. Örneğin Drama bölgesinden gelerek Kocaeli'nin Gündoğdu köyüne yerleştirilen mübadiller köylerinin kalkınması için 1934 yılında Tarım Kredi Kooperatifi kurmuşlardır (Bayındır Goularas, 2012, s. 135-137).

Mübadil ve Muhacirler karşılaştıkları maddi ve manevi sorunların çözümü için dernekler de kurmuşlardı. Böylece bir yandan kendilerini yabancı hissettikleri topluma uyum sorunlarını çözmeye, diğer yandan dayanışma içinde kalarak kimliklerini korumaya çalışmışlardır. Mübadelenin başlangıcında oluşturulan, Serez ve Drama göçmenlerinin kurduğu Şarki Makedonya Mübadele Cemiyeti faaliyetleri ile basında sıkça yer almış, bir süre sonra Mübadele Cemiyeti ile birleşmiştir. Genel merkezi İstanbul'da bulunan ve pek çok vilayette şubeleri oluşturulan Mübadele Cemiyeti hükümetin uygulamasına yönelik, mübadelenin kanuni düzenlemelerine yardımcı olabilmek amacıyla bir proje kaleme almıştır. Cemiyet ilerleyen dönemde siyaset yaptığı iddiasıyla kapatılmıştır (Önder, 1990, s. 169-17). İskân Teavün Cemiyeti mübadillerin mümkün olduğunca sorunsuz bir şekilde yerleştirilmeleri için çözüm önerilerini içeren bir planı hazırlamıştı (Yıldırım, 2006, s. 237-240). Muhacirlerin uyum sorunlarının çözümü için İstanbul Mübadil Muavenet Yurdu, Edirne'de Muhacirun Mübadele Cemiyeti, İzmir'de Muhacirun-ı İslamiye İskân ve Teavün Cemiyeti ve Mülteci ve Muhacirun Amele Cemiyeti (Türkiye Cumhuriyeti Devlet Salnamesi 1925-1926, s. 369, 422, 467), Adana'da Mülteci ve Muhacir Teavün Cemiyeti kurularak faaliyet göstermiştir (Emgili, 2011, s. 230). Mübadil ve muhacirlere destek ve yardım amaçlı kurulan cemiyetlerin Bursa, Kocaeli, Manisa, Konya, Samsun, Trabzon gibi şehirlerde şubeleri oluşturulmuştur (Türkiye Cumhuriyeti Devlet Salnamesi 1925-1926, 1926, s. 525, 666, 684,747,759) Büyük şehirlerde yaşayan muhacir gençleri mevcut spor kulüplerine üye olurken, taşra şehirlerinde yaşayanlar ise çeşitli kulüplerin kurulmasına öncülük etmiştir. Göçmen kadınları da kamusal alanda yer almış, çeşitli kurslar açarak özellikle taşrada kadının toplumsal yaşamın içinde etkin bir statü kazanmasına destek olmuşlardır. Muhacir kadınlarının pek çoğu lise düzeyinde eğitim almış olsa da yerli halkla etkileşim içinde olmayı hedefledikleri için 1928 yılında açılan Millet Mekteplerindeki okuma yazma kurslarına katılmışlardır (Gökaçtı, 2002, s. 284).

Türkiye'nin siyasi yaşamında da etkili olan göçmenler hükümetin 1924 yılında aldığı bir kararla önemli sosyal statü kazanmışlardır. Buna göre iskân hakkı elde edip, nüfusa tamamen kayıtlı olanlara belediye seçimlerine katılma ve belediye meclislerine aza olarak seçilebilme hakkı verilmiştir. Böylece ülkenin yerli vatandaşlarının sahip olduğu siyasi hakları elde etmişlerdir (Kaplanoğlu ve Kaplanoğlu, 2014, s. 205-206; Çevik, 2016, s. 52). Balkan göçmenlerinin ve özellikle mübadillerin siyasi duruş olarak grup eğilimi gösterdiği belirtilmektedir. Adapazarı bölgesine yerleşmiş göçmenlerin büyük çoğunluğu yapılan propagandanın da etkisiyle hükümet lehine oy kullanmış, pek çok kez değişik bölgelerde bu tarz örnekler ortaya çıkmıştır (Arı, 1995, s. 172). Bursa'daki mübadiller arasında aynı köyden gelenlerin yerleştirildikleri bölgelerde istişare yoluyla kararlar alarak ortak bir politik duruş sergiledikleri (Kaplanoğlu ve Kaplanoğlu, 2014, s. 205), Amasya'da yerleşmiş mübadillerin de seçim zamanlarında bir araya gelerek hangi partiye oy verileceğini müzakere edip ortak karar aldıkları görülmektedir (Balcı, 2014, s. 48). Sivas Şuşehri bölgesinde yerleştirilen mübadillerin bir kısmı ise seçim dönemlerinde yerli halk ile rekabet halinde olmuştur (Ağanoğlu, 2001, s. 344). Cumhuriyetin ilk yıllarında yaşadıkları haksızlıkları dile getirme, haklarını arama konusunda oldukça cesur olan mübadillerin muhalif oluşumları destekleyenleri olduğu gibi (Yıldırım, 2006, s. 308-309; Çandır, 2012, s. 329), genel siyasi konumları devlete yakın durma şeklindeydi. Bu durumun oluşmasında geldikleri topraklarda yaşadıklarına benzer koşulları tekrar yaşamamak kaygısının etkisi muhtemeldir. Yeni kurulan devlete ve kurucusuna sadakat daha ilk anlardan itibaren mübadillerin yaşamını şekillendirmiştir. Bu anlamda ard arda yapılan inkılaplara intibak aynı zamanda daha modern bir yaşam tarzını benimsemiş olan mübadiller için kolay olmuştur. Örneğin batılı tarz bir yaşama alışık oldukları için kıyafet değişikliğine daha çabuk ayak uydurmuşlardır (Gökaçtı, 2002, s. 272; Sepetçioğlu, 2007, s. 82).

Cumhuriyete bağlılık ve inkılaplara intibak açısından dikkate değer bir diğer nokta ise Atatürk'e karşı besledikleri derin sevgidir. Selanikli olması dolayısıyla kendilerini Atatürk'ün birer hemşerisi olarak gören göçmenler, onun aracılığıyla anavatana gelmiş olmakla övünmüşler (Pala Güzel, 2009, s. 38; Tevfik, 2017, s. 178), canlarını kurtaran öndere minnettar kalarak onun kurduğu Cumhuriyete de tam bir bağlılık duymuşlardır (Öksüz, 2006, s. 92; Gökaçtı, 2002, s. 272; Sepetçioğlu, 2007, s. 84; Tevfik, 2017, s. 103). Sinop'ta yerleşik Sarışaban mübadillerinin hemen hepsi evlerinde Atatürk resmi bulundurmuşlardır. Bu göçmenlerin mübadele öncesi yaşadıkları sıkıntılı sürece rağmen Türkiye'ye neden geldikleri sorusuna cevapları ilginçtir: *"Mustafa Kemal çağırmış, bizimkiler de gelmiş."*(Kaya ve Yılmaz, 2016, s. 295). Bursa'da mübadillerin Cumhuriyet Bayramını adeta kendilerinin kurtuluşunun sembolü olarak algılayarak köylerde dahi birkaç gün süren eğlence ve törenlerle kutladıkları (Kaplanoğlu ve Kaplanoğlu, 2014, s. 211), Çukurova bölgesindeki Girit mübadillerinin Atatürk'e duydukları sevgi dolayısıyla çocuklarına Kemal ve Kemaliye adını sıklıkla koydukları gibi çeşitli örnekler de mevcuttur (Okuşluk Şenesen, 2011, s. 257).

Mübadillerde vatan algısı da oldukça dikkat çekici bir hususiyettir. Her ne kadar zorunlu bir göçe maruz kalıp doğup büyüdükleri yerleri terk etmek durumunda kalsalar da *"vatanımıza geri döndük"* ifadesini sıkça kullandıkları görülmüştür. Mübadiller "vatan" ve "memleket" kavramlarını farklı bir bakış açısıyla kullanıp; Türkiye topraklarını "vatan", Yunanistan topraklarını "memleket' kavramı ile ifade etmişlerdir. Bu durum bir muhacirin ağzından şu şekilde aktarılmaktadır: *"Şimdi biz ta Osmanlı döneminde, atalarımız Konya'dan, Karaman'dan götürülüp, gavur topraklarına iskan edilmişiz. Bundan 300, belki 400 sene evvel. Sonra Atatürk'ten Allah razı olsun, tekrar buraya getirilmişiz. Elhamdülillah Müslümanız, Türk oğlu Türküz! Elbet vatanımız burası... memleketimiz ora! Şimdi neden? Atalarımız çok uzun yıllar orada yaşamış ama o zamanlar bizimmiş o topraklar. Vatanmış orası da. Ama ne zaman ki gavurun eline geçmiş, işte bizde toplanmışız gelmişiz buraya. "* Mübadiller "vatan" kavramını etnik ve dini kimliği üzerinden, "memleket" kavramını ise ailenin geçmişte yaşamını idame ettirdiği yer şeklinde tanımlamaktadır (İşlek, 2009, s. 34) Göçmenler için geldikleri bölgesel köken de oldukça önemli bir husus olmuş, belki de geçmişte kalan hatıraların ve özlemin yansımasıyla kendilerini tanımlarken memleketlerinin adını, geldikleri bölge vurgusunu sıklıkla kullanmışlardır (Emgili, 2011, s. 233-234; Koufopoulou, 2007, s. 326; Baklacıoğlu, 2010, s. 435-436). Eski yurtlarına olan özlemleri özellikle ilk kuşak mübadillerinde bir süre devam etmiştir (Öksüz, 2006, s. 92; Emgili, 2011, s. 234; Çandır, 2012: , s. 317; Kaplanoğlu ve Kaplanoğlu, 2014, s. 214; Tevfik, 2017, s. 167,176). Bu özlemin sonucu olarak yerleştirildikleri köy, mahalle ve sokağa geldikleri bölgelerin adlarını vermişlerdir (İşlek, 2009, s. 32). Türkiye'de kültürün çeşitlenmesine katkı sunan bu insanların manilerinde dahi ortaya çıkan memleket özlemi, soyadı kanunu çıktıktan sonra göç ettikleri bölgeyi hatırlatan adları almalarıyla daha da somutlaşmıştır(Özkan, 2015, s. 142; Sepetçioğlu, 2007, s. 92).

Değerlendirme

Türkiye'nin toplumsal yapısının şekillenmesinde Balkanlardan gelen göçmenlerin etki ve katkısı oldukça fazladır. Ulus devletlerin oluşturulup güçlendiği 19. ve 20. yüzyılda Anadolu'ya gelen kitleler bu anlamda bir boşluğu doldurmuş, türdeş bir toplum oluşturulmasına katkı sunmuştur. Nitekim gerek Milli Mücadele yıllarında gerekse 1923 Lozan Mübadele Sözleşmesi gereğince ayrılan Rumların boşalttıkları bölgelere yerleştirilen mübadiller ciddi bir nüfus yoğunluğu oluşturmuş, iskân bölgelerinde devletin sağladığı maddi destek ve yardımlar sayesinde öncelikle hayatlarını idame ettirecek güce kavuşmuşlardır. Balkan göçmenleri bilgi ve birikimleri, geliştirdikleri teknikler ve getirdikleri aletlerle tarımsal faaliyetlerin artmasına, ürün çeşitliliğinin yaygınlaşmasına, şehirlerle ekonomik hayatın canlanmasına dolayısıyla ülke ekonomisine katkı sunmuşlardır. Türkiye'nin demografik ve ekonomik yapısına olduğu kadar siyasi ve sosyo-kültürel yaşamına da zenginlik katan göçmenler yerleştirildikleri bölgelere uyum sağlamaya çalışmışlardır. Uyum sürecinde başlangıçta zorluk çektikleri, her ne kadar aynı ırk ve dinden olup aynı dili konuşsalar da yerli halk ile aralarında var olan bazı kültürel farklılıklardan dolayı zaman zaman çatışma yaşadıkları ve dışlandıklarına dair örnekler mevcuttur. Bununla birlikte Cumhuriyetin ilk yıllarında iki grubun yavaş seyreden etkileşimi 1950'lerden itibaren hızlanmıştır. İki tarafın birbirinden pek çok yeniliği öğrenip benimsediği, zamanla alışkanlıkların benzeştiği ve yaklaşık bir kuşak sonra uyum problemlerinin aşılıp aynı ülkenin vatandaşı olarak birbirini kabullenme ve birlikte yaşama isteğinin arttığı görülmüştür.

Kaynaklar

Arşiv Kaynakları ve Resmi Yayınlar

NARA (National Archives Records Administration), NND 745023, Group: 165, Entry:77, Box: 3036.

Resmi Gazete, Sayı: 2733, 21 Haziran 1934, s.4003.

Türkiye Cumhuriyeti Devlet Salnamesi-1925-1926. (1926) İstanbul: Matbaa-i Amire.

Araştırma ve İnceleme Eserleri

Ağanoğlu, H. Y. (2001). *Osmanlı'dan Cumhuriyete Balkanların Makûs Talihi Göç.* İstanbul: Kumsaati.

Aktar A. (2007). "Nüfusun Homojenleştirilmesi ve Ekonominin Türkleştirilmesi Sürecinde Bir Aşama: Türk- Yunan Nüfus Mübadelesi, 1923-1924". *Ege'yi Geçerken: 1923 Türk- Yunan Zorunlu Nüfus Mübadelesi, (*Der.) Renee Hirschon, (Çev.) Müfide Pekin-Ertuğ Altınay, 2. Baskı, İstanbul: İstanbul Bilgi Üniversitesi, ss.111-160.

Alpan, A. S. (2008). *The Economic Impact Of The 1923 Greco-Turkish Population Exchange Upon Turkey*, (Yayımlanmamış Yüksek Lisans Tezi). Ortadoğu Teknik Üniversitesi/ Sosyal Bilimler Enstitüsü, Ankara.

Arı, K. (1995). *Büyük Mübadele: Türkiye'ye Zorunlu Göç (1923-1925)*, İstanbul: Tarih Vakfı Yurt.

Arı, K. (2015). *Suyun İki Yanı: "Mübadele".* İstanbul:Tarih Vakfı Yurt.

Balcı, S. (2014). "1923 Tarihli Türk- Rum Nüfus Mübadelesinin Amasya'nın Demografik Yapısına Etkisi", *Ordu Üniversitesi Sosyal Bilimler Enstitüsü Dergisi*, 4(10), ss.40-49.

Bayındır Goularas, G. (2012). 1923 Türk-Yunan Nüfus Mübadelesi ve Günümüzde Mübadil Kimlik ve kültürlerinin Yaşatılması. *Alternatif Politika*, 4(2), ss.129-146.

Cengizkan, A. (2004). *Mübadele Konut ve Yerleşimleri*, Ankara: ODTÜ Mimarlık Fakültesi ve Arkadaş.

Çandır, M. (2012). "Cumhuriyet Döneminde Yaşanan Mübadele Hareketleri Bağlamında Kobakizade İsmail Hakkı Bey'in" Bir Mübadilin Hatıraları İsimli

Kitabı". *Balkan Harbinin 100. Yılı Hatırasına, III. Uluslararası Balkanlarda Türk Varlığı Sempozyumu Bildirileri (10-12 Mayıs 2012)*, I. Cilt, (Yay. Haz.) Ünal Şenel. Manisa: Celal Bayar Üniversitesi, ss.312-320.

Çanak, E. (2015). "Romanya Türklerinin Seyhan'a İskânı (1936)". *Asia Minor Studies.* 3(5), ss.60-72.

Çapa, M. (1990). "Yunanistan'dan Gelen Göçmenlerin İskânı". *Atatürk Yolu Dergisi,* 2(5), ss. 49-69.

Çavuşoğlu, H. (2007). "Yugoslavya- Makedonya" Topraklarından Türkiye'ye Göçler ve Nedenleri". *Bilig,* 41, ss.123-154.

Çelik, R. (2016). "Trabzon'da Mübadil Muhacir İskânı". *Gümüşhane Üniversitesi Sosyal Bilimler Enstitüsü Elektronik Dergisi,* 7(16): 188-206. *Erişim Tarihi:28.07.2017.*

Çevik, L. (2016). *Türk- Yunan Nüfus Mübadelesinde Edremit (1923-1929).* (Yayımlanmamış Yüksek Lisans Tezi). Sıtkı Koçman Üniversitesi/ Sosyal Bilimler Enstitüsü, Muğla.

Çomu, A. E. (2005). *The Impact of the Exchange of Populations on the Social and Economic Life of the City of Adana.* (Yayımlanmamış Yüksek Lisans Tezi). Boğaziçi Üniversitesi /Sosyal Bilimler Enstitüsü, İstanbul.

Dalaman, A. (2014). *Türk-Yunan Nüfus Mübadelesi Sonucu Çanakkale'ye Yerleştirilen Mübadiller (1923-1930).* (Yayımlanmamış Yüksek Lisans Tezi). Gazi Üniversitesi/Sosyal Bilimler Enstitüsü, Ankara.

Döğüş, S. ve Atasoy, M. (2017). "Balkan Göçmenlerinin Anadolu'da Türk Kültür ve Sosyal Hayatına Katkıları". *Uluslararası Mübadele Sempozyumu ve Mübadelenin 94. Yılı Anma Etkinlikleri (30 Ocak-1 Şubat 2017).* (Ed.) Kemal Arı. Tekirdağ: Tekirdağ Büyükşehir Belediyesi, ss.203-224.

Duman, Ö. (2008). "Atatürk Döneminde Romanya'dan Türk Göçleri (1923-1938)". *Bilig.* 45, ss. 23-45.

Emgili, F. (2011). *Yunanistan'dan Mersin'e: Köklerinden Koparılmış Hayatlar.* İstanbul: Bilge Kültür Sanat.

Erdal, İ. (2006). *Mübadele (Uluslaşma Sürecinde Türkiye ve Yunanistan 1923-1925).* İstanbul: IQ Kültür Sanat.

Geray, C. (1962). *Türkiye'den ve Türkiye'ye Göçler ve Göçmenlerin İskânı (1923-1961),* Ankara: Ajans-Türk.

Geray, C. (1970). "Türkiye'de Göçmen Hareketleri ve Göçmenlerin Yerleştirilmesi". *Türkiye Ortadoğu Amme İdaresi Enstitüsü Amme İdaresi Dergisi,* 3 (4), ss. 23-30.

Gökaçtı, M. A. (2002). *Nüfus Mübadelesi; Kayıp Bir Kuşağın Hikâyesi.* İstanbul: İletişim.

Haytoğlu, E. (2006). "Denizli-Honaz'a Yapılan Mübadele Göçü". *ÇTTAD.* 5(12), ss.47-66.

Hirschon, R.(2007). "Lozan Sözleşmesinin Sonuçları: Genel Bir Bakış". *Ege'yi Geçerken: 1923 Türk- Yunan Zorunlu Nüfus Mübadelesi.* (Der.) Renee Hirschon, (Çev.) Müfide Pekin-Ertuğ Altınay, 2. Baskı, İstanbul: İstanbul Bilgi Üniversitesi, ss.17- 28.

Ilgın, G. D. (2012). *Antalya'da Mübadele.* (Yayımlanmamış Yüksek Lisans Tezi). Akdeniz Üniversitesi/ Sosyal Bilimler Enstitüsü, Antalya.

İpek, N. (2000). *Mübadele ve Samsun.* Ankara: Türk Tarih Kurumu.

İpek, N. (2014). "Kaynakların Dilinde Göç Kavramı". *Karadeniz İncelemeleri Dergisi*, 17, ss.9-20.

İşlek, M. (2009). *Mübadele Sonrası Kapadokya Bölgesine Yerleşen Mübadillerin Göç Uyarlanmaları: Güzelyurt Örneği.*(Yayımlanmamış Yüksek Lisans Tezi). Hacettepe Üniversitesi/ Sosyal Bilimler Enstitüsü, Ankara.

Kaplanoğlu, R. ve Kaplanoğlu, O. (2014). *Bursa'nın Göç Tarihi,* Bursa: Nilüfer Belediyesi.

Kaya, M. (2017). "Lozan Mübadillerinin Bursa'ya İskânları". *Milli Kültür Araştırmaları Dergisi (MİKAD),* 1(1), ss.1-12.

Kaya, M. ve Yılmaz, C. (2016). " Sinop'ta Mübadele ve Bir Mübadil Köyü: Karacaköy". *Marmara Coğrafya Dergisi,* (33), ss.276-301.

Kazgan, G. (1983). "Milli Türk Devleti'nin Kuruluşu ve Göçler", *Cumhuriyet Dönemi Türkiye Ansiklopedisi* içinde. (6: 1556- 1562). İstanbul: İletişim.

Kırca, İ. T. (2017). "Belgelere Göre Tekirdağ'a Göç". *Uluslararası Mübadele Sempozyumu ve Mübadelenin 94. Yılı Anma Etkinlikleri (30 Ocak-1 Şubat 2017).* (Ed.) Kemal Arı. Tekirdağ: Tekirdağ Büyükşehir Belediyesi, ss.491-519.

Kontogiordi, E. (2007). "Makedonya'nın Yunanistan'a Ait olan Kısmına Mülteci Yerleşiminin Ekonomik Sonuçları (1923-1932)". *Ege'yi Geçerken: 1923 Türk- Yunan Zorunlu Nüfus Mübadelesi.* (Der.) Renee Hirschon, (Çev.) Müfide Pekin-Ertuğ Altınay, 2. Baskı, İstanbul: İstanbul Bilgi Üniversitesi, ss.89-110.

Koufopoulou, S. (2007). "Türkiye'de Müslüman Giritliler- Bir Ege Topluluğunda Etnik Kimliğin Yeniden Belirlenmesi". *Ege'yi Geçerken: 1923 Türk- Yunan Zorunlu Nüfus Mübadelesi.* (Der.) Renee Hirschon, (Çev.) Müfide Pekin-Ertuğ Altınay, 2. Baskı, İstanbul: İstanbul Bilgi Üniversitesi, ss.313-328.

Köker, T. (2007). "Göçmenlik Dersleri-Türkiye'de Zorunlu Göç Deneyimi". *Ege'yi Geçerken: 1923 Türk- Yunan Zorunlu Nüfus Mübadelesi.* (Der.) Renee Hirschon, (Çev.) Müfide Pekin-Ertuğ Altınay, 2. Baskı, İstanbul: İstanbul Bilgi Üniversitesi, ss.291-312.

Köksal, Ü. (2004). *Yugoslavya'dan Türkiye'ye Göçler (1923-1960).* (Yayımlanmamış Yüksek Lisans Tezi). Karadeniz Teknik Üniversitesi/Sosyal Bilimler Enstitüsü, Trabzon.

Kurtulgan, K. (2010). *Balkan Muhacirlerinin Konya Vilayetine İskânı (1923-1933).* Konya: Çizgi.

Macar, E. (2015). *"Yunanistan'dan Anadolu'ya Göç: Nüfus Mübadelesi". Türkiye'nin Göç Tarihi, 14. Yüzyıldan 21. Yüzyıla Türkiye'ye Göçler.* (Der.)M. Murat Erdoğan ve Ayhan Kaya. İstanbul: İstanbul Bilgi Üniversitesi, ss.173-190.

McCarthy, J. (1998). *Ölüm ve Sürgün.* (Çev.) Bilge Umar, İstanbul: İnkılap.

Okuşluk Şenesen, R. (2012). "Çukurova Bölgesi Girit Göçmenlerinin Girit'e Dair Anlatılarının Sosyal Tarihe Kaynaklık Etmesi". *Ç.Ü. Sosyal Bilimler Enstitüsü Dergisi,* 21(1), ss.255-266.

Okuşluk Şenesen, R. (2011). *Çukurova Bölgesi Girit Göçmenleri, Halk Kültürü Araştırması.* Adana: Karahan Kitabevi.

Oran, B. (2007). "Kalanların Öyküsü-1923 Mübadele Sözleşmesi'nin Birinci ve Özellikle de İkinci Maddelerinin Uygulanmasından Alınacak Dersler". *Ege'yi Geçerken: 1923 Türk- Yunan Zorunlu Nüfus Mübadelesi.* (Der.) Renee

Hirschon, (Çev.) Müfide Pekin-Ertuğ Altınay, 2. Baskı, İstanbul: İstanbul Bilgi Üniversitesi, ss.161-184.

Öksüz, H. (2016). *Yirminci Yüzyılda Türkiye ve Balkanlar*. Trabzon: Serander.

Öksüz, H. (2006). "Yunanistan'dan Gelen Göçmenlerin Bafra'ya İntibakı". *Batı Trakya Türkleri(Makaleler)*, Çorum: Karam, ss.85-94.

Öksüz H. ve Köksal Ü. (2004). "Emigration From Yugoslavia To Turkey (1923-1960)". *Turkish Review of Balkan Studies*. (Ed.) Güner Öztek, İstanbul: Doğan, ss. 145-176.

Önder, S. (1990). *Balkan Devletleriyle Türkiye Arasındaki Nüfus Mübadelesi (1912-1930)*. (Yayımlanmamış Doktora Tezi). Ankara Üniversitesi/Türk İnkılap Tarihi Enstitüsü, Eskişehir.

Özgür Baklacıoğlu, N. (2010). *Dış Politika ve Göç: Yugoslavya'dan Türkiye'ye Göçlerde Arnavutlar (1920-1990)*. İstanbul: Derin.

Özkan, A. (2015). *Mübadelenin Edirne Vilayeti Uygulaması ve Sosyo-Ekonomik Etkileri*. (Yayımlanmamış Yüksek Lisans Tezi). Marmara Üniversitesi/Sosyal Bilimler Enstitüsü, İstanbul.

Özkan, S. (2010). *Milli Devlet Olma Sürecinde Mübadele ve Niğde'ye Yapılan İskân*. Konya: Kömen.

Özsoy, İ. (2017). "Tekirdağ ve Selanik'in Yas Kardeşliği". *Uluslararası Mübadele Sempozyumu ve Mübadelenin 94. Yılı Anma Etkinlikleri (30 Ocak-1 Şubat 2017)*. (Ed.) Kemal Arı. Tekirdağ: Tekirdağ Büyükşehir Belediyesi, ss.523-541.

Pala Güzel, Ş. (2009) "Zaman ve Anlatı Ekseninde Bellek ve Mübadele". *Folklor/Edebiyat*, 15(60), ss. 25-44.

Seçkin, S. (2013). *Atatürk Döneminde Konut ve Yerleşme: Mübadele Yerleşimleri*. (Yayımlanmamış Doktora Tezi). Mimar Sinan Üniversitesi/Fen Bilimleri Enstitüsü, İstanbul.

Sepetçioğlu, T. E. (2007). *Cumhuriyetin İlk Yıllarında Girit'ten Söke'ye Mübadele Öyküleri*.(Yayımlanmamış Yüksek Lisans Tezi). Adnan Menderes Üniversitesi/Sosyal Bilimler Enstitüsü, Aydın.

Sepetçioğlu, T. E. (2010). "Türkiye'de Ana Dili Türkçe Olmayan Göçmen Topluluklara Yaklaşıma Dair Bir Örnek: Girit Göçmenleri". *ÇTTAD*, 9 (20-21), ss.77-108.

Soysal, İ. (1983). *Türkiye'nin Siyasal Antlaşmaları (1920-1945)*. Cilt 1, Ankara: Türk Tarih Kurumu.

Suda Güler, E. Z. (2012). "Sözlü Tarih Anlatılarında Çanakkale Merkeze Girit'ten Göçler: Giritli, Başı Bitli…". *Çanakkale Araştırmaları Türk Yıllığı*, 11(13), ss.43-58.

Taşdemir, S. (2017). "Mübadele Kentlerinden Ayvalık'ta 1924-1927 Yılları Arası Sosyo-Ekonomik Yapılanma ve Kültürel Hayat". *Uluslararası Mübadele Sempozyumu ve Mübadelenin 94. Yılı Anma Etkinlikleri (30 Ocak-1 Şubat 2017)*. (Ed.) Kemal Arı. Tekirdağ: Tekirdağ Büyükşehir Belediyesi, ss.417-436.

Tevfik, İ. (2017). *İnsan ve Mekân Yüzüyle Mübadele- 1923'ten Bugüne Zorunlu Göç*. 3. Baskı. İstanbul: İnkılap.

Turan, G. (2008). *Mübadelede Ayvalık*. (Yayımlanmamış Yüksek Lisans Tezi). Dokuz Eylül Üniversitesi/ Atatürk İlkeleri ve İnkılap Tarihi Enstitüsü, İzmir.

Turan, Z. (2012). "Geçmişten Günümüze Makedonya Türklerinin Evlenme Düğünü Gelenekleri". *Balkan Harbinin 100. Yılı Hatırasına, III. Uluslararası*

Balkanlarda Türk Varlığı Sempozyumu Bildirileri (10-12 Mayıs 2012), II. Cilt, (Yay. Haz.) Ünal Şenel. Manisa: Celal Bayar Üniversitesi, ss.322-330.

Yıldırım, O. (2006). *Diplomasi ve Göç: Türk Yunan Mübadelesinin Öteki Yüzü.* İstanbul: Bilgi Üniversitesi.

Bölüm 17. Cengiz Dağcı'nın Romanlarında Sürgün Teması

Hülya Bayrak Akyıldız[1]

1919'da Kırım'ın Yalta şehrinin Gurzuf köyünde doğan Cengiz Dağcı, ömrünü Kırım Tatarlarının uğradıkları sürgün ve haksızlıkları anlatmaya, onların unutturulmaya çalışılan tarihlerini yazmaya adadı. Eserlerinde sıkça sürgün, yurt hasreti, kimliksizleştirme temalarını ele aldı. Toprağı kimliğin temeline yerleştiren Dağcı, halkının Kırım topraklarından çıkarılmasını bütün insani ve trajik yanlarıyla anlattı. *O Topraklar Bizimdi*, Dağcı için yalnızca bir roman adı değildi, o, göç ve istihkam politikalarıyla demografisi değiştirilen Kırım'ın gerçekte kime ait olduğunu tarihe not düşmek istemişti.

Dağcı altmış yıl yurdundan uzak kaldı. Bu süre içerisinde yazdığı eserlerin büyük çoğunluğu Kırım hakkındadır. *Yurdunu Kaybeden Adam* (1957), *Onlar da İnsandı* (1958), *O Topraklar Bizimdi* (1966), *Badem Dalına Asılı Bebekler* (1970), *Üşüyen Sokak* (1972), Kırım hakkındaki eserlerinden birkaçıdır. Kırım Tatarlarının sürgünü onun hayatındaki kırılma noktalarından biridir. Yüzbinlerce Kırım Tatarı tarafından paylaşılan bu kader, eserlerinde sürgün temasının baskınlığını açıklar.

Bu bildiri, yazarın *Korkunç Yıllar, Yurdunu Kaybeden Adam, O Topraklar Bizimdi* ve *Badem Dalına Asılı Bebekler* adlı romanlarında sürgün temasının ele alınış biçimlerini değerlendirecektir.

18 Mayıs 1944 Kırım Tatar Sürgünü

1917 devriminin ardından Kırım'da önceleri özerk bir yönetim ve özgür bir dönem yaşanır. Dağcı'nın anılarında anlattığına göre, 1926-1929 yılları arasında yürütülen Yeni Ekonomi Politikası dönemi Kızıltaşlıların hayatındaki en güzel dönem olur. Ancak bu güzel dönem uzun sürmez. Kırım Türkleri 1929 yılının sonlarında ilk sürgünle karşılaşırlar. 1929 yılı ile birlikte Sovyetlerde NEP (yeni ekonomi politikaları) son bulur ve köylerin tamamında kolhozlaştırma çalışmaları başlar. Bundan böyle bütün topraklar devlete devredilmiş, kendi toprağında çalışan köylüler devlet adına çalışmaya başlamıştır. 1931-32 yıllarında Kızıltaş'ta kolhoz rejimi kurulur. Kolhoz rejimine tepki gösterenler özellikle kolhozlaşmanın ilk yıllarında Kızıltaş'tan çıkarılır ve bir daha da buraya dönemezler. Cengiz Dağcı'nın babası da 1931 yılında tutuklanır, üç ay Akmescit hapishanesinde tutuklu kaldıktan sonra serbest bırakılsa da Kızıltaş'a bir daha dönemez.

1921-1929 yılları arasında Kırım Türklerinin hayatında ekonomik, kültürel ve sosyal anlamda iyileşmeler olsa da 1929 sonrasında sudan sebeplerle kırk bin Kırım Türkü Ural bölgesine sürülmüş, 1933-1938 yılları arasında Kırım Türklerinin önde gelen aydınları yok edilmiştir. Kırım'ın Almanlar tarafından işgali ve bu işgal sonrasında Almanların yenilerek Kırım'dan çekilmelerinin ardından 18 Mayıs 1944 tarihinde yüzbinlerce Kırım Türk'ü zorla vatanlarından koparılarak bilmedikleri topraklara sürgün edilmişlerdir (Kocakaplan 2010, s. 17-18).

Bu göç ve sürgünler son derece gayrıinsani şartlarda gerçekleştirilmiştir:

> *18 Mayıs günü bütün Tatarları kamyonlar ve arabalarla istasyonlara taşıyıp kapalı hayvan ve eşya vagonlarına tıktılar ve kapılarını kilitlediler. Bunu yaparken suçlu*

[1] Anadolu Üniversitesi, Türk Dili ve Edebiyatı Bölümü

suçsuz, kadın ihtiyar, genç, çocuk ayırmadılar. Ama aileleri parçaladılar, çocukları ana ve babalardan, eşleri birbirinden ayırdılar. Feryat ve figan içinde, dipçik ve jop darbeleri altında hepsini meçhul yerlere sürdüler. Yanlarına ancak iç çamaşır ve birer örtü ve birer günlük yiyecek almalarına izin verdiler (Ülküsal 1980, s. 313).

Dağcı'nın çocukluğundan itibaren tanık olduğu bütün bu trajik olaylar romanlarında karşımıza çıkar. Dağcı bunları hem bizzat yaşamış olmanın gerçekliğiyle hem bu acıları yazmanın, kaydetmenin, duyurmanın, tarihe not düşmenin sorumluluğuyla olayları bütün canlılığıyla ve trajedisiyle anlatır.

Emel Kırım Vakfı adına araştırmalar yapan Bülen Tanatar 1944 sürgününü satırbaşlarıyla şöyle özetler:

1944 Nisan ayından itibaren Almanlar apar topar Kırım'dan çıkarlarken Sovyet birlikleri kuzeyden Perekop (Orkapu) üzerinden, doğudan da Kerç üzerinden Kırım'a girer. Stalin'in başkanlığındaki ve Molotov, Kaganoviç, Voroşilov vb. dışında Beriya'nın da üyesi bulunduğu Devlet Savunma Komitesi (GKO) 11 Mayıs'ta Kırım Tatar halkının Sovyetler Birliği'ne ihanet ettiklerini öne sürer ve Özbekistan'a sürülerek cezalandırılmalarını karara bağlar (5859ss sayılı kararname). Bunun üzerine Mayıs başından itibaren Tatarlarla meskûn mahallerde gizlice bir sayım gerçekleştirilir.18 Mayıs günü tan ağarırken Kırım'daki önceden saptanmış bütün Tatar evlerine sayıları on binleri bulan İçişleri Bakanlığı Devlet Güvenlik Bakanlığına bağlı birlikler baskın yapar. Bunlar kısa bir süre önce Kuzey Kafkasya'da Balkarların, Karaçayların, Çeçenlerin, İnguşların ve Kumukların sürgün edilme operasyonlarını yürütmüş tecrübeli birliklerdir. Sürgün edilecek halka hazırlanmaları için kendilerine 15 dakika verilir. Yanlarına ancak en acil ihtiyaçlarını karşılayacak eşyalarını alabileceklerdir.

Sağlıklı aktif erkek nüfus silah altında olduğundan sürgüne yollananlar kadınlar, çocuklar ve yaşlılardır. Güvenilir olmayan resmî istatistiklere göre Kırım'dan sürülen Tatarların sayısı 191.000 (Kırım Tatar aktivistleri daha sonra bu rakamı 238.000 olarak düzeltirler) civarındadır. Kırım dışında yaşayan ve askerlik hizmetinde olanlar bu sayının dışındadır. Ordudan terhis edilen sağlıklı erkekler kalan askerlik süreleri dikkate alınarak önce Emek Ordusu'na (karın tokluğuna ağır bayındırlık işlerinde çalıştırıldıkları amele taburları) sürgüne yollanırlar. Köylerde uygun bir mevkide toplanan sürgün kafileleri akşamüstü at arabalarıyla en yakın tren istasyonlarına götürülürler. Burada kendilerini bekleyen yük trenlerine bindirilerek Orta Asya'ya ve Urallara gönderilirler. Üç gün içinde 183,155 kişi çoğunluğu Özbekistan'a olmak üzere trenlerle yola çıkarılır. Diğerleri Kazakistan'a, Mari Özerk Cumhuriyeti'ne, Rusya'nın Kostroma şehrine, Moskova Bölgesi'nde bulunan Mosugol (Moskova Kömür Fabrikası) yönlendirilir. Ayrıca 11,000 askerlik çağına gelmiş kişi de Emek Ordusuna yollanır. Özel yerleşimci adıyla yurttaşlık haklarından mahrum olarak bir sıkı asker rejimi altında karın tokluğuna çalışmak üzere çeşitli kolhoz ve fabrikalara dağıtılırlar. Komünistler, partizanlar, Sovyetler Birliği kahramanı madalyası sahipleri (savaş pilotu Ahmet-Han Sultan gibi bu madalyayı iki kez alanların ailesi ya da Mustafa Selimov gibi partizan hareketi liderleri dahi) de sürgünden kaçamazlar.

Sürgünler daha yolda kırılmaya başlarlar. Hijyenik olmayan şartlardaki tren yolculuğu sırasında hastalık, açlık ve susuzluktan ölürler. Bu durum sürgün yerlerine vardıktan sonra da uzun bir süre boyunca devam eder. Sürgünler en güçsüz oldukları anda hiç de alışık olmadıkları şartlara maruz bırakılmışlardır. Resmî bilgilere göre, yolculuk sırasında ölenler hariç, sürgünün ilk yılında ölenler 45,000 gibi yüksek bir sayıya ulaşmıştır. İleriki yıllarda bizzat Tatar ileri gelenlerinin bire bir görüşme usulüyle yaptıkları bir araştırmaya göre ise 1 Temmuz 1944 ile 31 Aralık 1946 arasında ölen Kırım Tatar sayısı 110,000'i bulmaktadır (nüfusun % 46,2'si) (Tanatar, 2017).

Sürgün, Dağcı'nın hayatının akışını değiştirmiş ve yazı serüvenini biçimlendirmiştir. Romanlarında çocukluktan yetişkinliğe uzanan anlatıcılar bu konuyu farklı bakış açılarından yansıtır, sonuçlarını ortaya koyarlar.

Dağcı'nın Eserlerinde Kimlik ve Toprak

Sürgünün en çarpıcı ve belirgin tarafı toprağından ayrı kalmaktır. Buna bağlı olarak sürgün dilinden ve kültüründen uzakta kalacaktır. Toprak kültür açısından sıradan bir kurucu parça olarak değerlendirilemez. Hemen bütün kültürlerde ve çağlarda toprak ve kimlik arasında özel bir bağ kurulduğu görülebilir.

Viroli'ye göre, modern yurtseverlik dili antik çağların mirası üzerine kurulur; antik yurtseverlik dinsel bir duygudur ve ülke sözü terra patria'yı (baba yurdu/ata yurdu) vurgular. Her kişinin ata yurdu o kişinin yöresel ya da milli dininin kutsal gördüğü toprak parçası, atalarından arta kalanların barındığı, ruhlarının dolaştığı yurttur. O kişinin küçük ata yurdu mezarıyla ve ocağıyla aile çevresidir; büyük ata yurdu, prytaneum'u ve kahramanlarıyla, dinle sınırları çizilen kutsal çevresi ve toprak parçasıyla şehirdir. Ata yurdu tanrıların ve ataların oturduğu ve tapınmayla kutsanan kutsal bir topraktır (Viroli 1995, s. 29 akt. Çonoğlu, 2016).

Toprak yalnızca modern anlamdaki millet kimliğinin bir parçası değildir. Yerel ve bölgesel kimlik, modern öncesi devirlerde de yaygınlık gösterir. Anthony D. Smith (1994), *Milli Kimlik* adlı kitabında milli kimliğin unsurlarını ortaya koyarken gerek millet kavramında gerekse ona temel olduğunu öne sürdüğü etni kavramının oluşumunda toprağa özel bir önem atfeder. Milli kimlikle kastedilen şeyin zayıf da olsa bir siyasi topluluğu gerektirdiğini; aynı zamanda topluluk üyelerinin özdeşim kuracağı, kendini ait hissedeceği bir toplumsal mekân, az çok hatları kesin ve sınırlanmış olan bir toprak parçasını da akla getirdiğini söyler. Ona göre *millet, tarihi bir toprağı/ülkeyi, ortak mitleri ve tarihi belleği, kitlesel bir kamu kültürünü, ortak bir ekonomiyi, ortak yasal hak ve ödevleri paylaşan insan topluluğunun adı*dır.

Millet, bir etnide olduğu gibi tanım gereği ortak mitleri ve anıları olan bir topluluktur. Ancak etnide bir ülke ile olan bağ sadece tarihi ve sembolik olarak kalabilirken millette bu bağ fiziki ve fiilidir. Milletlerin ülkeleri vardır (Smith, 1994, s. 71).

Yurt kavramı hem sivil hem de etnik/doğalcı milliyetçilik için ortak bir kurucu unsurdur çünkü sivil milliyetçilik için öncelikle üzerinde yaşanan, sınırları çizilmiş ve belli bir siyasi otoritenin ve yasa ve kurumların hâkim olduğu bir toprak parçası şarttır. Etnik kimliğin oluşumunda da varsayılan ortak soyun geldiği, milli ruhun doğduğu, beslendiği bir simgesel alan olarak görülür.

Smith'e göre özel bir "yurt"la bağ, etnik bir topluluğun altı ana niteliğinden biridir. Özel bir yurda bağlılık mitik ve özneldir. Etnik ayniyet açısından önemli olan bir toprak parçasında ikamet etmek veya onun sahibi olmaktan ziyade bu tür sevgi ve bağlılıklardır. Ait olduğumuz yerdir orası. Atalarımızın, kanun koyucularımızın, krallarımızın, azizlerimizin, şairlerimizin ve din adamlarımızın anayurdumuz haline getirdikleri genellikle kutsal bir topraktır aynı zamanda. O bize ait olduğu kadar biz de ona aitizdir. Ayrıca yurt içinde bulunan kutsal mekânlar etni mensuplarını kendine çeker veya uzak diyarlarda sürgünde olduklarında bile ilham kaynakları olmayı sürdürür. O yüzden bir etni, yurdundan uzun zaman ayrı düştüğünde bile yoğun bir nostalji ve ruhsal bağlılık yoluyla varlığını sürdürebilir. Yahudiler ve Ermeniler gibi diaspora topluluklarının kaderi tam da budur (Smith, 1994, s. 42-43). Dağcı'da da bu durumu görürüz, önce el konulan sonra da zorunlu olarak ayrıldığı ve dönemediği bu yurt, - Smith'in ortaya koyduğu anlamdaki- etnik kimliği ya da milleti oluşturan herhangi bir unsur olmaktan çıkar ve diğerlerinin önüne geçer. Diyebiliriz ki Cengiz Dağcı'da millet ve milliyetçilik kavramları iki temel kavrama dayanır: dil ve yurt. Dağcı'nın yazı hayatı da dolayısıyla bu iki kavramın dışavurumudur.

Cengiz Dağcı, eserlerinde, Kırım Türklerinin yaşadığı trajediyi, Kırım'dan ayrı düşmenin acısını ve yalnızlığını, anıların mekânı olan vatan toprağına bağlanarak anlatmaya çalışır (Şahin, 1996, s. 50). Romanlarında toprağa bağlı/toprak çevresinde şekillenen bir hayatı öne çıkardığı/önemsediği görülen Cengiz Dağcı, toprağı onun üstündekilerle, onun hafızasıyla birlikte düşünür. Yazara göre toprak, milleti millet yapan bütün erdemlerin gelişmesini sağlayan canlı bir organizmadır. Bu nedenle toprağın işgali ve toprağından sürülme onun eserlerinde trajik ve canlı temalar olarak göze çarpar.

Anneme Mektuplar'da vatanına duyduğu bağlılığı şu sözlerle ifade eder:

"Bir aşk kaynağı oldu Kızıltaş benim için; dumura uğramayan, hayatıma gerçek bir değer ve anlam veren bir kaynak. Doğrusu bu kaynaktan hiç kopmadım ben. Hayatımda aşk, üzüntü ve mutluluklarla birlikte bütün varlığımı oluşturuyor Kızıltaş. (…) Ben insansız tabiatı gördüm ve irkildim. Tabiat dediğin tam güzelliğini, yaşayan, canlı varlıkların sıcaklığı ve yumuşaklığıyla yansıtabilir ancak. Bak hele, sen de görebiliyor musun bilmiyorum ama ben görüyorum: Pilibaşı'nın ötesindeki bağın üzümlerle yüklü asmaları üstünde Saniye yatıyor (…) ve saçlarının altın sarısı yansılarında Ayı Dağ gülüyor, Soğuksu gülüyor; Çora Batırlar, Alim Aydamaklar gülüyorlar; hâlâ sürgün yerlerinde Tatar anaları, öksüz kalmış Karaim ve Kırımçak çocukları gülüyorlar. Özbekistan'ın pamuk tarlalarında; Kızıltaş'ın beş bin kilometre uzağında gençler gülüyorlar. Kabil sokaklarında, ve gülerlerken, tarihlerini alınlarından sıyırıp yerine kendi elleriyle yeni bir alınyazısı yazıyorlar" (Dağcı, 2016, s. 19). Görüldüğü gibi Dağcı için toprak miras alınan hatıralardır, atalarının gömülü olduğu, emek verip bayırdırlaştırdığı, verimine sevinip kıtlığına üzüldükleri, hislerini, dünyaya bakışlarını biçimlendiren canlı bir varlıktır. Bu yüzden ondan ayrılmak bir bakıma kendi benliğinden ayrılmak gibidir.

Korkunç Yıllar'ın kahramanı Sadık Turan'ın hatıraları 1942'de vatanından ayrıldığı günden başlar. İstasyondan anne babası ve yakınları onu uğurlamaya gelmiştir:

…Tren son bir düdük daha çaldı, sonra lokomotifin bağrından fışkıran karar bir duman aramıza girerek bizi birbirimizden ayırdı. Kompartımanın penceresinden, elimizden alınmış ata topraklarına baktım, baktım. Bu topraklar, vagonların tekerlekleri arasında yılların kanlı türküsünü söylüyordu. Bu türküyü saatlerce dinledim, sonra Allah'ım, Allah'ın diye yakardım, sen bizi ayırma bu topraktan! Bu toprak bizimdir. Atalarımızın mirasıdır. Aç, çıplak kalsak da bu toprakta olalım. Ölsek de bu toprak da ölelim. Vatanım, vatanım! Dünyanın hangi köşesinde olursam olayım, ben yaşadıkça sen de bizimle beraber olacaksın… (2016, s. 15).

Dağcı, 1940 yılının son aylarında Akmescit Pedagoji Enstitüsünde öğrenciyken askere alınır. Odesa'da subay okuluna gönderilir, buradan da tank teğmeni olarak mezun olur. 1941 Temmuz'unda Alman kuvvetleriyle Ukrayna'da yapılan ilk çatışmalarda ise esir düşer. Almanlar onu Kirovograd'daki esir kampına gönderirler, ardından da Uman Kampı'na. Bu esaret dönemi Dağcı'nın ilk romanı olarak yayımlanan "Korkunç Yıllar" adlı eserinde etkileyici bir dille anlatılır. Burada Dağcı'yı ayakta tutan şey yurt özlemi ve Kırım'a dönme azmi olmuştur. Dağcı'nın hatıralarını kaleme aldığı "Yansılar" isimli eserinde bu yolculuk şöyle verilir:

"Korkunç Yıllar'da sözünü ettiğim Uman Kampı, kampın az uzağındaki cehennem çukuru ve çukurun dibinde cıvık cıvık kaynaşan aç ve çıplak esirler bir gerçekti. Kaç kişiydik o kampta? Kimi yirmi bin, kimi kırk bin diyordu. Ortalama otuz bin idiysek, yirmi dokuz bin dokuz yüz doksan dokuzumuz ölecektik; ve birimiz bilmiyorum kim, belki ben yalnızca birimiz, sağ kalıp, kendi yurduna, kendi ocağına, annesinin kendisini doğurmuş olduğu, anatoprağa dönecekti ve anatoprak üstünde hayat sonsuzlaşacaktı onun için."

Kendisi de Almanların kurmuş olduğu Türkistan Lejyonunda savaşmış olan Dağcı, Rus emperyalizminden kurtulma umuduyla girdikleri bu yolda diğer soydaşları gibi büyük bedeller öder. Rusya yönetimi, Tatar halkını ihanetle suçlayarak topyekûn sürgün eder. Buna cevabı sanki karşısındaymış gibi gizli servis subayı Şişkof'la konuşan Sadık Turan verir:

Hey Şişkof, Şişkof! Düşman üniforması giyip Rusya'ya karşı silâha sarıldınız diyorsunuz. Düşmanımız asıl siz değil misiniz? Ömürlerinin son günlerini duayla, namazla geçirmek isteyen ihtiyarlarımızı, seksenlik ninelerimizi, hayvan vagonlarına doldurup haftalarca pislik, sidik içinde Sibirya'ya taşıyanlar sizler değil miydiniz? Düşman üniforması diyorsunuz! 1932 yılının yazıydı. Kırım'ın kıyı köylerinde kan gövdeyi götürüyordu. Bağında, bahçesinde, bir avuç tarlasında çalışan babalarımızı sarhoş askerleriniz önlerine katmış, tüfeklerinin dipçikleriyle bellerine vura vura Yalta'ya sürüyorlardı. Hiç unutmam, o zamanlar daha on üç yaşlarında bir çocuktum. Babamla, gizlice, dağlardan geçip Yalta'ya gitmiştik. Uzaklardan, toprağından ayrılan millete gözlerimiz yaşararak bakıyorduk (2016, s. 252).

Yurdunu Kaybeden Adam'da sürgünü "Sibirya...Sibirya ölümden beter. Suçsuz günahsız insanları, bellerine dipçik vura vura, ellerinden, ocaklarından karlı buzlu yollara attıklarını ben kendi gözlerimle gördüm. Ana diyecek yaşa gelmemiş çocukları Sibirya ormanlarına sürdüklerini ben kendi gözlerimle gördüm," sözleriyle anlatan Dağcı onca acıya yol açan savaş bittiğinde bile huzur bulamayan kahramanı Sadık Turan'ın gözünden yurdunu kaybetmenin trajedisini gözler önüne serer. Sadık Turan savaşın bitmesinin ardından özgür insanlar arasına karıştığı anda şunları düşünür:

Bitti. Esirlik yılları bitti artık. Ömrümde ilk defa hür hissediyorum kendimi. Hür insanların yaşadığı topraklardayım. Ölüm korkusu, işkence korkusu bıraktı yakamı. Yıllarca peşinde koştuğum hürriyete kavuştum, ama içim neden kapalı? Kendimi bildiğim anda kaybettiğim yaşama sevincine neden kavuşamadım yeniden? Yurdunu kaybeden adam için hürriyetin bile bir manası kalmadığını şimdi anlıyorum. İçinde doğduğum, gülüp oynadığım yerlerde benim dilim konuşulmuyor artık. Bir zamanlar o topraklarda dilimi konuşan insanların ne olduklarını da bilmiyorum. Son fırtına ağacı devirdi. Bizler, uçurduğu birkaç yaprak boşlukta yolunu şaşırmış, ümitsiz ve şaşkın, meçhul bir geleceğe doğru yalpa vurup duruyoruz (1989, s. 290).

O Topraklar Bizimdi'de karşımıza bir Partizan ve Rus yanlısı olarak çıkan, sosyalist rejimin Kırımlılar içinde nihai kurtuluşu sağlayacağına inanan Selim, köyüne geri döndüğünde pek çok kişinin sürgüne gönderildiğini ya da öldürüldüğünü görür. Artık Ruslar için savaşmaktan vazgeçer ve köyüne döner:

"Okullar, ilim ve fen okulları kuruyorlarmış! Yeni yeni endüstri merkezleri kuruyorlarmış!... Ama öte yandan Tatarları Sibirya'ya sürüyorsunuz; kurşuna diziyorsunuz. Boşalmış köylere ve kurduğunuz o yeni binalara kendi Ruslarınızı Rusya'nın içlerinden getirip yerleştiriyorsunuz... Yüz yıl önce Kırım'da ne kadar Tatar vardı? Onlar neredeler?.. Birimizi komünist ediyorsunuz, başımızı okşuyorsunuz; öte yandan onumuzu kurşuna diziyorsunuz... Pis ellerinizle canımıza ruhlarımıza sokulup bütün varlığımızı kirletiyorsunuz..." (Dağcı, 2012, s. 421-422)

Kendisini arayan oğluyla karşılaştığında ona da köye dönmeyi teklif eder: "Gel köye dönelim, Alim...O köy bizim köyümüzdür. Bizim Çukurca'mızdır. Korkma. Öldüreceklerse de korkma. Ruslar Dede Cavit'i öldürdüler, değil mi? Ötekileri de öldürdüler değil mi? Korktu mu onlar?... Bazen ölmek yaşamaktan iyidir... Yaşamak için ev lazım, toprak lazım, ateş, su, ekmek lazım. Bunlar olmayınca ölmek daha iyi." (Dağcı, 2012, s. 509)

Kolhozlaştırma ve sürgünü çocuk bakış açısıyla anlattığı romanı *Badem Dalına Asılı Bebekler*'in anlatıcısı Halûk'un babası şunları söyler:

"Bu ev bizim. Ata mirası toprağımız üzerine kurulu. Bu toprak bizim. Bizim olarak kalması şart. Bu toprağı kimseye veremeyiz. Topraksız biz, biz olmaktan çıkarız. İnsanlığımız beş paralık olur... Bu toprağın her karı yerinde bizim izlerimiz var. Bizim ellerimiz altında yeşerdi bu toprak... Bu Toprak, topraktan öte bir şey, canımız bizim." (2015, s. 108)

Sarı Çömez, dokuz yaşındaki Halûk'a "Bizim en büyük kabahatimiz toprağa insan vermeyişimizdir," der. Ona göre toprağını terk etmek ne şart altında olursa olsun kabul edilemez: "Biz bu topraklar üzerinde yaşadıkça insanız oğlum. Sağdan soldan haberler geliyor gene; toprağı elimizden alacaklarmış. Alacaklarsa canlarımızı alacaklar, toprağı değil. Sen az daha büyü hele; bu toprağın sırtını eşele, tarlaya gübre taşı, verimli yıllarda yüreğin sevinsin, verimsiz yıllarda yüreğin yansın, toprağa alın terini dök; sonra biri gelip sen bu topraklar üzerinde yaşamayacaksın; seni eline ayağına kelepçeler takıp uzak ve belirsiz yerlere süreceğiz desin, bakalım o zaman nasıl laf edersin" (2015, s.126)

Bu alıntıdan anlaşıldığı gibi Dağcı'ya göre toprak insanın içine, benliğine işlemiş bir şeydir, onun ruhuna karışmıştır. Ondan ayrı bir varlık, bir kimlik düşünülemez. Bu nedenle sürgünler, romanlarındaki kahramanlar Dağcı'nın kendisi gibi toprağından uzak olsa da onu hep içinde yaşatır. Anlatarak, söyleyerek, hayal ederek, özleyerek, inanarak toprakla ilişkisini devam ettirir. *Badem Dalına Asılı Bebekler*'de Halûk'un düşüncelerinde bu anlayışın izleri görülür:

"İçime bir ezik çöktü badem dallarına bakarken. Kasımın sonu yaklaşıyor. Yarın gökyüzü kararır, doğu yeli eser soğuk. (...) Biz evlerimizde uyuruz. Ama evlerimiz tapınak içerisinde. Bilinmez. Yeşil üniformalılar tekme ve dipçikle kapımızı açarlar; gece demez, kış demez; bizi kamyonlara doldurup şehrin bir ucunda bekleyen, demirden sürgün trenlerimize götürürler. Kalır badem ağaçlarımız karlar altında. Kasımlar geçer, yeni Hıdrellezler gelir. Bademler çiçek açar. Yeni filizler fışkırır gövdeden. Ama kimse bakmaz, kimse anımsamaz badem ağaçlarını... Ben unutmayacağım ama size badem ağaçları! Ben usumda badem ağaçlarıyla örülü bir çevre çizeceğim. ...üzüm bağlarımız ve mezarlıklarımız, Ayı Dağı'mız ve Soğuksu'yumuz; suyumuz, havamız, karamız, yaramız... her şeyimiz ve her şeyimizin ortasında ben, ben, sürgünü bin yıl süren bir Yahudi sabrıyla usumda çizdiğim bu çevre içinde durarak içimden:

Men bir saray yaptırdım tepesi daldan
Aytır da ağlarım.
Kimimiz maldan ayrıldı, kimimiz candan
Aytır da ağlarım,

diye gözyaşlarımı içime içime akıtıp sessizce ağlayacağım" (2015, s. 217).

Badem Dalına Asılı Bebekler kamyonlara doldurulan Kızıltaşlıların sürgün edilmesiyle biter. İnsanlar "Elveda toprak!" diye bağırarak toprağa veda ederler gözyaşları içinde:

"Ve gözler yaşlı. Göğüsler dolu. Yürekler buruk.

Kamyonlar hareket ettikleri anda tüm göğüslerden ayrılık şarkısı kopuyor salkım salkım:

Yel eskende sallanır
Ağaç dalları.
Bizim için haram oldu
Kırım yolları...
Üzüm bağında tavşanlar, badem ağaçlarına asılı bebekler, müsadere edilmiş evler ve bakımsız bostanlar onları uğurluyorlar.
Bardak dolu su mudur?
Sibir yolu bu mudur?
Ah, Allah'ın zalimi
Yapacağın bu mudur?
Evlerin avlularında ak keçiler şaşkın. Son dualar okundu. Cenaze alayı uzaklaştı, uzaklaştı, açılmadı mezarlığın demir parmaklıklı kapısı.
Aytır da ağlarım" (2015, s. 271-272).

Dağcı ve halkı anılarında gözlerini kapattığında döndüğünü söylediği yurdundan işte böyle kopar. Sürgün ve yol açtığı acılar bir daha silinmemek üzere benliğine kazınır.

Milletin oluşumunu ister vatandaşlığa dayalı (sivil) olarak açıklasın, ister soyağacını temel alsın, millet ve milliyetçilik kuramlarında tarih önemli bir yer tutar. Milletlerin oluşumunda ve milli kimliklerin değişiminde ortak tarih, ortak anılar, büyük travmalar, paylaşılan ortak acılar çok büyük önem taşır. Kırım Tatar kimliğinin de yurtlarından sürülmeleriyle birlikte bir travmayla karşılaşarak dönüştüğü düşünülebilir. Dünyanın dört bir yanına da dağılmış olsalar da onları ruhsal olarak bir arada tutan bir "ortak anı"dır bu. Bu da millete duyulan bağlılığın diğer değer ve inançların önüne geçmesine yol açabilir. Dağcı'nın kendisi gibi romanlarındaki kimi karakterlerin -örneğin sosyalist rejim yanlısı ve partizanken sonradan milliyetçileşen Selim'in- durumu da budur.

Sonuç

Dağcı, Rus emperyalizminin derin hasarlar verdiği bir toplumun içinden gelir. 21 yaşında ayrıldığı yurdunu bir daha göremez ve oradan ayrı geçirdiği altmış yıla rağmen, yazdıklarının büyük çoğunluğunda "gözlerini kapattığında döndüğü" Kırım'ı anlatır. Romanlarında önemli bir yer tutan sürgünün gerekçelerini, gerçekleştiği politik koşulları karşı fikirler ortaya koyarak her yönüyle ele alır ve sonuçlarını gözler önüne serer. Bireysel ve toplumsal kimliğin birbirine bağlılığını vurgular. Eserlerinde yurdunu kaybetmeyle altı çizilen bir toprağa bağlılık ve toprağa bağlı kültürel hafıza fikri vardır. Bu toprağa bağlılık ve ondan uzak düşmüş olma, onun için kimliğin temel unsurudur. Hatırlama, anlatma ve yazma ile bu bağını dil üzerinden sürdürür. Benlik ve yurt birbirinden ayrılamaz kavramlardır onun için, zira benlik kavramı yurttan doğar. Benlik atalarının mirası hatıraları taşıyan toprakla biçimlenir, köklerini atalarının yaptıklarıyla ve yaşadıklarıyla biçimlenen topraktan alır. Sürgün, köklerinden koparılmış, benliğinin bir parçası çalınmış bir bireydir. Dağcı yalnız bu yarımlığın trajedisini anlatmakla kalmaz, toprak sadece üzerinde yaşanan bir kara parçası değildir, demek ister; ataları o toprağı yurt yaptığı için, orada üzülüp sevindiği, ekip biçtiği, doğup öldüğü için o toprak onlarındır, demek ister. Ne tür demografik oynamalara maruz kalırsa kalsın, benlik ve hafıza o toprağın asıl sahiplerini belirler, demek ister. Dağcı'nın romanları ve anıları, hikâyesi tarihin çalkantılı akışında unutulmaya oldukça müsait olan Kırım halkının o akışta yok olmaktan kurtarılmış anıları gibidir.

Bu romanlarda sürgün yalnız kaybedilen yurda özlem olarak dışavurulmaz. Bir travmaya uğrayan ve artık bir ülkesi olmayan Kırım Tatarları için bu felaket, onları ruhen bir arada tutan bir "ortak anı"dır. Dağcı'nın romanlarında sürgüne geniş yer vermesi, bir bakıma Kırım Tatar kimliğinin dört bir yana dağılmış fertlerini ruhen bir arada tutan bu ortak anının canlı tutulmasına da hizmet eder.

Dağcı yaşadığı ve tanık olduğu onca acı, adaletsizlik, baskı ve sürgüne rağmen Rus düşmanı bir tutuma sahip değildir. İnsancıl bir milliyetçilik anlayışı geliştirmiştir ve eserlerinde de bu dengeyi gözetir. Bir birey ve yazar olarak amacı, halkının yaşadığı kırımları ve sürgünleri, vatanlarından edilişlerinin hikâyesini başta halkının gelecek kuşakları olmak üzere bütün dünyaya anlatmaktır. Romanlarındaki karakterler kurmaca olmakla birlikte gerçek yaşamöyküsünden doğarlar. Halûk, Sadık Turan, İzmail Tavlı gibi roman kişileriyle kendi deneyim ve gözlemlerini aktarır.

Romanların özyaşamöyküsüne dayanması ve yazarın içten üslûbu onun mesajını okuyucuya başarılı bir şekilde iletmesini sağlar. Yazar böylece bugün kitlesel geri dönüşlere rağmen kendi yurdunda azınlık olan ya da dünyanın dört bir yanına dağılmış bulunan Kırım Tatarlarının öyküsünü tarihe not düşmüş olur.

Kaynakça

Dağcı, C. (1989). *Yurdunu Kaybeden Adam*. İstanbul, Ötüken.

Dağcı, C. (2012). *O Topraklar Bizimdi*. İstanbul, Ötüken.

Dağcı, C. (2016). *Korkunç Yıllar*. İstanbul, Ötüken

Dağcı, C. (2015). *Badem Dalına Asılı Bebekler*. İstanbul, Ötüken

Dağcı, C. (2016). *Anneme Mektuplar*. İstanbul, Ötüken.

Çonoğlu, S. (2012). "Cengiz Dağcı'nın Romanlarında Ata Mirasi Toprağa Bağlılık". *Karadeniz*, Yıl 4, Sayı 13.

Kocakaplan, İ. (2010). *Kırım'ın Ebedi Sesi Cengiz Dağcı*, İstanbul, Türk Edebiyatı Vakfı Yay.

Smith, A. D. (1994). *Milli Kimlik*. Çeviri: Bahadır Sina Şener. İletişim Yayınları.

Şahin, İ. (1996). *Cengiz Dağcı'nın Hayatı ve Eserleri*, Ankara, Kültür Bakanlığı Yay.

Tanatar, B. (2017). "Kırım Tatar Sürgünü - 18 Mayıs 1944" http://www.vatankirim.net/yazi.asp?YaziNo=215 Erişim Tarihi: 20 Ekim 2017

Ülküsal M. (1980). *Kırım Türk Tatarları*, İstanbul, Baha Matbaacılık.

Bölüm 18. Divan Şiirinde Göç Eksenli Söyleyiş Kalıpları

İlyas Yazar[1]

Göç kavramı sözlükte ekonomik, toplumsal ya da siyasi sebeplerle bireylerin veya toplulukların bir ülkeden başka bir ülkeye, bir yerleşim yerinden başka bir yerleşim yerine gitme işi anlamıyla tanımlanmakla birlikte aynı zamanda zengin söz varlığımız arasında sefer, hicret ve muhaceret sözcükleriyle de eş anlamlı kullanılmaktadır (TDK, 2017). Göçle ilgili söz dağarcığımız içinde göç, göçebe, göçer, göçmen, göçmenlik gibi türetmeler yoluyla elde edilen kullanımlar yanında, iç göç, beyin göçü, kültür göçü, ruh göçü, göç etmek gibi birleşik yapı ve deyimlerle birlikte diyar, gurbet, hicret, rıhlet, sefer, yol ve yolculuk gibi göçle ilgili çağrışım alanı oluşturan kavramların varlığı, göçle ilgili söyleyiş kalıplarının söz varlığımız arasındaki kapsamını göstermektedir.

Günümüzde göç ve göçe dair yaklaşımlar çok farklı boyutlarıyla ele alınmakla birlikte özünde insanlığın yüzleştiği, ülkelerin ikili düzeyinden ziyade bölgesel ve küresel düzlemde tartışmaya açtığı trajik ve dramatik sahneleriyle hafızalarda hâlâ tazeliğini korumakta ve keskin çizgileriyle yer almaktadır. Beşeriyetin hayatında derin izler bırakan ve toplumların sosyo-kültürel değerlerinde sıklıkla yansımaları görülen göç ve göçle ilgili birikimlere dayalı yaşantılar, ulusların sanat ve edebiyat hayatında yüzyıllardan beri esin kaynağı olmaya devam etmektedir.

Sosyolojik yönüyle de birey ve toplum hayatında derin yankıları bulunan göç gibi sarsıcı bir hadisenin edebiyatın ikliminde yeşertilmesi ve sonraki kuşaklara taşınmasında şair ve yazarlara da önemli görevler düşmüştür. Bu açıdan insanlık tarihi kadar köklü bir maziye sahip olan göç, destan gibi şifahi edebi geleneğin ürünlerinden günümüze uzanan pek çok edebi türde, üzerinde durulan bir tema olmuştur. Göçün bir edebî türün içinde yer aldığı ilk örneklerden olması açısından destanlar özel bir anlam taşımaktadır (Akgün, 2016, s. 14). Göç olgusu edebiyatımızda destanda konu, şiirde tema, romanda izlek olarak kullanılmasının yanında zaman içinde belirli dönemlerde *sürgün edebiyatı, gurbet edebiyatı, savaş edebiyatı* gibi adlandırmalarda da belirleyici bir rol üstlenmiştir (Saka, 2016).

Türk tarihi açısından XI. asırdan bu yana üzerinde egemenlik mücadelelerinin aralıksız sürdüğü Anadolu coğrafyası da gerek doğudan gerek batıdan gelen tahakkümlerle göç ve göç ekseninde gelişen birçok buruk tecrübeye ziyadesiyle tanık olmuştur. Göçlerin, seferlerin ve bir mekânı terk edişin hikâyesi olan tarih, bu özelliği ile dinî kıssalardan mitolojiye, mitolojiden efsaneye, hikayeden şiire kadar edebiyat metinlerinin oluşmasında önemli bir rol üstlenmiştir. (Yalçınkaya, 2007). Bu bağlamda göç ekseninde kazanılan tecrübe ve kültürel birikimler sosyolojik hadiseler yanında edebiyatın da malzemesi olarak her dönem sanatçıların ilham kaynağı olmuştur.

Anadolu sahasında XIII. yüzyılda ilk örnekleriyle karşılaştığımız Divan şirinin XIX. yüzyıla kadar devam eden yapısı içinde, hüküm sürdüğü coğrafyanın her noktasında birçok kesimde ve meslek grubunda kendisine yer bulması, bu edebi hareketin toplumun algısı, beklentisi ve yaşantısına dair kültürel birikimi malzeme olarak kullanması kültür tarihimiz açısından önemli bir kazanç olmaktadır (İnce, 2011, s. 37).

Osmanlı coğrafyasının asırları aşan sürekli değişen ve gelişen sınırları içinde bireysel ya da toplumsal bazda yaşanan nüfus hareketlilikleri klasik şairin gözünde hicret, rıhlet,

---

[1] Dokuz Eylül Üniversitesi Buca Eğitim Fakültesi Öğretim Üyesi, iyazar@gmail.com

muhaceret, göç, göçmen, gurbet, sefer, yol ve yolculuk gibi söyleyiş kalıpları bağlamında sanatçı hassasiyetinde bir üslubun şekillenmesine katkı sağlamıştır. Bu zeminde sanatçının yaşantısından izlerin yer alışı kadar bu izlerde onun muhayyel âlemindeki çağrışımlarının da etkili olduğu görülmektedir. İnsan zihninin zaman, mekân, kültür, dil, din, tasavvuf, ilim ve hayat ülkesine yolculuğu, duygu ve düşüncelerin sözle dış dünyaya gerçekleştirdiği esrarengiz seyahat, edebiyatın bir yolculuk olduğu gerçeğini bizlere hatırlatmaktadır (Doğan, 2016, s. 47).

Divan şiirinin göç bağlamındaki söyleyiş kalıplarını oluşturan sözcük dağarcığında nicelik ve nitelik açısından da bir çeşitlilik bulunmaktadır. Nicelik yönüyle göç eksenli kavram dünyasında klasik şiir açısından "göç" ifadesi daha yeni bir çağrışımdır. Bunun yerine daha çok diyar, gurbet, rıhlet, hicret, sefer ve yol gibi çağrışımlarla göçe dair duygular dile getirilirken nitelik olarak da göç, maddi anlamından uzaklaşmış, mecazi anlatım formlarında kullanılmaya başlanmıştır. Bu edebî gelenekte insanoğlunun fiziksel göçünü işleyen somut anlam yerine, ruhun fenâ alemine göçü, ya da fena âleminden bekâ alemine göçü, mâşuğa vuslat için verilen mücadele gibi daha soyut anlatımlar göç söylemiyle ilişkilendirilmiştir.

Bâlî'nin *"Bu çâr anâsır âdeme bir çardak iken / Komadılar yir evine halkı göçürdiler"* (Sinan, 2004, s.35, K.19/2) mısralarında halkın göçe zorlandığını ifade eden sözleri; Karamanlı Aynî'nin *"Kâfile-i sâlâr-ı iklîm-i Karamân göç idüp / Kârbân-ı rûhuna rıhlet demidür âh vâh"* (Mermer, 1997, s. 88, M.36/2) mısralarıyla Karaman'daki göçe, Nakşî'nin *"Alurlar dem-be-dem bunlar göçerler şehr-i Bağdad'a"* (Aslan, 2017, s. 140, G.142/9) ifadeleriyle Bağdat'a yönelik yapılan göçlere dikkat çekmeleri; Âsaf'ın *"Vaktinde cenûb ile şimâle / Göçler kurulur bilâ-icâle / Her memlekete gece giderler / Düşmenden çünkü havf iderler"* (Ceylan, 1994, s. 52) beyitlerinde insanların güneye ve kuzeye, düşman korkusundan geceleri yaptıkları göçlere yer vermesi, göçün insanoğlunu içine sürüklediği müşkil durumlar ve çaresizlikler, Nazmî'nin *"Yatacak yir bula mı şol işi gücü göç olan"* (Üst, 2008, s. 65) gibi söyleyiş kalıpları göç kavramının klasik şiirde, temel anlamıyla maddî göçü karşılamak amacıyla kullanıldığının somut örnekleri arasında gösterilebilir.

Divan şairleri, mekânsal değişimle gerçekleşen göç kavramına temel anlamdaki kullanımları yanında, daha çok bir yol ve yolculuk metaforu içinde yer vermektedir. Göç, bu anlamda farklı kullanım formlarıyla şaire hareket alanı sağlamaktadır. Dünyanın faniliği, geçiciliği, acımasızlığı, çaresizliği, menzil oluşu gibi dünyevi söylemler klasik şiir üslubunda *"hankâh-ı âlemden göçmek, fenadan göçmek, fena gülşeninden göçmek, bu fena evden göçmek, cihandan göçmek, bu mülkten göçmek"* gibi söyleyiş kalıplarıyla dile getirilmektedir. Söz konusu ifade vasıtalarıyla dünyanın geçiciliği, bağlanılmaması ve tamah edilmemesi gereken bir yer olduğu vurgulansa da Nazmî'nin mısralarına yansıyan şekliyle *"Güç olur göç eylemek dünyadan âh / Olmaz andan güç dahi bir özge kâr / Güç olur göç katı dünyadan âh / Güç gelir pes kişiye terk-i vatan"* (Üst, 2008, s. 1178) serzenişleri yanında *"göç fikri zor gelir, dünyadan göç eylemek güç olur, en son göçer dünyadan her kişi"* gibi söylemlerle dünyadan göçmenin, ayrılmanın zorluğu da ifade edilmektedir. Nazmi, *"Bir mekândan bir mekâna göç bu dünyâda kolay / Nazmiyâ 'ukbâya göç illâ güc olur gey katı"* (Üst, 2008, s. 3412) beytindeki anlatımıyla, dünyada bir yerden bir yere göçmenin ahirete göç etmekten daha kolay, ahirete göç etmenin, dünyayı ve dünyalıkları arkada bırakıp gitmenin ne derece zor ve çetin olduğunu dile getirmektedir. Ayrıca Nazmî, ukbâya göçün aksine: *"Gelseñ senüñle şehirden gitsek benüm kardaşçıgum / Düşsek uzun uzak yola olsañ benüm yoldaşcıgum*" (Üst, 2008, s. 262) sözleriyle şehirler, beldeler arası göç ve yolculukta bir yoldaşa ihtiyaç duymanın önemini şehirleri aşmanın, uzak şehirlere varmanın ve uzun yolları kat etmenin zorluklarıyla anlatmaktadır.

Göç kavramının birincil anlamından ziyade mecazi kullanım formlarıyla divan şairinin üslubunda yer bulduğu örnekler azımsanmayacak derecede yoğunluk göstermektedir. Rahîmî'nin "*Dilden hayâl-i hüsnün iderse ne var göc / Şehrini koyup itdi niçe şehriyâr göc / Gönlümde mihr-i hüsnüni ey meh gören didi / Kılmış diyâr-ı şarka Hüdâvendgâr göc / Sevdâ-yı zülf ü şevk-i izârunla ay u gün / Eyler sabâ yeli gibi leyl ü nehâr göc / Dilden iderse n'ola gam-ı zülf-i yâr göç / Rağbet mi var itmese miskin-Tatar göç*" (Mermer, 2004, s. 139-141) üslubuyla yazılan "göç" redifli gazelinde güzelliğinin hayalinin gönülden göç etmesi, şehriyarın şehrini bırakıp gitmesi, Hüdavendigar'ın şark diyarına göç etmesi, gece ve gündüzün saba yeli gibi göç eylemesi, gam-ı zülf-i yarın gönülden göçmesi, Tatar göçü tarzındaki söylemler göçle ilgili somut ve soyut kullanımların birlikte yer aldığı söyleyiş kalıpları arasında görülmektedir.

Göç kavramı "*Sen gördüğün yöröde değil yurt göçtü ev / Ne şark u garb kanda kalan şehr-i Endülüs*" (Boz, 2008, s. 381) beytinde olduğu gibi divan şiirinde yıkılmak, bozulmak, harap olmak gibi anlamlarla kullanılmasının yanında ayrıca ebcedle düşürülen tarih beyitlerinde "*Göçdi merhûm Süleymân Paşa / Sırrı bâkî ola göçdi menziline Şeyh Hasan / Göçdiler dâr-ı bedenden didi Nâmî târîh / Âh Şehrî göçdi bezm-i cennete*" (Üst, 2008, s. 3871; Yenikale, 2008, s. 260; Ekrem, 2008, s. 420; Demirel, 2008, s. 18) mısralarında olduğu gibi ölmek, vefat etmek, bu dünyadan ayrılmak anlamında da sıklıkla kullanılmaktadır.

Göç ile ilgili çağrışımı olan kavramlara baktığımızda çeşitlilikten çok kullanım yoğunluğu dikkat çekmektedir. Çalışmamaızda klasik şiirin temel eserlerinden divanlarda kullanılan "*yol, gurbet, diyar, sefer, rıhlet ve hicret*" gibi göç kavramının çağrışım alanına giren kelimeler üzerinden bir takım taramalar yaptık.[2] Bu kelimelerin geçtiği beyitleri ve kelime gruplarını değerlendirdik. Elde ettiğimiz sonuçlara göre kullanım yoğunluğu, dönemler ve şair çeşitliliği bakımından, göçün çağrışım alanında "diyar" kelimesi daha fazla tercih edilmiştir. Bunu "gurbet, yol, sefer" kelimeleri izlerken en az "hicret" kelimesine yer verildiği görülmektedir. Gerek soyut gerek somut kullanım formları içinde bulunan bu kelimeler şiir dilinde tamamıyla ikili yapılarla anlamlı hale gelmişler ve çoğunlukla da bir tamlama grubunun ya tamlayanı ya da tamlananı olarak görev almışlardır.

Divan şiirinde, gezilip görülen yerler anlamındaki kullanım formu kadar zaman zaman göç edilen yerler için de tercih edilen "diyar" kelimesi, hem yalın kullanılmış hem de yer adlarıyla birlikte oluşturulan terkiplerde yer almıştır. Sıdkî'nin belirli bir yerde karar kılanamadığından ve hayatın günlük olarak yaşandığına dair "*Niçe büldânı tolandık eyledik terk-i diyâr / Yidik içdik ârzû-yı nefs ile leyl ü nehâr*" (Eren, 2008, s. 219) mısralarındaki beyanı; Nigârî'nin bulunduğu diyardan ayrılmasının kendi kararı olmadığı "*İhtiyar ile değil terk-i diyar ittiğimiz / Dâr-ı gurbette serâsîme karâr ittiğimiz*" (Bilgin, 2008, s. 452) sözleriyle göçe mecbur edildiği tarzındaki somut söylemler yanında "diyar" kelimesi, Nazmî'nin "*Sohbet-i ağyârı ya terk ide yâr / Ya bu*

---

[2] Bu çalışmada yer alan söz kalıplarının belirlenmesinde Metin Bankası projesi ile Kültür ve Turizm Bakanlığı'nın e-kitap projesine dahil edilen divanlardan yararlanılmıştır. Divanlardan metin alıntılarının yapıldığı bölümler dipnotta, künye bilgileri kaynakçada gösterilmiş olup söz kalıplarını oluşturan listelerle ilgili referanslara yer verilmemiştir.

gamdan ben idem terk-i diyar" (Üst, 2008, s. 1179) beytinde olduğu gibi sevgilinin rakip ile olan muhabbeti kesmesi, aksi halde âşığın terk-i diyar edeceğine yönelik çıkışları, ya da Rahmî'nin söyleminde *"Burc-ı sipihre dikse nola tûg-ı âhını / Şâh olmışam diyâr-ı gama bu 'alemle ben"* (Erdoğan, 2008, s. 392) mısralarındaki gibi gam diyarının sultanı olduğunu belirten mecazi yaklaşımlarla "diyar" sözcüğü klasik şiirin üslup özellikleri arasında yerini almıştır.

Genellikle "başını alıp gitmek" deyimiyle birlikte kullanılmış olan "terk-i diyâr etmek" terkibiyle "diyar" kavramı *"Tur-ı Hicâza gidelim Mısrla Şâmı görelim / 'Acemi seyr idelüm cümle makâmı görelim / Varalum şehr-i Sıfâhan ile Câmî görelim / 'Arab ile 'Acemin tamâmın görelim / Kerbelâda bir iki gün gel ikâmet idelüm / Gel kalender olalım terk-i diyâr eyleyelim"* (Yakar, 2008, s. 444) mısralarında olduğu gibi başka bölgeleri, diyarları gezmek, görmek, dolaşmak, ziyaret etmek maksadıyla bulunduğu bölgeden ayrılmak anlamıyla da kullanılmıştır.

"Diyar" kelimesiyle terkip oluşturan Acem, Çin, Bosna, Bursa, Edirne, Eğri, Engirüs, Erzurum, Germiyan, Habeş, Halep, Hint, Hoten, Kâbe, Kahire, Kandehar, Kırım, Mekke, Mısır, Moskov, Osmani, Şam, Tosya, Üsküp gibi yerleşim yerleri, beldeler, şehirler ve ülkeler somut obje olarak kullanılırken bu yerlerin gitmek, gezmek, dolaşmak, ziyaret etmek, göç etmek gibi anlam çeşitliliği içinde işlenen temaya uygun özelliklerine de yer verildiği görülmektedir. Diğer yandan "diyar" kelimesi soyut kavramlarla da sıklıkla bir arada kullanılmıştır: *Adem diyarı, beka diyarı, bela diyarı, kesret diyarı, gurbet diyarı, İslam diyarı* gibi Türkçe yapılarla, *diyar-ı aşk, diyar-ı baht, diyar-ı dil, diyar-ı sine diyar-ı pak, diyar-ı feyz, diyar-ı gam* gibi Farsça tamlamalı yapılarla birlikte söyleyiş çeşitliliği oluşturması divan şiirinin üslup zenginliğine katkı sağlamıştır. "Diyar" kelimesiyle ilgili divanlardaki kullanım formları arasında tespit ettiğimiz söyleyiş kalıpları aşağıda gösterilmiştir:

Acem diyârı	diyâr-ı Germiyan	diyâr-ı mihnet
adem diyârı	diyâr-ı gonca	diyâr-ı Moskov
bekâ diyarı	diyâr-ı gussa	diyâr-ı muhabbet
belâ diyârı	diyâr-ı gülşen	diyâr-ı nazm
Çin diyârı	diyâr-ı habeş	diyâr-ı neşâti
dâr u diyâr	diyâr-ı Halep	diyâr-ı Osmâni
diyâr- yâr	diyâr-ı hasret	diyâr-ı pâk
diyâr-ı acem	diyâr-ı hasret	diyâr-ı rûm
diyâr-ı âher	diyâr-ı hayret	diyâr-ı safâ
diyâr-ı aşk	diyâr-ı hecr	diyâr-ı seyr
diyâr-ı avdet	diyâr-ı heves	diyâr-ı sîne
diyâr-ı avdet	diyâr-ı himmet	diyâr-ı sühan
diyâr-ı bağ	diyâr-ı Hind	diyâr-ı Şam
diyâr-ı baht	diyâr-ı hoten	diyâr-ı şark u garp
diyâr-ı berber	diyâr-ı hüzn	diyâr-ı tende
diyâr-ı bezm	diyâr-ı ışk	diyâr-ı Tosya
diyâr-ı Bosna	diyâr-ı 'îd	diyâr-ı ülfet
diyâr-ı Bursa	diyâr-ı intizâr	diyâr-ı Üsküp
diyâr-ı cism	diyâr-ı işret	diyar-ı vatan
diyâr-ı Çin	diyâr-ı iştiyak	diyâr-ı vuslat
diyâr-ı çirmen	diyâr-ı işve	diyâr-ı zafer
diyâr-ı derd	diyâr-ı Kâbe	diyâr-ı zengibar

diyâr-ı dil	diyâr-ı Kahire	diyâr-ı zulmet
diyâr-ı din	diyâr-ı kahr	firkat diyârı
diyâr-ı Edirne	diyâr-ı kand	genc-i diyâr
diyâr-ı Eğri	diyâr-ı Kandehar	gurbet diyârı
diyâr-ı Engirüs	diyâr-ı kerem	İslam diyârı
diyâr-ı Erzen-i Rûm	diyâr-ı Kırım	kesret diyarı
diyâr-ı Erzurum	diyâr-ı küfr	Leh diyârı
diyâr-ı fâm	diyâr-ı lutf	mâh-ı diyâr
diyâr-ı feth	diyâr-ı mağrip	öz diyâr
diyâr-ı feyz	diyâr-ı marifet	tahrîb-i diyâr
diyâr-ı freng	diyâr-ı medh	terk-i diyâr
diyâr-ı fürkat	diyâr-ı Mekke	
diyâr-ı gam	diyâr-ı Mısır	

Divan şiirinde göç bağlamında çağrışımı olan bir diğer kavram da "yol"dur. Yol ve yolculukla ilgili benzetme, mecaz ve istiareli söyleyiş formlarının daha çok ikili bazen de üçlü kelime grupları ve tamlamalarla divanlarda yer aldığı görülmektedir. Bu kullanım formlarında da *yol bulmak, yola düşüp gitmek, yola varmak, yola çıkmak, yoldan kalmak, mektep yolu, meyhane yolu, Şirin yolu*, gibi somut kullanımlar yanında *dostun yolu, gül yolu, aşk yolu, hak yolu, ric'at yolu, bela yolu, âb-ı hayat yolu, seyl-i bela yolu, yol tutmak, yola gelmek, yoldan çıkmak, yolunda ölmek, yoluna baş koymak, yoluna girmek, yolunu gözetmek* gibi mecazlı anlatımlara dayalı soyut kavramların yer aldığı birleşik yapılar, deyimler ve tamlamalar yol ve yolculuk bağlamında şairin ifade dünyasında kendisine yer bulmaktadır. "Yol"a dair divanlarda tespit ettiğimiz söyleyiş kalıpları aşağıda gösterilmiştir:

âb-ı hayat yolunda	yola varmak
âkıbet yola geçirmek	yoldan ayırmak
aşk yoluna teşne olmak	yoldan çıkmak
bela yolunda yitmek	yoldan komak
cahiliyyet yolu	yollarında ölmek
dervişlik şehrine yol bulmak	yoluna baş koymak
dilber yolu	yoluna bin can feda etmek
din yolu	yoluna can koymak
doğru yol	yoluna feda kılmak
dostun yolu	yoluna girmek
gül yolu	yoluna gül dökmek
hak yolu	yoluna harcanmak
hak yoluna kurban etmek	yoluna kurban olmak
hasta yolu	yoluna menekşe döşemek
ışk yolu	yoluna ölmek
iman yolu	yoluna revan eylemek
mektep yolu	yoluna terk eylemek
meyhane yolu	yoluna yelmek
öz yolun bulmak	yoluna yüz sürmek
ric'at yolu	yoluna zümrüt saçmak
seyl-i belâ yolu	yolunda feda etmek
sohbet yolu	yolunda hâk olmak
Şirin yolunda	yolunda harc etmek
tarikat yolu	yolunda ölmek

yol bulmak
yol deminde
yol tutmak
yol varuben
yola düşüp gitmek
yola gelmek

yolunda pây-mâl olmak
yolunda sürünmek
yolunu bağlamak
yolunu gözetmek
yolunu öğmek

Divan şiirinde başlı başına bir tema olarak kullanılmasının yanında göç bağlamında çağrışımı olan bir diğer kavram da "gurbet"tir. Gurbet kederi, elemi, can yakıcı ateşi, derdi, gamı, tasası, belası, ayrılığı, zahmeti, hengamesi ve zilleti gibi bir çok çağrışım yönüyle şiirde üslup zenginliği oluşturmaktadır. Ahmedî *"Yañlış hayâlile vatanın terk iden kişi / Nedürlü kim cefâ görür ise cezâsıdur / Ol kim vatan var iken ide gurbete heves / Ne dürlü kim belâ göre anuñ sezâsıdır / Gurbetde zehr olur kişiye âb-ı Hayât lîk / Hâk-i vatan bulınsa gözüñ tûtiyâsıdur / Gurbet oduna sabrı nice olsun ki kişinüñ / Cisminde cân ki var vatanınuñ hevâsıdur* (Akdoğan, 2008, s. 343) beyitlerinde vatanda yaşamak varken gurbete heves eden kişinin karşılaşacağı belalara müstehak olduğu, gurbette yaşamın zorluğu ve vatan toprağına duyulan özlemi anlatırken gurbet hayatının zorluklarına dikkat çekmektedir. Gurbet divan şiirinde *"bezm-i gurbet, dâr-ı gurbet, kafes-i gurbet, kûşe-i gurbet, künc-i gurbet, mülk-i gurbet, reh-i gurbet, hengâm-ı gurbet, virâne-i gurbet, zillet-i gurbet"* gibi çeşitli söyleyiş kalıplarıyla da benzetme unsuru olarak kullanılmıştır. Ayrıca göçle ilgili çağrışımları da hatırlatan gurbet, *"gurbete çıkmak, gurbete düşmek, gurbette kalmak, gurbete salmak, gurbette komak, gurbette mahcup olmak, gurbet odunda yanmak"* gibi deyimlerle de klasik şiirin söyleyiş kalıpları arasına yer almıştır. "Gurbet"e dair divanlarda tespit ettiğimiz söyleyiş kalıpları aşağıda gösterilmiştir:

âlâm-ı gurbet
âteş-i cân-sûz-ı gurbet
âteş-i gurbet
bezm-i gurbet
çile-keş-i gurbet
dâr-ı gurbet
derd-i gurbet
deşt-i gurbet
diyâr-ı gurbet
ehl-i gurbet
elem-i gurbet
enîs-i gurbet
galtân-ı gurbet
gam-ı gurbet
gurbet âlemi
gurbet belası
gurbet diyarı
gurbet elemi
gurbet iklimi
gurbet illeri
gurbet odu
gurbet zahmeti
gurbete düşmek

gurbet-keşe
gurbette kalmak
gurbette komak
gurbette mahcup olmak
gurbette olmak
gurbet-zede
gurbet-zedegân
hengâm-ı gurbet
ihtiyâr-ı gurbet
kafes-i gurbet
kişver-i gurbet
kûşe-i gurbet
künc-i gurbet
mihnet-i gurbet
mülk-i gurbet
reh-i gurbet
renc-i gurbet
sultân-ı gurbet
sûy-ı gurbet
şâm-ı gurbet
şeb-i gurbet
şiddet-i gurbet
terk-i gurbet eylemek

gurbete salmak	vâdi-i gurbet
gurbet-ender-gurbet	virâne-i gurbet
gurbet-hâne-i firkat	zahmet-i gurbet
gurbet-i câvide	zahm-ı gurbet
gurbet-i hicr	zillet-i gurbet

Göç eksenli söyleyiş kalıplarının çağrışımı arasında yer alan *"sefer"* kavramının da farklı kullanım formlarıyla karşılaşılmaktadır: Sefer, Ahmed Paşa'da *"Husûsâ kim sefer kıla zarûretle diyârından"* (Tarlan, 1992, G.234/1) söylemiyle zorunlu gerçekleşen bir göç, *"Âvâzedir ilde ki bu yıl hacc eder Ahmed / Sen yoldaş olursan ne mübârek seferi var"* (Tarlan, 1992, G.82/8) beytinde yapılan kutsal hac yolculuğu; Zihnî'de *"Tabîb-i Rûmdur Bâğdâddan eyler sefer kahve"* (Macit, 2008, G.290/4) mısrasıyla kahvenin Bağdat'tan Anadolu'ya olan yolculuğu; Fatin'de *"Tahsîl-i hüner kûy-ı cehâletde ne mümkin / İstanbul-ı 'irfâna efendî sefer ister"* beytiyle tahsil için İstanbul'a yapılan yolculuk ya da göç anlamında kullanılırken Bâlî ve Ahmet Paşa'nın "sefer" redifli gazellerinde de ordunun çıktığı sefer, gaza ve savaş anlamlarıyla yer almıştır. Sefer kavaramı divanlarda çoğunlukla savaş karşılığında kullanılmış olmakla birlikte hac yolculuğu gibi dünyada bir yerden bir yere yapılan yolculuk yanında ahrete dönük yapılan yolculuk, terk-i diyar etmek anlamında göç, dolaşmak, ziyaret etmek, kez, defa, kere gibi farklı anlamlarla divan şiiri üslubunda karşılık bulmuştur. Soyut ve somut kullanım formları içinde sefer kelimesi *"devr-i sefer, derd-i sefer, erbâb-ı sefer, fermân-ı sefer"* gibi Farsça yapılarda, *"sefer vakti, sefer hengâmı, sefer ahvâlî"* gibi Türkçe formlarda kullanılırken aşk, dert, devr, erbab, ferman, fikr, hengam, ihtiyar, mana, nâr, râh, sâz, vakit ve zaman gibi sefer anlamını pekiştiren, açıklayan, sınırlayan kelimelerden yararlanılmış, "etmek, kılmak, eylemek" gibi eylemlerle birleşik yapılarla kullanılmıştır. "Sefer"e dair divanlarda tespit ettiğimiz söyleyiş kalıpları aşağıda gösterilmiştir:

âlâm-ı sefer	sefer etmek
asîb-i sefer	sefer eyler
aslına sefer itmek	sefer hengâmı
azm-i sefer eylemek	sefer kaydı
berk-i sefer	sefer kılmak
derd-i sefer	sefer lazım gelmek
devr-i sefer	sefer nârı
ehl-i sefer	sefer tedariki
erbâb-ı sefer	sefer vakti
esbâb-ı sefer	sefer zamanı
ferman-ı sefer	sefer-i aşk
fikr-i sefer	sefer-i bahr-ı muhabbet
hengâm-ı sefer	sefer-i mübarek
ihtiyâr-ı sefer	sefer-i nevbahar
mana seferi	sefer-üftad-nişîn
niyet-i sefer	seyr ü sefer
râh-ı sefer	tâb-ı sefer
sâz-ı sefer	ümûr-ı sefer
sefer ahvali	vakt-i sefer
sefer esbâbı	za'f-ı sefer

Divan şiirinin göç eksenli çağrışım alanında yer alan kavramlardan biri de geçmek, göç etmek, göçmek ve ölmek anlamlarında kullanılan "rıhlet"tir. Rıhlet, Behiştî'nin *"Ger baña rıhlet müyesser olsa 'ukbâdan yaña / Bakmayam bir kez dönüp vallâhi dünyâdan yaña"* (Aydemir, 2008, s. 193) beytinde, Ravzî'nin *"Cây-ı eglence baña mülk-i 'adem gibi gelür / Geldi rıhlet demi yakında gidem gibi gelür"* (Aydemir, 2008, s. 213) mısralarında divan şiirinin genelinde olduğu gibi âhiret alemine göç etmek, ya da tasavvufi söylemle sevgiliye vuslatı ifade etmek için kullanılmıştır.

Rıhletle ilgili söyleyiş kalıpları *"bang-ı rıhlet, endişe-i rıhlet, erbâb-ı rıhlet, macera-yı rıhlet"* gibi çoğunlukla soyut ifadelerle çeşitlilik göstermekle birlikte daha çok göç ve göçme vaktine vurgu yapan *"dem-i rıhlet, vakt-i rıhlet, tarih-i rıhlet, sâl-i rıhlet, rûz-ı rıhlet, şeb-i rıhlet, rıhlet demi, rıhlet günü"* gibi Farsça ve Türkçe terkip ve tamlamalarla divan şiirinin söz kalıpları arasında dikkat çekmektedir.

Memleketini bırakıp başka yerlere gitmek, bir yerden başka bir yere göç etmek anlamında "göç" kavramıyla eş anlamlı olarak kullanılan "hicret" kavramı da divan şiirinde karşılık bulan ifadelerden biridir. İslam tarihindeki büyük göçün hikâyesini de çoğunlukla telmih yoluyla anımsatan hicret kavramı, esasında yukarıda ifade edilen göç eksenli kavramların çağrışım alanına da zenginlik katmaktadır. Divanlarda tespit ettiğimiz az sayıdaki söz kalıpları içinde hicret bir yolculuk bağlamında, *"gûşe-i hicret, gam-ı hicret, hevâ-yı hicret, hisâb-ı hicret, kadem-i hicret, karbân-ı hicret, sâl-i hicret, şeb-i hicret, şemşir-i hicret, târih-i hicret"* gibi söyleyiş formlarıyla yolculuğun gamı, acısı, ayrılık köşesi, ayrılık gecesi, yolculuk kervanı, hicret kılıcı gibi benzetme ve mecazlarla örülü bir üslubun oluşmasına zemin hazırlamıştır.

Sonuç olarak divan şiirinde ve bu edebi geleneğin en temel eserlerinden divanlarda göç ve göçle ilgili söyleyiş kalıplarının her dönemde pek çok şair tarafından temel ve mecazi anlatım formları içinde kullanılmış olması edebiyatın toplum hayatıyla ilgili bağlarını göstermesi açısından önemlidir.

Ayrıca göç ve göçe dair algının oluşmasını sağlayan kavramsal yapı, hayatın içinde cereyan eden vakaların yansıtıldığı temel anlamdaki anlatım formlarının kullanımı yanında, şairin sanatı, anlayışı ve temsil ettiği edebî gelenek boyutundan bakıldığında mecazlı anlatım vasıtalarının geliştirilmesinde ve bu algının yaygınlaşmasında bir araç olan şiirin dil ve üslup bağlamında estetik bir söyleyiş seviyesi yakalamasında bu türden söz kalıpları önemli katkılar sağlamıştır.

Kaynakça

Akdoğan, Y. (2008). *Ahmedî Divanı.* 6 25, 20017 tarihinde
http://ekitap.kulturturizm.gov.tr/TR,78357/ahmedi-divani.html adresinden alındı.

Akgün, A. (2016). *Balkan Türklerinin Muhacir Edebiyatı İncelemeleri.* Ankara.

Aslan, Ü. (2017, 6 25). *Nakşî Ali Akkirmânî Divanı. Metin Bankası Projesi.* Ankara.

Aydemir, Y. (2008). *Behiştî Divanı.* 6 25, 2017 tarihinde
http://ekitap.kulturturizm.gov.tr/TR,78362/behisti-divani.html adresinden alındı.

Aydemir, Y. (2008). *Edincikli Ravzî Divanı.* 6 25, 2017 tarihinde
http://ekitap.kulturturizm.gov.tr/TR,78366/edincikli-ravzi-divani.html adresinden alındı.

Bilgin, A. (2008). *Nigârî Divanı.* 6 25, 2017 tarihinde http://ekitap.kulturturizm.gov.tr/TR,78394/nigari-   divani-azmi-bilgin.html adresinden alındı.

Boz, E. (2008). *Hakîkî Divanı.* 6 25, 2017 tarihinde http://ekitap.kulturturizm.gov.tr/TR,78374/hakiki-   divani.html adresinden alındı.

Ceylan, Ö. (1994). *Âsaf (Damad Mahmud Celâleddin Paşa): Hayatı, Edebî Kişiliği ve Dîvânı'nın   Transkripsiyonlu Metni.* Edirne: Trakya Üniversitesi Yayımlanmamış Yüksek Lisans Tezi.

Demirel, Ş. (2008). *Şehrî Divanı.* 6 25, 2017 tarihinde http://ekitap.kulturturizm.gov.tr/TR,78403/sehri-   divani.html adresinden alındı.

Doğan, M. N. (2016, 08). Yolculuk Metaforu Bağlamında Klâsik Şiiri Anlamak. *Bilim ve Aklın Aydınlığında Eğitim*(77-78), 47.

Ekrem, B. (2008). *Muvakkitzâde Muhammed Pertev Divanı.* 6 25, 2017 tarihinde http://ekitap.kulturturizm.gov.tr/TR,78387/muvakkitzade-pertev-divani.html adresinden alındı.

Erdoğan, M. (2008). *Bursalı Rahmî Divanı.* 6 25, 2017 tarihinde http://ekitap.kulturturizm.gov.tr/TR,78364/bursali-rahmi-divani.html adresinden alındı.

Eren, A. (2008). *Mehmed Sıdkî Divanı.* 6 25, 2017 tarihinde http://ekitap.kulturturizm.gov.tr/TR,78384/mehmed-sidki-divani.html adresinden alındı.

Gürgendereli, M. (2008). *Mostarlı Ziyâî Divanı.* 6 25, 2017 tarihinde http://ekitap.kulturturizm.gov.tr/TR,78386/mostarli-ziyai-divani.html adresinden alındı.

İnce, Ö. (2011). *İnşâ Bağlamında Klasik Türk Edebiyatı ve Toplum.* İzmir.

Kavruk, H., & Bahir, S. (2008). *Filibeli Vecdî Divanı.* 6 25, 2017 tarihinde http://ekitap.kulturturizm.gov.tr/TR,78372/filibeli-vecdi-divani.html adresinden alındı.

Macit, M. (2008). Erzurumlu Zihnî Divanı, Metin Bankası Projesi.

Mermer, A. (1997). *Karamanlı Aynî Divanı.* Ankara: Akçağ.

Mermer, A. (2004). *Kütahyalı Rahîmî ve Divanı.* İstanbul: Sahaflar Kitap Sarayı.

Özyıldırım, A. E. (2008). *Hamdullah Hamî Divanı.* 6 25, 2017 tarihinde http://ekitap.kulturturizm.gov.tr/TR,78375/hamdullah-hamdi-divani.html adresinden alındı.

Saka, H. (2016, 07 13). Doğu'yu Batı'ya Bağlayan Köprü: Göç Edebiyatı. *Yeni Şafak Kitap.*

Sinan, B. (2004). *Bâli Çelebi ve Divanı.* İstanbul: Boğaziçi Ünv. Yayımlanmamış Yüksek Lisans Tezi.

Tarlan, A. N. (1992). *Ahmed Paşa Divanı.* Ankara: Akçağ.

TDK. (2017, 6 20). http://www.tdk.gov.tr. adresinden alınmıştır.

Üst, S. (2008). *Edirneli Nazmi Divanı.* 6 25, 2017 tarihinde http://ekitap.kulturturizm.gov.tr/TR,78367/edirneli-nazmi-divani.html adresinden alındı.

Yakar, H. İ. (2008). *Gelibolulu Sun'î Divanı.* 6 25, 2017 tarihinde http://ekitap.kulturturizm.gov.tr/TR,78373/gelibolulu-suni-divani.html adresinden alındı.

Yalçınkaya, Ş. (2007, Ocak). Yol Metaforu ve Klasik Türk Edebiyatında Arayış Yolculukları. *Türk Dili ve Edebiyatı Araştırmaları Dergisi*(13).

Yenikale, A. (2008). *Nâmî Divanı.* 6 25, 2017 tarihinde http://ekitap.kulturturizm.gov.tr/TR,78389/nami-divani.html adresinden alındı.

Bölüm 19. Bir Göç Tarihinin Romanlaştırılması ya da Tarihsel Göç Romanı: Önce Annelerini Vur[1]

İrfan ATALAY[2]

> Geçmiş, her anlattığımızda kılık değiştiren bir uydurmadır. Kulaktan kulağa oyununa benzer. Yaşanmış, geçip gitmiş zaman her aktarmada bir parçasını kaybeder, değişir, sonunda hiç kimsenin aslını tam hatırlayamadığı bir hikâyeye dönüşür. Bu nedenle sözle aktarılan gerçek her zaman kusurludur.
>
> Ayfer Tunç[3]

Giriş

Öznel bir takım yargılarla konuya giriş yapmakta, biraz da zülfi yâre dokunmakta fayda var sanki... *Zülfi yâre dokunmak* deyimi hatırlı, güçlü insan ve otoritelere bir gerekçeyle laf dokundurmak ve onları gücendirmek anlamında kullanılır. Burada bulunma amacımız göz önünde bulundurulduğunda herhalde şeref, şan, onur, itibar ve unvan sahibi anlamındaki zülfi yâr, biz eğitimliler ve entelektüellerden başkası olmasa gerek...

Göçer bir toplum olmanın getirdiği geleneksel alışkanlıktan, vaktiyle yeterince eğitilememiş bir toplum olduğumuzdan mı, yoksa gündelik yaşamaya alışkın olarak geleceği yönlendirecek bir toplum bilincine sahip olamamamızdan mı kaynaklandığı konusunda farklı düşünceler ileriye sürmek olası olsa da, öteden beri, genel anlamda cahilinden aydınına kadar, yazmayı ve okumayı sevmeyen bir ulus olduğumuz gerçeği çok açıktır. Bu nedenle, gerek kişisel yaşanmışlıklarımızı, gerekse toplumu ilgilendiren olay ve yaklaşımlar konusunda tarihe not düşmek gibi bir eylemi gerçekleştirenlerimizin sayısı son on yıllara gelinceye kadar oldukça azdı. Babalarımızın, daha çok dedelerimizin düştükleri en önemli not, kaybolmayacaklarından emin oldukları Kutsal Kitapların ön veya arka sayfalarına evlilik tarihlerini ve çocuklarının doğum tarihlerini yazmak olmuştur. Cumhuriyet rejimi sonrasında başlatılan okuma yazma ve eğitim seferberliğiyle varılan sonuç, maalesef hedeflenen sonuçları ortaya koyamamıştır. Ekonomik ve toplumsal koşulların da büyük etkisiyle evlerde dinsel kitapları barındıran küçük kişisel kütüphanelerin dışında yazılmış mektuplar, anılar vs. gibi şeylere dahi yer olmamış, olanlar da gereksiz görülüp yok edilmişlerdir. Oysa Fatma Kadının gurbetteki erine ya da gurbetteki Ali'nin geride bıraktığı eşine, anne-babasına yazdıkları sıradan mektuplar bile farkında olmadığımız nice çok şeyi barındırırdı. Sıkıntılar, acılar, yalnızlıklar, özlemler, gözyaşlarının yanı sıra mahallede, köyde ve şehirde olan biteni anlatırlardı. Kim ölmüş, kim hastalanmış hepsini yazarlardı. Toplumsal yardımlaşma türü olan imecelerden, birlikte gerçekleştirilen yaylaya göçlerden, mevsimlerin değişimlerinden, erken yağan karın, mevsimin kurak gitmesinin doğurduğu olumsuzluklardan dem vururlardı ve bize tarihsel ve toplumsal yaşanmışlıklar konusunda tanıklık yaparlardı. Peki, biz onları ne

---

[1] Hasan Kalyoncu'nun Aralık 2015'te Azim Matbaacılık –Ankara'da yayınlanmış romanı.
[2] Yrd. Doç. Dr., Tekirdağ Namık Kemal Üniversitesi, Fen-Edebiyat Fakültesi, Fransız Dili ve Edebiyatı Bölümü. iatalay@nku.edu.tr
[3] Tunç, A. (2012). *Memleket Hikâyeleri*, "Büyük Siyah Lekeler", İletişim Yayıncılık, İstanbul, s.9.

yaptık? Başkasının eline geçer de duygularımız, düşüncelerimiz açığa çıkar korkusuyla yaktık onları. Evlerimizin raflarında veya çekmecelerinde boşuna yer kaplıyorlar diye çöpe gönderdik. Kısacası yazmadık, yazdıklarımıza da ya gereken değeri vermedik, ya değerlerini bilemedik. Olmayan hafızamızı oluşturmadık, olancasını da sıfırlayıp yok ettik.

Bundan dolayıdır ki, yüzyıl öncesinde Birinci Dünya Savaşı yıllarında çeşitli nedenlerle girdiğimiz savaşlar süresince zulümlere, kıyımlara, sürgünlere, açlık ve hastalıklara katlanmak durumunda kaldık ve bunları da yazmadık. Şükür ki, on yıllar öncesine kadar kitle iletişim araçları olmadığı dönemde dedelerimiz, ninelerimiz, büyüklerimiz denetim ve gözetiminde dünün çocukları olarak ocak başında toplanıp birbirimize bilmeceler, bulmacalar sorduk; dede ve ninelerimizden bizlere masallar ve yaşanmış öyküler anlatmalarını istedik. Bu sayede büyük dedemizin Balkan Harbinde, bir diğerinin Sarıkamış'ta, bir başkasının Yemen Cephesinde öldüğünü ya da nüfus kütük defterlerinde "kayıp" diye kayıtlara geçtiğini öğrendik. Kimse yazmadı bunları, yazsaydı okurduk zahir...

Hasan Kalyoncu, toplumda yaşayan bir aydın olarak bizim yapmadığımızı yaptı, ataletini bir kenara bırakıp, sorumluluk duygusuyla gerek Rus işgalinin tanıklarından dinlediklerini, gerekse nakil yoluyla bu konuda başkalarının atalarının yaptıklarına ve yaşadıklarına ilişkin kendisine aktarılan öyküleri, kim bilir kimi kez kayda geçirerek, kimi kez hafızasında saklayarak, gelecek kuşaklara aktarma bilincini göstermiş, tüm bunların kendisiyle yok olup gitmelerine izin vermemiştir. Yazmak eylemini gerçekleştirmekle yaşadığı toplumun tarihini ve toplumsal değerleri kayıt altına alınmış, kaybolmaları konusundaki endişeleri yok etmiştir. Böylece yazar, üzerinde taşıdığı yükün her geçen gün ağırlaştığının farkına varmış ve bu yükten kurtulması için gereğini üzerine düşeni olanakları ölçüsünde en iyi şekilde yapmıştır. Bu gereklilik sonucunda Kalyoncu, tarihsel nitelikli bir yapıt oluşturmakla hem yazınsal yapıt olarak bir romanın, hem de geçmişin belli bir dönemine ait tarihin ya da tarihsel kayıtların ortaya çıkmasını sağlamıştır. Tarih yazmıştır, çünkü tarih bilimi yeterli bilgiye ve belgeye ulaşamadığı durumlarda yazından yararlanır. Hiç kuşku yok ki tarihimiz bir gün bu yaşanmışlıkları kayda geçirirse Kalyoncu'nun yazdığı kitap türünden yapıtları esas almak durumunda kalacak ve bu bağlamda Kalyoncu'ya müteşekkir olacaktır.

Kalyoncu'nun yapıtında anlattıkları yalnızca savaş ve direniş ya da işgal öyküleri değil, aynı zamanda farklı boyutları olan tarihsel bir göçün öyküsüdür de. "Hasta Adam" diye nitelendirilen Osmanlı Devletinin dört bir yanından kendine pay koparmaya çalışan emperyalist güçler yetmiyormuşçasına, emperyalistlerin uşağı ve maşası olmuş ulus ve etnik kökene sahip grupların yarattığı sorunlara da değinir yazar. Ermeni tehcirine sırası geldikçe değinir ve kendi deyimiyle Rum ve Türk ayrışmasını sağlayan kışkırtma ve faaliyetlere yer verir. Yüzyıllar boyu Müslüman Türklerle et ve tırnak gibi olmalarına karşın, emperyalist güçlerin kışkırtmasıyla ayrılıkçı eylemlere karışan, belki kendileri de Ortodoks Türk olan insanların mübadelesi bile öncelenmiş olur romanda. Ne var ki, Hasan Kalyoncu'nun yaptığı gibi, uzak geçmişten günümüze yaşanmışlıkları ve tarihsel olayları kayda geçirmediğimiz için, farklı inanca sahip kendi kökenimizden insanlar bile olsalar, kayda geçmiş toplum bilincinin olmaması yüzünden onları ötekileştirip buralara kadar gönderdik.

İşte bugün bile toplumlarımızın üzerindeki olumsuz etkilerini silip atamadığı zorlayıcı etkilerle gerçekleştirilen bir göçten ve onun tarihsel anlamda tarihe ve yazına geçirilmesinden söz edeceğiz.

Roman içeriğinin tarihsel düzlemdeki yeri

İnceleme konumuz olan *Önce Annelerini Vur* romanında Birinci Dünya Savaşıyla bağlantılı olarak Osmanlı Devleti ile Rusya arasında Kafkas Cephesi ve onunla bağlantılı Doğu Karadeniz Bölgesindeki çatışma, işgal ve buna bağlı olarak ortaya çıkan can güvenliğinin sağlanmasına ilişkin zorunlu göç olayı anlatılmaktadır.

Tarihsel geçmişe bakıldığında, Türk ve Rus mücadelelerinin çoğunlukla Kırım ve Balkanlar'a hâkimiyet konusunda olduğu, ancak XVII. yüzyıl sonrasında yapılan savaşlarda sürekli olarak Osmanlının ağır yenilgi ve faturalarla karşılaştığı görülür. Rusya'nın Kırım ve Balkanlarda hâkimiyeti elde tutma çabalarına kuzeyde soğuk denizlere, güneyde sıcak denizlere açılma siyaseti de eklenince, Rusların özellikle Karadeniz kıyılarında Osmanlı egemenlik sahalarını birer birer daralttığına tanık olunur. Çeşitli gerekçelerle birçok kere karşı karşıya gelen iki devlet, son olarak Birinci Dünya Savaşı yıllarında Osmanlı bayrağı taşıyan Alman gemilerinin Rus limanlarını bombalamasıyla birbiriyle bir kez daha savaşmak durumunda kalır. Bir yandan İngiltere ve Fransa yanlarına İtalya ve Yunanistan'ı da alarak Osmanlı topraklarını paylaşırken, kendisine Osmanlının savaş ilan etmesini fırsat bilen Rusya, Avrupa ve Akdeniz havzasında egemenlik oluşturma konusunda rakipleri olan Fransa ve İngiltere'nin Anadolu'yu parçalamasından da yararlanarak, hem bölgede söz sahibi olmak, hem de sıcak denizlere ulaşmak için İstanbul ve Çanakkale Boğazları dışında kendisine bir koridor açmak amacıyla Kafkasya üzerinden Osmanlı topraklarına saldırır. Nikolay Nikolayeviç komutasındaki ordularıyla Kars, Sarıkamış, Erzurum ve Van bölgelerini 1916 kışında ele geçiren Rus orduları, 1916 Baharının başında Doğu Karadeniz Bölgesinde de işgallere başlar.

26 Mart 1916 tarihinde Karadeniz'deki Amiral Aleksandr Vasiliyeviç Kolçak komutasındaki savaş filosunun etkin topçu desteğiyle bölgenin en önemli merkezi ve ulaşım noktası konumundaki Trabzon'a yürüyen Rus birlikleri, Of güzergâhında etkili direniş hareketleriyle karşılaşsa da, sahile yakın alanlarda gerçekleşen bu direniş, deniz topçusunun desteğiyle kısa zamanda kırılır. 27 Martta ilerlemeye devam eden birlikler benzer bir direnişle ancak 4 Nisan günü Araklı'da bulunan Karadere boyunca karşılaşır. Rus kruvazörü Breslau'dan yapılan yoğun top atışlarına rağmen direniş 15 Nisan tarihine kadar devam eder. Topçu ateşi karşısında çaresiz kalan direnişçilerin top atışlarının etkili olamayacağı iç bölgelere çekilmeleriyle direniş ortadan kalkar ve 16 Nisanda Sürmene'yi ele geçiren Rus birlikleri Trabzon'a 20 kilometrelik bir mesafe kalıncaya kadar ilerler. 17 Nisan günü Yomra'yı ele geçirirler.

Direniş gösterip şehrin düşman topçularının bombardımanıyla yıkıma uğramasına mahal vermek istemeyen Trabzon valisi Azmi Bey önderliğindeki şehrin ileri gelenleri, iki gün öncesinde şehirdeki cephaneyi ve silahlı birlikleri şehir dışındaki bölgelere kaydırarak, yapılacak anlaşmayla şehri Metropolit Krisantos'un yönetmesi şartıyla teslim etmeye hazır olduklarını Krisantos başkanlığındaki bir heyetle Yomra'da bulunan Rus karargâhına iletirler. Şehrin özellikle Krisantos'a emanet edilmesi simgesel bir anlam taşır. Buna göre Trabzon, Rumlardan alınmış şehirdir ve teslim edilecekse ancak onlara teslim edilebilir. Üstelik Krisantos, Osmanlı tebaasından olduğu için şehrin düşmana ya da yabancılara teslim etmek söz konusu olmayacaktı. Şartı kabul eden Rus karargâhı 18 Nisan 1916 günü Trabzon'a çatışmasız bir biçimde girer.

Trabzon'un batısında da işgal eylemlerine devam etmeye çalışan ve 1 Mayıs tarihine kadar ancak 25 km batıya ilerleyebilen Rus birlikleri, doğal engel oluşturan Yoroz

Burnundan, bugünkü Hıdırnebi, Düzköy, Gümüşhane-Trabzon arasında bulunan yaylalara uzanan hat boyunca vur kaç taktikleri, ani baskınlar ve pusular şeklinde düzenlenen direniş hareketleriyle karşılaşırlar. 18 Nisanda Trabzon'un işgali sonrasında, daha önce Karadere direnişini yöneten Miralay Hacı Hamdi Bey komutasında oluşturulan yeni direniş hareketi, Trabzon'dan şehir dışına gönderilen belli sayıda asker ve Akçaabat, Vakfıkebir ve Tonya yöresinden temin edilen gönüllü milis kuvvetlerinin de katkısıyla yaklaşık iki ay sürer. Bayburt ve Erzurum arasındaki Kop dağlarında daha önce oluşturulan direniş cephesinin Mayıs 1916 ortalarında dağılmasının etkisi, Trabzon havalisindeki direnişi hem psikolojik, hem de güç dengeleri açısından olumsuz etkiler. Kop cephesinden çok sayıda ölü ve savaş esiri vererek çekilmek durumunda olan 33. Yedek Türk Birliğini toplamak ve yeniden direniş hattı oluşturmak pek mümkün olmadığı gibi, kuzeye doğru ilerleyen Rus Birlikleri Karadeniz hattındaki Rus kuvvetlerine destek vererek Türklerin gerçekleştirdikleri direnişin kırılmasına neden olurlar. Bu durumda Miralay Hacı Hamdi Bey komutasındaki 37. Kafkas Fırkası (Tümeni) Harşit Çayının batısına çekilmek durumunda kalır.

Harşit Çayı boylarına kadar yeni bir direnişle karşılaşmayan Rus birliklerinin Güneyden ve batıdan sürdürdüğü işgali nedeniyle güven ortamının yok olduğuna inanan, esaret altında yaşamak istemeyen ve daha güvenli bölgelere göçmek isteyen Trabzon ve Giresun'un doğu kesiminde yaşayan halk, düzenli ve donanımlı olmayan bir biçimde göçmeye başlar. Göçen grupların başında bulunan ve kısmen yöreyi tanıyanların rehberliğinde yapılan göç, günlerce sürer. Güçlüklerle, açlık, susuzluk, yoksulluk ve yoksunluklarla karşılaşan halk, özellikle salgın hastalıklar ve yeterli beslenmemeye bağlı hastalıklar yüzünden yaşlısını, gencini kaybeder. Giresun'un köylerine sığınan göçerlerin bir kısmı Ordu ve Tokat'ı da aşarak daha güvenli bölgelere ulaşmaya çalışır. İki yıla yakın süre devam eden işgal sırasında göçerlerin bir kısmı evlerine dönmeyi yeğlerken, bir kısmı da göçtükleri yerde kalmaya devam eder.

1917 Ekiminde Rusya'da gerçekleşen Bolşevik İhtilali sonrasında oluşturulan Bolşevik yönetimin işgal topraklarından çekilme kararı, Bolşevik yönetim tarafından çarlık Rusya'sının subay ve generallerinin cezalandırılacağına ilişkin söylemler, Rusya'da ailelerin can güvenliği olmadığı ve çarlık rejiminin yıkılmasının ardından herkesin dilediğince mal ve mülk edindiğine dair dedikoduların işgalci Rus askerler arasında yayılmasıyla Rusya'ya dönen ve bu sayede birlikleri boşalmaya başlayan Rus birliklerinde hiyerarşik anlamda da bir kargaşa egemen olur. 18 Aralık 1918 günü tarafların Erzincan'da imzaladıkları protokolle Rus birlikleri düzensiz bir biçimde çekilmeye başlar (Usta, 2014)

Bu bağlamda romanda öykülenen direniş ve göç uzamları Fengo (Kalyoncu, 2015, s. 37), Eşek Meydanı, Rısafa, Beypınarı, Zengeni Yokuşu, Beza, Biçinlik, Acısu, Siliya Tepesi (s.49), Karakısrak, Kale, Toksar, Sidiksa, Şoroğma, Honefter, Karaptal (s.51), Kadahor, Abanahor, Şahinkaya, Kalanima (s.53), Muzura, İstera, Horovi, İhtemina (s.69), Serda (s.71), İbsil (s.71), İliyoz (s.79), Hameniya (s.69) gibi bugünkü Akçaabat'ın yüksek köy ve yaylları, Düzköy ve Tonya'nın yaylaları ve yerel yer adlarını taşıyan yerlerden oluşur. Bu yer adlarının birçoğu bölgede daha önce egemen olan Rum kültürün bizlere bıraktığı miras olarak varlıklarını sürdürmektedir.

Göç nedir?

Önce Annelerini Vur adlı roman tarihsel bir göçü anlattğına göre, öncelikle göçün ne olduğuna değinmek gerekir. Göç olayı insanlık tarihi kadar eski bir olgudur, belki de, kutsal kitaplarda yer verildiği üzere, başka evrensel boyutlardan gelen insanın yeryüzündeki tarihinden de eski. Bununla birlikte göçün bir olgu olarak ele alınması yakın tarihimizde ancak mümkün olur. Büyüklüğü ve farklı boyutlarıyla dünya nüfusunun ortalama % 2,5'ini oluşturan 150 ile 175 milyon kadar insanı doğrudan ve dolaylı etkileyen bir olgu (Martin, 30 Nisan 2003). Bu olgunun ortaya koyduğu gerçeklik de oldukça açık bir şeydir: Göçler toplumsal ve ülkeler için çok önemli bir siyasal davranıştır.

Göçler mükemmel bir insani olgu olarak her zaman var olmuş ve her toplumu etkilemiştir. İnsanlığın ilk dönemlerinde özellikle iklimsel gerekliliklerle başlayan göçler, insan topluluklarının verimli coğrafyaları yurt edinme, güvenliğini sağlama ve genişleme amacına yönelik devreye giren savaşlarla devam etmiş, ekonomik zenginlik ve politikalara bağlı ülkeler arası farklı gelişmişlik düzeylerinden doğan fakirlik ve yoksulluk etmenleriyle yeni bir biçim almış, günümüzde ise küreselleşme, ticaretin liberalleşmesi ve dünya ölçeğinde ekonomik bütünleşmenin zorunlu kıldığı yer değiştirme biçimlerine doğru evrilmişlerdir.

"Göç, kişi ya da toplulukların kendi istekleri veya zorlayıcı farklı türden etmenlerle yaşamını sürdürmek veya yaşamını korumak, daha iyi koşullar elde etmek ve yerleşmek amacıyla yakın ya da uzak bir coğrafyadan başka bir coğrafyaya taşınma ve yolculuk yapma eylemidir" (Atalay, Türk ve Fransız Çocuk YazınındaGöç ve Göçerlik: Karşılaştırmalı Yazın İncelemesi, 2016, s. 116). Ne var ki, yolculuk yapmak, "sabit konumlar arasında gerçekleşen bir hareketi, bir kalkış ve varış noktasını, yolculuğun hangi güzergâhı izleyeceğini bilmeyi gerektirir. Ayrıca nihai bir geri dönüşü, potansiyel bir eve dönüşü ima eder. Hâlbuki göç etmek, ne kalkış ne de varış noktalarının sabit ya da belli olduğu bir hareketi içerir. Göçerlik, sürekli değişime maruz kalan dilde, tarihlerde ve kimliklerde ikamet etmeyi gerektirir. Varılan her yerin bir geçiş yeri olduğu göçte, eve dönmek gibi bir umudun gerçekleşmesi imkânsız hale gelir" (Chambers, 2014, s. 17). Chambers, "eve dönmek gibi bir umudun gerçekleşmesi imkânsız hale gelir" dese de, savaş ve sürgünlere bağlı olarak geçici bir süreyle başka ülke veya yörelere yapılan göçlerle yer değiştiren insanların çoğunlukla geri dönmeyi yeğlediği, ancak önemli bir miktardaki göçerin de yeni tehlikelere açık olmamak adına daha güvenli yerlere yerleşmeyi seçtiği saptaması yapılmıştır.

Aynı ülke içinde yapılan bu eyleme *iç göç*, ülkeler arasındaki biçimine *dış göç* ya da *uluslararası göç* denir. Göç; coğrafya, demografi, ekonomi, antropoloji, psikoloji, pozitif bilimler, hukuk, toplumbilim gibi birçok bilim dalının inceleme alanına giren olgudur ve aynı zamanda modernleşmeye bağlı toplumsal değişimin temel ve kaçınılmaz biçimlerindendir.

Göç eylemini gerçekleştiren ve en az iki tarih arasında farklı ikamet yerinde bulunan kişiye göçer, göçmen, muhacir, yabancı, sığınmacı/mülteci, mübadil, soydaş, gurbetçi gibi adlar verilir (Domenach & Picouet, 1995, s. 4). Bu adlandırmaların son üçü özel durumları içerir. Buna göre mübadil, karşılıklı nüfus değişimi sonucu bir yere gelen; soydaş, yaşanılan ülkeye farklı ülkeden gelen aynı etnik kökenden olan; gurbetçi de, özellikle daha iyi ekonomik koşullar elde etmek için ülke dışına gidip başka ülkelerde çalışan ve geçici bir süreliğine esas ülkesine dönen kişiye denir (Atalay, 2016, s. 116).

Sirkeci ve Cohen'in geliştirdikleri göç olgusuyla ilgi çatışma modeline göre, Ali Tilbe'nin aktarımıyla, her göç "hayata karşı bir itirazı, beklentisi ve mücadelesi olan insanların ortaya koyduğu, dikkate değer bir meydan okuma" (Tilbe, 2015) ve harekettir. Yani her göç olgusunun başlangıcında görünür ya da görünmez çatışma ortamları, karşılıklı güvensizlik hali vardır. Bundan hareketle, iç veya dış göçü ele alan bir yapıt bu türden bir çatışma ya da güvensizlik ortamından ortaya çıkan bir göçü içermek durumundadır. "Kuşkusuz güven ve güvensizlik algısı göreli ve özneldir, özdeksel ve özdeksel olmayan nedenlerden ötürü kişiden kişiye, aileden aileye, toplumdan topluma dünya görüşlerine ve toplumsal konumlarına göre değişiklik gösterir. Sivil ve toplumsal çatışmalar, savaşlar, çevresel yıkımlar, azınlık grubu üyeleri için kendini, anadilini, ekinini ve dinsel törenlerini özgürce gerçekleştirememe gibi siyasal, dinsel ve ekinsel nedenlerden dolayı" (Tilbe, 2015, s. 462) farklı kesim veya kültürler arasında bu ortam oluşabilir. Böylesi bir ortama çözüm oluşturan göçte çekici veya göreli çekici öğeler birey ve kitlelerin harekete geçme kararlılıklarını etkiler. Anlaşılacağı üzere, göçte, "temel etkenin insanların güvenlik arayışı olan güvensizlik ortamından güvenlik ortamına doğru nüfus akımları olması, başka bir deyişle "algılanan (insani) güvensizlikten kaçınma" (Sirkeci, 2012) söz konusudur.

Bu demektir ki göçü tetikleyen şeylerin başında savaşlar, yoksulluk, toplumsal ve kurumsal yozlaşmalar, ülkelerde ehil hükümetlerin olmayışı, sağlık ve eğitim koşullarının yetersizliği, toplum katmanları arasındaki siyasal, dinsel ve etnik çatışmalar gelmektedir.

Bireylerin ya da toplulukların uzamsal yer değiştirme eylemi farklı biçimlerde gerçekleşir: Yaşanılan yerden birkaç yüz metreden başlayarak yüzlerce, binlerce kilometreye varan, birkaç saatlik ya da yıllarca süren yer değiştirme biçimleri gibi. Bu yer değiştirmelerin zorlayıcı ya da birey ve toplumların geleceği için gerekli bir etmenle gerçekleşmiş, belli bir süre için veya sürekli olacak şekilde ikamet yerinden ayrılmayı gerektiren biçimine göç denir. Göçte zorlayıcı veya gerekli etmenler ekonomik, ailesel, eğitimsel, siyasal ya da etnik gerekçeler olabilir.

Peki, inceleme konusu yaptığımız Hasan Kalyoncu'nun *Önce Annelerini Vur* adlı yapıtında ağırlıklı olarak yer verilen yer değiştirme hareketi bir göç müdür?

Yapılan tanımlar ışığında, İngiltere ve Fransa'nın Türk topraklarını işgal etmesiyle, emperyalist bir güç olarak Rusya'nın rakiplerine stratejik noktaları rakiplere kaptırmamak ve onlar tarafından kuşatılmamak politikalarına bağlı olarak ele geçirdiği Doğu Anadolu ve Doğu Karadeniz coğrafyasında neden olduğu işgal, öldürme ve esir alma uygulamalarından kurtulmak, malını, canını ve namusunu korumak amacıyla daha güvenli bölgelere geçici bir süreliğine yollara dökülen ve nice güçlükler, salgınlar, yokluklar, yoksunluklar ve ölümlerin ardından ancak aylar sonra verdikleri kayıplar ve başka yerlere yerleşenlerin dışında evlerine, yurtlarına dönebilen Tonya halkının yüz yıl öncesinde yaptığı bu yer değiştirme eylemi tam anlamıyla göç tanımına, özellikle de zorunlu göç tanımına uyan bir eylemdir. Göçe zorlayan etmen savaş, işgal ve düşmanın yerli halka karşı olan yaptırımlarıdır. Zayıf konumda olsa da, genel otorite ve halk, göç etmenin gerekliliğinde karar kılmıştır. Ne yazık ki yeterli bir hazırlık dönemi geçirmeden, gerekli plan ve altyapılar hazırlık yapılmadan farklı gruplar halinde düzensiz biçimde ve ayrı yönlere doğru gerçekleşmiş bir göç eylemidir söz konusu olan.

Göç kuramları çerçevesinde saptanan temel ölçütler, göçü iki şeyi sağlamak durumunda olan bir olgu olarak ortaya koyar: 1) İnsanların neden göç ettiklerini yani göçü gerçekleştirmekteki nedenlerini açıklamak; 2) Göçün hangi ölçülerde amacına ulaştığını yani göçün sonuçlarını göstermek. Birinci durumda bireysel bakış açısıyla göç etme kararının alınmasını gerektiren sebep ve gerekçelere yer verilirken, toplumsal bakış açısıyla insanları gerek başka yere, gerekse bulunulan yerin başka bir alanına göçe sürükleyen toplumsal ve ekonomik gerekçeler sorgulanır. Bireysel (mikro) ve toplumsal (makro) ayırım, içinde bulunduğumuz döneme kadar, kullanılagelen bir ayrım olarak göç alanında kendini gösterir. Gönüllü olarak yer değiştiren göçer için göçün sonuçlarının olumlu olacağı yönünde bir uzlaşı varsa da, göç alan yer ve toplumlarda göçün özellikle toplumsal ve ekonomik etkileri konusunda tartışmalar da süregelmektedir ((yönet.) Piché, 2013, s. 19).

Bütün bunlar ışığında romanda anlatılan göç, bir göç kararını içeren, göçe zorlayan nedenlerin açıklıkla belli olduğu ve göçün amacının gerçekleşme düzeyi gibi hususları tümüyle içeren bir olgu olduğu için, bu olguya bağlı olarak yaşanmış gerçeklikleri göç olarak tanımlamanın dışında başka seçenek kalmamaktadır.

Peki, bu roman bizlere belli bir dönem önce yaşanmış tarihsel bir kesiti mi anlatmaktadır? Evet, bu roman bizlere Birinci Dünya Savaşı yılları içinde yer alan Doğu Cephesindeki mücadelelerin devamında yaşanmış bir işgali, işgale karşı direnişi ve çaresizlik içinde kalan bir halkın göç öyküsünü anlatır. Bütün bunlar zaten ayrıntısıyla olmasa da tarihin sayfaları içinde kendilerine yer bulmuş konulardır. Burada yazarın yaptığı şey, topyekûn tarih içinde kayda girmemiş, ancak yaşanmışlığından ve tarihselliğinden en küçük bir kuşku duyulmayan konuların üzerine mercek tutup, ortaya çıkan görüntülerin üzerinden kalem geçirmekten ibarettir. Ne var ki yazar, tarih değil, roman ya da tarihsel roman, hem de tarihsel göç romanı yazmıştır ve romanın olmazsa olmazlarından biri kurgudur. O da, bu kurgu çerçevesinde maalesef tarihin sayfalarına belgelerle girememiş kişi ve uzamlara can vermiş, karakterle donatmıştır. Başvurduğu kurgu kuşkusuz anlatısını yaptığı kişi veya uzamların gerçekdışı oldukları anlamına gelmez, aksine adı geçen kişi ve uzamlar gerçektir, yazar onları okur için daha canlı kanlı ve imgelemde canlandırılabilir kılmıştır.

Romanda bireysel ve ailesel düzlemde her göçerin kendine özgü bir öyküsü vardır. Sonuçları farklı olsa da, belki de her birinde ortak olan tek şey göçün gerekçesidir. Yazar, tarihçi, toplumbilimci, etnik bilimci, ruhbilimci işlevine sahip olmasa da sırası geldiğinde tüm bu alanlara değinmeden geçemez. Yazının diliyle bireylerin ve toplumun benzerliklerinin yanı sıra tüm çelişkilerini de göz ardı etmeden Trabzon genelinde 355 bine yakın göçerin (Usta, 2014), ağırlıklı olarak Tonyalı olanlarının göç öyküsünü anlatır.

Peki, belgelere dayanmayan tarihsel bir içeriği tarihsel göç romanı olarak okurların karşısına koymak olası mıdır? Bu sorunun yanıtını takip eden bölümlerde derinlemesine vereceğiz.

Tarih nasıl yazılır? Roman ve tarih arasındaki ilişki nasıldır?

Tarihçiler, aktörü insan olan gerçek olayları anlatırlar ve "tarih, gerçek romandır", der Paul Veyne (Veyne, 1971, s. 10). Onun bu sözleri bizleri, genellikle sosyal ve insani bilimler arasında sıralanmış tarih bilimiyle, estetik kaygı taşınarak yaratılan yazılı metinlerden oluşan yazınla ilgi kurmaya yönlendirir. Öyle ki, yazına konu olan içerik, eylem ve etkinlikler ile yazarın yaratma sanatı gerçekliği yansıtmazken, tarih biliminin ortaya koydukları gerçekleşmiş gerçeklikler olarak sunulur.

Tarihin gerçek bir roman olduğunu söyleyen Veyne'nin bu sözü, tarihin yazınsal bir tür, özellikle de romanın bir alt türü olup olmadığı sorusunu akla getirir.

Roman, en basit biçimiyle, "düz yazı biçiminde kaleme alınmış, belli bir uzunluğu olan, kişilerini gerçekmiş gibi bir ortamda sunan ve yaşatan, onların psikolojilerini, yazgılarını, serüvenlerini yansıtan kurgusal bir yapıttır" (Le Nouveau Petit Robert de la langue française, 2008), diye tanımlanır. Kurgusal bir anlatıdır ve kurgusallık da gerçeğe, gerçekliğe ve var olana aykırı olmak anlamına gelir. Bu tanımdan hareketle tarihçi Pierre Nora, "İlke olarak roman ve tarih birbirinden tümüyle ayrı şeyler olup, birbirine taban tabana zıttırlar. [...] Roman, yazarın kişisel olarak uydurmasına, bir evreni yaratma ve canlandırma becerisine bağlıdır. Buna karşılık tarih, çeşitliliği, karmaşıklığı içinde gittikçe daha bilimsel olan bilgi tutkusuyla ve ona getirilen yorumlarla oluşan bir temele oturur" (Nora, 2011, s. 7), der.

Bununla birlikte, "anlatı"nın hem romanlarda, hem de tarihin transkripsiyonunda sorun oluşturduğu notunu düşer. Böylece, romanın tarih ve yazınla olan ilişkilerinin sorgulanması tarihin yazı boyutu ve onun yazınla olan yakınlıkları arasındaki bir uygulamayı da sorgulama konusu yapar. Eğer tarih "gerçek" roman ise, tarihsel roman üzerine eğilmek gerektiğini düşünür. "Tarihsel roman en azından içeriği konusunda tarihten bir bölümü konu edinen kurgudur. Daha özel ifadeyle, tarihsel roman, tutum ve davranışları, anlayışları, gerçek anlamda tarihe mal olmuş kişilikleri bir kurgu aracılığıyla sahneleyen, geçmişteki belli bir zaman diliminin gerçekliğine uygun bir imaj vermek iddiasında olan romandır" (Gengembre, 2006, s. 87).

Tarihsel bir romanda, konuyu oluşturan ve olayların çevresinde geliştiği bir tarihsel çekirdek olmalıdır. Bu çekirdek, tarihin belirli bir kesitinden alınmış basit bir olay ya da kişilik de olsa, roman kurmacası içinde yer alan entrikalar tümüyle bu çekirdeğin etrafında gelişir, bir anlamda diğer anlatı ve olaylara bir merkezkaç kuvveti oluşturur. Bunun yanında romanda toplumla ilintili davranış ve düşünce biçimlerinin sergilenmesinde kullanılacak kişiler gereklidir (Atalay, 2011, s. 37-38).

Normal koşullarda bir bilim adamı olarak tarihçiler de gerektiğinde kurgu ve yorumlardan yararlanır. Tarihçi yalnızca geçmişte kalmış olayları neden ve sonuçlarıyla ortaya koyan kişi değildir, aynı zamanda geleceğe ilişkin yorum ve hatta kurmacaları kullanmak durumunda olan kişidir. Ne var ki, tarihçi düşünsel düzeyde yararlandığı kurmacalarını kâğıt üzerine aktarmaz, nesnel olmayı ön plana alır, olup biteni açıklamak için neyin olabileceğini kendine sorar.

Romantik akım içinde yazılan romanlara tepki niteliğinde üretilen, bir tarihçi ya da bilim adamı gibi gözlem ve belge üzerine kurulan gerçekçi roman paralelinde Walter Scott'la ortaya çıkan tarihsel roman, bir yandan geçmişi bilen bir kesimi eğitmek amacı güderken, diğer yandan geçmişi bilmeyenleri eğitmek ve bilgilendirmek amacını taşır. O halde tarihsel romanın kurgusunu yapan romancının işi oldukça zordur. Tarihsel roman yazarı yalnızca tarihçiden daha zor bir işi gerçekleştirmez, aynı zamanda yarattığı romanları daha otantik, daha yol gösterici ve bütünlüğü içinde daha gerçekçi (Jablonka, 2014, s. 68) kılmak yükümlülüğünü taşır. Bu yükümlülükleri değerlendiren Jablonka, XIX. yüzyıl romancılarını gerçek anlamda tarihe yeni bir soluk kazandıran kişiler olarak görür.

"Roman gibi tarih de seçim yapar, basitleştirir, düzenler, bir yüzyılı öne çıkartabilir, insanların aklında kalabilecek sentezler oluşturabilir (Veyne, 1971, s. 25). Aynı bakış açısıyla İvan Jablonka: "Tarih bir çağdaş yazın biçimidir. [...] Tarih hiçbir gerçekliğe ulaşamaz, çünkü gerçeklik bu dünyaya ait değildir ve olayların farklı versiyonları arasında doğruyu gösterecek hiçbir ölçüt yoktur. Doğruluk ve kesinliği elde etmesi olanaksız olan tarih, gerçeğe benzerliği ifade etmekle ve insanların ihtiraslarını ortaya koymakla yetinir" (Jablonka, 2014, s. 106-107), diyerek bilim olarak tarihin nesnelliğini sorgulama konusu yapar.

Bu görüşlerden de anlaşılacağı üzere, roman ve tarih gerçeklik bağlamında kimi kez birbirinin zıttı, kimi kez birbirinin benzeri, kimi kez de birbirinin destekleyicisi olarak kabul edilir. Öyleyse, kayıtlara girmemiş tarihsel gerçeklikleri veya tarihte yer almasına karşın farklı şekilde yorumlanması istenen olay ve olguları kurgu ile yoğurarak hem eğlendirmek amacı güden, hem yazınsallık kaygısı taşıyan, hem de tarihin oluşmasını ve şekillenmesini sağlayan romanların yazılması oldukça olağan bir şey olarak görülür. Bu bağlamda, inceleme konusu yaptığımız *Önce Annelerini Vur* adlı roman, tüm bu özellikleriyle bir yandan yazınsallık, bir yandan tarihsellik içerirken, bir yandan da okurlarını bilgilendirmeyi ve eğlendirmeyi hedefleyen amaçların tümünü kendinde barındırır.

Tarihin artık tartışılır olan gerçekliğine ya da gerçeklik oranına koşut olarak, *Önce Annelerini Vur* adlı romanın da kuşkusuz gerçeklik yönü sorgulanabilirdir. Çünkü hem romandaki anlatının tamamı tarihsel olayları yaşayan tanıkların veya tanık yakınlarının sözlü aktarımlarından oluşmaktadır, hem de yazar çoğu kez düzensiz ve tutarsız biçimde kendisine anlatılan tanıklıkları düzenli ve tutarlı hale getirmek için olanakları ölçüsünde tarihsel döneme ilişkin kaynaklarından yararlanmaya çalışmış, aydınlatıcı ve açıklayıcı kaynaklara ulaşmakta sıkıntı çektiği durumlarda romanın temel malzemesi olan kurguya başvurarak bağlantıları gerçekleştirmiştir.

Bu durumda Kalyoncu'nun ortaya çıkardığı yapıt roman mı? Tarih mi? Tarihsel roman mı? Yoksa tarihsel göç romanı mıdır? Kuşkusuz bu soruların yanıtı onun yazdığı bu yapıtın tümünü içerdiği yönündedir.

Roman yazarı belgeye dayanmayan tarihsel bir roman yazabilir mi?

Öncelikle, bir yazar ya da aydın tarihsel roman yazabilir mi? sorusuna yanıt aramak gerekir. XVIII. yüzyıldan başlayarak Avrupa'da tartışılan bu soru artık yanıtını bulmuştur. Yine de tarihsel roman yazmak konusunda kuşkularını ve tepkilerini ortaya koyanlara rastlamak olasıdır. Tarihsel roman yazmak isteyen bir yazara ilk tepki gösterenlerden biri XVIII. yüzyıl aydınlanmacı Fransız yazarı Diderot'dur. Ona göre tarihsel roman, yazarının cehaletle suçlanmasına yol açan, kültürlü insanı zevksizleştiren, kurguyla tarihsel gerçeklikleri, tarihle kurguyu bozan kötü bir türdür (Diderot, 2004, s. 232). XIX. yüzyıl yazarlarından bir diğer Fransız Théophile Gautier bu konudaki düşüncelerini söylerken tarihsel roman türünü ilk olarak şekillendiren İngiliz yazar için, "Walter Scott öldü. Tanrı ona merhamet etsin, ne var ki, o olabilecek kurgu türünün en kötüsünü moda haline getirdi […]: Tarihsel roman, yani sahte gerçeklik ya da gerçek yalan" ((akt.) Bernard, 1996, s. 43),diye tarihsel romana ağır eleştiriler getirir. Gautier, bu kadar acımasızca yerden yere vurduğu tarihsel roman konusunda çok geçmeden dönüş yapar ve *Mumyanın Romanı* ve *Yüzbaşı Fracasse* adlarında iki tarihsel roman yayınlamaktan da geri kalmaz.

Charles Dantzig: "Sanırım iyi bir tarihsel roman yazmak olanaksızdır, iyi yazılmayan tarihsel roman da tarihsel nitelikli olmaz. [...] Eğer roman XV. yüzyılda geçiyorsa baltalı mızrağı, o zamanın erkek savaşçılarının belden üstünü saran ve darbelere karşı da koruyan giysisini, üniformalar üzerindeki yaldızlı örgü ipleri de romanda uzun uza diye betimlemek gerekir. Acaba günümüzde geçen bir romanda yazar bir arabanın, bir

241

tabancanın, bir kot pantolonun betimlemesine ne kadar yer ve zaman ayırır?" (Dantzig, 2005, s. 751), diye ayrıntılar konusunda tarihsel romanı vurmak ister.

Peki, tarihsel roman nedir ki bu türden eleştiriler almaktadır? Her şeyden önce tarihsel roman, tarih hakkında yazılmış roman değil, tarihi veya tarihsel olguları içinde barındıran romandır. Başka bir deyişle olaylardan ve otantik şahsiyetlerden esinlenen ancak çoğunlukla uydurma kişiliklerin tamamladığı düşsel ve kurgusal bir olayı anlatan roman türüdür. Türün kendisine özgü olan tek şeyi, otantik ya da kurgusal entrikasının her koşulda geçmişin bir noktasına yerleştirilmiş olması ve günümüzde çağdaş roman diye adlandırılan türden farklı olarak, tarihsel romanın geçmişte kalmış bir dönemi yeniden canlandıracak bir yazara gereksinim duymasıdır.

Bu bağlamda, *Önce Annelerini Vur* adlı roman tanımda ortaya konan ölçütlere uymakta mıdır? Evet, uymaktadır. Günümüzden yüz yıl öncesinde yaşanmış emperyalist paylaşım savaşlarının bir parçası olarak roman, 1916 yılı baharından başlayıp, 1918 yılı kışının bahara dönümündeki süreçte sona eren, Rusların Kuzey-Doğu Anadolu'yu işgal edişleri sırasında gerçekleşen direniş ve göç hareketlerini çoğunlukla Tonya odaklı olarak işleyerek, daha öncesinde ele alınmamış tarihsel gerçekliklere ışık tutmaktadır. Hem geçmişi yeniden canlandırırken, hem de kayda geçirilmemiş geçmişin yıkıcı sarsıntılarını tarihsel anlamda kayda geçirmektedir.

Peki, bir romancı tarihçi olabilir mi? Bir tarihçi de romancı olabilir mi? Tarih ve roman arasında yadsınamaz bir kavram çelişkisi yok mu? Bir yandan olay ve olgular, öte yanda kurgu; bir yanda gerçeklik, öte yanda uydurma kişilikler ve olaylar. Normal koşullarda nasıl ki pozitif bir bilim soyut sanatla ters düşüyorsa, tarih de romanla ters düşen bir bilim durumundadır. Kimya romanı, fizik romanı gibi farklı bilim dallarının romanlarından söz edilemiyorsa, tarih de bir bilim olduğuna göre onun da romanından söz edilmesi doğru olur mu? Kuşkusuz bu düşüncelerde haklılık payı olsa da, tarihin de öyküsel bir içeriğe, anlatıma sahip olması yüzünden tarihsel romandan söz edilebilir, buna ek olarak, bilgi kuramcılarına göre tarihin nesnel nitelikli olmaması ve son yıllarda artık bir bilim dalı olarak kabul görmemesi gerekçeleriyle de tarih ve tarihsel romanın birbirine yaklaştığı ve her ikisinin de tarihsel bir kesit ya da olayı içine alan anlatılara yer verdiği vurgusu yapılmaktadır. Üstelik tarihin kendine has nesnesi olmadığı gibi, her nesnenin tarihin nesnesi olabileceği gerçeği söz konusudur. Tarih, olayları ya da yazılanları deneyimlemeye olanak sağlamaz, ortaya bir kanun koymaz ve gidişatı önceden kestirebilir bir dal da değildir. Bu gerekçelerle tarihçi Paul Veyne: "Tarih bir bilim değildir. [...] Tarihçi tüm yalınlığı içinde öyküsünü anlattıkça ve yazarın gereksinim duyduğu kaleme gereksinim duymadan, anlatımı sürdürebildiği sürece her şey yolunda gider ancak daha fazlasını yapmaya kalkıştığında, açıklamalarının ilkelerini sonuç olarak ortaya koymaya, genelleştirmeye ve derinleştirmeye giriştikçe her şey kötüye gider. [...]Tarihsel açıklamayla bilimsel açıklama arasında küçük bir ayrıntı değil, koca bir uçurum vardır. [...] Tarihin yöntemi yoktur, deneyimini tanımlar, yasalar ve kurallar çerçevesinde yapamaz. [...] Tarih bir sanattır (Veyne, 1979, s. 97-98), der.

Veyne'nin görüşleri doğrultusunda tarihsel bir roman ortaya çıkaran Hasan Kalyoncu da, roman tekniği açısından kimi noktalarda yetersiz gibi görünse de, yaptığı okumalardan kazandığı bilgi ve deneyimleriyle elindeki ve dağarcığındaki tarihsel malzemeyi kendi biçemini oluşturarak anlatmayı ve aktarmayı başarabilmiş bir yazar, dolayısıyla Tonya ve Tonyalılar hakkında yazılmamış bir tarihi kendi sanatıyla yazmış bir tarihçi kimliğine sahip olur.

Tarih ve roman arasında yapı ve doğa olarak bir fark yoktur. Bu iki alanın birbirine yakınlığı öylesine fazladır ki, her ikisi de aynı dayanak üzerinde durur ve aynı madde veya öze şekil vermeye çalışırlar. Şekil vermeye çalıştıkları bu şey insandır. Bir dönemin Yeni Romancıları onu yok etmeye çalışmış olsa da, tarih gibi romanın da yegâne konusu insandır. Bu konuda Marc Bloch: "Tarihin ele alıp anlatmak istediği de insanlardır [...] İyi bir tarihçi masal ve efsanelerdeki deve benzer; etin kokusunu aldığında, avının oralarda bir yerde olduğunu bilir" (Bloch, 1997, s. 52), der. İnsan etine açlık duyan bu dev, romancının ta kendisidir. İnsan etinin tadına varan tarihçi ve romancı, biraz daha soyut biçimde olsa da, bir anatomi ve biyoloji uzmanından farklı değildir; her ikisinin de salyalarını akıtan, iştahını kabartan insan etidir, ancak zamanın derinliklerine düşmüş bir insan etidir bu. Onu bulup yenecek duruma getirmek çok da kolay değildir,

Yazar Kalyoncu'nun da tam olarak anlatmak istediği şey de budur zaten. Öykülerini dinlediği, benzer öykülere sahip oldukları konusunda duyumlarını aldığı kişilerin peşinden gitmiş, anlattıkları öykülerin karanlıkta kalmış kısımlarını didikleyerek açıklığa kavuşturmaya çalışmış, elde ettiği insana özgü malzemeyi kendi teknesinde yoğurup şekillendirdikten sonra özel anlamda okurlara, genel anlamda gelecek kuşaklara ve tarihçilere sunmuştur.

Roman, sürenin ya da zamanın sözcüklere dökülmüş halidir; sıralı bir zaman çizgisini izlese de, zaman zaman geriye dönme gereği duyar, yaşama ve tarihe benzer bir oluşum sürecine sahiptir ve bize zamanı görünür kılar: İnsan ömrü gibi kısa bir dönemle ilgili zaman beden bulunca, bedenlerin biçimlenmesinin gerektiği ya da yıkıma uğradığının yansımasıyla görünür hale gelir. Bu durumda roman sanal ve kurgusal bedenlerden yararlanırken, tarih zamandan yararlanır. Zamanın gösterge ve imgelerini kullanmak durumunda kalır.

İnceleme konusu yaptığımız romanda da zaman soyut ve soğuk ifadelerle doğrudan aktarılmaz. "İki kenarı dolaplı kemerli yerel mimari tarzında ev" (Kalyoncu, 2015, s. 5-6), "Geçmişin kış geceleri eğlenceleri: masal, öykü ve bilmeceler" (s. 6), "ateşteki közde pişirilen patates, fırında pişmiş armutlar ve hoşaf" (s. 6-8) gibi folklorik ve mimari zaman göstergelerinden olayların yaşandığı dönem; "yıldızlı göğün altında yaz gecesinin serinliği" (s. 119), "gürgen yaprakları turuncuya kesmişti" (s. 127), "kiraz ve vişnelerde mevsimin son ürünleri kalmıştı" türünden göstergelerle olayların akış halinde olduğu aylar okurlara sıradizinsel zaman düzleminde verilir. Zaman, arada bir, "genel seferberliğe gidiş ve bir daha dönmeyiş" gibi imgelerle bitmek bilmeyen özlem ve acıların sorumlusu olarak da verilir. Yazar, kendisine anlatılan öykülerin aslındaki yerelliği korumak adına tarihi "Orak Ayı" (s. 36) şeklinde Rumî takvimin yerel adlandırmalarıyla da verme çabası taşır.

Peki, romanın konusu geçmişte kalmış zaman mıdır? Tarihsel roman için öyledir, geçmişteki bir zamanın içindeki bir geçmiş zaman dilimiyle ilgilenir. Peki, roman ölümlü insanla mı ilgilenir? Tarihsel roman çoktan ölmüş ya da koşulları geri döndürülemez hale gelmiş bir toplumdaki ölümlü insanı konu edinir. Hurşit Ağa, Köroğlu Cafer, Mollaoğlu Sefer Çavuş (s.111), Kalyoncuoğlu Kerim Çavuş (s.30), Lermioğlu Helim (s.34), Karasulu Yusuf Usta (s.32), Ahmet Hafız (s.38-39), Kunkoğlu Mehmet (s.165) gibi çoğunluğu Tonyalı onlarca insana ek olarak, Trabzon Rum Metropoliti Hrisantos, General Lyahov, Albay Nikita Petroviç (s.100), Albay Leonid Keraskov (s.101), Çar Nikolay Aleksandroviç (s.105), Teğmen Aleksi (s.248) gibi tarihe mal olmuş kişiliklere de yer veren Kalyoncu'nun romanı da artık yaşamda olmayan insanları anlatır.

Tarihsel roman zaman zaman, "gerçek yalan" ya da "gerçek yalan anlatan roman" ifadeleriyle yalancılıkla suçlanır, ancak postmodern anlayışın savunduğu tezden hareketle de tarihin de "kişiden kişiye değişen gerçeklik" ya da "öznel gerçeklik" olarak tanımlamak olasıdır. Bu gerekçeyle tarihsel romanın diğer roman türlerine oranla daha tehlikeli çalışmaları gerektiren, tuzak ve güçlükleri barındıran, yazar için zor bir tür olduğunu söylemek gerekir. İlk güçlük gerçeğin yarattığı güçlüktür. Gerçeklik yazarın ayak bağı olur, onu engeller. Fransız yazar Jean Giono'nun: "Gerçeklikle yaratı arasında dostluk ilişkisi yoktur. Gerçekliği kurmaca bir anlatıya uygun hale getirmeye çalıştığımda, gerçeklik beni durmadan rahatsız ediyor. Ben de onu azar azar değiştirmeye ve şekillendirmeye mecbur kalıyorum" ((akt.) Chandernagor, 2005) şeklindeki sözleri, tarihsel romandaki yaratıcının hareket alanının genel anlamdaki bir roman yaratıcısının sınırlarından daha dar olduğunu açıkça ifade eder. Öyle ki, tarihsel roman yazarı ortaya çıkardığı eserinde kurmaca kişilere yer veremez, sadece tarihsel kişilerine kurmaca bir kişilik veya yaşam verebilir, ancak gerçek anlamda var olmuş kişilikleri kullanabilmekle de biraz daha alanı daralmış olur.

O halde, Kalyoncu'nun yazdığı bu tarihsel göç romanını aynı malzemeyle başkaları yazmış olsaydı, kuşkusuz başka açılar ve gerçekliklerle oluşturulmuş, dikkatin ve önemin farklı konulara yöneltilmiş romanlar ortaya çıkabilirdi. Bu bizlere tarihsel romanın hatta tarihin öznel yanını gösterir. Kalyoncu da tarihsel romanını yazarken güçlüklerle karşılaşmış, tarihsel kişi ve kişiliklerinin sınırlarını aşamamıştır. Birçoğu ailemizden, yakınımızdan olan adı geçen tarihsel kişiliklerin varlığının teyidinde sorun olmasa da, zorunlu göçün yöneldiği uzamlarda adı geçen Eleni, Haçika, Argamyan gibi kişiliklerin gerçek yaşamda var olup olmadıkları konusunu tespit etmek pek olası olmadığı için yazarın araştırma veya bilgi derleme yöntemine güvenip var olduklarını kabullenmek durumundayız.

Yazar, romanını geçmişe yerleştirdiğine göre, olaylara kendince şekil vermesi veya onları olduklarından farklı ve abartarak yorumlaması sorunuyla karşı karşıya kalmaz, o sadece gerçeğe uymak ve onu yeterince anlamak ve anlatmakla yetinir. Yaptığı şey geçmişe farklı bir açıdan ışık tutmak da değildir, zira anlatılan olayların başka bir biçimi veya açısı yoktur. Daha önce ortaya konmuş bir bakış açısının olmaması Kalyoncu'nun işini kolaylaştırmıştır. Tarihsel roman yazarı olarak ona, roman tekniğiyle ilgili sorunların çözümü kalmıştır. Şu var ki, teknik konusunda da, tarihsel roman yazarının yazma ediminde işini en çok karşılıklı konuşmalar rahatlatır, o da, bu tekniği olabildiğince kullanarak güçlükleri aşmıştır. Ancak her şeye karşın tarihsel roman yazmak kolay olmadığı için ve ortaya konduğu söylemle tarihe aykırılıktan, öyküleme biçemi ile karşılıklı konuşma biçemi arasındaki uyumsuzluklardan kaçınmak için büyük çaba göstermesi gerekmiştir.

Birçok tarihsel roman derin araştırma ve bilgi temeli üzerine kurulu, hatta bilimsel niteliklidir. Bu nedenle bu tür bir romanı okuyan okurun kurguyu gerçekten ayıramaması sorun oluşturabilir. Ne var ki, tarihsel romanı ciddi, bilimsel ve yöntemsel yönleriyle de ön plana çıkarmamak gerekir. Okura ve onun eleştirel aklına güvenmek esas olmalıdır. Kalyoncu'nun da yapmaya çalıştığı şey zaten bu yöndedir.

Tanıklıkların yazınsal yapıtlara aktarılması nasıl olur?

Özellikle XX. yüzyılda yaşanan savaş insanlar üzerinde bıraktığı büyük sarsıntı, bütüncül nitelikli terör gibi kitlesel şiddet, haklı ya da haksız, doğru ya da yanlış biçimde çok sayıda tanıklıklara dayalı eserin yazın dünyasına girmesine neden olur. Öyle ki, bu tür eserlerin çokluğundan dolayı kimi eleştirmenler bunların oluşturduğu bütünlük için "yeni yazın" terimini bile kullanır. Ancak çok sayıdaki bu tanıklık metinleri yazın içinde özel bir konuma sahiptir ve sorgulanmayı gerektirirler. Yaşadığı tarihsel bir yıkım sonucu hayatta kalan veya tarihsel yıkımın tanıklıklarını başkalarından dinlemiş kimse, yaşamını yitirmiş kişiler adına deneyimini yaşayanlara anlatarak bir görevi yerine getirmek misyonunu tamamlayacağına inandığı için tanıklığın kendine özgü bir etik anlamı ve eleştirel bir çıkmazı vardır. Yazının etki ve sınırlarının bilincinde olan tanık, yaşanmışlığının yeniden ele alınıp onun hakkında düşünülmesini isterken sorumluluğu da yazara yüklemiş olur (Corbin, 2011).

Ancak tanıklığın oluşturduğu bu karmaşık bütünce, başta "tür" konusunda olmak üzere, yazınsal kavramların geçerliliğine ilişkin yeni yazınsal sorunları ortaya koyar ve farklı yazınsallaştırma ve kurgusallaştırma eylemleri etrafında nelerin döndüğüne, nasıl olması gerektiğine dikkat çeker. Belli bir gereklilik ve yazmaya zorlayıcılıkla, yazınsal tanıklıkları kaleme alan yazarlar, belli bir yazın düşüncesine başvurup, onu parlatmak, bazen büyük eleştirel kavgalar başlatmak, hatta skandallar ve yanlış anlaşılmalar yaratarak kendilerini savunurlar.

Tanıklıkların yazınsal yapıtlar aracılığıyla aktarılmalarında farklı gerekçeler, güçlükler, yöntemler ve sonuçlar vardır: Tanıklık, bir yaşanmışlığa tanık olmuş kişinin iç huzurun sağlanması veya içindekileri başkasına aktarma isteği; ahlaki bir eğilim gereği kendini zorunlu hissetme; eğitime ve öğrenmeye yönelik katkı sağlama amacı gibi gerekçelerle aktarılır. Tanıklığın aktarılmasındaki güçlük; nesnel olma, tanıklığın sınırlarının kesin çizgilerle belirlenmemiş olması, aktarma biçiminin yalınlık/anlaşılırlığını sağlamak gibi güçlüklerdir (Nora, 2011, s. 9). Tanıklığın yazıya geçirilmesinde; bilimsel, anlatısal, kanıtlayıcı ya da şiirsel bir yazı, tarihsel bir anlatı ya da tanıklık ortaya koymayı gerektirecek yöntemler kullanılmak durumundadır. Tanıklığın sonuçlarına gelince, bu sonuçlar yazar, okur ve yazın üzerindeki sonuçlar diye sıralanabilir.

Hasan Kalyoncu'nun *Önce Annelerini Vur* adlı tanıklıklara dayalı olarak yazdığı tarihsel göç romanı, tanımlanan tarihsel romanlarının neredeyse tüm özelliklerini içeren bir romandır. Yazar, milyonlarca insanı büyük dramlara ve sıkıntılara sürükleyen bir göç öyküsünün tanıklarının anlattıklarından hareketle bu kayda değer eserini kaleme alır. Bu çalışmayla yazar, tanıklığın gerekçelerini, güçlüklerini, yöntem ve sonuçlarını bizzat deneyimleyerek aktarmak durumunda kalır.

Yazar Kalyoncu'nun *Önce Annelerini Vur* adlı yapıtı, öncelikle kendisinin başkalarından dinlediği, belleğine, kayıt cihazlarına ya da not defterlerine kaydettiği tanıklıkların kurguyla yoğrulmasıyla oluşturulmuş bir tarihsel göç romanı niteliğini taşır ve bu romanda yazar, bir emanet gibi kendisine bırakılan tarihin belli bir dönemine ve coğrafyanın bir kesimine ait tanıklıkları, emanete saygı çerçevesinde ve üzerinde bir borç olarak gördüğü değerleri asıl sahiplerine ulaştırması gerekliliğinin içsel zorlaması ve içinde yaratacağı dinginlik ve gönenç adına yapıtlaştırır. Bir anlamda içinde sıkı sıkıya koruma altına aldığı, zarar görecekler ya da kaybolup gidecekler endişesiyle beyninin ve kalbinin en derin ve korunaklı yerlerinde kapalı tuttuğu tanıklıkları özgürlüklerine kavuşturup sırdaşlarını çoğaltmak isterken, içini dolduran soyut varlıkları metine aktararak onlara somut varlık kazandırmayı amaçlar, yazımızın başında yer alan epigrafta dile getirildiği gibi, soyut ve her zaman için değer kaybetmeye ve değişime açık sözlü tanıklık ve anlatılar değişmeyen sabit bir biçim kazandırır. Yazarın on yıllardır taşıdığı bu yük, artık taşınacak bir ağırlıkta değildir ve bu yükün bir şekilde kaybolmasını, düşüp kırılmasını istemeyen yazar, bir an önce onu başkalarına devretmek ister. Ancak emanetine saygısı öylesine fazladır ki, onu devrederken bir zarar görür veya bir yerlerde kaybolur endişesiyle devir işini herkesin önünde ve yüzlerce sözleşme örneğini farklı kişilere dağıtarak görevini huzur içinde yerine getirir. Aslında bu sözleşme ya da emanetin devri, yazar ve okur arasında gerçekleşen karşılıklı bir edimdir ve taraflar "okura sunmak" ve "alıp okumak" eylemleriyle ödevlerini tamamlarlar. Yazar tanıklıkları kâğıda dökmekle içini boşaltır, iç huzuru elde etmiş olur.

Kalyoncu, tanıklıkları yayınlamakla bir anlamda onlara birer beden kazandırır ve yüz yıl öncesine ait bir tarihte ülkemizin şirin bir köşesi olan Trabzon'da, Tonya özelinde 1916 yılı Rus işgaliyle başlayan direniş ve göç hareketleri sırasında nelerin yaşandığını başka insanlara ve kuşaklara taşımayı hedefler. Savaşın, işgalin ve göçün neden olduğu büyük acılara tanık olanların yaşadıkları sıkıntılar bir daha yaşanmasınlar ya da yaşananlardan dersler çıkarılsın ve toplum hafızası silinip gitmesin diye yeni nesilleri bilgilendirmeyi ve bilinçlendirmeyi amaçlar. Somutlaştırdığı tanıklıklar, emperyalist Rusya'nın söz konusu dönemde işlediği cinayetleri ve neden olduğu acıları gözler önüne sererek, unutulmamalarını ve dünya ölçeğinde en fazla zulme uğrayan ulusların başında aslında Türklerin geldiği gerçeğini gündeme taşımış olur.

Kalyoncu'nun kaleme aldığı bu yapıtın bir de öğretici yönü bulunmaktadır: Yazar, Rus işgali ve onun neden olduğu savaş ve göçlere Türk tarihte yeterince önem verilmediği gerçeğinden hareketle, yalın, basit ve oldukça açık bir dil ve metin aracılığıyla, okurları konu hakkında daha derinlemesine bilgilendirir. Bunlara ek olarak, Kalyoncu, tarihsel olayların gerçekleştikleri uzamları da betimleyici söylemlere fazla yer vermeden yalın ve doğrudan ifadelerle okurlara kavranabilir bir şekilde sunar. Savaşlar, sürgünler ve göçler konusunda zaman zaman okurlarını düşünmeye davet ettiği için yapıtının öğretici yönü de belirgindir.

Her şeye karşın yazar, tanıklıkları yazıya dökerken kimi güçlüklerle de karşılaşır. Özellikle açlık ve sefaletle zorlu koşullarında yapılan göçün yarattığı korkuya tanık olanların yaşadıkları korkuyu onların duyumsadıkları biçimde anlatmakta zorlanır. Buna ek olarak, tarihsel bir gerçekliği ortaya koyduğu için anlatımında olabildiğince nesnel olmak ve sınırlarını belirlemek zorunda olduğunun bilincindedir, bu nedenle kendisine anlatılan, kayıtlara geçtiği an kötü imgeler oluşturacak her tür tanıklığı anlatmasına olanağın olmadığının da farkındadır.

Bu şekilde işgal ve göçle ilgili gerçeği açığa çıkarmak isteyen yazar, olayları ve ilişkileri sahip oldukları bağlamla bağlantılı bir hale getirerek olabildiği ölçüde nesnel davranır. Ancak unutulmaması gereken bir şey, tanıklığı kim yaparsa yapsın, tanık olduğu olayların aktarımında her zaman için en azından belli bir ölçüde öznelliğe yer verir. Her türlü korku ve şiddeti yaşayan tanıkların duygu ve heyecanlarını kontrol altına alması ya da onları saklayabilmesi pek olası değildir. Kısacası tanıklık, gerçek anlamda tarihçinin işi değildir, tarihçi ancak tanıklıkları ipucu olarak değerlendirir ve onların gerçekliklerini doğrulamak durumundadır. Bu durumda yazar, yazmak eylemini bir gereksinim ve hatta bir zorunluluk olarak duyumsadığı için nesnelliği ikinci plana itmiştir. Yazar, bir tarihçi titizliğiyle tarihsel olayları açığa çıkarmadığı gibi, farklı kişi ya da grupların anlatısını da kronolojik bir düzende gerçekleştirmez ve bölümleri mantıksal bir akış sıralamasıyla yazmamıştır.

Aynı şekilde, yazar, her şeyin söylenemeyeceği gerçeğinde olduğu gibi, okurun her şeyi kavrayamayacağı gerçeği yönünde sınırlarının olması gerektiğini de bilir. Yerel değerlerin, sözcük ve ifadelerin aktarımından, düşman güçlerinin halk üzerindeki uygulamalarına kadar birçok şeyin anlatılmasının yarattığı güçlüğünü yaşar.

Yazar, kendini anlatmak ve anlaşılmasını sağlamak için metninin son derece yalın bir anlatıma sahip olmasına özen gösterir. İfadeleri son derece kesindir ve anlatılmak istenen şeylerin ayrıntılarda boğulmasını istemediğinden ayrıntılı betimlemelere yer vermez. Böylece yazar, romana aktarmak istediği tanıklıkların yazılmasındaki güçlükleri aşmayı büyük oranda başarır.

Tanıklığın metinsel farklı görünümlerini incelemek gerekirse, yazar, anlattığı tanıklıkların bir roman tarzında okunması gerektiği inancındadır. Bir tarih kitabı gibi tanıklıkları anlatmak istememesindeki sebep, tanıklıkları doğrudan tarihsel kişilik haline gelmiş roman kişilerinin ağzından, olabildiğince aslına uygun olarak anlatmak istemesindendir. Düz yazı biçiminde, çok sayıdaki kesinlemeler ve yazınsal sanat ve süslemelerden uzak metin yapısı, yapıtın bir roman içinde mümkün olan ölçülerde gerçekliklere bağlı kalma kaygısını ortaya koyar.

Anlatı, tumturaklı ifadelerden uzak, kesin bilgi biçiminde bilimsel havada sunulur, çünkü yaşanmışlığı ortaya koyar. Ahlak dersi verecek bir niteliği yoktur, olaylar yalnızca son derece yalınlıklarıyla sunulur, durumları ve dönemin davranış biçimlerini birbiriyle ilintilemek yeterli görülür. Roman metni, bilimsel gerçekliklerden ve olabildiğince nesnel bir anlatıdan hareketle oluşturulduğu için kişisel duyguları pek barındırmaz, ancak anlatıya renk katması ve okuru meraklandırması için Mustafa ve Emine'nin kaçamak aşklarındaki aşk tutkusuna yine kaçamaz ifadelerle yer verilir.

Yazar kurgu içinde anlattığı tarihsel olaylara değinirken okurların akıl yormalarını ve açıklanması zor kimi olayların nedenlerini bulmalarını ister. Yazarın metni oluşturması aşamasında kullandığı yöntemlerden hareketle, roman metninin yerine göre kimi kez öyküleyici, kimi kez kanıtlayıcı, kimi kez de bilgilendirici olduğu söylenebilir. Ancak duygulardan ve dokunaklı sahnelerden yoksun olması gerekçesiyle kanıtlayıcı yönü daha fazla belirginleşir. Anlatının kademe kademe gelişen bir yönü de dikkatlerden kaçmaz, zira anlatı ilerledikçe okur daha fazla olay konusunda bilgi sahibi olur.

Yazar, gerektiğinde geriye dönük bir bakış açısını kullanarak okurun kendini roman kişileriyle özdeşleşmesini olanaklı kılar. Anlatı, tarihsel tanıklıkları içerdiği için, yapıt boyunca tarihsel olayları oldukları biçimde aktarır. Okurlara seslenir, girişiminin amacına ulaşması için onları inandırmaya ve kendi doğrularını onaylatmaya çalışır.

Anlatının farklı görünümlerine değindikten sonra, kayda geçen tanıklıkların yazar ve okurlar üzerindeki etkilerinin neler olduğu konusunda sorgulayıcı olmak gerekirse, bu etkinin yazar ve okurlar üzerinde aynı oranda etkili olmadığı söylenebilir. Her şeyden önce tanıklıkların yazıya dökülmesiyle yazarın rahatladığı ve içinde değerli bir hazine gibi sakladığı bu tanıklıkları başkalarıyla paylaşmasının ona mutluluk verdiği anlaşılır. Bunları yazmak hem yazar için hem de tarihsel tanıklıklar için yaşamda kalıcı olmak, yeni kuşaklara var olduklarını duyumsatmak anlamı taşır. Üstelik onları yazmak hem ahlaksal hem de toplumsal bir ödevdir ve tarihin karanlıklarında kalmış, aydınlatılmayı bekleyen ya da farklı bir bakış açısıyla ele alınması gereken olayların okurlarla buluşturulması bir gereklilik olarak gözükür. Yazar için yazmak eylemi aynı zamanda başkalarıyla iletişim halinde olmak ve onlarla bir şeyleri paylaşmak anlamına da gelir. Tanıklıkların okurlar üzerindeki etkileri farklıdır. Doğrudan okurlara seslenen Kalyoncu'nun amacı, Birinci Dünya Savaşı yıllarının verdiği ruhsal sıkıntı ve daha öncesinde yapılan savaşlarda alınan ağır faturaların hala hafızalarda tazeliğini koruduğu bir sırada yeniden karşı karşıya gelinen Rus işgalinin verdiği korkuyla ülkenin daha güvenli bölgelerine göçe yönelen insanların olumsuz yaşanmışlıklarını aktarmaktır. Her şeyden önce bunu yapmakta kendi açısından ahlaki bir amacı vardır. Bu durumda okurlar, yazarın ortaya çıkardığı kitabı okumakla o tarihsel dönemde savaşın, emperyalizmin, göçün, açlık, kıtlık ve ölümlerin ne olduğunun farkına varacaktır. Yazar, yaşanmışlıkların farkına varan okurların gerek ülke siyasetini yönlendirmekte, gerekse benzer durumlarla karşılaşma halinde durumdan vazife çıkarmasını amaçlamaktadır. Aynı zamanda yaşanmışlıkların unutulmamasını da ister. Tarihin tekrarlanmaması için, geçmişte olup biteni bilmek, onları gelecek kuşaklara bırakmak görevini yazdığı yapıtla okurlara devretmiş, kendi yükünü hafifletmiştir.

Sonuç olarak, yazarın kaleme aldığı tanıklıklarla ortaya çıkan yapıt hem yazınsallık, hem de tarihsel nesnellik açısından bazı ölçütleri barındırmaz. Bunda, yazarın roman alanındaki, özellikle de tarihsel roman alanındaki ilk deneyiminin ve anlattığı olaylara ilişkin nesnel bilgi ve bulguları ortaya koyacak belgelerin olmayışının katkısı büyüktür. Zaten yazarın amacı da, büyük ve şahane bir yapıt oluşturmaktan çok, toplum bilincine sahip bir aydın olarak toplumun hafıza birikimine unutulmaya yüz tutmuş yaşanmışlıkları, olay ve olguları somut hale getirmek yoluyla bireyi olduğu topluma katkıda bulunmaktır. Belgeye dayanmadığı gerekçesiyle romanın tarihsel roman sınıflandırması içine giremeyeceğini ileri sürmek doğru olmaz. Her tarih başlangıçta tanıklıklardan hareketle oluşan bir bilim dalı olduğuna göre, tarihsel kurgu içeren bu romanın da tanıklıklara dayanmasında ve onun bir tarihsel göç romanı olarak değerlendirilmesinde bir sakınca olamaz.

Sonuç

Türk tarihinde göçler her zaman için vardır, ancak ülkeye gelen göç dalgaları açısından özellikle XIX ve XX. yüzyılda Osmanlı ve Türkiye topraklarına yapılan göçler oldukça yoğundur. İmparatorluğun çöküş ve toprak kaybetmesinin hızlandığı bu dönemde, çoğunlukla Balkan ve Orta Doğu coğrafyasından Anadolu'ya yönelen göçlerin fazlalığı dikkat çeker. Ancak XX. yüzyılın hemen başlarında Osmanlının girdiği savaşların çoğunun bugünkü Türkiye Cumhuriyeti toprakları içinde olması, iç göç denilen ülke içindeki göçleri hızlandırır. Kuşkusuz bu göçlerin büyük bir bölümü güvenli ve uygun koşullar sağlanıncaya kadar bir yerden başka bir yere yapılan geçici, ancak zorlayıcı gerekçelerle yapılan göçlerdir. Balkan Harpleri, Çanakkale Savaşları, Birinci Dünya Savaşı süreci içinde İngiliz, Fransız ve Yunan işgaliyle ortaya çıkan göçler bu döneme özgü göçlerdendir. Bir diğeri de Kuzey Doğu Anadolu ve Doğu Karadeniz'de yaşanan Rus işgalinin doğurduğu göçler ile bu işgalle bağlantılı olarak gelişen ayrılıkçı hareketlerin bertaraf edilmesine yönelik olarak planlı biçimde gerçekleştirilen göçlerdir.

Tarihsel göç romanı bakış açısıyla inceleme konusu yaptığımız Hasan Kalyoncu'nun *Önce Annelerini Vur* adlı romanı, bizlere ön planda Rus işgaliyle ortaya çıkan güvensiz ortamdan uzaklaşıp daha güvenli uzamlara yönelen kitlelerin göç eylemini farklı göçer grupların bakış açılarıyla anlatırken, zaman zaman tarafsız ve görünmez bir anlatıcı olmak çabası içinde gerçekleştirdiği rolünü unutup, anlatının içinde kendini görünür kılarak, geriye sapım yoluyla aksaklıklar, yanlışlıklar ve olumsuzluklar olsa da, devlet eliyle planlanmış bir göç olan Ermenilerin tehciri konusunda öznel düşüncelerini açıklamakta geri durmaz. Aynı şeyi bu kez ileri sapım yoluyla tarihsel anlamda o dönemde henüz gerçekleşmemiş, Lozan Antlaşmasına ilave edilen ek bir sözleşme hükümleri gereğince yapılan ve İstanbul ile Batı Trakya'nın istisna tutulduğu, Yunanistan'daki Müslüman nüfus ile Anadolu'daki Rum nüfus için uygulanan, Nüfus Mübadelesinin sonuçları konusunda yapar. Henüz yeni başlayan Rum ayrılıkçı hareketleri ve bunlara karşı duran Türk çete faaliyetlerinden çıkarım yaparak ya da tanrısal bir bakış açısına sahip anlatıcı işlevini kullanarak, gelişmelerin varacağı sonuçlar hakkında düşüncelerini belli eder.

Romanda savaş ve göçün neden olduğu insani kayıpların yanında ekonomik ve toplumsal değerlerin kayıplarına da yer vermiş olan yazar, hangi koşullarda gerçekleşirse gerçekleşin, her türlü savaş ve göçün insanlık için bir yıkım olduğu vurgusunu örtük ya da açık biçimde vurgular.

Bir bütün olarak ele alındığında, Hasan Kalyoncu'nun tarihsel roman ya da tarihsel göç romanı olarak kaleme aldığı romanının, göç kuramlarının gerektirdiği koşulları ortaya koyduğu, hem tarihsel bir olayı tarihin sayfalarına kaydetmekte, hem de roman tekniği konusunda başarılı olduğu görülmektedir. Türk yazınına katkı sağlayan yazarın, kazanacağı deneyimlerle yeni yapıtlar oluşturacağından kuşku yoktur.

Kaynakça

Atalay, İ. (2011). Tarihsel Roman ve Amin Maalouf'un Semerkant'ı. *Yalova Sosyal Bilimler Dergisi*, 35-52.

Atalay, İ. (2016). *Türk ve Fransız Çocuk Yazınında Göç ve Göçerlik: Karşılaştırmalı Yazın İncelemesi.* Kayseri: Tiydem Yayıncılık.

Bernard, C. (1996). *Le passé recomposé: le roman historique français du dix-neuvième siècle.* Paris: Hachette Supérieur.

Bloch, M. (1997). *Apologie pour l'histoire ou Métier d'historien.* Paris: Armand Colin.

Chambers, I. (2014). *Göç ve Kimlik İstanbul: Ayrıntı Yayınları.* (İ. Türkmen & M. Beşikçi, Çev.) İstanbul: Ayrıntı Yayınları.

Chandernagor, F. (2005, Ekim 10). Peut-on écrire des romans historiques?, Paris Ahlaki Bilimler ve Siyaset Akademisinde sunulan konferans metni, Paris, Fransa.

Collectif. (2008). *Le Nouveau Petit Robert de la langue française.* Paris: Le Robert.

Corbin, A. (2011). Les historiens et la fiction. *Le Débat* (165), 57-61.

Dantzig, C. (2005). *Dictionnaire égoïste de la littérature française* . Paris: Grasset.

Diderot, D. (2004). *Essai sur la vie de Sénèque et sur les règnes de Claude et de Néron (Elektronik versiyon).* Paris: eBooksLib.com.

Domenach, H., & Picouet, M. (1995). *Les Migrations.* Paris: PUF, Que sais-je?

Gengembre, G. (2006). *Le Roman Historique.* Paris: Klincksieck.

Jablonka, I. (2014). *L'histoire est une littérature contemporaine : manifeste pour les sciences sociales.* Paris: Seuil.

Kalyoncu, H. (2015). *Önce Annelerini Vur.* Ankara: Azmi Matbaacılık.

Martin, F. F. (30 Nisan 2003). *Göç ve Hareket Halindeki Halklar* . Brüksel.

Nora, P. (2011). Histoire et roman : où passent les frontières ? *Le Débat*(165), 6-12.

Piché, V. (2013). *Les théories de la migration.* Paris: Ined éditions.

Sirkeci, İ. (2012). Transnasyonal mobilite ve çatışma. *Migration Letters, 9*(4), 353-363.

Tilbe, A. (2015). Göç/göçer yazını incelemelerinde Çatışma ve Göç Kültürü Modeli. *Turkish Migration Conference 2015 Selected Proceedings* (s. 458-466). Londra: Transnational Press London.

Usta, V. (2014). Tanıkların Kaleminden Rus İşgalinden Sonraki Trabzon'un Durumu. *Karadeniz İncelemeleri Dergisi*(17), 135-172.

Veyne, P. (1971). *Comment on écrit l'histoire.* Paris: Seuil.

Veyne, P. (1979). *Comment on écrit l'histoire suivi de Foucault révolutionne l'histoire.* Paris: Seuil, Coll. Points- Histoire.

Bölüm 20. Kayıp Neslin Eğitimi (İstanbul'daki Suriyeli Mülteci Çocukların Eğitimi)

Kamil Çoştu[1]

Giriş

İnsanlık tarihi kadar uzun geçmişe sahip olan göç, dünün ve bugünün olduğu gibi geleceğin de bir olgusudur. Göçü; iş-aş arayışı, eğitim, ticaret vb. etkenler tetiklediği gibi, savaş ve iç karışıklıklar da etkilemektedir. Her ne sebeple olursa olsun göçten en çok etkilenenler arasında ilk sırayı çocuklar almaktadır. Savaş sebebiyle meydana gelen zorunlu göçlere bakıldığında, maalesef pek çok çocuğun bu sıkıntılı duruma yenik düştüğü görülmektedir (Doğan - Karakuyu, 2016, s. 303).

Arap Baharı'nın son durağı Mart 2011'de Suriye olmuştur. Bu tarih sonrasında daha net bir hal alan iç karışıklık, ülkede göçü tetiklemiş, bu göç dalgasına en çok maruz kalan komşu ülkelerden biri Türkiye olmuştur. Çünkü Türkiye'nin Suriye sınırına yakın olması ve devlet idarecilerinin (özellikle Cumhurbaşkanımız Recep Tayyip Erdoğan'ın) yaklaşım tarzı mülteci göçlerini doğrudan etkili olmuştur. Ayrıca Türk Hükümeti'nin "açık kapı" politikası izleyerek gelenleri misafir olarak görmesi, onlara barınma ve konaklamaları için kamplar inşa etmesi akın akın Türkiye'ye gelişi artırmıştır (Yıldız, 2013, s. 159).

Bununla birlikte, Suriye ile sınırımızın 877 km gibi oldukça uzun bir alana sahip olması da Türkiye'nin göçten etkilenmesine etki eden hususlar arasında zikretmek mümkündür. Özellikle bu sınırda bulunan Şırnak, Mardin, Şanlıurfa, Gaziantep ve Kilis illerimiz göçten en çok etkilenen iller arasındadır. Ayrıca bu illerle birlikte, bugün hemen hemen her ilde Suriye göçmenine rastlamak mümkündür. Özellikle de İstanbul başta olmak üzere büyükşehirler de bu göçten nasibini almıştır (Atasoy – Demir, 2015, s. 458)

Türkiye 1995 yılında Çocuk Hakları Sözleşmesi'ni kabul ederek ülke içerisindeki bütün çocukların eğitim-öğretim sorumluluğunu üzerine almıştır. Kabul edilen sözleşmenin 2. Maddesi'nde; *"Taraf devletler, bu sözleşmede yazılı olan hakları kendi yetkileri altında bulunan her çocuğa, kendilerinin, ana–babalarının veya yasal vasilerinin sahip oldukları, ırk, renk, cinsiyet, dil, siyasal ya da başka düşünceler, ulusal, etnik ve sosyal köken, mülkiyet, sakatlık, doğuş ve diğer statüler nedeniyle hiçbir ayrım gözetmeksizin tanır ve taahhüt ederler"* bu husus konu edilmektedir (Resmi Gazete, 27.01.1995). Bu maddede yer alan çocuklar içerisine Suriye'den göç eden mülteci çocuklar da girmektedir. Çünkü Türkiye Cumhuriyeti Anayasası'nın 90. maddesine göre; *"Usulüne göre yürürlüğe konulmuş milletlerarası andlaşmalar kanun hükmündedir. Bunlar hakkında Anayasaya aykırılık iddiası ile Anayasa Mahkemesine başvurulamaz... Milletlerarası andlaşmalarla kanunların aynı konuda farklı hükümler içermesi nedeniyle çıkabilecek uyuşmazlıklarda milletlerarası andlaşma hükümleri esas alınır"* uluslararası anlaşmalara uyacağını belirtmiştir (Resmî Gazete, 09.11.1982). Uluslararası anlaşmalardan da öte bir durum olan zor durumdaki insana yardım etme anlayışı Türk Hükümeti'nce olduğu gibi Türk ulusunca da Suriyeli göçmenlere uygulanmıştır.

Yapılan araştırmalara göre 224.750 Suriyeli bebek gözlerini Türkiye'de açmış veyahut okul çağına bu topraklarda varmıştır. Okul çağındaki 800 bin çocuktan

---

[1] Yrd. Doç. Dr., Bartın Üniversitesi, Felsefe Ve Din Bilimleri Bölümü, Din Eğitimi Bilim Dalı.

508.846'sı sokaklardan alınarak okula devam etmeleri sağlanmıştır. (Suriyeli Sığınmacılara Yapılan Yardımlar, 15.10.2017) Bunun yanı sıra dinî rehberlik ve yaygın din eğitimi hususunda da Diyanet İşleri Başkanlığı'nca hizmetler verilmektedir (Emin, 2016, s. 20-23). Akademik anlamda ise, göçün dünü-bugününe dair önemli sayıda kitap, tez ve makale kaleme alınmıştır. Bu araştırmada ise, göçün bugünü olduğu gibi geleceği ele alınmaya çalışılacaktır.

1. Araştırmanın Problematiği

2011 Mart ayından günümüze yaklaşık üç milyona yakın Suriyeli ülkelerindeki iç savaş sebebiyle Türkiye'ye sığınmıştır. Bunların yaklaşık 800 binini okul çağındaki çocuklar oluşturmaktadır. Çeşitli travmalar yaşayan bu çocukların ailesine, topluma kazandırılabilmesi için eğitim, hayatî önem arz etmektedir. Bu araştırmada Suriye'nin çeşitli illerinden İstanbul'a göç eden kişiler için (MEB'e bağlı) Suriyeli mültecilere tahsis edilen İstanbul'daki okullarda öğrenim gören çocukların eğitim durumunun derinlemesine analiz etmek problem olarak kabul edilmiştir. Bu ifadeden anlaşılacağı üzere araştırmanın amacı; Suriye'den Türkiye'ye göç etmiş ailelerin çocuklarının eğitim-öğretim sorunlarını tespit etmek ve bunlara yönelik iyileştirici önlemler teklif etmektir. Geleceğin teminatı olan bu gençlere eğitim yolu ile sahip çıkılmadığı takdirde ise, gelecekte büyük sosyo-ekonomik, kültürel ve güvenlik problemleri beklemektedir.

Bu anket İstanbul İl Milli Eğitim Müdürlüğü'ne bağlı olarak hizmet veren Fatih ve Ümraniye ilçelerindeki lise düzeyindeki okullarda öğrenim görmekte olan öğrenciler üzerinde uygulanmıştır. Bu sebeple anket sadece bu iki ilçedeki okullarda öğrenim görmekte olan öğrencilerle sınırlıdır. Araştırma ampirik bir çalışmadır. Anket soruları tarafımızca oluşturulmuştur. SPSS programında T-testi, F-testi ve Ki-kare testleri ile değerlendirilmeye çalışılmıştır.

2. Araştırmanın Hipotezleri:

Bu araştırmanın hipotezleri aşağıda yer aldığı gibidir.

1. Erkek Öğrencilerin Yaşadığı Sıkıntı Düzeyi Kızlara Oranla Daha Yüksektir

2. Erkek Öğrencilerin Okula Bağlanma Düzeyleri Kızlara Oranla Daha Düşüktür

3. 5. Sınıftaki Öğrencilerin Yaşadığı Sıkıntı Düzeyi Diğerlerine Göre Daha Yüksektir

4. 5. Sınıftaki Öğrencilerin Okula Bağlanma Düzeyi Diğerlerine Göre Daha Yüksektir

5. Anne-Baba Sağ ve Birlikte Olanların Yaşadığı Sıkıntı Düzeyi Diğerlerine Oranla Daha Düşüktür

6. Öğrencilerin Yaşadıkları Sorunlar İle Okula Bağlanmaları Arasında Ters İlişki Vardır

7. Anne-Baba Sağ ve Birlikte Olanların Okula Bağlanma Düzeyi Diğer Gruptakilere Göre Daha Yüksektir

8. Cinsiyet İle Suriye'ye Tekrar Dönme Düşüncesi Arasında İlişki Var Mıdır?

Ho: Cinsiyet İle Dönme Düşüncesi Arasında İlişki Yoktur

H1: Cinsiyet İle Dönme Düşüncesi Arasında İlişki Vardır

Yukarıda "Sıkıntı" olarak ifade edilen husus; kira, ebeveynin çalışma durumu, güvenlik gibi daha çok maddî unsurları içermektedir. Bazı hipotezlerde yaşanılan "sıkıntıya" dair ifadelerle ilgili anket sonucunda ortaya çıkan bulgular aşağıda verilmiştir.

3. Bulgular ve Yorumlar

Bu araştırmada yukarıda da belirtildiği üzere, iç savaş sebebiyle Türkiye'ye gelmiş mülteci çocukların eğitim durumu araştırılmıştır. Anket 195 öğrenciye uygulanmıştır. Buna bağlı olarak SPSS programında Ki-Kare, T Testi ve F Testi uygulanmıştır. Ortaya aşağıdaki sonuçlar çıkmıştır.

3.1. Cinsiyet ile Yaşanılan Sıkıntı Arasındaki İlişki

Bu kapsamda yukarıda da belirtildiği gibi *"Erkek Öğrencilerin Yaşadığı Sıkıntı Düzeyi Kızlara Oranla Yüksektir"* hipotezi ileri sürülmüştür. Bu hipoteze bağlı olarak uygulanan T-testi sonucunda araştırma kapsamındaki öğrencilerin cinsiyetleri ile yaşadıkları sıkıntı arasındaki ilişki aşağıdaki tabloda görüldüğü gibidir.

Tablo 1

Cinsiyet ile Yaşanılan Sıkıntı Arasındaki İlişki -1-

Cinsiyet	N	Mean	Std. Deviation	Std. Error Mean
Kız	108	22,02	4,680	,450
Erkek	87	20,75	3,505	,376

Hipotez çerçevesinde yukarıdaki tabloya göre, kız ve erkek öğrenciler arasındaki oran arasında yüksek bir farklılık görülmemektedir. Bununla birlikte kız öğrencilerin ortalamasının erkeklere oranla daha yüksek olduğu anlaşılmaktadır.

Tablo 2

Cinsiyet ile Yaşanılan Sıkıntı Arasındaki İlişki -2-

	Levene's Test for Equality of Variances		t-test for Equality of Means						
	F	Sig.	t	df.	Sig. (2-tailed)	Mean Difference	Std. Error Difference	95% Confidence Interval of the Difference Lower	Upper
Equal variances assumed	3,559	,061	2,103	193	,037	1,271	,605	,079	2,464
Equal variances not assumed			2,168	192.038	,031	1,271	,587	,114	2,428

Yukarıdaki tablodaki değerlere bakıldığında, değerin p<0,05'ten küçük (Sig. 2-tailed: ,037) olduğu görülmektedir. Bu durum hipotezin anlamlı olduğunu göstermektedir. Yani erkek öğrenciler ile kızlara oranla daha fazla problem yaşamaktadır. Bu durum erkeklerin okulla birlikte, ailesine maddî destekte bulunmak zorunda olmasından kaynaklanmış olabilir.

3.2. Cinsiyet ile Okula Bağlanma Arasındaki İlişki

Bu kapsamda yukarıda da belirtildiği gibi *"Erkek Öğrencilerin Okula Bağlanma Düzeyleri Kızlara Oranla Daha Düşüktür"* hipotezi ileri sürülmüştür. Bu hipoteze bağlı olarak uygulanan T-testi sonucunda araştırma kapsamındaki öğrencilerin cinsiyetleri ile okula bağlanma düzeyleri arasındaki ilişki aşağıdaki tablodaki gibidir.

Tablo 3

Cinsiyet ile okula bağlanma arasındaki ilişki -1-

Cinsiyet	N	Mean	Std. Deviation	Std. Error Mean
Kız	108	48,60	8,608	,828
Erkek	87	51,37	7,073	,758

Hipotez çerçevesinde yukarıdaki tabloya bakıldığında oranların birbirine yakın olduğu görülmektedir. Bununla birlikte, erkeklerdeki oranın kız öğrencilere nazaran daha yüksek olduğu da tablodan anlaşılmaktadır. Hipotezin anlamlılığını ise, aşağıdaki tablodan görmek mümkündür.

Tablo 4

Cinsiyet ile Okula Bağlanma Arasındaki İlişki -2-

	Levene's Test for Equality of Variances		t-test for Equality of Means					95% Confidence İnterval of the Difference	
	F	Sig.	t	df.	Sig. (2-tailed)	Mean Difference	Std. Error Difference	Lower	Upper
Equal variances assumed	6,892	,009	2,412	193	,017	2,766	1,147	5,028	,504
Equal variances not assumed			2,463	192,916	,015	2,766	1,123	4,981	,561

Hipotez çerçevesinde yukarıdaki bakıldığında değerin p<0,05'ten küçük(Sig. 2-tailed: ,017) olduğu görülmektedir. Bu durum hipotezin geçerli olduğu anlama gelmektedir. Bu durum birinci hipotezi de doğrulamaktadır. Yani erkek öğrencilerin kızlara oranla daha çok sıkıntı çektiği, bunun sonucunda ise, okula bağlanma problemi yaşadığı anlaşılmaktadır.

3.3. Sınıf Düzeyi ile Yaşanılan Sıkıntı Arasındaki İlişki

Bu kapsamda yukarıda da belirtildiği gibi *"5. Sınıftaki Öğrencilerin Yaşadığı Sıkıntı Düzeyi Diğerlerine Göre Daha Yüksektir"* hipotezi ileri sürülmüştür. Bu hipoteze bağlı olarak uygulanan F-testi (Anova) sonucunda araştırma kapsamındaki öğrencilerin sınıf düzeyi ile yaşanılan sıkıntı düzeyi arasındaki ilişki aşağıdaki tabloda görüldüğü gibidir.

Tablo 5

Sınıf Düzeyi ile Yaşanılan Sıkıntı Arasındaki İlişki -1-

	Sum of Squares	df	Mean Square	F	Sig.
Between Groups	125,540	6	20,923	1,173	,322
Within Groups	3352,747	188	17,834		
Total	3478,287	194			

Hipotez çerçevesinde yukarıdaki tabloya bakıldığında, değerin p>0,05'ten olarak çıktığı görülmektedir. Bu durum, hipotezin anlamlılığının bulunmadığı manasına gelmektedir. Bu hususta daha derinlemesine bilgi almak için aşağıdaki tabloya bakıldığında ise, sınıflar bazındaki değerlerin birbirine yakın olduğu anlaşılmaktadır.

Tablo 6

Sınıf Düzeyi ile Yaşanılan Sıkıntı Arasındaki İlişki -2-

Scheffe		
		Subset for alpha - .05
Sınıf	N	1
8.Sınıf	27	20,33
7.Sınıf	30	20,40
6.Sınıf	52	21,33
10.Sınıf	25	21,92
9. Sınıf	15	22,33
5.Sınıf	44	22,39
Diğer	2	22,50
Sig.		,972

(Means for groups in homogeneous subsets are displayed)

Yukarıdaki tabloya göre, sınıf bazında dağılımın birbirine eşit olduğu görülmektedir. Bu durum, öğrencilerin yaş gözetmeksizin çeşitli sıkıntılarla yüz yüze olduğu anlamına gelmektedir ki, bu durum daha önceki hipotezleri de doğrular mahiyettedir.

3.4. Sınıfları ile Okula Bağlanma Düzeyi Arasındaki İlişki

Bu kapsamda yukarıda da belirtildiği gibi *"5. Sınıftaki Öğrencilerin Okula Bağlanma Düzeyi Diğerlerine Göre Daha Yüksektir"* hipotezi ileri sürülmüştür. Bu hipoteze bağlı olarak uygulanan F-testi (Anova) sonucunda araştırma kapsamındaki öğrencilerin sınıfları ile okula bağlanma düzeyleri arasındaki ilişki aşağıdaki tabloda görüldüğü gibidir.

Tablo 7

Sınıf düzeyi ile okula bağlanma düzeyi arasındaki ilişki -1-

	Sum of Squares	df	Mean Square	F	Sig.
Between Groups	1005,918	6	167,653	2,719	,015
Within Groups	11592,831	188	61,1664		
Total	12589,749	194			

Hipotez çerçevesinde yukarıdaki bakıldığında değerin p<0,05'ten küçük olduğu görülmektedir. Bu durum hipotezin anlamlı olduğunu göstermektedir. Yani öğrenciler arasında 5. sınıfta okuyanların okula bağlanma düzeyi diğerlerine oranla daha yüksektir. Bu durum, 5. sınıftaki çocukların ailenin geçimi ile ilgili fazla sorumluluk üstlenmemesinden kaynaklanmış olabilir. Konu hakkındaki Scheffe değerlendirmesi ise, aşağıdaki tabloda görülmektedir.

Tablo 8

Sınıf düzeyi ile okula bağlanma düzeyi arasındaki ilişki -2-

Scheffe		
		Subset for alpha - .05
Sınıf	N	1
9.Sınıf	15	12,60
5.Sınıf	11	19,20
8.Sınıf	27	19,85
10.Sınıf	25	50,18
6.Sınıf	52	51,13
7. Sınıf	30	51,27
Diğer	2	51,50
Sig.		,099

(Means for groups in homogeneous subsets are displayed)

3.5. Aile Birlikteliği ile Yaşanılan Sıkıntı Arasındaki İlişki

Bu kapsamda yukarıda da belirtildiği gibi *"Anne-Baba Sağ ve Birlikte Olanların Yaşadığı Sıkıntı Düzeyi Diğerlerine Oranla Daha Düşüktür"* hipotezi ileri sürülmüştür. Bu hipoteze bağlı olarak uygulanan F-testi (Anova) sonucunda araştırma kapsamındaki öğrencilerin aile bireyleri ile olan birliktelikleri ile yaşanılan sıkıntı arasındaki ilişki aşağıdaki tabloda görüldüğü gibidir.

Tablo 9

Aile birlikteliği ile yaşanılan sıkıntı düzeyi arasındaki ilişki -1-

	Sum of Squares	df	Mean Square	F	Sig.
Between Groups	53,787	4	13,474	,746	,562
Within Groups	3424,500	190	18,024		
Total	3478,287	194			

Hipotez çerçevesinde yukarıdaki tabloya bakıldığında, değerin p>0,05'ten olarak çıktığı (Sig. ,562) görülmektedir. Bu durum hipotezin geçerli olmadığı anlamına gelmektedir. Bu durum, anne-baba birliktelik durumu ile öğrencilerin yaşadıkları sıkıntı düzeyi arasında bir ilişkinin mevcut olmadığını göstermektedir. Yani, anne-baba sağ ve birlikte olsa da, olmasa da öğrencilerin sıkıntılar çektiği şeklinde yorumlamak mümkündür.

Tablo 10

Aile birlikteliği ile yaşanılan sıkıntı düzeyi arasındaki ilişki -2-

Scheffe		
		Subset for alpha - .05
Sınıf	N	1
Baba ölü, anne sağ ve çocukla birlikte	28	21,18
Anne-baba sağ ve birlikte	150	21,37
Diğer	10	21,70
Anne-baba ölü, diğer akrabalarla birlikte yaşıyor	2	22,00
Anne ölü, baba sağ ve çocukla birlikte	5	24,60
Sig.		,749

(Means for groups in homogeneous subsets are displayed)

Yukarıdaki tabloya bakıldığında, öğrencilerin çoğunluğunun "anne-babasının sağ ve birlikte" olduğu görülmektedir. Bu seçeneği, "baba ölü, anne sağ ve birlikte" yaşadığını belirten seçeneğin takip ettiği görülmektedir. İki öğrencinin ise, "hem anne, hem de babasının öldüğü" anlaşılmaktadır. Bu durum, kayıp nesil olarak ifade ettiğimiz mezkûr çocukların yaşının gereklerini değil, yaşamın gerçekleriyle mücadele etmek zorunda olduğu şeklinde yorumlamak mümkündür.

3.6. Yaşanılan Sorunlar ile Okula Bağlanma Arasındaki İlişki

Bu kapsamda yukarıda da belirtildiği gibi *"Öğrencilerin Yaşadıkları Sorunlar İle Okula Bağlanmaları Arasında Ters İlişki Vardır"* hipotezi ileri sürülmüştür. Bu hipoteze bağlı olarak uygulanan Korelasyon sonucunda araştırma kapsamındaki öğrencilerin yaşadığı sorunlar ile okula bağlanma düzeyleri arasındaki ilişki aşağıdaki tabloda görüldüğü gibidir.

Tablo 11

Yaşanılan sorunlar ile okula bağlanma düzeyi arasındaki ilişki

		a toplam	b toplam
a toplam	Pearson Correlation	1	-250
	Sig. (2-tailed)		,000
	N	195	195
b toplam	Pearson Correlation	-,250	1
	Sig. (2-tailed	,000	
	N	195	195

(Correlation is significant at the 0.01 level)

Hipoteze bağlı kalınarak yukarıdaki tabloya bakıldığında değerin p<0,05'ten küçük olduğu görülmektedir. Bunula birlikte ters bir ilişki olduğu anlaşılmaktadır. Yani yaşanılan sıkıntılarla okula bağlanma arasında ters bir ilişki bulunmaktadır. Yani öğrencinin yaşadığı sıkıntılarının okula bağlanmasını doğrudan etkilediği anlama gelmektedir. Bu durum, yaşanılan sıkıntıların giderilmesi halinde öğrencinin okulda ve derslerinde daha başarılı olacağı şeklinde de yorumlanabilir.

3.7. Aile Birlikteliği ile Okula Bağlanma Arasındaki İlişki

Bu kapsamda yukarıda da belirtildiği gibi *"Anne-Baba Sağ ve Birlikte Olanların Okula Bağlanma Düzeyi Diğer Gruptakilere Göre Daha Yüksektir"* hipotezi ileri sürülmüştür. Bu hipoteze bağlı olarak uygulanan F-testi (Anova) sonucunda araştırma kapsamındaki öğrencilerin aile birliktelikleri ile okula bağlanma düzeyleri arasındaki ilişki aşağıdaki tabloda görüldüğü gibidir.

Tablo 12

Aile birlikteliği ile okula bağlanma düzeyi arasındaki ilişki -1-

	Sum of Squares	df	Mean Square	F	Sig.
Between Groups	115,482	4	28,870	,439	,780
Within Groups	12483,267	190	65,701		
Total	12598,749	194			

Hipotez çerçevesinde yukarıdaki tabloya bakıldığında, değerin p>0,05'ten olarak çıktığı (Sig. ,780) görülmektedir. Bu durum hipotezin geçersiz olduğu anlamına gelmektedir. Yani "anne-baba sağ ve birlikte" olma ile okula bağlanma düzeyi arasında anlamlı bir ilişki bulunmamaktadır. Bu durum daha önceki hipotezleri de doğrular mahiyette olup, öğrencilerin hepsinin önemli sıkıntılarla boğuşmak zorunda kaldıklarını göstermektedir. Bu durumu daha net göstermesi açısından aşağıdaki tablo önem arz etmektedir.

Tablo 13

Aile birlikteliği ile okula bağlanma düzeyi arasındaki ilişki -2-

Scheffe		
		Subset for alpha -.05
Sınıf	N	1
Diğer	10	48,70
Baba ölü, anne sağ ve çocukla birlikte	28	48,82
Anne-baba sağ ve birlikte	150	49,96
Anne ölü, baba sağ ve çocukla birlikte	5	52,20
Anne-baba ölü, diğer akrabalarla birlikte yaşıyor	2	54,50
Sig.	5	,823

(Means for groups in homogeneous subsets are displayed)

3.8. Cinsiyet ile Suriye'ye Dönme Düşüncesi Arasındaki İlişki

Bu kapsamda yukarıda da belirtildiği gibi *"Cinsiyet İle Suriye'ye Tekrar Dönme Düşüncesi Arasında İlişki Var Mıdır?"* hipotezi ileri sürülmüştür. Bu hipoteze bağlı olarak;

Ho: Cinsiyet İle Dönme Düşüncesi Arasında İlişki Yoktur

H1: Cinsiyet İle Dönme Düşüncesi Arasında İlişki Vardır" alt hipotezler oluşturulmuştur. Bunlar ki-kare testinde uygulanarak değerlendirilmeye çalışılmıştır.

Tablo 14

Cinsiyet ile Suriye'ye dönme düşüncesi arasındaki ilişki -1-

	Cases					
	Valid		Missing		Total	
	N	Percent	N	Percent	N	Percent
Cinsiyet	195	100,0	0	,0	195	100,0
Dönme Düşüncesi						

Yukarıdaki tabloda, ankete katılan öğrencilerle ilgili genel bilgi verilmektedir. Hipotezin anlamlılık durumu hakkındaki bilgiyi ise, aşağıdaki tablolardan görmek mümkündür.

Tablo 15

Cinsiyet ile Suriye'ye dönme düşüncesi arasındaki ilişki -2-

Ki-Kare Testi			
	Value	df	Asymp. Sig. (2-sided)
Pearson Chi-Square	1,098	2	,578
Likelihood Ratio	1,130	2	,568
Linear-by-Linear Association	,094	1	,759
N of valid Cases	195		

(a. 1 cells (16,7%) have expected count less than 5. the minumum expected coun is 4,46)

Hipotez çerçevesinde yukarıdaki tabloya bakıldığında, bu analizde beklenen değeri 5'ten küçük olan gözenek sayısının %20'yi aşmadığı (%16,7 olduğu) görüldüğünden, anlamlılık testine ilişkin sonuçların yorumlanması mümkündür. Bu bağlamda Person Chi-Square'nin Sig. (2-sided) değerine bakıldığında, p>0,05'ten büyük olduğu görülmektedir. Bu durumda H0 reddedilir, H1 kabul edilir. Yani "Cinsiyet ile dönme düşüncesi arasında bir ilişki bulunmaktadır. Dönme düşüncesinin yönünü ise aşağıdaki tablodan görmek mümkündür.

Tablo 16

Cinsiyet ile Suriye'ye dönme düşüncesi arasındaki ilişki -3-

			Dönme Düşüncesi			Toplam
			Evet	Hayır	Diğer	
Cinsiyet	Kız	Count	75	26	7	108
		% within Dönme düşüncesi	55,6	52,0	70,0	55,4
	Erkek	Count	60	24	3	87
		% within Dönme düşüncesi	44,4	48,0	30,0	44,6
Toplam		Count	135	50	10	195
		% within Dönme düşüncesi	100,0	100,0	100,0	100,0

Yukarıdaki tabloya bakıldığında, kızların %55,6 ile Suriye'ye geri dönmeyi istediği görülmektedir. Erkeklerde istek %44,4'te kalmıştır. Yani kız öğrenciler, erkeklere oranla Suriye'ye dönmeyi daha çok istemektedir. Erkek öğrencilerin kızlara oranla daha az istemesi, gittiği taktirde savaşa katılacağını düşünmesinden kaynaklanmış olabilir.

3.9. Açık Uçlu Soruya Verdikleri Cevaplar

Öğrencilere ayrıca açık uçlu bazı sorular da yöneltilmiştir. Bu sorulara verdikleri cevaplar şu şekildedir.

Soru: *İstanbul'da karşılaştığınız en büyük sorun nedir?*

Cevap: *"Annem hasta", "İnsanlar bakkala gittiğimde Suriyeli misin, diye bana soruyorlar. Sonra çık dışarı, diyorlar", "Ev kiraları çok pahalı. İş yok", "Arkadaşlarım iyi davranmıyor. Dersleri anlamıyorum çünkü Türkçe'yi iyi bilmiyorum", "Türkçeyi öğrenmekte zorlanıyorum."*

Öğrencilerin verdiği cevaplar genel itibariyle birbirine benzediği için yukarıda bunların özeti mahiyetindeki bazı ifadeler alınmıştır. Bu ifadelere bakıldığında, İstanbul'un maddi sorunu ile birlikte,

Soru: *Eklemek istediğiniz düşüncenizi belirtiniz?*

Cevap: *"Derslerde Türkçe saatlerin azaltılmasını istiyorum", "Okulda yemek yok. Okulun bahçesi yok. Kütüphane yok. Okulumuz ev gibi. Okulumuz bize gezi yapmıyor. Cumhurbaşkanı ile görüşmek istiyorum. Okulumuz hiçbir şeye izin vermiyor. Ödevimi yapmazsam çok kızıyorlar. Bazı öğretmenler adil değil. Okulumuz hiçbir şeye izin vermiyor. Annem kardeşime cep telefonu aldı, bana almıyor. İstediklerim olmuyor. Okulda resim, müzik dersi yok", "Türk pasaportu istiyorum. Okulda lavabolar temiz değil. Burada Suriye Okulu olursa ona gitmek istiyorum", "Türkiye'de yaşamın kolay olmasını istiyorum", "Dersler Arapça verilsin", "Okulda ibadetlerin sevdirilmesini istiyorum", "Öğretmenler ve öğrenciler tesettürlü kıyafetle okula gelsinler, "Okulda yemek daha ucuz olsun", "Türk öğrenciler bize karışmasın."*

Yukarıdaki ifadelere bakıldığında öğrencilerin okula, arkadaş ortamına ve pasaport gibi bazı zorunluluklara dair görüşler ifade ettiği görülmektedir. Bu ifadelerden öğrencilerin dersi anlamakta zorluk çektiği anlaşılmaktadır. Ayrıca okulun fiziki imkânlarının genel itibariyle iyi olmadığına dikkat çektikleri görülmektedir. Bununla birlikte, öğretmenlerin tesettürle gelmesi, ibadetleri sevdirmeye çalışması gibi dinî içerikli istekleri de bulunmaktadır. Cep telefonu isteği ise, aile içi meseleleri ve çocuğun hayattan beklentilerini anlamak adına önem taşımaktadır.

Öğrencilerin verdikleri cevaplar kadar, bir kısmının Arapça, bazısının ise, sorulara Türkçe olarak cevaplaması yaşadıkları sıkıntıyı göz önüne seren hususlar olarak anket formlarında göze çarpmıştır. Benzer şekilde tarih yazımı hususunda da gün-ay-yıl sıralamasını bazı öğrenciler şaşırarak Arap kültüründeki yazımı (ay-gün-yıl) takip etmişlerdir.

Sonuç ve Değerlendirme

2011'den günümüze Suriye'den 3 milyonu aşkın mülteci ülkemize gelmiştir. Bu sorun her ne kadar bütün dünyayı ilgilendiren bir problem olsa da, özellikle Türkiye bu göç dalgasından oldukça etkilenmiştir. Bugün Türkiye'nin hemen hemen her iline göç eden mülteciler, özellikle Suriye sınırındaki illere ve büyükşehirlere akın etmiştir.

Ülke içindeki göçün cazibe merkezi olan İstanbul, bu özelliğini Suriyeli mülteciler için de göstermiştir. Bu mültecilerin iş, barınma, sağlık ve eğitim ihtiyaçları ise, devlet desteği ve bazı özel kuruluşlarca gerçekleştirilmektedir. Bununla birlikte, mülteci gençlere gerekli ilginin düzenli olarak ulaştırılamadığı da bir diğer husustur. Bu araştırmada İstanbul'un iki ilçesindeki Suriyeli öğrenciler üzerine bir çalışma yürütülmüştür. Bu araştırmaya göre öğrenciler maddî sıkıntılar yaşamaktadır. Yaşadığı bu sıkıntı eğitim-öğretimini olumsuz etkilemektedir.

Anketin belki de en ilginç sorusu "Suriye'ye geri dönme" hakkındadır. Kız öğrenciler, erkeklere oranla Suriye'ye geri dönmeye olumlu yaklaşmaktadır. Bu durum erkek öğrencilerin, Suriye'ye geri döndüğünde savaşmaktan çekinmesinden kaynaklanmış olabilir. Bu sonuçlara bağlı olarak şu tekliflerin yapılması mümkündür:

- Konunun bu sebeple uluslararası arenada değerlendirilip Türkiye'ye maddi destek sağlanmalıdır.

- Eğitim dilinde arayışlar yapılmalıdır.

- Eğitim yurdu vasfına uymayan yerlerde öğretim yapılmamalıdır.

- Öğrenci velileri ile diyalog kurulmalıdır.

- Türk öğrenciler bilgilendirilmelidir.

- İstanbul için bu öğrencilere akbil gibi ulaşımı kolaylaştırıcı yardımlarda bulunulmalıdır.

- Konu hakkında daha fazla bilimsel araştırma yapılmalıdır.

Yukarıdaki hususlara değinildiği vakit daha etkin bir eğitim-öğretim yapılabilecektir.

Kaynakça

Atasoy, A. & Demir, H. (2015). *"Suriyeli Sığınmacıların Kırıkhan'a (Hatay) Etkileri"*. *Uluslararası Sosyal Araştırmalar Dergisi*, Cilt: 8 Sayı: 38, Haziran.

Doğan, B. & Karakuyu M. (2016). *"Suriyeli Göçmenlerin Sosyoekonomik Ve Sosyokültürel Özelliklerinin Analizi: İstanbul Beyoğlu Örneği"*. *Marmara Coğrafya Dergisi*, İstanbul: Sayı: 33, Ocak.

Emin, M. N. (2016). *Türkiye'deki Suriyeli Çocukların Eğitimi: Temel Eğitim Politikaları.* Ankara: SETA.

Suriyeli Sığınmacılara Yapılan Yardımlar, https://www.afad.gov.tr/upload/Node/2373/files/Suriyeli_Siginmacilara_Yapilan_Yardimlar+7.pdf, 15.10.2017.

Resmi Gazete, *"Çocuk Haklarına Dair Sözleşme"*, S.22184, 27.01.1995.

Resmî Gazete, *"Türkiye Cumhuriyeti Anayasası"*, S.17863, 9.11.1982.

Yıldız, Ö. (2013). *"Türkiye Kamplarında Suriyeli Sığınmacılar: Sorunlar, Beklentiler, Türkiye ve Gelecek Algısı"*. *Sosyoloji Araştırmaları Dergisi*, C.16, S.1, s.159.

Bölüm 21. Âşıklarda Göç Olgusu ve Âşık Reyhanî'nin Göç Serüveni

Meltem Şimşek Öksüz[1]

1. Çalışmada İzlenen Yöntem

Bu çalışmada öncelikle "Göç Olgusu ve Âşıklık Geleneğinde Göç" konusu üzerinde durulmuştur. Sonrasında bir âşığın hangi sebeplerle göç edebileceği maddeler hâlinde sıralanarak bu maddelerin her birine âşık biyografilerinden yararlanılarak çeşitli örnekler gösterilmiştir. Bu örnekler daha kapsamlı bir çalışmada çoğaltılma olanağına sahiptirler.

Âşıkların büyük bir kısmı ekonomik nedenler yüzünden daha gelişmiş şehirlere göç etmişlerdir. Çalışmada, bu yüzden ekonomik sebeplerden farklı bir gerekçeyle göç eden bir âşık seçilerek, göçün her zaman bir âşık için maddi imkânsızlıklar nedeniyle gerçekleşmediği gösterilmeye çalışılmıştır. Âşık Reyhanî'nin yaşamı, onun hayatını işlemiş olan sınırlı kaynaklar incelenerek verilmeye çalışılmış, son olarak Reyhanî'nin neden göç ettiği sorusu görüşmeler ve kaynaklar yardımıyla sorgulanmış ve bu soruya cevap aranarak çalışma sonlandırılmıştır.

2. Göç Olgusu ve Âşıklık Geleneğinde Göç

Göç, kişilerin hayatlarının gelecekteki kısmının tamamını veya bir parçasını geçirmek üzere, kalıcı yahut geçici bir süre için bir iskân ünitesinden diğerine yerleşmek maksadıyla yaptıkları coğrafi yer değiştirme olayıdır. (Akkayan 1979, s. 21) Âşıklarda göç çok yaygın bir olgudur. Âşıklar sanatlarını ve bazen yaşamlarını devam ettirebilmek amacıyla başta Türkiye sınırları içinde, daha sonra Avrupa'da olmak üzere sanayileşmiş ve ekonomik olanakları geniş şehirlere göçler gerçekleştirmişlerdir.

Âşıkların çok büyük bir kısmı,çeşitli sebeplerle memleketinden uzaklara göç etmiştir. Göç ve gurbet âdeta âşıklığın doğasında var olan bir olgudur. Âşık, hayatla yüzleşmek için göç eder, bu yolda olgunlaşır. Bazen memleketine geri dönenler görülse de çoğu âşık bu yoldan geri dönemez. Âşık göçlerinin birçok sebebi ve çeşiti vardır. Bir âşık bir yalnızca bir gerekçeyle göçebileceği gibi, âşığın göçmek için birden fazla nedeni de olabilir. Örneğin; bir âşık hem maddi sıkıntılarının etkisiyle hem de içindeki âşıklık dürtüsünün etkisiyle bir göç gerçekleştirebilir.

Göç, âşığın olgunlaşmasında bir merhaledir. Tüm bunların yanında bir âşık memleketinden zorunlu sebeplerle de ayrılmak zorunda kalıp zorunlu göçe tabii olabilir. Çalışmanın devamında âşık göçlerinin gerekçeleri maddeler hâlinde sıralanacaktır.

3. Âşık Göçlerinin Nedenleri

a) Ekonomik Sebepler Yüzünden Göç Etme

Âşıkların kendi memleketlerinden başka şehirlere, ülkelere göçmelerinin en temel gerekçesi ekonomik sebeplerdir. Çoğunlukla Türkiye'nin Doğu bölgelerinde yaşayan âşıklar bu coğrafyalarda maddi geçimini sağlayamamış, köylerindeki birçok topluluk gibi başka yerlere göç etmek zorunda kalmışlardır.

Ekonomik sebepler yüzünden göç eden âşıklara hemen her dönemde rastlanmakla birlikte, rakam 20 ve 21. yüzyıllarda iyice artmıştır. Âşıklar 1970'li yıllardan itibaren özellikle Doğu ve Güneydoğu Anadolu bölgelerinden İstanbul, İzmir, Ankara, Bursa ve

---

[1] Araştırma Görevlisi, Karamanoğlu Mehmetbey Üniversitesi, Türk Dili ve Edebiyatı Bölümü, Türk Halkbilimi Abd, Eposta: meltemsimsek@kmu.edu.tr.

Eskişehir gibi sanayileşmiş, ekonomik imkânları daha elverişli olan bölgelere göçler gerçekleştirmişlerdir.

İki örnek üzerinden imkânsızlıkların yol açtığı göçleri somutlaştırmak mümkündür. 20. yüzyıl âşıklarından Veli Akbulak 1946 yılında Arpaçay'ın Kuyucak Köyü'nde doğmuş, âşıklık geleneğinin inceliklerini burada öğrenmiştir. Ancak bir süre sonra köyünde çiftçilik yaparak geçimini sağlayamamış, bu yüzden de gurbet yollarına düşmüştür. İşçi olarak Libya'ya gitmiş, sonrasında İstanbul'a dönerek yaşamını burada sürdürmüştür. (Halıcı1992, s. 31)Âşık Atalay da Erzincan'da doğmuş, maddi durumları sebebiyle ilkokuldan sonra okula devam edememiştir. Uzun yıllar yoksulluk çektikten sonra ağabeyiyle İstanbul'a gelerek ticarete atılmıştır. (Halıcı 1992, s. 60) Sıralanan örneklerin ilkinde sanatçı emek yoğun bir işte çalışmaya mecbur olurken diğerinde yetersiz bir eğitim almıştır. Maddi imkânsızlıklarla ortaya çıkan bu durumların sanatçı gelişimini ve edebî üretimi olumsuz etkileyeceği de aşikârdır.

Ekonomik sebepler yüzünden Türkiye içerisinde göç eden âşıklar çoktur ve burada vermiş olduğumuz örnekleri artırmak mümkündür. Zikri Alyar, Mehmet Avcı, Dursun Cevlanî, Mustafa Çıplak, Adil Çiçek de köylerinde geçimlerini sağlayamadıkları için büyük şehirlere göç eden âşıklardandır.[2]

Bir kısım âşıklar ise ekonomik gerekçelerleçeşitli Avrupa ülkelerine yerleşip orada kalmışlardır. Ozan Ârif, Yusuf Polatoğlu, Yusuf Afşar, Âşık Temelli, Mehmet Ali Gül, Davut Akarslan, Hasbi Aslan, Âşık Fedaî, Şen Ozan, Fakı Edeer, Ata Cananî, Ozan Çelebi,Uğur Geylanî, Coşkun Yılmaz, Ozan Nihat Sönmez bu âşıklardandır (Kafkasyalı 2005, s. 243).

Bu âşıklara, Almanya'da Âşık Şahturna, Ali Kabadayı; Hollanda'da Ozan Mustafa Avşar, Âşık Ömer Kadan ve Âşık Can Ali de eklenebilir (Sezen 2004, s. 42).Belçika'da yaşadığı bilinen âşıklarımız ise şunlardır: Fakı Edeer, Kamil Sayın, Mustafa Avşar, Recep Cırık, Osman Şahbaz, Hüseyin Şahbaz, Nuri Gözet, Hacı Celil Kaplan, Selami Erdemir, Lütfi Gültekin, Servet Çelik, Mesut Kocabaş, Mehmet Ali Akçınar, Memduh Güngör, Yılmaz Çaycı ve ağıt söyleyen Dudu Keskin (Turan ve Bolçay 2010, s. 20).

b) Konar-Göçer Yaşam Sebebiyle Göç Etme

Karacaoğlan, Dadaloğlu, Deli Boran, Gündeşlioğlu, göçebe çevrelerde yetişen âşıkların önde gelenlerindendir. (Yardımcı 1998, s. 109)

Doğmuş olduğu yüzyıl kesin olarak bilinmeyen ancak 17. yüzyılda yaşamış olduğu görüşü ağır basan Karacaoğlan, göçebe Türkmen obalarında yetişmiştir. (Sarı 2016, s. 7) Kara çadırları, beserek develeri, davarları, koyunları, kuzuları, arap atları; at üstündeki yiğitleri; allı yeşilli birbirinden alımlı Türkmen kızları; ötüşen kuşları; buz gibi suları; yemyeşil yaylaları ve ovalarıyla renkli göçebe yaşamının tüm doğal özelliklerini Karacaoğlan'da buluruz. (Sarı 2016, s. 23)

c) Askerî Nedenlerden Dolayı Göçebe Olarak Yaşama

Âşık Ömer, asker bir âşık olması sebebiyle diyar diyar gezmiştir. Gezmesindeki en büyük etken gaza olsa da başka sebeplerle de gezintisini sürdürmüştür. Divanında Bursa, İzmir, İstanbul, Sinop, Varna, Tuna, Buhara, Rumeli, Galata, İsfahan, Peç, Akgirman, Telimsan, Hindistan, Bağdat, Hicaz, Kâbe, Nil, Ceyhun, Temeşvar, Şam,

---

[2]Bu çıkarıma Feyzi Halıcı'nın âşıkların biyografilerine yer verdiği kitabı (1992)incelenerek ulaşılmıştır.

Mısır, Musul, Anadolu, Hind, Yemen, Üsküdar, Konya, Rum ve Acem gibi şehir ve bölge adlarını kullanmıştır. (Yayla 2013, s. 33)

ç) Siyasi Nedenlerle Göç Etme

Türkler Anadolu'ya yerleştiklerinde, Orta Asya'daki yaşam tarzı olan göçebelik müessesi de bir müddet devam etmiştir. Ancak yerleşik bir yaşam politikası benimseyen Osmanlı Devleti 19. yüzyıldan itibaren göçebe olarak yaşayan aşiretleri yerleşik düzene geçirmek için zor kullanmak mecburiyetinde kalmıştır. Göçebe yaşam biçimine alışmış olan aşiretler için bu hiç de kolay bir süreç olmamış, bunun sonucunda da bir kavga şiiri meydana gelmiştir. (Elçin 1997, s. 102)

Dadaloğlu, Çukurova'da konargöçer Türkmen toplulukları arasından yetişmiş, yaşadığı toplumun sözcüsü olma görevini üstlenmiştir. Konar-göçer bir âşık olması, hayatı hakkında kesin bilgilere ulaşılmasına bir engel teşkil etmiştir. 19. yüzyılda Çukurova'da göçebe zümreler yerleşik hayata geçirilmeye çalışılmıştır. Bunun sonucunda konar-göçerlerle Fırka-i Islahiye birliği arasında yer yer çatışmalar yaşanmıştır. Dadaloğlu ve aşireti Sivas'a yerleşmeye mecbur bırakılmıştır.(Artun 2009, s. 307) Dadaloğlu'nun mensup olduğu Avşar boyunun göçebelikten vazgeçmesi için iskân edilmesi bu boyun devlete karşı tavır almasına sebep olmuş, Avşarların sözcüsü durumunda bulunan Dadaloğlu da iskân olayına karşı çıkarak zaman zaman bunu şiirlerinde dile getirmiştir. Bu şiirlerden hareketle bazı çevreler tarafından Dadaloğlu devlete baş kaldırmış bir âsi gibi gösterilmeye çalışılmıştır. (Albayrak 1993, s. 398)

Âşık Deli Boran, 19. yüzyıl âşıklarındandır. Hayatı hakkında kesin bilgi yoktur. Bir söylentiye göre Çorum'un Sarıbey köyünde iskân edilmiştir. Diğer bir söylentiye göre ise Adana'nın Kozan ilçesinden Çorum'a yerleştirilen Kuyumcu Aşireti'ne mensuptur. (Artun 2009, s. 331)

Gündeşlioğlu, Türkmenlerin Dulkadirli ulusunun bir üyesidir. Mensup olduğu oymağın adı Gündeş'tir. Oymak, 17. yüzyılın sonlarında yerleşmek üzere Güney Anadolu'ya gönderilmiştir. Gündeşlioğlu, bu göç sonucunda Maraş'a gelmiş ve kendi adını verdiği köyü kurmuştur. (Elçin 1997, s. 102)

d) Âşıklık Mizacı Yüzünden Göç Etme

Bugüne kadar yaşamış olan âşıkların en az yarısı bu sebeple diyar diyar göçmüştür. Âşıklık geleneğinde "gurbete çıkmak" bir alışkanlıktır.

Erzurumlu Emrah mizacı dervişlikten çok âşıklığa uygun olduğundan ömrünü aşk maceralarıyla geçirmiş ve en samimi eserlerine bu maceralar kaynaklık etmiştir. İlk gençlik yıllarında köyünden ayrılarak Erzurum'a giden şair, medrese tahsiline devam edip orada divan şiiri zevkini tatmış ve nazım tekniğini öğrenmiştir.O dönemin âşık hayat tarzının gereği olarak bir süre sonra Erzurum'dan ayrılmış ve Trabzon, Kastamonu, Sivas, Tokat, Çankırı, Niğde gibi çeşitli yöreleri gezmiştir. Erzurum'dan ayrılmadan önce ve gezdiği illerin hemen hepsinde evlendiğini belirten kaynaklardaki bu bilgiyi ihtiyatla karşılamak gerekir. Emrah gezdiği yerlerde başta Tokatlı (Beşiktaşlı) Gedâî ve Tokatlı Nuri olmak üzere birçok çırak yetiştirmiş, böylece bir âşık kolunun kurucusu olmuştur. Bir rivayete göre altı ay kadar İstanbul'a da göçerek Tavukpazarı'ndaki Âşıklar Cemiyeti'nin reisliğinde bulunmuştur. (Albayrak 1995, s. 337)

e) Eğitim Amacıyla Göç Etme

Âşıklardan bir kısmı doğmuş oldukları memleketlerinden eğitimlerini daha iyi yerlerde devam ettirebilmek amacıyla ayrılmışlardır. Bayburtlu Zihni, Bayburt'ta başladığı tahsilini Trabzon ve Erzurum'a göçerek oradaki medreselerde devam ettirmiştir. Daha sonra yirmi yaşlarında İstanbul'a giderek bazı devlet büyüklerine sunduğu kasideler sayesinde Dîvân-ı Hümâyun Kalemi'ne kâtip olmuştur. On yıl sonra 1826'da tekrar Bayburt'a dönmüştür. (Uçman 1992, s. 229)

20. yüzyıl âşıklarından Ahmet Çıtak 1893'te Elbistan'ın Akpınar köyünde doğmuş, Yüzügüllü Ahmet Efendi'den ders aldıktan sonra İstanbul'a göçerek eğitimine İstanbul Rüştiyesi'nde devam etmiştir. (Halıcı 1992, s. 131)

Âşık Mahzuni Şerif de eğitim için göçen âşıklarımızdan biridir. Asıl adı Şerif Cırık'tır. Zor yıllar geçirdiği için Ankara'ya taşınmak zorunda kalmıştır. Vefatı Almanya'da gerçekleşmiştir. Aslen Maraşlıdır. (Artun 2009, s. 445)

f) Devlet Büyüklerine Yakın Olmak İçin Göç Etme

17. yüzyıl halk şairlerinden Âşık Ömer, Gevherî; 19. yüzyıldan Dertli, Erzurumlu Emrah, Bayburtlu Zihnî gibi gelenekte "kalem şuarası" diye adlandırılan âşıklar takdir edilmek amacıyla şehre göç ederek devlet büyüklerine yakın olmaya çalışmışlardır. Bu sebeple yazılı edebiyatın etkisi altında yetişmişler, şiirleri okumuşların çevrelerinde, şehirlerde, kasabalarda yayılmıştır.Ünlerinin sonraki çağlara ulaşması daha çok yazı yoluyla olmuştur; bu yüzden eserlerinin başkalarına mâl edilmesi bir dereceye kadar önlenmiştir.16. yüzyıldan Hayâlî, Öksüz Âşık, 17. yüzyıldan Tamaşvarlı Âşık Hasan, Kâtibî, Kayıkçı Kul Mustafa, Kuloğluörnekleri gibi. (Boratav 2013, s. 35)

g) Savaş Sebebiyle Göç Etme

Bayburtlu Zihnî 1828-1829 Rus istilâsı sırasında memleketi Bayburt'u terkederek Erzurum'a gitmek zorunda kalmıştır. Zihnî orada önce Moralı Derviş Paşa'nın, daha sonra Erzurum valileri Rauf, Galip ve Eğinli Sâlih paşalarla Hazinedarzâde Osman Paşa'nın kâtipliklerini yapmıştır. Bir süre sonra tekrar İstanbul'a gidip Çanakkale muhafızı Vâsıf Paşa'ya mektupçu olmuştur. (Uçman 1992, s. 229)

Bayburtlu Zihnî'nin yazmış olduğu "Akka Destanı", "Hart Destanı", "Sinop Destanı" birer savaş şiiridir. Her biri bir savaşın gizli kalmış yönlerini anlatan şiir şeklinde yazılmış bir tarih eseri gibidir. Yer adları, kişi adları, silah adları şiirleringerçekliklerini daha da kuvvetlendirir. (Sakaoğlu 2014, s. 519)

ğ) Sevgiliyi Aramak İçin Gurbete Çıkma

Gezgincilik, âşıklık geleneğinin özünde vardır. Âşıkların büyük bir bölümünün gurbete çıkışının bir de hikâyesi bulunmaktadır. Kimi âşıklar rüyalarında gördüğü sevgiliyi aramaya çıkarlar. Sevgiliye kavuşuncaya kadar türlü türlü maceralara atılırlar. Bu durum badeli âşıklarda söz konusudur.

Âşığın rüyasına bazen uyanıkken ancak çoğunlukla uyku hâlindeyken Hızır, İlyas gibi pirlerden biri girer. Kudret gülü denilen kolları ile âşığa bir bade içirir. Bu safhadan sonra âşığa "buta gösterme" adı verilen bir sevgilinin yüzünü gösterir. Âşık uyanınca rüyanın etkisiyle ağlar, üzülür hatta ağzından burnundan kan gelinceye kadar kendisini hırpalar. Tüm bunların sonucunda da kendisine rüyasında gösterilen sevgiliyi aramaya koyulur. (Albayrak 1991, s. 548)

Âşık Garip hikâyesi, rüyada sevgiliyi görerek ve onun elinden bade içerek gurbet yoluna düşmenin en güzel örneklerindendir. Maksud, sevgilisi Şah Senem'i rüyasında gördükten sonra onu bulmak için Tiflis'e gider. Oradaki âşıklar kendisinin çalıp söylemesini beğendikleri için ona Garip mahlasını verirler. (Günay 2008, s. 143)

h) Başlık Parası Toplamak İçin Gurbete Çıkma

Âşıklar hiç görmedikleri sevgiliyi aramak için gurbete çıkabildikleri gibi, hâli hazırda var olan sevgili için de türlü zorlukları göze alırlar. Sevgilinin ailesi, âşıktan günümüzde de bazı yörelerde istenildiği gibi başlık parası talep edebilir. Âşık da bulunduğu yörede yeterli maddi gücü elde edemediği için para kazanabileceği başka şehirlere, ülkelere göç etmek zorunda kalır.

Erzurumlu Emrah memleketinden sevgilisine kavuşmak amacıyla başlık parası toplamak için ayrılan bir âşıktır.Erzurumlu Emrah'ın yaşamı iki devreye ayrılabilir. Birinci devre doğumundan başlık parası yüzünden gurbete çıkıncaya kadar süren uzun devre; ikinci devre ise nişanlısının başkasına verildiğini öğrenmesi üzerine ebedî gurbete çıktığı devredir. (Sakaoğlu 2014, s. 513)

ı) Ailenin Memuriyeti Sebebiyle Göç Etme

Ailenin memuriyeti, âşık ve ailesinin başka şehirlere göç etmesine sebep teşkil edebilir. Ancak bu yer değiştirme âşığın kendi iradesiyle gerçekleştirmiş olduğu gönüllü bir göç değil, zorunlu bir göçtür.

Yedi yaşına dek doğduğu yerde yaşayan Müdamî, babasının imamlık görevinden dolayı ailesiyle birlikte Ardahan'a göçmek zorunda kalmıştır. Burada askeri rüştiyeye başlamış ancak okulun kapatılması nedeniyle burayı bırakarak bir süre medrese eğitimi görmüştür. 1934'te bağlama çalmaya başlayarak halk şiirinin tüm türlerinde örnekler vermiştir. (Kabaklı 2006, s. 190)

i) Aşk Acısı Yüzünden Göç Etme

20. yüzyıl âşıklarından Âşık Mustafa Aydın, Âşık Talibî, Âşık Nevruz Ali aşk acısı yüzünden memleketinden uzaklara göç eden âşıklardandır. Bu gruptaki âşıkların örneklerini çoğaltmak mümkündür.

Âşık Mustafa Aydın ortaöğrenimi için gitmiş olduğu Sarıkamış'ta bir kıza âşık olmuş, bu aşk onun bundan sonraki hayatına yön vermiştir. Okulu, çok sevdiği sporu ve ustasını terk edip askere gitmiştir. Askerden dönünce sevgiliye kavuşamamanın kendisine vermiş olduğu acı ile sazını alarak diyar diyar dolaşmaya başlamıştır. Böylelikle acısını hafifletmeye çalışmıştır. (Halıcı 1992, s. 69)

Âşık Nevruz Ali kendi ifadesiyle hayat öyküsünü şöyle anlatır: *"Gurbette, köyde yaşadığım bir aşk olayı beni çok üzüyordu. Sazımı çalarak ve şiirler söyleyerek derdimi unutmaya çalıştım."*(Halıcı 1992, s. 136)

Âşık Talibî de aşk acısı yüzünden bütün ömrünü gurbette geçirmiş bir halk şairidir. Âşıkları yakından tanıma fırsatı bulan Feyzi Halıcı'nın ifadesiyle o *"ömrü boyunca kaderi ile pençeleşmiş bir aşk divânesi"*dir. Dayısının kızı Keklik Emine'ye âşık olmuş, şiir yazma ilhamını ondan almıştır. Ancak karşılığında sevgiliden cefa görmüş, sevgilisine kavuşamadan vefat etmiştir. (Halıcı 1992, s. 92)

3. Âşık Yaşar Reyhanî'nin Yaşamı

Âşık Yaşar Reyhani, 1934 yılının Eylül ayında Erzurum'un Pasinler ilçesine bağlı Alvar köyünde dünyaya gelmiştir. Yaşar Reyhanî, Recep ile Alvarlı Mail Ağa'nın kızı Yıldız'ın evliliklerinden dünyaya gelen altı çocuğun üçüncüsüdür. Babası, ortakçılık ve çobanlık yaparak geçimini sürdürdüğü için Yaşar'ın çocukluk yılları Alvar'a yakın köylerden Pasinler'in Tepecik ve Horasan'ın Aşağı Tahir Hoca köylerinde geçer. Aşağı

Tahir Hoca köyünde iken ilköğrenimini yapmak üzere Horasan ilçe merkezine gidip gelen Yaşar, ilkokulu bitiremez, üçüncü sınıftan ayrılmak zorunda kalır.

Reyhanî, 12-13 yaşlarında iken Aşağı Tahir Hoca köyünün yakınındaki Göreşken Baba türbesi civarında uykuya dalar ve kendisine rüyasında ihtiyar bir kişi tarafından şerbet sunulur, ancak onu içme imkânı bulamaz. Alvarlı Mehmet Lütfi Efendi avucuna bir boncuk bırakır. O esnada yattığı yerin yakınından geçmekte olan atların ayak sesiyle uyanır. Uzun bir süre bu olayın şaşkınlığını üzerinden atamayan Yaşar'da hastalık belirtileri görülür. Çevresi tarafından akli dengesinin bozulduğu biçiminde yorumlar yapılır. Hocalara baktırılır, doktora götürülür. Çeşitli tedavilerden sonra sağlığına kavuşur.

Yaşar, rüyasını takip eden günlerde başlayan ve birkaç yıl devam eden aşkını 16-17 yaşlarında iken açıkça ifade etmeye başlar. Hatun adlı komşu kızını sevmektedir. Kendisini âşık şiirinin büyülü atmosferinde bulan Yaşar, kırık dökük, şiire benzeyen ilk mısraları da bu dönemlerde söylemeye başlar. Sevdiği kız Hatun'un komşu köyden biriyle zorla evlendirilmesi, bir yıl sonra eşinden ayrılıp kısa bir süre sonra da vefat etmesi Yaşar'ı büyük acılara sürükler. 20 yaşında iken Sarıkamış'ın Keçesor (Balabantaş) köyünden Rabia Hanım'la evlenir. Asker olduğunda birkaç aylık bir bebek sahibi olan şair, şiire olan ilgisini bu dönemde de devam ettirir. Reyhanî bu evlilikten sonra, 1968 yılında, Konya âşıklar bayramına âşık olarak katılan ve Sarıcakız mahlasıyla şiirler söyleyen İlkin Manya ile tanışır. Meslektaşlık düzeyinde başlayan ilişkileri 1970 yılında evliliğe dönüşür; ancak bu ikinci evlilik uzun sürmez. Reyhani, bir yıl sonra ikinci eşinden ayrılmak zorunda kalır. (Düzgün 1997, s. 11-14)

Reyhanî, âşıklık mesleğinin yaygın olduğu Erzurum'da büyüdüğü için şanslıdır. Kendi köyünde ve çevre köylerde yapılan âşık fasıllarının müdavimi hâline gelir. Bu meclislerde ünlü âşıklarla tanışma olanağını elde eder. Kendi anlatımıyla henüz çok küçük yaşta komşusu Tevfik Bey'den aldığı Kerem ile Aslı hikâyesini, doğuda âşıklık geleneğinin önemli halkalarını oluşturan Sümmanî, Emrah gibi ustaların şiirlerini okuyarak kendisini geliştirir.

Önceleri Dertli mahlasını kullanmaktayken Hicrani'nin teklifiyle Reyhanî mahlasını alır. Daha sonrasında asıl soyadı olan Yılmaz'ı Reyhanî olarak değiştirir. Reyhanî kendi ifadesiyle Türkiye'nin bütün illerini gezmiş ve yurt dışında birçok ülkeye seyahatler gerçekleştirir.

Reyhanî döneminde çok sevilen ve sayılan bir âşık hâline gelir. Bütün yarışmalarda önemli dereceler kazanır. Plaket, şilt, takdirname ve başarı belgeleriyle ödüllendirilir. 1992 yılında Michigan Üniversitesi'nde yer alan Orta Doğu ve Kuzey Afrika Bölümü'nce kendisine fahri öğretmenlik belgesi verilir. Hem hikâyeler tasnif eder hem de usta malı hikâyeleri anlatır. Aynı zamanda muamma çözme ve askı indirmede de başarılıdır. 1992 yılında Michigan Üniversitesi'nde yer alan Orta Doğu ve Kuzey Afrika Bölümü'nce kendisine fahri öğretmenlik belgesi verilir. Hem hikâyeler tasnif eder hem de usta malı hikâyeleri anlatır. Aynı zamanda muamma çözme ve askı indirmede de başarılıdır. Şiirlerinin çoğunda başlık kullanmıştır. Bütün şiirleri hece ölçüsü ile yazılmıştır. Şiirlerini sade bir Türkçe ile kaleme almıştır. Şiirlerinde toplumsal yergi çok fazladır. Bunun yanında aşk, tabiat, sevgili konularına, dinî ve millî konulara da şiirinde yer verir. (Artun 2009, s. 416)

1976'da Gölbaşı semtinde Âşık Nuri Çırağı ile birlikte açtığı âşıklar kahvesi ile geleneğe hizmet eden Âşık Yaşar Reyhani, aynı yıl içinde kuruluşunu gerçekleştirdiği

Erzurum Halk Ozanları Kültür Derneği'nin başkanlığını 1989 yılına kadar yürütür ve aynı yıl Bursa'ya yerleşir. 1998 yılında geçirdiği rahatsızlığın ardından uzun bir süre tedavi görür. Bu süre içinde sanatını icra etmekte zorlanır. 10 Aralık 2006 tarihinde Bursa'da vefat eder ve Bursa Yıldırım ilçesi Değirmenönü mezarlığında toprağa verilir.[3] Reyhanî'nin Mansuri, Meryem, Yasemin, Leyla, Yüksel, Ozan, Hülya adlarında yedi çocuğu dünyaya gelmiş, bunlardan Yüksel 1995 yılında vefat etmiştir. Hayatta olan çocuklarından Mansuri ve Ozan saz çalıp şiir söyleyebilmekte, Yasemin Hanım ise şiir yazmaktadır.

Reyhanî'nin sanatını icra etmek ve kültürel etkinliklerde bulunmak üzere gittiği ülkeler şunlardır: Almanya, Amerika Birleşik Devletleri, Avusturya, Azerbaycan, Belçika, Danimarka, Fransa, Hollanda, İran, İsveç, İsviçre, Kazakistan, Kırgızistan, Kuzey Kıbrıs Türk Cumhuriyeti, Macaristan, Norveç, Suudi Arabistan, Türkmenistan. (Düzgün 1997, s. 15)

Reyhanî'nin şiirleri birçok gazete, dergi ve araştırmada yer almıştır. Çeşitli radyo ve televizyon programlarına katılmıştır. Âşık Reyhanî'nin, şiirlerinin bir bölümünü topladığı *Alvarlı Reyhanî (1962), Böyle Bağlar (1966), Kervan (1988)* ve bazı düşünce ve şiirlerinden oluşan *Şu Tepenin Arkasında* adlı eserleri mevcuttur. (Artun 2009, s. 416)

4. Âşık Reyhanî'nin Şiirlerinde Göç Teması

Göç ve gurbet Reyhanî'nin şiirlerindeki başlıca temalardan biridir. Bu temayı öncelikle Erzurum daha sonra da Almanya üzerinden anlatmıştır. Kendisi de daha sonra göç ettiği için göçün tüm sıkıntılarını, hem kendisi hem de diğer göç eden insanlar üzerinden anlatmıştır.

Erzurum'da gurbete çıkmak bölgenin kaderidir. Gurbete giden insanlar hem kendi topraklarını bırakmanın üzüntüsünü yaşamışlar hem de gittikleri yerlerde hayata tutunma çabası sergilemişlerdir. Reyhanî bir halk ozanı olarak bu göç hareketini, köyün ıssız kalışını şiirlerinde dile getirmiştir:

Mebus bey gelmez ki bu dağı gezek
Bu manalı dağın sırrını çözek
İki isli taşla bir de yaş tezek
Ne yanar ne söner tüter bu dağda

Doğu'da çok büyük bir işsizlik görülmektedir. Yaşaması çok zor olan, on iki ayın on bir ayında kış görülen zor bir coğrafyaya sahiptir:

İşsizlik Doğu'da başka hastalık
Ocak söndü tava delik tas delik
Kar bastırdı on bir ay kış üstelik
Konu komşu göç olduğu yerdeyim

1975 senesinde köydekiler köyün ağasının emri üzerine zorla memleketlerinden sürülmüşlerdir:

Bin dokuz yüz yetmiş beş senesiydi
Köyden kovulanlar çekti gittiler
Azar işitmesi çetin bir şeydi

---

[3] Âşığın ölümüyle ilgili bilgiler Prof. Dr. Dilaver Düzgün'ün 1997'de yayımlanan kitabından yer almaktadır. Bu bilgi, Prof. Dr. Düzgün'ün sonradan kaleme aldığı Reyhanî'nin yaşamıyla ilgili yazısına eklemiş olduğu bir bilgidir.

Güç yetmezdi boyun büktü gittiler

Eli iş tutan erkekler elini, obasını bırakıp büyük şehirlere veya uzak diyarlara rızık aramaya giderler. Oralarda çalışıp çabalayıp biriktirdiklerini ya postayla ailelerinin geçimi için gönderir, ya da yıllar sonra getirirler ve böylece hayatlarını devam ettirmeye çalışırlar. Kendileri gurbet elde zorluklarla pençeleşirken, memlekette kalan eşi, çocukları, yaşlı ana-babası da sıkıntıların, kara günlerin muhatabı olurlar. (Kılıç 2016, s. 13)

Erzurumlu gelin düştü aklıma
Çıkıp yollarıma bakanım ah, ah
Gözü sürme bilmez, elleri kına
Yıllardır hasretim çekenim ah ah

Çok sayıda kişinin işçi olarak gitmiş olduğu Almanya, dikkatlerin en fazla yoğunlaştığı ülkedir. Reyhanî Almanya gezilerinde burada yaşayan insanların sıkıntılarını dile getirmeyi kendisine bir görev sayar. Erzurum'un Pasinler ilçesinin Alvar köyünde çocuklarıyla birlikte çaresizlik içinde kıvranan ve Almanya'daki eşinin yolunu gözleyen bir kadının samimi duygularını ve Köln kentinde işçi olarak çalışan ve ailesiyle ilgili sorunlara sırt çevirmiş bulunan erkeğin duyarsızlığını şiirinde dile getirir. (Düzgün 1997, s. 23)

Elleri koynunda pınar başında
Almanya'ya doğru bakar o gelin
Yedi çoğu var dördü peşinde
Feleğe dişini sıkar o gelin

Sordum derdin nedir konuşmaz dili
Yirmi beş yaşında bükülmüş beli
Mehmet'ten hatıra kalan mendili
Her gün gözyaşıyla yıkar o gelin
...
Reyhani gel sen bu gelini kına
On yıldır görmemiş elleri kına
Sofrada Mehmet'i düşmüş aklına
Çorbayı yemeden döker o gelin

Reyhanî'nin Almanya şiirleri tek başına incelenebilecek yeterlikte bir konudur. Sadece âşık tarzı şiir içerisinde değil, bütün Türk Edebiyatında Almanya konusunu Reyhanî kadar derinlemesine işleyen, bu kadar sık gündeme getiren başka bir şair daha yoktur. (Düzgün 1997, s. 23)

Avrupa işçisi deyip geçmeyin
Gidip hallerini gördüm ağladım
Siz onlara yanlış değer biçmeyin
Baktım akıl fikir yordum ağladım

Reyhanî, gurbet şiirleriyle vatanından uzakta olan insanların duygularına tercüman olmuştur:

Ben asfaltsız yolun çamur yokuşu
Ben garip akşamın yuvasız kuşu
Ben gurbet gülünün hasret kokuşu
Ben susuz dalların tercümanıyım

5. Âşık Reyhanî'nin Göçü

Göç ve gurbet Reyhanî'nin şiirlerindeki başlıca temalardan biridir. Reyhanî, bu temayı öncelikle Erzurum daha sonra da Almanya üzerinden anlatmıştır.

Reyhanî, hemşehrilerinin sıkıntılarını şiirlerinde dile getirirken, onların gurbette çekmiş olduğu sıkıntıları derinden duyumsarken bir gün kendisi de çok sevdiği memleketi Erzurum'dan göçmek zorunda kalmıştır. Ancak bu göçün sebebi diğer Erzurumlu göçmenlerde olduğu gibi iş bulma veya memleketteki zorluklar değildir.

Âşıkların göç sebepleri gerek eserlerinden gerek onlar hakkındaki kaynaklardan yararlanılarak yorumlanmaktadır. Fakat aslolan, kaynak kişilere ulaşılarak yapılacak sağlıklı bir derleme çalışmasıyla göçün nedenlerini tam olarak irdelemeye çalışmaktır. Bu incelemede Âşık Reyhanî'nin göçünü anlamak adına, öncelikle âşığın göçüyle ilgili kendi ifadelerine başvurulmuş, sonrasında da yakınlıkları nedeniyle âşığın ailesinden ve objektif bir yorum yapabilmek için de ailesinden olmayan fakat yakınında bulunmuş kişilerle röportajlar gerçekleştirilmiştir.

Reyhanî Erzurum'dan göç etmesinin sebeplerini "Gidirem" adlı türküsünün girişinde, bize kendi cümleleriyle anlatmaya çalışmaktadır. Bu bölüm kendi ağzından çıktığı için aşığın yaşadığı göç tecrübesini nasıl yorumlayıp sebebe bağladığını göstermektedir. Şüphesiz aşağıdaki alıntıyı "mutlak doğru"yu öğrenmek değil, sanatçının göçe bakışını ve psikolojisini anlamlandırmak niyetiyle okumak gerekir:

Erzurumlu Âşık Reyhanî olarak Erzurum'dan Bursa'ya göç ettim. Göç türküsünü okuyacağım size. Erzurum'dan ayrıldım. Bazıları dediler ki, Âşık Reyhani Erzurum'dan çok küskün, dargın ayrılmış. Hayır efendim, Erzurum'un hiçbir küskünlük, dargınlık bir tarafı yoktur bende. Ben orada büyüdüm. O sert sularla, o sert dadaşlarla, mert dadaşlarla haşır neşir oldum. Ben buranın çocuğuyum, orada büyüdüm. Kimseye küskünlüğüm yoktur. Ancak sanat dünyasında, sanat çerçevesindeki kişilerle bir başka bakış, bir başka ölçü, bir başka çıkmaz içine girmiştim. Biraz ipucu vereyim: Âşık Reyhanî dokuz tane evlidir diyorlardı hâlbuki ben dokuz tane evli değildim yani. Bir koca karı var, bir de ben varım. Bazı hikâyeler gelmiş geçmişse de dokuz evli olmak demek değildir. Bunu bana bazıları mal ediyorlardı, meslektaşlarım. Ben bundan olur ki ölürsem, musallada bana Âşık Reyhanî dokuz evli derlerse, bende Allahın huzuruna dokuz evli gitmeyeyim diye Erzurum'dan göçümü çıkardım, bir akşam vakti yükledim. Gezindizi'ne indim, geriye döndüm Palandöken dağlarına baktım. Şehitlerin mezarı, bana "Gitme âşık" diyordu. "Bu memleket senin yurdundur" gitme diyor, göz kırpıyordu âdeta. Yıldızlar bana bir şeyler söylüyordu. Eh, elli sene yaşadığın memleketten ayrılmak elbette kolay değildi, elbette. Ona gidirem dedim, bir şiir tutturdum. Bunu bir daha tekrar ediyorum, tekrar ediyorum ki, Erzurumlulara bu şiirim armağandır. Bu şiirim, Erzurum'u çok sevdiğimi anlatır, Erzurumluyu çok sevdiğimi anlatır. Başka bir şey bilmem.

Âşığın göç sebeplerini daha detaylı öğrenmek adına, âşığın kızı Yasemin Şahbaz, kız kardeşi Hatice Kahrıman, âşığı yakından tanımış olan Erzurumlu hemşehrisi öğretmen Servet Akgün ve kendisi hakkında en kapsamlı çalışmayı gerçekleştirmiş olan Prof. Dr. Dilaver Düzgün hocayla görüşmeler gerçekleştirdik.

Yasemin Şahbaz Hanım, babasının göçü ile ilgili bize şu bilgileri verdi:

Aslında Âşık Reyhanî Erzurum'dan hiç göç etmek istemezdi. Birinci neden, halk ozanları bulundukları çevrede sanat babında anlaşılmak, değer görmek isterler.

Bunun karşılığını almak isterler. Âşık Reyhanî de çok yönlü, aydın bir şairdi. Âşık Reyhanî, sanata çok büyük önem verdi, çıraklar yetiştirdi. Sanatından arkadaşları da çok faydalandı. Fakat hiçbir vefa, hiçbir teşekkür göremedi.

*"*Kızı Yasemin Hanım babasının göçünde birinci etkenin, bulunduğu sanat çevresinde değerinin bilinmemesi olduğunu söylüyor. Bunlara ek olarak Yasemin Hanım babasının göçünde annesinin çok büyük bir payı olduğunu dile getiriyor:

Annemin akrabalarının hepsi Bursa'ya göçmüştü. Annem de on bir ay kış olan bir memleketten abisinin yanına gelip o meyve ağaçlarını görünce "Aman ne mübarek bir şehir, biz de gidelim." diye babamı zorla ikna etti. "Hanım, bak etme eyleme." derdi. "Bu gördüğün bağ bahçe bizim değil, hanım." derdi. Ancak zorunda kaldı. Babam büyük bir acıyla göç etti, bunu "Gidirem" türküsünde yansıtmaktadır. Şehrinin güzellikleri, onlara veda ediş şekli. Bu türküde göç hadisesinin ne kadar zorlu olduğunu anlatır.

Reyhanî'nin kız kardeşi Hatice Kahrıman ise ağabeyinin Erzurum'dan hangi sebeplerle göçtüğü hakkında şu ifadeleri kullandı:

Erzurum'a âşıktı. Hep ağlayarak terketti orayı. Orada oturduğu evi çok severek yapmıştı. Sonradan baktı ki, madem benim değerim yok ben de burada oturmayayım dedi. Bursa'da ev yaptırdı. Erzurum onun değerini sonradan anladı. Ancak geç oldu." Ağabeyinin neden Bursa'yı seçtiği ile ilgili olarak ise şu bilgileri verdi: *"İkinci eşinin ailesi, hep Bursa'da Kestel'de oturuyorlar bütün ailece. Oğlu da oraya yerleşmişti. Oğlu Ozan Bursa'da hastanede çalışıyordu. Orayı en çok ondan tercih etti. Bursa'yı seviyordu da. Bursa, güzel bir Bursa, yeşil bir Bursa diye.*

Âşık Yaşar Reyhanîyi yakından tanımış olan Erzurumlu hemşehrisi öğretmen Servet Akgün ise Reyhanî'nin göçü ile ilgili bize şu değerli bilgileri verdi:

Gidirem türküsünde gördüğümüz gibi, Reyhanî'nin Erzurumlulara bir küskünlüğü yok. Onun küskünlüğü bir önlem. Her alanda çok başarılı bir âşık. Halk ozanlığının yanında bir Hak ozanı Âşık Reyhanî. Anadolu'da âşık kahvehaneleri vardır. Buralarda akşamları oturulur, belirli saatlerde program yapılır. Şaka mahiyetli de olsa buralarda Reyhanî'nin birden fazla evlilik gerçekleştirmesiyle ilgili bir şaka dolaşmaya başlar. Halk Edebiyatının özelliğine baktığımızda, hikâyeler değiştirilerek dilden dile dolaşır, dizeler uydurulur. Bu dedikodu böyle ortaya çıkmıştır. Bir ayak atıldığında birisi Reyhanîye böyle karşılık vermiştir. Şaka ortamında olsa bile, bir dadaş olması hasebiyle bunu çok ciddiye almıştır, alması da gerekir. Bu latifelere karşılık sazı ve sözüyle cevap vereceğine,"Ahmağa en iyi cevap sükuttur." kaidesine göre göç yolunu tercih etmiştir.

Âşık Yaşar Reyhanî hakkında en kapsamlı çalışmayı gerçekleştirmiş Prof. Dr. Dilaver Düzgün hoca ise: "*Âşıklar gerek kendileriyle gerek çevresindeki insanlarla ilgili olarak önemli gördükleri konularda şiir söylerler. Reyhani'nin şiirinde bir sitem olduğu anlaşılıyor. Bütün şairlerde olduğu gibi Reyhani'de de çağından ve kendisinin kıymetinin bilinmediğinden şikâyet vardır. Onun diğer şiirlerini de bu bakışla gözden geçirmek gerekir.*"

Sonuç

Âşığın kendi ifadeleri, yakın çevresi (akrabaları) ve kendisiyle akrabalık bağı bulunmayan tanıdıkları ile yapılan söyleşiler sonucunda, Reyhanî'nin göçünde birçok etken olduğu görülmüştür. Çalışmanın başında da değindiğimiz gibi bir âşık bir değil, birden fazla gerekçeyle göç edebilir veya bir âşık zorunlu olarak da gurbete çıkabilir. Reyhanî'nin göçü zorunlu bir göç olarak değerlendirilebilirse de (eşinin ısrarları sebebiyle), aslında Reyhanî'nin doğasında da âşık olması sebebiyle bir göç etme temayülü bulunabilir. Reyhanî'nin göçünde, Erzurum'da yer alan sanat çevrelerinde hakkında çıkan söylentilerin, Bursa'nın Erzurum'a göre coğrafi yönden üstünlüklere sahip olması sebebiyle ailesinin âşığı iknasının, Oğlu Ozan ve bazı akrabalarının Bursa'da yaşıyor olmasının ve kendi düşüncelerinin payı vardır. Reyhanî, bir sanatçı olması sebebiyle, kendisini kimsenin yeterince anlamadığını, kendisine yeterince değer verilmediğini düşünmüştür. Bir âşık olması sebebiyle, etrafına karşı diğer insanlardan daha duyarlı bir yapıya sahiptir. Âşık, tüm bu nedenlerden dolayı "canından çok sevdiği" Erzurum'u terk etmek zorunda kalmıştır. Gidişine çok içerlemiş ve gidişinden kısa bir süre sonra da bir kalp rahatsızlığı geçirmiştir.sonrasında ise kanser hastalığına yakalanmış, Bursa'da 10 Aralık 2006 yılında hayata gözlerini yummuştur. Erzurum Belediyesi'nin tüm ısrarlarına rağmen vasiyeti gereği Erzurum'a defnedilmemiştir. Bugün âşığın kabri Bursa'da Değirmenönü mezarlığında bulunmaktadır. Âşık: *"Bir adamı bir şehirden çıkarabilirsiniz; ancak bir şehri bir adamdan çıkaramazsınız."* demektedir. *Reyhanî adetâ Erzurum'dur; Erzurum da Reyhanî.* (Peksöz 2016, s. 19)

Kaynakça

Akkayan, T. (1979). *Göç ve Değişme,* İ.Ü. Edebiyat Fakültesi Yayınları, No: 2573 İstanbul.

Albayrak, N.(1991). Âşık, *TDV İslam Ansiklopedisi* içinde (c. 3, s. 547-549), Türkiye Diyanet Vakfı Yayınları, İstanbul.

Albayrak, N. (1993). Dadaloğlu, *TDV İslam Ansiklopedisi* içinde (c. 8, s. 397-398), Türkiye Diyanet Vakfı Yayınları, İstanbul.

Albayrak, N. (1995). Erzurumlu Emrah, *TDV İslam Ansiklopedisi içinde* (c. 11, s. 337-338), Türkiye Diyanet Vakfı Yayınları, İstanbul.

Artun, E. (2009). *Âşıklık Geleneği ve Âşık Edebiyatı,* Kitabevi Yayınları, İstanbul.

Boratav, P. N. (2013).*100 Soruda Türk Halk Edebiyatı,* Bilgesu Yayıncılık, Ankara.

Düzgün, D. (1997). *Âşık Yaşar Reyhanî Hayatı, Sanatı ve Şiirlerinden Seçmeler,* Erzurum.

Elçin, Ş. (1997). *Halk Edebiyatı Araştırmaları I,* Akçağ Yayınları, Ankara.

Günay, U. (2008). *Âşık Tarzı Şiir Geleneği ve Rüya Motifi,* Akçağ Yayınları, Ankara.

Halıcı, F. (1992). *Âşıklık Geleneği ve Günümüz Halk Şairleri,* AKM Yayınları, Ankara.

Kılıç, L. (2016). "Kara Yer", *Hece Taşları*,11, s. 12-14.

Kabaklı, A. (2006). *Âşık Edebiyatı,* Türk Edebiyatı Vakfı Yayınları, İstanbul.

Kafkasyalı, A. (2005). "Batı Avrupa'ya Giden Türklerin Sosyal ve Kültürel Meselelerinin Anadolu Âşık Edebiyatına Yansıması", *A. Ü. Türkiyat Araştırmaları Enstitüsü Dergisi,* Sayı: 28 (Prof. Dr. M. Fahrettin Kırzıoğlu Özel Sayısı), Erzurum, s.241-255.

Peksöz, N. (2016)."Gelenek ve Âşık Yaşar Reyhanî", *Hece Taşları*,11, s.19-21.

Sakaoğlu, S. (2014). *Âşık Edebiyatı Araştırmaları,* Kömen Yayınları, Konya.

Sarı, E. (2016). *Karacaoğlan,* Nokta E-kitap.

Sezen, L. (2004). *İşçi Ailelerinin Gözüyle Batı Avrupa'daki Türkiye,* Kurmay Yayınları, Ankara.

Turan, F. A. & Bolçay, E. (Editör) (2010). *Sazın ve Sözün Sultanları Belçika'da Yaşayan Halk Şairleri,* Gazi Kitabevi, Ankara.

273

Uçman, A. (1992). Bayburtlu Zihni, *TDV İslam Ansiklopedisi içinde* (c. 5, s.229-230), Türkiye Diyanet Vakfı Yayınları, İstanbul.

Yardımcı, M. (1998). *Başlangıcından Günümüze Türk Halk Şiiri,* Ankara, Ürün Yayınları.

Yayla, M. A. (2013). *17. Yüzyıl Osmanlı İmparatorluğu'nda Âşık Ömer ve Popüler Kültür,* Yayımlanmış Yüksek Lisans Tezi, Ankara, Hacettepe Üniversitesi.

Görüşmeler

D. Düzgün, yazılı görüşme, 19 Ağustos, 2017

H. Kahraman, sözlü görüşme, 15 Ağustos, 2017

S. Akgün, sözlü görüşme, 17 Ağustos, 2017

Y. Şahbaz, sözlü görüşme, 18 Ağustos, 2017

Bölüm 22. Sürgünlüğün Yazar Üstündeki Etkileri: Refik Halit Karay Örneği

Mert Öksüz[1]

Giriş: Sürgünlüğe Bakış ve Refik Halit Karay

Sürgünlüğün basit ve genel bir tarifi "bir daha eve geri dönememek" sözüyle yapılmıştır. Edward Said'den (2006, s. 34) Rafael Alberti'ye (1996, s. 297) kadar kendileri de sürgünde yaşamış pek çok edebiyatçı ve araştırmacının yazılarında detaylı izahların yanında bu alıntının benzerlerine yer verilir. Alıntılanan kelimelerde "empati" bekleyen bir taraf bulunmaktadır. Bu cümle yorumlanarak biraz karmaşık hâle getirilirse şu sonuca varılabilir: Kültürel ve coğrafi bakımdan öteki hâline gelmek ama -dönmeye ihtimal bulunmasa da- hâlen bir "geri" olduğuna göre dönülecek ülke veya şehirle hiç ilgisiz biri de olmamak. Demek ki sürgüne gitmiş bir kimse ötelenmiş kişi olarak hayatı devam ettirmeye mahkûmdur.

Çoğu açıdan ama en çok da psikolojik olarak insanı sarsacak sürgün hâlini, Türk edebiyatında bu bildirinin konusu olan Refik Halit Karay'a kadar birçok şair ve yazar deneyimlemiştir. 19. yy. sonrasında edebiyat tarihinde sayılan belli başlı isimlerin sürgünlükleri ve bu tecrübelerinden bahseden metinler bilinmektedir. Keşan'a sürgüne giden İzzet Molla'nın *Mihnet-Keşan*'ından başlayarak Refik Halit'in *Sürgün* romanına ve yazarın çeşitli anılarına kadar onlarca isimden ve metinden bahsetmek mümkündür.

Bu isimler içinde Refik Halit'inse farklı bir yönü bulunduğu söylenebilir. 19. yy. sonrasındaki sürgünlükler Osmanlı Devleti'nde farklı yönleriyle muhalif oldukları/görüldükleri için sürgüne gönderilmişlerdir. Refik Halit de bunlardan biridir. Yazarın 1913/1918 arasındaki beş yıllık sürgünü Osmanlı Devleti'ndeki siyasi iradeye başka bir ifadeyle İttihat ve Terakki'ye gösterdiği muhalefetle ilgilidir. Refik Halit'in 1922/1938 arasındaki ikinci sürgünlüğü ise kendisinin de belirttiği gibi Osmanlı Devleti'nin siyasi devamlılığını savunup Millî Mücadele'ye destek vermediği için 150'likler arasına alınışından kaynaklıdır. Karay, bu açıdan özel bir yerde bulunmaktadır. Hem Osmanlı'nın bekasını savunduğu hem de Osmanlı Devleti'nin yöneticilerine muhalif olduğu için sürülmüştür. Mustafa Apaydın'ın belirttiği gibi yazarın Millî Mücadele'ye muhalif oluşunda da aslında İttihat ve Terakki hakkındaki görüşlerinin etkisi hissedilmektedir. (2010, s. 73) Yazar da *"Ben, muhalefeti keyfim istedi de tuttum. İttihadçıları kızdırmak için..."* (Uçman 2014, s. 63)[2] derken tüm muhaliflik hikâyesinin sebebini tek bir siyasi yapıya bağlamaktadır.

Şu ana kadar Refik Halit'e dair yayımlanmış farklı konu ve hacimlerdeki incelemelerde yazarın iki sürgünlüğüne de değinildiği görülür. Sadece onun sürgünlüğüne odaklanan çalışmalar da mevcuttur. Farklı derinlik ve genişlikteki tüm bu incelemelerde Karay'ın kurmaca metinleri, anıları ve diğer yazarların sürgünlüğe bakışı merkeze alınmıştır. Bu inceleme ise geçmiş çalışmalarda üstünde durulan noktalara ek olarak sürgünlüğün yazar üstündeki etkisine değinirken Karay'ın Rıza Tevfik'e gönderdiği ve 2014 yılında Prof. Dr. Abdullah Uçman tarafından yayımlanan mektuplarını kendine merkez hareket noktası kabul edecektir.

[1] Yrd. Doç. Dr. Karamanoğlu Mehmetbey Üniversitesi, Türk Dili ve Edebiyatı Bölümü, Yeni Türk Edebiyatı Abd. elmek:mertoksuz@hotmail.com
[2] Bundan sonra (Uçman 2014)'ten yapılacak alıntılar sadece sayfa numaralarıyla gösterilecektir.

Bir edebî tür olarak mektubun sürgün tecrübelerini yansıtırken sonradan yazılan ve yayımlanacağı bilinen anılardan veya romanlardan "hayal edilmiş okur/lar" bakımından farklı bir yönü vardır. Çünkü yazarın aklında geniş topluluklar değil bir veya birkaç adet okur vardır. Bu bağlamda mektup, yazarın kişisel hayatından bir kesite tanık olma imkânı verir. Hem içerik hem de dil açısından geçmişi, çok geride kalmış düşünceleri ve gündelik hayattan parçaları, olduğunca yansıtabilmesi mektubu diğer edebî türlerden farklı bir yere koymaktadır. Bu genel ifadelerin dışında söz konusu mektupların başka bir 150'lik olan Rıza Tevfik'e gönderilmiş olmaları, Refik Halit'in kendine benzer durumdaki bir diğer yazarla rahat, açık ve sürgünlüğün verdiği ortak kaderi paylaşma duygusuyla iletişime geçtiğini düşündürtmektedir.

Edebî malzeme teşkil etmesi bir yana ülkesinden uzakta yaşamaya mecbur birisinin içsel ve fikirsel değişimi mektuplardan takip edilebilir. Refik Halit *Sürgün* romanında mektubun sürgün için psikolojik değerinden uzunca bahseder:

Sürgün için memleketindekilerle ve başka yerlerdeki memleketli dostlarıyla mektuplaşmak o kadar ehemmiyetli, lüzumlu bir iştir ki, bundan mahrum kalmaktan duyulan azap âdeta, gittikçe havası azalan bir odada nefes alma zorluğuna benzer ve mektup yazıp cevabını almak çok defa bir tedavi yerine geçer. Bu sebepten olacak, kendi iradeleri dışında gurbet illerinde yaşayanlar ekmek paralarından keserler, açlığa katlanırlar, mektuplaşmayı isterler. Mektup alış, hayat hakkına sahip oluşu gösterir, yarın için ümit verir, büsbütün lüzumsuz, hüviyetsiz, bağlantısız kalınmadığına alâmettir. Ortada 'aranılıyorum, demek ki yaşıyorum' gibi bir düstur vardır. Onun içindir ki, sürgünlere en fazla postahanede rastlarsınız, yahut mektup yazarken ve ceplerinden zarflar çıkartırken... (Karay ty, s. 123)

Refik Halit'in ele alınan mektupları, yazarın bir 150'lik olarak yurtdışındaki sürgün günlerine odaklandığı için bu çalışmada o günler sınırında çıkarımlar yapılacaktır. Refik Halit'in ikinci sürgün tecrübesinin kendi üstündeki etkisi beş farklı noktadan ele alınacaktır. Bunlardan ilki (a) Karay'ın sürgünlüğü nasıl karşıladığı, ikincisi (b) bir sürgün için en önemli değişiklik olan mekâna bakışı, üçüncüsü (c) bir yazarın evi olarak görebileceğimiz dile bakışı, dördüncüsü (d) kültür ve kimlik tercihleri, sonuncusu da (e) zaman algısıdır. Bu değişkenler seçilirken sürgün edebiyatı üzerine yapılmış bir doktora tezinden de (Ciorcirlea 2013) yararlanılmıştır.

a) Madalyonun İki Yüzü: Refik Halit Sürgünlüğü Nasıl Karşıladı?

Sürgünde yaşamak, yazar için zor bir tecrübedir. Sürgünde ölme ihtimali, gelip geçen hayatı geri getirememek, geride bıraktıkları ve unutulmak gibi insani durum ve düşünceler yazarın aklından kolay çıkmaz. Adorno sürgüne gitmiş aydınların durumlarını "sakat kalmak" sözüyle tanımlarken aydınların bu sakatlığı kabullenmek zorunda olduğunu iddia eder: *"bütün mülteci aydınlar sakat kalmış insanlardır ve kendi gururlarının kapalı odasında bu gerçeği birdenbire anlayarak daha da sarsılmak istemiyorlarsa eğer, zayıflıklarını en başta kendilerine itiraf etmeleri yerinde olur."* (2014, s. 36). Bu alıntı sürgündeki aydınlar ve Refik Halit için de geçerlidir. Bununla beraber Refik Halit, yaşama motivasyonu yüksek bir kimsedir. Röportajlarında ve yazılarında böyle bir kişiliği olduğundan sık söz etmeyi tercih eder. *"Ben epiküryen yaradılışta bir adamım."* (Baydar 1959, s. 6) diyerek "epiküryen" sözcüğünün geniş anlam sınırlarında yer alan nitelikleri taşıdığını belirtir. Çevresi de Karay'ı hep böyle anlatır. Oğlu, babasını *"münakaşa, kavga, gürültü ve patırtıdan hoşlanmaz; hayatın kötü taraflarını görmemeye çalışır. Etrafındaki insanların daima nikbin (iyimser) olmasını ister."* (Akt. Aktaş 2004, s. 57) sözleriyle tanıtır. Refik Halit'e dair doktora çalışmasında Şerif Aktaş da *"yazar hayatının hiçbir devrinde kötümser olmamış, hangi şartlar altında olursa olsun yaşamayı sevmiştir."* (2004, s. 56) tespitini yapmıştır. Geneldeki ifadeler böyleyken bir parantez açarak söylemeli ki Turan Karataş, *Memleket Hikâyeleri*'ndeki bazı metinler özelinde Karay'ın ilk sürgünlüğünde bir süreliğine huzursuzluk ve karamsarlık yaşadığını belirtmiştir. (s. 84)

Belki de hayata pozitif bakma alışkanlığından Refik Halit Karay da kendi sürgünlüğünün olumlu sonuçlar doğurduğunu ifade etmiştir. Karay'ın, bir röportajında kendine yöneltilen soruya verdiği cevap böylesi bir tutumu yansıtmaktadır: *"Her iki Gurbet'im de çok faydalı oldu. Birincisinde Anadolu'yu tanıdım. İkincisinde dünyayı tanıdım. Ayrıca bu ikisinden de mühim bir faydam oldu: Eğer memleket içinde kalmış olsaydım, rejime karşı yapılan, girişilen birtakım irtica hareketlerine karıştırılmaklığım ve bu arada darağacına sürüklenmekliğim ihtimali vardı."* (Baydar 1959, s. 7). Sürgünlüğü hakkında yazanlar da yukarıdaki ifadeleri tekrarlamıştır. Mesela bir incelemede sürgünlüğün olumlu bir tarafı da olabileceği şöyle belirtilmiştir: *"Ama bunun bir de iyi yanı var: Refik Halid'in Anadolu'yu yakından tanımasına sebep olmuş ve hikâyeciliğimizde bir dönüm noktası sayılabilecek Memleket Hikâyeleri'nin yazılmasının önünü açmıştır."* (Özalp 2011, s. 3). Bir yazarı farklı yönlerden kısıtlayabilecek siyasi, ekonomik, sosyal duvarlar ve tehlikeler sürgün sayesinde ortadan kalkabilir. Böylece edebiyatçı zaman zaman kendini ana vatanından daha rahat ve özgür hissedebilmektedir. Edward Said de sürgünlüğü evde yaşayamayacak kadar kötü bir hâlden uzaklaşıldığı için ufak da olsa olumlu bir yönle anar: *"Sürgünlük bazen geride kalmaktan ya da çıkamamaktan evladır: Ama yalnızca bazen"* (2006, s. 33). Karay, 1926'da Rıza Tevfik'e gönderdiği bir mektubunda da *"öyle pek sabit ve muayyen bir vaziyette olmamakla beraber İstanbul'dakinden daha rahatım."* (s. 15) diyecektir.

Açıklamalar bir yana mektuplarına bakıldığında Refik Halit açısından sürgünlük madalyonunun olumsuz tarafı da bulunduğu görülür. Mesela Yazar 1926'da, henüz sürgünlüğünden bir hayat çıkarabilme aşamasındayken, bir "yabancılaşma/ötekileşme" psikolojisi içinde Rıza Tevfik'e eski dostları ve yöneticiler hakkındaki serzenişlerini iletip şu soruları yöneltmiştir: *"Ricâl-i hâzıraya uzaktan Ye'cûc Me'cûc seyreder gibi hayretle, fakat korkusuz bakmaktayım (...) Güya hemşehrilerim, ırkdaşlarım değillermiş gibi kendi kendime soruyorum: 'Acaba nasıl konuşurlar, nasıl yeyip içerler, ne biçim giyinirler?' Külliyen yabancı tesiri yapıyorlar."* (s. 22). Edward Said'in bir sözünü burada anmak gerekir: *"Sürgünler sürgün olmayanlara belli bir hasetle bakarlar. Onlar ortamlarına aittirler, oysa sürgün hiçbir zaman kendi yerinde değildir."* (2006, s. 33). Madalyonun diğer tarafında sürgün aydının bu ruh hâli görünmektedir. Bu mektupla yakın tarihlerde çıkmış *Doğru Yol*'daki yazılarından biri de Refik Halit'in ruh hâlinde Adorno'nun ve Said'in görüşlerine benzer değişimler olduğunu gösterir. Refik Halit, eskiden yakın olduğu dostu Yakup Kadri'den söz ettiği yazısında bir parantez açarak şu temennide bulunur: *"İnşallah sen de benim gibi ferceyâb firar ve bir güneşli diyarda berkarar olursun. Sen buraya gelirsin, ben oraya giderim; kırk yaşından sonra karşılıklı köşe kapmaca oynarız."* (1926, s. 2). Hem ilk alıntıda hem de üstteki pasajda Refik Halit'in kızgın ve kırgın ruh hâli açıkça gözükmektedir. Olumsuz ve benzer ruh hâllerini hemen her sürgün tecrübe etmiştir.

Yazar bu ilk yıllarında yaşadıklarını, özellikle uykuya dalarken, aklından çıkarmakta zorluk çekmiş gibidir. Rıza Tevfik'e şöyle yazmıştır: *"Ya içip uyuyor, daha doğrusu sızıyorum yahut da içmediğim, perhize kapandığım günler yürüyor, yoruluyor, başımı yastığa koydum mu uykuya kavuşuyorum."* (s. 22). Yazarın bir zamanlar çevresinde olan ve rejimle aynı dili konuşabilmiş eski dostlarının durumuyla kendi ötelenmişliğini kıyaslamasından kaynaklı bir nefreti vardır. Bir mektubunda Rıza Tevfik ve kendini kastederek İstanbul'da kalsalardı başlarını gelecekleri kurgularken mizantropi terimiyle açıklanabilecek bir kine sahiptir: *"Kancıklardan, enciklerden başlayarak bugün o it sürüsü bizlere nasıl bakarlar, sahibine güvenen köpekler gibi hırlayarak nasıl dişlerini gösterirler, hamle etmeğe müheyyâ dururlardı."* (s. 30-31). Bir diğer mektubundaysa başlarına gelenleri hak etmediklerini rejimin güzidelerinin rahatlıklarından bahsederek belirginleştirir: *"Bizlere bir sürü itlere mukadder olan intizâm-ı hayat, refah ve şenlik nedense müyesser olamıyor."* (s. 73). Karay, unutulmanın verdiği rahatsızlıkla da tepki içeren satırlar yazmıştır: *"Beş sene oldu, bir kerata çıkıp da hâlin nedir diye sormadı, Hâlbuki o memleket güya ölümüme³ ağlamış, diri bulunuşuma sevinmiş, beni çok severek okumuş kitaplarımı kapışmış, makalelerimi ezberlemişti."* (s. 31).

Söylenmeli ki bu ruh hâli Refik Halit üstünde devamlı duramamıştır. O bir süre sonra maddeler altında değinilecek farklı çıkış noktaları bulmuş ve ve çeşitli yollarla, bedenen olmasa da, ülkesine ulaşmayı bilmiştir. Tren postalarından bahsettiği bir mektubunda şu satırları kaleme alacaktır: *Bu kadar yakın olduğum memlekete gidememek ve gidip gelenleri görmek üzüntü ise de uzak olmaktan daha iyi... Gurbet hissi az duyuluyor ve insana gidivermek elinde imiş gibi geliyor. Şurasını samimiyetle söyleyim ki menfâyı kanıksadım"* (s. 51). Yaşadıklarını kabullenememe süreci bitince Refik Halit'in zamanın ve kendi kişiliğinin yardımıyla sürgünlüğünün içinden bir hayat çıkarabildiği görülmektedir. Bu bakımdan Karay, bir kirpi gibi içine kapansa da hayatta kalıp unutulmamayı ve kendini hem kalemiyle hem gündelik hayatıyla zinde tutmayı bilmiştir. Zamanla Türkiye'ye karşı olumsuz bakışı da ortadan kalkmıştır. 1926'da Cumhuriyet'in ilanından sonra zulümler yapıldığını ifade eden (s. 25-26) ve yeni yönetimi sert bir dille eleştiren Karay, affın yaklaştığı 1935'te *"ben, yeni Türk rejiminin hârikulâde icraâtı ve muvaffakiyâtı karşısında, kraldan ziyade kralcıyım."* (s. 144) sözlerini sarf edecektir. Karay'ın mektupları sınırlarındaki değişimi takip edilecek olursa burada bir çelişki ya da pragmatizm değil, hayatın doğal akışı ve 1922 sonrasındaki nefretin ortadan kalkması nedeniyle gelişen bir bakış açısının mevcut olduğu görülecektir.

b) İstanbul, Cünye ve Halep Üçgeni: Refik Halit'in Mekâna Bakışı

Sürgündeki yazar için yaşamını devam ettirmeye mecbur olduğu yeni ikâmet adresinin olumlu ve olumsuz tarafları bulunmaktadır. Yeni yaşam alanıyla ilgili en belirgin nokta, eski yaşama dair nostaljik karşılaştırmalara maruz kalmasıdır. Refik Halit, ikinci sürgünlüğünü Cünye (Lübnan) ve Halep'te (Suriye) geçirmiştir. Yazar için zaman zaman hissettiği nostalji duygusu dışında yeni mekâna alışmak zor olmamıştır. Bunun yanında bu yeni mekâna karşı eleştirileri de olmuştur.

Karay, doğup büyüdüğü şehir olan İstanbul'u ise hiç unutamamıştır. Sürgünlüğünün ilk yıllarında Türkiye'yle ilgili zihnindeki tek olumlu nokta doğup büyüdüğü şehir gibidir: *"Türkiye'de İstanbul'dan başka düşündüğüm ve özlediğim bir cihet de yok."* (s. 22). Bir mektubundaysa kıştan bahsederken konuyu belli imkânlardan yoksunluğa getirir. Karay, Beyrut ve Halep gibi yerlerde kışın keyifli olmayacağına inanıp şunları söyler: *"Soğuklar çok medenî memleketlerde ancak kabil-i tahammüldür, zevk-âverdir, eğlencelidir. Şevk verir, şetâreti arttırır (...) Lakin konforsuz diyarlarda maazallah..*

---

³ Refik Halit'in bir muziplikle kendi hakkında uydurma bir ölüm haberi yaymıştır.

İnsanın mâneviyatını bile kırıyor, bedbinlik, usanç veriyor." (s. 17). Benzer bir ifadeyi hastalıklar için de kullanmıştır: "*Konforsuz evlerde ve medeniyetsiz diyarlarda hastalık ayrı bir dert ve beladır.*" (s. 46). Karay'ın Cünye'de yerleştiği ev damı akan, içinde iskemle ve karyola bulunmayan ve taş yapısından dolayı eski bir kale burcunu andıran basit bir kulübedir. Karay buranın adını I. Dünya Savaşı'ndaki çöl muhareberlerinde adı geçen "Kal'atünnahl" koymuştur. (Karay, 2011, s. 234)

Görüldüğü gibi sosyalleşmeyi seven, epiküryen Refik Halit, yeni mekânını yetersiz bulmaktadır. Yazar, Halep'te karşıladığı soğuk bir kışa karşı zaman zaman sempatiyle de yaklaşır. Onun bu sempatisinin altında nostalji duygusundan kaynaklanan bir romantizm yatmaktadır. Sürgün yazar, geçmişi hatırlamaktan kendini alamaz:

Halep şimdi buz. Fakat sobalı odanın da -soğuk mevsimde- bir zevki var ki doymak kabil olmuyor. Zaten küçük yaşımızdan beri alıştığımız bu suni sıcak, hatıralarımızı uyandırmak itibariyle de tatlı… Kış Ramazanları, leblebili Vefa bozası, sahur vesâire, hepsi zihnimde canlanıyor (s. 90).

Karay, bazı konforsuz şartlar altında yaşamaya mecbur oluşunu biraz da Batılı bir yazar olmayışına bağlar. Ona göre hem kendisi hem de Rıza Tevfik, Fransız yazarlar olsalardı şimdi çok farklı şehirlerde hayatlarını devam ettireceklerdir: "*Amman'da kerpiç evde sen bedeviyette, ben Lübnan'da taş kovuğunda vahşette yaşayacağımıza, adlarımız Paul veya Pierre olsa, olabilseydi sen Cote d'Azur'deki kâşânede ben Bretagne'deki şatomda, şimdi, ne zaman, ne huzur, huzûr-ı kalb ve fikr ile ömür sürerdik.*" (s. 38). Refik Halit, sürgün mekânına yabancılığını bir nedene bağlarken kendi kişiliğine ve yazarlık mesleğine değinir. Onun tabii muhiti şehirdir: "*benim mesleğim itibariyle adama ve cemiyete ihtiyacım vardır. Muhabbet ve kinlerimi halk arasında iyi hissederim ve oradan aldığım tahassüsle yazabilirim. Benim kütüphanem insan kitlesidir. Yazı sermayem ahalidir.*" (s. 83). Yine bu bağlamda, doğal güzellikler kadar, yaşama muhtaç olduğunu belirtir: "*Cünye, şüphesiz ki pek güzel bir yerdir. Fakat dediğim gibi hayat uyuşukluğu ve aynı manzara karşısında bulunmak nihayet insanı bunaltır.*" (s. 140). Sürgün hayatının bu sakin şehirlerde devam etmesi Karay'ı sanatçı olarak da zora sokmaktadır. Yazar, inzivanın kendisi gibi bir yazar için yararlı olmadığını düşünmektedir: "*Bir yerlere gitmeli, bir şeyler, birtakım insanlar, eserler görmeli, bir sürü intibâlar almalıyız ki yazmağa, anlatmağa heves duyalım. Eski hatıraları da tükettik. Yenileri de incir çekirdeği doldurmuyor.*" (s. 143).

Yazarın zamanla sürgün mekânına uyum sağlayıp hayatından keyif aldığı da söylenmelidir. Yaylalara gezmeye gidip (s. 63, s. 148), çöl seyahatlerine çıkmış (s. 79), eğlenceli bol sohbetli kışlar da geçirmiştir. (s. 48). Refik Halit'in sürgünlüğünün genelinde olduğu gibi mekâna bakışında da olumsuzlukları kabullenmekle beraber elindekinden keyif alıp yeni durumuna uyum sağlamaya çabaladığı dikkati çekmektedir.

c) Gazeteler ve Kitaplar Arasında: Sürgündeki Refik Halit'in Dil Anlayışı

Bir yazarın evi sadece ülkesi ve şehri değil aynı zamanda dilidir. Sürgündeki yazar bu anlamda da evden uzaklık yaşamaktadır. Evden uzaklaşan yazar, farklı dillere yönelmekte ve eserlerini sürgüne yerleştiği ülkenin diliyle ya da uluslararası yaygınlığa sahip bir dille verebilmektedir. Refik Halit'in sürgündeyken evi olarak gördüğü Türkçeden başka bir dil kullanmadığı ve tüm yayınlarını anadilinde yaptığı görülür. Karay, Hatay ve civarında da dağıtılan Türkçe gazeteler çıkarmıştır. Dil sorunu çekmediğine dair sözleri şunlardır: "*Üç arkadaş başbaşa verdik, Doğru Yol'u çıkarıyoruz ve geçiniyoruz. Sonra bu havalide –İskenderun ve civarı hep Türk'tür- beni pek hüsn-i kabul ettiler. Hürmette kusur yok. Büyük bir meveddet, ihtiram gösteriyorlar, gönlümü alıyorlar."* (s. 15). Karay sürgün hayatında önce *Doğru Yol* sonrasında ise *Vahdet* gazetelerini çıkarmıştır. Sürgün hayatındaki değişim, kabullenme ve sonrasında destek süreci onun gazetecilik yaşamında da görülmektedir. Karay, *Doğru Yol* gazetesinde eleştirel yazılar yayımlamasına rağmen bir süre sonra düşüncelerinde büyük bir değişim olmuş ve eşi bayan Nihal'in de etkisiyle yazılarını yayımladığı *Vahdet* gazetesiyle "mütemayil-bitaraf" bir tutum benimsemiştir. (Ebcioğlu 1948, s. 67-68) Refik Halit, yazılarıyla Hatay'ın Türkiye'ye katılması konusunda da büyük yararlılıklar göstermiştir. O sürgündeki ilk zamanlarında henüz sürgünlüğün nefret duygusunu atamamışken bile itidalli bir tutum takınmayı ve gerek dil gerek içerik bakımından kendi değerlerinden uzaklaşmayı doğru bulmamaktadır. Rıza Tevfik'le yaptığı bir fikir alışverişinde yazı aracılığıyla kimselerin oyuncağı olmamaları gerektiğini belirtir:

> *Mütalâa beyânı için kendimde salâhiyet görmemekle beraber neşredeceklerini zanneyledikleri böyle âdi bir propaganda kitabında Feylesof Rıza'nın muhâkemâtını görmek istemediğimi bildirmekten kendimi alamadım. El-Vakt gazetesi ayda ancak bir iki nüsha neşredilir bir Bîçâre varak-paredir, yarısı Arapça, yarısı da Arapça hurufâtıyla Türkçe çıkar. Dünyada Arapça hurufâtıyla dizilmiş Türkçe yazı kadar zevksiz, galiz ne vardır ki... Zaten senden gazeteye değil, kitaba eser istiyorlar* (s. 25).

Karay'ın Türk diliyle ilgili gelişmeleri de takip ettiği görülmektedir. Bir mektubunda 26 Eylül 1932'de toplanan I. Türk Dil Kurultayı için kullandığı *"Kurultay ömür şey... Ne diyeceğimi, ne düşüneceğimi bilemiyorum."* (s. 88) cümlesiyle yürütülen çalışmaları biraz iğnelese de Latin harflerinin kabulünü desteklediği bellidir:

> *Ben esas itibariyle kabule mütemâyilim. İmlâda, telâffuz hususunda çektiğimiz müşkilâta en bâriz misaller, senin eş'ârının yanına ilâve ettiğin hâşiyeler ve kelimeler üstüne koyduğun harekelerdir. Ben de çok defa yanlış okunup bütün bir cümle ve fikrin zevki kaçmasın diye kelimelerimi değiştirmeğe, hatta fikrimden bile ferâgata mecbur olurum* (s. 25).

Yazar, doğacak çocuğu için isim ararken bile dille ilgili hassasiyetinin olduğunu belli eder ve Rıza Tevfik'ten onun isteğine uygun bir yardım ister: *"Erkek olursa adını Uğur koyacağım. Öz Türkçe bir kız ismi bulamadım (...)Acaba lütfedip bize Çağatayca mı olur, Uygurca mı bir isim bulur musun?"* (s. 112). Refik Halit'in ülkesinden sürgün edilmiş olmasına rağmen edebî verimine devam etmesi ve 1923 sonrasında dile karşı değişen bakış açılarını desteklemesi, onun dil ve yazın bakımından hem üretkenliğini koruduğunu hem de yeni rejimle dil düzleminde bir ortaklığı çabuk kurduğunu göstermektedir.

d) Sürgün Yazarın Kültürü ve Kimliği

Yazarın sürgünlük hâlini yaşarken sarıldığı en önemli değerler kültürü ve kimliğidir. Kültür konusunda Karay'ın muhafazakâr bir tutum takındığını ve yaşadığı bölgenin kültürüyle pek ilişkiye girmeyerek inzivaya çekildiği görülür. Karay, sürgüne gönderilmiş Türklerden oluşan küçük, kapalı ve korunaklı bir çevre oluşturmuştur kendine. Bu açıdan hayatlarını İngiliz levantenlerine benzetir: *"Bizim buradaki ömrümüz İngilizlerin yabancı illerdeki tarz-ı hayatı sistemindedir: Kendi kendimizin arasında yaşarız."* (s. 52). Bununla beraber Karay münzevidir. Bundan bazen şikâyetçi de olmaktadır. O günlerde kaleme aldığı ve evdeki yaşamının bir tarafını özetleyen cümleler şunlardır: *"Bir yerlere gitmeli, bir şeyler, birtakım insanlar, eserler görmeli, bir sürü intibalar almalıyız ki yazmaya, anlatmaya heves duyalım. Eski hatıraları da tükettik. Yenileri ise bir incir çekirdeğini doldurmuyor."* (s. 143). Karay üretse bile onu anlayan insan sayısı anavatanına göre daha azdır: *"Yirmi şu kadar senedir (...) uğraştım, daima soğukkanlılıkla, mizah ve hiciv ile mukabele ettim. (...) Fakat bu sefer, yabancı bir memlekette ve hiciv ve mizahı iyi anlayamayan, belki de hafif, zaif, âzic bulan bir yerde idim."* (s. 57). Bu yeni kültürde kendisi anlaşılmayan bir yazardır. Ama bu durum onun üretkenliğini zedelemez. Refik Halit gelecek günler için üretir. Üretmek zorundadır, çünkü Karay'ın gündelik hayatındaki birey kimliğine bile etki eden tarafı yazarlık mesleğidir. Yazar sürgün günlerinde kaleme aldığı metinlerini "edebî çeyiz"ler gibi görmektedir: *"Bir gün, belki, neşrolunur ümidiyle yazı yazayım. Bunları Suriye'de neşretmeyeyim ve saklayayım. Şimdi, bu kararla, her gün çalışıyorum. Bilmem sonunu getirebilecek miyim? Uzunca romanlardır."* (s. 148). Tekrarla söylenmelidir ki Refik Halit bir yazardır ve bu onun sosyal ve bireysel kimliğinin önemli bir parçasıdır. Bu kimliği koruyabilmek için uzun bir mücadele içindedir.

Karay'ın kişisel kimliğini inşa eden yazarlığının en belirgin yönlerinden biriyse tabiata dikkat ve alışılmışın/olması gerekenin dışındakini tespit edip bunu eleştirmeye, genellemeler yapmaya meyilli olmaktır. Bu eleştirilerde çoğu kez aşağılama, alay etme ihtiyacı da hissedilmektedir. Karay, bu noktadaki kişisel itiraflarını Rıza Tevfik'e gönderdiği mektuplarında toplar. İçinde bulunduğu durum için kendini suçlamaktadır: *"Huy...Huy canın altındadır, can çıkmayınca huy çıkmaz (....) Kafa tutmak, hem en lüzumlu yerde kafa tutmak, en lüzumsuz, faydasız işlerde külâh sallamak"* (s. 75). Karay, yurt içindeki ilk sürgünlüğüne de Talat Paşa'yı kastederek, hırkaya alışanlar birdenbire frak giyerlerse gülünç olurlar, (Karay, 2009, s. 62) dediği için gönderildiğini iddia eder. Bir dönem yakın dostu olmuş Yakup Kadri, Karay'ın "heccav" karakterini kirpi benzetmesiyle özetler: *"kendine Kirpi lakabını takan bu mizah yazarı bir köşeye çekilir ve adını andığı yaratığın dikenlerini andıran gülümsemeleriyle ortalığı seyre dalar; hattâ bazı kere kıs kıs güldüğü de olurdu."* (Karaosmanoğlu 2007, s. 57). Alıntılar dayanak yapılarak söylenebilir ki Refik Halit'in yaşadıklarında ve sürgün hayatı boyunca devam eden tecrübelerinde yazarlık kimliğinin en önemli tarafı olan alay ederek eleştirme ihtiyacının önemli bir payı bulunmaktadır. Yazar hakkında hazırlanan çalışmalarda epigraf olarak kullanılan *"Ben Olana, Olmuşa, Olacağa Muhalifim"* (akt. Karaer, 1998, s. 1) sözünü düşünürken muhalifliği kadar, alay etmenin ve heccav ruhlu bir yazar kimliğine sahip olmanın da ona karşı doğan tepkilerde payının olacağı unutulmamalıdır.

Refik Halit'in siyasi kimliği noktasına gelinirse, yazarın yurt dışı sürgününün ilk günlerinde gerek siyasi rejime gerekse yazar ve entelektüellere karşı nefret beslediği görülmektedir. Onun bir yazar ve aydın kimliğiyle başına gelenleri kabullenemediği anlaşılmaktadır. Türkiye'de kalan aydınların bazı pragmatik davranışlarını eleştirir: *"Benim yüreğimin yandığı nokta burasıdır, kısm-ı münevverin ahlâksızlığıdır. Halk daha iyi hareket ediyor"* (s. 41). Karay, içinde bulunduğu sürgünlük şartlarının ortaya çıkış nedenini ve "eve geri dönememe" krizini zamanından önce Türk kimliğiyle doğmaya bağlamaktadır: *"Mecburen girememek, hürriyetimi takyîd eden bir şeydir ki hoşuma gitmiyor! Asıl kabahat bizlerin zamanından evvel Türk olarak doğmaklığımızdadır."* (s. 42).

Zamanla ortadan kalkacak bu ruh hâlinin net bir örneği vatandaşlıktan çıkma/çıkarılma durumunda yaşanır. Şüphesiz vatandaşlık, insanın hem sosyal hem bireysel hem de siyasi kimliğini şekillendirir. Karay, sürgünlüğün başlarında vatandaşlık bakımından öteki ilan edilmenin tepkisini gösterirken tecrübesini hüsnütalille açıklayarak kendini yok sayan iradeye cevap verir:

Onlar beni tâbiiyetten çıkardıkları zaman ben zaten tâbiiyetlerinde bulunmuyordum. Bence zaten buna 'tâbiiyetten ıskat' ismi verilemez; 'tâbiiyetten âzâd' daha doğrudur. Mekteplere mahsus müntehebât kitaplarında mevcut yazılarımın altındaki imzalarıma, çocuklar okumasın diye kara damga vurmuşlar. Ne kurûn-ı vustâî ve ahmakça şey (s. 39).

Yaşadığı güçlükler Refik Halit'i yıpratsa da yıkamaz. Hatta kendisinin aleyhindeki basın, yayın camiasını kastederek Rıza Tevfik'e onlara inat yaşayıp neşelerini korumaları gerektiğinden söz eder. (s. 37) Karay, neşesini koruma yolunda farklı kültürel uğraşlar da edinmeye çalışır. Teknolojiyi takip ederek fotoğrafçılık ve radyo ile vakit geçirir. Yazarın gezileri dışında da bir aydın olarak kültürel eğlence ve etkinliklere vakit ayırması onun sürgünde güçlü kalabilmesinin nedenlerinden biridir. 1933'ten sonra sabahlara kadar radyo dinleyen (s. 101) Refik Halit'in bir aralık fotoğrafçılığı da hobi-meslek gibi benimseyip oryantalist sahnelerin peşinden gittiği görülmektedir:

Bir agrandisman makinası ısmarladım, basit şeydir, yalnız kağıdı pahasına koy koy, çek, büyült... Zaten artık filimleri evde ben kendim yıkıyor ve çekiyorum, fotoğrafçılarınki kadar güzel oluyor. Ahmak Amerikalının istediği şekilde yemek resimlerini Kurban Bayramı'nda köylere giderek ve bilhassa köylüleri yemekte yakalayarak çekeceğim. Zaten hatırımda idi: Mümkün mertebe orijinal şeyler elde etmeğe çalışırım. Çöllere seyahate gittiğim zaman bilmiş olsaydım ne mükemmel resimler temin etmiş olurdum. Fakat Amerikalı aklıyla etrafıma bakmamıştım ve bakamazdım da! (s. 97).

Refik Halit'in kültür ve kimlik açısından sürgün hayatının başında kendini ötelenmiş hissettiği fakat daha sonra hayata tutunmayı başardığı görülmektedir. Bu açıdan bir kimlik krizine düşmediği açıkça görülen yazar, bir süre sonra siyasi kimliği açısından da Türkiye'de yeni rejime uyum sağlamıştır.

e) Kayıp Giden Zaman

Yazar için zaman sorunu sürgünlükte ve ana vatandaki aktüalitenin farklılığından kaynaklanmaktadır. Sürgüne giden yazar, ülkesinden ayrıldığı zamanı bir nostalji duygusuyla hatırlar. İki farklı ülkede farklı gelişen aktüalite ve zaman akışı yazarın unutulması ve yabancılaşmanın artmasıyla da sonuçlanabilir. Refik Halit, ikinci sürgün hayatına başladıktan sonra Türkiye'deki anlık ve aktüel gelişmelerden kopmamak için elinden geleni yapar. Yakın bir coğrafyada yaşamanın avantajlarını kullanır. En büyük yardımcısı gazetelerdir. Aslında Türkiye'de kendisine karşı üretilen haberler son bulmadığı için gazeteleri okudukça rahatsız olur yine de kendine engel olamaz. Mesela yazılanların yalan olduğunu şu sözlerle ifade eder: *"Türkçe gazete hiç okumuyorum. Ağızdan düzdükleri destan fena değil, ben de biz de güldük."* (s. 70) Yine de anavatanındaki güncel bilgiyi merak etmektedir. Bu nedenle gazeteleri getirtmekten geri durmaz. Güncel bilgi bir yandan onu anavatanına yani asıl mekânına bağlarken siyasi sınırlar yazarı engellemektedir. Bu sürgünlüğün kaçınılmaz travmalarından biridir. Karay kendi tecrübesini şu sözlerle paylaşmıştır:

Burada Türk gazetelerini iki gün içerisinde alıyoruz. Ekspres sayesinde İstanbul kırk altı saatlik bir kapı komşusu. Bu kadar yakın olduğum memlekete gidememek ve gidip gelenleri görmek üzüntü ise de uzak olmaktan daha iyi... Gurbet hissi az duyuluyor ve insana gidivermek elinde imiş gibi geliyor (s. 51).

Karay, Sürgün'den dönüp İstanbul'a yerleştikten sonra da Türkiye'de uzun bir süre bulunmamanın ve burada geçen zamanın içinde yer alamamış olmanın sorunlarını çeker. Sonuç İstanbul'a ayak uyduramamak, insanlarla istediği gibi anlaşamamaktır. Zira o sürgündeyken anavatanında zaman farklı bir akış göstermiştir. Karay böylece bir ait olamama hissine kapılır. Döndükten sonra memleketi için *"Ne havasına ne halkına tamamen iklimleşemedik."* (s. 167) diyecektir. Doğal olarak İstanbul'a ilk geldiği zamanlarda bir yabancılık hissine sahiptir. Cemiyet hayatının içine girmeyi tercih etmeyecektir. Bunda yaşamının uzun senelerini başka bir yerde geçirmiş olması temel ektendir: *"Biz, henüz pek sosyete hayatına girmiyoruz, arzumuzu yaza saklıyoruz. Erkân ile sıkı temaslarım filan yok. Yarı münzevîyîz. Bu, icbâr neticesi değil, sırf kendiliğinden ihtiyâr etmiş bir tarz-ı hayattır."* (s. 169). Bu bağlamda Refik Halit'in eserlerinde hatırlamanın, eski zamanın önemli bir payı vardır. Onun sürgünlüğüne dair hazırlanan bir yüksek lisans tezinde yazarın "nostalji ve yaratıcılık kutuplarında yaşadığı sürgünlüğün detaylarını tüm eserlerine yansıttığı" (Karabulut 2011, s.   125) belirtilmektedir. Yüksek bir genelleme tonuna sahip olmasının yanında bu belirleme yerindedir. Refik Halit hep kendi dışında ilerlemiş bir zamana sonradan eklenmenin etkisiyle geçmişe dair ve hatırlamaya dayalı çok fazla metin üretmiştir.

Sonuç

Türkiye'de sürgün edebiyatı dendiğinde akla ilk gelen isimlerden Refik Halit Karay, 16 yıl süren yurt dışı sürgününde zorunlu evine uyum sağlamaya çalışmasına rağmen karşılaştığı mekân, dil, kültür, kimlik ve zaman krizlerinin tamamında ilkin nefretle karışık bir ruh hâlini deneyimlemiştir. Sonrasındaysa gündelik hayatın küçük lezzetleriyle dahi kişiliğini besleyebilme kabiliyeti ve yüksek yaşam motivasyonu sayesindeyse ayakta kalmıştır. Özellikle sürgünlüğünün ilk beş yılında, giderek azalan bir yoğunlukta da olsa, nefret duygusunu hissetmiş sonrasında giderek yumuşayan bir yaklaşımla hem yaşamını geliştirmiş hem de yeni rejimle aynı dili bulmuştur.

Sürgüne giden sanatçılar, yazarlar ve yöneticiler, kimliklerinden soyutlanarak ruhsal çöküntüler hatta benlik kırılmaları yaşayabilmektedirler. Sürgünde yazarların ruhen ve bedenen hastalandıkları, hatta hayatlarını kaybettikleri bilinmektedir. Refik Halit ise pek çok kimsenin unutulabileceği hatta sağlığını ve hayatını kaybedeceği bir sürgün hayatında içine kapanmış bir kirpi kadar dayanaklı kalmayı becermiştir. Bu kabiliyetiyle Cumhuriyet sonrası Türk edebiyatında edebî üretimini devam ettirip mevcut kanonun dışında değil merkezinde bulunmuştur.

Kaynaklar

Adorno, T. W. (2014). *Minima Moralia*, İstanbul: Metis Y.

Aktaş, Ş. (2004). *Refik Halit Karay*, Ankara: Akçağ Y.

Alberti, R. (1996). "Sürgünlük Sözleri", *Sürgün Edebiyatı, Edebiyat Sürgünleri*, Ankara: Bağlam Y., s. 297-298.

Apaydın, M. (2010). "Refik Halid ve Aydede", *Kitap-lık*, S. 144, s. 73-81.

Baydar, M. (1959). "Refik Halit Karay Anlatıyor", *Varlık*, 15 Ocak, S. 494, s. 6-7.

Ciocîrlea, Z. B. (2013). *Literature from Exile - Success and Alienation*, (PHD Thesis Abstract), Iaşi: "Alexandru Ioan Cuza" University of Iaşi Faculty of Letters.

Ebcioğlu, H. M. (1948). *Kendi Yazıları ile Refik Halid*, İstanbul: Semih Lûtfi Kitabevi.

Karaer, N. (1998), *Tam Bir Muhalif: Refik Halid Karay*, İstanbul: Temel Y.

Karabulut, D. (2011). *Sürgünlük Edebiyatı Bağlamında Refik Halid Karay'ın Yapıtları*, (Basılmamış Yüksek Lisans Tezi), İstanbul: İstanbul Bilgi Üniversitesi SBE.

Karaosmanoğlu, Y. K. (2007). *Gençlik ve Edebiyat Hatıraları*, İstanbul: İletişim Y.

Karataş, T. (2010). "Türk Edebiyatının Klasik Bir Eseri: Memleket Hikâyeleri", *Kitaplık*, S. 144, s. 82-89.

Karay, R. H. (ty). *Sürgün*, İstanbul: İnkılâp ve Aka Kitabevleri.

Karay, R. H. (1926). "Kalbürüstü 2 (Karaosmanoğlu)", *Doğru Yol*, 17 Mart 1926 Çarşamba, s. 2.

Karay, R. H. (2009). *Minelbab İlelmihrab*, İstanbul: İnkılâp Y.

Karay, R. H. (2011). *Bir Ömür Boyunca*, Ankara: TTK Y.

Özalp, N. A. (2011). *Refik Halid Okları Kırılmış Kirpi*, İstanbul: Kapı Y.

Said, E. (2006). *Kış Ruhu*, İstanbul: Metis Y.

Uçman, A. (2014). *Aziz Feylesofum Refik Halid'den Rıza Tevfik'e Mektuplar*, İstanbul: Dergâh Y.

Bölüm 23. 19. Yüzyıl Ortalarında Osmanlı Romanlarının Sosyal ve İktisadi Yapısı: Edirne Şehri Örneği

Muhammed Tağ[1]

Giriş

Gelenek ve göreneklerine son derece bağlı olan Romanlar, göçebelik gibi temel özelliklerini yitirmeden Osmanlı Devleti içinde varlıklarını sürdürdükleri gibi yerleşik düzene geçerek toplumla daha iyi bir uyum da sağlamışlardır. Yerleşik Romanların toplumla daha iyi bir bağ kurduğu, göçebe Romanlara yönelik Divan'a iletilmiş olan şikâyetlerin sayısının çok daha fazla olmasından anlaşılmaktadır. Romanların, içtimai ve sosyal yapısına uygun olarak sisteme uyum sağlamalarına yardımcı olunarak, geleneksel mesleklerini icra edebilecekleri Osmanlı Geri Hizmet Teşkilatı içine dâhil edilmişlerdir. Bu teşkilat içinde sahillerde gemi yapımı, inşası ve tamiri, köprü inşası, menzillerde zahire toplanması, ordunun nakliye işleri ve kalelerin onarımında istihdam edilmişlerdir (TAĞ, 2015, s. 18-19). Romanların mesleki becerileri toplum içerisinde özel bir konumda olmalarını sağlamış ve bu becerileri doğrultusunda çeşitli kademelerde istihdam alanı bulmuşlardır.

Edirne'de Romanların Yaşadığı Mahallelere Ait Bilgiler[2]

Osmanlı Devleti'nde Tanzimat Dönemi ile birlikte merkezi yönetim anlayışı güçlendirilmeye çalışılmış bu çerçevede birçok idarî ve sosyal düzenleme yapılmıştır. Dönemin başlarında nüfus kayıtları üzerine yapılan çalışmalar artmış, yüzyılın sonuna gelindiğinde ise eksiksiz ve doğru sonuçlar veren sayımlar ortaya konulmuştur (Elibol, 2007, s. 136). Çalışmamızın temelini oluşturan Temettûat defterlerinde ise bu çalışmaların bir getirisi olarak emlak ile beraber nüfus sayımının yapılması da amaçlanmış ve defterler bu doğrultuda hazırlanmıştır (Yıldırım, 2011, s. 87).

Edirne'de karşılaşılmış olan arşiv kayıtları mahalle mahalle ayrılarak farklı defterlerde değil tek bir defter içerisinde birkaç mahalle art arda sıralanarak tutulmuş ve doğrudan mahalle isimleri verilerek ayrılmışlardır. Romanlar bahsetmiş olduğumuz defterlerin en sonuna "Mahalle-i mezkûrda olan Kıptî ahalilerinin emlak ve arazi ve temettünün defteridir" (BOA. ML. VRD. TMT. Nr. 5855, s. 17) gibi açıklamalar yapıldıktan sonra bir nolu haneden başlanarak sıralanmışlardır. Defterlerde Romanlara ait bütün bilgiler düzenli bir sistem üzerinden kayıt altına alınmıştır. Romanların, hane no, sıra no, hane reisi ismi, lakabı, meslek bilgilerinin yanı sıra hane reisinin vermiş olduğu vergiler, tarla, bağ, bahçe, hayvancılık, meslek ve kira gelirlerine ait bilgilere ulaşılmıştır. 1844–45 yılları arasında tutulmuş olan defterler, sosyal ve iktisadi hayata dair toplumun geçmişine ışık tutacak bilgiler barındırmaktadır.

Romanların yaşamış oldukları Mahallelere ait hane sayıları ve tahmini nüfus bilgileri aşağıdaki tabloda verilmiştir.

---

[1] Muhammed TAĞ, Trakya Üniversitesi Roman Dili ve Kültürü Araştırmaları Enstitüsü Araştırma Görevlisi, muhammedtag@trakya.edu.tr
[2] Çalışmamızda ele almış olduğumuz kaynaklarda Romanlar Kıpti olarak kaydedilmişlerdir ancak toplumsal hassasiyete dikkat edilerek Roman ismi kullanılmıştır.

Tablo 1

Edirne'de Yaşayan Romanların Bulundukları Mahalleler ve Hane Sayıları (BOA. ML. VRD. TMT. Nr. 16924, 16741, 5855)

Sıra No	Defter No	Mahalle Adı	Mahalledeki Toplam Hane sayısı	Tahmini Nüfus Toplamı	Roman Hane sayısı	Tahmini Roman Nüfusu
1	5855	Mümin Hoca Mahallesi	68	340	9	45
2	5855	Yıldırım Bayezid Mahallesi	49	245	22	110
3	16741	Alemdar Mahallesi	31	155	5	25
4	16741	Cami-i İbrahim Paşa Mahallesi	119	595	7	35
5	16741	Daye Hatun Mahallesi	93	465	29	145
6	16741	Evliya Kasım Mahallesi	39	195	3	15
7	16741	İmaret-i Mezid Bey Mahallesi	60	300	15	75
8	16924	Cedid Kasım Paşa Mahallesi	54	270	1	5
9	16924	Mirahur Ayaz Bey Mahallesi	45	225	6	30
TOPLAM			**558**	**2790**	**97**	**485**

Tabloda görüldüğü üzere 5855, 16741 ve 16924 numaralı defterlere kayıtlı dokuz mahallede Roman nüfus ile karşılaşılmıştır. Tabloda verilmiş olan tahmini nüfus rakamları 5 ile çarpılarak elde edilmiştir. Tahminen verilen bu rakamlar toplumun ve coğrafyanın yapısına göre değişiklik gösterebilmektedir (Barkan, 1953, s. 12). Buradaki tahmini rakamlardan yola çıkarak Romanların en yoğun yaşamış oldukları mahallenin 29 hane ve 145 kişilik tahmini nüfus ile Daye Hatun Mahallesi olduğu görülmektedir. Daha sonrasında ise 22 hane ve 110 kişilik tahmini nüfus ile Yıldırım Bayezid Mahallesi gelmektedir. Roman nüfusunun en az olduğu mahalle ise bir hane Roman'ın yaşadığı Cedid Kasım Paşa Mahallesi'dir. 16924 numaralı defterde kayıtlı olan hane reisiyle ilgili olarak Merkum Zen-i İbrahim Paşa Mahallesinde bu sene işbu Cedid Kasım Paşa mahallasına nakil itmiş olduğundan virgüsü olmadığı şeklinde bir açıklama yapılmıştır (BOA. ML. VRD. TMT. Nr. 16924, s. 57). Bu durum Hane reisinin mahalleye yeni taşınmış olduğunu göstermekle birlikte Romanların mahalleler arasında özgürce yer değiştirdiklerini de göstermektedir.

Tabloda görüldüğü üzere Romanlar dokuz mahallede 97 hane olarak yaşamışlardır. Romanların tahminen nüfusu 485 kişi olarak hesaplanmıştır. Bu da dokuz mahallede yaşayan tahmini 2790 kişinin %13.5'ini Romanların oluşturduğunu göstermektedir. İsimlerinden anlaşıldığı üzere hepsi Müslüman Romanlardır ve gayrimüslim Roman kaydına rastlanmamıştır. Romanlar, mahallelerde diğer Müslüman nüfusla birlikte yaşamışlar ve Edirne genelinde bulunan 63 gayrimüslim mahallesinde hiç Roman'a rastlanmamıştır.

Romanların Hane Reisi İsimleri ve Lakapları

Kişi isimlerinin özellikleri bir toplumun dini yapısı, kültürü ve dünya görüşü açısından belirleyici özellikler göstermektedir. Hatta bir dinin mezheplerine dair özellikler dahi gözlemlenebilmektedir. Bu bakımdan toplum içinde kullanılan isimler birçok açıdan dikkate alınabilir.

Temettuât Defterlerine Hane reisi isimleri genel olarak baba isimleri ve lakapları ile birlikte Ahmed İbn Hacı Hasan örneğinde olduğu gibi kaydedilmiştir. Bazı şahısların ise baba adı kullanılmamış doğrudan lakap ve isim verilmiştir. Defterlere kayıtlı Romanlar için nadir karşılaşmış olduğumuz memleket isminden sonra lakap ve şahıs isminin de yazılmış olduğu görülmüştür.

Romanlar tarafından kullanılan isimlerin toplum genelinde Müslümanların kullanmış oldukları isimlerle aynı olduğu görülmektedir. Hane reisleri tarafından en fazla kullanılan isim Ali ismidir. Toplam 16 hane reisi tarafından kullanılarak diğer isimlere oranla oldukça fazladır. Ali isminden sonra ise 12 kez kullanılan Hüseyin ismi gelmektedir. 10'ar kez kullanılmış olan Mustafa ve Mehmet isimlerinden sonra 8 hane reisi tarafından kullanılan Abdullah ve Ahmed isimleri en fazla kullanılan isimler arasında yer almaktadır. Hasan ve İbrahim ismi 6, İsmail ismi 5, Halil ve Salih isimleri 3, Şaban ismi ise 2'şer hane reisi tarafından kullanılmıştır. Bekir, Mercan, Nasuh, Nuri, Ömer, Recep ve Süleyman isimleri ise birer kez kullanılmıştır.

Edirne Temettuât Defterlerindeki kayıtlı Romanlarda en fazla Hacı lakabı ile karşılaşılmıştır. Hacı lakabı genel olarak hacca gitmiş olanlara verilmekte olduğu düşünülürse bu kişilere de bu amaçla verilmiş olabilir. Hacı lakabından sonra en fazla kullanılan lakap ise Kara'dır. Sonrasında Kör lakabı gelmektedir. Temettuât defterlerine kişilerin bazı fiziksel özellikleri de kaydedilmiştir. Örneğin bir kolu olmayan kişi için bir kolu çolak, gözü görmeyen için âmâ gibi açıklamalar bildirilmiş olmasına rağmen burada bu lakabı kullanan kişilerle ilgili deftere kayıt edilmiş herhangi bir özellik bulunmamaktadır. Öte yandan Topal lakabını kullanan kişi için de deftere yukarıdaki örneklerde olduğu gibi herhangi bir açıklamada bulunulmamıştır. Birer hane reisi tarafından kullanılmış olan Meslek bildiren lakaplar ise; Bağcı, Davulcu, Lağımcı, Sülükçü ve Tarakçı'dır (BOA. ML. VRD. TMT. Nr. 16924, 16741, 5855). Filibeli lakabı ise İmaret-i Mezid Bey Mahallesinde 7 numaralı hanede yaşayan kişi tarafından kullanılmıştır (BOA. ML. VRD. TMT. Nr. 16741, s. 30). Bu kişinin Filibe'den ne zaman geldiğine dair herhangi bir açıklamaya rastlanmamıştır.

İktisâdî Hayat

Temettuât defterlerinde iktisâdî hayata dair kayıtlar, hane reislerinin sahip olduğu kira gelirleri, meslek gelirleri, hayvancılıktan elde edilen gelirler, bağ-bahçe gelirleri, tarımsal gelirler gibi gelir grupları ve bu gelirlerden devlete ödenmiş olan vergilerden oluşmaktadır.

Romanların yaşamış oldukları mahallelerde tarımsal faaliyetle ilgili kayıtlar, bağcılık ve harir[3] bahçeciliği şeklinde kaydedilmiş olan tarımsal alanlardır. Bağcılık 3 ayrı mahallede 13 hane tarafından ortalama 21,75 dönümlük arazide yapılmıştır. Bu arazinin tamamında üzüm yetiştiriciliği yapılırken toplamda 1739 kuruş gelir elde edilmiştir (BOA. ML. VRD. TMT. Nr. 16741, s. 16, 30, 63-64). Bağcılık haricinde yapılan diğer tarımsal faaliyet 2 ayrı mahallede sadece 5 hane tarafından 8 dönümlük arazide yapılmış

---

[3] Harir; İpek anlamına gelmektedir (Sami, 1899, s. 546).

olan harir bahçeciliğidir. Harir bahçelerinden elde edilmiş olan gelir ise 335 kuruştur (BOA. ML. VRD. TMT. Nr. 16741, s. 16, 40-41).

Edirne'de hayvancılığa ait Romanların elde ettiği herhangi bir gelir kaydı bulunmamaktadır. Ancak defterlerde karşımıza çıkan 3 adet merkep ve bir adet dişi buzağı kaydı bulunmaktadır. Merkeplerin, meslek kayıtları girilmemiş olan Cami-i İbrahim paşa mahallesindeki hane reislerine ait olması bu kişilerin yapmış oldukları işlerde bu hayvanlardan yararlanmış olduklarını göstermektedir (BOA. ML. VRD. TMT. Nr. 16741, s. 63).

Edirne'de yaşayan Romanların sahip oldukları mesleklerden elde ettikleri gelirleri ve bu gelirlerin hane başına düşen ortalamaları aşağıdaki tabloda gösterilmektedir.

Tablo 2

Edirne Romanlarının Meslekleri, Meslek Gelirleri ve Hane Başına Düşen Ortalamaları (BOA. ML. VRD. TMT. Nr. 16924, 16741, 5855)[4]

Sıra No	Meslek Adı	Karşılaşma Sıklığı	Meslek Geliri Toplamı (Kuruş)	Hane Başına Düşen Gelir (Kuruş)
1	Çalgıcı[5]	18	5190	288
2	Teymurcu	14	4780	341
3	Salcı sürücülüğü	6	600	100
4	Odun yarıcılığı	5	1700	340
5	Lağımcı	4	1560	390
6	Teymurcu Kalfalığı	3	700	233
7	Sürücülük	3	500	300
8	Kalaycı	3	600	200
9	Sepetçi[6]	3	870	290
10	Araba Kiracılığı	2	800	400
11	Çapacılık	2	600	300
12	Tarakçılık	2	550	225
13	Kiracılık	2	900	450

---

[4] Hazırlanan tabloda sadece meslek geliri olanlar dikkate alınmıştır. Mesleği belirtilmiş olup çeşitli sebeplerle mesleğini yapamayan veya yapmayan kişiler, bulundukları mahalleden göç etmiş olanlar ve babasının ya da kardeşinin yanında çalıştığı için meslek gelirleri olmayanlar bu tabloya kaydedilmemiştir.

[5] Burada 18 kişi tarafından yapılmış olarak verilen Çalgıcı mesleğini yapan kişi sayısı deftere 16 kişi olarak kaydedilmiştir. Fakat burada 11 hane numaralı Süleyman ibn İsmail'den sonra 12 hane numarası ile kaydedilmiş olan Merkumun oğlu Süleyman'ın ve 22 hane numarası ile kaydedilmiş olan Hüseyin ibn Mustafa'dan sonra 23 numaralı haneye kaydedilmiş olan Merkumun oğlu Ahmed için meslek belirtilmemiş fakat bu kişilerin meslek gelirleri yazılmıştır. Bu kişilerin babaları ile aynı işi yaparak çalgıcı oldukları düşünülerek çalgıcılar arasına yazılmıştır.

[6] 5. dipnotta belirtmiş olduğumuz durumun aynısı burada da geçerlidir. Kayıtlarda 2 kişi olan sepetçi mesleği burada 3 kişi olarak verilmiştir. Çünkü Daye Hatun Mahallesinde 8 hane numaralı İsmail İbn Mustafa'nın aynı haneye 2 sıra numarası ile kayıtlı olan Oğlu Ali'nin 150 kuruş temettü var fakat meslek belirtilmemiş babası ile aynı işi yaptığı düşünülerek beraber verilmiştir.

14	Dakik kepeği celbi	2	130	65
15	Hizmetkâr[7]	2	450	225
16	Hamallık	1	300	300
17	Harmancılık	1	200	200
18	Talikacılık	1	400	400
19	Sayıcılık[8]	1	400	400
20	Keyk Celbi	1	200	200
21	Arabacılık	1	300	300
22	Ahbar[9]	1	150	150
23	Hatab Zebhlik	1	100	100
24	Kömürcülük	1	100	100
25	Mehter[10]	1	100	100
26	Salcılık	1	200	200
27	Ayuculuk	1	200	200
28	Maymunculuk	1	150	150
29	Tablakârlık[11]	1	400	400
30	Hallaclık[12]	1	400	400
TOPLAM		**86**	**23530**	**274**

Edirne'de yaşayan Romanların geneline bakıldığı zaman en fazla çalgıcılık mesleği ile uğraşılmış olduğu görülmektedir. Toplamda 18 hane tarafından yapılmakta olan çalgıcılığın 5190 kuruş temettü bulunmaktadır. Bu temettü ile geliri en yüksek olan meslek olarak karşımıza çıkmaktadır. Burada dikkat çeken durum ise çalgıcılık yapanların tamamının Daye Hatun Mahallesinde yaşıyor olmasıdır. Çalgıcılığın ortalama 288 kuruş kişi başına temettü bulunmaktadır. 14 hane reisi tarafından yapılan Teymurculuk mesleğinin toplam geliri 4780 kuruş olup ikinci sırada bulunmaktadır. Teymurculuk mesleğinin hane başına düşen geliri ise 341 kuruş olarak hesaplanmıştır. Hane başına düşen gelire göre en yüksek gelir getiren meslek ortalama 450 kuruşluk kazancı ile kiracılıktır. Kiracılıktan sonra ortalama 400 kuruş gelir sağlayan hallaclık, tablakârlık, sayıcılık, talikacılık ve araba kiracılığı meslekleridir. Hane başına düşen

---

[7] Bu hizmetkârlık mesleğini yapan iki kişiden biri olan ve Yıldırım Bayezid Mahallesinde 22 hane numarası ile yaşayan Mehmed Bin Ahmed'in meslek kısmında Tebaalık olduğu yazmakta olmasına rağmen ismin altındaki açıklama kısmında Hizmetkârlıktan Temettü yazmış olmasından dolayı Hizmetkâr olarak kaydedilmiştir (BOA. ML. VRD. TMT. Nr. 5855, s. 19).

[8] Koyun sayanlar için kullanılan bir ifade olarak bilinmiş olmasına rağmen zamanla deve ve Camus ve sair ehlî hayvanları sayan memurlar içinde kullanılmıştır (Karamursal, 1989, s. 143).

[9] Haber verme, Bildirme, Anlatma, Malumat verme yetiştirme gibi anlamları bulunmaktadır Bkz: (Sami, 1899, s. 79) .Büyük ihtimalle falcılık ya da tellallık işi ile uğraşan bir kişi olabilir.

[10] 1. Yüksek rütbeli hizmetkâr, 2. Çadırlara bakan uşak, 3. At uşağı, 4. Mızıkacı, 5. Kavas, Babıali çavuşu, 6. Rütbe, nişan müjdecisi, çaylak. Bkz: (Develioğlu, 2015, s. 720).

[11] 1. Başında tabla ile ufak tefek satan gezici esnaf, 2. Yemek yenirken iş gören hizmetçi anlamlarına gelmektedir Bkz; (Develioğlu, 2015, s. 1210).

[12] Pamuk, yatak, yorgan satan kimse. Bkz: (Develioğlu, 2015, s. 381).

meslek geliri en düşük olan meslek ise 65 kuruşluk kazanç ile dakik kepeği celbi mesleğidir.

Romanlara ait meslekler olarak bilinen ve 80'li yılların Türk sinemalarında sürekli işlenmiş olan ayı oynatıcılığı mesleği burada ayuculuk, maymun oynatıcılığı mesleği ise maymunculuk olarak karşımıza çıkmış bulunmaktadır. Yine burada dikkat çeken bir diğer meslek ise salcı sürücülüğü mesleğidir. Edirne'nin coğrafi konumu itibariyle Meriç ve Tunca nehirleri bu meslek için son derece uygundur. Bu kişilerin nehir üzerinde salcılık yapmış oldukları düşünülebilir. Burada sürücülük ve arabacılık diye ayrı ayrı kaydedilen meslekler günümüz Edirne'sinde genellikle Romanlar tarafından yapılmakta olan Fayton sürücülüğü olarak düşünülebilir.

Edirne'de yaşayan Roman hane reislerinden yalnızca bir kişinin dilenci olarak kaydedilmiş olduğu görülmektedir. Yıldırım Bayezid Mahallesinde Ali Bin İsmail isimli kişi için yapılan açıklamadan Hizmetkârlığa dahi kudretinin olmadığı anlaşılmakta, çalışmama sebebinin hastalık, yaşlılık gibi sebepler olduğu düşünülmektedir. Yine bu kişinin meslek kısmında saillik ile meluf idüğü yani dilencilik yapmakta olduğu kayıt altına alınmıştır (BOA. ML. VRD. TMT. Nr. 5855, s. 19).

Edirne'de ele almış olduğumuz dokuz mahalledeki 558 hanenin elde etmiş olduğu toplam temettü 258.718 kuruş olarak kaydedilmiştir.[13] Bu rakam içinde 97 hane olan Romanların temettü ise 27.446 kuruştur. Yüzde olarak verecek olursak 258.718 kuruş içinde Romanların elde etmiş oldukları temettü toplamın %10,60'ını oluşturmaktadır.

Yukarıdaki bilgilerde görüldüğü üzere Romanların genelinin sahip oldukları gelirin büyük çoğunluğunu meslek gelirleri oluşturmaktadır. Meslek gelirleri haricinde ek gelir olarak küçük tarım arazilerinde yapmakta oldukları bağcılıktan elde etmiş oldukları gelirler görülmektedir. Romanların el becerisine dayalı ve özel yetenek isteyen meslekleri icra etmiş olmaları tarım ve hayvancılık gibi mesleklerden uzak kalmalarına sebep olmuştur.

Vergi

Osmanlı Devleti, çok geniş topraklara sahip olup, bu topraklar üzerinde çok farklı ırk, dil, din, örf, âdet ve kültürlere ait vatandaşları barındıran bir devletti. Birçok yönüyle birbirinden farklı olan bu vatandaşların durumunu göz önünde bulundurması gereken devlet, yine bağlı bulunduğu hukukî sistemin içinde onları yönetmek ve bunun karşılığında onlardan bazı mükellefiyetler beklemekteydi. Bu mükellefiyetlerin en başında ise devlet ve toplum faaliyetlerinin devamını sağlamak açısından olmazsa olmaz olan vergi alması gelmekteydi (Karamursal, 1989, s. 59).

1844/45 yıllarına ait defterlerdeki araştırmalar neticesinde Romanlardan alınmış olan vergi türleri ve miktarları aşağıdaki tabloda verilmiştir.

---

[13] Burada vermiş olduğumuz rakam, mahallelere ait olan defterlerin en sonuna kâtiplerin yazmış oldukları toplam temettü kaydı dikkate alınarak yapılan hesaplamada elde edilen toplamı vermektedir.

Tablo 3

Edirne Romanlarından Alınan Vergilerin Mahallelere Göre Dağılan Miktarı ve Genel Toplamı (BOA. ML. VRD. TMT. Nr. 16924, 16741, 5855)

Mahalle Adı	Vergi-i Mahsusa (Kuruş)	Mal-ı Mirisi (Kuruş)	Mal-ı Maktu'u (Kuruş)	Aşar Vergisi (Kuruş)	Toplam Vergi (Kuruş)
Alemdar Mahallesi	141	-	120	75,5	336,5
Evliya Kasım Mahallesi	50	-	90	-	140
Daye Hatun Mahallesi	196	-	980		1176
Mirahur Ayaz Bey Mahallesi	33	115	45[14]		193
İmaret-i Mezid Bey Mahallesi	455	-	525	24,5	1004,5
Yıldırım Bayezid Mahallesi	236	755	-		991
Mümin Hoca Mahallesi	78	300	-		378
Cami-i İbrahim Paşa Mahallesi	207	330	-	96,75	633,75
Cedid Kasım Paşa Mahallesi	-	15	-		15
TOPLAM	**1396**	**1515**	**1760**	**196,75**	**4867,75**

Edirne'de yaşayan Romanların bulunduğu mahallelerde vergi kayıtları tamamıyla ismin üzerinde yer almıştır. Burada yaşayan Romanlardan alınmış olan vergiler vergi-i mahsusa, mal-ı miri, mal-ı maktu'u ve aşar vergileridir. Defterlerde karşılaşılmış olan Mal-ı Miri ve Mal-ı Maktu'u vergilerinin sadece Romanlardan alınmış olduğu görülmektedir. Maktu' ifadesi bir vergi mükellefinin ya da mükellefler topluluğunun topluca ödeyeceği düzenli vergi bedelidir (Özvar, 2003, s. 5). Kıptîlerin resmî cürüm ve cinayet ile bedava serbestiyet resimlerini çeribaşıları alarak hükûmete cizye namıyla maktu bir vergi verirlerdi. Buna ise "Kıptîyan mal-ı maktu'u" denilirdi (Karamursal, 1989, s. 170). Mal-ı Miri ise, devlete ait gelirler ve gelir anlamında kullanılan bir kelimedir. Diğer bir deyişle mal-ı miri devlet malı anlamına gelmektedir (Pakalın, 1946, s. 399). Romanlar emlâk ve arazi vergisiyle de mükellef tutulmuşlar mal-ı miri vergisi bu maksatla alınmış bir vergi türü olarak karşımıza çıkmaktadır (Karamursal, 1989, s. 170). Burada dikkat çeken unsur ise mal-ı miri vergisi alınmış olandan mal-ı maktu vergisi alınmamış, mal-ı maktu'u vergisi alınmış olandan ise mal-ı miri vergisi alınmamıştır. Bu iki vergi türünün de cizye vergisi namıyla alınmış olduğu düşünülmektedir. Bu duruma, Mirahur Ayaz Bey mahallesindeki altı haneden ilk üçünden mal-ı maktu'u vergisi son üçünden ise mal-ı miri vergisi alınmış olması ve bunların hepsine de en düşük cizye oranını temsil eden edna ifadesinin konulmuş olması açıklık getirmektedir (BOA. ML. VRD. TMT. Nr. 16924, s. 12).

Yukarıdaki tabloda görülmektedir ki mahallelerden alınan en fazla vergi mal-ı maktu'u olarak kaydedilmiş olan vergidir. 1760 kuruş olarak toplanmış olan verginin büyük çoğunluğu en kalabalık mahalle olan Daye Hatun Mahallesinden alınmıştır. Daha

---

[14] Buradaki ifade de sene-i sabıkada vermiş olduğu ifadesinden sonra yazılmış olan mal-ı maktu'u ifadesinin altında en düşük vergi dilimini gösteren ifade yer aldığı için hesaplamamız bu duruma göre yapılmıştır.

sonrasında ise 1515 kuruş ile mal-ı miri vergisi alınmıştır. Vergi-i Mahsusa ise en fazla İmaret-i Mezid Bey Mahallesinden toplanmış olup mahalleler genelinde 1396 kuruş olarak tahsis edilmiştir. Vergiler arasında en az alınan vergi ise Aşar vergisidir. Genellikle çalgıcılık ve demircilik gibi geleneksel mesleklerini icra ettikleri için toprakla uğraşmamış olmaları aşar vergi miktarının az olmasının bir sebebidir.

Osmanlı Devletinin vergi politikasında Romanları üç gruba ayırmış olduğu düşünülmektedir. Bunlardan birincisi Gayrimüslim Romanlardır. Bunlar için ekstra bir yaptırım olmayıp direk cizye vergisi almıştır. İkinci grupta ehl-i perde olarak gördüğü Romanlar bulunmaktadır. Bu kişileri gerçek Müslümanlar olarak görmemiş ve oranını gayrimüslimlerden aldığının daha altında tutarak cizye vergisi almıştır. Üçüncü grup ise gerçek Müslüman olduğuna inandıkları yani cemaatle camiye giden, çocuğunu İslami kurallara göre yetiştiren, dini uygulamaların hepsini yerine getiren kişilerdir. Bu gruptaki kişilerden ise Cizye vergisi almamış Müslüman ahaliden aldığı verginin aynısını almıştır (Dingeç, Kocaeli Sancağı'nda Çingeneler ve Cizye Meselesi, 2015, s. 553). Bu ayrımda, Uzunköprü şehrinde yaşayan Müslüman Romanlardan cizye vergisi alınmamışken, Edirne şehir merkezinde yaşayan Müslüman Romanlardan cizye vergisi alınmış olması örnek olarak gösterilebilir (TAĞ, 2015, s. 68-76, 145).

Sonuç

Romanlar toplum içerisinde özel yetenek gerektirecek meslekleri icra ediyor olmaları istihdam alanı açısından büyük avantajlar elde etmelerini sağlamıştır. Romanların Hane reislerinin neredeyse hepsinin bir mesleği ve bu meslekten geçimini sağladığı bir geliri bulunmuş, hasta ve yaşlı olanlar ise toplumun desteği ile yaşamlarını sürdürmüşlerdir. Romanların yaşamış olduğu mahallelerde sail yani dilenci olarak kayıtlı kişi sayısı sadece bir kişi olması Romanların toplum içinde aktif ve üretken bir rol aldığının göstergesidir.

Kaynakça

Başbakanlık Osmanlı Arşivleri (BOA). ML. VRD. TMT. Nr. 5855.

Başbakanlık Osmanlı Arşivleri (BOA). ML. VRD. TMT. Nr. 16741.

Başbakanlık Osmanlı Arşivleri (BOA). ML. VRD. TMT. Nr. 16924.

Barkan, Ö. L. (1953). Tarihi Demografi araştırmaları ve Osmanlı Tarihi. *Türkiyat mecmuası*, 1-26.

Develioğlu, F. (2015). *Osmanlıca-Türkçe Ansiklopedik Lûgat*. Ankara: Aydın Kitapevi.

Dingeç, E. (2004). Rumeli'de Geri Hizmet Teşkilatı İçinde Çingeneler (XVI). Yüzyıl). *Anadolu Üniversitesi Sosyal Bilimler Enstitüsü Tarih Anabilim Dalı Basılmamış Doktora Tezi*. Eskişehir.

Dingeç, E. (2015). Kocaeli Sancağı'nda Çingeneler ve Cizye Meselesi. *Uluslararası Gazi Akçakoca ve   Kocaeli Tarihi Sempozyumu* (s. 547-554). Kocaeli: Kocaeli Büyükşehir Belediyesi Kültür ve Sosyal   İşler Daire Başkanlığı Yayınları.

Elibol, N. (2007). Osmanlı İmparatorluğu'nda Nüfus Meslesi ve Demografik Araştırmaları. *Süleyman Demirel   Üniversitesi İktisadi ve İdari Bilimler Fakültesi Dergisi, 12*(2), 135-160.

Karamursal, Z. (1989). *Osmanlı Malî Tarihi Hakkında Tetkikler*. Ankara: Türk Tarih Kurumu.

Özvar, E. (2003). *Osmanlı Maliyesinde Malikâne Uygulaması*. İstanbul: Kitapevi Yayınları.

Pakalın, M. Z. (1946). *Osmanlı TArihi Deyimleri ve Terimleri Sözlüğü C.2.* İstanbul: MEB.

Sami, Ş. (1899). *Kamus-ı Türkî.* İstanbul: İkdam Matbaası.

Tağ, M. (2015). Temettuat Defterlerine Göre Edirne'de Romanlar. *Trakya Üniversitesi Sosyal Bilimler   Enstitüsü Tarih Anabilim Dalı Basılmamış Yüksek Lisans Tezi.* Edirne.

Yıldırım, B. (2011). Osmanlı Devleti'nde Yapılan İlk Modern Nüfus Sayımına (1881/1882-1893) Göre   Edirne'deki Ermeni Nüfusu. *Trakya Üniversitesi Edebiyat Fakültesi Dergisi, 1*(2), 85-101.

Bölüm 24. İvan Alekseyeviç Bunin'in *Lanetli Günler* Eserinde Ekim Devrimi ve İç Savaş'ın Halk ve Entelektüel Kesim Üzerindeki Etkisi

Nuray Dönmez[1]

Bunin, Rusya tarihinde derin izler bırakan 1917 Ekim Devrimi'nin hemen sonrasında günlük tutmaya başlar. Bu dönemlerde Rusya, devrim sonrası ülkenin maruz kaldığı İç Savaş içerisindedir. Ülkenin yaşadığı bu zorlu günlerde Bunin'in *Lanetli Günler (Окаянные[2] дни)* adlı günlük şeklinde tuttuğu eseri, dönemin atmosferini yansıtması açısından oldukça önem taşır.

Lanetli Günler, en özgür edebiyat türlerinden biri olan günlük şeklinde yazılmıştır. Günlükler yaşama dair güvenilir belgelerdir. Günlükler, yaşanan olayları ve bu olayların yarattığı izlenimleri günü gününe yansıttığı için oldukça önem taşırlar. Bu yönüyle tarihi, biyografik veya anı türü için birer belge niteliği taşırlar. Yazar, devrim sonrası ve İç Savaş günlerinde yaşadığı duygu, düşünce ve izlenimlerini canlı tutmak için günlük türünü seçer. Ayrıca yazar, kendini bir çıkmazın içinde hissettiği bu günlerde günlük tutarak ruhsal açıdan rahatlamaya çalışır.

Bunin, günlüğü şu şekilde değerlendirir: *"...günlük, en mükemmel edebi türlerden biridir. Yakın gelecekte bu türün diğer tüm türlerin yerine geçeceğini düşünüyorum."* (… дневник, одна из самых прекрасных литературных форм. Думаю, что в недалёком будущем эта форма вытеснит все прочие.) (Алексеева 2003, s. 132)

O dönemlerde günlük şeklinde eser çıkaran tek yazar Bunin değildir. *Lanetli Günler*'in çıkış dönemi ile paralel olarak Z. Gippius'un *Siyah Defter (Чёрная тетрадь)* ve *Mavi Defter (Синяя тетрадь)*, Vasili Rozanov'un *Çağımızın Kıyameti (Апокалипсис нашего времени)*, Aleksandr Blok, Mihail Prişvin ve daha birçok yazarın günlük türünde yazılmış eserleri çıkar. (Алексеева 2003, s. 132)

Lanetli Günler ilk olarak uzun aralıklarla (1925'ten 1927 yılına kadar) *Vozrojdeniye* adlı Paris gazetesinde yayımlanır. 1933 yılında Bunin'e Nobel Edebiyat Ödülü verilmesinin ardından, Berlin yayınevi olan *Petropolis*, yazarın makale derlemelerini çıkarmaya karar verir. *Lanetli Günler*, bu derlemenin onuncu cildinde, gazetedeki şekline kıyasla üzerinde uzun süre çalışılmış haliyle yeniden çıkar.

Lanetli Günler, SSCB'de hiçbir zaman yayımlanmaz, ilk olarak 1935'te Berlin'de yayımlanır. Rus okuyucusuna ulaştığı yıllar ise ancak 90'lı yıllar yani "demokratik devrim" in doruk noktasına ulaştığı zamanlarda mümkün olur. Eser özlem, umutsuzluk, olup bitenlerin anlamsızlığı, devrimi yapanlara yönelik alaycı bir tavır, nefret ve Rusya'nın tüm güzelliğinin öldüğünü anlama hissiyle doludur. (Алексеева 2003, s. 137)

1917 Ekim Devrimi gerçekleştiğinde Bunin 47 yaşındadır. Bunin'e göre devrim, Rus Edebiyatının gelecek yıllarda yaşayacağı yıkıma yardımcı olur. Bu sürecin başlangıcını Bunin, 19.yy. sonu 20.yy. başında ortaya çıkan dekadan ve modernist akımla ilişkilendirir. Bunin, bu yönde olan yazarların bir devrim kampı içerisine

---

[1] Rusça Okutmanı, Trakya Üniversitesi, nuraysahinkaya@trakya.edu.tr
[2] S. İ. Ojegov'un *Rus Dili Sözlüğü (Словарь Русского Языка)*'nde, *"okayannıy"* (окаянный) kelimesi *"dışlanmış, lanetli"* olarak tanımlanırken, D.N. Uşakov'un *Modern Rus Dili Büyük Açıklamalı Sözlüğü (Большой Толковый Словарь Современного Русского Языка)*'nde bu tanıma ek olarak *"utanç verici"* betimlemesi yer almaktadır. (Ожегов 2005, s. 24) (Ушаков 2008:594).

düştüklerini söyler. (Столбов, Амелина 2009, s. 39) Bunin için devrim; bir nevi hayat çizgisinin değişimi, yakın ve değerli olan her şeyin yıkılışı, çöküşü anlamına gelmektedir. Yazar devrimi halkın acı çektiği bir oyun olarak görmektedir. Bunin'e göre devrim; toplu öldürmeler ve yağmalamalar, insan yaşamını hor görme, gelişmemiş bilinçlerin bilerek uyguladığı alçak demagojiler, özerk yönetim, keyfi verilen rütbeler, yaşam alanlarının tüm normlarının yıkılması, kaba, küçük, alçak insanların zaferi, değerli ve soylu insanların küçük düşürülmesidir. Bunin'i devrimde en fazla dehşete düşüren şey ise, birilerinin ötekilere her gün uyguladığı kitlesel şiddettir. (Алексеева 2003, s. 138)

7 Şubat 1918'de *Vlast Naroda* gazetesinde yer alan başlık şöyledir: *"Korkunç saat geldi. Rusya ve devrim ölüyor. Herkesi, kısa süre öncesine kadar parlayarak dünyayı aydınlatan devrimi korumaya çağırıyoruz."* (Настал грозный час – гибнет Россия и Революция. Все на защиту революции, так ещё недавно лучезарно сиявшей миру!) (Bunin 1990, s. 3) Yazarın bu başlığa yorumu: *"O parlarken gözleriniz bulanıklaşmadı mı?"* (Когда она сияла, глаза ваши бесстыжие?)olur. (Bunin 1990, s. 3) Çünkü yazara göre, ülkeyi bir çıkmazın içine sürükleyen devrim günleri, halkı sonrasının nasıl olacağı belli olmayan bir geleceğe sürüklemektedir. Yazara göre devrim, ülkeye felaketten ve kanlı günlerden başka bir şey getirmemiştir. Bu konuda yazar *"Devrimler beyaz eldivenlerle yapılmaz."* (Революции не делаются в белых перчатках...) (Bunin 1990, s. 20) der.

Yazar, sokakta yaşanan olayları gözlemlediğinde askerlerin ve işçilerin dizlerine kadar kana bulandıklarından, yaşlı bir albayın canlı canlı ocakta yakıldığından bahseder. Ayrıca yazar bir tramvaydaki atmosferi anlatır. Tramvaydaki savaşmaktan yorulmuş, barışı bekleyen, evlerine dönmek isteyen askerleri betimler. Bunin, tramvayda tam bir cehennem havası olduğunu, ellerinde torbalarıyla çok sayıda askerin Moskova'dan kaçtığını, çünkü askerlerin çoğunun Petersburg'u Almanlardan korumaya gönderileceklerinden korktuğunu, bu yüzden de kaçtıklarını söyler. Halk da dahil olmak üzere herkes Rusya'nın Almanlar tarafından işgalinin çoktan başladığına emindir. Bunin, halkın durumunu anlatmak için *"Biz karanlık bir halkız"* (Мы народ тёмный) (Bunin 1990, s. 6) der.

27 Şubat 1918'de devrimin birinci yıl kutlaması yapılır. Ancak sokaklarda halk yoktur. Sebebi kış koşulları, fırtınalı hava değildir. Bunun başlıca sebebi devrimden yorgun düşmüş halkın artık sokaklara dökülüp gösteriler yapma arzusunun kalmamasıdır. Sokakta gördüğü insanlar arasından değneklerine yaslanarak yürüyen yaşlı bir kadın, ağlayarak Bunin'e yaklaşır ve ona Rusya'nın otuz yıllığına kaybolduğunu söyler.

Bunin, *Vlast Naroda*'da çalışan Yuliya'dan Moskova bankalarının Almanlara devredileceğini ve Alman saldırısının devam etmekte olduğunu öğrenir. Yazar 17 Mart'ta Moskova'nın Alman yönetimi altında olacağı söylentisi üzerine taşınma planlarını hızlandırır. Köylerle ilgili olarak ise; köylülerin çalarak toprak ağalarına dönüştükleri söylenmektedir. Yazar günlüğünde Bir önceki yıl Mayıs ve Haziran aylarında General Kornilov'un idam cezasını getirdiği söylentilerinden sonra sokaklarda yürümenin imkansız hale geldiğinden, her gece bir evde yangın çıktığından bahseder.

Fransız ve Yunan askerlerinin saldırısı üzerine Moskova düşer. Bunun üzerine yazar Odessa'ya taşınır. Bunin'e göre şehrin sakinleri gerçek anlamda yaşamayan, nefes almayan, evlerinde oturan ve sokağa az çıkan insanlardan oluşmaktadır. Şehir kendini zapt edilmiş hissetmektedir. Yazar, sokaktan gelip geçenleri gözlemlediğinde korku içerisinde olan sefil bir halk gördüğünü söyler. Oysaki devrim günlerinde Bunin için halk demek; ifade dolu bakışlar, yüksek sesle bağrışan insanlar veya mitingde yapılan bir konuşma demekti.

Bunin, biraz yiyecek stoğu yapmak için dışarıya çıkar. Her yerin kapanacağı, hiçbir gıda ürününün kalmayacağı söylentisi herkesin dilindedir. Gerçekten de yazar henüz kapanmamış olan bakkallarda da hiçbir şeyin kalmadığını görür. Bulunan yiyecekler de oldukça pahalıdır.

Yazara göre her gün birbirinin aynıdır. Günlerini boş ve uzun, gereksiz günler olarak nitelendirir. Tıpkı halk gibi o da umutsuzluk içindedir. Bu karanlık günlerde neden yaşadığını sorgulamaya başlar. Yaptığı her şey anlamsızlaşır. *"Aslında hepimizin kendini asma vakti çoktan geldi. Sindirilmiş, acı çektirilmiş, tüm yasal haklarından yoksun bırakılmış olarak alçakça bir kölelik içerisinde, arkası gelmeyen alaycılık ve aşağılanmaların ortasında yaşıyoruz"* (В сущности, всем нам давно пора повеситься, -так мы забиты, замордованы, лишены всех прав и законов, живем в таком подлом рабстве, среди непрестанных заушений, издевательств!) (Bunin 1990, s. 27) der.

Bunin, Rusya'yı her zaman güçlü, yüce ve bağımsız olarak görmek istemiştir. Ancak Ekim Devrimi'nden sonra çevresindeki her şey, onu Rusya'nın sonunun geldiğine inandırır. Bu yıllarda aldığı notlarda *"son"* ve *"ölüm"* kelimeleri, Bunin'in sıkça kullandığı kelimeler olur. Örneğin; 21 Mart'ta Almanların saldırısına uğrayan Moskova'nın düşmesi üzerine şöyle der: *"Ölümümüzün üzerinden yaklaşık üç hafta geçti..."* (Уже почти три недели со дня нашей погибели...) (Bunin 1990, s. 18) " *...bu lanet olası hayatın sonu, çöküşü..."* (... конец, крах этой проклятой жизни!) (Bunin 1990, s. 24) *"Edebiyatın sonu geldi."* (Литературе конец.) (Bunin 1990, s. 17) vs. Devrim sonrası artık yeni bir Rusya vardır. Eski Rusya geride kalmıştır. Bunin, Moskova için şöyle der: *"Ebediyen sonu gelen eski Moskova!"* (Старая Москва, которой вот-вот конец навеки) (Bunin 1990, s. 17)

19. yy. sonu 20.yy. başı, üç devrim ve bir dünya savaşı yaşayan Rusya tarihinde global bir kırılmaya hazırlanma dönemi olur. Kuşkusuz bu olayların her biri yaratıcı entelektüelleri de etkiler. Rusya ve devrim sorunu, keskin bir dille ve karşıt görüşlerle 19. yy. sonu 20. yy. başında Rus Edebiyatında ciddi krizlerden biri olarak ortaya çıkar. Devrimden tüm halk oldukça fazla etkilenir. Ancak özellikle entelektüel kesim, devrim karmaşasında kendini kaybeder ve yeni yönetimle uyum içerisinde olamaz. Entelektüellerin çoğu devrimi kabullenemediği için toplum içerisindeki yerlerini sorgulamaya başlarlar. Bu belirsizlik onları bir çıkmaza sürükler. Düşünce özgürlüğüne getirilen kısıtlamalar ise bu kesimin yaşadığı en büyük zorluk olur. Devrimde yerini bulamamış, devrimin dışında kalmış entelektüel kesim, yerini bulamadığı için yıkıcı kalabalık arasında yer almaz. Sonuç olarak ortaya hem devrimi anlamayan hem de kabullenmeyen bir insan topluluğu çıkar. Bu durum düşünen entelektüel kesimde, hiçbir şeyi olumlu yöne çeviremmenin verdiği bir güçsüzlük hissi yaratmakla kalmaz, aynı zamanda hayal kırıklığına sebep olur. Столбов, Амелина 2009, s. 36-37)

Bunin, *Yazar Yayınevi*'nin toplantısına katılmaya gider ancak yönetim kurulu toplantısının yapılmasına yeni yönetim izin vermez. 5 Şubat 1918'de ise Bunin, edebiyat topluluğu olan *Sreda*'nın toplantısına katılır. Orada yönetim karşıtı olan tüm basın organlarının yeni bir şekle bürünmesi gerektiği, yeni yönetim tarafından bu şekilde bir emir geldiği konuşulur. Yani ülkede yazılı veya sözlü hiçbir yönetim karşıtı düşünceye izin verilmeyen bir atmosfer oluşur. *Russkiye Vedomosti* gazetesi, yazar B. Savinkov'un makalesi yüzünden kapatılır. Basın işleri yetkilisi Podbelskiy'in *Fonar* dergisini kapattığını ve dergiyi mahkemeye verdiğini anlatır. Gerekçe ise halkı kaygı ve paniğe sürükleyen makalelere yer verilmesi olarak gösterilir. Bunun üzerine Bunin, *"her dakika ölenlerin olduğu ve talan edilen bir nüfusta ne kaygısı, ne endişesi"* (Какая забота о населении, поминутно ограбляемом, убиваемом!) (Bunin 1990, s. 16) der. *Sanat Çevresi*'nde yapılan toplantıda, Bolşeviklerin sansürüne karşılık olarak gazeteciler protesto hazırlıkları yaparlar. Ancak bu protestolar gerçekleşemez.

Bunin, adeta devrimin bir gereği gibi düşünüldüğü için devrim sonrası herkesin yönetim ile aynı görüşte olmaya başladığını söyler. Mimar Malinovski'nin eşi oldukça kültür yoksunu, hayatı boyunca tiyatroya hiç ilgi duymamış biridir. Malinovski ve eşi Lenin'le yakın ilişki içerisinde olan Gorki'nin arkadaşı oldukları için tiyatro yetkilisi seçilirler. Bu örnek üzerinden Bunin, devrimi kabul eden, yönetim yanlısı kişilerin hak etmedikleri konumlara geldiklerini vurgular. Rus şair Aleksandr Blok'la ilgili olarak Bunin, onun tutkulu bir Bolşevik, Lunaçarski'nin özel sekreteri olduğunu yazar. *Golos Krasnoarmeytsa* gazetesinde onunla ilgili çıkan bir haberden bahseder. Haberde *"Blok bir rüzgar gibi Rusya'yı ve devrimi duyuyor."* (Блок слышит Россию и революцию, как ветер.) (Bunin 1990, s. 20) cümlesi geçmektedir. Bunin bu sözün laf kalabalığından ibaret olduğunu söyler. Çünkü yazar kan nehirleri, gözyaşı denizleri varken ve herkes mağdur durumdayken bu sözlerin yersiz olduğunu düşünmektedir. Bunin, Rus yazar Valentin Rasputin için ise *"zampara, sarhoş Rasputin, Rusya'nın kötü kalpli dâhisi"* (Развратник, пьяница Распутин, злой гений России) (Бунин 1990, s. 13) der. Böylece Bunin, Blok ve Rasputin'e yönelik yaptığı eleştirilerle, entelektüel kesimden devrimi kabullenen kişilere karşı tepkisini ortaya koymuş olur.

İvan Alekseyeviç Bunin (1870-1953) Rusya'yı 26 Ocak 1920'de, Odesa'dan kalkan bir gemiye binerek terk eder. İstanbul, Sofya ve Belgrad üzerinden Fransa'ya ulaşır. Bunin ve ailesi, Fransa'nın güneyinde küçük bir şehir olan Grass'a yerleşirler. Burada, okuyucular yeni Bunin'in ürettiği eserlerle tanışırlar: *Lanetli Günler* (Окаянные дни), *Arsenyev'in Yaşamı* (Жизнь Арсеньева), *Karanlık Park Yolları* (Тёмные аллеи) vd.

Lanetli Günler, Bunin'in en acımasız ve trajik eseri olarak yorumlanır. Pesimist bir ruh haline bürünen yazar, 11 Haziran 1919'da günlüğünde ifade ettiği şu hislerin etkisinde kalmıştır: *"Kendimde olarak, ayık ve korkuyla uyanınca anladım ki, ben bu hayatta hem fiziksel hem de ruhsal olarak ölüyorum."* (Проснувшись как-то особенно ясно, трезво и с ужасом понял, что я просто погибаю от этой жизни и физически и душевно.) (Смирнова 2012, s. 64)

Özlem, umutsuzluk, olup bitenlerin anlamsızlığı, devrimi yapanlara yönelik alaycı bir tavır, nefret ve Rusya'nın tüm güzelliğinin öldüğünü anlama hissiyle dolu olan bu eserde Bunin, aslında halkın devrimi hiçbir zaman istemediğini, devrimi asıl başlatanın yönetim olduğu görüşünü savunur. Bunin bu günlük aracılığıyla 1920'li yılların Rusya'sının durumunu betimleyerek okuyucuya sunmuş olur.

Kaynakça

Ожегов, С.И.(2005). Словарь русского языка. (24). Москва: "ОНИКС 21 век", "Мир   и   образование".

Ушаков, Д.Н. (2008). Большой толковый словарь современного русского языка.

Москва: "Альта-принт".

Алексеева, Л.Ф., Скрипкина, В.А., (2003, 24-25 Июня). Малоизвестные страницы и новые концепции истории русской литературы XX. века. Материалы международной научной конференции. Москва: МГОУ.

Бунин, И.А.(1990). Окаянные дни.Москва: Издательство «Советский писатель».

Столбов, В.П., Амелина, М.Г. (2009). Взгляды П. А. Сорокина и И. А. Бунина На Русскую Революцию. Общество. Среда. Развитие.(Terra Humana).(3)

Даниэлян, Э.С. (2005). Литература русского зарубежья (1920-1940). Ереван: Издательство «Лингва».

Смирнова, А.И. (2012). Литература русского зарубежья (1920-1990). Москва:Издательство «Флинта».

Bölüm 25. Türkçe, Yunanca, Farsça ve Ermenice Dillerinde Masallar Bağlamında Dil Göçü

Serli Seta Nişanyan[1]

Giriş

Toplumsal olgular ve yaşanmışlıklar, toplumsal psikolojiyi derinden etkilemektedir. Bu nedenle, yapılan araştırmalarda görülmektedir ki; en eski edebi türlerden biri olan masallar, toplumsal hafızanın yeni nesillere aktarılma yollarından en güçlü olanıdır.

Bu çalışmada, dinamik olan ve sürekli etkileşime maruz kalan masalların, göç ile ilişkilendirilerek edebiyattaki etkisi irdelenmektedir. Böylelikle, masalların dil ve yaşanmışlıklar açısından gösterdikleri farklılık önemsenmekte, kıyaslanmakta ve dilin, göç ile birlikte nasıl evrim geçirdiği ve fiziksel olarak yaşanan göç esnasında aslında dil göçünün de yaşandığını göstermek amaçlanmaktadır.

Masallar Türkçe, Yunanca, Farsça ve Ermenice dillerinde ele alınmakta ve bu diller içerisinde ne şekilde etkilenmelerin yaşandığını masallar bağlamında değerlendirilmektedir. Yapılan literatür taraması ve röportajlarla birlikte çalışma detaylandırılmaktadır. Bu çalışma, Türkçe'de Figen Ürer ile 2016'da İstanbul'da, Yunanca masallar alanında Apostolos Karderinis ile Atina'da 2016 yılında, Farsça'da Hüseyinzade Ailesi ile İstanbul ve İran'da 2017 yılında, Gohar Gurdikyan ile Ermenistan'da 2015 yılında ve yine Ermenice'de İstanbul'da Sultan Balıkçı ile yapılan 2014 tarihli röportajlar ile desteklenmektedir.

Toplumsal dil olgusunun masallar bağlamında göç yaşayan toplumlarda çocukları ne şekilde etkilediği ele alınmakta, kültürlerin tarihsel süreçlerinde yaşadıkları her durum, her toplu olay toplumsal dil benliğine kayıt olmakta ve bu nedenle kişilerin kullandıkları kelimeler, cümle yapıları da bu duruma göre değişmekte olduğu irdelenmektedir. Çalışmada, toplumun etkilendiği ve geleceğe taşımak isteyeceği toplumsal duyguları göç neticesinde şekillenen dilin kullanım alanı olan edebiyat incelenmektedir. Edebiyatta, masalın varoluşu ele alınmaktadır. Bu nedenle kişilerin hayatlarını etkileyen kelimelerin masallarda ki kullanımları, toplumsal psikoloji, edebiyat kültürü, gelecek nesillere toplumsal tarihin ve duyguların aktarılması açısından önemi, masallar üzerinden vurgulanmakta ve değerlendirilerek çeşitli bulgulara ulaşılmaktadır.

Çalışma esnasında görülmüştür ki, Türkçe, Yunanca, Farsça ve Ermenice dilleri neredeyse diğer kültürlere göre yakın dönemlerde ve sayıca daha fazla göç yaşamıştır. Bu nedenle, göç esnasında erkeklerin öldürüldüğünü ya da çocukların daha güçsüz olarak bu zorlu şartlara dayanamadıklarını düşünürsek masalların anneler vasıtası ile yeni topraklara göç ettiği görülmektedir.

1. Masal Nedir?

Masallar, bir sonraki nesillere (çocuklara) yaşanmışlıkları direk ya da dolaylı anlatmakta olan bir edebi türdür. "Gündelik hayatımıza masal kelimesi esas anlamının dışında iki anlamda kullanılmaktadır. *Bana masal anlatma* dediğimizde, karşımızdaki insanın sözlerine inanmadığımızı belirtiriz ve o kişinin ustaca yalan söylemiş olduğuna inanırız. Bu anlamı oldukça olumsuz olmakla birlikte, *masal gibi* dediğimizde, ise olağanüstü, büyüleyici bir şeyle karşı karşıya kaldığımızı belirtmiş oluruz" (Coşan, 2001, s. 1). "Masal, bir disiplin olarak anılmayı hak eden özel bir tür olmasının yanı sıra

---

[1] Serbest iletişim kuramcısı ve araştırmacı.

disiplinin düz tanımına da ihtiyaç duyar. Fantastik yapısı, içerdiği tutku, coşkulu yanı ve elbette romantik dalgalanmaları, bir masal dedektifi için dikkat dağıtıcı olabilir ne de olsa. Oysa simgelerin peşinden gidilip ideolojik altyapısı çözüldüğünde, kurduğu gerçekliğin ve kurnazca alt bene işlediği iletilerin, yarattığı hayallerden çok daha şaşırtıcı olduğu ortaya çıkacaktır" (Sezer, 2012, önsöz).

Bu nedenlerle masal çocuklara özellikle uykunun hemen öncesinde anlatılmaktadır. Bu süreçte masalların anlatılması da geçmişi, ailelerin gizli yönlendirmeleri ve mesajları ile yeni neslin bazı olguları, bilgileri, gelenekleri unutmaması için uygulandığı düşünülmektedir. Çünkü bu uyku öncesi süre unutulmaması istenilen şeylerin beyinde normal zamana göre daha rahat kodlanmasını sağlamaktadır. Uykunun tamda bu noktada öneminden bahsetmek gerekmektedir. "Nörobilim alanında yapılan araştırmalar; beyin gelişimi, çocukların nasıl öğrendiği" gibi bilgileri bize sunmaktadır (Aktaran: Keleş & Çepni, 2006, s. 74; Thomas, 2001). Bu çalışmayı destekleyecek yan bilim dallarından biri olan nörobilim, önemli bir yer tutmaktadır. "Düzensiz uykunun özellikle yetersiz uykunun, öğrenme, bir konuya odaklanma, bir bilgiyi öğrenme ve yeni bilgileri uzun süreli belleğe kaydetmede sorunlar ortaya çımasına neden olduğu bilinmektedir. Bu nedenle öğrencilerin uyku düzenlerinin iyi olması gerekmektedir" (Aktaran: Keleş & Çepni 2006, s. 79. Prigge, 2002, s. 237-241). Uykunun kaliteli olması için de hemen öncesinde anlatılan masallar, ileri ki yaşlarda yapılan konuşmalar genç bireyi etkilemekte ve uyku kalitesini etkilemektedir.

Bebeklik ve çocukluk dönemlerinde ailelerin masal anlatması ya da bebeği rahat uykuya geçmesini sağlamak için kendi ürettikleri anlatılar bulunmaktadır. Bu anlatılar ya da önceden bilinen masallar kendi fikir, duygu ve bebeğin/çocuğun rahatlamasını sağlamak amaçlı düşünceler kullanılarak aktarılmaktadır. "Çocukların karşılaştığı ilk edebi tür masaldır. Anlatıma dayalı ve kendine has bir mantığı olan masal, bütün kültürlerde çocuk edebiyatının ilk ve en önemli kaynağı olarak kabul edilmektedir. Masallar gerçek değil, hayal ürünleridir. Gerçeklik masallara dolaylı olarak yansır"(Aktaran: Şahin, 2011, s. 209, Propp, 2001, s. 141). Masallar aynı zamanda hayal gücünü güçlendiren bir türdür. Gerçekten bir tavşanın ya da kurbağanın konuşması mümkün değildir ancak aile masal anlatırken anlatmak istedikleri duyguyu bir tavşanın ya da kurbağanın üzerinden anlatarak ilgi çekmeye çalışmakta ve çocuğun hayal gücünü de bu şekilde kuvvetlendirmektedir. Diğer yandan da aktarmak istedikleri duyguyu bu şekilde aktararak daha kalıcı hale getirmektedir.

Dil dinamik bir yapı olma özelliği sayesinde dış etkenlerden fazlasıyla etkilenerek orjinalliğini zaman içerisinde kaybedebilmektedir. Göç yaşayan bölgelerden gelen insanların beraberlerinde aynı zamanda dillerini de getirdikleri düşünülürse çok önemli bir dil göçü de sağlanmış olmaktadır. Bu nedenle toplumsal hafıza, yeni nesillere geçmişin aktarımı, dil göçünün yaşanması ve dilin evrilmesi açılarından edebiyatın bir dalı olan masallar son derece önemli görevler üstlenmişlerdir. Göçün masallarla yeni nesillere aktarılan bir kültür mecrası olduğu gibi, dil göçünün de yaşandığı, duygu ve toplumsal göç hafızasının da masallar ile yeni nesile aktarıldığı yapılan görüşmelerde de ortaya konulmaktadır.

Aynı zamanda masallar göç yaşanırken çocuklara yaşanan acı, üzüntü duyguları hissettirmemek için oyunla anlatılmaktadır. Bu da yaşanan travmalar da çocukların daha az etkilenmesi düşünülmektedir. "Oyun, çocukluktan itibaren bireylerin kişilik oluşumunda etkili olan bir etkinliktir. Yaşama dair öğrenilen hemen hemen herşey oyun yoluyla öğrenilmektedir" (Batur, 2008, s. 148). Oyun yoluyla öğrendiği konular, çocuk zihninde daha hızlı ve kalıcı yer eder. Sade anlatımlı masallar bu kalıcılığı artırmaktadır. Giriş, gelişme ve sonuç içeren masallar haricinde ileri yaşlarda hayal kurma yetisi oluşan çocuğa masalın sonunu kendisinin tamamlaması da istenmektedir.

Propp'unda masal incelemelerini ikiye ayırarak incelediği gibi; genel ve özel kurallarla ele alarak incelenmekte olan masallar, hayal kurma yetisini kuvvetlendirmek ve yeniden yaratma dürtüsünü harekete geçirmek gibi etkilerinin de olduğu düşünülerek gruplara ayrılmaktadır. Genel ilkeler; masalı ortamında, içinde yaratılmış olduğu dönem ve duygu açısından ele alınmakta. Özel kurallar ise; masal kurgusunun matematiği açısından ele alınmaktadır. Masalın ortaya çıkış nedeni olarak Saim Sakaoğlu'nun ele aldığı nedenlerle olduğunu düşünebiliriz. "Üstün fikrin, idealin hiç değilse hayal âleminde gerçekleşmesini sağlamak; güçsüzlüğümüz sebebiyle doğru olduğunu bildiğimiz halde gerçekleştiremediğimiz bazı ideal fikirlerin tahakkukuna yardım etmek" şeklinde özetlenebilir" (Sakaoğlu, 1999, s. 159-160). Ancak burada belirtilen *gerçekleştiremediğimiz bazı ideal fikirler* kısmı ebeveynlerin düşünceleri olduğuna dikkat çekmek gerekmektedir.

1.2. Masallar Bağlamında Dil Göçü

"İnsanoğlu kendi yaşam gerçeğini, çözüm önerilerini, beklentilerini masal olaylarına ve masal kahramanlarına yükleyerek anlatmış ve asırlardır bu yolla gelecek kuşakları ikaz etmeye, eğitmeye, yaşamın zorluklarına karşı onları donanımlı kılmaya çalışmıştır. Çünkü masal kahramanlarının karşılaştıkları sorunların hemen hepsiyle, yaşamın gerçekleri arasında koşutluk kurulabilir ve o masallardan ait oldukları toplumun yaşam gerçeğine ulaşılabilir" (Aktaran: Şahin, 2011, s. 208-209, Arıcı, 2009, s. 36). Masallar, bu nedenle ayrıca önemlidir ve sorulması gereken en önemli soru masalların oluşumudur. "Masallar nasıl oluşur? Bir masal bize gelinceye kadar hangi aşama ve gelişme evrelerinden geçer? Dinlediğimiz küçücük bir masalın ilk ortaya konulduğu şeklinden günümüzede anlatıldığı şekle gelinceye kadar neleri kazandığını, neleri kaybettiğini belirleyebilir miyiz? Bu soruların gerçeğe yakın bir biçimde belirlenebilmesi için elimizin altında yazılı metinlerinin bulunması gerekir. Ancak bu tür metinlerimizin tarihleri de pek fazla geriye götürülememektedir" (Sakaoğlu, 2009, s. 14-15).

Bu nedenle, kelimelerdeki anlam değişimleri ya da toplumsal yaşanan olayların etkileri sayesinde kelimelerin yarattığı duygu durumu da değişmektedir. Bu konuda kabul gören "Meillet, anlam değişimlerinin nedenleri arasında toplumsal etkenlere önemli yeri veren bilgindir. Dilde toplumsal olayın başlıca özelliklerini (bireylerin dışında oluş ve toplumsal baskı) bulan Meillet anlam değişimleri kuramına nedenler açısından en güçlü ifadesini vermiştir. (Aktaran: Vendryes, 2001, s. 160). Yapılan çalışmayı da desteklemekte olan Meillet'in yaklaşımı biraz farklı dursa da savunduğu şu nokta önemlidir; "*çocuğun çevresindeki konuşmaları dinleye dinleye dili kendisi için yeniden yaratması gerekir.* Büyüklerin dilinde ağır basan eski anlamların küçüklerin dilinde kayboluşunu açıklayabilmek için dilin bu kesintili özelliğini göz önünde bulundurmak gerekir (Örnek: eski anlamı *doymuş* olan fr. *saoul, sarhoş* anlamını böyle almıştır" (Vendryes, 2001, s. 160-161).

Göç süresi ve sonrasında aileler ve çocuklar arasında ki dil ilişkisi de tam da böyledir. Çocuk kendisine verilen dil girişini, dil bilgisini ve dilin yarattığı duyguyu kendi gerçekleri ile yeni baştan yaratmaya başlar. Türk masallarında yer verdiğim röportajda da görüleceği gibi, öğrenilenlerin ikinci bir nesile de aktarılması esnasında göçü yaşamayan, ancak göç döneminde çocuk olan kişinin anlatımları yeni nesili

303

ürkütmemek, korku ve kaygılarını birebir 3.nesile aktarmamak için masalları değiştirmektedirler.

"Kamûs-ı Osmâni'ye göre *masal* kelimesi *mesel*in değiştirilmiş şeklidir. *Mesel*, halk dilinde meşhur olan, adap ve öğütleri anlatan söz demektir. *Darbı mesel*, atalardan kalma hikmetler, ibretli sözler anlamındaır. Buna gore, *masal* Arapça bir kelime olan *mesel*den çıkmıştır" (Aktaran: Coşan, 2001, s. 1, Tezel 1, 1997, IX). Diğer yandan Türk Dil Kurumu sözlüğünde bulunan açıklama şu şekildedir; "Genellikle halkın yarattığı, hayale dayanan, sözlü gelenekte yaşayan, çoğunlukla insanlar, hayvanlar ile cadı, cin, dev, peri vb. varlıkların başından geçen olağanüstü olayları anlatan edebî tür"dür (TDK, 2006).

Masalların bu açıklamalar ışığında da; aslında kültürlerin genel özelliklerini yansıttığını görmekteyiz. Masallarda kullanılan her bir karakterin o kültürün özellikle savunduğu duygu ya da baskı altında olan yönlerini temsil etmektedir ve aynı zamanda "Masallar, bir halk eğitimi vasıtasıdır. Anlatılan masallardaki kahramanların başından geçen olayları dinleyenler, kendi sıkıntılarına, dertlerine çözümler bulurlar. (…) Yine Masallar verdiği mesajlarla insanları yalan söylememeye, iyi kalpli olmaya, yardımseverliğe, dürüst ve çalışkan olmaya yönlendirir" (Arıcı, 2012, s. 4). "Günlük yaşantıda bilinçli ve bilerek ya da bilmeden her an kullanılan otuzdan fazla savunma ve uyum düzeni sayılabilir" (Köknel, bilinmemektedir, s. 142). Bu düzen insanların göç yaşadıktan sonra bulundukları topluluğa alışabilmeleri için de gereklidir. Aileler masallarla çocuklarını dışarıdan gelecek kötülüklere karşı da korumak ve aynı zamanda göç yaşamalarının nedenini de unutturmamak için kullanılmış ve halen kullanılmaktadır. Çünkü masallar çocukların aileleri yanında öğrendikleri ilk bilgilerdir.

Göç duygusu ise başlı başına zor bir duygudur. Hem sosyolojik ve hem de psikolojik açılardan ele alındığında da, daha detaylı incelemeler göz önünde bulundurulduğunda da göç oldukça zorlu bir süreçtir, "bu yüzden de masallar üzerine çalışmalar sosyolojiden antropolojiye, dilbiliminden psikolojiye kadar çeşitli alanlara kadar uzanmaktadır" (Büyü, 2014-2015, s. 237).

Göç kararı almak, göçün yaşanması ve sonrasında ki etkileri bireyin hayatının pek çok noktasına çok uzun bir süre tahmin edilemeyecek ölçüde etkileri olmaktadır. Özellikle bu noktalardan göç ve dil ilişkisi incelendiğinde O. Jespersen'a da değinmek gerekmektedir. "O.Jespersen (Danimarkalı) dilin dinamiği ile, her zaman canlı olan ve daha çok duyguları dile getiren eğilimleri inceler. Çeşitli "ağız"ların karşılıklı gelişmelerine bakarak gelecekte nasıl bir biçim alacaklarını kestirmeye çalışır" (Vendryes, 2001, s. 65). Bu yaklaşım aslında göç yaşayan çocukların ileride nasıl aileler kuracaklarını, hayata bakışlarını, yetiştirecekleri çocukları, dünya ve sosyal görüşlerinin de nasıl olacağı hakkında fikir vermektedir.

"Anlamlı birimler düzleminde de her dil başka dillerinkine indirgenemeyecek bir yapı sunar. Öğelerin çokluğundan ve anlamın işe karışmasından ötürü sorunlarındaki karmaşıklık bu düzlemde artarsa da genel ilkeler değişmez" (Vardar. 2001, s. 134). "Her zamanki düşüncelerin nasılsa, zihnin de öyle olacaktır; çünkü zihin düşüncelerle yüklüdür. Öyleyse, şöyle düşüncelerle doldur onu: bir yerde yaşamak olanaklıysa, orada gerektiği gibi yaşamak da olanaklıdır; ama insan sarayda da yaşayabilir" (Aurelius, 2004, s. 73). Bu düşünce insan psikolojisine uygundur. Mecburiyet duygusu kişiyi yeni durumuna alışması için zorunlu kılar. İster sarayda, ister göç sonrası kötü bir ortamda yaşamak gereksin kişi, düşünceleri ve düşünmeye zorladığı fikirleri ile kendini yeni hayata uygun hale getirmeye çalışmaktadır. Aksi halde, yeni hayat tahmininden daha zor ve gergin bir tercih olacaktır.

Dil, yaşayan canlı bir varlıktır. "Dilin yaşamı sözünden dilin zaman içinde yaşadığını, yani aktarılabildiğini anlayabiliriz ilk olarak. Dilin aktarılması dil için hayati önemde bir olgudur, çünkü dilde aktarılmayan hiçbir şey yoktur; ama sonuçta bu aktarılma olgusu dile tümüyle yabancıdır" (Saussure, 2014, s. 65). Bu nedenle dil göçü yaşandığında dil kişi ile beraber gelir ancak gelinen yerde dilin yapısı değişir ağız ve lehçe ortaya çıkar. Diğer yandan aktarılma dile yabancı olduğu için bu durum çok da sağlıklı olmamaktadır. Bu nedenle, ikinci dil özelliğini ve orijinalliğini kaybetmektedir. Ancak kelime anlamında da zenginleşmektedir. "Dil düşünceyi örter. Öyle ki, örtünün dış biçiminden, örtülen düşüncenin biçimi konusunda sonuç çıkarılamaz, çünkü örtünün dış biçimi, tamamıyla başka amaçlar için kurulmuştur; gövdenin biçimini belli etmek amacıyla değil" (Wittgentein, 2010, s. 47).

Diğer yandan, dilin dinamizmi düşünüldüğünde ve toplumsal hafıza ele alındığında kelimelerde yaşanan tüm duyguları dilbilgisi açısından anlamak çok zordur ancak dilin oluşturduğu folklorik öğeler düşünceleri ve durumlara yaklaşımları ortaya koyar.

1.3. Göç Yaşayan Kültürlerde Duyguların Masallara Yansıması Çocukları Nasıl Etkiler

Çocuklar, büyülenirler, merak ederler, gizliden gizliye yaşanan aile çatışmalarını görmek (analitik vaka çalışması) ve öğrenme isteği hissetmeye başlar. Yaşları ilerledikçe bu merak ve öğrenme isteği artmaktadır. Ebeveynler açısından ise, atalarının duygularını anlamaları beklenir, buna göre kendi hareket ve hayatlarını şekillendirme beklentisi oluşur. "İnsanlar en çok da şahsiyetlerinin şekillendiği zamanlarda efsanelere - masallara yönelir. Tersinden düşünürsek şahsiyetlerini bir yerde onlar yönlendirmiştir" (Şeker, 2008, s. 86).

"Çocuğun şahsiyet oluşumu her şeyden önemliydi. İşte masallar, en çok bu konuda besledi çocukları... Çünkü milletlerin ruhsal ve düşünsel fotoğrafı masallarda vardı. Her masal, çocuğu değerler aktarımıyla bir taraftan milli bir ruhla yoğururken, bir taraftan da ona evrensel bakış açısı kazandırıyordu" diyen Özçelik'in düşüncesi neticesinde tarihte de her zaman masalların varlığı ve çocukların gelişiminin önemli yer tuttuğunu bir kez daha belirtmektedir (Özçelik, 2008, s. 100).

Yapılan araştırmayı destekleyen ve aynı zamanda masalların sadece olumlu içeriklerde ya da duygu aktarımlarında bulunmadığına da değinen kuram ise Alford'un kuramıdır. "C. Fred Alford'un teorisine göre masallara yaklaştığımızda ise haset duygusunun ve yarattığı kaygının da Alford'un yaklaşımına uyduğunu görebiliriz. Haset bir karakter kendini karşısındakinden daha çirkin veya daha yetersiz gördüğü için ona zarar vermekten çekinmez. Bu, aynı zamanda, Alford'un iddia ettiği gibi, kişinin kendini yetersiz hissettiği zaman üst konuma geçmek için karşısındakini yetersiz konuma getirmeyi hedeflediğini ve kendi yetersizliğini ona ileterek kendini üstün gördüğünü gösterir" (Büyü, 2014-2015, s. 247-248).

Bu araştırmada ele alınan dört farklı kültür ve yaşanan farklı göç olayları açısından bahsedilen kuramlar ele alınmakta ve göçün dil üzerinde ki etkisi açısından değerlendirilmektedir. "Her ne kadar her bir göç hadisesi neden, işleyiş ve etki açısından kendine ait özellikler taşısa da göç konusunda bu tür genellemeler yapılabilir" (Ekici, 2015, s. 10). Aslında her bir göç insanın çocukluğundan ayrılmasıdır. Doğulan ülkeden başka bir ülkeye göç etmek de, doğudan batıya göç etmekte kişiler üzerinde neredeyse aynı duyguyu oluşturmaktadır. Ancak göçün nedeni önemlidir. "Sürece yayılan ve sürdürülebilirliği olan bir tür olarak iradi (gönüllü) göçün ekonomik, siyasal ve sosyal olan yansıması doğal afetler veya savaş, terör, sürgün gibi güvenlik kaygılarından" (Aktaran: Ekici & Tuncel, 2015, s. 14, Ç, 1996, s. 12). "Gelişmiş ülkelerin çoğunluğu çeşitli ve çok kavimli toplumlar haline dönüştü. Bu dönüşümü henüz tamamlamayanlar da bu yönde kararlı bir biçimde ilerlemekteler. Uluslararası göçün temel bir yapısal özellik olarak neredeyse tüm sanayileşmiş ülkelerde ortaya çıkışı buna neden olan etkenlerin ne kadar kararlı ve güçlü olduğunu gösteriyor" (Douglas, 2014, 12).

"Dolayısıyla coğrafi farkların açıklanması, zamanın dilde meydana getirdiği farkların incelenmesiyle özdeştir; çünkü her noktada zaman içinde tek bir değişim vardır. Coğrafi fark birlik düşüncesini akla getirir? Nerededir bu birlik? Geçmişte, dolayısıyla zamanda" (Saussure, 2014, s. 286). Kişi bilinçli bir şekilde göç durumunu yaşayabilirse, bu süreçten güçlü çıkacaktır. Dilini, kültürünü, ailesini, değerlerini koruyarak süreci atlatabilmektedir. Elbette sadece ülkeler arası ya da bölgeler arası göç değil, aynı şehirdeki mahalleler arası geçişlerde bile dil ve anlatım teknikleri değişmektedir. Bunun da en önemli nedenlerinden biri de gelir düzeyine göre şekillenen konut ve aile yapılarının zaman içerisinde değişmesidir. Tarihte de bunu net bir şekilde, 16. Yüzyılda görmekteyiz. Farklı nedenlerle de olsa şehir içinde de göçler yaşanmıştır. Nitekim önce Anadolu'dan gelen ardından "16. Yüzyılda Galata'dan yavaş yavaş Pera'ya göç etmeye başlayan Ermeniler" (Miroğlu, 2009, s. 34) sayesinde Türkçe'ye giren pek çok kelime de olmuştur.

2. Masalların Yorumu

Bu araştırmada ele alınan ve röportajlarda anlatılan masallarda da görüldüğü gibi geleneksel edebi bir tür olan masal vasıtası ile anlatılanlar aslında aktarılmak istenilen temel konuları içermektedir. "Masal çoğunlukla geleneksel bir tür olarak kabul edilir ve sürekliliğini sözlü olarak sürdürdüğü bilinir. Özellikle sözlü gelenekler, halkın derin belleği olarak kabul edilebilir ve sürekliliğini sınırları *atalardan kalma* yöntemlerle belirlenmiş kalıplar içerisinde sağladığı kabul görür" (Üzümcü, 2011, s. 54). Anonim masallar ve bilinçli yazılmış masallar da buna hizmet etmektedir.

Anonim masallar, halkların yaşanmışlıklar üzerine kurguladığı, kimi zaman dinden etkilenerek şekillendirdiği masallardır. Bu masallarda çoğunlukla iyi ve olumlu bir dil kullanılır. Verilen mesajlar genellikle zıt ifadelere yer verilmeden, sanki çocuğun aklına olumsuz bir durum ya da duygu sokmamak, hatırlatmamak için değinilmemektedir. Bilinçli yazılan masallarda ise; duygular çatıştırılır, çocuğa verilen bilgi ve iletilen duygular gerçeği yansıtır. Yaşanmışlıklar üzerine kurgulanan bu masallar daha çok yerel kültürü ve toplumsal psikolojik hafızayı da gözler önüne serer. Çünkü asıl bu masallar yeni nesile unutmaması gereken bilgileri, duyguları, hisleri aktarmak için anlatılır. Diğer yandan Avrupa masallarında çoğunlukla yazarlar belli olurken, Doğu Masallarında anonim olarak yazılmıştır.

Aşağıda belirtilen masallar, röportajlarda kişilerin birebir anlattığı ve kendi ailelerinden dinledikleri masallardır. Ancak bazı görüşmelerde görülmüştür ki nesiller arası anlatım farklılıkları bulunmaktadır. Diğer bir deyiş ile yaşanan acıları bazı kültürler net bir şekilde anlatırken, bazı kültürlerde acıların üzeri örtülmek istenmektedir.

2.1. Türk & Anadolu Masalları

"Bir ülkede halk masallarının hemen hepsinin, başka ülkelerde de benzerleri bulunur. Çünkü dünya halk anlatıları, ortak temel motifler üstüne kurulur ve ortak mesajlar (iletiler) içerir. Bir başka deyişle halk anlatıları evrenseldir" (Yavuz, 2015, s. 11). Ancak insanların bu evrensel iletilerden kendilerine çıkardıkları anlamlar psikolojik olarak farklılıklar gösterebilmektedir.

Göç esnasında yaşanan kötü olaylar aile büyükleri tarafından anlatılmamakla birlikte, masal da anlatılmamıştır. Ancak 2. nesil gerçeklerle masalları birleştirmeyi tercih etmiştir. Tavşanın ayağına batan diken masalı Figen Hanım'ın torunlarına anlattığı gibi gerçekle bağdaştırarak aktarılmıştır. Ev hanımı olan Figen Ürer, 80 yaşında ve Selanik göçmenidir.

2.1.1. Annesinin Sözünü Dinlemeyen Tavşan

"Tavşan ormana çıkmış, çıkmadan önce annesi *patiklerini giy* demiş, o da giymemiş. Minik tavşanın ormanda ayağına diken batmış. Bir ağacın dibinde oturup ağlarken onu gören bir avcı ne olduğunu sormuş. *Annem söyledi ama ben dinlemedim, patiklerimi giymedim ve ayağıma diken battı* demiş. Avcı hemen gömleğini yırtmış, ayaklarına bağlamış tavşanın. Zıplayarak o şekilde eve dönen tavşanı gören annesi *ne oldu sana* demiş, *ayağıma ormanda diken battı* demiş minik tavşan. *Bak gördün mü sözümü dinlemedin neler olmuş, ya o avcı iyi biri olmasaydı da seni kurtarmasaydı. Ne olucaktı?* demiş".

Masalın özü; her zaman insanların sizin kötü durumunuzdan faydalanmadan yardım etmeyeceğini anlatmaktadır. Tavşanın uyarısına dikkat etmek gerekmektedir. Masalın geçtiği dönemi ya da yazıldığı dönemi tam olarak bilememekle birlikte, ailenin göç tarihi de Mübadele dönemine denk gelmektedir. Bu dönemde çocuk olan Figen Ürer ve ailesinin İzmir'e yerleşmişleri neticesinde beraberlerinde getirdikleri kültürlerinde Yunan etkileri görülmektedir.

Röportajda anlattığı masalda ki ana karakterin tavşan olması da buna örnektir. Çünkü Yunan kültüründe hayvanları karakter olarak masallarında kullanan Ezop, Figen Ürer'in masalında da anımsanmaktadır. Bu döneme çocukluğu denk gelen günümüz yetişkinlerine, 1. Nesil yani göç döneminde anne ya da baba veya ailenin diğer yetişkin üyelerinin fazla masal anlatmamış olduğu görülmektedir. Masalda, *ayağına diken batması, anne sözü dinlememesi, iyi avcı, kurtulma* ifadeleri acı, korunma, iyi insanların da olduğu düşüncesi vurgulanmaktadır.

Diğer yanda genel olarak Anadolu kültürüne de değinmek gerekmektedir. Aynı dönemlerde Anadolu kültüründe masal anlatmak çok önemli bir yere sahiptir. Türk kültüründe masal, destanların yerini almış diyebilmekteyiz. Türk çocuklarına anlatılan destanlarda ve masallarda; milliyetçilik, başarı, kazanmak, korumak, güç duyguları öne çıkmaktadır.

Her dönem masal olarak anlatılan Keloğlan'a da bu noktada değinmek gerekmektedir. "Türk kültürüne ait bir tip olan *Keloğlan* (Aktaran: Şimşek, 2007, s. 1, Ögel, 1976, s. 265-268), çeşitli Türk boylarında; Taşza Bala (Kazakistan), Keçel, Keçel Mehemmed, Keçel Yeğen (Azerbaycan), Keçeloğlan (Kerkük), Kelce Batır (Türkmenistan), Tazoğlan (Kırım), Tas, Tastarakay (Altay) gibi adlarla bilinir. Ayrıca Gürcüler arasında, *Kel Kafalı Kaz Çobanı* terimi *Keloğlan* için kullanılır. Almanların *Grindkopf / Goldener* şeklinde adlandırdıkları kahramanların da *Keloğlan* (düzmece/sahte Keloğlan) ile kimi benzerlikleri dikkat çeker" (Aktaran: Şimşek, 2007, s. 1, Alangu, 1968, s. 460).

"Keloğlan hemen hemen bütün masalların başında (sanıyoruz ergenlik döneminde) tembel, pasaklı, vurdumduymaz birisidir. Genelde ekmek parası, rızk için harekete geçer. Birkaç masalda göle balık tutmaya ya da ormana ağaç kesmeye gider. Bazı masallarda ise talepleri onu hüner öğrenmek için yollara düşürür" (Nuhoğlu, 2014, s. 480). "Keloğlan'ın günlük hayatını işlerken, bir anda kolayca elde edilen servetin kalıcı olmadığını, aldatma işlerinin, tembelliğin kesinlikle bırakılması gerektiğini anlatmaya çalıştım. Dirlik düzenlik ve barıştan yana olmanın; sevginin, iyiliğin, hoşgörünün insanları mutluluğa götüreceğini masalların akışı içinde vermek istedim. *Yalancının mumu yatsıya kadar* gerçeğinin unutulmaması gerektiğini anlatmaya çalıştım" (Aktaran; Kelime, 2016, s. 1808. Erdem, 1986, s. 4). Her ne kadar çocuk masalı olarak düşünülsede bu durum tam aksidir, bu nedenle dikkatli bir şekilde çocuklara Keloğlan masalları ufak değişiklikler ile anlatılması düşünülmektedir. "Özellikle çocuklara uyarlanmayan Keloğlan masallarında Keloğlan olumlu çizilmemişse, çocuklara Keloğlan'ın yanlış davranışları sorulmalı, doğrunun nasıl olması gerektiği özenle vurgulanmalıdır. Çünkü: *"Keloğlan ideal bir kahraman tipi değildir. Zaman zaman kötülükler yapmaya kalkışır.* Bazen kötü niyetli ve kötü yüreklidir. Törelere ve genel ahlak kurallarına uymaz. Ancak sonunda doğru yolu bulur. Haksızlıklara karşı sinsi ve zekice bir direniş gösterir. Kurnazlık, beceri ve hile ile iş bitirir" (Aktaran: Kelime, 2016, s. 1808. Aslan, 2008, s. 271).

Tek dil kullanırken ikinci bir dil öğrenme zorunluluğu yaşayan ve masalları kendi dillerinde çoğunlukla anlatan yetişkinler, hem dillerini çocuklarına öğretmek ve hem de kültürlerini unutmamalarını sağlamak için "masal" anlatırlardı. Masalları bu nedenle ana dillerinde anlatmayı tercih ederlerdi. Özellikle Mübadele dönemi çocukları için de bu durum geçerlidir. İkinci bir dil öğrenme zorunluluğu yaşayanlar, hem dillerini çocuklarına öğretmek ve hem de kültürlerini unutmamalarını sağlamak için ana dillerinde masal anlatmayı tercih ederlerdi.

2.2. Yunan Masalları

Yunan masallarını Büyükada doğumlu, muhasebeci olan Apostolos Karderinis (81)'den dinledim. Uzun süredir Yunanistan -Atina'da yaşamakta olan Karderinis, tıpkı Figen Ürer'in masalındaki gibi bir paylaşımda bulundu, ancak anlattığı masal birebir bir Ezop masallıydı. Türk kültüründe ki destan kavramı gibi Yunan kültüründe de masallar mitoloji ile iç içe geçmektedir. Pek çok mitolojik hikâyelerde masal şeklinde anlatılmaktadır. Ancak Karderinis'in çocukluk döneminde *Kuzgunla Köpek* masalı anlatılmaktaymış. Bu masal da mitoloji ile harmanlanmış bir Ezop masalıdır.

Diğer yandan Türk ve Yunan kültürü arasında ki bir başka benzerlik ise, masalların başlangıç cümleleridir. "Bir varmış bir yokmuş. Evvel zaman içinde, kalbur saman içinde (…)" şeklinde başlayan masallar dikkat çekmektedir. Karderinis de aynı şekilde masalı anlatmıştır (Kiflafidu & Papayuannu, 2009, s. 5-83). Kiflafidu & Papayuannu'nun kitaplarında bahsettikleri masal örneklerinin başlangıç cümleleri hep aynı olduğu görülmektedir. Bu masallarda halk arasında özellikle son dönemlerde en çok anlatılan ve eski halk masallarıdır. Bu nedenle sayfa sayıları özellikle çalışmada belirtilmektedir.

2.2.1. Kuzgunla Köpek

"Bir gün kuzgun, Tanrıça Athena adına kurban kesmiş, sonra da arkadaşı köpeği yemeğe davet etmiş. *Ne diye kurban kesiyorsun tanrıçaya? Senden o kadar nefret ediyor ki insanlara ötüşünden anlam çıkarmamalarını buyurmuş, diye takılmış köpek.*

Ardından yanıt gelmiş kuzgundan, *ben de işte bu yüzden ona kurban kesiyorum. Belki bu şekilde aramız düzelir,* diye cevap vermiş kuzgun".

Masalın özü; bazı insanların korkudan düşmanlarına yaranmaya çalıştıklarını vurgulamak istemektedir. Dönem olarak masal, M.Ö. VI. Yüzyıl olduğunu düşünürsek genel olarak insan psikolojisini doğru yansıttığını da görmüş olacağız. Ancak, göç yaşayan bir toplum olan Rumlar, Yunan topraklarına döndüklerinde hikâyelerini ve acılarını da beraberlerinde Yunanistan'a götürdüler. Çünkü Türkiye-Yunanistan Nüfus Mübâdelesi, 1923 yılında Lozan Barış Antlaşması'na ek olarak yapılan sözleşme uyarınca Türkiye ve Yunanistan Krallığı'nın kendi ülkelerinin yurttaşlarını din esası üzerine zorunlu göçe tabi tutmasına verilen addır. Bu nedenle, mübadele sonrası da şekillenen masallarda bu göçün yansımalarını görmekteyiz.

Masalda da ifade edildiği gibi, *kurban* ve *aramız düzelir* ifadeleri kullanılmaktadır. Bu ifadeler, hüzün, üzüntü, yine bir günü iyi olma ümidini hissettirmektedir.

2.3. İran Masalları

İran masalları ise, daha fazla egzotik ve mistik temaların kullanıldığı bir tür olarak karşımıza çıkar. Yetişkinlere masal anlatıldığını da gördüğümüz İran kültürü ve masalları hakkında Hüseyinzade Ailesi bilgi vermektedir. Oromiyeh –İran'ın Batı Azerbaycan Eyaletinde doğan ve bir süre yaşayan ancak şimdilerde iki kızı ve eşi ile İstanbul – Ataşehir'de yaşayan Hüseyinzade ailesinin babası Muhammed Hüseyinzade (74, petrol mühendisi ve kızı, Ebru Hüseyinzade (42, öğretmen) ile yapılan röportajda aktarılan duygu daha fazla hayatın iki yüzü olduğu duygusudur.

"İran topraklarında, eski efsaneleri gelecek kuşaklara aktaran kişilere Dihkân denirdi. Bir Dihkân, hikâyelerini belirli durumlar ve olaylar karşısında anlatarak kıssadan hisseler çıkartmakla kalmaz, güncelliğini koruyan mevzuları geçmişin birikimine atfetmiş olurdu" (Tan, 2017, s. 7). Görüldüğü gibi bazı kültürlerde masal anlatıcıları vardır, bazılarında yoktur. İran kültüründe de masal anlatmak ayrı bir zanaattır.

2.3.1. Hayır ve Şerin Masalı

"İki kardeş yiyeceklerini hazırlayıp yola çıkmışlar. Şer Hayır'a demiş ki; *Senin yemeklerini yiyelim, seninkiler bitince de benimkini yeriz.* Hayır *tamam* demiş ve yemekleri yemeye başlamışlar. Hayır'ın yemekleri bitince sıra Şer'in yemeklerine gelmiş, ama Şer, *ben yemeklerimi sana vermeyeceğim* demiş. Hayır ise; *biz böyle konuşmadık ama* demiş. Şer de, *niye bana inandın ki, herkese inanmamalısın, unutma!* diyerek yanıt vermiş. Hayır, birkaç gün oyalanmış ama dayanamamış, *tamam Şer sana yemek vereceğim...* Acak bu esnada açlıktan Hayır bayılır ve ağlamaya başlar. Şer der ki, *eğer sana yemek vermemi istiyorsan bana gözlerini ver. Ne yapacaksın benim gözlerimi?.* Şer *sana ne* der ve gözlerini alıp gider. Hayır'ı köylü kızların su aldığı yalağın önünde bayılır. O an bir su perisi belirir. Köyün muhtarının kızı da su almaya gelince Hayır'ı görür. Kız gözlerini Hayır'a yaklaşır ve onun gözlerine dokunur ve iyileştirir. Hayır kendine geldiğinde yürümeye bşalar ama kızı görmemiştir. Biraz yürüdükten sonra bir ağacın altında dinlenir. Dinlendiği ağacın dallarına iki kuş konar. Aralarında Hayır'ı tanıdıklarını ve Şer'in ona yaptıklarını konuşurlarken Hayır bu kuşları duyar. Kuşlardan biri *bu mamiran ağacının yapraklarından koparıp muhtarın hasta olan kızına içirirse, kız iyileşir ve muhtar da kızını Hayır'a verir* der. Bunu duyan Hayır yaprakları alır ve muhtara götürür. Muhtarın hasta kızı iyileşir. Muhtarda kızını Hayır'la evlendirir. Sonra Hayırla vezir ormanda dolaşırken, Şer'i görürler. Hayır vezire olanları anlatır ve vezir Şer'i öldürür".

Masalın özü; iyi ve kötünün hikâyesini anlatan bu masalda iyi niyetli olanın sonunda kazanacağını anlatmaktadır. Karakterlerin de isimlerinin Hayır ve Şer oluşu da yine İran kültürünün manevi yaklaşımlarnı ön plana koymaktadır.

İran / Fars Hükümdarı Şah İsmail'in mektuplarında Türkçe kullanması dikkat çekmekte olup, sarayda anlatılan masalların iki hükümdarlığın dil ve benzetmelerde birbirlerinden etkilendikleri düşünülmektedir. Göç yaşayan ve göç alan bir bölge olan İran'ın, 1878-1915 tarihleri arasında yaşanan Ermeni göçü ile dil ve kültürünün de etkilendiği ayrıca görülmektedir.

Örnek olarak; Baba = Pedar – Hayr / Der, Erkek Oğul=Pesar – Pesa, Kız Kardeş=Khara - Kuğr. Okunuş olarak da cümle kurulumu açısından da birçok cümle okunuşu ve yazılışı benzemektedir. Ma yek khanevadehastim = Menk ındanik enk (biz bir aileyiz).

2.4. Ermeni Masalları

Bu bölümde, Sevan- Ermenistan'da elektirik mühendisi olan Gohar Ğurdikyan (52) ile ev hanımı olan Konya- Ereğli – Türkiye doğumlu Sultan Balıkçı'nın (86) anlattıkları incelenmektedir. M. Ö. 140'larda başlayan Ermeni Mitoloji tarihinde Ermeniler hakkında "Mar Apas Katina'nın Ninovca kraliyet arşivinde, bulduğu bu kitaba göre, (…) İlk tanrılar görünümleriyle ürkütücü ve görkemliydiler. Pek çok güzelliklerin, bu arada dünyanın ve insan soyunun başlangıcının nedeniydiler. Tanrılardan, heybetli bir devler nesli oluştu" şeklinde bahsedilmektedir (Kerovpyan, 2012, s. 14). Bu açıklamadan da görüldüğü gibi Ermeni masallarının da kökeni yine mitolojiye dayanmaktadır. Masal kelimesinin anlamı ile de örtüşen bu mitolojik tarihi açıklama da ayrıca dikkat çekmektedir.

Unutulmamalıdır ki masallar birer kültür taşıyıcısıdır. "Bazı masalların taşıyıcıları, örneğin Ermenilerin Avrupa'ya gelmeleri gibi yabancı bir ülkeye gelirlerse, bölge ve zamanla ilgli olarak getirdikleri kültür yeni ülkede milli olarak algılanır ve sosyal bir olay olarak görülür, öyle de olur. Milli folklor genellikle, eskiye özlemin modern arayışından veya aşırı milliyetçilikle eskinin teşvik edilmesi ve beslenmesinden ortaya çıkar" (Derleme, 2009, s. 236).

2.4.1. Tembel Huri - Hovhannestumanyan[2]

"Tembel ama güzel genç bir kız varmış. Bu kızın annesi kızı evde kalacak diye, bir gün evden çıkıp köyün çarşısına kadar kızım şöyle hamarat, böyle güzel, lezzetli yemekler, güzel börekler açar diye şarkı söyleyerek inmiş. Çarşıda da bunu duyan yakışıklı bir genç *tam da hayallerimde ki gibi, gidip talip olayım* demiş. Gitmiş, Huri ile evlenmiş. Ertesi gün bir çuval pamuğu Huri'ye veren damat, gelinin bunları iplik yapıp akşama kadar satmasını istemiş. Gelin *tamam* demiş ama kocası evden çıkar çıkmaz uykuya devam etmiş. Bunu gören kuşlar gelini uyandırmış, *kocan gelene kadar bunları iplik yapıp sonra da satmalısın ama bak saat öğlen oldu* demiş. Gelin, hemen bir yol bulmuş ve çeşmenin başına gitmiş. Orada ki iki kadına vermiş çuvalı, demiş ki; *bunları önce iplik yapın sonra da satın akşam geleceğim paramı alırım sizden.* Akşam olmuş gelin çeşmeye gitmiş, kadınlar ortalıkta yok ama çeşmenin yanında bir küp altın görmüş. *Hah* demiş, *kadınlar parayı buraya bırakmış.* Eve mutlu bir şekilde dönmüş, bunu gören kocası da sevinmiş. Büyük bir keyifle akşam yemeklerini yemişler, içmişler, eğlenmişler. Tam o esnada bir sinek gezinmeye başlamış damat öldürmek istemiş. Anne

---

[2] Ermeni şair ve romancıdır. Halk arasında Tembel Huri gibi anlatılan masalları da mevcuttur.

de bir yandan küpü kendinin koyduğunu söylemese de kızının bu tembelliği ile nasıl başa çıkacağını düşünmeye başlamış. Anne *aman oğlum o benim kaynanam kadıncağız o kadar çalıştı ki sinek gibi oldu* demiş. *Korkarım ki kızım da öyle olacak.* Damat *üzülme* demiş, *ben karımı yormam. Ona prensesler gibi bakarım*".

Masalın özü; Ermenilerin müziklerinde olduğu gibi masallarında da kullandığı pek çok kelime, duygu ve aktarım hüznü içermektedir. Ayrılık, acı, hasret kalma duygularından türeyen ve öne çıkan hüzün duygusu masallarında da farklı şekilde çocuklara aktarılmaktadır. Tembelliğe yer vermeyen geleneklerinde özellikle bu olguya dikkat çekmektedirler. Dönem olarak göç görmüş olan dillerin yakın tarihte yaşayan örneklerinden olan Ermeni kültürü, dil göçüne en iyi örneklerden de biridir.

Ermenistan'da kullanılan dil ile İstanbul'da ve Anadolu'da kullanılan Ermenice oldukça farklıdır. Toplumsal olarak zorluklar yaşayarak günümüze dek gelebilen etnik kültürlerden biri olan Ermeni kültürü, Türkiye'den göç ettikleri Ortadoğu ve ardından geri geldikleri Anadolu kültürü ile kendi kültürlerini harmanlamışlardır. *Garabet* kelimesinin Türkçe'ye hediye etmeleri de bir kültürel etkilenme örneğidir.

Bu masalda da yaşanmışlıkların izini görmek mümkündür. Tembelliğin ve işgüzarlığın mutluluk getirmediğini anlatan bu masalda ve genel olarak incelenen masallarda, yaşanan olaylardan etkilenerek konuları masallaştırmak yerine, hiç anlatmamayı tercih etmişlerdir. Ermeni kültüründe daha çok ninni öne çıkmaktadır ancak yinelemek gerekirse Ermeni masallarında üstü kapalı bir şekilde aslında varolmak için tembel olmamak gerektiğini, en yakınınızın sizi koruduğu mesajlarını görmekteyiz.

2.5. Kuşaklar Arası Farklılık

"İnsanlar en çok da şahsiyetlerinin şekillendiği zamanlarda efsanelere-masallara yönelir. Tersinden düşünürsek şahsiyetlerini bir yerde onlar yönlendirmiştir" (Şeker, 2008, 86). Elbette ki çocuğun gelişimi, geleceğin ne denli sağlıklı bireyler tarafından kurulacağı açısından da önemliydi. "Çocuğun şahsiyet oluşumu her şeyden önemliydi. İşte masallar, en çok bu konu da besledi çocukları... Çünkü milletlerin ruhsal ve düşünsel fotoğrafı masallarda vardı. Her masal, çocuğu değerler aktarımıyla bir taraftan milli bir ruhla yoğururken, bir taraftan da ona evrensel bakış açısı kazandırıyordu" (Özçelik, 2008, s. 100). Milli birlik, folklorik duygular, beraberlik duygusu masallar ile çocuklara aktarılmaktaydı.

Ancak çocuklar henüz bebeklik dönemlerinde bu duyguların ayrımını yapamamaktadır yine de duydukları sesler konusunda oldukça hassastırlar. "Bebekler doğar doğmaz sadece kendi dillerindeki sesleri değil, bütün dünya dillerindeki sesleri birbirinden ayırabilecek bir kulağa sahiptirler (Aktaran: Aksu- Koç & Ketres, 2017, s. 1; Eimas & Jusczyk, 1987). Kendi dillerine maruz kaldıkça bu yeteneklerini hızla kaybederler ve 10-12 ay civarında sadece kendi dillerindeki seslere karşı hassasiyetlerini korudukları görülür" (Aksu – Koç & Ketres, 2017, s. 17).

"İnsanların çoğu, şeylerden ziyade kelimelere dikkat eder; bunun neticesinde, anlamadıkları terimleri, onları bir zamanlar anlamış olduklarına ya da anlamlarını bilen insanlardan edinmiş olduklarına inanarak tasdik eder" (Aktaran: Altınörs, 2015, s. 41. Descartes, 1996, s. 74). Yetişkinler her ne kadar böyle olsa da çocuklar için durum farklıdır. "Çocuklar için dil bilgilerine ihtiyaç vardır. "Bu süreçte anne ve babanın çocukla konuşurken kullandığı dil, diğer bir deyişle, çocuğa yöneltilen dilin nitelikleri önem taşır" (Aksu – Koç & Ketres, 2017, s. 15). Okul yıllarının ilk başında gerek dil yetisi gerekse okuma yazma yetisi açısından çocuklar arasında büyük farklılıklar vardır.

Bu farklılıkların büyük bir kısmı erken yıllarda ebeveynleriyle etkileşimlerine bağlanabilir. (…) Hem ebeveynlerin çocuklarıyla ne kadar konuştuğu hem de konuşmaların zenginliği çocukların kelime haznelerini etkilemektedir" (Demir-Lira, 2017, s. 324; Rowe, 2012; Weizman & Snow, 2001). Ancak göç yaşayan toplumlarda çocukların okula gitmeleri kimi zaman imkânsız kimi zaman ise gecikmiştir. Bu nedenle ilk eğitim, aile fertlerinden sağ kalan kişilerin verdiği bilgiler ya da kişisel eğitimlerle olmuştur.

Kuşaklar arası dil farklılıkları hakkında Les Langues De L'immigration Au Travail adındaki makalede belirtildiği genel yaklaşım; "ikinci kuşak gençler; göç ettikleri ülkenin dilini, aile içinde konuştukları dilden daha iyi bilmektedirler. Böylece ebeveynlerinin köken ülkesi dili yerine göç edilen ülkenin diline bırakır" (Kaya & Grin & Rossiaud, 2000). "Toplum sürekli bir değişme içinde olduğu gibi dil de toplumdaki bu değişmelere koşut olarak değişmekte" olduğu görülmektedir (König, 1998, s. 88)".

Sonuç

Sonuç olarak yapılan röportajlarda ve literatür taramalarında görülmektedir ki, göç yaşamış toplumların ailelerin çocukları kendi çocuklarına bu yaşanmışlıkları direk anlatmamaktadır. Duygu ve dil hafızası açısından ele alındığında ise, masallar anlatıldığında ya da çocuklarını veya torunlarını uyarmak istediklerinde kişiler, üstü kapalı bir şekilde ancak bu duyguları ifade eden kelimeler seçerek aktarmaktadırlar.

"Dil ve kültür arasında sıkı bir bağ bulunur. İşte bunun için dikkatimizi çevirmemiz gereken şey, bu sıkı bağın ne tür bir bağ olduğudur (…) Dil (*dil* deyince ister pek çok sayıdaki tektek anadiller, ister tektek uğraşlara özgü özel diller gözümüzün önüne gelsin) kültürün tümüyle örtüşmez hiçbir zaman; kültürün bir dalı, bir alanı, bir boyutundan başka birey değildir dil. Oysa önemi bakımından dil, hiçbir kültür öğesiyle karşılaştırılmamalıdır" (Uygur, 2013, s. 21). Dilin önemi çok net olmakla birlikte çok da hassas ve karmaşıktır. Bu nedenle bir millet olmak, beraber olmak, birliktelik, aidiyetlik hisleri de yine aynı dil, ana dil, kendini ifade edebileceğin dil olgularından geçer.

Böylelikle, ele alınan dört kültür ve dil de, aynı şekilde ikinci ve üçüncü nesillere kişisel fikir, duygu ve düşünceler ile birlikte bir olma, ait olma, koruma ve kollanma duygularını, atalarından aktarmak istedikleri tarihi, kendilerinden bir sonraki nesile aktardıkları, aktarmaya çalıştıkları ya da farklı yollar izleyerek iletmeye çalıştıkları gözlemlenmektedir. Masallar bağlamında dil göçü neticesinde de, her dil, hangi dönem olursa olsun, kimi zaman gizli bir şekilde kimi zaman da açık ifadelerle yeni nesillere duygu aktarmak için kullanılmış edebi bir köprüdür.

Kaynakça

Aksu, K. A. & Ketres, F. N. (2017). *Anadili Gelişimi.* Çağla Aydın, Tilbe Göksun, Aylin C. Küntay, Deniz   Tahiroğlu (Ed.). *Aklın Çocuk Hali* içinde (13-39). İstanbul: Koç Üniversitesi

Alangu, T. (1968). *Keloğlan Masalları / Mitostan Kurtuluş – Gerçeğe Yöneliş,* Türk Dili (Türk Halk Edebiyatı Özel Sayısı), Ankara: TDK, C.19, 207. 458-460.

Altınörs, A. (2015). *Dil Felsefesi Tartışmaları, Platon'dan Chomsky'ye.* İstanbul: Bilge Kültür Sanat.

René D. (1996). *Principes de la Philosophie, Euvres de Descartes.* Tome: IX, publieés ar Charles Adam & Paul   Tannery, J. Vrin, Paris, I, S 74.

Arıcı, A. F. (2012). *Masalın Sesi.* Ankara: Pegem Akademi.

Arıcı, A. F. (2009). Masalların Çocuk Edebiyatında Kullanımı, *Çoluk-çocuk Dergisi,* 87. 35-38.

Aslan, E. (2008). *Türk Halk Edebiyatı.* Ankara: Maya Akademi Yayınları

Aurelius, M. (2004). *Düşünceler.* Şadan Karadeniz (Çev.). Yapı Kredi.

Büyü, G. T. (2014-2015). *Masalların Katartik Etkisi: Kötülükten Arınma.* Doğu Batı Düşünce Dergisi, 18. 71, 237-253. ISSN: 1303-7242

Coşan, L. (2001). *Sınırları Aşan Bir Masal.* Ankara Üniversitesi Dil Dergisi, 103. 74-83.

Çobanoğlu, Z. (1996) *Konut Sağlığı.* Ankara: Sömgür

Demir-Lira, Ö. E. (2017). *Okulöncesi Dönemde ve Okul Çağında Okuma Yazma ve Matematik Gelişimi.* Çağla Aydın, Tilbe Göksun,Aylin C. Küntay, Deniz Tahiroğlu (Ed.). Aklın Çocuk Hali içinde. İstanbul: Koç Üniversitesi. 319-342.

Derleme, (2009). *Ermeni Masalları.* Güven Göktan Uçer (Çev.). İstanbul: Pencere

Eimas, M. J.L. & Jusczyk, P.W. (1987). *On infant spech prception and the acquiaitin of language.* S. Harnad (der.),Categorical perception içinde (161-95). New York: Camridge University Pres.

Erdem, K.A. (1986). *Keloğlan ile Anası.* Ankara: Kültür ve Turizm Bakanlığı

Ekici, S. & Tuncel, G. (2015) *Göç ve İnsan.* Birey ve Toplum Dergisi. 5 (9)

Propp, V. (2001). *Masalın Biçimbilimi.* Mehmet Rifat - Sema Rifat (Çev.). İstanbul: Om.

Rowe, M. L. (2012). A Longitudinal Investigation of the Role of Quantity and Wuality of Child-Directed Speech in Vocabulary Development. *Child Development,* 83(5), 1762-74.

Uygur, N. (2013). *Kültür Kuramı.* İstanbul: Yapı Kredi

Kaya, B. & Grin, F. Rossiaud, J. (2000). Les langues de l'immigration au travail.

Kelime, E. (2016). Keloğlan Masallarında Çocukların Eğitimine Yönelik İletiler. *Uluslararası Türkçe Edebiyat Kültür Eğitim Dergisi,* 5/4.1805-1822.

Keleş, E. & Çepni, S. (2006). Beyin ve Öğrenme. TÜFED & TUSED – *Türk Fen Eğitimi Dergisi*/3 (2). 66-82. ISSN: 1304-6020

Kerovpyan, K. (2012). *Mitolojik Ermeni Tarihi.* İstanbul: Aras

Kiflafidu, I. & Papayuannu, D. (2009). *Yunan Masalları.* Ankara: Dipnot

Köknel, *İnsanı Anlamak.* İstanbul: Altın

König, G. (1998). *Dile Bilimsel Bakış Açısı.* Ankara: Hacettepe Üniversitesi Edebiyat Fakültesi Dergisi. Cumhuriyetimizin 75. Yılı Özel Sayısı, C.15. 87-92

Nuhoğlu M. M. (2014). Keloğlan Masallarında Propp Analizinin dışında kalan Örnekler. *Akademik Sosyal Araştırmalar Dergisi,* 5. 478-486

Massey, D. S. Vd. (2014). Uluslar arası Göç Kuramlarının Değerlendirilmesi. S. Dedeoğlu (Çev.), *Göç Dergisi,* 1. No (1), 11-46

Miroğlu, A. (2009). Tarihi 16 . Yüzyıla Uzanan Pangaltı Ermeni Mezarlığı (Surp Hagop Mezarlığı). İstanbul: *Toplumsal Tarih Dergisi,* 187. 34-38. ISSN: 1300-7025

Ögel, B. (1976) *Keloğlan Masal Motifinin Eski Türk Kökenleri.* Ankara: I Uluslararası Türk Folklor Kongresi Bildirileri / Halk Edebiyatı, 2. 265-268.

Özçelik, M. (2008). Ninnilerle Uyumak, Masallarla Büyümek. İstanbul: *"Kültür" Kültür Sanat Araştırma Dergisi,* 98-103. ISSN: 1306-1046

Prigge, D.J. (2002). Promote Brain- Based Teaching and Learning, Invention in School and Clinic, Vol.37, No4, 237-241

Sakaoğlu, S. (2009). Masalların Oluşumu Üzerine Farklı Bir Yaklaşım. *Milli Folklor*, 84, 13-17

Sakaoğlu, S. (1999). *Masal Araştırmaları.* Ankara: Akçağ.

Saussure F.de, (2014). *Genel Dilbilim Yazıları.* İstanbul: İthaki.

Sezer, M. Ö. (2012). *Masallar ve Toplumsal Cinsiyet.* İstanbul: Evrensel Basım

Şahin, M. (2011). *Masalların Çocuk Gelişimine Etkilerinin Öğretmen Görüşleri Açısından İncelenmesi.* Milli   Folklor, 23. 89

Şeker, Ş. (2008). Bir Rum Efsanesinin Söyledikleri. İstanbul: *"Kültür "Kültür Sanat Araştırma Dergisi*, 86-88.   ISSN: 1306-1046

Şimşek, Esra. (2007). *Masalların Sembolik Dili Bağlamında Keloğlan Tipi Üzerine Bir değerlendirme,* İtaki, 1.   61-73.

Tan, B. (Ed.). (2017). İran Masalları / On Derviş Bir Kilimde Uyurken, İki Padişah Bir Dünyaya Sığmaz. Servin Sarıyer (Çev.).   İstanbul: Karakarga.

TDK, 26 Eylül 2006

http://www.tdk.gov.tr/index.php?option=com_gts&arama=gts&guid=TDK.G   TS.59dbd667701762.5870   7880

Tezel, N. (1997). *Türk Masalları* 1. Ankara: Türk Tarih Kurumu

Thomas, P.b. (2001). *The Implication of Brain Research in Preparing Young Children to Enter School Ready to Learn,* The   Florida Agricultural and Mechanical University College of Education, Doctor   of Philosophy, Florida University

Üzümcü, E.Ö. (2011/1). Bize Bir Masal Anlat İstanbul: Masalını Yitiren Kent ve Kültür Erozyonu. CIU CYPRUS International University Folklor Edebiyat Dergisi, C.17. 65

Vardar, B. (2001). *Dilbilim: Dilbilimin Temel Kavram ve İlkeleri.* Prof. Dr.. İstanbul: Multilingual.

Vendryes, J.V. (2001). *Dil ve Düşüce.* Berke Vardar (Çev.). İstanbul: Multilingual.

Yavuz, H. M. (2015). *Bir Varmış Bin Yokmuş / Anadolu Masalları.* İstanbul: Can

Wittgentein, L. (2010) *Tractatus Logico-Philosophicus.* Oruç Aruoba (Çev.). İstanbul: Metis.

Weizman, Z.O. ve Snow, C.E. (2001). Lexical output as related to children's vocabulary acquisiton: Effects of   sophisticated exposure and support for meaning. *Developmental Psychology*, 37(2), 265.

Bölüm 26. İçsel Göç: Lena Leyla ve Diğerleri

Sevim Akten[1]

Dış göç, iç göç, beyin göçü, nitelikli göç, zorunlu göç, eğitsel göç, kırsaldan kente göç; nedeni ne olursa olsun bir gereksinim sonucu yer değiştirerek bireysel ve toplumsal değişime uğrayan kişinin yaşadığı sorunların adıdır göç. Soruna sosyolojik, ekonomik ya da tarihsel boyutuyla bakmak gibi yalnızca psikolojik yansımalarıyla da bu olguyu değerlendirmek yetmez. Bu bir yaşam deneyimidir. Her göçün bir nedeni, her göçmenin kendine özgü bir öyküsü vardır. Sosyologlar açısından en kısa tanımıyla ekonomik ve kültürel hareketlilik, psikologlar tarafından dönüşüm, ötekileşme, kimlik değişimi, yabancılaşma hatta kimliksizleşme gibi pek çok nitelendirmelerle irdelenen göç olgusu yazarların da ilgi odağındadır. Göç öyküsüne ve kimlik sorununa kurmaca bir pencereden bakan yazar, özellikle ruhsal çözümlemeleri yaparken ister istemez gerçek verilerden yararlanır. Örneğin Zehra İpşiroğlu toplumsal cinsiyet araştırmaları kapsamında farklı kesimlerde yaşayan kadınlarla şiddet üzerine yaptığı röportajlardan birinin öyküsünü *Lena, Leyla ve Diğerleri* adlı tiyatro oyununa taşır. Bu öyküde yalnızca bir kadının göç serüvenini değil eril bir toplumun kadına bakışı ve davranışı karşısında hırpalanan kadın ruhunu ve kadınlık durumunu gözler önüne serer.

Konuyu kısaca özetleyecek olursak, Ukraynalı üniversite öğrencisi Lena Türk işçisi Mustafa'ya aşık olup İstanbul'un bir kenar mahallesine gelir. Kabına sığmayan genç kızın aklında zaten dünyayı karış karış gezmek, başka hayatlar yaşamak vardır; bu yüzden Mustafa'nın peşine takılmakta zorlanmaz, üstelik hamiledir de. Uyum sürecinde değişmekten yana hiç güçlük çekmeyen Lena bu farklı kültürel yapıya ayak uydurarak Leyla'ya dönüşür. Ne ki düşlediği dünyanın bu yoksul ve tutucu çevre olmadığını anlaması uzun sürmez. Yeni çevresinde yeni kimliğiyle yaşadığı içsel göç sonrasında Lena/Leyla arasındaki çatışmalarla zorlanırken bir de kendini Leyna olarak tanımlayan iç sesiyle tanışır.

Ukraynalı olduğunu, oğulları Mehmet ve Ramazan'dan saklayacak kadar benimser Leyla olmayı. Özbenliğini öylesine yok etmiştir ki Lena olarak çocuklarına bile sahip çıkamaz. Özgürlüğünün kısıtlanması, yaşadığı çevre baskısı, şiddet ve düş kırıklıklarının ardından dibe vurur. Özbenliğini yadsıması, çoklu bir kimlik edinmesi ve gerçeklerle yüzleşememesi sonunda kimliği parçalanır, kendini akıl hastanesinde bulur.

Tiyatro eseri olarak düzenlenmiş anlatı *Lena, Leyla ve Diğerleri* altmış iki sayfalık bir metin olarak yayımlanmış. İki perdelik, tek kişilik oyunu Leyla Algan sahneye koymuş. Oyunun dramatik yapısı kurulurken düğüm atılmış, çözümün özellikle ucu açık bırakılmış. Sahne gösterimi alışılagelmiş çizgisel oyun akışını bozan bir Önoyundan sonra Lena'nın Leyla'ya dönüşürken özgürlüğünün kısıtlanması, aile ve çevre baskısıyla yaşadığı şiddet, içsel hesaplaşması ve kimlik arayışına girişmesinin anlatıldığı birinci sahne. Ardından da iş yaşamına adım atmasıyla gündeme gelen özgürlük arayışı, umutları, düş kırıklığı, başkaldırı ve akıl hastanesinde biten ikinci sahne.

Metin boyunca ustaca bir çağrışım örgüsü kurulmuş; içsel konuşma, geriye dönüşler, metaforik göndermeler, öykü içinde öykü, kolaj, montaj görünümleri, dönüşümlü ve parçalı anlatım gibi yeni yazınsal yönelimler sahne gösteriminde de korunmuş.

---

[1] Prof. Dr., Atatürk Üniversitesi, Fransız Dili ve Edebiyatı Bölümü Emekli Öğretim Üyesi.

Zamansal sapımlar, interaktif oyun yapısı, gazete, günlük, şiir, şarkı gibi uygulamalar metinde ve oyunda vurgulanan biçimsel yeniliklerdendir.

Bu bağlamda anlatının yapısal katmanları kahramanın çoklu kimliğini yansıtmak üzere düzenlenmiş gibidir. Yapıt bütünsel anlamda kurgu, dil, biçem, ileti çözümlemeleriyle de değerlendirilebilecek zengin bir altyapıya sahip. Yazar kadının durumunu toplumun sosyo-ekonomik durumundan soyutlamadan eleştirel bir tavırla dini, politikayı, güncel yaşamın dayattığı bölünmeyi, cemaat ve çağdaşlık ulamlarıyla gözlemler, çözüme yönelik öneriler sunar. Toplumsal cinsiyet koşullandırmasının yarattığı sorunlara bilgilendirerek, düşündürerek, bilinçlendirerek, sorgulayarak yaklaşır. Somut örnekte görüldüğü gibi kişinin yeni bir yaşantıda yeni değerlerle tanışmasında ve uzlaşmasında yalnızca çevreye uyum sağlaması yetmez. Zaman da mekan gibi bu değişimin bir parçasıdır. Göç etmenin bir öncesi vardır, bir de sonrası; burada ve orada ikileminin yarattığı sorunlar görünürde sosyo-ekonomik kökenli olsa da görünmeyen yanıyla kişinin ruhsal durumunu temelden etkiler.

Sözün kısası, göç ederek bireysel ve toplumsal değişime uğrayan kahramanın kimlik değiştirse de özbenliğinden kopamayacağı gerçeğinden yola çıkan yazar, göç olgusunu toplumsal cinsiyet ve bağlanımlarıyla birlikte değerlendirir. Kadının adı ne olursa olsun, Lena, Leyla ya da oğlunun önerdiği Ayda kendisiyle yüzleşmesini, öyküsünü anlatarak içini dökmesini, parçalı kimliğinden kurtulup özbenliğini bulmasını öğütler, akıl hastanesindeki doktor aracılığıyla.

Öykünün kahramanı önce/orada Lena iken; sonra/burada Leyla olur. Önce/orası/Kiev esenlikli bir uzamı gösterirken sonra/burası/Güneşören dış dünyaya kapalı bir uzamı imler. Kiev'de mutluluk, esenlik, güven içinde yaşarken düşlerinin ve Mustafa'nın peşine takılıp bambaşka biri olarak yaşayacağı esenliksiz bir dışsal ve içsel uzamda kendisini tutsak hisseder. Güneşören bir hapishaneyse Kiev özgürlük demektir onun için. Kısa süren ve tek başına gittiği Kiev tatillerinde hiç göç etmemiş, zaman durmuş gibi Lena'ya dönüşür.

"Evdekilerde artık tam bir bayram havası. Annem babam, abim karısı Aksana, arkadaşlarım hepimiz bir aradayız. Sofrada ançüez, havyar ve tuzlu yumurta, esmer ekmek. Annem bir Kievski pişirmiş ki, üfff... Aksana'dakapuşka yapıp getirmiş. Tam bir ziyafet sofrası. Babam votkasını yudumluyor. Bizler şarapları dolduruyoruz bardaklarımıza. Kadehler tokuşturuluyor..." (İpşiroğlu, 2014, s. 33).

Bu tatillerde "bizim oralar" diye anlattığı uzam, yemek ve kömür kokusunun sindiği tozlu, çamurlu, güneşsiz Güneşören değil, sergiler, tiyatrolar, eğlence ve alışveriş yerleri, masmavi deniz, pırıl pırıl güneşli gökyüzüyle düşlediği İstanbul'dur. Ama yaşamak zorunda kaldığı bu tekinsiz ve her anlamda kapalı uzam, yabancılaşmanın, kimliksizleşmenin, tutsaklığın, kısacası eril düzenin dayanılmaz baskısının yaşandığı yerdir.

Bir başka deyişle, Güneşören Mustafa'nın ta kendisidir. Mutsuzluğun tek nedeni kadının yaşadığı içsel göç değildir, asıl neden değişen Mustafa'dır. Oradayken anlayışlı, kibar, çakır gözlerine aşık olduğu Mustafa yerine, burada eril anlayışın bileşkesi kaba saba, ilgisiz, buyurgan bir Mustafa'yla tanışır. "Mustafa sadece Mustafa değil ki, aynı zamanda kaynanam, kayınbabam, Resul Abim. Mustafa, Güneşören'in ta kendisi..." (İpşiroğlu, 2014, s. 35).

Mustafa'ya gelince, orada Lena'yla aşkı ve mutluluğu burada Leyla'yla huzurlu ve dingin bir hayatı yaşadığı için çok şanslıdır. Lena/Leyla'nın geçirdiği değişim kadının düşüşünü hazırlarken eril düzenin simgesi Mustafa'nın kayıtsız şartsız üstünlüğünü vurgular. Ne yazık ki bu süreç erkek egemen toplumun sağladığı olanaklarla palazlanan Mustafa'lardan yana gelişir. Mustafa'nın üstlendiği baskıcı ve engelleyici rol aslında eril düzenin yerleştirdiği ideolojinin gereğidir. Mustafa'daki kökten değişimi açıklayan da aynı düşünce tarzıdır. Erkeğinin bu sözde korumacı tavrını kabullenerek kimliğini ona göre belirleyen kadının ruhsal durumu çöküntüye uğrar.

Çoklu Kimlik / Kimlik Bölünmesi

İlk bakışta Leyla kimliği bir *Tabula Rasa*, bomboş bir levhadır. Zamanla eril düzenin yarattığı sorunlarla boğuşan ezilmiş, dışlanmış, yabancılaşmış bir kadın tipi doldurur bu boşluğun içini. Bu tablodan, özündeki Lena'yı yok ederek karanlık bir geceye, Leyla'ya dönüşen genç bir kadının görüntüsü yansır.

Çevredeki özgürlüğü kısıtlanmış, ezik kadınların tek bedende toplanmış halidir Leyla, bir kopyadır. Rol modeli kaynanası gibi oturur kalkar, onun gibi konuşur, komşu kadınlar gibi giyinir, beş vakit namazını kılar; sessiz sedasız yaşar, şiddet gören diğer kadınlar gibi yere bakıp susar, sızlanmaz, yara berelerini ustaca saklar, terliği kafasına fırlatan kayınvalidesinin korkusundan sessizce ağlar. Çevredekiler kusursuz bir Leyla olması için elinden geleni yapar. "Ben Lena'ya bas git! Demeseydim Güneşörenliler kabul etmezlerdi beni mümkün değil, kabul etmezlerdi… Biz bütün mahalle bir aile gibiyiz…" (İpşiroğlu, 2014, s. 41).

Göç yoluyla bir araya gelerek aynı mahalleyi, aynı yazgıyı paylaşan bütün kadınlar birbirine benzer. Hepsi öyle ya da böyle bir değişim geçirmiştir. Dış dünyadan yalıtılmış gecekondu yaşamının dayattığı koşullara uyum sağlamak adına kadın kendine yeni bir kimlik edinme gereksinimi duyar. Kendisi olmaktan çıkıp başka biri olarak yaşamak zorunda kalan kadının içsel göçü işte bu noktada gerçekleşir. Yeni bir hayatla yeni yeni sorunlarla karşılaşır kadın, özellikle eril düzenin yarattığı sorunları kendi ilksel deneyimleriyle hatta içgüdüleriyle çözmeye çalışır. Aynı yazgıyı paylaştığı diğer kadınlarla bütünleşmek yerine, Lena/Leyla örneğinde olduğu gibi sorunların üstünü örtme yoluna giderler. Gördükleri şiddetin izlerini, sıyrıkları, morarmaları, yara bereleri gizledikleri özenle duygularını da gizlerler.

Bu nedenle Kiev'de ya da Güneşören'de yaşamak, burada/orada olmak ikileminin yarattığı sorun basit bir göç ve kimlik sorunu olarak algılanmamalıdır. Kadının konumuna uygun bir kimlik edinebilmesinin bir başka koşulu da diğerleriyle aynı dili konuşabilmektir. Uzaklardan geldiğini kimsenin anlamaması için aradaki tüm engelleri aşmakta kararlıdır Leyla. Hem duygularını, düşüncelerini özetleyen hem de aklında yer eden sözcükleri not ettiği bir günlük tutar. Bu kültürel edim yüksek bir eğitimden geçtiğinin göstergesidir. Tanıştığı yenidünyayı anlamlandırmak için sözcüklerin gücüne başvurur. Yazarak yeni kimliğini içselleştirmek isterken farkında olmadan bilinçaltına yerleşmiş duyguları gün yüzüne vurur.

Alfabetik sıraya göre yazdığı sözcükler yaşam algısının özeti, eril düzenin ve dinsel baskının, kısıtlanmış özgürlüğünün, yaşantısındaki ve kimliğindeki değişimin yarattığı kafa karışıklığının ifadesidir. Bu doğrultuda bakınca günlüğe giren sözcükler arasında organik bir bağ kurmak zor değildir.

A da Allah korusun, alınyazısı, **B** de Bismillah, **C** de Camii, **D** de dua okumak, **S** de sigara, sünnet, sopa, susmak, sığınmak, **E** de ev, emanet, elalem ne der, **M** de masum, mubarek, maşallah, Müslüman gibi… toplumsal ve dinsel bağlaşıkları olan göndermelerdir. Bu bağlamda duygusal ve tepkisel geçişleri de söz dağarcığına yansır.

Küfürler bastırılmış duyguları, içsel ve edilgen bir başkaldırıyı, derin anlamıyla kendini arayışını simgeler. Tnin açılımı tespih, türban, tamam, takunya, tantana, tövbe, tahrik. Bağlam içinde birbirini tamamlayan nesneleri ve eylemleri niteler. Vnin içeriği, örneğin şu dört sözcük vermek, veresiye, vah vah, vay halimize, yorum gerektirmiyor,"bazı sözcükler var ki aklıma geldiği anda karnıma ağrılar saplanıyor" (İpşiroğlu, 2014, s. 31) dediği cinsten.

Kimi sözcükler çoklu göndermeler içerir. Unutmak; "(...) unutmamak istediğimi unutuyorum, unutmak istediğimi unutamıyorum" (İpşiroğlu, 2014, s. 30). Utanmak; Mustafa'yı utandırmak, kadınlığından utanmak, herşeyden herkesten utanmak. Özgürlük; hem kendini, hem oğlu Mehmet'i, hem yakasını cemaate kaptıran diğer oğlu Ramazan'ı, hem de diğer kadınları imler. "Özgürlük, ne istersem onu yapmak değil mi? ... Kadınlığımdan hiç utanmamak özgürlüğü... İçimden geçen şeyleri söylemek özgürlüğü... Kendim olmak özgürlüğü..." (İpşiroğlu, 2014, s. 31). Lena/Leyna olarak yaşadığı üç ay süren çalışma hayatında anlar özgürlüğün ne demek olduğunu.

Çoklu göndermelere ve yorumlara açık sözcüklerden biri de bukalemundur. "Uyumlandım bukalemun gibi, neredeyse oranın rengini alırım" (İpşiroğlu, 2014, s. 32). Aslında göç imgesinin bukalemun gibi değişken bir hayvanla bağdaştırılması ve genç kadının bu sözcüğü dağarcığına katması kültürel bir göndermedir. Değişime bu kadar yatkın, bu kadar kolay uyum sağlayabilen birinin başkaldırması çelişkili bir durum değil midir? Önemli olanın uyum sağlamak değil kendisiyle ve yaşamla yüzleşmesi gerektiğini çok geç anlar. Bunu başaramayan bir kopya olarak kalan genç kadının bunalımı doğal bir sonuçtur. Yaşadığı içsel göçün önce düş kırıklığıyla, giderek ruh sağlığının bozulmasıyla sonlanması kaçınılmazdır.

Göçün neden olduğu değişim yalnızca yaşama biçimiyle sınırlı değildir. Duygular değişir, davranışlar değişir, düşünceler değişir, gerektiğinde adı bile değişebilir insanın. Adı değişenin kimliği değişir ama özbenliği değişmez. Lena Leyla'ya dönüşürken fazla zorlanmaz. Çocukken pamuk prenses, külkedisi, kötü cadı gibi her kalıba girer, girdiği rolü kolaylıkla benimser, oynadığını bile unuturmuş. Her koşula bukalemun gibi uyum sağlayan Lena başka ülkeler görmek, başka insanlar tanımak, başka hayatlar yaşamak isterken başkasının hayatını yaşamak zorunda kalır. Yeni yaşantısına uyum sağlamak adına gerçek benliğini koruyamadığı için çoklu kimlik sorunuyla boğuşur. Leyla içsel göçün yarattığı, başkaları tarafından kurgulanmış yapay bir kimliktir. Lena onun içinde kaybolmuş özbenliğidir. Leyna ise sağduyunun, aklın, mantığın sesi, Lena ve Leyla'nın ideal benidir.

Farklı kimliklerde yaşayan Lena/Leyla çoklukişilik (dissosiyatif) yapısı sergiler. Yaşadığı hayat başkaları tarafından kurgulanmakta, o sadece kalıbın içini doldurmaktadır. Üstüne üstlük bir de sahibi vardır; "Mustafa sahibimdir benim gözüm, ayağım, namusum herşeyimdir" (İpşiroğlu, 2014, s. 22). Mustafa'nın çabasıyla gerçekleşen yeniden yapılanma süreci sonunda Lena'yı değil de Leyla'yı sahiplenmesinin nedeni toplumsal cinsiyet koşullandırmasından başka bir şey değildir.

Her ne kadar koruma altına alınmış olursa olsun, kazandığı yeni kimlikle kaybettiği özbenliği arasındaki gelgitlerden etkilenen donanımsız kişilik yapısı bu haliyle bölünmeye açıktır. Leyla'nın uyumlu ve edilgen kimliği, çevresel ve ailesel sorunlar nedeniyle sık sık iç ses Leyna'nın sert eleştirileriyle sarsılır. İkili kimliği sürekli mücadele halindedir iç sesiyle, çünkü bu ses onu kendisiyle yüzleşmeye çağırır. "Lena'nın sesi toktur, kararlıdır, ne istediğini bilen bir sesi vardır. Leyla'nın sesi ise hiç yoktur... hiç olmadı ki!" (İpşiroğlu, 2014, s. 47). Bir ara bütün gücünü toplayıp değişmeye ve parçaları birleştirmeye karar verir.

Kendini gerçekleştirme çabası düşünsel düzlemden çıkıp çalışma hayatına atılmasıyla birlikte eyleme dönüşür. Altı ay boyunca kısıtlı da olsa özgürlüğü duyumsar. Başörtüsü nedeniyle işten kovulduğunda Leyna da yalnız bırakır onu; "onlar bilmiyorlar ki başörtüsünün altında ne ağır bir yük taşıdığımı (...) Kimim ben Lena mı, yoksa Leyla mı, yoksa Leyna mı? Elalemin keyfine göre sürekli değişecek miyim yani?" (İpşiroğlu, 2014, s. 59-60). Yaşadığı ikilem gerçek yaşamına da yansır. Kırk beş yaşındaki türbanlı, aydınlık yüzlü kadın konuşmaya başlarken İpşiroğlu'na sorar: Lena olarak mı yoksa Leyla olarak mı konuşmak istersiniz benimle? Göçü kendi içinde yaşayan, nereden geldiğini, neden değiştiğini, kim olduğunu sorgulayan kadının bölünmüş kimliğinin parçalarını belki akıl hastanesindeki doktor bir araya getirebilir. Anlatın der doktor, anlatmanın, paylaşmanın iyileştirici gücü vardır. Akıl hastanesinde kendisine önerilenler çıkış yolu mudur, kurtuluş olası mıdır?

Kaynakça

İpşiroğlu, Z. (2014). *Toplu Oyunları Lena, Leyla ve Diğerleri*, Mitos-Boyut Tiyatro Yayınları, İstanbul.

Bölüm 27. Göçmenlik ve Yerinde Yaşlan (ama) ma

Sevim Atila Demir[1]

Giriş

Sanayileşme sonrası yaşanan gelişmeler ile birlikte ölüm ve doğum oranlarının düşmesi başta batılı gelişmiş ülkeler olmak üzere dünya çapında yaşlı nüfus oranının artmasına yol açmıştır. Bu nüfus değişimleri yaşlanma olgusunu bir kat daha önemli hale getirmiştir. 2015 yılı verilerine göre her 8 kişiden 1'si 60 yaş ve üzerindedir. 2030 yılında ise her 6 kişiden birinin 60 yaş ve üzerinde olacağı tahmin edilmektedir. 2000 yılında dünyada 80 yaş ve üzeri 71 milyon kişi bulunmakta iken bu sayı 2015 yılında 125 milyona çıkmıştır. 2050 yılında bu oranın 434 milyon olacağı öngörülmektedir (United Nations Report 2015). Türkiye'deki duruma bakıldığında, 1965 yılı yaşlı nüfus oranı %4 iken yaşlı nüfusun toplam nüfus içindeki oranı 2014 yılında %8 ve 2015 yılında %8,2 olmuştur (TUIK, 2016). Yaşlanan nüfus içinde yaş ilerledikçe yaşlanma hızı daha da artmaktadır. Dünya genelinde, 2011 yılından 2100 yılına kadar yaşlı nüfus (60+) 3 kat artarken, 80 yaş üzeri nüfusun 5 kat artması beklenmektedir. Yani dünya genelinde önümüzdeki 90 yılda ileri yaşlı (80+) sayısı, genç yaşlılara (60+) göre daha fazla artış gösterecektir. Bu süre zarfında, ileri yaşlı nüfusun Kanada'da 3 kat, Almanya'da 2 kat, İtalya'da 2 kat, Rusya federasyonunda 3 kat, İngiltere'de 3 kat ve ABD'de 3 kat artması beklenmektedir. Türkiye'de 80 yaş üstü nüfusun artış hızı da oldukça dikkat çekicidir. 2011 yılında binde 9 olan 80 yaş üstü nüfus, 2050 yılında 4 kat ve 2100 yılına gelindiğinde tam olarak 10 kat artış gösterecektir (United Nations Report 2015- Arun, 2014, s. 4).

Bu veriler tüm dünyada yaşlı nüfusun konumunun çeşitli boyutları ile incelenmesi problemini ortaya çıkarmıştır. Göç ve yaşlılık ise her geçen süreçte çok daha fazla birlikte anılan kavramlar olagelmişlerdir. Şüphesiz toplumsal değişmenin hakim dinamiklerinden biri olan göçü yönlendiren göç veren bölgenin itici faktörleri ve göç alan bölgenin ise çekici unsurları her koşulda ve bölgede farklılaşabilmektedir. Aynı zamanda genç nüfus ile yaşlı nüfus arasında da göç nedenleri arasında ciddi farklılıklar bulunmakta ve yaşlılar çok daha az oranda göçe katılmaktadır. Bu nedenle örneğin Türkiye'de kentte yaşayan yaşlı nüfus kırda yaşayan yaşlı nüfustan fazla olsa dahi oransal olarak azdır. Göç nedeniyle kırsal alanda yaşayanlar daha fazla yaşlılar iken zaman içerisinde de bu oran artmaktadır. 2008 yılında toplam nüfus içerisinde kırsal alanda yaşayan yaşlı nüfusun oranı %10,2 iken, bu 2014'te %14,6'ya yükselmiştir. Bu oranlar göç sözkonusu olduğunda yaşlıların çok daha temkinli ve isteksiz olduğunu ortaya koymaktadır. Cinsiyetlere göre ise göçe (altmış beş ve üstü yaştaki yaşlıların 2011 verilerine göre kadınların (%3,5) göç etme oranı erkeklere (%2,7) göre 0,8 puan yüksektir) katılma Türkiye'de kadınlarda daha fazladır. Elbette bunda göç nedeni ve göç sonrası muhtemel deneyimlerin etkisi büyüktür. Bugün gerek iç gerekse dış göç sürecinde hızlı bir hareketlilik yaşanmaya devam etmektedir. Aynı zamanda göç, bir yandan aile yapısını ve değerler sistemini dönüştürürken, diğer yandan da yaşlı bireylere atfedilen rol ve statünün de yeniden tanımlanmasına yol açmaktadır. Bu yaşlı bireyin kendini konumlandırması ile ona biçilen rol arasındaki mesafeyi büyütmektedir (Güler ve diğerleri, 2015, s. 687-689). Bu mesafe arttıkça yaşlılık sürecinde beklenen olası sosyal sorunlar derinleşebilmektedir. Bu durum yaşlıların içinde bulundukları mekanla

---

[1] Doç. Dr. Sakarya Üniversitesi, Sosyoloji Bölümü.

olan etkileşimini de dönüştürmekte ve dolayısıyla aktif yaşlanmayı destekleyici çalışmaların gerekliliği ön plana çıkmaktadır.

Yaşlılık ve Yerinde Yaşlanma

"Yerinde yaşlanma", toplum içinde (kendi mekanında) bakım, yaşlılara alışkın oldukları kendi ev ortamında en az sorun yaşanması ve gerekli toplum kaynaklarının aktarılması esasına dayalı sistemi ifade eder. Aynı zamanda yaşlıların fiziksel, zihinsel, sosyal, duygusal ve manevi iyilik hallerini artırmaya yönelik görülmektedir. "Aktif yaşlanma" ise yaşlı bireyin zihinsel sağlığı yerinde, üretken, aktif sosyal hayatını sürdürerek ve pozitif yaşam sürme anlamına gelmektedir. Yerinde yaşlanma yaşlılar için hem fiziki hem de sembolik anlamı olan mekanlara bağlı eşitsizlikleri gidermeye yönelik bir düzenleme olarak anlaşılmıştır. Yaşlıların sosyal ilişkilerinin ve tecrübelerinin var olduğu mekanlarda yaşlanması, yaşlılık sürecinde yaşanabilecek problemleri azaltmakta ve yaşlıların aidiyet hissettikleri yer ile bağların kurulmasına yardımcı olarak yaşlıların kendine has rutin pratikler geliştirmelerini sağlamaktadır. Bu yaşlıların çevre ile kontrollü güven duygusu oluşturmalarını mümkün kılmaktadır. Mekânla güçlü bağı olan yaşlıların kontrolü/güveni daha iyi sağlayarak mutlu oldukları bilinmektedir. Bazı durumlarda ev yaşlılar için yalnızlaşmaya yol açsa da (Türkiye'de tek kişilik hanelerin %45,8'ini yalnız yaşayan yaşlılar oluşturmaktadır- TUIK, 2016) araştırmalar yaşlıların çoğunun bağımsızlıklarını ve sosyal ağlarını sürdürebilmek için yerinde kendi mekanlarında yaşlanmak istediklerini göstermiştir. Mekan gerontolojisinin çıkış noktası da budur. Yaşlılığı mekan ve çevre içerisinde ele alır ve yaşlıların mekanlarında elde ettikleri tecrübe ve alışkanlıkların nasıl şekillendiğine ve kaybı sözkonusu olduğunda neler olabileceğine odaklanmaktadır (Esendemir, 2016, s. 413-416). Gerontolojik çalışmalar (Bkz: I. Tufan: 2016- Ö. Arun- A. Çakıroğlu-Çevik: 2013- Seedsman, 2014) aktif ve başarılı yaşlanmayı sağlama amacına odaklanmakta ve aktif yaşlanmada yaşlı bireyin kültürel alışkanlıklarına dikkat çekmektedir (Torres, 2001, s. 334). Dünya Sağlık Örgütü'nün 2. Dünya Yaşlılık kongresinde yaşlılığın yetkilendirilmesi, yaşlılar arası cinsiyet eşitsizliğini gidermeyi, kuşaklararası destek, bakım ve uygulamaların düzenlenmesi ve yaşlı göçmenlerin durumlarını da içeren "her yaş için toplum" fikri vurgulanmıştır (Phıllıpson, 2014, s. 83). Bu aynı zamanda mekanların ve bu mekanlarla ilişkili olarak sosyal etkileşim biçimlerinin her yaş grubundan bireyler için işlevsel olması anlamına gelmektedir.

Yaşlılık ve mekan ilişkisi "yerinde yaşlanma" kavramı ile de vücut bulan üç temel durumu içerir (Rowles'dan aktaran Esendemir, 2016, s. 416) . Birincisi mekanın yaşlı için anlamıdır. Yaşlı birey doğduğu, büyüdüğü ve hatta yaşlılık sürecini geçirmekte olduğu mekana dair anılara ve deneyimlere sahiptir. Bu durum yaşlı bireyin mekana bağlılığını artırır. Bu nedenle göç deneyimi geçirmemiş olsa da yaşlı birey en küçük mekânsal değişime de direnebilmektedir. Diğer önemli faktör ise fiziki içerdenliği ifade eden yaşlıların yaşadıkları mekanın fiziksel özelliklerine ve işleyişine aşina olmalarıdır. Diline, formel ve informel işleyişine hakim oldukları mekanlar yaşlılar için güven ve hareket kolaylığı sağlamaktadır. Fiziksel aşinalık bugün üzerinde sıkça durulan "yerinde yaşlanma" kavramını doğurmuştur. Bir diğer önemli nokta ise yaşlı bireyin kendi mekanında kurduğu ilişkilere dayalı güvendir. Yaşlılar için akran ve akrabaları ile kurdukları ilişkiler bağlayıcıdır ve son derece önemlidir. Bu ağlar ve bağlar yaşlı bireyin mekana bağlılığını artırır. Amerika'da benzer özelliklere sahip yaşlıların rastgele kurdukları "güneş kenti" toplumsal değişme/ göç/ teknolojinin gelişimi ile birlikte modern bir ara form olarak görülebilecek ve yaşlıların sosyal ağlara dayalı aidiyer ve kabul görme ihtiyacını karşılayabilecek bir grup gözelliğindedir (SunCity Center, Erişim: 24.07.17). Bu durum yaşlıların sahip oldukları ağlarının modern kullanma biçimleri olarak gösterilebilir.

Toplumsal değişme, küreselleşme beraberinde her alanda köklü değişimler getirmektedir. Elbette yaşlılık ve göç ilişkisinde toplumsal değişme ve aile biçimindeki değişimlere de bakmak gerekir. Günümüz yaşlılarının çoğunun kardeşleri ve çocukları bulunmaktadır. Ancak insanlar daha az çocuk yaptıkça ve daha uzun yaşadıkça bu oran azalmaktadır. Küreselleşme, demografik değişimlere yönelik ulusal politikalar ve evrensel kurumlar arasında gerilime yol açarak yaşlılığın gelişiminde önemli rol oynamıştır. Yaşlılığın evrensel bir risk olarak tanımlanması ve yaşlılıktaki küresel eşitsizliğin derinleşmesi bu gerilimlerden sadece ikisidir. Küresel yaşlanma ile birlikte dezavantajlılığın birçok biçimine etki etmekte olan yaşlılık özellikle yoksulluk ile birlikte önemli bir sorun alanı olarak hissedilmektedir. Yaşlı yoksulluğu günümüzde sosyal ve ekonomik tartışmalarda halen temel ilgi alanı haline gelmemiştir. Yaşlı profili değişmiştir (örneğin yalnız yaşayan yaşlı sayısı tüm dünyada artmaktadır) ancak aile toplum ve kurumsal destek sabit ve en önemli gereksinimleri içermektedir. Aynı zamanda küreselleşme toplumsal hareketliliği teşvik ederek yaşlıların daha karmaşık deneyimler edinmesine yol açmıştır. Japonya gibi yaşlıların aile içi katılımının etkin olduğu geleneksel toplumlarda dahi günümüzde yaşlılar yalnız yaşayanlar dahil, kendi mekanlarında, evlerinde ve yerel ortamlarında yaşlanmayı tercih etmektedir (Phıllıpson, 2014, s. 72 - Powel, 2014, s. 150-156). Bu tam da günümüz yaşlılığa yönelik uygulamaların "yerinde yaşlanma" olarak ifade edildiği, yaşlıların maksimum hareketliliğini sağlamayı amaçlayan yaklaşıma denk gelmektedir.

Göçmenlik ve Yaşlı Nüfusun Göç Sürecine Katılımı

Massey'e (Massey, 2016, s. 145) göre uluslararası göçün temel beş özelliği bulunmaktadır. Bunlar: göç gönderen ülkelerin göçü yönlendiren ve aynı zamanda göç alan ülkelerin göç talebini daima canlı tutan yapısal güçleri, bu güçlere tepki veren göçmenlerin motivasyonları, küreselleşme ile göç hareketliliğini canlı tutan kurum ve örgütler ve son olarak hükumetlerin göç sürecini ve göçmenlerin davranışlarını şekillendiren politikalarıdır. Bu özellikler aynı zamanda uluslararası göç teorilerinin dayandığı ve göç nedenlerini açıklayan parametrelerdir. Buna göre göç ağları teorisinde göç edecek adayların göç süreci ve sonrasındaki riskleri azaltabilmek için sosyal sermaye ağlarını kullanmaktadırlar. Sosyal ağların belirleyiciliği yaşlı göçmenlerde ve aynı zamanda diğer dezavantajlı gruplarda önemi daha fazladır.

Göç olgusu yapısı itibari ile her biçimde ve hızlı bir değişimi içermektedir. Bu nedenle göçün ilk dönemleri göçmen için gerek gündelik pratiklerin devam ettirilmesi gerekse psikolojik işleyiş açısında zor bir süreçtir. Birçok çalışma (Casado & Leung, 2002 – Ward-Styles, 2005- Hovey, 2000 - Mui-Kang, 2006, Seedsman-Terence, 2014) göçün çoklu kayıp içeren bir olgu olmasından dolayı göçmenler arasında depresyon belirtilerinin daha fazla görüldüğünü ve özellikle bu durumun yaşlı göçmenler için bir kat daha uzun ve karmaşık bir süreç olduğunu göstermektedir. Adı geçen çalışmalarda göçmenin göç öncesi, göç süreci ve göç sonrası yaşadığı psikolojik zorluklar onların göç deneyimlerine, yaşına, cinsiyetine ve göç ettikleri yerde kalış süreci ve göç nedenlerine bağlı olarak değişmektedir.

Göçmenlerin hedef ülkede karşılaştıkları güçlükler karşısındaki yeni uyum stratejileri bu parametrelere göre farklılık göstermektedir. Ayrıca yaşlılar uyum sürecinde en dezavantajlı gruplardan biri olarak tanımlanmaktadır. Aynı zamanda göç nedeni yaşlıların uyum sürecinde en belirleyici faktörlerden biri olarak karşımıza çıkmaktadır. Göçmenlerin istediklerinde dönebilecek olmaları fakat mültecilerin istedikleri zaman dönebilecek olmamaları bu durumun açık yansımasıdır. Psikolojik rahatsızlıkların /bunalımların ve uyumsuzlukların göçmenlerde ve göçmen yaşlılarda ortaya çıkma sıklığının yüksek oluşu (Mui, 1996 and 2006-Berry, 1997- Cochrane, 1977) elbette sadece göçmenlikle değil, daha da önemlisi yaşlılık sürecinin sosyal koşulları ve temelde bir seri risk ve dezavantajlılıkları barındırması ile ilişkilidir. Yaşlılık bir dizi problemleri beraberinde getirse de göç ile bir çok değişkenin (iklim değişikliği, yeme alışkanlıklarının değişimi, sosyal ilişki ve ağların değişimi, ekonomik ve yapısal faktörlere bağlı yaşam pratiklerinin değişimi gibi…) ortaya çıkışı yaşlı göçmenlerin kırılganlıklarını artırmaktadır. Depresyon riski yaşlılarda yüksek olmakta birlikte yaşlı göçmenlerde iki kat fazladır. Kadın ve yoksul göçmen olmak ta depresyon riskini artırmaktadır (Mui, 1996, s. 634).

Mekanın anlamı yaşlılıkta önemlidir. Çoğu yaşlı için evi aynı zamanda bağımsızlık alanıdır. Çünkü orada istediği gibi davranabilir, hatta bu mekanın kuralları o kişi tarafından oluşturulmuştur. Aynı şekilde yer / yurt makro ölçekte benzer anlamlar taşır. Yerini ve dilini/ kültürünü bildiği mekan yaşlı için bağımsız olabileceği mekandır. Göç bu bağımsızlığı büyük ölçüde kısıtlar. Bu kısıtlama yaşlı kişinin bir başkasına maddi ve manevi bağımlılığı ölçüsünde derindir.

Yerinde yaşlanamama yaşlı bireyler için temel uyum göstergeleri olan sosyal ağların yeterinde sağlanamaması riskini içerir. Bu duruma göçten önce yaşanan istenmeyen durumların yeni ülkeye uyumda ve yeni sosyal ağların oluşumunda engelleyici faktör olarak ortaya çıkabilmekte ve bu engel süreci yeni ülkede karşılaşılan ev sahipliği ile de belirlenmektedir (Seedsman, 2014, s. 245-247). Her ne kadar karmaşık bir süreç olsa da yaşlıların mekânsal değişimi aktif yaşlanmanın önündeki büyük bir engeldir. Aynı zamanda göçmen yaşlının yeni mekana uyumunu zorlaştıran bir çok zorlayıcı faktör bulunmaktadır. Seedsman (2014, s. 250) bu faktörleri şu şekilde sıralar:

- Aile ve akraba ve arkadaş bağlarının kaybı
- Statü kaybı,
- Kültürel kimliğin kaybı,
- Ekonomik belirsizlikler,
- Mekan ve kesinlik duygusunun kaybı,
- Güvenlik ve kontrol kaybı

Bu risk faktörleri göçmen yaşlıların yeni mekana uyumunu ve dolayısıyla aktif yaşlanmasının önündeki engellerdir. Bu engeller kanun yapıcıların hem yaşlı hem de göçmen olmaktan kaynaklanan riskleri bilip tanımlamak ve bu riskleri ve dezavantajlılığı en aza indirmeyi hedefleyen uygulamalar ile kalkabilecektir.

Mekan gerontologları yaşlılık ve mekan ilişkisinde günümüz koşullarını ve toplumsal hareketliliğe vurgu yaparak mekanın değişkenliğine odaklanmaktadırlar. Yaşlılara yönelik sosyal hizmetler de bu değişkenliği dikkate almaktadır. Teknolojinin gelişimi yaşlılara yönelik uygulamaları mekandan bağımsız hale getirmektedir. Sosyal mesafelerin sonu gelmiş ve yerini sanal mekan oluşları almıştır. Tele-bakım teknolojileri mekandan bağımsız yaşlanmayı mümkün hale getirmeyi maçlamaktadır (Esendemir, 2016, s. 414). Türkiye'de "Sesver aygıtı" çalışması da bunlardan biridir (Bkz: www.sabev.org.tr) .

Türkiye'de Belediyeler Kanunu ile 2005 yılında belediyeler, yerel yönetimler yaşlıların, kadınların, yoksulların ve engellilerin sağlık, kültür, yardım ve sosyal hizmet ihtiyaçlarını karşılama ile hükümlü görülmüştür (Büyükşehir Belediye Kanunu, 2005). Bu çerçevede gerçekleştirilen hizmetler, yaşlıların mekanın sınırlılıklarından en az düzeyde etkilenmesini hedeflemektedir. Özellikle göç sözkonusu olduğunda yaşlıların karşılaştığı sorunlar çok daha çeşiti ve etkili olabilmektedir. Bu sorunları üç başlıkta inceleyebiliriz.

Yaşlı Göçmenlerin Göç Süreci ve Sonrası Yaşadığı Psikolojik Sorunlar

Göç süreci hem kültürel hem de fiziki değişimleri içerdiğinden dolayı bireylerin ruhsal devamlılığına etki etmektedir. Bu etkilerden en bilineni "kültürel şok" olarak tanımlanan farklı bir kültürle iletişime geçildiğinde veya özellikle farklı bir kültürel alana göç edildiğinde ortaya çıkan stress durumudur (Winkelman, 1994, s. 121). Kişiden kişiye farklı ölçülerde ve sürede görülebilen kültürel şok, kişinin bireysel durumu ile de büyük ölçüde ilişkilidir. Aynı zamanda yaş, eğitim durumu, ekonomik durum ve kişiye bağlı bireylerin durumu gibi etkenler de stresi etkiler. Bu anlamda yaşlılar daha çok pasif biçimde kültürel şok yaşarlar.

Göç ve göçmenlerin psikolojik durmlarına dair ilişkiyi tanımlayan bir diğer kuram "sosyal izolasyon"dur. Sosyal izolasyon kavramı literatürde çeşitli şekillerde tanımlanır. En genel tanımı kişinin ailesi, sosyal çevresi ve arkadaşları ile iletişiminin zayıflaması veya tamamen kopması ve bu kişilerin duygusal desteğinden yoksun olmadır. Özellikle yaşlı göçmenlerde sık rastlanan bir durum olarak görülür. Aynı zamanda yapılan çalışmalar göstermiştir ki tüm dünyada yaşlı yalnız yaşayan kişi sayısı artmaktadır sosyal izolasyon yaşlı bireylerde çok daha yaygındır (Bhugra-Jones, 2001 / Dury, 2014 / Machıelse, 2015). Göç sonrası bireyin sosyal ağlarının önemli bir kısmından ayrı olduğu dikkate alındığında sosyal izolasyon yaşama riski yüksektir. Bu yaşlı göçmenlerde sosyal çevre ile sağlıklı iletişim kuramama, içine kapanma şeklinde görülebilir. Yaşlı göçmen değersizlik duygusuna kapılarak sosyal yaşamdan kendini çeker.

Kuzey Amerika'da yaşayan yaşlı nüfusun %10-15'i en yaygın mental rahatsızlık olan depresyon ile karşı karşıyadır (Lai, 2004, s. 820). Yaşlı nüfusta mental sağlık bir kat daha önemlidir. Dünya Sağlık Örgütü'nün rakamlarına göre dünya nüfusunun yaklaşık %4.4'ü depresyondadır. 60 yaş ve üzeri nüfusun yaklaşık %15'i mental rahatsızlığa sahiptir. Yaşlı nüfusta ve kadın nüfusta depresyon riski daha fazladır (WHO, 2017). Göçmen yaşlılarda ise depresyon ve kültürel şoka bağlı sorunlar başta olmak üzere diğer mental rahatsızlıklara maruz kalma riski artmaktadır. Bu risklere yetersiz / sağlıksız barınma ve beslenme koşulları da eklendiğinde oran artmaktadır. Yukarıda da ifade edildiği gibi göçe bağlı olası psikolojik sorunların yaşlı bireyde hissedilme durumu göç etme nedeni ve bireysel göç deneyimi ile sıkı ilişki içerisindedir.

Yaşlı Göçmenlerin Göç Sürecinde ve Sonrasında Yaşanan Gündelik Pratiklere Ait Sorunlar

Göç doğası gereği risk barındırır. Özellikle uluslararası göçler en iyi ihtimalle göç sonrası stress oluşumuna etki eder. Bahsedilen gündelik resmi ve resmi olmayan pratiklerin yaşlı göçmenlerdeki etkisi, göç eden kuşaklar arttıkça azalır. Burada aşağıda değinilen sosyal ağlar ve güven bağları devreye girer ve gündelik pratiklerin göçmendeki yükünü hafifletir.

Yaşlı göçmenlerde gündelik pratiklere ait sorunlar iki biçimde görülmektedir. İlki zorunlu resmi prosedürleri gerçekleştirmede yaşanan sorunlar, ikincisi ise gündelik alışılagelmiş pratikleri gerçekleştirmekte karşılaşılan sorunlardır. Hem ekonomik faktörler hem de dil becerisine ait yeterlilikler resmi ve gündelik rutinlere yönelik prosedürleri (yaşanılan mekanın özelliklerini ve zorunlu ihtiyaçların karşılanması gibi gündelik ihtiyaçları vs...) etkilemektedir (Boyd, 2017, s. 9). Bu ihtiyaçların başında sağlık imkanlarına erişim, barınma ve güvenlik ihtiyaçları gelmektedir. Aynı zamanda göçmenin genel ihtiyaçları karşılamada karşılaştığı sorunlar göçmenin etnik ve kültürel özellikleri göç edilen ülkenin kültürel özellikleri ile benzerlik taşıdığı ölçüde azalma eğilimi gösterir. Bu süreçte yaşlı göçmenler yerel halkın yaşlılarından çok daha fazla sosyal desteğe ihtiyaç duyar (Warnes-Williams, 2007, s. 1268). Yaşlı bireylerin göç kararını etkileyen önemli bir faktör olan fiziki yeterlilik durumu yaşlı göçmenin her durumda göç ettiği ülkede en fazla ihtiyaç duyduğu alanlardan birinin sağlık imkanlarına erişim ve göç ettikleri ülkenin göçmenlere yönelik uyguladıkları politikaların bilgisi gelmektedir.

Buna ek olarak güvenlik ihtiyacını karşılama amacı ile göç edilen ülkenin yaşam koşulları, sosyal, ekonomik ve politik işleyişi ve bunun bilgisi de diğer önemli bir konudur. Yaaşlı göçmenin bu değişimlere uyum sağlaması çok daha güçtür. Bu değişim yaşlı göçmende mekan duygusunun, güvenlik ve kontrol kaybına yol açabilmektedir.

Zorunlu resmi prosedürlere ait sorunların yaşanmasında en belirleyici etken, diğer tüm göçmen gruplarda olduğu gibi göç edilen ülkenin dilini biliyor olup olmama durumudur.

Yaşlı Göçmenlere Ait Göç Sürecinde ve Sonrasında Yaşanan Sosyal Ağlara Yönelik Sorunlar

Uluslar arası göç kuramlarından Network Kuramı'na göre göçmen ilişkiler ağı, göçü etkileyen önemli faktörlerdendir. Bu ağlar aracılığı ile göçmenler soydaşlık ve samimiyet esasına göre bir önceki göçmenlerden yardım alırlar. Aynı zamanda bu ağlar güven ve destek ağırlıklıdır. Göç sürecinde bu güven ağları kısa süre içerisinde yüksek bağlılığın ve şeffaflığın yerine geçer. Bu nedenle bu ağlar göçmenlerin özellikle ilk göç sürecine dair uyum ve zorunlu ihtiyaçları karşılayabilmek için başvurabilecekleri sosyal sermayelerdir.. Zaman içerisinde bu ilişki ağları göç veren ülkenin diğer katmanlarına da yayılmaktadır (Kadushin, 2012, s. 71- Abadan-Unat, 2006, s. 35). Göçmen tanıdığı ve göç ağları fazla olan kişilerin göç etme olasılığı daha yüksektir. Bu anlamda göç sürecinde özellikle ilk göç sürecinde sosyal sermaye kullanımı oldukça belirgindir (Massey-Aysa, 2005, s. 5).

Göçmenlerin göç ettikleri bölgelerde kurumlar kurması, yerleşik hale gelerek yeni bir kimlik kurma çabası içerisinde olduklarını göstermektedir. Yaşlı göçmenler özellikle bu kurumlar ve cemaatleri aracılığı ile sosyal ilişki ağları oluştururlar. Göçmenlerin kurdukları kurum ve dini yapılaşmalar, göç ettikleri ülkelerden daha farklı işlevlere sahiptir (örneğin, Almanya'daki camiiler) (Castles-Miller, 2008, s. 306). Yaşlı göçmenlerin gündelik pratikleri bu ağlar aracılığıyla gerçekleşmektedir. Bu nedenle göç sürecinde tek sosyalleşme aracı olan yerleşik ilişkilerin göç ile birlikte hedef ülkede kurulması diğer göçmenlere göre daha zordur. Bu nedenle yaşlı göçmenler göç sürecinde daha çekimser kalır ve göçmen yaş grupları incelendiğinde yaşlı göçmenlerin tüm göçmenler içerisinde az bir oranı temsil ettiği görülür. Elbette bunda göç nedenleri etkilidir. En önemli göç nedenlerinin istihdam, eğitim ve evlilik olduu düşünüldüğünde sonuç beklenmektedir. Ancak, zorunlu göçlerde dahi durum değişmemektedir. Örneğin 2017 yılı Suriyeden Türkiye'ye göç eden nüfus içerisinde 65 yaş ve üzeri grubun oranı sadece %2'sini oluşturmaktadır. 60 yaş ve üzeri oran ise %3 olarak tespit edilmiştir (İl Göç İdaresi Genel Müdürlüğü, 2017).

Yaşlı göçmenler sosyal ağlarını değiştirmede daha fazla güçlük yaşamakta ve bu ağlarda oluşacak değişimlere daha fazla direnmektedir. Yeni mekana göç ettiklerinde ise sosyal ağlar sınırlandırılmakta ve yeni sosyal ilişkiler kurmada daha fazla zorluklarla karşılaşılabilmektedir. Bunda fiziksel hareketlilik durumu, göç edilen mekanla kültürel benzerlikler ve göç etme nedeni gibi bir çok etken rol oynamaktadır.

Yaşlı göçmenlerin aile, akraba ve arkadaşlık bağlarının kaybı, statü kaybına yol açabilmekte ve bu durum daha fazla stress bozukluklarını tetikleyebilmektedir. Göç sürecinde kaybedilen bağlara fiziki yetersizlikler ve dil ile ilişkili sorunlar da eklendiğinde yaşlı göçmen kök ülkede sahip olduğu konuma ulaşamamanın eksikliğini daha fazla hissetmektedir. Bu bir süre sonra tüm günlük aktiviteleri bir bağşasına bağımlı olarak gerçekleştirme sonucunu doğurabilmektedir.

Sonuç ve Değerlendirme

Günümüz dünyasında yaşlılık ve buna bağlı sorunlar hem yaşlı nüfusun artışına paralel olarak, hem de gündelik yaşam pratiklerinin hızlı dönüşümü neticesinde önemli çalışma alanlarından brini oluşturmaktadır. Aynı şekilde tüm dünyada çeşitli nedenlerle çok sayıda yaşlı birey göç etmektedir. Hem göç hem de yaşlılık ayrı çalışma alanları olarak literatürde geniş yer tutsa de göçmenlik ve yaşlılık ilişkisi nadiren üzerinde durulan alt çalışma alanı olarak görülmektedir. Bu nedenle göçe bağlı yaşlılık çalışmalarına -özellikle güncel göç hareketliliği içerisinde- ihtiyaç duyulmaktadır.

Yaşlıların aktif toplumsal katılımının sağlanmasında bir çok nokta önemli olmakla birlikte yerinde, yani kendi mekanında yaşlanması üzerinde ciddiyetle durulmaktadır. Bu amaçla göç ve sonrasında yaşanabilecek olası sorunların yaşlı bireylerde çok daha hızlı ve derin etkiye yol açması dikkatlerden kaçmamalıdır. Özellikle göç edilen mekan ile hedef ülke /mekan arasındaki sosyo kültürel farklılık ne kadar derinse bu etki alanı da o derece büyük olmaktadır. Yaşlı birey göç ettiği mekanın diline, kültürel pratiklerine ve resmi işleyişine hakim olduğu ölçüde aktif olabilecektir. Ayrıca yaşlı bireyin psikolojik ve fiziki sağlığı ile göç edilen mekanın yaşlılara yönelik faaliyetleri aktif yaşlanmada belirleyicidir. Günümüz göç çalışmalarında göç deneyimlerine ve olası etkilerine odaklanılmaktadır. Bireysel göç deneyimi ve bireysel koşullar- hem maddi hem de sosyal- yaşlı göçmenin göç edilen mekana uyum kabiliyetini etkilemekte ve sosyal ağlarını şekillendirmektedir. Yaşlı göçmenler için sosyal ağlar hem göç edilen hem de hedef mekandaki ağlar ve birbiri ile etkileşimi çerçevesinde incelenir. Yaşlı göçmenlerin sosyal ağlarının azalması veya kaybı aynı zamanda statü kaybını da doğuracağı için psikolojik sorunları ve göç edilen mekana uyumu etkileyecektir. Bu çerçevede göç nedeni ile yerinde yaşlanamayan yaşlı göçmenlerin psikolojik, sosyo-kültürel ve ekonomik sorunları arasındaki ilişki bütüncül yaklaşımla incelenerek yaşlı göçmenlerin aktif yaşlanmasının önündeki engeller tespit edilebilecektir.

327

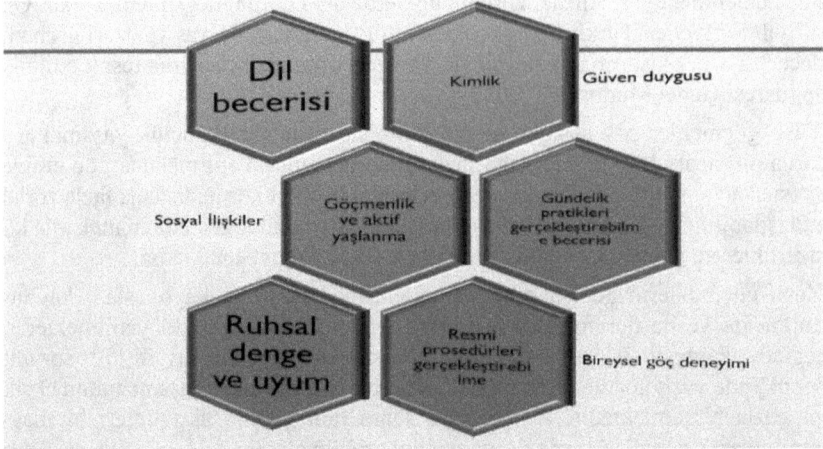

Varolan sorunların azaltılması öncelikle göç edilen ülkenin sosyal politikaları ile ilişkilidir. Aynı zamanda yaşlılara yönelik tüm sorunların genel olarak temelinde yatan görünür olma durumunu yaşatabilme önceliklidir. Sadece yaşlılarda değil tüm dezavantajlı grupların sorunlarının tanımlanabilmesi ve bu sorunlara yönelik önlemler ve çözümler geliştirilebilmesi için görünür kılma ve elbette görünür olabilecek imkanları sağlayabilme esastır.

Kaynaklar

Abadan- Unat, N.(2006). *Bitmeyen göç Konuk İşçilikten Ulus-Ötesi Yurttaşlığa.* İstanbul Bilgi Üniversitesi Yayınları, İstanbul.

Arun Ö.- A. Çakıroğlu-Çevik (2013). "Quality of life in an ageing society A comparative analysis of age cohortsin Turkey", Z Gerontol Geriat 2013 · 46: 734–739 DOI 10.1007/s00391-013-0502-z, Published online: 8 June 2013 © Springer-Verlag Berlin Heidelberg 2013.

Arun, Ö. (2014). "'Que Vadis' Türkiye? 2050'ye Doğru Yaşlanan Türkiye'yi Bekleyen Riskler", Selçuk Üniversitesi Sosyal Bilimler Enstitüsü Dergisi Sayı: 32, 2014, ss. 1-12.

Berry, W. J. (1997). "Immigration, Acculturation, and Adaptation", International Association of Applied Psychology, 46(1), 5-68.

Bhugra, D.- Jones, P. (2001). "Migration and mental illness", Advances in Psychiatric Treatment (2001), vol. 7, http://apt.rcpsych.org/content/7/3/216.full-text.pdf+html, Access: 02.08.2017, pp. 216–223.

Boyd, M. (2017). "Immigration and Living Arrangements: Elderly Women in Canada", The International Migration Review, Vol. 25, No. 1 (Spring, 1991), http://www.jstor.org/stable/2546232, Erişim: 15.08.2017, pp. 4-27.

R. Cochrane, R. (1977). "Mental Illness in Immigrants to England and Wales" An Analysis of Mental Hospital Admissions, 1971", Social Psychiatry 12, 25-35.

Büyükşehir Belediye Kanunu 2005, Kanun No: 5393, http://www.mevzuat.gov.tr/MevzuatMetin/1.5.5393.pdf, Erişim: 24.07.17.

Casado, M. &Leung, P (2002). "Migratory Grief and Depression among elderly Chinese American immigrants", Journal of Gerontological Social Work , 36 (1-2), 5-26.

Castles, S.-Miller, J. M.(2008). Modern Dünyada Uluslar arası Göç Hareketleri, çev: Bülent Uğur Bal-İbrahim Akbulut, İstanbul Bilgi Üniversitesi Yayınları, İstanbul.

Dury, R. (2014). "Social Isolation And Loneliness in The Elderly: An Exploration of Some Of The İssues", British Journal of Community Nursing, 19/(3), Access: 02.08.2014, https://doi.org/10.12968/bjcn.2014.19.3.125, pp: 125-128.

Güler Z. D. Özsel, N. Güler (2015). "Arafta Kalan Yaşlılar: Kırdan-Kente Göç'ün Yaşlılara Etkisi", Sosyoloji Konferansları No: 52 (2015-2) / 685-713.

İl Göç İdaresi Genel Müdürlüğü, Türkiye'deki Suriyelilerin Yaş ve Cinsiyet Oranları, http://www.goc.gov.tr/icerik/goc-istatistikleri_363_378, Erişim: 13.08.17.

United Nations Report 2015, World Population Ageing, New York, http://www.un.org/en/development/desa/population/publications/pdf/ageing/ WPA2015_Report.pdf

Esendemir, Ş. (2016). "Türkiye'de Yerinde Yaşlanma ve Mekân Gerontolojisinin Temel Parametreleri", İstanbul Üniversitesi Edebiyat Fakültesi Sosyoloji Dergisi, Aralık 2016, 36(2), 411-429.

Hovey,J. D. (2000). "Acculturative stress, depression, and suicidal ideation in Mexican immigrants", Guttural Diversity and Ethnic Minority Psychology, 6{2), 134-151.

Kadushin, C. (2012). Understanding Social Networks Theories, Concepts, and Findings, Oxford University Press, New York.

Lai, D. WL (2004). "Impact of Culture on Depressive Symptoms of Elderly Chinese Immigrants", http://journals.sagepub.com/doi/pdf/10.1177/070674370404901205, Can J Psychiatry, Vol 49 /12, Erişim: 02.08.2017, pp: 820-827.

Machıelse, A. (2015). "The Heterogeneity of Socially Isolated Older Adults: A Social Isolation Typology", Journal of Gerontological Social Work, http://dx.doi.org/10.1080/01634372.2015.1007258, Accsess: 02.08.2017, 58:4, pp: 338–356

Massey, S. D.-Aysa M. (2005). Social Capital and International Migration from Latin America, Expert Group Meeting on International Migration and Development in Latin America and the Caribbean, Mexico City.

Massey, S. D. (2016). "Göç Kuramlarında Kayıp Halka", çev: D. Eroğlu- O. Unutulmaz- İ. Sirkeci, GöçDergisi, cilt:3, sayı:2, Erişim: 26.07.17, http://www.tplondon.com/journal/index.%20php/ml/article/view/568, 143-165.

Mui, A.C. (1996). "Depression among Elderly Chinese Immigrants: An Exploratory Study", National Association of Social Workers, 41 (6): 633-645.

Mui A.C. and Kang, S-Y(2006). "Acculturation Stress and Depression among Asian Immigrant Elders", National Association of Sociai Workers, Jul 51(3),243-255.

Phıllıpson, C. (2014). Yaşlanma ve Küreselleşme: Eleştirel Gerontoloji ve Ekonomi Potilik Sorunları, çev: Suzan Yazıcı, Küreselleşme ve Yaşlılık Eleştirel Gerontolojiye Giriş, Der: Nilüfer Korkmaz- Suzan Yazıcı, Ütopya, 67-91.

Powel, J. L. (2014). Küresel Yaşlanma: Eğilimler, Sorunlar ve Karşılaştırmalar, çev: Suzan Yazıcı, Küreselleşme ve Yaşlılık Eleştirel Gerontolojiye Giriş, Der: Nilüfer Korkmaz- suzan Yazıcı, Ütopya, 135-166.

Rowles, G. (1978). Prisoners of space? Exploring the geographical experience of older people. Boulder, Colo: Westview Press.

SABEV, Yaşam Destek Merkezi, http://www.sabev.org.tr/projeler.html, Erişim: 24.07.17

Seedsman, A. Terence (2014). "Yaşlı Göçmenler: Değişim, Dönüşüm, Kayıp ve Keder Üzerine Yaklaşımlar", Küreselleşme ve Yaşlılık Eleştirel Gerontolojiye Giriş, Der: Nilüfer Korkmaz-Suzan Yazıcı, Ütopya, 233-264.

Sun City Center, http://www.suncitycenter.org/association/background.html, Erişim: 24.07.17.

Torres, S. (2001). "Understandings of successful ageing in the context of migration: the case of Iranian immigrants in Sweden", Ageing and Society, 21, 2001, Cambridge University Press, pp. 333-355.

TUIK, İstatistiklerle Yaşlılar 2015, Haber bülteni, file:///C:/Users/sau/Downloads/%C4%B0statistiklerle_Ya%C5%9Fl%C4%B 1lar_17.03.2016%20(1).pdf

Tufan, I (2016). "Yaşlılıkta Kaliteli Yaşam", http://edebiyat.akdeniz.edu.tr/wp-content/uploads/2016/09/gerontoloji-ve-etik.pdf, Erişim: 20.04.2017, pp. 1-15.

Ward, C &Styles, I (2005). "Culturing settlement using pre and post migration strategies", Journal of Psychiatric and Mental Health Nursing, 12 (4), 423-430.

Warnes, Anthony M. and Williams, Allan (2007). " Older Migrants in Europe: A New Focus for Migration Studies", Journal of Ethnic and Migration Studies Vol. 32, No. 8, November 2006, pp. 1257-1281.

World Health Organization, (2017), Mental health and older adults, Access: 02.08.2017, http://www.who.int/mediacentre/factsheets/fs381/en/.

Warnes, A. M. & Williams, A. (2007). "Older Migrants in Europe: A New Focus for Migration Studies", Journal of Ethnic and Migration Studies, To link to this article: http://dx.doi.org/10.1080/13691830600927617, Access: 15.08.2017, 32:8, 1257-1281.

Winkelman, M. (1994). "Cultural Shock and Adaptation", Journal of Counseling & Development, November/December, https://www.researchgate.net/profile/Michael_Winkelman2/publication/2324 55059_Cultural_Shock_and_Adaptation/links/55edd3b708ae0af8ee19d336.p df, Erişim: 01.08.2017, 121-126.

Bölüm 28. Göç Olgusunun Dinsel ve Mezhepsel Kimlikler Üzerindeki Etkisi

Sıddık Korkmaz[1]

Giriş

Göç olgusunun dinsel ve mezhepsel kimlikler üzerindeki etkileri ve bu etkilerin tarihsel örnekleri nelerdir? Buna ilaveten tarihsel bir realite olan göç olgusunun iyi tahlil edilebilmesi için ne gibi hususlar göz önünde bulundurulmalıdır? Bu olgunun insan üzerindeki etkisi din ve mezhep anlayışına yansımaları nasıl olmaktadır? şeklindeki sorular, cevaplarını arayacağımız hususlardandır.

Kavramsal olarak göç; "siyasal, toplumsal ya da ekonomik nedenlerle birey ya da toplulukların bulundukları, oturdukları yerleşim yerini bırakarak başka bir mekâna ya da başka bir ülkeye gitme eylemi" olarak tanımlanmaktadır.

Göç olgusu tarih boyunca insanlığın yüzleşmek zorunda kaldığı bir realitedir. Hayatta kalma, barınma, ihtiyaçlarını karşılayabilme, inançlarını yaşayabilme, tehlikeden uzaklaşma, güvenliğe erişme, ailesini, çocuklarını koruyabilme, neslini devam ettirme, hayat standartlarını yükseltme ya da başka sebepler yüzünden bir yerden başka yerlere intikaller sürekli yaşanmıştır. Çoğu zaman zorluk ve meşakkat içinde gerçekleşen yolculuklar hesapta olmayan sonuçlarla neticelenebilmektedir. Elde edilen neticenin olumsuz çıktıları olduğu gibi bazen de olumlu sonuçları olabilmektedir.

Hz. Peygamber'in kendisini tasdik etmeyen Mekkeli müşrikler tarafından yaşatılan baskı ve eziyetleri sonucu öz yurdunu terk etmek zorunda kaldığı hicret göçü, ilahi mesajı insanlara duyurma görevi olan peygamberlik görevini tamamlayabilmesi gibi olumlu bir sonuçla neticelenmiştir. Medine'de bulduğu rahat ve güven dolu ortam, kendisine inananların oluşturduğu bir toplum oluşturma zaferi vermiştir. Yeni oluşan bu toplumda son ilahi din olan İslam ortadan kaldırılma tehlikesinden kurtulduğu gibi inananlar tarafından bir devlete dönüşme tecrübesini de yaşamıştır. Uzun süre boyunca Medinelilerin üstesinden gelemediği kabile savaşları şehre gelmiş olan muhacirlerin olumlu katkısı sebebiyle ortadan kalkmıştır. Toplum yeni bir heyecan ve dayanışma duygusu ile tanışmış eski tortularından kurtulmuş ve dünya tarihine adını altın harflerle yazdırmıştır. Daha önceden sıradan bir badiye/çöl şehri olan Yesrib, yeni adıyla "Medine"ye dönüşmüş ve medeniyetin beşiği haline gelmiştir. Şehre yeni gelen peygamber ve onun çevresindeki muhacir kitlesinin desteği ile birlikte ilkel kabile dinlerinden, puta tapıcılıktan ve barbarlıktan kurtulup, İslam dini sayesinde büyük bir aydınlanmaya merkezlik etmiştir.

Kültürlerin taşınması açısından önemli bir faktör olan göç olgusu dinî kimlikleri etkilediği gibi, mezhepsel değişim ve etkileşimlere yardımcı olabilmektedir. Anadolu ve Balkanlarda yer alan Sünnî İslam anlayışı çoğunlukla bu bölgelere göçler vasıtasıyla gelen Horasan erenlerinin katkılarıyla yerleşmiştir. Öte yandan İran'da yaşanan Şiîlik, özellikle Safevîlerin ülkede gerçekleştirdiği işgal sonrası Lübnan bölgesinde yaşayan mezhep âlimlerinin yeni coğrafyaya davet edilmesi sonucu taşınmıştır. Mezhepsel düşünceleri taşıyan kişi ya da kesimlerin geldikleri yeri değiştirdiği gibi, gittikleri bölgelerde karşılarına çıkan kültürlerden etkilenmeleri de söz konusudur. Eskiden beri kültür ve medeniyet merkezi olan Roma ve Bizans toprakları üzerinde inşa edilen

---

[1] Prof. Dr. Ahmet Keleşoğlu İlahiyat Fakültesi, Necmettin Erbakan Üniversitesi, Konya, e-posta: skorkmaztr@gmail.com.

Hanefîliğin şehirleşmeyi öncelemesi bunun örneği olarak kabul edilebilir. Aynı şekilde eskiden beri kendine özgü kültür ve medeniyeti bulunan Sâsânî coğrafyası üzerinde şekillenen Şiîliğin, Irak Şiîliğine kıyasla daha hırçın ve ötekileştirici olması bu realitenin başka bir örneği olarak kabul edilebilir. Mezheplerin, dinlerin anlaşılma biçimleri olduğu malumdur. İnsanların kendilerini çoğunlukla dinleri ile tanımladıkları da bilinen bir hususutur. Şimdi bu gerçekten yola çıkarak göç olgusunun dinsel kimlikler üzerindeki etkileri üzerinde duracağız.

1. Göç Olgusunun Dinsel Kimlikler Üzerindeki Etkisi

Büyük dinlerin neredeyse tamamının yayılmasında ve taraftar kazanmasında göç faktörünün etkisi vardır. Hz. İbrahim Harran'dan yola çıkmış, önce Filistin'e sonra Mekke'ye daha sonra da tekrar Filistin'deki ailesinin yanına dönmüştür. Hz. Musa Mısır'dan yola çıkmış, sonra Filistin'e sonra tekrar Mısır'a ve tekrar Filistin'e göç etmiştir. Hz. Muhammed Mekke'de peygamber olmuş, buradan Medine'ye göç etmek zorunda kalmıştır. Onun Medine'ye göç etmesi ile birlikte İslam Dini, tamamlanma ve bütün dünyaya yayılma imkânı bulmuştur.

İslam peygamberi özelinde konu ele alındığında Mekkeli müşriklerin tamamen dinsiz olmadıkları, atalarından tevarüs ettikleri bir anlayışa zaten sahip oldukları görülür. Hz. Peygamber'in ilahi vahyi duyurmaya başlaması ile birlikte bu yapı sarsıntı geçirmiş ve toplum reaksiyon göstermiştir. Burada gösterilen tepki bir gazeteciye verilen tepki değildir. Yeni gelen mesaj eski köye yeni adet getirmiş, insan onurunun yerle bir edildiği toplumu yeniden düzeltmeye yönelmiş ve toplumsal değişimin fitilini ateşlemiştir. Söz konusu olan köklü değişim çağrısı şiddetle reddedilmiş ve bu çağrının sahipleri yani Peygamber ve taraftarları göçe maruz bırakılmışlardır.

Mekke'de oluşan yeni durum sebebiyle Hz. Peygamber ve arkadaşlarının göç etmek için yöneldiği Medine'de durum Mekke'den farksız değildir. Konumuz açısından üzerinde duracağımız asıl etki burada ortaya çıkmış ve bir bakıma toplum yeniden şekillenmiştir. Bu şekillenme interaktif biçimde oluşmuş, dinin temel değerleri toplumu / şehri değiştirirken, toplumun adet gelenek ve görenekleri de dinin kültürel boyutunu etkilemiş ve yerine göre dînî metinlere yansımıştır. Bazen Bedir, Uhut gibi savaşlardan sonra inen ayetler bu savaşları konu alırken, "Muvafakat-ı Ömer" örneğinde olduğu gibi önceden söylenen sözlerin ayetlere yansıdığı misaller de yaşanmıştır. İnanç ilkeleri açısından başta münafık gibi tanımlar Mekke'de hiç bilinmez iken Yahudi, Hıristiyan, Mecusî, Sabiî veya fâsık, zalim gibi günahkâr Müslümanlara işaret eden kavramlar burada şekillenmiştir. Mekke'de namaz, hacc ve sadaka gibi ibadetler bilinir iken Medine'de ezan, cuma, oruç, zekât, toplumsal bütünlük, devlet şeklinde hareket etme, nefsi savunma anlamında savaş ve aile hukukuna dair birçok anlayış ve hükümler ortaya çıkmaya başlamıştır (İbn Hibbân, 2017, s. 55 vd.). Yani göç edenler ettikleri toplum ve ortamı değiştirirken, göç edilen toplum da gelenlere etki etmiştir.

İslam özelinden çıkıp biraz daha günümüze doğru geldiğimizde, tarihte olduğu gibi, göç olgusunun inanç haritalarını nasıl değiştirdiğini görmek mümkündür. Mesela kolonyalizm/sömürge dönemi öncesi batılıların gitmiş olduğu Kuzey ve Güney Amerika, Afrika, Avustralya, Hint Kıtası ve uzak Asya bölgelerinde yaygın olan dinsel yapı İlkel Kabile dinleri; Hinduizm, Budizm, Brahmanlık veya Müslümanlık şeklide idi. Önce tüccarların, sonra din adamlarının daha sonra da askerlerin gitmesi sonucu bu bölgelerin dinî coğrafyası değişmiş ve bu değişim sebebiyle günümüzde Hıristiyanlık dünyanın en yaygın dini haline gelmiştir (Diamod, 2010, s. 471 vd.). Pek çok sancılı olayların yaşanması sebebiyle eski topraklar yeni sahiplerine devredilmiştir (Liz, 2009, s. 102 vd.). Aynı şekilde Anadolu, Balkanlar ve Kafkaslarda da Müslümanlığın yayılmasında göç olgusunun etkisi büyük olmuş, tarih boyunca olduğu gibi köklü dinî değişimler yaşanmıştır. Bu değişimlerin çoğu gelişim faktörünün kendisini dayatması eski kültürün işlevselliğini kaybetmesi, yeni olanın daha kullanışlı olması veya daha başka sebeplerle gerçekleşmiştir.

Din içindeki değişimler her ne kadar birçok gerekçeye dayandırılabilse de mezhep faktörü ile daha kolay anlaşılabilir. Dinî kimlikler çok köklü ve dip bileşenlerden oluştuğu için değişmesi hızlı olmamaktadır. Bunun yerine mezhepsel değişim ve dönüşümler, dışa açılma, içe kapanma veya takiyye kültürünü üretebilmektedir. Din mensuplarında aynı dine bağlı kimseler olarak daha yumuşak yorumlara yönelme gözlemlenebilmektedir. Sonuç olarak mezhepsel kimlikler daha yüzeyde kalmakta farklı bir kategorinin konusu olarak, sosyal dönüşümlere kapı aralayabilmektedir. Bu sebeple göç olgusunun mezhepsel kimlikler üzerindeki etkisi üzerinde daha detaylı bir şekilde durmak gerekmektedir.

2. Göç Olgusunun Mezhepsel Kimlikler Üzerindeki Etkisi

Mezhepsel kimlikler, dinî kimliklerin hemen altında ve belki de bazen aynı kategoride ele alınabilir. Bununla birlikte din ve mezhep ilişkisi konumuzun dışındadır. Göç olgusu dinsel kimlikleri etkilediği gibi mezhepsel kimlikleri de etkileyebilmektedir. Başta bütün dinler olmak üzere İslam tarihi bunun örnekleri ile doludur.

Tarihsel olarak Müslüman coğrafyası özelinde düşünüldüğünde Ortadoğu'nun özellikle kültür merkezleri olan Irak, Suriye ve Anadolu olmak üzere, Balkanlar, Kafkaslar ve İç Asya bölgelerinde Hanefîlik-Mâtürîdîlik mezhebi yayılmıştır. Buna karşılık Yemen, Malezya, Endonezya ve Doğu Afrika sahillerinde Şâfiîlik taraftar bulmuştur. Kuzey Afrika'da Mâlikîlik egemen iken Hicaz (Suudi Arabistan) bölgesinde Hanbelîlik/Vehhâbîlik ya da Selefîlik egemen durumdadır. Bu mezhepsel harita göç edenlerle göç edilen coğrafya arasındaki ilişkinin etkin olduğunu göstermektedir. Yerleşik medeniyetlerin olduğu bölgelere Hanefîliğin, kıyı ve sahil bölgelerine Şâfiîlik ve Mâlikîğin buna karşın ilkel yaşam koşullarının egemen olduğu bölgelere de Hanbelîliğin çekici geldiğini göstermektedir.

Bazı batılı araştırmacılar tarafından "Kuzey İslâmı" diye tanımlanan Hanefî-Mâtürîdî geleneğin yayıldığı coğrafya ve gelişim süreci oldukça ilgi çekicidir. Bu bölgeler açısından günümüzün sosyal ve siyasal görüntüsü geçmişe kıyasla pek iç açıcı değildir ama erken dönemlerdeki yapının günümüzün tersine olduğu tartışmadan uzak bir şekilde bilinmektedir. Bunun sebepleri üzerinde ayrıca durulabilir. Bugünkü durum açısından başta yıllar boyunca süren savaşlar, dış güçlerin müdahaleleri ve bu topraklarda yaşayan insanların eğitimsizliği ya da eğitim sistemini yenileyememeleri gibi hususlar sayılabilir. Ancak bu mezheplerin yayıldığı coğrafyaların söz konusu yapılarla tanıştığı dönemlere bakıldığında o bölgelerin ciddi anlamda ilim, kültür ve medeniyetlerin ev sahibi oldukları görülecektir. Doğal olarak bu kadim kültürler kendi bünyesine katmış oldukları yeni anlayışı etkilemişlerdir. Başta Anadolu'nun çoğu şehirleri olmak üzere İstanbul, Bağdat, Rey, Buhara, Semerkant, Kazan ve Türkistan gibi bölgelerde neden Şîîlik ya da Hanbelîlik gibi anlayışların yayılmadığı buna karşılık Hanefîlik ve Mâtürîdîliğin taraftar bulduğu söz konusu etkileşimin en açık örnekleri olarak karşımızda durmaktadır. Eskiden beri medeniyetlerin var olduğu bölgelere daha yüksek bir kültür/din/İslam gelmiş yeni bir harmanlanma olmuştur. Bu karşılaşma sonucunda bölgede var olan eski kültür tanıştığı bu din ile kendisini daha ileri seviyelere taşımıştır.

Tarihin akışını sürekli olumlu ya da olumsuz yönde tanımlamak mümkün olmadığından çeşitli kırılmalara şahit olmak mümkündür. Sosyal ve siyasal değişimlerin önemli ölçekte mezhepsel göç dalgaları oluşturduğu bilinmektedir. Mesela XVI. Yüzyılda yaşanan Osmanlı - Safevî mücadelesi, 1514 yılındaki Çaldıran savaşı sonrasında İran coğrafyasının zorla Şiîleştirilmesi ile sonlanmıştır. İran'ın daha önceden yüzyıllar boyunca Sünnî düşüncenin kurucu bölgesi olması bu dönüşümü engellememiştir. Kendileri de kökenleri itibariyle Sünnî Erdebil Tekkesinin mensubu olan Safevîlerin ülke/bölge halkına uygulamış oldukları politikalar adeta ikinci bir Moğol istilası yaşatmıştır. Onların bu eziyetleri, toplumdaki ilim adamlarının başta Anadolu olmak üzere batı ya da başka ülkelere göç etmelerine sebep olmuştur(Çelenk, 2013, s. 93 vd).

Tarihten dönüp yeniden günümüze baktığımızda kendi iradelerinin dışında göçe maruz kalan insanların trajedilerine şahit olmaktayız. Zorla yaşanan sosyal ve siyasi değişimlerin halka yansıması maalesef çok acı neticeler doğurmaktadır. Suçsuz masum ve sivil insanlar başkalarının yazdığı senaryoların oyuncusu olmaya mahkûm edilmekte ve bunun bedelini çok ağır bir şekilde ödemektedirler. Geçtiğimiz günlerde Sakarya'da (Türkiye) Suriyeli mülteci bir anne hem de gebe olmasına rağmen tecavüze uğradı ve yanındaki küçük bebeği ile birlikte vahşice katledildi. Yaşanan acı olay Türkiye genelinde büyük bir nefretle karşılandı. Bu nefretin birçok tezahürleri oldu ancak yapılan konuşmalar, kınamalar veya gösterilerin hiç birisi ölen anne ve bebeklerini geriye getirmedi. Suçsuz günahsız insanların bu noktaya gelmesini kanaatimce sosyal medyada dolaşan bir mültecinin şu sözleri çok iyi özetlemektedir:

Bundan 6 yıl önce, Suriye'de iç savaş başlamadan önce, bizler de sizin gibi işimizde gücümüzdeydik, evimizde vatanımızdaydık, çocuklarımız her gün evlerinden okullarına gidiyordu. Ama iç savaş çıkınca vatanımızı terk etmek zorunda kaldık. Savaş uzadıkça bizim muhacirliğimiz de uzadı. Allah kimseyi vatansız bırakmasın... (Facebook/Nakleden: Cengiz Akoğlu/09.07.2017).

Yukarıdaki örneğin kaynağı olan Suriye'deki devlet zulmü ya da iç savaş sebebiyle Türkiye'ye resmi olmayan rakamlara göre 6-12 milyon civarında mültecinin geldiği bilinmektedir. Muhtemelen bu mültecilerin büyük bir kısmı Ehl-i Sünnet mezhebine mensup iken aralarında Nusayrî ya da Şiî olanlar da bulunmaktadır. Göç olgusunun değiştirici ya da dönüştürücü etkisine örnek olmak üzere aşağıdaki notları da aktarmak istiyorum:

İstanbul'da çöpten kâğıt toplayarak geçimini sağlayan Suriyelilere bir gün mikrofon uzatıldı, içlerinden biri dedi ki dün kendi ülkemizde ötekisi berikisi diye birbirimizi dışlıyorduk, ayrışmış idik, ne yazık ki savaş bizi bugün bir çöplükte birleştirdi ve birbirimizi dışlamıyoruz burada! (Facebook/Nakleden: Alparslan Karaoğlu/07.02.2017).

Bu sabah, müdavimi olduğum sebze halinin karşısındaki amele kahvesine uğradım. Bir masada benimle aynı yaşlarda dört kağıt hurdacısı vardı, muhabbet ettik. Halepliymişler, biri Suriye'de Baas Partisinin üyelerinden radikal bir solcu, biri Türkmen milliyetçisi, biri Kürt diğeri ise Arap/Türkmen melezi ve tarikat ehliymiş. Sordum, 'abi biz Suriye'de bırak aynı masada oturmayı, aynı caddede bile birbirimize tahammül edemezdik, şimdi vatan elden gitti, aynı çöplüğü karıştırıyoruz' dedi. (Facebook/Nakleden: Nazlı Goncagül/21.08.2017).

Yukarıdaki örneklerde görüldüğü üzere göç olgusu zorunlu olarak bir kültürel değişim ve farklılıklara tahammül algısı oluşturmaktadır. Örnekte yer alan şahıslar özellikle şimdiki savaş ortamında muhtemelen birbirlerine karşı bir katı tutum içinde olacaklardı. Ancak yokluk ve yaşadığı yere yabancı olma durumu mezhepsel kimlikleri farklı olsa dahi aynı bölge ve şartlar içinde iken birbirlerine tahammül ederek daha esnek davranmalarına yol açabilmektedir.

Bunlara ilaveten Suriyeli göçmenler üzerinde 2017 yılında Konya'da yapılan "zorunlu göçün psikolojik açıdan bireyler üzerindeki etkisinin Konya örneği üzerinden incelenmesi" başlığı ile yapılan çalışma oldukça ilginç veriler içermektedir. 100 aile üzerinde yapılan bu çalışmaya göre "göç etme sebebiniz nedir?" diye sorulduğunda %58 ile savaş %39 ile işkence ve %3 oranında işsizlik şeklinde cevaplar verilmiştir. "Burada yaşadığınız ön önemli sorununuz nedir?" diye sorulduğunda %56 ile psikolojik travma, %25 ile yabancılık hissi %8 ile dil yani kendini ifade edememe %7 ile kültürel şok %4 ile yalnızlık hissi şeklinde sıralanmaktadır. "Ülkenizden göç etmenize sebep olan sorunlar ortadan kalktığında geri döner misiniz?" şeklindeki bir soruya da % 59 oranında hiç düşünmeden dönerim, % 34 oranında dönerim % 3 oranında düşünmem lazım ve % 3 oranında geri dönmeyi düşünmüyorum şeklinde cevaplar verilmiştir. Yapılan çalışmanın sonuçlarına göre Konyalılar açısından mültecilerin komşuluk ilişkilerinin iyi olmadığı kanaatine varılmıştır. Buna karşılık mülteciler açısından ise % 83'nün Konya halkından memnun olmadığı ve sarsıntı yaşadıkları ortaya çıkmıştır. Anketin işaret ettiği sorunların çözümü olarak savaşın bir an önce sona erdirilmesi ve mültecilerin geri dönüş imkânlarının sağlanması şeklindeki sonuç ortaya çıkmıştır (Doğru, 2017, Konya).

Göç olgusunun mezhepsel kimlikler üzerindeki yumuşatıcı etkisini başka ülkelere yapılan intikallerde de görmekteyiz (Gerdes, Reisenauer, Sert, 2012, s. 103 vd.). Mesela Türkiye'den Avrupa ülkelerine iş bulmak için giden kesimlerin çoğunda bu değişime rastlanılmaktadır. Türkiye kökenli göçmenlerin çoğunda mezhepsel kimliklerin ikinci planda kaldığını göstermektedir (Korkmaz, 2011, s. 397). Katı dindarlığı ile bilinen Şafiîlik mezhebine bağlı Kürtler, dindarlığı öne çıkmayan PKK'lı Kürtler, Alevîler Nusayrîler ve Yezidîler hangi ülkede yaşıyor iseler o ülkenin kanunlarına uymakta, çalışma koşullarını benimsemekte, ülkenin kanun ve kurallarına dikkat etmekte her hangi bir sorun görmemektedirler. Kendi ülkelerinde sürekli şikâyetçi oldukları kanun, kural ya da zorunlulukları muhtemelen göçmen olmaları sebebiyle hiç gündeme getirmemektedirler. Sadece refah seviyeleri yükseldikten sonra ve kendi mezhep ya da cemaatlerinin toplanma yerlerini inşa ettikten sonra ayırıcı mezhepsel kimliklerini öne çıkarmakta ve kendilerinden olmayanları ötekileştirmeye başlamaktadırlar. Her şeye rağmen bu başkalaştırma içinde yaşadıkları ülkenin kural ve kanunlarının verdiği izinler çerçevesinde kalmaktadır.

Mezheplerin beşeri oluşumlar olduğu konunun uzmanları tarafından bilinmektedir. Bu oluşumların varlık ve ortaya çıkış sebepleri mensubu olan kesimlerin hayatını kolaylaştırmak ve dindarlıklarını sürdürmelerine katkı sunmaktadır. Başka bir ifade ile din ve hayat arasındaki dengenin korunmasına yardımcı olmaktadır. Ortalama bir göçmen için başarılması gereken ilk hedef hayatta kalmak olduğu için mezhepsel kimlikler doğal olarak ikinci plana itilmekte ve zayıflamaktadır. Bu sebeple mezheplere dayalı olarak bir ülkedeki söz, görüş ya da eylem başka bir mekâna taşındığında gücünü koruyamamakta veya kaybetmektedir. Doğal olarak bu göç mezhep anlayışlarını etkilemekte fikirlerde esneme veya gevşeme oluşturmaktadır.

Sonuç

Göç olgusu öyle ya da böyle insanları değiştirmektedir. Bu değişimlerin olumlu ya da olumsuz diye sınıflandırılması sosyolojik bir tespit olmaktan öteye gitmemekte sonuç itibariyle aynı kapıya çıkmaktadır. İnsanları hayata bağlayan temel unsur hayatta kalma dürtüsüdür. Kendi isteği ile göçen ya da göçmeye mecbur bırakılan insan zaten birçok şeyi arkasında bırakmış demektir. Bıraktığı şeylerin arasında bazen dininin olması ve bazen de mezhebinin olması şaşılacak bir şey değildir. Öte yandan kendi isteği ile göçen ve belli bir misyonu yaymak üzere yola çıkan kimselerin gittikleri yerleri değiştirdikleri de görülmektedir. Hakikat arayışı söz konusu olduğunda göçle ilgili olarak karşımıza çıkacak olan bu dilemma bizi hakikatin ne olduğu sorusuna götürmektedir. Bu noktaya gelindiğinde ise kendisi göçenlerin ya da kendisine göçülüp gelinenlerin pek bir önemi kalmamakta bunun yerine hakikatin kendisini zorunlu olarak dayatmasına şahit olunmaktadır. Bu hakikatin de teoriden mi pratikten mi kaynaklandığı büyük bir önem arz etmemekte veya önemi kalmamaktadır.

Özetle göç olgusunun tarihsel ya da güncel sonucu olan değişime odaklanmak durumundayız. Değişimin hayatın doğasında bulunan bir gerçeklik oluşu bizi bu gerçekliğin hangi yöne doğru yönlendirilmesi gerektiği sorunu ile yüz yüze getirmektedir. Söz konusu yönlendirmenin imkân ve ihtimali de bu realitenin parçası olan kesimlerin organize olması, eğitim seviyesi, gerekli donanıma sahip olup olmaması veya elindeki enstrümanları kullanıp kullanamaması gibi yeteneklerle ilişkili alanlara kapı aralamaktadır. Değişim ve dönüşümün paydaşları olan bu yapılar insan faktörünün kalitesinde düğümlenmektedir. Değişimi kontrol edecek ve onu istenilen hedefe yönlendirecek kadroların olduğu yerde arzulanan dönüşümleri elde etmek mümkün olacaktır diyebiliriz.

Kaynakça

Çelenk, M. (2013). *16-17. Yüzyıllarda İran'da Şiîliğin Seyri,* Bursa, Emin Yayınları.

Diamond, J. (2010). *Tüfek, Mikrop ve Çelik,* trc. Ülker İnce, 21. Basım, Ankara, Tübitak Yayınları.

Doğru, İbrahim (Danışman), Tanoğlu, H., Küçüksayacıgil Z., *Zorunlu Göçün Psikolojik Açıdan Bireyler Üzerindeki Etkisinin Konya Örneği Üzerinden İncelenmesi,* Yayınlanmamış Çalışma.

Feteke, L. (2009). *A Suitable Enemy Racism, Migration and Islamophobia in Europe,* New York, Pluto Press.

İbn Hibbân, (2017). *es-Sîretü'n-Nebeviyye ve Ahbâru'l-Hulefâ,* trc. Harun Bekiroğlu, Ankara Okulu Yayınları.

Gerdes, J. & Reisenauer, E. & Sert, D. (2010). Varying Transnational and Multicultural Activities in the Turkish–German Migration Context. *Migration and Transformation, Multi-Level Analiysis of Migrant Transnationalism,* Editors: Pirkko Pitkänen Ahmet İçduygu, Deniz Sert, Springer, New York London.

Korkmaz, A. (2011). *Göç ve Din (İsveç'teki Kululular Örneği),* Konya, Çizgi Yayınları.

Bölüm 29. Memet Baydur'un *Kamyon* Oyununda Göç Olgusu

Şengül Kocaman[1]

Giriş

İnsanlık tarihine koşut olarak gelişen göç insanın, doğayla ve insanla mücadelesinin önemli bir kesitini oluşturur. İnsanlar tarih boyunca olumsuz doğa koşullarından kurtulmak, daha güvenli ortamlarda yaşamak, daha sıcak insani ilişkiler kurmak, toplumsal ortamlar yaratmak, yaşamlarını daha uygun maddi koşullarda sürdürmek için oradan oraya göç edip durmuşlardır. Daha iyiye ulaşmak yönündeki arayışın artarak sürmesine koşut olarak göç olgusu da insanlık tarihinin her kesitinde önemini korumuştur (Güngör, 2005, s. 229). Toplumun sosyal, kültürel ekonomik, politik, eğitimsel gibi tüm yapısıyla yakından ilgili olan göç olgusunun bu çeşitli boyutluluğu antropologların sosyal bilimcilerin, eğitim bilimcilerin, psikologların ilgisini çekmesine ve konuyu yakından incelemelerine neden olmuştur (Şahin, 1999, s. 19). Çağdaş edebiyatımızda göç gibi çok boyutlu bir konunun ele alınması ise, 1961 yılında Federal Almanya ile imzalanan İş Gücü Alımı Anlaşması'ndan sonra Türkiye'den bu ülkeye gerçekleşen göçle birlikte belirmeye başlar. Günümüz edebiyatında 'göç' ve 'göçmenlik' kavramlarından söz edildiğinde, 1961 yılında Almanya ile başlayan yurtdışına işçi göçünün edebiyat yapıtlarına yansıması sürecinin irdelendiği anlaşılır (Turan, 2009). Göç ve göçmenlik konusu, yazın dünyasında, 1990'lı yıllara değin Almanya üzerine odaklaşır. "Çünkü ilk işçi göçünün buraya olması yanında, nicelik olarak da yoğunluğun bu coğrafyada olmasıyla yönelim de Almanya'ya kaymıştır. İster Hollanda, ister Belçika, Danimarka olsun her yurtdışına gidip gelen işçinin 'Alamancı' olarak tariflenmesinin kaynağında da böyle bir sebep saklıdır" (Turan, 2009).

Türk yazın dünyasında özellikle Almanya üzerinde odaklaşan göç ve göçmenlik konusu, toplumsal sorunlarla tiyatro aracılığı ile hesaplaşan bir anlayışın doğmasını sağlayan, Cevat Fehmi Başkut, Haldun Taner, Vasıf Öngören ve Memet Baydur gibi yazarlar tarafından da ele alınmış, ülke ve toplum gerçeklerine olan duyarlılıklarını oyunlarıyla göstermişlerdir. Cevat Fehmi Başkut, *Göç* oyununda 1950'lerde ülkemize tarım makinelerinin gelmesiyle topraksız kalan köylünün, endüstrileşme aşaması içinde kentlere akın eden ve orda tutunmaya çalışan insanları temsil eden kapıcı Hüseyin'in öyküsünü anlatır. Haldun Taner, ünlü *Keşanlı Ali Destanı*'nda köyden kente göç eden "gecekondu halkının sosyal seviyesini, sınıf farkını, seçim politikalarını, politikacıları, devlet dairelerindeki bürokrasi ve rüşvet olaylarını, devletin gecekondularla ilgili politikalarını eleştirel –gerçekçi bir bakış açısıyla" ele alır (Doğan, 2009, s. 415). 1960'lı yıllarda başlayan "dış" göç serüvenini toplumun sosyal, ekonomik ve politik konumuyla buluşturan ve "seyirci ile en iyi iletişim kurabilmiş toplumcu tiyatro yazarı" (Yüksel, 1997, s. 125), olarak nitelendirilen Vasıf Öngören 1965 yılında yazdığı *Almanya Defteri*'yle göç nedenlerini sahneye taşır. 1980-1990'lı yılların oyun yazarı olan Memet Baydur toplumsal değişimlerin yaşandığı dönemde bu değişimlere arkasını dönemeyen bir yazar olarak karşımıza çıkar. 27 Şubat 2001''de Tiyatro Eleştirmenliği ve Dramaturji Bölümü'nde katıldığı konferansta oyunlarından Türkiye'yi anlatan 25-30 oyunluk bir duvar resmi, bir mozaik olarak söz eder. Özellikle ilk on yılda ürettiği

---

[1] Doç. Dr. Dicle Üniversitesi, Ziya Gökalp Eğitim Fakültesi, Yabancı Diller Bölümü, Fransız Dili Eğitimi Anabilim Dalı. E-posta: senkocaman1@ outlook.com.

oyunlarda 12 Eylül darbesi ve sonrasında yaşananlara dair sosyal ekonomik ve politik yansımalar görülür. Dokuzuncu oyunu olan ve 1990'da yazılan *Kamyon* tıpkı diğer oyunları gibi ülkenin bir başka toplum gerçekliğini yansıtmayı amaçlar ve aile geçimi için kendi hayatlarını ortaya koymuş, daha iyi yaşam şartları için başka yerlere göç etmişleri konu edinir. Yazarın ifadesiyle "yerinden yurdundan edilmiş, köylerinden kasabalarından çeşitli yöntemlerle sürülmüş, büyük kente doğru itilmiş, oralarda çok kötü şartlar altında çalışmaya zorlanmış ve sonra hizmet ettikleri insanlar tarafından sürekli horlanmış insanların, kentli olduğunu iddia eden zengin köylülerin küçümsediği, horladığı hamalların, kapıcıların, hizmetçilerin, şoförlerin, garsonların, işportacıların hikâyesidir" (Ata, 2008, s. 12). Baydur oyunlarının merkezinde insan, insana dair sorunlar, gerçekler vardır. Ancak "bu gerçekleri gerçekçi tiyatronun alışılmış kalıplarının dışında bir düzenlemeyle, gerçekleri yansıtarak, sorgulayarak yerinden oynatarak yapar" (Şener, 2011, s. 139). Yazar klasikleşmiş oyun kurgulama yöntemlerini tamamen bırakmaz ancak şaşırtıcı yeniliklerden de uzak durmaz. Zira onun tiyatrosunu özgün kılan, "tiyatro ile gerçeklik arasındaki ilişkiye yenilikçi yaklaşmasıdır" (Sözcü, 2002, s. 44). Baydur için, geleneksel söylemden uzaklaşmak, geleneksel malzemeden uzaklaşmayı gerektirmez ve bize, bizim insanımıza özgü sorunlar yenilikçi yaklaşımlarla Baydur tiyatrosunda baydurca sergilenir. Göç sorunsalı da bunlardan biridir.

Oyun Kişileri

Kamyon, araçları bozulan ve ıssız bir yolda mahsur kalan dört insanın tamirci beklerken yaşadıklarını anlatır. Ayşegül Yüksel'e göre Mehmet Baydur'un, Samuel Beckett'in *"Godot'yu Beklerken"*iyle flört ettiği *"Kamyon"* oyunu, yine Yüksel'e göre Baydurca bir köy oyunudur. Oyun boyunca tıpkı Godot gibi tamirci "Angut Memet" beklenir ancak gelmez. "Bekleme" eylemi oyunun başından sonuna kadar devam eder. "Oyunda yansıtılan durumda "gelmeyen tamirci" Godot denli önemli bir kişi olmaktadır (Yüksel, s. 144). Gelmeyen tamirci, oyun kişilerinin tıpkı *"Godot'yu Beklerken"*'de olduğu gibi ikili gruplar oluşturması ve bitmeyen bekleme eylemi iki oyunun ilişkilendirilmesindeki ilk etapta göze çarpan ortak özelliklerdir. Ancak İrlandalı olan ve Fransa'da yaşayan, eserlerini hem İngilizce hem de Fransızca yazan evrensel bir yazarın refah toplumunu anlatmasıyla, sosyal ve ekonomik sorunlarla boğuşan bir ülkede bir Türk yazarın aynı imgeleri kullansa bile, anlatmak isteyeceği şey içerik düzleminde aynı olmayacaktır. Baydur, varoluşçu bir yaklaşımla anlamsız varoluşun sorgulanmasından uzak, ülke sorunlarına yönelir. Bu bağlamda, Ayşegül Yüksel'in bir "köy oyunu" olarak nitelendirdiği *Kamyon* oyunu bize göre bir "göç" oyunudur, "gurbetçilerin sorunlarını" anlatan bir oyundur.

Oyun kişilerinden şehirlerarası yük taşımacılığı yapan Şoför Necati ile muavini Recep yıllar önce köyden kente göç etmişlerdir. Nakliye ekibinin kamyona yükü indirmek ve bindirmekle görevli hamallarından Abuzer Doğulu bir Kürt, Şaban ise Karadenizlidir ve köyden kente göç serüvenleri yenidir. Oyunun bir diğer ikilisi Zeynel ile Zülfü ise kamyonun onarılması için tamirci beklerken tesadüfen oradan geçen yöre insanlarıdır. Diğer oyunlardan farklı olarak *Kamyon*'da değişik kültürel çevrelerden, sınıflardan değil, "köyünden yurdundan edilmişler" Türkiye'nin farklı bölgelerinden aynı kaderi paylaşan insanlar bir araya getirilir.

Baydur, oyun kişilerini bir "ara mekânda" ve "ara zamanda" buluşturur. Ara mekân; oyun kişilerinin her zamanki yaşam alanlarının dışında geçici olarak kaldıkları yer, ara zaman ise yine oyun kişilerinin normal yaşam akışının dışına çıktıkları ve bekleme sürecini yaşadıkları zaman dilimidir. Şener'in ifadesiyle "akan zaman içinden bir dilim çalınmıştır" (1990, s. 45). Hiç "beklenmedik" bir anda ve yerde "beklenmedik" bir olay gerçekleşir, kişiler kendilerini günlük yaşamdan uzakta bulurlar. "Beklenmedik" ya da "şaşırtıcı" olan Baydur oyunlarının hareket noktasıdır. Bu, ya durum ya da oyun kişileri üzerinden sağlanır. "Böylece doğal sayılabilecek bir durumdan 'sıra dışı' bir duruma geçilir. Bir başka deyişle 'aykırı' olanın 'sıradan' olanı 'affallattığı' anlar belirir ve eylemin durağanlaştığı, zamanın yavaşladığı açık ya da kapalı bir mekânda gerçekler uzak açıdan değerlendirilir, "değer yargıları sorgulanır, kurallar irdelenir, kalıplar tartışılır" (Yüksel, 2002, s. 26). Oyun kişileri o güne kadar konuşmadıkları kadar konuşurlar, içlerini dökerler, hesaplaşırlar. Issız bir dağ başında beklenmedik bir şekilde bozulan kamyon için Şoför Necati ve muavin Recep'in belli aralıklarla tamirci bulmaya gitmeleriyle baş başa kalan Abuzer ve Şaban'ın yaptığı gibi... Söylemleriyle ekonomik koşulların yetersizliğinin onları başka yerlerde çözüm aramaya yönlendirdiği açıklık kazanır. "Şaban: Başka iş tut diyeceksin he mi? Para gerekir onun için de. Çiftçi olmak için toprak gerektiği gibi..." (Baydur, 2009, s. 347). İçinde bulundukları durumun olumsuzluğu onlara çözüm yolu olarak büyük kenti işaret etmiş, toprağın olmayışı ya da tarımdan beklenen kazancın olmayışı Şaban'ı ve ailesini İstanbul'a gitmeye zorlamıştır. Oyunda İstanbul'a göç eyleminin ekonomik koşullar nedenselliği çerçevesinde verildiği kolayca anlaşılır.

Kamyon'da göç nedenlerinden çok göçün sonuçları üzerinde durulur. Şaban ve ailesi İstanbul'a gelir gelmesine ancak kolay olmaz bu koca kente tutunmak! Şaban'ın karısı Emine, İstanbul'a alışamaz ve "bir yıl bile olmadan çocukları alıp köye döner" (Baydur, 2009, s. 342). Köyüne dönmek istediği halde ekonomik sorunların yarattığı zorunluluk Şaban'ı İstanbul'da tek başına yaşamaya mecbur bırakır ve bu durumuyla Şaban, aile geçimi için kendi hayatını ortaya koymuş, kol gücünü pazarlık konusu yapmış, insanca yaşamaya hasret yeni dünya hamallarını temsil eder. Abuzer'e gelince; o köyüne, dağına, toprağına olan özlemini ve yalnızlığını şu tümcelerle anlatır:

Memleketten uzaklaşınca... Ben de... dağları özlüyorum. (...) Bütün gün vapurları seyrettim köprüden. Sonra insanları. Hepsi mutlu, keyifliydi. Ama... kimse kimsenin gözüne bakmıyordu. (Sessizlik) Kimse kimseye bakmıyordu Şaban. Ben onlara bakıyordum ama hiç biri görmüyordu baktığımı. Nasıl bir çaresizliktir bu? Ne yapmışlar bu insanlar böylesine lanetlenmek için? (s. 342)

Bilindiği üzere, göç sadece fiziksel anlamda bir mekân değişikliği değildir. Coğrafi bir yer değişiminden çok, bir yaşam örüntüsünden diğerine yapılan köklü değişimdir. Göç edenler üzerindeki en etkili bağlamsal değişiklikler, sosyal destek ağlarında, sosyo ekonomik statüde, kültürel ortamda ve kişiler arası ilişkilerde meydan gelen değişikliklerdir (Demirkan, 2011). Abuzer'in söylemi göçü gerçekleştiren her bireyin "yeni yaşam örüntüsünde" hissettiklerinin ifadesidir. O, büyük kentlerin kalabalığı içinde yalnızlaşan insanın çaresizliğini anlatır. Şahin, bir değerlendirmesinde "Göçmenin yaşı, cinsiyeti, göç nedeni, üyesi olduğu toplumsal sınıf, eğitim ve kültür seviyesi ne olursa olsun göçmenlik durumundan kaynaklı olarak onun iç dünyasında bir takım değişikler meydana gelmesi kaçınılmazdır" (Şahin, 2001, s. 64) diyerek, göçmenin yeni yaşam düzenine ayak uydurmasındaki güçlüğe, yabancılaşmasına dikkat çeker.

Yabancılaşmanın, göçmenin başka bir ülkede, başka bir kültürde yaşamak zorunda kaldığında artması da şaşkınlık yaratmamalıdır (San, 2011, s. 87). Zira onlar "yabancı bir ülkede kökleri olmayan bir bitki gibi ev sahibi kültürden uzaktırlar" (Er, 2016, s. 188).

Oyunda, Angut Memet ve Zeynel'in göç ettikleri Almanya'da bir türlü "yabancı" olmanın ötesine geçemedikleri Zülfü'nün anlatımıyla verilir. Bu kez yalnızlığın mekânı İstanbul değil Almanya'dır.

Zülfü: Angut tamircidir, ustadır, çok traktör neyin tamir etti, Alamanya'da öğrendi on yıl, geldi burada tarlasını, davarını, nesini sattı savdı, kaavede kavga çıkardı, Muhtar işşek sudan gelinceye kadar dövdü İstanbul'a gitti, dikiş tutturamadı, bir yılda geri döndü, ilk telefisyonu o getirdi, sinçik hepimizin bir dene vaa, yani hepimizin dediğim, ikyüzseksen tene yoh da, hane başına birer telefisyondangırk ten vaa, Zeynel de Alamanya'ya gitmişti, iki ayda soyup sovana çevirmişler, rençberliğe avdet etti, orada bir gaset doldurdu, çok satmış emme parasını virmemişler, sesi güzeldir Zeynel'in... (s. 335)

"Memet Baydur, bireyin dramını, bilmedikleri bir yere gelmiş, tanımadıkları insanlara rastlamış, tuzağa düşmüş kişilerin durumunda görmüştür" (Beşe, 2013). Dilini ve kültürünü bilmediği uzamlara kaçıp sığınan ve bir tür kopuşun öznesi olan göçmenler, kendilerini var etme ve sesini duyurabilme arzusuyla başkaldırmayı ve direnci oluşturmaya çalışırlar (Türkyılmaz, 2016, s. 62). Yabancı oldukları bir ülkede kendini var etme çabasıyla olacak ki, gerek Angut Memet gerek Zülfü tamircilikten rençberliğe hatta ses sanatçılığın değin bulundukları yeni ortamda her yolu denerler ancak tutunamazlar. Geri dönüş tek çaredir. Bu kez, Angut Memet geri dönüp geldiği köyüne, kültürüne uyum sağlamakta zorlanır. Kimi zaman Angut Memet, kimi zaman da çırağı İsmail olarak insanların karşısına çıkan oyun kişisi, kendine, kendi değerlerine yabancılaşmıştır. Çaresizlik içinde bir dağ basında onun yardımını bekleyen insanlara yardımcı olmak yerine onlarla oyun oynar, dalga geçer.

Oyun Nesneleri

Baydur oyunlarında nesneler önemlidir, kullanılan "her şey yazarın anlatmak istediği genel gerçeği, bu gerçek içinde yer alan kişileri anlatan göstergelerdir. Satranç tahtası, içki bardakları, eski ve güzel eşyalar, şemsiye, baston, tabanca veya tüfek, kır çiçekleri, zarif fincanlar yazarın hoşlandığı objelerdir. Yazar bunlarla oyunun anlamını pekiştirir" (Şener, 1990, s. 45). Baydur tiyatrosunda nesnenin gösterge değeri vardır, onlar oyun kişilerinin yaşam biçimini, çelişkilerini yansıtması açısından önem taşımaktadır.

Bozulan kamyonda bulunan sandıklar tamirci Angut Memet'i beklemekten usanan ve yiyecek bir şeyler bulmak ümidiyle oyun kişileri tarafından açılır. Gaziantep'te bir eczaneye ait bu sandıklar İstanbul'a götürülmek üzere kamyona yüklenmiştir. Sağlık malzemeleri beklerken açılan sandıklardan *umulmadık* biçimde farklı objeler çıkar ve dağ başını doldurur: Şişme timsah, su tabancası, yüzme paletleri, ördekbaşlı cankurtaran simidi, gözlük ve dünya küreleri. Bunlar özellikle, deniz kenarında tatil yapacaklar için gerekli eşyalardır. Şaban'ın objeler karışışındaki şaşkınlığı uzaydaki bir köylünün şaşkınlığı oranında abartılarak sahne bilgilerinde verilir:

Bir elinde su tabancası, öbür elinde "yeşil şey", kafasında şapka, gözünde su altı gözlükleri güç bela yeryüzüne iner kamyondan. Böylece Şaban'ın ayaklarını da görürüz. Turuncu ve 50 numara iki palet takmıştır ayaklarına. Elindeki "yeşil şey"de şişme bir timsahtır. Şaşkın bir ördek gibi yürüyerek sahnenin ortasına gelir. Uzaydaki ilk Türk köylüsü! (s. 346).

Şaban'ın şaşkınlığı, diğer oyun kişilerinin sandıktan çıkan objelere gösterdikleri anlamsız ilgiyle bütünleşir. Öyle ki, içinde bulunulan durumun çaresizliğini görmeyecek kadar körleşen oyun kişileri keşfettikleri bu objelerle anlamsızca oyunlar oynamaya başlarlar. Burada, Baydur oyunlarında genellikle ikili durumlar yaratıldığını belirtmek gerekir: İçinde bulunulan gerçek durum ve oyunsu durum. Gerçek ve oyunsu durumun yarattığı zıtlık komik bir öge olarak karşımıza çıkarken Baydur dramaturjisinin ayırt edici özelliğini de ortaya koyar. Oyun kişilerinin içinde bulundukları gerçek durum tamamen umutsuzdur: Issız bir dağ başı, bozulan bir kamyon ve kamyon çevresinde yaşamlarıyla yüzleşen üç beş köylü. Onlar, tamircinin bile gelmeyi reddettiği bir yerde son derece çaresizdirler. Ancak sandıklardan çıkan umulmadık objeler ve oyun kişilerinin objelerle oluşturdukları ilişkiler sayesinde gerçek durum bir ölçüde soyutlanır, oyunun oyun tadı seyirciye hissettirilir:

> Baydur tiyatronun içerdiği "oyunsu" lezzeti yakalamış "özel" yazarlardandır. Bu tür yazarlar dile getirmek istedikleri düşünceyi şöyle ya da böyle bir sahne "kılıf"ına sokmaya çalışmazlar. Öz ve biçim, "oyun"u "oyun" kılmak "oyun tadı"nı seyirciye iletmek için kucaklaşır (Yüksel, 2002, s. 25).

Oyunun "oyunsuluk" boyutuna, yoldan geçerken yere serpilmiş eşyaları fark eden Zeynel ve Zülfü'nün gösterdikleri tepkiler de katkıda bulunur. İşlerine yaramayan bu objeleri her ne pahasına olursa olsun satın almak istemeleri, bunun için gösterdikleri olağanüstü çaba komik ve aynı zamanda düşündürücüdür. Oluşan komik durum sayesinde duygusal ve düşünsel uzaklık gerçekleşir, sahneyle seyirci arasında bir yakınlık kurulması engellenir. Böylece "sahneyle seyirci arasına giren mesafe oyunun oyunsal özelliklerinin fark edilmesini de sağlayacaktır." (Şener, 2003, s. 117) Bir yandan etrafa saçılmış onu almak isteyenlere tamamen yabancı objeler diğer yandan onları alma gücünden yoksun olmalarına rağmen satın almaya çalışan köylülerin oluşturduğu tezat durum sahne bilgilerinde belirtilir:

> Zeynel ve Zülfü sandıktan çıkan tüm mallar için alıcı konumundadırlar. İşlerine yarasın yaramasın... (s. 349) Zeynel gözlüğü takar,-şnorkeli de olabilir-, postallarını çıkarır, paletleri geçirir ayağına, şapkayı giyer, eline timsahı ve ördekbaşlı can simidini alır (Baydur, 2009, s. 352).

Postaldan Palete: Köyden kente göç eden bireyin şehirli birey olmaya çalışma çabası, şehrin çekiciliği üzerine bir değerlendirme olarak kabul edilebilir. Oyun kişilerinin kamyondaki sandıkları açtıkları bu sahneler ve köylülerin aşırı ilgisi göç edilen büyük şehrin çekici özellikleri üzerine bir eleştiri niteliğinde değerlendirilebilir. Sandıkların içinden çıkan oyuncak arabalar, can simitleri, rengârenk hayvanlar, deniz gözlükleri, paletler, oyuncak ayılar durumun çelişkisini de gösterir... Kamyon etrafında toplanmış, topraktan geçinme olanakları ellerinden alınmış, büyük şehirlere, göçe zorlanmış insanların dramı, orada oynadıkları oyunlarla gülünç bir hale getirilir (Sözcü, 2002, s. 50-51).

Bozulan kamyonu tamir etmek ya da tamirci bulmak yerine ellerindeki oyuncaklarla oynayıp "beklemeyi" tercih eden oyun kişileri bu eylemsizlikleriyle ne kentli ne köylü birey olabilmenin sıkıntısını sergilerler. Postalları çıkarıp paletleri giyme, gelinen yerdeki yeni kültürü tanıma, kültüre alışma çabasını simgeler niteliktedir. Oyun objeleri köy ve kent kültürlerini arasındaki farklılıkların karşılaştırma biçimidir. *Postal-palet* çerçevesinde *köy-kent* kültürünün uyuşmazlığı gösterilir.

Kamyona gelince; oyuna ismini veren, oyunun başından sonuna kadara sahnede yer alan ve en büyük dekor özelliği taşıyan kamyon için Baydur "Türkiye" tanımlaması yapar:

Bu bozuk Kamyon'u Türkiye olarak algılayabiliriz. Gelip gelmeyeceği hatta kim olduğu bilinmeyen bir tamirciyi bekleyen insanları da Türkiyeli insanlar olarak görebiliriz. Pek yanlış bir yaklaşım değil. Keşke bütün mesele bu kadar olsa. Türkiye nüfusunun yarısı kentlerde, varoşlarda yaşıyor artık (Ata, 2008, s. 12).

Baydur'un oyunlarını yazdığı 1980- 2000 yılları Türkiye'de gerek siyasi açıdan gerekse ekonomik açıdan ciddi değişimlerin olduğu bir dönemdir. Türkiye'de yaşanan darbe ve beraberinde getirdiği sıkıntılar toplumun diğer alanlarına da yansır. Siyasi düzeyde baskıların, ekonomik alanda liberalizmin egemen olduğu bir dönemde "rekabeti öneren sistemde, yeni-değişen birbiri ile etkileşim halinde olan karmaşa, belirsizlik ve güvensizlik ortamında bulunan bireye eğilir (Elmas, 2002, s. 55). 1980'ler Türkiye'sinde "köşeyi dönenler"le "dönemeyenler" arasındaki gelir dengesizliğinin uç boyutlara ulaştığı 12 Eylül baskı döneminden, bol koalisyonlu bir demokrasiye geçildiği, medyanın ve çetelerin devletten daha güçlü bir konuma geldiği, genç kuşağın Güneydoğu'da yitirile yitirile tüketilemediği, tüketim çılgınlığının uç boyutlara vardığı, bozbulanık bir dönem açılır (Yüksel, 1999, s. 60). Baydur globalleşen dünyada ve 1980 sonrası Türkiye'sinde oyunlarını yazan bir yazar olarak *Kamyon*'da 1980'li yıllardan sonraki ekonomik çalkantıların, daha iyi bir yaşam için farklı yerlere göç isteğinin oluşmasının en etkin nedeni olarak gösterir. Yazar yaşanılan göçün salt bireylerin tercihleri olarak değil, siyasal-ekonomik yapıdaki aksaklıkların, değişimlerin bir sonucu olduğunun altını çizer. "Bozulan kamyon, aslında Baydur'un "bozuk Türkiye'sidir" (Ata, 2008).

Kamyon'da Dilsel Özellikler

Baydur oyunlarında dil, rolleri arasına sıkışmış, eylemsizliğe mahkûm olan oyun kişilerinin var olduklarını gösteren tek eylem alanıdır. (Yüksel, 2107). Onlar bolca konuşurlar, gevezelik yaparlar. "Söz, oyun kişilerinin anahtarıdır. Kullandıkları dil kişiliklerini belirler, biçimlendirir." (Oral, 2002, s. 148) *Kamyon*'da Türkiye'nin farklı bölgelerine ait oyun kişilerinin kendi yörelerine özgü konuşmaları "renkli bir mozaik oluşturur. Şive farkları, yabancı isimleri telaffuz ederken yapılan hatalar, yanlış anlamalar, tekrarlar, sataşmalar ortaoyunu, Karagöz muhaverelerini çağrıştırmaktadır" (Şener, 2011, s. 122).

Şaban: kakala ile cıbıs aldım bir paket ilen...

Recep: Ne diyorsun lan oğlum?

Şaban: *(Torbadan bir şişe koka-kola çıkarır)* De-he Kakala içip serinle! *(Bir paket cips çıkarır)* Cıbıs ile biraber pek gözel!

Recep: *(Güler)* Ulan dilini eşek arısı soksun e mi? GokaGula'ya Kakala diyo, duydun mu Necati Abi?

Necati: Medeniyetsiz heyvan, nolcek!

Şaban: Tilivizyonda da öyle diyorlar (Baydur, 2009, s. 326-327).

Necati ile Şaban arasında geçen konuşmalar iki ortam (köy-şehir) arasında sıkışıp kalmışlığın dilsel boyutta anlatımıdır. "Koka kola" ve "cibs" sözcükleri üzerinden yapılan telaffuz hataları televizyona dayalı tüketim kültürünün mizahi sunumudur. 1990'lı yıllarda yayına başlayan özel televizyon kanalları tüm toplumu etkisi altına almış, aşırı tüketim, gösterişçilik, özenti gibi eğilimler güçlenmeye başlamıştır.

Televizyonun toplumdaki kültürel değerler üzerindeki etkileri Necati ve Şaban'ın söylemleri üzerinden eleştiriye sunulur. Köyün sade ortamından kopup gelen insanın özentilik, gösterişçilik davranış biçimi sergilenir. "Köyden kente göçenlerin bu iki farklı ortam arasında sıkışmışlığı ana tema olarak oyunun bütününe özümletilir" (Şener, 2011, s. 122). Oyunu, düz ve arı bir İstanbul Türkçesi ile yazmanın amacına uygun olamayacağını belirten Baydur, "*televizyonun her yere girdiği günümüzde*" televizyon Türkçe'sinden etkilenmiş ancak köyündeki lehçesinden de tamamen uzaklaşmamış bir dil kullanmayı tercih eder ve bu konuda yönetmene şöyle seslenir:

> *Kamyon'u yazarken bir "dil" sorunu ile uğraşmamayı yeğledim. Oyunun tümünü aksansız, lehçesiz, düz ve arı bir İstanbul Türkçesi ile yazmak mümkündü. Bu, yazma keyfini biraz azaltacak, lehçe-ağız-aksan seçimini de tümüyle yönetmen ve oyunculara bırakacaktı. Oyunun tümünü birkaç bölge ağzı kullanarak, her karakteri belirgin kılacak lehçelere yaslayarak da yazmak mümkündü. Bu da yazma tempomu yavaşlatacak bir engel gibi göründü bana. Ayrıca iletişim araçları denilen "iletişimsizlik araçlarının", örneğin televizyonun her yere girdiği günümüzde, bu yaklaşım pek gerçekçi de görünmedi bana. Böylece kendiliğinden üçüncü bir yöntem çıkıyordu ortaya. Şimdiye kadar hiç kullanmadığım bir yöntem. Tümüyle karmaşık, birbirinin içine geçmiş, televizyon Türkçesi denilen felaketten son derece tekinmiş, büyük şehir Türkçesine kıyısından bulaşmış, köyündeki lehçeden tastamam kopmamış bir "ÇORBA" Türkçesiyle yazmayı denedim* (2009, s. 345).

Baydur bir tiyatro oyununda dili önemser, dilin **dramatik yapının omurgası** olduğuna inanır. "Türkçe'nin sonsuz olanaklarından alabildiğince yararlanır, dille oynar, dili sorgular. Satır aralarını kullanır. İğneleme, eleştirme mizah, simgeler, alegoriler, dilin kullanımıyla kanatlanır. (Oral, 2002, s. 148). Yazarın yapıtlarının en önemli özelliği "sahnedeki devinimin 'dil'in 'oyunsu/oynak' kullanımlarının baştan sona değerlendirildiği bir 'söyleşim' düzeni üstüne kurulmuş olmasıdır" (Yüksel, 2017). Kamyon'da "Çorba Türkçe"yle gerçekleştirilen konuşmalar, Karagöz ve Ortaoyunu söyleşimlerini anımsatan yanlış anlamalar, sıklıkla kullanılan tekrarlar sayesinde gerçek durum soyutlanır, oyun dünyasına geçilir. Dilin oyunsu kullanımıyla bir kez daha Baydur tiyatrosunun "somut gerçekleri olduğu gibi yansıtan bir ayna" değil, kendi gerçekliğini kendisi yaratacak olan bir "oyun yeri" olduğunu görmüş oluruz (Yüksel, 1997, s. 54). Böylece, gerçeğe benzerlik oyunsu olanla aşılır, dil önemli bir soyutlama aracı olarak karşımıza çıkar.

Sonuç

Baydur'un oyunlarının yazıldığı dönem göz önünde bulundurulduğunda yazarın ülke sorunlarından etkilendiği ve her duyarlı yazar gibi bunu oyunlarına yansıttığı görülür. Birey ve toplum gerçeklerine ayna tutarak seyirciyi buna inandırmak isteyen gerçekçi tiyatronun aksine sorunları uzak açıyla değerlendirmeyi önemser. Eleştiri ve sorgulamalarını dil düzleminde söz oyunları, şakalarla, sahne düzlemiyle ise oyun kişileri tarafından kullanılan objelerle gerçekliği aşarak simgesel düzenlemeler içinde verir. Eylemin durağanlaştığı, zaman akışının durduğu ya da yavaşladığı özel mekânlarda oyunsu bir atmosferin korunduğu oyunlarda ülke içinde yaşanılan temel problemler ve bunun birey- toplum üzerindeki etkileri yansıtılır. Bu bağlamda 1990 yılında yazılan *Kamyon* ülkedeki ekonomik koşulların bir sonucu olarak yaşanılan göç ve göç sonrası zorlukları konu edinir, büyük kentlerde kendilerine ve çevrelerine yabancılaşmış insanları anlatır. Ülke gerçekleri, gerçeğe benzerlik ilkelerinden uzakta, uyumsuz tiyatroya benzeyen kullanımlarla ancak yerel motiflerin de göz ardı edilmediği seyircinin gördüklerine belli bir mesafeden bakmasını sağlayacak düzlemlerde verilir.

Kaynakça

Ata, İ. (2008). *Memet Baydur'un Bozuk Türkiye'si: "Kamyon"*, http://blog.milliyet.com.tr/ (28 Haziran).

Baydur, M. (2009). *Memet Baydur Tiyatro Oyunları*. İstanbul: İletişim Yayınları.

Beşe, A. (2013). *Yirminci Yüzyıldan Memet Baydur Geçti*. http://alperbese.blogspot.com.tr/2013/04/20-yuzyldan-memet-baydur-gecti.html.

Demirkan, B. (2011). "Göç ve Göç Psikolojisi", *http://www.tavsiyeediyorum.com*, 03. 12. 2011.

Doğan, Â. (2009). "Türk Tiyatrosunda Brecht Etkisi", *Turkish Studies*. Volume 4 /1-I Winter, ss. 409-422.

Elmas, F. (2002). "Memet Baydur: Globalleşmeye Karşı Duruş", *Elveda Dünya Merhaba Kâinat*, İstanbul: Mitos-Boyut Yayınları.

Er, A. (2016). "Cezayir'den Fransa'ya Göç: Leyla'nın Öyküsü", *1. International Symposium On Migration&Culture* 01-03 December, http://gockultur.amasya.edu.tr

Güngör, N. (2005). "Göç Olgusu ve Arabesk", *Uluslararası Göç Sempozyumu Bildirileri*, İstanbul: Sistem Matbaacılık.

Pekman, Y. (2001). "Memet Baydur'la Buluşma: Aydın Sorumluluğu, Oyun Yazarlığı ve Türk Tiyatrosu (Konferans\27 Şubat 2001)", İstanbul Üniversitesi Edebiyat Fakültesi Eleştirmenliği ve Dramaturgi Bölümü Dergisi, Sayı:1, 2002, S. 115-129).

San, C. (2011). "Kentlileşmenin Nedeni Olarak Yabancılaşma ve Anomi", *Yaratıcı Drama Dergisi*, Cilt 6, Sayı: 11.

Sözcü, S. (2002). "İnsanın Gücüne İnanan Oyun Yazarı: Memet Baydur", *Elveda Dünya*.

Şener, S. (1990). *Littera Edebiyat Yazıları Ortak Kitap-1*, Ankara: Karşı Yayınları

Şener, S. (2011). "Memet Baydur Tiyatrosu", *Tiyatro Araştırmaları Dergisi*, 31:2011/1   • ISSN: 1300-1523

Şener, S.(2003). *Dram Sanatı*, İstanbul: Mitos-Boyut Yayınları.

Yüksel, A. (2002). "Memet Baydur Başını Alıp Gitmiştir Neyse ki Oyunları Bizde", *Elveda Dünya Merhaba Kâinat*, İstanbul: Mitos-Boyut Yayınları.

Yüksel, A.(1997). *Çağdaş Türk Tiyatrosunda On Yazar*. İstanbul: Mitos Boyut Yayınları. *Merhaba Kâinat*. İstanbul: Mitos-Boyut Yayınları.

Yüksel, A. (2017). "Memet Baydur Tiyatrosunun Oyunsu/ Oynak Dokusunda Devinen Yalnız Kahramanların Yeni Serüveni: "Maskeli Süvari"". *(http://tiyatro.iksv.org/tr/arsiv/festivalarsivi/214/373)*

Oral, Z. (2002). "Taşlar, Orkideler, Sorular", *Elveda Dünya Merhaba Kâinat*. İstanbul: Mitos-Boyut Yayınları.

Türkyılmaz, Ü. (2016). "Hakan Günday'ın Daha Adlı Yapıtında Göç Olgusu", *Turkish Migration Conference   2016-Austria*. http://tplondon.com/books/9781910781395/978191078139510.pdf

Turan, M. (2009) "Göç ve Göçmenlik Ekseninde Türk Edebiyatı", http://metin-turan.blogspot.com.tr/2009/07/goc-ve-gocmenlikekseninde-turk.html, 6.07.2009.

Bölüm 30. Göç Olgusunun Yarattığı Toplumsal Kriz Bağlamında "Keşanlı Ali Destanı" Oyunu

Tamer Temel[1]

Türkiye'de İç Göç ve Gecekondu Sorunu

Toplumumuzda iç göçün tarihi, Osmanlı Dönemine kadar dayansa da, demokrasiye ve çok partili döneme geçişin başlangıcı olan 1950'li yıllardan bugüne dek sürekli yaşanmakta ve iç göçün en önemli sonucu olarak da gecekondu sorununu ortaya çıkmaktadır (Çakır, 2011, s. 209).

Elbette iç göç olgusunu farklı disiplinler içerisinde ele almak mümkün ancak biz bu sorunsala sosyolojik açıdan yaklaşarak, tiyatro sanatındaki yansıma biçimine bir model oyun ışığında odaklanacağız.

Göç; toplumu, toplumsal hareketlilik biçimlerini, gelişmeyi, çatışmayı, kalkınma ve değişimi ve tüm bunlara bağlı olarak patlak veren toplumsal krizleri tetikleyen bir sorunsal. Bu bağlamda göç: *insanların, grupların demografik, coğrafik, ekonomik ve sosyo-politik nedenlerle zaman ve mekânda yer değiştirmesi ile eyleme dönüşen ve eylemin bitiminden sonra da etkileri devam eden bir süreçler bütünüdür.* Göçün itici nedenleri olarak da gösterilen bu etmenlerin en önemlileri doğal ve toplumsal çevredir. Bu çevreler, birey ya da grubun beklentilerini, özellikle de ekonomik-kültürel gereksinmelerini karşılayamadığı sürece reddedilir ve böylece göç süreci başlamış olur (Çakır, 2010, s. 28-30). Bu noktada, her şeyden önce bireylerin ya da grupların bir yerden başka bir yere gitmeleri/taşınmaları ve gidilen yerde yaşamlarını sürdürme olarak tanımlanabilecek olan göç; geçmişten günümüze tüm toplumları ilgilendiren bir olgu olup, çeşitli nedenlere bağlı olarak değişik biçimlerde karşımıza çıkmaktadır. *Genelde iç ve dış göç olarak iki grupta toplanan göç olgusu, özelde ise ilkel, zorunlu(dayatılmış), serbest, kitlesel, yöneltilmiş göç başlıkları altında sınıflandırılmaktadır. Bu sınıflandırmanın ortak noktası ise, göçlerin gönüllü ya da zorunlu mekânsal bir değişme süreci olduğudur. Hangi nedenlerle, hangi türde yapılırsa yapılsın, ülkemiz açısından göçün en önemli sonucu kentleşme ve gecekondu/varoş ilişkisidir* (Çakır, 2011, s. 210).

Ülkemizdeki iç göç sorununun, genellikle İkinci Dünya Savaşı'ndan sonra önem kazandığı kabul edilse de, tarihsel göstergeler, toplumumuzda göç ve kentleşme hareketlerinin 16. ve 17. yüzyıl da, çeşitli iç huzursuzluklar ve Anadolu'da uygulanan toprak kullanımı ve vergi sistemi yüzünden ortaya çıktığını açık etmektedir (Akdağ, 1975, s. 38). Osmanlı'nın uyguladığı vergi sistemi Anadolu halkının dirlik ve düzenini bozmuş, topraklarını ve köylerini terk ederek kentlere, özellikle Bursa ve İstanbul gibi büyük kentlere göç başlamıştır. hatta kimi zamanlarda göçü önlemek amacıyla çıkartılan fermanlar bile bu toplumsal soruna engel olamamıştır (Saran, 1971, s. 372).

Ancak özellikle kentlere kitle halinde göçün başlaması ve bunun sonucu olarak Türkiye'nin bazı büyük kentlerinde büyük nüfus yoğunluğunu barındıran gecekonduların oluşması ve yaratılan toplumsal sorunlar 20. yüzyılın ikinci yarısından sonradır.

---

[1] Yrd. Doç. Dr. Tamer Temel, Atatürk Üniversitesi Güzel Sanatlar Fakültesi, Sahne Sanatları Bölümü, E-mail: tamertemel@atauni.edu.tr.

Türkiye'de nüfus artışının 1945'lerden bu yana çok hızlanması ve Anadolu'daki toprakların artan nüfusu barındırıp besleyecek yeterlilikte olmaması göç ve kentleşme hareketlerini de hızlandırmış ve içinden çıkılamayan sorunların yaşanmasına neden olmuştur. Bunların başında ve belki de en önemlisi, öteki kentleşme sorunlarının da yaratıcısı, bizce gecekondu sorunudur. Bu sorunun temelinde göç ve yerleşme sorunu bulunmaktadır. Göçen insanların kente gelmeleri ve yerleşme amaçları, giderek başka sorunları da doğurmaktadır. Bunların başında konut, iş bulma gibi ekonomik sorunlarla kent toplumu ile uyum, kentlileşme gibi sosyal ve kültürel süreçler gelmektedir.

Kent toplumu içinde yerleşme ve konut sorununu çözümleme olanağı bulamayan insanlar, bu gereksinmelerini yasal koşulların dışında gidermek amacıyla; kentleşme olgusunun önemli bir boyutunu, yani marjinal kesimi ve bu kesimin fizik mekandaki görünümü olan ve adına "gecekondu" denilen konutları, mahalleleri, bölgeleri oluşturmuşlardır. Sonuçta ortaya çıkan gecekondu topluluğu, kent toplum yapısı içinde sosyal, ekonomik ve kültürel açılardan ayrı bir yapı ve görünüm kazanmıştır (Çakır, 2007, s. 1). Bu sorunlar ve köklü gerçekler; gecekondu halkının pek çok yönden sömürülmesine de zemin hazırlamış, gecekondu halkı öteden beri gerek oy peşinde koşan siyasilerin, gerek rant peşinde koşan tüccarların ve gerekse kültürel sömürü alanlarının zengin "yer üstü kaynakları" olarak görülmüştür.

Bir Gecekondu Mahallesi "Sineklidağ"

Çağdaş Türk Tiyatrosu'nun en usta ve öncü yazarlarından biri olan Haldun Taner'in 1964 yılında yazdığı ve Türk Tiyatrosu'nda bir klasik haline gelen "Keşanlı Ali Destanı" adlı oyunu da işte böyle, ülkemizde iç göçün neden olduğu bir gece kondu mahallesinde "Sineklidağ" da geçer.

Oyun kalabalık kadrosuyla koskoca bir gece kondu mahallesinin, ülkenin dört bir yanından büyük umutlarla göç eden insanlarını, çarpık bir düzen içerisindeki çaresiz çırpınışlarını gerek komik, gerek trajik sahnelerle epik bir yaklaşım içerisinde ele alır.

Oyunun başkahramanı Keşanlı Ali Sineklidağ'da yaşamakta ve Zilha'yı çok sevmektedir. Birgün Zilha'nın amcası öldürülür ve halk suçu Ali'nin üzerine atar. Zilha'nın amcası da ölmeden önce mahallenin belalılarından biridir, herkesten haraç toplar ve kimse tarafından sevilmez. Ali de mahallenin en sevilmeyen adamını öldürdü diye herkes tarafından sevilir ve mahallede ünlenir. Bir türlü suçsuzluğunu ispat edemez. Hapishaneden çıkınca görkemli bir karşılama töreni hazırlanır Ali için. Herkes ona sevgi gösterisinde bulunur. Ali mahallesine gelir gelmez, mahallenin muhtarlığına adaylığını koyar ve seçimleri kazanır. Mahallede kısa sürede çok şey değiştirir. Haraç olayını kaldırır ve mahalleyi bir düzene koyar. Zilha amcasını öldürdü diye Ali'ye hiç yüz vermez. Zamanla Zilha'nın amcasının gerçek katili Cafer ortaya çıkar. Cafer'den Ali'yi öldürmesini isterler. Bu arada Zilha sevdiği adamın suçsuz olduğunu öğrenir. Ali ve Zilha evlenmeye karar verirler. Fakat Cafer Ali'yi öldürmekte kararlıdır. Tam gerdek gecesi Cafer Ali'yi vurmak için evlerinin önüne gelir ve Ali'yle dalaşmaya girerler. Ali vurulur. O acıyla Ali silahı tuttuğu gibi Cafer'i öldürür ve gerçekten katil olur. Böylece Ali tekrar hapishaneye döner, ama Keşanlı Ali Destanı ömür boyu sürer.

"Keşanlı Ali Destanı" adlı oyunu, oyuncuların kendini tanıttığı şarkıyla başlar ve bu şarkı sözleri Sineklidağ'da yaşayan gecekondu halkının sosyo-ekonomik boyutunu müzikal bir dille oyunun hemen girişinde şöyle özetler:

KORO-

Sineklidağ burası / Şehre tepeden bakar / Ama şehir ırakta / Masallardaki kadar

Her cins insan var burada / Çalışkanı tembeli / Dört bucaktan gelmişler
Hırlı hırsız serseri / Lazı Kürdü Pomağı / Maraşlısı Vanlısı Erzincanlı Kemahlı
Hepsi kader yoldaşı (Taner, 2012, s. 34)

Görüleceği gibi Anadolu kırsalından göçüp gelen bu insanlar, şehrin gölgede kalan kıyısında; Sinaklidağ'da bir "gece" yaptıkları "kondu"larında yaşama tutunmak için "ne iş olsa yapar"lar. Bu durumu yine şarkıda geçen şu sözlerle İzmarit Nuri öyle dile getirir.

NURİ- Adım Nuri
Nam-ı diğer İzmarit
Keşanlıyım
Ali'nin memleketlisi
On parmağımda on marifet
Bir eser, gazete satarım
Bir eser, kundura boyarım
İşsiz kalınca
Her bir işi yaparım.
Musluk tamir ederim
Lağım temizlerim
Otomobil yıkarım
Köpek gezdiririm
Çocuk bakarım (Taner, 2012, s. 31).

Oyun boyunca yazar; Türk insanının kendi çaresizliği içerisinde bir eylem alanı geliştirerek çözüm üretemeyişini ve öteden beri süregelen bir kahramana sığınma acziyetini bir toplumsal eleştiri olarak dile getirir.

İşlemediği bir suçtan dolayı hapse atılan, hapisten çıktıktan sonra mahallelinin tek umudu, tek kurtarıcısı, tek kahramanı ve "tek adamı" olan Ali muhtar seçilir ve böylece eleştirilen sistemin bir parçası olur. Bu durumu manidar kılan; mahalle halkının o güne dek çanına ot tıkayan haraç, rüşvet, adam kayırma, her türlü usulsüzlük ve sömürü düzeninin, el değiştirmesidir. Artık bu çarpık düzenin koruyucusu da, taşıyıcısı da Muhtar olarak devleti temsil eden Ali olmuştur.

NURİ - (Seyircilere)
Ali Abi iki ay içinde muma döndürdü Sinekli'yi. Bir kere konduları yıktırma takririni geri aldırdı. İyi mi? Düşünmüş önümüzde seçimler var. Gelsin de kılımıza dokunsunlar bakalım. Hangi parti iki yüz bin kondulunun oyunu küçümseyebilir. Sizin anlayacağınız şimdilik bu iş yattı. (...) Mano, haraç, sus parası almasına alıyor. Ama insafla. Vergi almadan bütçe açığı nasıl kapanır. Partilerden para sızdırıyormuş diye homurdananlar oluyor. Sızdırır sızdırır. Bugüne bugün höcümat bilem dış yardımsız yapamıyor. Biz nasıl yaparız. Hasılı erkânı harp gibi adam. Tanrı nazardan saklasın (Taner, 2012, s. 78-79).

İzmarit Nuri'nin bu sözlerinden de net olarak anlaşılacağı gibi mahalleli kendi yarattığı kahramana sorgulamaksızın itaat etmekte hatta yeni sömürü gücünü ona devretmektedir.

Adorno'nun; "Korkunç olan içinde yaşadığımız dünyanın hali değil onun insanlar tarafından son derece doğal karşılanır oluşudur." Sözünü hatırlayacak olursak, yazarın oyun aracılığıyla izleyicide/okurda kendi kanıksamışlığını eleştirmesidir.

"Taner'e göre Keşanlı Ali Destanı gecekondu ortamında bir kahramanlık efsanesinin balonunu delerken, bu doğallaştırmanın, görünen gerçekliğin

347

kaıksanmışlığının eleştirisini yapar. Hümanizme aykırı bir şeyi, insanın kendi yarattıklarının egemenliği/hâkimiyeti altına girmesini sorgular" (Firidinoğlu, 2005, s. 53).

Sonuç olarak, ülkenin kırsal kesimlerinden göçerek İstanbul'un kent hayatına eklemlenemeyen bu oyun kişileri; şehrin köşe bucağında kendi oluşturdukları gecekondularında yaşamak zorunda kalmışlardır. Üretim ilişkileri içerisinde etkin bir rol alamayan bu kişiler ne kentli olabilmekte ne de köylü kalabilmektedirler. Böylece sömürü düzeninin nesnesi haline gelirler.

"Gerek kamu kesiminin gerekse özel kesimin yatırımları, konut gereksinmesini karşılamakta yetersiz kaldıklarından halkın kendisi bu sorunu çözmektedir. Bu büyük gereksinme karşısında gecekondu yapımı ticari kâr sağlayan bir etkinlik niteliğindedir. Pek çok kişi birden fazla gecekondu yaparak bunları ya satmakta ya da kiraya vermektedir. Böylece kırsal kesimdeki köy ağalarını andıran bir gecekondu ağalığı türemiştir" (Kongar, 399-400).

Kente gelerek gecekondulara sığınan bu kişiler kentliler tarafından kolayca kabul görmemekte ve ötekileştirilmektedir. Oyundaki Sineklidağ mahallesi yöneticiler tarafından sadece seçim zamanlarında hatırlanan, kimsenin gitmek istemediği bir karantina bölgesi gibidir. İşte bu durumu oyuna malzeme eden yazar; "Sinekli"nin terkedilmişliğine, düzensizliğine ve toplumsal krizlere neden olan kaotik yapısına karşı halkın bir "kahraman" yaratmak zorunluluğunu oyunun odağına koymuştur.

Kaynakça

Akdağ, M. (1975). Türk Halkının Dirlik ve Düzenlik Kavgası, Bilgi Yayınevi, Birinci Basım, Ankara.

Çakır, S. (20119. SDÜ Fen Edebiyat Fakültesi Sosyal Bilimler Dergisi *Mayıs, Sayı:23, ss.209-222.*

Çakır, S. (2010). "Geleneksel Kültürümüzde Göç ve Toplumsal Değişme", *Halk Kültüründe Göç Uluslararası Sempozyumu"(*Motif) 28-29-30 Mayıs / Balıkesir.

Çakır, S. (2007). Kentleşme ve Gecekondu Sorunu, Fakülte Kitabevi, 1.Baskı: Ocak 2007, s.1, Isparta.

Firidinoğlu, N. (2005). 90. Yaşında Haldun Taner'i Anarken, *"Uluslararası "Haldun Taner'de Yerellik ve Evrensellik" Sempozyumu,* bilgi yayınevi, İstanbul, 2005.

Kongar, E. Türkiye'nin Toplumsal Yapısı, Remzi Kitabevi, İstanbul

Saran, N. (1971). " İstanbul'da Gecekondu Problemi", *Türkiye Coğrafi ve Sosyal Araştırmalar,* İ.Ü. Edebiyat Fakültesi Coğrafya Enstitüsü, s.372, İstanbul.

Bölüm 31. Bilimin Mucizevi Göçü -Kanadı Kırık Kuşlar - Ayşe Kulin

Tanju İnal[1]

Kanadı Kırık Kuşlar romanında ailelesiyle genç Türkiye Cumhuriyeti'ne sığınan, Yahudi kökenli bir bilim insanının öyküsünü kurgulayan Ayşe Kulin'in odak noktasında çarpıcı ve anlamlı iki tarih bulunuyor. İlki 1930: Almanya'da Hitler'in iktidara gelmesiyle, soyağacında Yahudi kökenli olduğu yazan kişilere uygulanan türlü zulüm, baskı ve kötülüklerin başlangıcı. İkincisi 1933: Atatürk Türkiye'sinin Üniversite Reformu. İstanbul Üniversitesi'nin kurulmasıyla başlatılan, "rönesans hareketi" ve ülkelerinde "persona non grata" ilan edilen Yahudi kökenli bilim insanlarına Türk Üniversite kapılarının açılması. Bu tarihten başlayarak, işlerini, kürsülerini kaybeden bilim, kültür ve sanat insanlarına Türkiye'nin yardım elini uzatmasıyla, İstanbul ve Ankara'ya gelen uzmanların İstanbul ve Ankara Üniversiteleri'nin bölüm ve enstitülerinde, konservatuvar ve tiyatro bölümlerinde coşkuyla çalışmaya başlamaları; Cumhuriyeti kurma ve geliştirme tutkusunu, heyecanını derinden paylaşmaları. Ayşe Kulin'in romanında Türkiye'ye iltica eden patoloji profesörü Gerhard Schlimann'ın, karısı ve iki çocuğu ile Türkiye'de zaman zaman mutlu, zaman zaman gergin ve güçlüklerle geçen yaşamına tanık olurken, ailenin dört kuşağının - kızları ve torunlarının - "lento" başlayıp, "rapido" bir ritimle 2016 yılı Ocak ayına dek yayılan yaşam savaşımlarını ve yazgılarını belirleyen "sürekli yer değiştirme" olgusunu bir film şeridi gibi izliyoruz. 1933'den 2016'ya dek yayılan zaman diliminde akademisyen ve aydınların bilimi geliştirmek ve yaygınlaştırmak için giriştikleri anlamlı, kutsal çalışmalarına, Türk ulusuna "müteşekkir" göçmen bilim insanlarının Türkiye'de yaşadıkları olaylara, karşılaştıkları güçlüklere, engellere, çekişmelere, kimlik arayışlarına Ayşe Kulin'in ilgi çekici, duyarlı anlatımıyla tanık ve ortak oluyoruz. Elsa, Suzan, Sude ve Esra, sıra dışı ve inançlı "kadın kuşlar" kimlikleriyle romanda ön sırada yerlerini alırken, Kulin, yurt sevgisi, yurtsuzluk acısı, insanın değeri ve yüzyılların belası etnik ayrıştırma ve ötekileştirme sorunsalları üzerine okuru çok boyutlu biçimde düşünme ve tartışmaya çağırıyor.

Almanya'da Ocak 1933'te iktidarı ele geçiren Hitler'in katı ve ırkçı yönetiminde vatansız "haymatlos" ilan edilerek, yabancı ülkelere sığınmak durumunda kalan çoğu Yahudi kökenli bilim insanları için Türkiye önceleri "terra incognita" idi ama; Alman mülteciler geldikçe sığındıkları ülkeyi "güvenli bir liman olarak" buldular ve İstanbul ve Ankara'da iskan edildiler. Bilindiği gibi göçmenlerin güvenli liman İstanbul'a gelmelerinde önemli yolculuk rotaları Orient Expresse'in durak noktaları olmuştu.

Nazi işgalinden kaçarak ABD'ye göç eden, başta Polonyalı Arnold Reisman ve diğer araştırmacılara göre Türk üniversitelerinde köklü reformlara imza atan Yahudi kökenli Alman ve diğer uluslardan olan bilim insanlarının sayıları oldukça fazladır.

Alman bilim insanlarının göçü, Türkiye'de başlattıkları akademik reformlar, özellikle 1960 yılından başlayarak birçok araştırma kitabına konu olmuştur. Bu önemli tarihsel olay aynı zamanda televizyon dizisi ve filmlerin içeriği olarak da başta Almanya olmak üzere tüm dünyada ilgi uyandırmıştır. Burada çelişkili bir duruma değinmek isterim;

---

[1] Prof. Dr., İhsan Doğramacı Bilkent Üniversitesi İnsani Bilimler ve Edebiyat Fakültesi Mütercim Tercümanlık Bölümü Öğretim Üyesi. Alıntılar için bkz: Kulin Ayşe, *Kanadı Kırık Kuşlar*, Everest yayınları, İstanbul, 2016.

yoğun ilgiye karşın Türk hükümetinin gösterdiği gönül yüceliği Batı basınında nedense beklenen ilgiyi uyandırmamıştır. Oysa birçok göçmen-mülteci akademisyenlerin anılarında Türkiye "singular haeven" Türkiye eşsiz bir cennet – (Laura Fermi-Illustrious Immigrants ss.66-67 Londra 1968) olarak anılır.

"Eşsiz Cennette " üniversite reform çalışmaları Atatürk'ün 1932 yılında İsviçreli Pedagog Malche'ı ülkemize daveti ile başlar. Dönemin başbakanı İsmet İnönü ve Milli Eğitim Bakanı Reşit Galip tarafından Türkiye'ye davet edilen İsviçre'li Prof. Malche'la birlikte genç Türk akademisyenler de reforma sahip çıkarlar. Alman Patalog Philip Shwarz'ın Almanya'da kurduğu vakıf aracılığıyla Türkiye'ye gelen Alman Yahudi kökenli bilim insanları da o yıllar için "mucize" olarak algılanan bilimsel gelişmeyi gerçekleştirirler. 1930 yılında Albert Einstein bile Türkiye ye gelmeyi Atatürk Un daveti üzerine bizzat 1949 Kasımında Princeton Üniversitesinde karşılaştığı Münir Ülgen'e ifade etmiştir (Bkz. Einstein Nın Mektubu – Tarih ve Siyaset 3 Ağustos 2012Yavuz Selim _ Makalesi). Bu çalışmalar ve atılımlar sonucunda, 31 Ağustos 1933' te" Yeni Bir Üniversite Kurulmasına Dair Kanun" yürürlüğe girer.

Ayşe Kulin bu tarihsel süreci çok iyi izleyerek romanda Gerhard adını verdiği patalog Shwarz'la, Nazi tehdidinden, işten çıkarılmalardan yılmış birçok bilim adamının İstanbul, Ankara, ilerde açıklayacağımız nedenlerle Yozgat, Kırşehir ve Çorum'da zorunlu iskâna tabi tutulan bilim insanlarının Türkiye serüvenini gerçekçi, zaman zaman duygusal bir anlatımla Türk okurlarının duyarlılığına sunar. Patalog Gerhard ve ailesinin dört kuşak Türkiye serüvenini gerçeğe uygun, ilginç bir kurguyla anlatan Kulin, Türkiye' deki birçok siyasi ve sosyal olaylara da anlatısında yer verir. Schilimann ailesinin özellikle kadın bireylerinin karşılaştıkları güçlüklere değinir. Suzan, Sude, Esra Türkiye'deki siyasi olaylardan çok etkilenir. Kimlik savaşımında zaman zaman İstanbul'da diken üstünde olduklarını hissederler. Türkiye'yi ana vatanları bilip Türklerle evlenen ailenin son temsilcisi Türkiye'de tıp eğitimini tamamlayan Esra'dır. Esra Şilimann gönülden sevdiği, bağlandığı Türkiye'de artık geleceğinin olmadığını anlayıp, ailenin dördüncü kuşağı olarak, son siyasi olaylarla yaşamakta zorlandığı Türkiye'yi terk etme acısı ile karşı karşıya kalır. Türkiye'ye sığınmanın coşkusuyla başlayan roman, 83 yıllık süreçte Türkiye'den ayrılamaya zorlanan son kuşağın Türkiye'yi terk ediş öyküsüyle sonlanır. Başlangıçta bizi gururlandıran Cumhuriyet Türkiye'sinin solan yüzüne romanda birçok olay neden olarak gösterilir. Kısaca, Atatürk'ün ölümü, Anıtkabir'e nakli, İkinci dünya savaşı, 6-7 Eylül olayları, Varlık Vergisi, askeri darbeler, toprak reformu, 1980 muhtırası, Hırant Dink'in katli, Trabzon'da Rahip Santoro cinayeti, Malatya Zirve Yayınevine yapılan baskın ve işlenen cinayetler, Mavi Marmara baskını, Neve Şalom sinagogu'nun bombalanması, Gezi olayları ve hatta 15 Temmuz Fetö darbe girişimleri.

Bu olaylar bağlamında ailenin birinci kuşağı Türkiye'ye iltica ederken üçüncü kuşak torun Esra yaşamaya korktuğu ülkesinden ''vatanı(nın) neresi olacağına karar vermeye'' gitmek ister. Son söylediği cümle çok anlamlıdır. ''Vatanın da, dinin de sadece ve tamamen sevgi olduğuna inanarak!"(s.390) çok çok sevdiği İstanbul'u terk etmek zorunda kalır.

Ayşe Kulin, Türkiye'yi cennet vatan olarak gören Almanların, kaçmak zorunda kaldıkları toprakları "muhbirlik ve casusluk cehennemi" olarak tanımlıyor romanın başlangıcında. (s.53). Cennet-Cehennem ikilisi içinde Türkiye çoğu kez "umutların yeşerdiği" ülke olarak algılansa da; genç Türkiye Cumhuriyeti'nde ve sonrasında yaşanan siyasi, toplumsal olaylar, "Öteki" konumuna sokulan Almanların, Türk toplumuna katılma süreçleri "Cennet" ülkenin olumsuz yanları olarak da anlatı da satır aralarında okunur.

Kurtarıcı, "cennet ülke", fiziksel görünümünün olumlu değişimini de yabancı mimarlara borçludur. Ankara'nın Cumhuriyet'in başkenti olarak seçilmesiyle Anadolu'nun ortasındaki kasaba bir anda değişime uğrar ve Türkiye Cumhuriyetinin modern bir kenti olur. 1924'te Alman Mimar Hermann Jansen'in "geleceğin Ankara planlaması"yla başlayan yeni görünüm tasarımları daha sonraki yıllarda da sürer; birçok konut ve kamu binası yapılır. İsviçreli Prof. Egli Ernst Ankara Konservatuvar'ını İsmet Paşa Kız Enstitüsünü, Bruno Taut Dil ve Tarih Coğrafya Fakültesini inşa eder. Ankara'yı modern tasarımlarıyla taçlandıran bir diğer mimar da Avusturyalı Clemens Holzmeister'dır. Genel Kurmay Başkanlığı, Çankaya Cumhurbaşkanlığı Köşkü, Meclis binalarının, Yargıtayın inşasında emekleri büyüktür. Bir de Fransız mimar; Albert Laprade 1933'te Fransız Elçiliğinin mimarlığını yapmıştır.

Bu dönemlerde birçok ülkenin alkış tuttuğu ülke konumundaki Türkiye ve onun bilim konukları, Kulin'in romanda alıntıladığı gibi Cumhuriyet ruhuna yaraşır bir biçimde:"Avrupalı Bilim İnsanları, bize ilminizi, metodlarınızı getirin ve gençlerimize ilerlemenin, çağı yakalamanın yollarını gösterin (s.77)" cümlesinde özetlenen Atatürk'ün reform çağrısını , "minnet borcu" ile birleştirerek Türkiye'de bilimin mucizesini gerçekleştirirler. Türk gençlerinin "çağı yakalamaları" için ilk adımları atarlar.

Prof. Malche'in bu süreçle ilgili düşüncesini Kulin, şöyle tanımlıyor ''Batı dünyasına karşı verdikleri savaştan zaferle çıkmaları bir mucizeydi, sıra şimdi bilimin mucizesindeydi''(s.79) . Türkiye'ye sığınan tüm bilim insanları "kendi vatanlarında hor görülürken, kürsülerden kovulurken (...) Türkiye'nin en seçkin ve değerli misyonerleri olurlar (s.82). Bu saygın konum onlara tanınan tüm ayrıcalıklar ülkelerinden kopartılmış olan bilim insanlarının sığındıkları ülkede karşılaştıkları türlü güçlüklere göğüs germelerinde etkili olmuştur.

İlk mucize Ankara'da sağlık alanında gerçekleşir. Tıp fakültesinin açılmasının ardından 27 Mayıs 1928' de kurulan Refik Saydam Hıfzısıhha Enstitüsü genişletilir. İstanbul Üniversitesinin profesörlerinden başta patalog Philip Schwartz, ünlü cerrah Rudolf Nissen 1. Cerrahi Kliniğinde direktörlük yapmıştır. Prof. Nissen'in Almanca ve Türkçe cerrahi kitabı da vardır. (Yükseköğretim ve Bilim Dergisi s. 37) Prof. Dr. Eckstein çocuk sağlığı enstitüsünü kurmuştur. Ünlü pediatr romanda Schilimann'ların ve devlet büyüklerinin de doktoru olarak anılır.

Fen fakültesi de 1933'ten sonra yabancı bilim adamlarının önemli hizmet verdiği fakültelerden biriydi. Bu fakülteden Profesör Richard Edler von Mises uygulamalı matematik alanında dünya çapında bir isim olmuştur. Prof. Kosswig'in Manyas Kuş Cennetini kurduğunu romanda okuyoruz (s.298).

Fritz Neumark İktisat fakültesini kurmuştur. Nobel ödüllü James Frank'ın damadı fizikçi Arthur Von Hippel (s.115) fizik alanında yapılan atılımların öncüsüdür. Türk hukuk bilimi ve pratiğinde önemli bir yeri olan prof. Ernst Hirsche'in de üniversite reformunda önemli bir yeri vardır. Prof. Hirsche genç Türk hukukçularının yetiştirilmesinde etkin rol oynamış, Osmanlıca ve Türkçe'ye mükemmel derecede (s.198)vakıf olduğundan, *Türk Ticaret Kanunu* ve *Türk Telif Hakları Kanunu, Türk Hukuk Lügatı Fikir ve Sanat Eserleri Kanunu* hazırlanmıştır. İstanbul Edebiyat Fakültesi de reform döneminde büyük atılımlar yapan fakültelerdendir. Özellikle

Felsefe, Filoloji, Pedogoji dalında Hans Reichback, Richard Honig, Leo Spitzer, Eric Auerbach ve diğerleri sözü edilen bölümlere büyük yararlar sağlamışlardır.

Ankara'da sanatsal etkinliklerde yabancı Profesörlerin büyük katkıları olmuş, Prof. Zuckmayer Gazi Eğitim Enstitüsü müzik bölümünü, Carl Ebert tiyatro bölümünü kurmuş, çevirmenliğini Sabahattin Ali yapmıştır. Mülteci hocalar yaptıkları sözleşme gereği üç yılsonunda derslerini Türkçe vermekle yükümlü tutulmuşlardır. Bir kısmı Türkçe'yi mükemmel öğrenmiştir. Kimi hocalar yabancı dil bilen, Türk asistanların çevirileri ile derslerini vermişlerdir. Bu olgular da çoğu bilimsel olan kitapların Türkçe'ye çevrilmesini sağlamış, bu çeviriler Darülfünun geleneğinde verilen derslerin içeriğinde büyük değişimlere yol açmıştır.

Çok az bir bölümünün adını verdiğimiz bu mülteci hocaların değişik bölümlerin gelişmelerine katkıları yanı sıra, kimi, bilimsel dergilerin, kitapların basılmalarına, kütüphanelerin yaygınlaşması ve zenginleşmesine, bilimsel laboratuvarların, değişik enstitülerin açılmasına önemli katkılarını da anmamız gerekir.

Geleceğin Üniversite kadrolarının temelini oluşturan çok sayıda genç Türk bilim insanının başta Amerika, Fransa, İsviçre ve Almanya'ya doktora eğitimine gönderilmeleri de bilim göçmenleri sayesinde gerçekleşti. Üniversite reformunun ilk on yılında değişik alanlarda 50 doktora yapılmıştı. (Yücel Namal, Türkiye'de 1933- 1950 yılları arasında Yükseköğretime Yabancı Bilim Adamlarının Katkıları, s. 18)

Yeni kurulan Üniversite, fakülte, bölüm, enstitülerde yapılan bilimsel çalışmalar Atatürk'ün önderliğinde gündelik yaşama yansıtılmış, halka açık "Üniversite Konferansları" ve yaz döneminde değişik illerde "Üniversite Haftası" uygulamaları düzenlenmiştir. (Yüksek Öğretim ve Bilim Dergisi, s.6, Kalaycıoğlu).

Bu güzel "üniversite reformu" fotoğraflarında olumsuz kareler ve aksaklıklar da vardı kuşkusuz. Birçok kaynak ve romanında Kulin, bu yeni düzenlemelerin Alman disiplinine uygun biçimde yapılmadığına değinir. Binaların, laboratuvarların yetersizliği, dekan ve rektörlerin etkisiz kalmaları, Alman profesörlere tanınan idari ve mali ayrıcalıklardan kaynaklanan kıskançlıklar yabancı hocaların olumsuz algılanmasına yol açar. Araç ve gereçler yenilenmez, olanaklar kısıtlıdır. Ama mülteci hocalar, her şeye rağmen güneşin, mucizenin Doğu'dan İstanbul'dan doğacağına inanmışlardır. Kapatılan Darülfünundan ayrılma durumunda bırakılan hocaların, gericilerin Üniversite reformuna acımasız saldırıları memlekette esen coşkulu reform ortamının zaman zaman karart(mıştır)" (s.95).

Bu arada yabancı hocalara atılan iftiralar da şevkle başladıkları işlerinde huzursuzluk yaratır. Kulin anlatısında ünlü fizikçi Von Hippel'in sözleşmesinin iftira nedeniyle uzatılmadığını yazar. Romanda bu sıkıntılar, aksaklıklar biri patalog, biri hukukçu olan (Gerhard ve Hirsch) ın beraberliklerinde gündemdeki konular olarak sık sık dile getirilir. Kendilerine kucak açmış olan büyük gönül yüceliği ile andıkları Türkiye'ye olan "vefa" borçlarının (s.127) hizmet aşkının güçlüklerin aşılmasında onlara yardımcı olduğunu, kimliklerinin geri verilmesinde gerekli en yüce duygu olduğunu sıkça yinelerler.

Akademik sıkıntıların yanında yabancı bir ülkende, kültürde, dilde yaşamanın, sosyal yaşamın sıkıntıları da zaman zaman göç olgusu, mültecilik sorunsalı olarak satırlar arasında okunur. Yahudi olmanın, şansız bir ırktan olmanın sıkıntısı her şeye rağmen Türkiye'de-İstanbul'da çok daha az hissediliyordu. Alman mülteciler Türkiye'de yaşamalarına karşın, daha çok Hitlerin Türkiye'ye yolladıkları Alman casusların gizli tehlikeli faaliyetlerinden şikâyetçi olurlar. Hitlerin Türk hükümetine yaptığı baskılardan dolayı Aryan Irkından olmayan hocalar listelenir. Hatta bir kısmı ülkelerine dönmeye zorlanmış, bir kısmı Çorum, Yozgat, Kırşehir'de, Almanya'ya dönmek istemediklerinden "enterne" edilmişlerdir, Kızılay'dan bağışlanan Fonlarla yaşamlarını sürdürüyorlardı. Bu hocalardan bazıları vasiyetleri üzerine Türkiye'de defnedilmişlerdir. Enterne edilen Almanlardan Cornelius Bischoff Türk edebiyatından çevirileri ile tanınır (Şalom, Haftalık Gazete, Galya Kohen Afya). Zuckmayer Kırşehir'de koro bile kurmuştur (s.294).

"Haymatlos" vatansız ilan edilen bu kişilerde "kimliksiz" lik algısı zaman zaman psikolojik sorunlara yol açmış, "sürgün", "göç", "iltica", "yer değiştirme" geometrisi içinde bulundukları topluma "entegre" olma sıkıntısı yaşamışlardır. Türkiye'ye geldikleri tarihten beri Cumhuriyet kıvılcımlarını aleve dönüştürmek için onlara büyük desteğini veren Mustafa Kemal'in ölümü, Türkiye'yi benimsemiş olan mülteci profesörleri derinden sarsar. O kadar ki Gerhard'ın kızı Susy kendini Atatürk'ün kızı olarak benimser, Susanne Ester Miriam Türk uyruğuna geçmiş, daha altı yaşındayken adı Suzan olmuştur (s.157). Almanya'da doğup Türkiye'de büyürken çok kültürlü olmanın tadına varmıştı. Susy kendini aşan konuları sorgulamaya başlamıştı. Türk kimliğiyle gurur duyuyordu ve onu değiştirmek istemedi (s.193). Elsa (Vera gerçekte) kızı Suzan ve torunları Sude, Türklerle evlenmişler.

Türk kimliğiyle gurur duyan bir diğer kişi de ünlü hukukçu Hirsch'ti. Oğluna Enver Tandoğan adını vermişt. Oğlu Kadıköy Nüfus Dairesine bir Türk vatandaşı olarak kaydolmuştur (s.198). Dr. Abravya Marmaralı, bağımsız milletvekili olarak Meclise girmiştir (s.43, Stanford Shaw).

Kırk yıllık dönem içinde olan süreçte Türkiye'ye gelen Alman mülteci sayısının bin kişiye ulaştığı varsayılıyor (s.397-Çelikbudak). Elli çocuk Türkiye'de doğuyor. Gelenlerden 84'ü Türkiye'de Türklerle evleniyor. Kimi Almanlar Türkiye'de toprağa veriliyor (Ernst Praetorius gibi).

Kuşkusuz bu kuşak, daha önce değindiğim gibi, Türkiye'de, dili, kültürü farklı olan bir ülkede olmanın verdiği sıkıntılarla boğuştular, vatansız, köklerinden kopuk olmanın acısını derinden hissettiler, Almanya'daki rejimi içine sindiren yine de kendileri gibi Türkiye'ye gelen Alman profesörlerle kutuplaştılar, tartıştılar. Ama altını defalarca çizmemiz gereken duygu ''çaresizlik'', ülkelerinde "persona non grata" ilan edilmiş olmaları kendilerini "kanadı kırık kuş" gibi algılamaları, göçebeliğin yarattığı tüm sıkıntıları çok güçlü bir duyguyla, bir kimliğe sahip olmanın hazzı ile yendiler.

Türkiye'ye, onlara kucak açan Mustafa Kemal'in Türkiye'sine, "minnet borcu", Cumhuriyet coşkusuna ortak olmanın gönül borcu ile Türk bilim insanlarının ve gençlerin yetişmesine katkının gururu ile bilim mucizesinin kıvılcımlarını "aleve dönüştürdüler". "Her alanda altın bir kuşak yetiştirdiler" (s.371). Türkiye'ye bilimde bir Rönesans yaşattılar. Türk toplumunda bilimin öne çıktığı aydınlanmacı bir hareketi, bir projeyi gerçekleştirdiler...

Kaynakça

Akyüz Y. (2008). *Türk Eğitim Tarihi M.Ö 1000- M.S. 2006.*, Pegem A yayınları, Ankara.

Bayar R. (2016). "Ayşe Kulin'den *Kanadı Kırık Kuşlar''*. Cumhuriyet Kitap.

Çelikbudak H. (2016). *Yurtsuz kalanlar*, Alfa Yayınları, İstanbul.

Kulin A. (2016). *Kanadı Kırık Kuşlar*, Everest yayınları, İstanbul.

Namal Y. (2012). *Türkiye'de 1933-1950 yılları arasında Yükseköğretime Yabancı Bilim Aadamların Katkıları,*   Yükseköğretim ve Bilim Dergisi, Bülent Ecevit Üniversitesi, ss.14-19.

Shaw Stanford J. (2014). *Yahudi Soykırımı ve Türkiye* (çev: Prof. Dr. Fahir Armaoğlu), Timaş, İstanbul.

Şen F. (2008). *Ayyıldız Altında Sürgün,* Günizi yayıncılık, İstanbul.

Turan Ş. (1998). *Türk Devrim Tarihi, III. Kitap*, Bilgi yayınevi, Ankara.

Widmann H. (2000). *Atatürk ve Üniversite Reformu* (çev: Prof. Dr. Aykut Kazancıgil, Doç. Dr. Serpil Bozkurt), Kabalcı yayınevi, İstanbul.

Bölüm 32. Yalnızlık Dolambacında Issız Bir Göçmen İncegül Bayram

Tuğrul İnal[1]

Rüya ikinci bir hayattır.
Nerval

Adalet Ağaoğlu *Fikrimin İnce Gülü*[2] başlıklı romanında toplumbilim ve insanbilim sorunlarıyla göç sorununa düşünsel bir düzlemde bireyselden evrensele evrilen bir çizgide olağanüstü duyarlılıkla odaklanıyor. Ekonomik, toplumsal ve kültürel yapılarıyla insani ilişkilerin ve insan psikolojisinin diyalektik olarak değiştiğini, bunun sonucunda da gelişmiş ülkelerin insanlarıyla ve sahip olmuş oldukları olanaklarıyla, geri kalmış ülkelerin yoksul insanları arasında ne denli büyük boyutlu çelişkiler ve çatışmalar oluştuğunu, ortaya çıkan çelişkiler yumağının insan ruhunda ve bilinçaltında türlü kompleksler gibi sonuçları son derece ağır, dahası traji-komik duygular ve durumlar uyandırdığını altı diziden oluşan bir film boyutunda sahneliyor. Filmin başoyuncusu aslında bir Don Kişot- bir Don Hiçkimse olan, bal renkli Mersedes'li, Franz Lehar'lı gömlekli, tutkulu, kendi içinde tutarlı, saf, doğru bildiğinden şaşmayan göçmen işçi Ballıhisar'lı Bayram'dır. Romancı, Kapıkule'den başlayan, anayoldan yirmi kilometre içerde, eski uygarlıkların kalıntılarında dış dünyaya kapalı, kuş uçmaz kervan geçmez Ballıhisar'da dramatik bir biçimde sonlanan birkaç saatlik yolculuk boyunca, aşırı duyguların, doyumsuzlukların nasıl dışavurulduğunu ve nasıl bir yalnızlık duygusu uyandırdığını hüzünlü bir öykü biçiminde kurguluyor. Toplumbilimini ve bireyin ruh durumunu romanına ustalıkla sokan Ağaoğlu'nun açık seçik başarısı, yoksul, kompleksli, kapalı, suskun ve hülyalı Bayram'ın içsel yapısını çözümlerken ve onu ışık oyunlarıyla sahnenin orta yerine odaklarken, belirleyici özellik ve öncülleriyle koşutluk gösteren, ezik öteki mazlum ulusların insanı arasında benzerlik kurmasından ve evrensel bir tip yaratmasından kaynaklanıyor. Ağaoğlu, Bayram'ın bir çıkmaza dönüşen yalnızlık sorunsalının evrensele dönük gizlerini gösterirken bunun doyumsuzluklarla iç içe girmiş bir varolma sorunu olduğunu acı acı çalan çanlar eşliğinde okura duyuruyor.

XXXXX

Varolma sorunu güçlü bir buyurgandır. O kadar ki, Mercedes'iyle Ballıhisar'a dönen Bayram, kendisinden başka birisi olma çabasındadır elbet, atmak için yoksulluğunun izlerini ateşten özlemlerle.

Dünyada en güzel, en değerli, *bal renkli, gıcır gıcır* Mercedes'iyle, *Franz Lehar yazılı gömleğiyle* (s. 6) gün batımından önce *Ballıhisar'a süzülerek gir*vermeyi düşleyen Bayram için Kapıkule'den başlayarak çanlar çalıyor durak durak belli ki. Belli ki o, bunun farkında bile değil, iyi ki. Farkındalıktan yoksun olmak iyiye bir işaret mi ? Giderek artan bir tutku ve taşkın bir hevesle sürer durur özenle arabasını, kâh yavaş kâh hızlı. Yanar durur içinde kor gibi bir ateş. Yol aldıkça, kilometreler azaldıkça, söndüremez olur içindeki ateşi ne sabahın serinliği, ne suların tazeliği, ne ağaçların gölgesi, ne de mavi gök ve ışık huzmesi. Giderek duyar tam da tersine arttığını içindeki yanan ateşin. Yoktur içinde bir bebek gibi saf ve temiz göçmen Bayram'ın başka bir

[1] Hacettepe Üniversitesi, Fransız Dili ve Edebiyatı Bölümü, Emekli Öğretim Üyesi
tinal@hacettepe.edu.tr
[2] Ağaoğlu, Adalet, *Fikrimin İnce Gülü*, Remzi, İstanbul, 1976.

355

düşüncesi, yıkayıp parlattıkça hayran kaldığı Mercedes'iyle, *arka cama bir naylon torbada asılı (...) takım elbisesi (...) fotoğraf makinesi ve Franz Lehar'lı gömleğiyle* Ballıhisar'ın kraliçesi Kezban'la Ballıhisarlı'lara sırf caka satmaktan başka. (s. 7) *Özel kılıflı direksiyonun başına geç*ince (s. 245) ara ara *teybin düğmesine bas*ınca (s. 247) kulaklarında *fikrimin ince gülü/kalbimin şen bülbülü* (s. 94) /*ateşli dudakların/gamzeli yanakların* ve sonra *duydum ki unutmuşsun / gözlerimin rengini* diyen yanık bir ses çağırır Bayram'ı yanına. (s.94) Bayram bin bir ateşle yanan bu sesle bütünleşir yol boyunca.

Kararlıdır Bayram, varmalıdır Bayram Ballıhisar'a karanlığa kalmadan. Son duraktır orası; varmalıdır saat ve saat, ruhu canlı ve şakrak; olmalıdır yoldaşı Mercedes'i varmadan önce temiz ve parlak.

Çanlar çalsın, akrep yelkovan raksetsin ne yazar? Yaklaştıkça yaklaşıyor nasılsa menziline Bayram. Bunun için keyiflidir, kraldır, bilgedir Bayram. Dilsiz, sağır aşkı, sevgilisi, yoldaşı, övünç kaynağı Mercedes'iyle yol boyunca keyifle söyleşir durur. Yoldaşı da sarsılmaz bir dost gibi onunla bütünleşmiştir nasılsa. Bir de sevgilisi Mercedes'i sözlerine yanıt vermesini ah bir bilse! O zaman Ballıhisar'lılara ne kadar övünse, ne kadar caka yapsa yeridir. Düşünürken böyle, Bayram bir değil bin kez doyum bulur içinde: Ne müthiş bir şey olur bu, bir kere bile olsa bu! Şöyle söyler inanarak, sevinerek canım yoldaşına – Bu, olursa eğer, bana bir kereliğine yeter de artar bile. Olursa eğer, ben bizim oraların en uzun boylu valisi, en forslu mebusu olurum. İşte ben geliyorum sevgili Ballıhisar'lılar, ben Bayram! Ben kurt, ben kaplan, ben aslan.

Dileğinin gerçekleşmesi için acele etmelidir. Mahmuzlamalıdır atını daha güçlü, daha sıkı. Gündüz gözüyle ulaşmalıdır çünkü. Miskin miskin oturan köylüler gündüz gözüyle onu kahvenin önünde ayakta karşılamalıdır. Alkışlanmalıdır. Orası varılması gereken aziz bir limandır. Uzun sürmüş bir sürgünden sonra hiç zaman yitirmeden ulaşmalıdır oraya gün batmadan önce. Şükran duyar bunun için rüzgârdan da hızlı, ruhu, bedeni, her şeyi Mercedesi'ne. Düzlükler, bayırlar, tepeler arasında kanatlarını açmıştır Mercedes'i yayından fırlayan bir ok gibi dünyada eşi güzelliği bulunmayan parlak menziline doğru.

Alı alına, moru moruna, (...) güneş (...) bezginlikle uzak dağlar ardındaki döşeğine girmeye ve (...) gömülüp o döşeğe, yorgunluk çıkarmaya (s.288) hazırlanırken işte, şimdiden Sivrihisar'a yaklaşmıştır bile. *Sivrihisar'ın kurşun rengi kayaları, inmekte olan güneş ışınları altında her dakika biraz daha koyulaşan karadut moruna bulanmıştır.* (s. 288) Ne muhteşem bir tablo karşısında!

Burası gözünü açtığı topraklardır elbet. Ne ki bir tuhaflık vardır buralarda. Gördüğü, anımsadığı bir tek kireç ocakları, tuğla fırınları ve tek tük kalan ardıç ağaçlarıyla arı kovanlarıdır. Hiç görmediği, hiç anımsamadığı pompalar, istasyonlar, Sivrihisar'ın ortasından geçen asfaltın iki yanında birbirlerine selam duran sıra sıra, mor, sarı, yeşil renkli evler, tuğladan barakalar, fabrikaysa fabrikalar, *havaalanı genişliğindeki dört yol ayrımı* (s. 289) Bayram'ı ürkütür. Pek de tanıdık gelmeyen bu yerde soğuk bir ateş, korku dolu arzular yüreğinin derinliğinde cam gibi ışıldar. Çöker içine bir sıkıntı.

Şehirse şehir; şehrin barbar kudurganlığı ya da hangi günah, hangi gazap, hangi yargıdan ötürü çıkar çatışmaları, paranın gücü hiç tanıdık olmayan, yabancı, belki de düşman bir yurt çıkarmıştır karşısına. Tanıdık gelmeyen bu yer Bayram'ı nasıl karşılayacaktır? Endişe bir kurt gibi yüreğini kemirir. Sorgular beynini durmadan ağrılar çökerken içine. Yolun sonunda bu, kötüye bir işaret midir? Tanıdık gelmeyen bu yer, bir cenaze, bir tabuttur Bayram'a. Kezban'dan ve Ballıhisar'dan uzak olunca her şey yastır, her şey karadır yol boyunca. Baktıkça sağına soluna duyumsar Bayram yüreğinin derinliklerinde burgu gibi bir kuşku ve korku, uzun bir mezar gibi yayılan yolda. Yabancı gelen bu yer, Bayram'ın keyfini kaçırır. Endişe ve korku giderek yayılır içinde apansız yayılan bir sis gibi. En iyi bildiği, dünyanın bu en aziz yeri sanki yer yarılıp yok olmuştur. Güzel saatlerin ruhunda yarattığı erinç dönmemek üzere kaybolmuştur bir hayal gibi. Yan yan yürüyen bir yengeç gibi güvensizdir Bayram. Değildir burası gözünü açtığı topraklar, atalarını bağrında kucaklayan yuvalar. Yoksa rüyaların yalanı mıdır bütün bunlar? Kayıp mı olmuştur tanıdık bildik o yerler, o hayatlar? Belki de şeytan işi bunlar; gördüğü rüyalar? Değişmiştir işte tanıdık bildik çok şey, yol boyunca inceden inceye. Durup bakar etrafa kuşkulu gözlerle, seslenir Sivrihisar'a: -Buralardan bana ne? Sıcak ve ateşli, el değmemiş, erdemli şehir! Kim bana kucak açacak, kim bana omuz verecek, kim beni karşılayacak, alkışlayacak buralarda şimdi?

XXXXX

Söyler söylemez içinden gelen bu sözleri, belki de, meleklerin sesi, erdemi; bulur Bayram yüreğinde cesareti. Bulur karşısında gözleri yaşlarla dolu, güzellerin en iyisi, en hoşu Kezban'ı; bir bakış, bir iç çekiş… Sesi, konuşmaları tatlı mı tatlı! Hayal gibi, gölge gibi karşısındadır işte ay gibi parlayan sevgilisi, adını taşıdığı dört bir yanında Almanya'nın. Acıları sürgün olur gider, yüreği tazelenir. Bir öpücük beynine hükmeder, yalnızca arzuya açılan. Arzudan zevkten kayboluverir o an. Arzu dolu bir öpücüğe kim hayır diyebilir ki? Her derde deva olan. Uçar zevkten Bayram havalara. Fildişi ve altın bir arabada oturan bir sultan gibi görkemli, ak, pak ve parlaktır Bayram. Görür bir de Bayram kahvenin önünde davul zurna eşliğinde Mercedes'ine ve sahibine ayakta alkış tutan, Romalılardan da asil, asil ruhlu Ballıhisar'lıları. Franz Lehar'lı gömleğiyle arabasına kurulmuştur Bayram bir kral gibi, gözleri parlak. Bu sefer çan sesleriyle değil, korna sesleriyle selamlar asil hemşerilerini, öyle dingin, öyle mesut, öyle gururlu; gözleri ateş gibi, alev alev. Ballıhisar'lılar söylerler bir ağızdan sevdalı hogeldin şarkılarını; erkekler kahvenin önünde, kadınlar incir ağacının eteğinde, sevinçten titreyip zıplayan çocuklar söğütlerin dibinde. Artık yer ve zaman Bayram'a bir yol göstermektedir, mutluluğa açılan. Takılıp kalınca gözleri Kezban'ın gözlerine, öyle çılgın, öyle ateşli, duyar olanca aleviyle Bayram aşkın sesini. Bir de bakar yüksek perdeden Ballıhisar'lılara, görür gülümseyen gözlerinde sevgi ve saygı dolu parlaklıklar. Ruhunda bulur dingin bir mutluluk. Ruhu uçar bir kelebek gibi pır pır Ballıhisar'ın otları, ağaçları arasında.

Bu kutsal hayal ilk günden beri rüyalarındadır her daim. Yolun başından beri onunla yatar onunla kalkar, içinde tarifsiz bir kıvanç. Rüyalar ne iyi, ne hoş,hayat kadar doğurgan. Olmalıdır Bayram uzaklardan gelen muzaffer bir *konkistator* gibi utkulu ve parlak; olmalıdır yoldaşı Mercedes'i hayalindeki aşk, ak ve pak.

O da ne? Talihin sillesi, talihin cilvesi, yazık ki, ikisi de almıştır bağrından yara, kalmıştır ikisi de kir pas içinde. Yerli yerindeyse eğer her şey, bunun için Bayram'ın bir fikri var: Duruyorsa eğer, köyün girişindeki çeşmenin yalağında yıkanıp yunmak iyi gelecektir devinip duran ruhuna. Kesin ve iyi bir fikirdir bu: Mevsimine göre en çok sevilen, renk ve biçim değiştiren çiçekler dallar gibi Bayram da değiştirmelidir suretini. Olmalıdır ikisi de görücüye çıkmadan Ballıhisar'lıların önüne duru ve pak, doruklardaki karlar gibi. Rüzgâr esse de atmak ister bir an önce kendini çırılçıplak çeşmenin yalağına. Kalsın ister tutkuyla, kiri pası geniş, kara ve dipsiz toprağın altında. Yıkandıkça bolca akan billur suyla ağlayıp özlediği o gıcır gıcır yarasız beresiz Mercedes'i geri gelecek, zaman eski düzenini geri getirecektir.

XXXXX

Yerli yerinde bu düşünceler Bayram'ın yüreğindeki çırpıntıları giderek arttırır. Çırpıntıları arttıkça Bayram Habil gibi sapsarı kesilir. Birbirinden devingen, çelişkili, tutarsız endişeler, melankolinin *kara güneş*'ini içine taşır. Tutarsız, dikenli bir yolda yürürken durup durup hayıflanır geçmiş zamanın peşinden. Kuşkular içindedir Bayram. Mağarasına sıkışan bir yengeçten farksızdır: -Bunca zaman Kezban'dan ayrı geçti. Hatıralar, aşklar, belki de silindi gitti. Her yerde feryat figan. Belki de her şey gelip geçti toptan. İşte her şey bitti; belki de sırf benim yüzümden-. Söylerken bu sözleri, duyururken hazin iniltilerini, *beyni vınlanır kulakları uğul*dar, yüreği zorlanır.

Köye yaklaştıkça Bayram'ın üstüne yol yorgunluğunun ötesinde bir de dirençsizlik çökmeye başlar. (s. 294) Sık soluk alır, sık soluk verir. Bacakları yeni doğmuş bir tayın bacakları gibi titrer durur. Ağlaşırken kendi kendine böyle, birden *burnuna yoğun bir saman kokusu dol*ar. Oysa etrafta *ne ekin tarlası, ne savrulmuş saman* vardır. Buraların terkedildiğini düşünür ürpererek. Belli belirsiz duyulan sözler çıkar ossaat ağzından: - *Batan gün, kıraç toprağa, yaşlı tepelere yalınkat bir toz boya serp*miş meğerse; işte hepsi bu. Böyle söyleyip, böyle düşünürken *bir tepenin yamacındaki tuğla fırınından pişmiş kil kokusu* gelir burnuna. *Bu koku Bayram'ın duyduğu taze saman kokusunu bastırır.* Hatırlar o an Bayram kaybolmuş aylaklık zamanlarını. Rüzgâr eserken usul usul arkasından, döner yüzünü aşkların yaşandığı o güzel eski zamanlara. Zaman yitip gitmemiş, zaman tersine geri gelmiştir; *temizlenip paklanmak, canlanıp dirilmek için (*s. 295).

Az gitmiş, uz gitmiş, kalmıştır topu topuna üç kilometre Ballıhisar'a. Yıkanıp temizlenmenin tam da zamanıdır şimdi. Yıkanmalı, olmalıdır saltanatlı mı saltanatlı. *Hangırtılı, hungurtulu rampalardan* gelip geçen sevgilisi Mercedes'i *zifte çamura bulan*mıştır. Sarp dağlardan inip, kırlardan geçen bu araba da gösterişli, saltanatlı olmalıdır elbet sahibi gibi yolun bu son kısmında.

Yıkanma yunma düşüncesi Bayram için avuntudan çok bir güvence ve bir şarttır.

Endişeli düşünceler taşıyan gözleri birden alev alev yanar; gözleri sanki cehennem ateşi: -Çeşmeyi bulamamak! Ya çeşme yerinde yoksa? Tanrı göstermesin, ölümden de beter bir şey olur!- İlerlerken hızla çeşmenin yolunda, soluk soluğa kaldığı bir anda, savurur birden Bayram bir nara. Bayram küllerinden yeniden doğmuştur. Çırpınan bedeni üstünde doğrulur doğrulmaz bulur çeşmeyi, ölüp ölüp dirilir korkuların dondurduğu yüreği. Dingin, ak ve pak doğmak için, kokulu ve serin bir hava eserken düzlüğün göbeğinde, bir zamanlar *çakılmış bir odun parçasının oyuğundan incecik akan, şimdiyse alnında koskoca bir de mermer levha olan davarlar, insanlar serinlesinler* diye geniş tutulmuş *saray gibi çeşmeye solmuş, pörsümüş bir gül gibi* kendisini atar (s. 295).

Ruhu çıplaktır Bayram'ın. Fal taşı gibi açılan gözleri çeşmenin levhasına takılır. Okur yazılanları. Olmuş demek adı *Gayret Çeşmesi.* Bu çeşmeye ulaşıp yıkananlar arınıp cennet katına çıkarlar. Kanaat getirir Bayram iç rahatlığıyla levhada okuduklarına. Sular dökünür tas tas. Türküler söyler neşeyle temizlendikçe tatlı billur suların içinde. Serinledikçe bedeni, beyni, uzun sürmüş bir yolun sonunda yüreği tazelenir, gözleri parlak bir yıldızın ışığı gibi parlar. *Başını çekmeden akan suyun altında, bir süre tutan*

Bayram, ördek gibi silkinerek doğrulur. Serin su, şakaklarından, boynundan süzülüp, bağrını ıslatır. Ne saadet! Ne kutlu, ne mutlu bir gün.

Böyle bir günde haksızlık mı yapılır? Mercedes de bir yaratık, bir armağandır. Camlarını, çamurluklarını iyice yıkamalı, parlatmalıdır. Bakmak gerek ona usanmadan. Mercedes'in güzelliğine hayran kalınmaz mı hiç, böyle temiz, böyle görkemli, böyle parlak. Temizliğidir, parlaklığıdır, bal rengidir ona güzellik katan.

XXXXX

Yıkadıkça arabasını duyumsar Bayram içinin titrediğini; görür gibi olur karanlık ve aydınlığın garip birlikteliğini. Görünür gözlerine bu kez nedense bal renkli Mercedes'i kara ve az parlak. Büyüye mi uğramıştır bu denli Mercedes'i onulmaz bir alınyazısından ötürü? Açık denizlere açılmış, dış boyası, gövdesi hasara uğramış, uzun gövdeli gemilerden doğrusu çok da farkı yoktur, yıkansa da, parlatılsa da. Alıcı gözüyle bakanlar hayıflanırlar patırtılı sözlerle, bir deltadan sürüklenip geldiğini sanırlar. Bahtsızların bahtsızı Bayram tükenmeyen iç çekişleriyle bakar durur umarsızca yoldaşına, ağlamaklı gözlerle. İkisi de uğramıştır yolda şeytanın gazabına. İkisi de yenik düşmüştür acımasız fırtınalara. Sürüklenip durmuşlardır çarpa çarpa bir oraya bir buraya. Gözleri bulanır Bayram'ın eski zamanlarda baktıkça ışıklar altında güzelleşen arabasına. Arabası ilk günkü gibi bir renk, bir cümbüş, bir gülüştür. Avlar Bayram'ın kalbini, yumuşatır: *Mercedes'i, dört kapısıyla, çevresi beyaz lastikleri, parlak krome teker kapakları, kapakların üstündeki Mercedes yıldızlarıyle; siyah cantları, boydan boya uzanan ince kapı kromajları, özel kılıflı direksiyonuyla; koltukların döşemesiyle; o, madeni iplikle dokunmuş, siyah kumaştan döşemeye sonradan geçirttiği tutuncu-kara çatkılı koltuk kılıflarıyla; arka camın içine köşeleyip oturttuğu, sarı satenden büzgülü, yuvarlak iki yastığı, bu iki yastık arasına yan gelip uzanmış, dili dışarda leopar yavrusuyla; ön cama sarkan bir Aydın zeybeğinin boynuna asılmış mavi boncuklar eşliğindeki küçük Kuran-ı Kerim'iyle; sürekli açık tutulan çift anteniyle; televizyonu olmasa da televizyon anteniyle; asıl, hele asıl o yaldızlı rengiyle sınır kapısını dolduran yığınla motorlu araç ortasında, ister istemez hemen seçilmelidir* (s. 25). Kırılsa da kanatları, ölgün gözlerinin gördüğü arabası, çılgın ve inatçı şövalye Bayram'a olmalı sonuna kadar umut bağı, ısıtmalı ölgün ve üzgün yüreğini, dindirmeli baş döndürmelerini.

Tatlı ve acı günde arabası olsa da ezik göçük içinde, kutsar Bayram onu taparcasına, bağrına basar, sorar kendi kendine: -Ölümlü güzelliklerin büyüsünden ne haber?

Öfke ve küçümseme neye yarar? *Eziklerini, eksiklerini elinden geldiğince görmemeye, yok saymaya çalışmalı* ve saklamalıdır böylelikle utancını (s. 297). Üstelik, parlak bir yıldızın ışığından farksızdır arabası. Kalabalıkların sövdüğü nadide bir canavar hiç değildir arabası. *Fikrine taktığı ince gül Mercedes'i* (s. 167), fikrinin ince gülü Kezban'ın indinde Bayram'ın şanı, itibarıdır. Mal, mülk, şan iç içedir kendini bildiğinden beri köyde. Arabaysa araba; kulağı okşar, ürpertir derinden, Kezban ona kurban, vurulur ona gönülden. Araba onur ve erdemdir Ballıhisar'da. Köyde şöyle söylenir: -*Dün köyde atlının itibarı neydiyse, bugüne bugün de dört teker bir motorlu üstünde olmanın itibarı o*dur (s. 166). Bu sözler tastamam doğrudur. Bayram artık nereye gitse nerede dursa saltanatlıdır.

XXXXX

Doğru söze ne denir? Hele hele *sahip olmanın duygusuyla beslenmiş (...)* bal renkli Mercedes'in güzelliğinden şüphe mi edilir? Yıldızı çalınmış, stop lambasının camı kaybolmuş, tamponu ezilmiş de olsa çok da önemli midir? Kalbinin sesi, kalbinin sevgilisiyle ilişkilerini düşünürken böyle, Bayram çevirir gözlerini Kezban'ın gözlerine, sağlığının kayağı niyetine. Geçirir içinden aşkla şu sözleri umutla parlayarak: *-Kezban beni onun içinde görse,* iyice ateşlenir, (...) *boşuna kaptırmadım gönlümü bu Bayram'a, boşuna beklemedim diye*cektir (s. 97). Bunca ıstırap ve işkenceden sonra bu düşünce Bayram'ın yüreğini ısıtır gerçeği yansıttığından.

XXXXX

İçi hazin bir ürpertiyle dolu olsa da aralıklarla baştan beri, mutludur şimdi Bayram yaklaştıkça Ballıhisar'a. Yoktur artık içinde bir düşünce, başka bir şey, kalbini oyan. Hülyalıdır Bayram, sürer atını Ballıhisar yolunda durmadan, güneşin parlaklığıyla göremese de açık seçik önünü. Yorgun ve kör baksa da yola yeminli ve sevdalıdır Don Kişot gibi varmak için oraya, gece gündüz yüreği ellerinde Dulcinea Kezban'ın yanına. Gözleri Dulcinea'nın gözlerindedir her an, yüreğinin taş kesilmesine neden olan, karanlıkları, geceleri aydınlatan. Kararlı sözleriyle zaman zaman kesilen iç çekişleriyle, sevgilisinin peşinde bir Don Kişot'tur Bayram; çağımızın Don Kişot'u. Nasıl olmasın ki? En ince, en insanca duyguların hafife alındığı, ateşin suyla karıştığı, siyahla beyazın ayrışıklığı gibi, paranın saltanat sayıldığı bu tuhaf ve acımasız dünyada, *sentetik hasır'dan örülmüş tirol biçimi, deniz yeşili şapkasıyla* (s.6) onu nasıl da ilgi ve sevgiyle izleriz. Yaşamına incelik, değer, inanç ve saygı kattığı için. Kaybetmekten korktuğumuz ya da kolay kolay dışavuramadığımız duygularımızı yaşattığı ve bize güzellik ve soyluluk kattığı için. İzlerken onu sahnede, onunla bütünleşir, tek bir oyuncu oluruz, sahnede yalnız neredeyse. Dünyaya onun gözleriyle bakmaya başlarız. İçimizde ateşli bir sevgi; kumdan şatolar yaparız gönlümüz elverdiğince. Tuzaklar ve acılarla dolu bir yolculuğa çıkarız, ayağımız çabuk, hızlı ve atak. Dulcinea Kezban'a olan aşkı, erdem ve inançla birleşmişse onda eğer ve ağzını açmadan konuşan kararlı tavrıyla o gerçek bir şövalye değil de nedir? Bağlılığın, aşkın ve inancın şövalyesidir o bizim gözümüzde. Okurken serüvenini, izlerken sahnede yapıp ettiklerini, ona nasıl da giderek artan katıksız bir sevgi ve hayranlık duyarız. Düşünürseniz enine boyuna, bir fark yoktur gerçekten de anlı şanlı, sevdalı bir alev yiyen Don Kişot'tan. Etiyle, kemiğiyle Don Kişot'un bir suretidir o günümüzde. Yiğittir, heyecanlıdır, atılgandır ve içtendir. Onu gerçeklerin önünde harekete geçiren edim, varolan eşitsizlikler ve kısıtlayıcı-ayrımcı sınırlar karşısında ezilip büzülmeme, boyun eğmeme düşüncesi ve erdemidir. Talihin sillesini yemiş olsa da yollarda, düşüncelerinin yüceliğine ulaşamassa da sonunda, düşünce ve davranışları garip görünse de, doğru bildiği yolda yuvarlanıp düşse de, yeniden dimdik doğrulup yoluna inatla ve inançla devam etmesi, onu bizim gözümüzde bütün âşıklardan, özendiği ve yarıştığı paralı pullu insanlardan daha yüce kılmaz mı? Amaçlı, saf, sapına kadar kendi içinde tutarlı bir şövalyedir Bayram. Hangimiz onun kadar en olmaz düşler kurabiliriz ki? Hangimiz onun kadar acıya dayanabiliriz ki? Hangimiz bitkin kollarımızla inadına çabalayabiliriz varmak için ulaşılmaz bir yıldıza? Beceriksizliklerine, düşüp kalkmalarına, Mercedes'i için alev gibi yanmasına ara ara gülüp geçsek de onu neden ciddiye alırız sonunda? Belki de biz ademoğullarının türlü komplekslerle gizlediğimiz utangaç ve saf yanlarımızı ortaya çıkardığı ve yoksul varsıl birlikte yaşanılan bu dünyada bize bizi katıksız anlattığı için. İçimizde sinsice saklı duran korku ve güvensizlik dolu yanlarımızı açık açık ortaya koyduğu için.

Don Kişot gibi Bayram da dış dünyaya kapalıdır. Kişiliğinin temelinde kuşku ve güvensizlik yatar durur. İnsansal ilişkileri tartışma götürse de, günlük yaşantısında yalan ve kandırmacaların ortasında bir şeyi sevmenin onu kendinden erişemeyeceği kadar üstün tuttuğunda mümkün olabileceğine inanır. Bunun için sahip olmanın ya da ideal olanın peşinden yılmadan gitmenin yolunun, duygu ve düşüncelerin abartılmasında olduğuna inanarak doğabilecek tehlike ve sakıncaları görmezden gelir. İdeale ulaşma yolunda duygu ve düşüncelerini abartması, Bayram'ın başka bir varlığa ya da kimliğe katışma özlemidir doğrusu. En olmaz düşleri kurmak, bunun için gözünü budaktan esirgememek, uzaktan da olsa en saf, en soylu duygularla sevmek yaşam bilmecesinin anahtarlarıdır. Sevme edimi karşılıklı olmasa da, Bayram Don Kişot gibi sevgilisiyle bütünleşmeyi bilmiş, ender sevgi ve görev insanlarından biridir. Oysa insanın karşılıksız olarak, kendini bütünüyle bir nesneye, bir başka kişiye adaması ne kadar da zordur hayatta. Bu bakımdan sonuna kadar kraliçesinin ve kılıcının hizmetinde olan bir şövalye gibi, bayramın değerleri ve aşkları, gerçeği bire bir yaşamak, özlenen bir dünyada yeniden yaşamak ve yaratılmaktır. Bayram'dan bize ulaşan, gerçek ya da düşsel duygularını kullanarak, tiyatro oyuncularının yaptığına benzer biçimde sahnede oynadığı rolüyle bütünleşmesidir. Oynadığı rol, kişiliğinin bir yansısı ve yazgısıdır. Kişiliği ile rolü arasındaki o muhteşem uyuşum bir tek ölümle bozulabilir. Usta bir oyuncu, oynadığı role kendini nasıl kaptırırsa, Bayram da oyununu öyle ustalıkla oynayan bir oyuncudur. Oynarken, başlangıçtan perde inene dek, düzmecesini kurarak, gerçeklerden Don Kişot gibi inatla kaçan biridir. Gerçeklerden ya da başkalarının bakışından korktuğu ya da çekindiği için, ya düşsel bir aşkla bütünleşir ya da sahip olduğu nesnelerin arasına çekilip büzülerek bir gölge ve hayal oyuncusu olur. Sevileni yüceltmeyle ilgili bir oyundur sahnede oynanan. Ekonomik, kültürel ve duygusal bağlamda hayal edilene duyduğu tutku sessiz bir oyuna dönüşür sonunda. Belleğini sarmalayan sessizliğin içinden istese de ara ara sıyrılamaz kolaylıkla.

Dövünüp dursa da felaket gelip çattığında, kendisini örselenmiş arabasından soyutlayamaz bir türlü. Örselenmiş bir araba yakışır mı sevdalı şövalye ruhuna? Gerçeğin değişmesinden çok, görünüşün değişmesine tahammül edebilir mi Bayram? Görünüşünü kurtaracak olan güzelim yerin çeşme başı olarak seçilmesi ve oradan filmin geriye sarması bu bakımdan çok anlamlıdır. Bu sessiz ve ölü ortamla Bayram'ın bütünleşmesi, bu son sahnede yeni bir maskeyle seyircinin karşısına çıkması, yeni bir kimlikle bir Don Hiçkimse olması, gerçekleri yadsımasının bir yolu ve çabasıdır. Bu, yeni bir kimlikle, gerçeği yeniden yaratma ve kendini savunma içgüdüsüdür olsa olsa. Gerçek kimliğinin iç karartıcı yanlarını gizlemiş ve birdenbire bir başkası, bir hiçkimse oluvermiştir sahnede bir başına. Şövalye Bayram yeni görüntüsüyle çeşme başında yeniden doğmuş bir aşk yıldızı gibi etrafına yaymıştır parlak ışıklarını. Ve biz seyirciler ışık gölge oyunları arasında yakından görmek için biçimden biçime giren yüzündeki anlamları, izlemek için tutkulu ve kararlı serüveninin etrafında merakla halka olmuşuzdur bakarken hayranlıkla ona. Salınsak da geceyle gündüz ve siyahla beyaz arasında yoktur başka bir düşüncemiz bir olup onunla aşkla buluşmasından başka. Aynı oyunu oynarız onunla, oyun boyunca kâh gülerek kâh ağlayarak, niyeti öyle saf, öyle güzel bu gezgin şövalyenin. Neden kaçar, neden yeni kimlik edinir, bilmek, düşünmek bile istemeyiz. İzleriz onu sadece hayranlıkla rüya ülkesinde. Hayran oluruz yürüyüşüne, tarzına; gideriz peşinden hayal gibi, gölge gibi. Yaşarız onunla, bir aşk ve gül mevsimini, gözlerimiz aralık, ağzımız açık, sahneden çekip gidene kadar. Gerçeklerle yüz yüze bu hüzünlü dünyada, bize gereken de hayal zamanları değil midir? Arzular, hülyalar nasılsa birden kayboluvermez mi bu dünyada?

XXXXX

Böyle düşünür, böyle izlerken oyunu, büyülü saatler nasıl da hızla geçiverir. Birbiri içinde gezinen duygu salınımlarıyla biz seyirciler, bir dostun izinden gider gibi nasıl da girmişizdir aşkla o sihirli dünyaya, hayaller içinde, kapılmışızdır o büyülü sevdaya. Hayranlık duyduğumuz kişilerde arzu ettiğimiz değerlerin aslında olamayacağını nasıl da düşünemeyiz? Doğrusu hakçası, abartılı bir oyundur sahnede oynanan. Bir kişiye, bir nesneye hayran olmanın, onu delice sevmenin dramatik ya da trajikomik bir sonucudur bu. Ne ki, seviyeli ve sağlıklı bir ilişki de değildir bu. Karşılıklı ilişkiyi zehirleyen, aldatıcı bir durumdur. İlişkiler derinleştikçe, gerçekle yüz yüze gelindiğinde, bazı değer yargılarımızın hayalimizde yarattığımız resme pek de uymadığını, yüceltilip idealize edilenin en iyi, en hoş, en güzel olmadığını görürüz acıyla perde kapandıktan sonra.

XXXXX

Oynanan oyunun son sahnesine dönerseniz, Bayram'ın aşklarının da böyle başlayıp, böyle sonlandığını görürsünüz hüzünle. En iyi, en hoş, en güzel Dulcinea Kezban evlenip çekip gitmişse uzak bir yerlere, biriyle öyle, hayranlık duyduğu parlak renkli Mercedes'inin yerinde yeller esmişse yolun sonunda, Bayram'ın *fikrine taktığı ince gül, tek tek kopup dağılıyorsa yapraklarından* (s. 312), batan günün kızıllığında çanlar acı acı çalıyor demektir.

Ulaşılmasına ulaşılmıştır istenilen menzile sonunda; ne ki *yoktur in cin çevrede* (s. 318). Yoktur tek kımıltı evlerde. Geniş, kocaman bir mezardır sonunda ulaşılan bu yer. *Batan günden artakalan son kıvılcımlar da sön*er gider sonunda (s. 320). *Akşam köyün üstüne külünü serer* (s. 321). Gün biter. Bayram'ın ruhundaki erinç, dönmemek üzere çeker gider. Kalakalır bir başına Bayram ortalıkta *müzenin heykelleri gibi* (s. 322). Vardır karşısında bir tek çarpık çurpuk arabası. O da *fikrimin ince gülü olmaktan çıkmış (...) bir buçuk ton ağırlığında çelik, demir, kromaj, lastik, yay, tel, cıvata karması ağır bir yük*ten başka bir şey değildir (s. 324).

*Siyah bir örtüyle hava usul usul kaplanırken ve uyku sararken her şeyi, dünyayı gözleyen Bayram'ı hiçbir yolun ucunda, kimse bekle*memektedir. [3]

Çanlar son kez çalar acı acı on üç kere. Rüyalar içinde, zengin, devinimli ve hüzünlü bir hayal oyunu burada sona erer sessizce.

---

[3] Sevgili Nerval'e bir gönderme: *Küçük Aylaklık Şatoları.*

Bölüm 33. Diasporadan Alevilerle İşçi Sınıfını "Musahip" Yapma Çabası: Kavga/Kervan Dergilerinde Alevilik

Tuncay Bilecen[1]

Giriş

Son yıllarda sosyal bilimler alanında Aleviliğe yönelik büyük bir ilgi var, bu konuyu çeşitli boyutlarıyla ele alan çalışmalarda adeta bir literatür patlaması yaşanıyor. Aleviliğe yönelik bu artan ilgiyi açıklamak için siyasal, konjonktürel ve uluslararası pek çok neden sıralamak mümkün. Nitekim Alevi hareketinin örgütlenmesinde hem ulusal hem de uluslararası etkiler mevcuttur.

Kavga ve Kervan dergileri Alevi uyanışının yaşandığı bir dönemde, 1991-1998 yılları arasında 71 sayı yayınlanmıştır. Dergi, Rıza Yürükoğlu adıyla bilinen Nihat Akseymen önderliğinde Türkiye Komünist Partisi'nin (TKP) Londra'daki muhalif kanadı olarak bilinen İşçinin Sesi dergisinin etrafındaki bir grup tarafından çıkartılmıştır.[2] Alevilerin henüz örgütlenmeye başladığı bir dönemde yayın hayatına başlayan dergi, Alevilerle sosyalistler arasında köprü kurmayı amaç edinmiştir. Aleviliği sosyalizme "yerlilik ve kültürel unsur" iddiasıyla adapte etmeye çalışmak Kavga/Kervan'ın temel gailesidir. Bu noktada dergi sayfalarında Türkiye soluna yönelik eleştiriler iki hat üzerinden ilerler; birincisi Alevi meselesinin görmezden gelinmesi, geleneksellik olarak aşağılanmasıdır, ikincisi ise kendi toprağında yetişen muhalif, devrimci tarihsel damarın görmezden gelindiği iddiasıdır. Kavga/Kervan dergilerinde Türkiye sosyalist düşüncesini Aleviliğin değerleriyle bütünleştirmek, Alevileri sosyalist mücadele saflarına katmak tarihsel, sınıfsal ve diyalektik bir zorunluluk olarak öncelenir.

Kavga ve Kervan Dergilerinde Alevilik: Alevilik İslamın Neresinde?

Kavga/Kervan dergisi ilk sayısından itibaren Aleviliği çeşitli boyutlarıyla ele alan yazı dizilerine, toplumun örgütlenme ve festival, şenlik, anma haberlerine, Alevi toplumunun ileri gelenleriyle ve dedelerle yapılan röportajlara, Alevilik tarihinde rol oynamış önemli kişileri ele alan yazılara sayfalarında yer vermiştir. Dergide yaklaşık sekiz yıl süren yayın hayatı boyunca Türkiye'de ve dışarıda yaşayan Alevilerin sorunlarına dikkat çeken onlarca yazı yayınlanmıştır. Bu yazıların önemli bir kısmını Aleviliğin gerçekte ne olduğunu tartışan yazılar oluşturur. Aleviliğin dinî, tarihi, kültürel, sınıfsal, politik yönlerini ortaya koyan bu yazıların söylemsel bir bütünlük arz ettiği söylenemez. Bu konuda dergi içerisinde farklılaşan tutumlar olduğu gibi aynı yazarların zaman içerisinde değişen tutumlarına da rastlamak mümkündür.

---

[1] Yrd.Doç.Dr., Kocaeli Üniversitesi, E-mail:tuncaybilecen@gmail.com.
[2] 68 Öğrenci hareketi içerisinde yer alan Nihat Akseymen 1970 yazında zeki Baştırmar ile görüşerek TKP üyesi olur. Ankara'da yaşadığı süre içerisinde 12 Mart öncesinde aldığı tehditler nedeniyle eşiyle birlikte Paris üzerinden Londra'a geçer. 1973'te Wimpy grevleri gazetesi *İşçinin Sesi* adını alır. Akseymen gazetesin çıkarılmasında önemli rol üstlenir. 1974'te TKP'nin Merkez Komitesi'ne girer. 1978'de İ.Bilen'in önerisiyle MK'nin ideolojik işlerini yürütecek aygıtın üyeliği ve Atılım dergisi redaktörlüğüne getirilir. 1978'in sonunda *Emperyalizm'in Zayıf Halkası Türkiye* kitap-broşürünü yayınlar. 1979'un başında ise disiplinsizlik gerekçesiyle MK'dan çıkartılır (Babalık, 2003). Akseymen, "TKP merkeziyle polemiğe tutuşacak; Markist-Leninist literatürde devrimci bir anlam yüklenen iç savaşın ne zamandan beri 'kardeş kavgası' olarak tanımlandığını sorgulayacaktır. Muhalefetini İşçinin Sesi adlı yayın organıyla sürdürür, hatta TKP-İşçinin Sesi adıyla örgütlenir. Mahir Çayan ilhamlı gençlik tabanını Latin Amerika bulaşıklarından arındırıp 'sahih' Leninci çizgiye çekme iddiasını önüne koyan bu örgüt, başlarda Türkiye'ye düzenli yayın sokarak belirli bir ilgi uyandırsa da çok geçmeden solacaktır. Ancak 1980'e doğru TKP örgütünde belirli bir ideolojik ve moral tereddüde de yol açmıştır (Bora, 2017, s. 644).

Kavga/Kervan dergisinde Aleviliği İslamdan ayıran en önemli farkın ritüellerinden ziyade onun insana bakışından kaynaklandığı vurgusu hâkimdir. Bunun da en önemli sebebi olarak Aleviliğin Anadolu felsefesiyle bütünleşmiş olması gösterilir:

Anadolu Aleviliği, İslamiyet'in Orta Asya Türk gelenek ve görenekleri ile Anadolu'da yaşayan kültürlerin çağdaş bir sentezidir... Yani Alevilik, kimilerinin söylediği gibi, öyle islamiyetin özü filan değildir... İslamiyetin içerisinde, Anadolu Aleviliği hiç yoktur, ama Aleviliğin kendisinde, küçük bir parça İslamiyet vardır (1993[26], s. 17).[3]

R.Yürükoğlu, Almanya'da verdiği bir konferansta –başka birçok platformda defalarca tekrarladığı üzre- Aleviliği İslamdan net bir şekilde ayırır:

Alevilik İslamın etki alanı içinde varolmuştur ama İslamın kurallarına bağlı değildir. Bunlar farklı şeylerdir. Kendimizi hiç aldatmayalım, kendimize 'güvenlikli' bir yuva bulmak amacıyla, açılmayacak kapılara kafamızı vurmayalım. (...) Alevilik İslamın kurallarına bağlı değildir. İslamın kurallarını Kuran yazıyor. Orada yazılanlar Hacı Bektaş'ın öğretisinin dört kapısından birincisini ilgilendiriyor. Şeriatı ilgilendiriyor. (...) Hacı Bektaş'ın, Aleviliğin yapmaya çalıştığı, insanları o kapıdan alıp öteki üç kapıya yükseltmektir. Onları gerçek insan yapmaktır. Aleviliğin yapmak istediği, şeriattan alıp hakikate götürmektir (1992[11], s. V).

Görüldüğü gibi Yürükoğlu da Aleviliği İslamdan ayırırken onun tasavvufi yönünü öne çıkarmaktadır. Yürükoğlu bu ayrımı derinleştirmek için sayısız örnek verir: "Hanginiz camiye gidiyorsunuz? Gitmezsiniz, çünkü sizin kabeniz de, caminiz de insandır. Siz yüz yüze, cemal cemale oturursunuz bu yetiyor." "İslamiyetin aslında müzik yasaktır. (...) Alevilikte ise müzik herşeydir. İslamiyette resim yasaktır. Alevilikte yasak değildir. İslamiyette kadının camiye girip erkeklerle birlikte niyaz etmesi yasaktır. Cem kadınlara yasak değildir" (Yürükoğlu, 1992[11], s. V).

Dergide Alevilik ile Sünni İslam arasına çizgi çekilirken, Şii inancı ile de Alevilik arasına mesafe koyan pek çok yazı bulunmaktadır. "Şiilerin yayınladığı 14 masum dergisinin iddia ettiği gibi bir 'dergahsız, dedesiz, cemsiz, sazsız, sözsüz, semahsız Alevilik yoktur! Şiiliğin molla cami -namaz kıskacını hiçbir Anadolu Alevisine kabul ettiremezsiniz!" (Gazioğlu, 1994[44], s. 19). Şiilere yakın Ehli Beyt Vakfı'nın düzenlediği kurultay da dergi sayfalarında eleştiri konusu olmuş, "Şii Ehli Düzen Kurultayı" olarak verilen haber, "Sünnileştirmeye - şiileştirmeye - dine çekilmeye - Türkleştirmeye - Devletten paraya - devlete yem edilmeye HAYIR! (1998[67], s. 21) sloganıyla sona ermektedir.

Aleviliğin tarifi konusunda derginin zaman zaman modernist, pozitivist bir tavır sergilediği görülmektedir. Öyle ki Alevilik artık bir din olmaktan çıkmış, bir felsefe olmanın da ötesinde bilimsel bir tavır halini almıştır.

Alevi Kimliğinin Oluşmasında Geçmiş Travmaların Etkisi

Alevilerin politik bilinç oluşturmalarında ve aralarındaki dayanışma bağını güçlendirerek ortak amaçlar doğrultusunda örgütlenmelerinde Türkiye'deki Alevilerin yaşadıkları trajediler son derece etkili olmuştur. 1978 Maraş, 1980 Çorum, 1995 Gazi olayları, 1993 Sivas katliamı Alevilerin hem yurtiçinde hem de yurtdışında

---

[3] Kavga ve *Kervan* dergilerine yapılan göndermeler karışıklığı ortadan kaldırmak amacıyla, tarihten sonra derginin sayı numarası verilerek yapılacaktır.

örgütlenmesinde bir sınır çizgisi niteliği taşır (Gül, 1999, s. 111; Ata, 2015, s. 133, Zorlu, 2015, s. 150; Massicard, 2013; Coşan Eke, 2015, s. 94).

Kavga/Kervan dergisi yayın hayatını Alevi canlanmasının yaşandığı bir dönemde sürdürürken bu yıllarda Alevileri hedef alan pek çok toplumsal olay yaşanmıştır. Dergi bu olaylara sayfalarında yer verdiği gibi Alevilerin geçmişte yaşadığı travmaları da her vesilede hatırlatma gereği duymuştur. Derginin düzenli olarak "Dedeler Konuşuyor" başlığıyla Alevi dedeleriyle yaptığı röportajlarda Alevilerin tarihte yaşadığı mezalimler sıkça dile getirilmiştir. "Tarihte Kızılbaşlık çok kötülenmiştir, çok ezilmiştir. Bunlar anlatılmalı, bilenler yazmalı. Alevinin eğitimi yeniden hızlanmalı. İşte o zaman Türkiye için büyük bir umut doğar" (1991[10], s. 19).

Kavga/ Kervan dergilerinde Alevilerin tarih boyunca uğradıkları kıyımlara hemen her sayıda yer verilmiştir. Derginin Osmanlı dönemine ilişkin tavrı net iken Cumhuriyet Türkiye'sine yönelik tavrının ikircikli olduğunu söylemek mümkündür. Dergi bu bakımdan kimi zaman "şeriatçılara" karşı Kemalizm'i destekleme hususunda statükocu çizgide buluşur, kimi zaman ise Kemalizmin Alevilere zarar verdiğini, Alevilerin uğradıkları haksızlıkların ve kıyımların sorumlusunun yine devlet olduğunu vurgular.

Kemalizm'in laiklik yorumunu büyük ölçüde benimseyen dergi çevresi Türkiye Cumhuriyeti'nin de Sünni İslam inancı etrafında örgütlendiğinden şüphesi yoktur. Yürükoğlu bu durumu şu şekilde özetlemektedir: "Aleviliğin geçmişi acılarla dolu. Aleviliğin eğitiminde büyük bir kopma var. Sünnilik dirlik vermedi, devlet vurdu. Ötekiler camilerinde okullarında harıl harıl istedikleri eğitimi verdiler. Öte yanda, Aleviler 'kaçak Alevilik' yaptılar. Kaçak Alevilik yapınca da, geniş kesimler Aleviliği tam olarak öğrenemedi" (1992[11], s. 17).

Bu düşünceye göre Kemalist devrimin laiklikle ilgili kimi uygulamaları yine Alevileri vurmuştur. Bunlardan biri de tekke ve zaviyelerin kapatılmasıdır. "Tekke ve zaviyelerin kapatılması Alevileri vurmuş, Sünnileri vurmamış"tır (Yürükoğlu, 1993[23], s. 12). Bu sebeple Tekke ve Zaviyeler Yasası kaldırılmalıdır; çünkü devlet içinde örgütlenen Sünniler camilerinde zaten ibadetlerini yapabilmekte, zorunlu din dersi aracılığıyla bilgisini aktarmakta, Diyanet İşleri Başkanlığı'yla da en ücra köye kadar ulaşmaktadır. Oysa yaralı bir kimlik olan Alevilik yasalardan, önyargılar ve baskılar yüzünden kendisini ifade edecek mecralar bulamamaktadır.

3 Temmuz 1993'te Sivas'ta Madımak Oteli'nde Alevi aydınların ve sanatçıların yakılması Türkiye ve yurtdışındaki Alevileri harekete geçirmiştir. Bu olay takip eden olaylar özellikle yurtdışında yaşayan Alevi toplulukların diasporik kimlik oluşturmalarında son derece etkili olmuştur.[4] Anavatandan travmatik olarak ayrılma

---

[4] 1980'lerin sonundan itibaren diaspora literatüründe patlama yaşandı. Cohen, diaspora kavramının klasik kullanımının tekil olarak daha çok Yahudi topluluğunu tanımlamak için kullanıldığını belirtir. Daha sonra bu tanımlamanın içerisine 1960 ve 1970'li yıllardan itibaren Afrikalılar, Ermeniler ve İrlandalılar da dahil edildi. Travmatik bir olay neticesinde dünyanın çeşitli yerlerine saçılmayı ifade eden bu tanımlamayla daha sonra Filistinliler de bu gruba dahil edilmiştir. İkinci aşamada, 1980 ve sonrasında başta Safran olmak üzere diaspora tanımının içerisine sürgünleri, yerinden yurdundan sürülenleri, politik mültecileri, etnik ve ırksal azınlıkları da dahil etti. Üçüncü aşamada ise 1990'lı yılların ortasından itibaren diaspora gruplarının tanınması ve çoğalmasına karşın buna ilişkin sosyal yapısalcı eleştiri ortaya çıktı. Postmodernist okumalardan etkilenerek sosyal yapısalcılar diasporayı terk edilen ülke ve etnik ve dini topluluktan ayırmak istedi. Diaspora kavramının bu radikal karmaşıklık karşısında yeniden tanımlanması gerekiyordu. Yüzyılın başına geldiğimizde sosyal yapısalcı eleştiriler kısmen karşılanmış olsa da analitik ve açıklayıcı gücünü yitiren kavramın içi boşaldı. Bütünleşme aşamasında temel unsurları, ortak özellikler ve ideal tipleriyle diaspora fikri artık değişmiştir. (Cohen, 2008, s. 1-2). (Brubaker) da (2005, s. 2) Diasporanın kavramsal alanının genişlemesinin paradoksal olarak anlamını yitirmesi anlamına geldiğini belirtmektedir.

Safran (1991, s. 83-84; Griffiths (1999, s. 33) diaspora literatürünün üzerinde uzlaştığı hususlardan biridir. Düzenli ve düzensiz göçlerle Türkiye'nin dışına çıkan Alevi / Kürt toplulukları geçmişte yaşadıkları olumsuz tecrübeler ve yurtdışındayken kendi topluluklarının yaşadıkları olaylar nedeniyle anayurtla daha fazla ilişki kurmuşlar, bu ilişki de onların diasporik topluluklar olmalarına katkı sağlamıştır[5] (Bilecen, 2016). Bu bakımdan Sivas katliamı dergide büyük yankı uyandırmış; "katliamın planlayıcısı, yürütücüsü asli faili bizzat devletin içindeki bir kol" olarak tarif edilmiştir.[6] Yıldırım, (1993[30], s. 14-15) "Laikliği sahte Türkiye Cumhuriyeti'nde şeriatçılık ve devlet iç içedir" diye yazmakta, "devletten hesap sormadan katliamın sorumlularının tam olarak ortaya çıkarılması, katliamdan doğru dersler çıkartılması olanaklı değildir" görüşünü savunmaktadır. Aynı yazar "Planlı Programlı Katliam" başlıklı yazısında da yine katliamda devletin sorumluluğuna ve işin içinde iş olmasına dikkat çekmektedir (Yıldırım, 1993[31], s. 14). Nitekim Gazi Olayları da dergi çevresi tarafından aynı perspektiften değerlendirilecektir. Seyit Rıza Güven imzasıyla (1995[47], s. 2) yayınlanan "Gazi katliamına halkın gücü karşı geldi" başlıklı yazıda "Katliamın sorumlusu şeriatçı İslami hareket faşist devlet sacayağıdır. Halkın kafasında bu konu çok açıktır. Cenaze törenlerinde 'katil devlet, katil şeriat' sloganının atılması da bunu anlatmaktadır" ifadeleri yer almaktadır.[7]

Alevilerin Dinî Örgütlenmesi: Dedelik, Dergah, Cemevi

Kavga ve *Kervan* dergileri Aleviliğin dinî örgütlenme sorunlarının da tartışıldığı bir mecra olmuştur. Türkiye'de ve yurtdışında Alevi derneklerinin sayısının hızlı bir şekilde arttığı bir dönemde, bu derneklerin Sol-Alevi çizgiye çekilmesi dergi çevresinin öncelikli gündemi olmuştur. Bu bağlamda, dedelik kurumunun önemsenmesi ve "modern" bir çizgiye çekilmesi, dergah etrafında örgütlenerek Alevi örgütlenmesine kutsiyet atfedilmesi ve cemevlerinin yaygınlaştırılması derginin üç temel gayesidir.

Alevi inancındaki dedelik kurumunun korunması ve günün koşullarına uyarlanması *Kavga* ve *Kervan* dergilerinin yayın hayatı boyunca özel önem atfettiği bir konudur. Dedeliğin yeniden canlandırılması neden önemlidir? 1960'larda Türkiye'de yaşanan kentleşme pratiği, Aleviliğin geleneksel değerlerini yitirmesine yol açmış, kentlere göç en çok dedelik kurumu yıpratmıştır. Yürükoğlu'na göre (1990, s. 274) Sünnilik devlette yüzyıllardır merkezileşmiş bir mezhep olduğu için en uzak köyde dahi merkezi bir örgütlenmeye sahiptir. Aleviliğin böyle bir olanağı yoktur. Kentleşme olgusuyla birlikte Alevi toplumunu birbirine bağlayan dedelik kurumunun işlevi gerilemiş, dedelik kurumu işlevini yitirmiştir. Yürükoğlu, "Günümüzde dedelik modernleşme dayatıyor"

---

[5] Sadece kitlesel olaylar değil Metin Göktepe, Uğur Mumcu, Onat Kutlar, Turan Dursun gibi gazeteci ve yazarların katledilmesinin yarattığı toplumsal infial de söz konusu bilincin oluşmasında ve örgütlenme pratiğinde etkili olmuştur.

[6] Dergi Sivas katliamı davasını da yakından takip etmiş, bu konuya ilişkin gelişmeleri her sayısında okuyucularına duyurmuştur.

[7] Gazi Olayları'nın ardından Türkiye'nin içinde bulunduğu politik atmosfere koşut olarak muhalefet dilini ağırlaştıran dergi sürekli toplatılma ve dava tehditleriyle karşı karşıya kalır. İstanbul DGM I. Nolu mahkemede, 50. ve 51. Sayıları için dava açılır ve yazıişleri müdürü Semih Ira iki yıl hapis, dergi sahibi İsmail Yıldırım 100 milyon TL ağır para cezasına çarptırılır. Dergiye iki ay kapatma cezası verilir. 59. Sayıda yer alan "Devrimci Cepheye Giden Yol ve TKP" başlıklı yazı nedeniyle dergi sahibi İsmail Yıldırım ve yazıişleri müdürü Cemal Küçükşahin hakkında soruşturma başlatılır. 60. Sayıdaki üç yazı nedeniyle toplatılır ve sorumluları hakkında soruşturma başlatılır. 61. Sayıda yer alan "15-16 Haziran'a Selam Olsun" başlıklı yazı "cürüm sayılan fiilin övülmesi nedeniyle toplatılır ve sorumlular hakkında soruşturma başlatılır. 67. Sayıdan itibaren dergi artık Aleviliğin tarihsel, mitolojik ve inançsal boyutlarını ortaya koyma misyonu ile çıkmaya başlar ve kısa süre sonra da yayın hayatına son vermek zorunda kalır.

(1991[4], s. 20) başlıklı yazısında dedeliğin Alevilik açısından önemini belirttikten sonra dedelerin günün koşullarına uyamadığını ifade etmektedir.

Pozitivist tutum dedelik konusunda da kendisini gösterir ve dedelik kurumunun canlandırılması için üniversitelerde kürsüler açılması, Dedelik Eğitim Enstitüsü'nün kurulması, dedelerin merkezi eğitimle yetiştirilmeleri dahi gündeme getirilir. Yürükoğlu daha sonra bu fikre şiddetle karşı çıkar. Derginin tartıştığı bir başka husus ise dedeliğin soydan gelmesi gerekip gerekmediğidir. Yürükoğlu'nun ilk başlardaki tutumu Alevilikte dedeliğin soydan gelmesine lüzum olmadığı yönündedir. Hatta Alevi olmak için de Alevi bir aileden gelmeye gerek yoktur.

Dergi çevresine göre, dedeliğin çağın koşullarına uyması için olmazsa olmazlardan biri de cemevleridir. Yürükoğlu, Hollanda'da Alevi-Bektaşi Derneğinin davetlisi olarak katıldığı bir konferansta Alevilerin sadece dernekler yoluyla örgütlenemeyeceğini belirtmektedir: "Ülkenin her yanında ve Avrupa'da her yerde cemevleri açılırsa, Dedelik çağın koşullarına uymuş, uyacak demektir" (1992[21], s. 13). Buna göre, nasıl dedelik Alevilik düşünülemezse, cemevleri olmadan da Aleviler örgütlenemeyeceklerdir.[8]

Dergi, Türkiye'de ve yurtdışında açılan cemevlerinin haberlerini okuyucuya duyurmakta, "Cemevlerimizi her yerde açacağız.", "Nerede Alevi varsa orada Cemevi kuralım", "Her semte cemevi, her hafta cem gerekli" "Gençleri 'cem ve kültürevi'ne çekelim" gibi başlıklarla cemevlerinin Alevilerin olmazsa olmazı olmadığını sürekli vurgulamaktadır.

Dedelik kurumunun canlandırılması, cemevlerinin Alevilerin merkezi olmasını sağlamanın yolu Alevileri "dergah" etrafında toplanmaktan geçmektedir. Bu, Alevilerin merkezileşmesi ve değerlerini yitirmeden geleceğe aktarmaları için elzem görülmektedir. Yürükoğlu, Hollanda'da verdiği konferansta, "Şimdi canlar, soru şudur: Alevilik nasıl toparlansın, nasıl örgütlensin ki, bu örgütlenme Aleviliğin ilerici özüne yarasın, Alevi emekçiye yarasın, işçi sınıfına yarasın, dolayısıyla tüm topluma yarasın?" diye sormaktadır. Sorunun cevabı Hacı Bektaş Veli dergahı etrafında örgütlenmektedir. Yürükoğlu bu noktada kutsallık halesine bulanmış, velayeti fakih kurumunu çağrıştıran bürokratik bir mekanizma önermektedir.

Alevilik ve Sosyalizmin Yol Kardeşliği

Kavga ve *Kervan* dergilerinin en önemli iddiası, tarihsel, sınıfsal ve diyalektik olarak birbirlerine hiç de uzak olmayan Alevilerle sosyalistleri aynı yolda buluşturmak, "yol kardeşi" yapmak, Alevilerle sosyalistleri ortak çizgide buluşturmaktır. Burada hem Alevilere hem de sosyalistlere görevler düşmektedir. Aleviler, gerçek Aleviliğin özünün sosyalist düşünceden hiç de ayrı olmadığını görecekler, sosyalistler ise geleneksel, feodal ya da din diye yüz çevirdikleri Aleviliğin devrimci yönünü kavrayacaklardır. Hatta Türkiye sosyalizminin "yerlilik sorunu"nu aşmada da Alevi tarihi adeta bir manivela vazifesi görecektir. Çünkü bu tarihte yer alan sınıfsal isyanlar ve devrimci kişilikler Türkiye sosyalizminin ihtiyaç duyduğu yerli kaynağın ta kendisidir.

"Alevilik içinde barındırdığı komünal değerler ve sınıf olgusuyla tarih boyunca egemen sınıflara başkaldıran ezilen halkların felsefesidir. Bugün sosyalizmin

---

[8] Londra İşçi Birliği'nin girişimiyle Ocak 1993'te Londra'da Dertli Divani'nin katılımıyla Alevi toplumu ilk cemini yapar. Dergi tarafından takdirle karşılanan bu durum Londra'da Cemevi açmak için de bir vesile olarak görülür. "Haydi canlar 'el ele, el hakka' diyelim. Londra'ya bir Cemevi kazandırmak için kolları sıvayalım. Cemevi'nde Cem tutarak yola gidelim!" (1993[24], s. 17).

savunduğu emek, insana saygı, eşitlik ve dayanışmacılık gibi değerler, 1000 yıl öncesinde zamanın gerektirdiği şekilde Aleviler tarafından savunulmuştur" (Ertan, 2015, s. 54). Yürükoğlu, "TKP'nin Alevi solunun da temsilciliğine yükseldiğini sürekli dile getirmektedir. "Biz Alevilik konusunda ne diyoruz? 'Alevilik komünistliğin Anadolu'daki atasıdır, diyoruz. Ve Alevilik işçi sınıfına ve onun ideolojisine yaklaşmadıkça, tarihteki onurlu yerini reddeder, diyoruz."

Yürükoğlu (1990, s. 265) Aleviliğin tarihini egemen sınıfa yönelik bir başkaldırı tarihi olarak okumaktadır. Anakronizme de düşerek bu hareketi "anti feodal demokratik köylü hareketi" olarak imler. Günümüz işçi sınıfına düşen görev ise Anadolu köylüsünün bu eylemliliğini devrimci gelenek içinde özümsemek ve ona yaslanmanın yollarını bulmaktır. Böylece sözünü ettiğimiz yerli damar bulunmuş olacaktır. Aleviliğin tarihine bakışla; bugüne dek hep Fransızca konuşan, dışarının kavramlarıyla devrimcilik yapan, kendi tarihini analiz etmeyen Türkiye solu nihayet kendi topraklarında filiz veren devrimci ruhla buluşacaktır." Aleviliğin içerisinde solun aradığı bütün değerler "ortakçılık, paylaşımcılık, demokrasi, kadın hakları, kula kulluğa karşı olmak, sosyal adalet" zaten mevcuttur (1994[44], s. 5) ve Alevilik özünde komünal bir yaşam tasavvurudur bu yüzden "ne senin ne benim, cümle varlık hakkın" anlaşıyı esastır. Yürükoğlu, Küba ziyaretini de bu gözle gerçekleştirir. "İnanılmaz Küba" (1997[65], s. 12) başlıklı yazısında "Teori uygulandığı ülkenin renklerini alıyor" ifadelerini kullanarak Türkiye sosyalizminin yerel motifi neden Alevilik olmasın sorusunu düşündürmektedir. Yürükoğlu'nun Alevi toplumunun sosyalist saflarda siyasal mücadele katılmasından anladığı "kendi özüne uygun, tarihte kendi devrimciliğinin yarattığı kavramlarla tutarlı bir siyasallaşmadır" (1995[53], s. 7).[9]

Aleviliğin ve sosyalizmin özde bir olduğu söylemi zaman zaman Sol-Alevi ütopya diyebileceğimiz bir dünyanın yaratılmasına yol açmıştır. Örneğin "İşçiler ve Aleviler omuz omuza rıza şehrini kurmaya" başlıklı yazıda Marx, More ve Campenalla'dan yola çıkarak Alevi mitolojisinde kurulan "rıza şehri, "paranın geçmediği her şeyin rıza ile yapıldığı mülkiyetin olmadığı bir ütopya" (1995[55], s. 9) olarak tasvir edilmektedir. Başka bir yazıda ise "Aleviliğin yasası kurulduğu zaman sınırlara falan gerek kalmayacağı, pasaporta ihtiyaç olmayacağı" vurgulanmaktadır (1991[7], s. 14).

Dergi çevresi, Alevilerin tarihsel, sınıfsal ve diyalektik bir zorunluluk olarak sosyalist mücadele saflarında yer almaları gerektiğini defalarca yinelemektedir. Bu adeta bir zorunluluktur. "Bugün Aleviliğin yer alabileceği tek siyasi platform vardır, o da sol düşüncedir." (1998[67], s. 7)

Kavga ve *Kervan* dergisi döneminde hem sol çevreden hem de çeşitli Alevi örgütlerinden ağır eleştiriler almıştır. Bu eleştirilerin başında da Aleviliği istismar etmek, sosyalist harekete "adam kazandırmak" için Aleviliği araçsallaştırmaktır.

---

[9] Yürükoğlu, dergisi adına bu konuda kendilerine pay çıkartır, TKP'nin kuruluş yıldönümünde yaptığı konuşmada: "Aleviliği savunmaya başladığımız zaman Alevilikte bu canlanma yoktu. Devrimci hareket, 'dincilik, gericilik' dedi. Şimdi gerçekten Alevi toplumu ayaklanmış durumdadır. Ama böyle bir şey yoktu" ifadelerini kullanmaktadır (1992[20], s. 14). Başka bir konuşmasında da gayretleri neticesinde Alevilerin toparlanma sürecini geride bıraktıklarını dile getirmektedir: "Alevi toplumunda birlik süreci geneliyle bir çizgiye oturmuştur. Dergahın, Temsilciler Meclisi'nin ve İzzettin Doğan'ın belirli güçleri var. Bu ayrımlar kalkmaz, çünkü büyük oranda sınıfsal ayrımları temsil ediyor. Bunun ötesini ideolojik mücadele ve sınıf mücadelesi sağlar. Birinci aşama (birlik ve toparlanma aşaması) geneliyle kapanmıştır. Saflar netleşmiştir. Zaman kaybedersek dinciler güçlenecektir."(1995[48], s. 14).

Sosyalizmi Alevi türküleriyle bulduğunu söyleyen Yürükoğlu (1990, s. 9) bu eleştirilere şu şekilde yanıt verir:

Bu eleştiriye yanıtın iki yönü vardır. Birincisi, bizi ilgilendiren yönü. Bizim hangi düşüncemiz, ya da önerimiz, ya da pratik tutumuzu bu eleştiriyi hakkeder, göstersinler... Alevi toplumu içinde, aydınların, ilericilerin, büyük çoğunluğu dedeliğe gericileşmiş bir kurum olarak bakarken, onları sonuna dek savunan bizdik. Herkes şu ya da bu dernekle birlik sağlama gibi çok 'modern' hayaller peşinde koşarken, 'birlik Hacı Bektaş evlatları çevresinde olur' diyen biziz. Kimileri, Alevi tarihini, sanatını, müziğini küçümseyen Aziz Nesin'i 'günümüzün Pir Sultanı' olarak ilan ederken, bu küçümsenen değerlere var gücümüzle sahip çıkan biziz. Nerede 'siyasal çıkarlara etme? (1994[42], s. 12).

Sonuç

Kavga / Kervan dergisi, TKP'nin Londra'daki muhalif kanadı tarafından R.Yürükoğlu müstear ismiyle bilinen Nihat Akseymen önderliğinde Mart 1991 - Aralık 1998 tarihleri arasında yayımlanmıştır. Türkiye'de ve yurtdışında Alevi örgütlenmesinde yoğunlaşma görülen bir dönemde yayın hayatını sürdüren dergi, Alevileri sosyalist düşünceyle bütünleştirme çabası içerisinde olmuştur. Dergi bu amaçla, Aleviliğin tarihini ortaya koymaya ve bu tarihteki devrimci karakterini açığa çıkarmaya çalışmıştır.

Kavga / Kervan çevresi Alevilerin yurtdışındaki örgütlenmelerinde -özellikle Londra özelinde- etkili olmuş, dönemi içerisinde Alevi örgütlenmesinde söz sahibi olmuştur.

Kavga ve *Kervan* dergileri yayınlandığı dönemde Alevi ve sol çevreler üzerinde etkiler bırakmış, zaman zaman da yoğun eleştirilere maruz kalmıştır. Özellikle Gazi olaylarının ardından derginin tutumunu daha da sertleştirmesi, "Türkiye'de devrimci durum yoktur, karşı devrim vardır" çizgisinden "devrimci durum vardır" söylemine yönelmesi derginin radikalleşmesine yol açmıştır. Bu radikalleşme ise derginin sayılarının sürekli toplatılmasına, yazarlarının para ve hapis cezaları almasına neden olmuştur. Böylece dergi 1990'ların başında kazandığı ivmeyi yayın hayatının sonuna doğru kaybetmiş, siyasî baskılar ve Yürükoğlu'nun sağlık durumunun kötüye gitmesi nedeniyle kapanmak zorunda kalmıştır. *Kavga / Kervan* dergisi yayınladığı süre boyunca Alevi hareketinde ve sol harekette önemli izler bırakmıştır.

Kaynakça

Ata, K. (2015). Bir Alevi Mahallesinin Siyasallıktan Dinselliğe Tarihsel Seyri: Sivas Ali Baba Mahallesi, *Birikim Dergisi*, 309-310, s.126-136.

Babalık, N. (2003). Türkiye Komünist Partisinin Sönümlenmesi, Sözlü Tarih Araştırması, Cilt 3, Ankara Üniversitesi, Sosyal Bilimler Enstitüsü, Yönetim ve Siyaset Anabilim Dalı Basılmamış Tez.

Bilecen, T. (2016). Political Participation in Alevi Diaspora in the UK, Border Crossing, 6(2), 372-384.

Bora, T. (2017). *Cereyanlar*, İstanbul: İletişim.

Brubaker, R. (2005). " The 'diaspora' diaspora", *Ethnic and Racial Studies*, 28(1), s.1-19.

Cohen, R. (2008). Global Diasporas, An Introduction, London: UCL Press.

Coşan E.D. (2015). Almanya'daki Alevi Örgütlenmesi ve Kazanımları, *Birikim Dergisi*, 309-310, s.92-98.

Ertan, M. (2015). Örtük Politikleşmeden Kimlik Siyasetine: Aleviliğin Politikleşmesi ve Sosyalist Sol, *Birikim Dergisi*, 309-310, s.43-64.

Griffiths, D. (1999). *Somali and Kurdish Refugees In London, Diaspora, Identity and Power*, University of Warwick, Department of Sociology PhD thesis.

Gül, Z. (1999). *Dernekten Partiye Avrupa Alevi Örgütlenmesi*, Ankara: İtalik.

Massicard, E. (2013). *Türkiye'den Avrupa'ya Alevi Hareketinin Siyasallaşması*, İstanbul: İletişim Yayınları.

Safran, W. (1991). Diasporas in Modern Societies: Myths of Homeland and Return, A *Journal of Transnational Studies*, 1(1), 83-99.

Yürükoğlu, R. (1990). *Okunacak En Büyük Kitap İnsandır, Tarihte ve Günümüzde Alevilik*, İstanbul: Alev Yayınları.

Zorlu, M. (2015). AKP Hükümeti'nin Alevi Politikası Odağındaki Dersim'de Cami ve Cemevi Girişimi, *Birikim Dergisi*, 309-310, s.148-156.

Kavga ve Kervan Dergileri:

Alevilik Üstüne Karar, *Kervan*, Sayı: 48, s. 14.

Baba, D.D. (1993). Yolun Gerçek Talibi İsek Cemevimizi Kuralım, *Kervan*, Sayı: 24, s. 17-19.

Kavga, Sayı: 10, Gökte Ancak Yıldızlar Vardır, Aralık 1991, s.18-19.

Kervan, Sayı: 67, Mayıs 1998, s. 21.

Kervan, Sayı: 29, Nurhaklı İçin En Büyük Varlık İnsandır Ağustos 1993, s. 28-29.

Gazioğlu, Ü. (1994). Şiilik Aleviliğe Düşman, *Kervan*, Sayı: 44, s. 19.

Güven, S.R. (1995). Gazi Katliamına Halkın Gücü Karşı Geldi, *Kervan*, Sayı: 47, s. 2.

Kaygusuz, İ. (1995). Aleviliğin 'Ütopya''sı: Rıza Kenti'nde Canı Cana Malı Mala Katmak, *Kervan*, Sayı: 55, s. 8-9.

Metin, İ. (1998). Alevilik ve Sol Bağlamı Üzerine, *Kervan*, Sayı: 67, s. 7.

Pehlivan, B. (1993). Kürecikli Hüseyin ve Alevilik, *Kervan*, Sayı: 26, s. 17.

Yıldırım, A. (1993). 2 Temmuz Sivas: Planlı Programlı Katliam, *Kervan*, Sayı: 31, s. 14-15.

Yıldırım, A. (1993). Sivas'ın Öğrettikleri, *Kervan*, Sayı: 30, s. 14-15.

Yürükoğlu, R. (1991). Alevilik, Ezgiyle Halk Eğitimidir, *Kavga*, Sayı: 7, s. 12-14.

Yürükoğlu, R. (1991). Günümüzde Dedelik Modernleşme Dayatıyor, *Kavga*, Sayı: 4, s. 20.

Yürükoğlu, R. (1992). Yol Düşkünlerinin Başa Geçtiği Katar Yürümez, *Kavga*, Sayı: 11, , s. I-XII.

Yürükoğlu, R. (1992). Doğruya Doğru Dedik, Gerçeğe Marksizm Dedik, *Kavga*, Sayı: 20, s. 11-14.

Yürükoğlu, R. (1992). Alevi Toplumunun Derleniş Yolları, *Kervan*, Sayı: 21, s. 12-13.

Yürükoğlu, R. (1993). Alevi-Bektaşi Yolunun Canı Dergahtır, *Kervan*, Sayı: 23, s.12-13.

Yürükoğlu, R. (1994). Alevilik İslamın İçindedir", *Kervan*, Sayı: 44, s. 4-6.

Yürükoğlu, R. (1994). Alevi Toplumunu Uyarmak Görevimizdir, *Kervan*, Sayı: 42, s. 12-13.

Yürükoğlu, R. (1995). Rıza Yürükoğlu'yla Söyleşi, *Kervan*, Sayı: 53, s. 4-7.

Yürükoğlu, R. (1997). İnanılmaz Küba, *Kervan*, Sayı: 65, s. 12-13.

Bölüm 34. Ebedi Göçer: Medea

Yıldız Aydın[1], Özlem Agvan[2]

Göç, tek yönlü bir yolculuktur. Geri dönülecek bir „yuva" yoktur.

Stuart Hall

Giriş

Bireyin en temel fizyolojik ihtiyaçlarından sonra ruh sağlığı için vazgeçilmezlerden biri aidiyet hissidir. İnsan sosyal bir varlıktır ve belli bir çevreye ait olduğunu hissetmek ister; bir aileye, bir dine, bir kültüre ya da arkadaşlarına. Göçmenin aidiyet hissi sabit değildir, sallanma halindedir, bu bir arada kalıştır. İçinde var olduğu düzeni terk edip, bilmediğine alışmak durumunda kalır göçmen. Göçlerin, sürgünlerin ve sığınmaların ortak noktası ayrılmadır. Maddi ya da toplumsal yaşam koşullarını iyileştirebilmek adına evinden ayrılıp başka bir ülkeye veya bölgeye yerleşen kişi dilimizde göçmen olarak adlandırılır. Sürgünde bu ayrılık isteğe bağlı ya da istek dışı olabilir; kişinin ya toplumsal, ekinsel veya siyasi koşulların baskısıyla kendi ekininden isteği ile ayrılması; ya da devlet eliyle bireyin düzeninden koparılmasıdır. Sığınmacı ise ülkesini terk ederek, başka bir ülkeye sığınma talebinde bulunan kişidir. Bu üç ulamlı devinim geçmişten günümüze, pek çok yazar tarafından kaleme alınmış öğelerdir. Olumlu ve olumsuz yanlarıyla çok boyutlu olarak irdelenen göç, sürgün ve sığınma izleklerini ele alan oyunlaştırılmış söylenceler arasında Medea, ilk olarak M.Ö. 431 yılında Euripides sayesinde dünya yazınına kazandırılmış ve pek çok kez farklı yazar, sanatçı ve rejisörler tarafından ekinsel ve ulusal öğelerle yeniden yorumlanmıştır. Mircea Eliade'ya göre arkaik edebi tekerrür mitosunun anlamı ancak modern çağların döngüsel kuramlarında vargılarına erişmektedir. Bu bağlamda; Medea söylencesi farklı çağlardaki tekrar tekrar ele alınarak güncelliğini korumuş ve ele alındığı dönemlerin ekinsel geçekliği ile yeniden can bulmuştur. Latacz *Antik Yunan Tragedyaları* adlı incelemesinde Medea çalışmalarından bazılarını şöyle sıralamıştır:

> "M.Ö. yüzyıldan Rodos'lu Apollonios'un Argonaut'lar egosuna değinebiliriz; Vergilius'un Aeneis'indeki Euripides'in Medea'sından pek çok izler taşıyan Dido figürüne gönderme yapabiliriz, Grillparzer'in (1822) ve Anouih'in Medea dramlarını, Marie Luise Kaschnitz'in Medea öyküsüne (İason'un Son Gecesi, 1957), Delacroix gibi ressamların sayısız Medea resimlerini ve çeşitli Medea operalarını anımsatabiliriz." (Latacz, 2006, s. 266)

Bunların dışında Pierre Corneille ve Jean Anouilh'in *Medee*, Heiner Müller'in *The Medea*, Christa Wolf'un *Medeia Sesler* ve John Gardnner'in *Jason and Medea* gibi yazınsal yapıtlar da mevcuttur. Pier Paolo Pasolini, Nacy Jovack, Lars von Trier ve Tonino De Bernardi gibi yönetmenler de filmlerinde Medea'yı konu etmişlerdir. Türkiye'ye baktığımızda Güngör Dilmen'in *Kurban*, Yüksek Pazarkaya'nın *Mediha*, Tarık Günersel'in *Altın Post*, Kemal Kocatürk'ün *Medea* ve Munis Faik Ozansoy'un *Medea* yapıtları karşımıza çıkar. Euripides'in Medea ağlatısı sadece yazında değil, aynı zamanda resim ve müzik gibi diğer dallarda da bir kalıp olarak sıkça kullanılmıştır. Francesco Cavalli'nin *Giasone* operası, Marc-Antoine Charpentier'ın *Médée* müzikali, Samuel Barber'in *Medea* ve Luigi Cherubini'nin *Medea* operaları ile Victor Mottez,

[1] Yıldız Aydın, Yardımcı Doçent Doktor, Namık Kemal Üniversitesi, Fen - Edebiyat Fakültesi, Alman Dili ve Edebiyatı Bölümü, Tekirdağ, Türkiye. E-mail: yaydin@nku.edu.tr
[2] Özlem Agvan, Okutman, İstanbul Aydın Üniversitesi, Yabancı Diller Yüksekokulu, İstanbul, Türkiye. E-mail: ozlemagvan@aydin.edu.tr

371

Waterhouse, T.H. Robinson, Nancy Klagmann, La Clarion gibi ressamların eserleri Euripides'in yapıtından etkilenmişlerdir; her biri kendi bakış açılarıyla Medea'yı yeniden ele almış ve yeniden yorumlayarak göçer kadın Medea'nın güncelliğinin korumasında katkıda bulunmuşlardır. Böylece hiçbir dönemde güncelliğini yitirmemiş olan bu ağlatı, yabancı ve öteki olan kadın sorunsalı üzerinden üç ulamlı göçer izleğini yoğun olarak işleyen eser olarak karşımıza çıkmaktadır.

Bu çalışmanın amacı vatansız, yabancı ve vahşi bir kadın kahramanı anlatan ve ilk defa Euripides tarafından dünya yazınına kazandırılan *Medea* ağlatısından hareketle; Hans Henny Jahnn'ın *Medea*, John Robinson Jeffers'ın *Medea* ve Yüksel Pazarkaya'nın *Mediha* adlı yapıtlarını göçer izleği açısından karşılaştırmalı olarak incelenmesidir. Karşılaştırılacak eserler seçilirken, eserlerin farklı dönemlerde üretilmiş olmalarına ve yazılmış olduğu toplumun göçer sorunsalını ele almasına dikkat edilmiştir. Ele alınan yapıtlarda, çalışmanın amacına uygun olarak göç, sürgün ve sığınma izlekleri analiz edilecek ve bu yapıtların, ilham aldıkları Euripides'in *Medea* tragedyasına benzerlikleri ve farklılıkları ortaya çıkarılacaktır. İncelemeye geçmeden önce Euripides'in M.Ö. 431 yılında sahnelenen *Medea* ağlatısını ve yapmış olduğu yenilikleri genel hatlarıyla ele almak ve Antik Yunan toplumunda göçmenlerin konumu hakkında bilgi vermek yerinde olacaktır.

1. Euripides ve Medea

Üç büyük antik ağlatı ozanlarından biri olan Euripides'in, ele aldığı izlekler ve bunları ele alış biçimi dikkate alındığında çağdaşlarından belirli noktalarda ayrıldığı görülmektedir. Yaşadığı dönemde belirli öğeleri idealize edilmiş kişilerin öne çıkarıldığı ağlatılar kaleme alınırken, Euripides yazmış olduğu söylencelerin izleklerini söylencelerden seçerken, canlandırdığı kişileri gündelik hayatında gözlemlediği insanlardan almıştır. Euripides'in dönemin önde gelen ozanları arasında olduğunu Nietzsche *Tragedyanın Doğuşu* adlı eserinde, Bachofen ise Dionysosçu ve Apolloncu terimlerini istencin iki türü yani yaratıcı ve düşünsel olarak ele aldığını ve bunların Euripides zamanından önce Yunan tragedyasında bir bütün olarak kaynaştırdığını belirtmiştir. Euripides toplumda ilgi merkezi olan erkeğin yerine, o güne kadar değerli olarak görülmeyen kadını başkahramanı rolüne yerleştirerek, dönemin yazarlarından farklı bir tutum sergilemiştir. Yazar, bu başkişi için doğudan batıya gelin gelen bir yabancıyı seçerek, kadının toplum içindeki ötekileştirilmesini bir kez daha kuvvetlendirmiştir. Antik Yunan yapıtlarına baktığımızda kadın-erkek, yurttaş-yabancı, ben-öteki, uygar-barbar gibi birbirlerine karşı yerleştirilen kavramların ele alınması ve bu karşıtlar ortaya konulurken kadın karakterinin kullanılması Euripides ile başlar. Atina toplumundaki öteki olgusunu Schapper şöyle anlatır:

> "Öteki'nin, esas olarak farklı ve aşağı kabul edilmesi, kâh genel olarak Yunan kültürünün (Barbarlar) ya da sitenin (metoikos ve yabancılar) dışında olmasına, kâh başka bir yapı taşımasına (kadınlar ve köleler) dayanıyordu. Ötekilerin algılanmasını ve onlarla ilişkilerin nasıl kurulacağını düzenleyen pek çok karşıtlık vardı: yerli ve yabancı, Yunanlı ve Barbar, yurttaş olan ve olmayan, özgür insan ve köle, erkek ve kadın... Atina'da eşitlik tutkusu, siyasal topluluk olarak örgütlenmiş yurttaşlardan oluşan dar çember içinde ifade edilebiliyordu... Barbarlar, metoikoslar, kadınlar ve köleler, toplumun ve dünyanın farklı görüşle algılanması kapsamındaydı; ortak benliğin üstünlüğü şöyle meşruluk kazanıyordu: Benliğin kültürüne ve siyasetine asimile olan Yunan kültürünün ve siyasetinin, yapı olarak geri sayılan diğer kültürlerden ve siyasetlerden farklı olması... Karşıtlıkların

dayandığı ilke hem siyasal hem de kültürel nitelikteydi. "Dünyanın göbeği" Delphoi'deydi, kalan kısmı da merkezden giderek uzaklaşan eş merkezli daireler içinde yer alıyordu. En dış çemberi oluşturan Barbarlar aşağı insanlardı." (Schnapper, 2005, s. 36-37)

Euripides'in Medea söylencesini daha iyi anlayabilmek için öncellikle İason'un mitosuna göz atmak yararlı olacaktır. İason, Yunan mitolojisinde altın postu arayan Argonotların önderidir. Argo adlı gemisi ile İason ve Argonotlar oldukça uzun ve tehlikeli bir yolculuğun ardından Kolkis'e varırlar. Medea Kolkis Kralı'nın büyücülük özelliklerine sahip kızıdır, İason'u görür görmez âşık olur. Medea'nın babası Kral Aietes altın postu isteyen İason'a zor bir görev verir, eğer bunu başarırsa altın postu ona vermeyi vaat eder. Bu görevleri Medea'nın yardımı olmadan başaramayacağını anlayan İason, Medea'dan kendisine yardım etmesini ister ve bunun karşılığında onunla evleneceğine söz verir. Medea ailesine ve vatanına ihanet etmek pahasına İason'a yardım eder ve bunun için büyücülük meziyetlerini kullanmaktan çekinmez. Medea'nın yardımıyla altın postu alan İason, Medea ile birlikte Argo gemisiyle yola çıkar. Durumu öğrenen Kral Aietes onları takip eder. Fakat bunu önceden tahmin eden Medea, erkek kardeşi Apsyrtos'u yanında getirmiştir. Babasını geciktirmek için kardeşini parçalar ve parçalarını denize atar. Oğlunun parçalarını toplamakla meşgul olan baba Medea'yı elinden kaçırır. Medea ve İason altın postla birlikte Iolkos'a varırlar. Fakat Pelias sözünde durmaz ve tahtı iade etmez. Bunun üzerine Medea, Pelias'ın kızlarını oyuna getirip babalarını öldürmelerine sebep olur; yaşlı babaları için üzülen kızlara babalarını gençleştirebileceğini söyler. Kızlar ispat etmesini isteyince onlardan yaşlı bir koç getirmelerini ister. Bu koçu parçalayıp kazana atar, yaptığı büyülerle kazandan bir süt kuzusu çıkar. Bunu gören kızlar ikna olurlar ve babalarını parçalayıp kazana atıp gençleşmiş bir şekilde çıkmasını beklerler fakat babaları çoktan ölmüştür. Böylece, Medea ve İason ülkeden kovulurlar ve Korint'e yerleşirler. Çift Korint'te on yıl yaşar. Ülkesinden uzakta Medea'nın İason'dan iki oğlu olur. İason, Korint Kralı Kreon'a yakınlaşmak için ve siyasal güce sahip olmak için kralın kızı ile evlenmeyi planlar. Terkedilen Medea şifa gücünü bitkilerden ilaçlar yapmak yerine bu kez bir zehir için kullanır. Öç alma duygusuyla hareket eden Medea ölümcül zehirle hazırladığı elbiseyi kendi çocukları aracılığıyla yeni geline düğün hediyesi olarak gönderir. Gelinliği giyen kralın kızının bedeni zehirli elbisenin altında yanarak can verir, babası da kızına yardım ederken ölür. Çocukları ya Korintliler tarafından ya da Euripides'in anlatısındaki gibi Medea'nın kendisi tarafından öldürülür. İhanet ve terk edilmişlik içinde Medea, İason'un hayatını mahvederek öcünü almıştır, böylece Medea tekrar vatansız kalır ve göçer durumuna geçer. Korint'i terkeder ve Atina Kralı Aigeus'a sığınır.

2. Euripides'in *Medea* Yapıtında Göç, Sürgün ve Sığınma

Yıldız Aydın'ın belirttiği gibi Anadolu'dan gelen Medea'nın yazılı kaynaklara ilk kez çocuk katili olarak geçmesini M.Ö.431 yılında eserini ortaya koyan Yunanlı şair Euripides'e borçluyuz, çünkü ondan önceki yazılı kaynaklarda Medea çocuk katili olarak geçmemektedir. Euripides'in yapıtında yabancı/ öteki karakteri ile toplumun yabancıya bakış açısı önemli bir sorunsal olarak kurgulanmaktadır. Medea'nın ilk göç yolculuğu memleketi Kolkis'ten Korint'e gerçekleşir ve yeni düzende farklı etnik özellikleri nedeniyle barbar olarak tanımlanır. Yetiştiği anayanlı toplumda kadın olarak değer görürken, göçer olarak geldiği bu babayanlı düzende artık değersiz bir yabancıdır. Alev Gündüz, *Medea ya da Öteki* adlı çalışmasında Medea'nın cinsiyetinden ve etnik

373

özelliklerinden ötürü Korint'te barbar, vahşi ve öteki olarak nitelendirilmesini şöyle anlatır:

"Medeia, "güçlü, erkek", "ben" olan İason'un karşısında, "zayıf, kadın", "öteki" olarak durması gerektiği halde, hem kadın, hem yabancı, hem de barbar kelimesiyle neredeyse eşanlamlı haline gelen bir "vahşi" olarak, üzerinde bulundurduğu tüm özellikleriyle "ötelenirken", Argo seferinde uygar batılı özneye yardım etmekle de kalmayıp, biçilen kahramanlık sıfatını, esasında yapıp etmeleriyle üzerinde taşımaktadır. Korint'li olmadığı için yabancı; öteki, farklı kültürü temsil ettiği için "barbar", kadınlığı ile "ötelenen", yabancı bir kadın olmasıyla, toplumca; "ötekileştirilen"dir." (Gündüz, 2010, s. 7)

Dönemin toplumsal normları gereğince "onlardan olmayan", "yabancı" ya da "göçmen" olarak alımlanan Medea'nın baba evini terk etme pişmanlığı koro ile yaptığı konuşmalarda açıkça görülmektedir.

"Sadece bazen, bembeyaz boynunu çevirerek, kendisini böylesine küçük düşüren bir erkekle buralara gelmek için ihanet ettiği sevgili babası, memleketi ve yuvası için ağlayıp dövünüyor. Zavallı kadın, yaşadığı bu yıkımla, atalarının toprağını terk etmenin ne anlama geldiğini öğrenmiş bulunuyor. Nefret ediyor çocuklarından, görmek istemiyor bile" (Euripides, 2010, s. 2)

Hubert Ortkemper'in belirttiği gibi antik Yunan halkı yurttaşlar, yerleşik yabancılar ve köleler olmak üzere üç ayrı toplumsal sınıftan oluşuyordu. Pers Savaşları zaferi sonrasında Yunan toplumunda ulusal üstünlük akımları başlamış; insanlar arasındaki asil-avam, özgür-köle, vatandaş-metoikos, kadın-erkek ayrımının yanı sıra Helen-barbar ayrımı ve de eşitsizliği de eklenmiştir. Yasal ve siyasi özgürlük yurttaş kesimine aitti. Metoikos adı verilen yerleşik yabancılar, köle sınıfına göre daha iyi konumda olsalar da siyasal haklardan yoksunlardı. Perikles'in çıkarmış olduğu yasaya göre; doğan çocuğun Atinalı sayılabilmesi için, ebeveynlerinden her ikisinin de özgür yurttaş olması gerekiyordu. Oysaki Perikles'in yasasına kadar, çocuğun sadece babasının Atinalı olması onun özgür yurttaş sayılması için yeterliydi. Bu yasadan da anlaşılacağı üzere, toplum yabancılarla evlenmeyi onaylamıyordu. Ayrıca bu yüzyılda Atina'da çok sayıda göçmen barınmaktaydı; göçmenler her ne kadar ticaretle uğraşabilme hakkına sahip olsalar da, hiçbir siyasi hakları yoktu, mahkemelerde kendilerini savunamazlardı. Bu yüzden, kendilerini temsil etmesi için özgür birini bulmak zorunluluğunu duyuyorlardı. Özgür bir yurttaş konumunda olamıyorlardı. Örneğin, Sema Sandalcı'nın ileri sürdüğü gibi göçmen bir aileden gelen ünlü hatip Lysias'ın Atina'ya sunduğu önemli görevlere karşın, yurttaş olmadığı bilinir.

Medea da Kolkis'ten Korint'e gelen bir göçmendi ve bu nedenle Antik Yunan yasalarına göre iki oğlu da özgür yurttaş sayılmamıştır. İason, Medea'ya etmiş olduğu ihaneti, aslında çocuklarını özgür yurttaş statüsüne taşıma amacıyla olduğunu öne sürmüştür. Bu bağlamda Medea göçmen kimliği ile itibarsızlaştırılmıştır. Sınıfsal düzenin hâkim olduğu bu toplumda Medea gibi göçmenlerden olan çocukların toplumda siyasi hiçbir güçleri olmadığından, İason bir Yunanlı erkek olarak kralın kızıyla evlenmeyi kendisi, sahip olduğu çocukları ve kralın kızından doğacak yeni çocukları için büyük bir kısmet olarak görür; Medea'yı da bu yolla ikna etme çabasına girer:

"Soylu düğünüme gelince, bu konuda bilgece, basiretli, sana ve çocuklarıma en yararlı olacak şekilde davrandığımı kanıtlayacağım, yeter ki sakin dur! Sırtımda bunca çare bulunmaz felaket taşıyarak İolkos'tan buralara geldiğimde, kralın kızıyla evlenmekten büyük bir kısmet çıkabilir miydi benim gibi bir sürgüne? Kafana taktığın gibi, ne seninle yatmaktan sıkıldım, ne başka bir kadını arzuladım, ne de daha fazla çocuk yapmaya heveslendim. Fazlasıyla yetiyor bana iki oğlum, şikâyetim yok. Birinci amacım, bolluk içinde rahat bir hayat yaşatmaktı ailemize. Yoksulları dostlarının bile dışladığını iyi bilirim. Çocuklarımı ailemin şanına uygun yetiştirmek, onlara yeni kardeşler vermek, hiçbirini diğerlerinden ayırmadan kucaklamak, soyumu bir arada tutarak mutlu bir hayat yaşamak istiyordum. Senin başka çocuklara ihtiyacın yok, ama ben yenilerini şimdiden, sahip olduklarıma yararlı olsunlar diye istiyorum! Yanlış mı düşüncem?" (Euripides, 2010, s. 21)

Yabancı, göçmen, öteki ve kadın etiketlerinden dolayı göç etmiş olduğu yerde aidiyet hissi geliştiremeyen Medea, kocası tarafından da ihanete uğramış ve aşağılanmıştır. Hem göçmen hem kadın olmasından dolayı toplumda sessiz kalması beklenen Medea, kral Kreon tarafından bastırılabilmek için sürgüne gönderilmiştir. Çünkü Medea, bilinmez topraklardan gelen bir yabancı ve doğaüstü güçlere sahip korkulması gereken bir kadındır. Kral'ın Medea'yı sürgüne yollamasının sebebini, Hartsock şu şekilde açıklamaktadır: Eski Atina'nın erkek yurttaşları kendilerini tehdit eden mitsel kadınsı güçlere karşı sürekli korunma zorunluluğu hissederler. Farklı ve ayrıksı yaşam biçimi bizi tehdit eden kişidir, bu nedenle de kral, kızının mutluluğunun bozulmaması ve toplumun içindeki sınıfsal düzenin devamlılığı adına Medea'yı çocuklarıyla birlikte sürgüne yollamıştır. Ailesine ihanet ederek baba evini terk edip eşinin vatanına gelen Medea, yeniden vatansız kalmıştır. Kral tarafından sürgüne yollanan eşinin yanına gelen İason'un Medea'ya söylediklerine baktığımızda sürgünün zorluğu ortadadır:

"Burası ülken olabilir, evinde kalabilirdin kabul etseydin eğer güçlülerin kararlarını. Düşüncesizce söylediklerin yüzünden sürgün edileceksin. İason kocaların en kötüsüdür de dilediğin kadar, umurumda değil. Ama kralın ailesine dair söylediklerinden sonra, sadece sürgünle kurtulduğuna şükretmelisin. Onları yatıştırmak, burada kalmanı sağlamak için elimden geleni yaptım, ama sen saçmalamayı sürdürerek ağzına geleni söyledin. İşte bu yüzdendir sürgün edilmen. Yine de geldim yanına, içime sinmiyor dostlarımı ortada bırakmak. Seni düşünüyorum kadın, çocuklarla sürgünde yokluk çekmeni, beş parasız kalmanı istemiyorum. Sürgün bir sürü zorluk getirir beraberinde." (Euripides, 2010, s. 18)

Burada bahsi geçen sürgünlük, egemenlerin egemenliklerine karşı duruşunun sonucunda Medea'nın yaşam alanından koparılması, özgürlüğünü elinden alarak onu yok etme hareketidir. İason ile arasında geçen konuşma esnasında dikkat çeken nokta; çocukları ile birlikte sürgün edilmiş kadının sürgünlüğünün daha ağır olacağının betimlenmesidir. Bu noktada tragedyanın en kilit noktası başlar, Medea kendisine dayatılan ataerkil düzene karşı durmak adına, Yunan toplumunda kadına biçilen yegâne değer anneliği hiçe sayarak, çocuklarını bir göçer kadın olarak kendi elleriyle öldürmüş; bu düzenin devamlılığına karşı çıkmış ve vatansız kalma pahasına da olsa intikamını almıştır. Euripides seçmiş olduğu bu karakter ile dönemin toplumsal ve cinsiyetçi düşünce yapısına ayna tutmuş olduğunu şu cümleler ile görmek mümkündür:

"Hiçbir Yunan kadını cüret edemezdi böyle bir vahşete, ama ben onları elimin tersiyle iterek bu nefret ve kıyımlarla dolu ilişkiyi yeğledim." (Euripides, 2010, s. 50)

Medea'nın, intikam almak için işlediği cinayetin sebebini bile onun Yunan kadını olmamasına bağlamasıyla Euripides, çağdaşı olan diğer yazarlarından farklı olarak hem kadına güçlü bir karakter biçmiş hem de seçtiği karakterin Yunanlı olmamasından dolayı yaşananları iletmesiyle o dönemin ekinsel özelliklerini ortaya koymuştur. Euripides'in mitteki yaptığı değişikliklerden biri de sığınma izleğine yer vermesi; Kreon tarafından Korint'ten sürgün edilen Medea'nın Atina'ya sığınmasıdır.

"Acı bana, kaderin tokadını yiyen ben bahtsıza ve izin verme tek başıma sürgün edilmeme. Ülkene kabul et beni, buyur et evine. Dilerim tanrıların yardımıyla çocuk özlemin giderir, mutlu olursun." (Euripides, 2010, s. 28)

"Beni ülkenden kovmayacağına ve sağ olduğun süre boyunca düşmanlarım beni kaçırmak istediklerinde onlara izin vermeyeceğine yemin et." (Euripides, 2010, s. 29)

İlk olarak memleketi Kolkis'ten kaçması ile başlayan göçü, İason'un ihanetinden sonra mitsel kadınsı yetilerinden korkulduğu ve Yunanlı olmadığı gerekçesiyle Korint kralı Kreon tarafından sürgüne uğraması ve son olarak iki oğlunu öldürdükten sonra sığınma talebinde bulunarak Atina'ya göç etmesi Medea söylencesinin yaşamı boyunca vatan edinme çabası içinde olan yabancı bir kadın karakterini önemli bir sorunsal olarak ilk kurgulayan Euripides'ten sonra her dönemde bir kalıp olarak yeniden işlenen Medea alımlamaları ile göç, sürgün ve sığınma sorunsalının güncelliğini koruduğunu görmek mümkündür. Euripides bu üç ulamlı devinimi işlerken kadın figürünü seçerek öteki olgusuna vurgusunu pekiştirmiştir.

Euripides'in Medea söylencesinden esinlenilerek yazılan birçok yapıt Medea'yı ebedi göçer karakterinin devamlılığı olarak ele almış olan Hans Henny Jahnn, John Robinson Jeffers ve Yüksel Pazarkaya'nın metinleri ele alınacak ve Euripides'in işlemiş olduğu göç, sürgün ve sığınma izleklerinin eserlerdeki alımlama biçimleri analiz edilecektir.

3. Hans Henny Jahnn'ın *Medea* Eserinde Göç, Sürgün ve Sığınma

Medea mitosunu kendi ekinsel gerçeklikleri ile ele alan örneklerden Alman yazınına baktığımızda Hans Henny Jahnn karşımıza çıkar. Jahnn 1925 yılında söylence ile aynı isimli bir tragedya yayımlamıştır. Euripides'in Medeasından etkilenerek yazıya geçen bu eser farklılıklar da barındırmaktadır. Göçer kadın bu yapıtta karşımıza kara büyü yapma yeteneği olan bir siyahi olarak çıkmaktadır. Bu siyahi Medea'nın da göçer olması, Euripides'in söylencesindeki başkişiyle aynı şekilde Kolkis'ten Korint'e doğru olmuştur. İason ile kaçabilmek uğruna küçük kardeşini kurban etmiştir. Medea'nın büyü gücü sayesinde İason sonsuz gençlik formülüne sahipken, Medea bu büyüyü kendine uygulayamamaktadır. Euripides'in tragedyasından farklı olarak bu eserde Medea ve İason'un iki oğlu arasındaki diyaloglara geniş yer verilmiştir. Bu oğlanlardan büyük olanı güçlü bir fiziksel yapıya sahiptir, küçük olan ise fiziksel anormalliğe sahip olmasına karşın ondan daha zekidir. Büyük oğlu için Korint kralı Kreon'a, kızı hakkında görüşmeye giden İason, kıza âşık olur ve de onunla evlenmeye karar verir. Medea, Kreon'un siyahi bir kadından olma yarı siyahi bir yabancıya kızını vermeyeceğini zaten bilmektedir. Çünkü Kreon ona açık bir şekilde yabancılardan hoşlanmadığını belirtmiştir:

"Sie [die Söhne] fanden Asyl in meinem Land.
Das gibt zwar Pflichten ihnen gegen mich;
doch dass den Fremden ich verplichtet wär,
ist neu. Nennt Jason, Kolchrin, Nabenfrau dich
und seine Kinder Bastardknaben, [...]" (Jahnn, 1974, s. 492)

Medea göçmen olarak geldiği bu yeni ülkede, ten renginden ve farklı bir ulus kökenine sahip olduğundan dolayı hiçbir zaman yer edinememiştir. Hans Henny Jahnn, dönemin toplumsal düşünce yapısını yansıtmak adına Euripides'in bir yabancı kadın olarak seçmiş olduğu Medea figürünü, daha da genişleterek kendi eserinde siyahi bir kadın üzerinden kurgulamış ve de yapıtında yabancılara karşı beslenen duygulara yer vererek kendi yaşamış olduğu dönemin yabancıya karşı tutumunu gözler önüne sermiştir. Medea, Yunan olmadığı için barbarlar ve hatta hayvanlarla aynı statüye sahip görülmüştür. Kendi kocası tarafından bile yaşlı *zenci* olarak dışlanan Medea'nın sürgünü de sırf yabancı olmasından yaşanmıştır. Euripides'teki sürgün izleği ile aynı şekilde, Jahnn'ın eserinde de Yunan olmaması, siyahi olması ve büyü yeteneklerinden korkulması sebebiyle barbar olarak adlandırılmış Medea'nın ve çocuklarının Kreon tarafından sürülmesi ile ortaya çıkar; Kreon'a göre Medea'nın bir hayvandan farkı yoktur:

"Der Bote: [...] Mich sendet König Kreon ohne Gruß.
Nicht wünscht er dir Gesundheit, langes Leben.
Nichts Gutes wünscht er dir. Ausrichten soll
ich, dass verbannt du bist. Verlassen sollst
du diese Stadt Korinth, weil er befürchtet, daß
du Unheil sinnst, ihm Schaden tun,
bezaubern ihn, bedrängen und
beschimpfen könntest. (...) Ja, wärt ihr Tiere,
anstellen eine Jagd auf euch würd er.
Noch zweifelt er, ob dunkelfarbige Menschen
den Tieren gleichzusetzen sind.
Aus diesem Lande müsst ihr bis zum Abend.
Trifft man euch morgen hier, wird Kreon wissen,
daß Neger und Barbaren Tiere sind,
zu anderm nicht geschafften, als
daß man mit Pfeilen auf sie schieße
und sie erlege, niederschlage,
verbrenne wie die Schlangen." (Jahnn, 1974, s. 496)

Korint'ten sürgün edilen Medea, İason'a ihanetini ödetmek adına, oğullarını kendi elleriyle öldürüp, iki beyaz ata binerek çocuklarını gömeceği yere doğru uçar, tragedyanın böyle bir sonla bitmesi de Jahnn'ın Euripides'ten esinlendiğini göstermektedir. Göç, sürgün, yabancı, öteki gibi kavramları işlemek için Euripides'in Medea'sını kalıp olarak kullanan Jahnn sığınma izleğine yer vermemesine rağmen; göç ve sürgün sorunsalını yoğun olarak ele almasıyla toplumun yabancı ile ilişkisine ayna tutmuştur. *Medea* söylencesindeki Yunanlıların barbarlara karşı tutumunu, Jahnn yazmış olduğu dönemdeki Avrupa'nın beyaz olmayan ırklara karşı yaptığı ötekileştirme ile eşleştirip, dönemin Avrupa'sının sözde medeniyet algısını eleştirmiştir.

4. John Robinson Jeffers'ın *Medea* Eserinde Göç, Sürgün ve Sığınma

Euripides'in Medea karakterinden ilham alarak dünya yazınına kazandırılan Medea alımlamalarından biri de John Robinson Jeffers'a aittir. 1946 yılında yayımlanan bu yapıtın başkahramanı Euripides'teki gibi Kolkis'ten Korint'e göç eden, büyü yapma yeteneklerine sahip Medea'dır. Medea, vatanına ihanet etmek ve kardeşini öldürmek pahasına Jason ile Yunanistan'a, bilmediği bir ülkeye, gelmiş fakat burada Yunan olmayan/ barbar sıfatları ile anılan yabancı bir kadın olmuştur. Medea, Yunan ulusuna ait olmadığından çocuklarının geleceği ve de yeni sarı saçlı (Yunanlı) çocuklar edinebilmek adına Jason, Kreon'un kızıyla evlenmeye karar verir. Çünkü yasalara göre

Yunanlı olmayan ebeveynlerden doğan çocukların hiçbir siyasi ve yasal hakları yoktur. Aşkı uğruna yapmış olduğu göçün pişmanlığını yaşayan Medea'nın, bu ülkede sırf yabancı olmasından dolayı yaşadığı olumsuzluklar daha ilk sayfalardan itibaren anlatılmaktadır:

"Jason hat sich von ihr abgewandt – er nennt die alte Bindung
eine Paarung von Barbaren, keine Griechen- Ehe.
Verworfen hat sie und sich dem gelbhaarigen Kind des Kreon
anvermählt, der hinzulande herrscht. Er ist auf seinen Vorteil aus,
Vornehme Freunde und hohen Rang bei den Korinthern." (Jeffers,1946, s.349)
"Jetzt lernt sie, was es heisst, Ausländerin zu sein – verstossen, allein, verachtet."
(Jeffers,1946, s.350)

Jeffers, Medea söylencesini kendi döneminin ekinsel yapısı ile ele alıp, Euripides'e nazaran toplum içindeki ötekileştirme / ötekileştirilmeyi daha fazla ön plana çıkarmıştır. Jeffers'in eserindeki kadınlar Medea'nın yanındadır. Ona yapılan haksızlığı ve onun Yunan toplumu için sadece yabancı olmasından ötürü istenilmeyen olduğu söylemlerinde açıkça verilmiştir. Kadınların toplumdaki yerinin eleştirisi verilirken, Medea'nın hem kadın hem de Kolkisli olmasından dolayı burada barınamadığı, bir vatan edinemediği açıktır. Medea, yabancı topraklardan gelen bir barbardır; bitkileri tanıdığı ve iyileştirme gücünden yararlandığı için de bir cadıdır:

"ZWEITE FRAU Die Stadt, wo eine Frau, und sei es eine Fremde,
Unrecht erleidet durch den Stab der Macht,
Wird schlecht reagiert." (Jeffers,1946, s.360)

Jason ve Medea'ın arasında geçen konuşmalarda, Medea'nın ait olduğu topraklar barbarlık, cahillik ve batıl inanç ile nitelendirilirken; Jason kendi vatanını aklın toprakları olarak görmektedir. Buradan da anlaşılacağı üzere uğruna ailesine ihanet edip vatanını terk eden Medea vatansız kalmıştır, ırkı Yunan ırkına dayanmadığı için hem toplum hem de eşi tarafından aşağılanmış, hor görülmüştür. Kolkis'ten sonra da Korint'te de bir yer edinemeyen göçer Medea, Kral Kreon tarafından sürgün edilir:

"Da sagten sie, daß Kreon, der Herrscher über dieses Land,
Medea und die Kinder, die arglosen Buben hier, aus diesem Haus
Und aus Korinth vertreiben wolle, so durch die wilde Welt zu wandern,
Hilflos und ohne Heimat." (Jeffers,1946, s.351)

Jeffers de Euripides gibi sürgün izleğini Kreon'un Medea'yı bu topraklara ait olmamasından dolayı çocuklarını alıp gitmesini emretmesiyle vermiştir. Medea'nın ait olduğu bir toprak yoktur, yeryüzünde bir sürgün olmuştur artık: "Mein Exil, mein endloses Exil". (Jeffers,1946, s.354) Jeffers'in yapıtında, Euripides'ten farklı olarak gidecek bir yere sahip olmayan Kolkisli kadına yardım etmesi için Atina kralı Ageus'a başvurmasını kadınlar önermiştir. Bir toprağa aidiyetini yitirmiş Medea, Ageus'a onu ülkesine alıp, onun haklarını koruması için sığınma talebinde bulunmuştur. Kreon'un kendisine hazırlanmak için verdiği zamanda Jason'un ona sırf yabancı olduğu için yapmış olduğu ihanetin bedeli olarak iki çocuğunu öldüren Medea, Atina'ya doğru yola çıkar ve böylece Jeffers onun bitmeyen göçerliğini bir kez daha vurgular. Jeffers'ın da, Jahnn gibi Medea figürünü seçmesindeki en önemli nedenlerden biri kendi dönemindeki uygarlık anlayışını eleştirmek, ırkçılık vurgusu yapmaktır. Yazar; Euripides'ten aldığı kalıp ile göç, sürgün ve sığınma izleklerine kendi ulusal ögeleriyle yoğurarak Medea'nın güncelliğini korumuş ve her dönem önemini yitirmeyen bu üç ulamlı devinimin işlenmesi için Medea söylencesinin ne kadar uygun bir metin olduğunu bir kez daha kanıtlamıştır.

5. Yüksel Pazarkaya'nın *Mediha* Eserinde Göç, Sürgün ve Sığınma

Çalışmamızda Euripides'in yapıtıyla karşılaştıracağımız bir diğer metin de göçmen edebiyatı yazarlarından Yüksel Pazarkaya'nın kaleminden çıkmıştır. Yüksel Pazarkaya, M.Ö. 5 y.y.'da Euripides tarafından yazılan Medea karakterinden yola çıkarak 1992 yılında yazmış olduğu *Mediha* adlı yapıtı ile göçer sorunsalını yeniden ele almıştır. Pazarkaya, eserine başlarken Euripides'in Medea'sından alıntı ile giriş yapması ve de yer yer bu söylenceye atıfta bulunması *Mediha* oyununun söylenceden esinlenerek yazılmış olduğunu ortaya koymaktadır.[3]Euripides'in ağlatısında ele almış olduğu ebedi göçer kadın modelini Pazarkaya Mediha üzerinden farklı ekinsel ve ulusal öğeler ile işlemiştir. Yazarın Almanya'daki bir Türk kadını figürü aracılığıyla göçmenlik ve yabancılık sorunlarını anlatmak için Medea kalıbını kullanmış olması, Medea tragedyasının bireyin ötekileştirilmesinin ele alınması bakımından evrenselliğini bir kez daha kanıtlamıştır. Ciulli, *Mediha* eserinin yabancılık sorunsalı mitostan ilham alarak yazılmış olmasına dikkat çeker:

"Das Stück ist für mich eine sehr einleuchtende Bearbeitung von diesem alten Mythos, um ihn heute wieder lebendig zu machen. Es ist die Problematik eines Türken, der gezwungen ist, in der Bundesrepublik zu arbeiten, der eine Frau und Kinder in der Türkei hat... Die Situation zwischen Jason und Medea wird hier auf den Hintergrund eines sozialen Konflikts übertragen. Und ich glaube, das trifft genau... die Problematik, dass man sich von einer Kultur abnabeln muss, um in dieser Welt funktionieren zu können." (Ciulli, 1989, s. 9)

Bu yapıttaki başkişi iki çocuklu genç bir Türk kadını; Mediha'dır. Ailesi tarafından amcasının oğlu ile zorla evlendirilmeye kalkışılan Mediha'nın ilk devinimi, âşık olduğu Hasan ile Türkiye'nin bir köyünden büyükşehre doğru olmuştur.[4] Ailesini karşısına alarak evlendiği Hasan'ın kaçak göçmen işçi olarak Almanya'ya gitmesi üzerine, Mediha da Almanya'ya göç eder. Burada oturma izni almak adına bir Alman kadın (Claudia) ile düzmece evlilik yapmak isteyen Hasan, Mediha'yı boşanmaya ikna edemez. Göç etmiş olduğu bu yeni kültüre alışamayan yabancı kalan Mediha, eşi ve eşinin sevdiği kadın Claudia tarafından küçük görülmüştür. Bu hor görülmeyi kabul edemeyen Mediha, çocuklarını Hasan'dan uzak tutmak ister, bunun üzerine Hasan, Mediha'yı Almanya'dan sınır dışı ettirmekle tehdit eder. Çocukları ile bir kiliseye sığınan kadın, aklını kaybetmiştir ve eşini cezalandırmak adına çocuklarını öldürmüştür.

Eşinin yanında olmak adına vatanını bırakıp göç eden Mediha; gittiği yerde kendini o ekine tamamen yabancı hissetmiş ve kocası tarafından ihanete uğraması ile yaptığı göçten tıpkı Euripides'in Medea'sı gibi pişmanlık hissetmiştir:

"Kocam, çocuklarım benim erdemim. Ben bir kadınım. Batılsa, batıl olsun, yuvamı satmak istemeyişim. Neyim var benim bu dünyada? Bir yaşamım! Sevdiğim adam, bahçem; çocuklarım renkli çiçeklerim. Avrupa dediğin bu mu? Bahçemi elimden alan çiçeklerimi solduran? Gece uykularımı çalan. Eksik olsun böyle Avrupa böyle uygarlık. Eksik olsun işi de, aşı da parası da. Ben buraya ne diye geldim? Verin benim bahçemi, çiçeklerimi, geldiğim yere gideyim..." (Pazarkaya, 1992, s. 19)

---

[3] Medea söylencesine yapılan atıfları S.1, 3 ve 18'de görmek mümkündür.
[4] Yüksek Pazarkaya, eserinde köyün ya da şehrin ismini vermemiştir.

Mediha bu yeni kültüre alışamamış, aidiyet duygusu geliştirememiştir. Eşi tarafından ihanete uğramasını Medea söylencesine benzer bir paralellikle onun sırf yabancı olmasından; eşi, çocukları ve kendi geleceği adına yapılan bir hareket olarak özümsenmesi beklenir. Mediha da Medea gibi bu ötekileştirilmeyi kabullenmez. Mediha her ne kadar Medea karakteri gibi sürgün edilmese de, sürgün tehdidi ile karşı karşıya gelir.

"Hasan: (…) Çocukları namusunla verirsen, seni Almanya'dan attırmam… Ama iyilikle vermezsen, hem çocukları zorla alırım, hem de seni buradan sınırdışı ettiririm. Kâğıdı imzalayıp verdin, ayrılıp Claudia ile evlenir evlenmez, seni attıracağım buradan. Karım da olmayınca, bir gün bile kalamazsın burada."
(Pazarkaya, Mediha, 1992, s. 65)

Sürgün bir tehdittir, çünkü sürgündeki kişi sevilenden ayrılmanın acısını çeken mahkûmu temsil eder. Sürgün kelimesi dilimizde sürmek fiilinden türer ve "oturduğu, bulunduğu yerden, ülkeden ceza olarak başka bir yer veya ülkeye göndermek, nefyetmek" (Kurumu, 2005, s. 1831) anlamına gelir. Mediha'ya yapılan bu sürgün tehdidi, vatanından ayrılıp gelen ve gittiği yeni ülkede de bir yere sahip olamayıp dışlanan bir yabancı kadına yapılan ceza niteliğindedir. Sürgün, insanlık tarihinde ve edebiyatta eski çağlardan beri oldukça yaygın ve bilinen zorlu bir yazgıdır. Pazarkaya'nın, Mediha karakteri üzerinden verdiği sürgün izleğinde; sürgün edilen kişi için aile haklarından yoksun kalma, ülkesiz –vatansız- kalma korkusunu görebiliriz. Mediha; yaşadığı göç ve sonucunda yitirdiği aidiyet hissi ve de Alman kadını karşısında yabancı olarak tanımlanması üzerine yaşamını değiştirecek nitelikte bir sarsıntı yaşamış diyebiliriz.

Medea söylencesindeki göç, sürgün ve sığınma izleklerinin her birini başka boyutları ile kurgulandığı Mediha oyununda sığınma izleği karşımıza; Mediha'nın Hasan'dan çocuklarını kaçırmak için kiliseye sığınması ile çıkar. Çocuklarını Hasan'a vermek istemeyen, onları bu yaban elde bırakıp gitmek istemeyen ve de ailesine karşı çıkarak evlendiği için de baba evine de dönmeye cesaret edemeyen Mediha yaşadığı bu ihanetin bedelini ödetmek için sığınmış olduğu kilisede çocuklarını öldürür ve oyun biter. Yazıldığı günden bugüne kadar birçok esere ilham kaynağı olan *Medea*, Pazarkaya için kendi dönemindeki Türklerin Almanya'ya göçünü ve sonrasında yaşanan sorunları ele almak adına uygun bir kalıptır. Almanya'ya göç olgusu ve özellikle birinci kuşak Türklerin Almanya'da yaşamış olduğu ötekileştirilmeyi bir Türk kadını üzerinden göç, sürgün ve sığınma izleklerini barındırarak anlatan Pazarkaya, *Mediha* yapıtı ile söylencelerde edebi tekerrür olgusuna katkı koymuştur.

Sonuç

Akgül'ün ifade ettiği gibi söylencelerdeki ortak düşünceler, inanışlar, davranışlar onların işlevselliklerinin de ortaya çıkması için ağlatılarda hem konu deposu görevi görmüş hem de bu konu deposu olan bu öyküler, ağlatılarda siyasal ve ideolojik yapıyı oluşturmuştur. Bu yüzden ağlatılar; işlendikleri çağın düşünce tarzı ve algılayışı üzerinde etkili olmuşlardır. Euripides, göç, sürgün ve sığınma sorunsallarını işleyerek ebedi göçer Medea söylencesini yaratmıştır. Yarattığı bu figür ile dünya yazınında "ebedi göçer" olarak bilinen, yeryüzünde huzur bulamayan ve belli bir yere varma hedefi olmadan göç eden Ahasver'e yakınlık gösterir. Almanca kaynaklarda "der ewige Jude" diye geçen gezgin Yahudi Ahasver; Hıristiyan inancına göre, çarmıha giderken İsa'ya kötü davranmış ve bu yüzden sonsuza dek göçer olarak yaşamaya mahkûm edilmiştir. Fakat Euripides edebi göçerliliği bir erkek üzerinden değil, bir kadın üzerinden işlemiştir. Yaşadığı Antik Yunan toplumunun babayanlı erkek egemen düzeninin içinde ötelenen kadın figürü ile dönemin eleştirisini yaparak çağdaşlarından farklı bir adım atmıştır. Toplumda değer görmeyen kadın cinsinden seçmiş olduğu figür üzerinden, bir yabancının yaşadığı vatansızlığı konu eden yazar; göç, sürgün ve sığınma izleklerinin işlenmesi adına bir şablon teşkil etmektedir. Euripides'in bu yabancı ebedi göçer Medea öyküsü birçok yazar tarafından yapıtlarında konu etmiştir. Bu yazarlar kendi ekinsel ve ulusal ögelerini metne aktararak yeni yapıtlar ortaya çıkarmışlardır.

Bu çalışmada Euripides'ten esinlenerek Medea figürünü işleyen metinler seçilirken ayrı dönem ve biçimleri görebilmek amacıyla Alman yazınından Hans Henny Jahnn (1925), Amerikan yazınından John Robinson Jeffers (1946) ve göçmen yazınından Yüksel Pazarkaya'nın (1993) yapıtlarına yer verildi. Bu eserler incelendiğinde, Medea ağlatasında göç, sürgün ve sığınma kavramlarının işlendiği kurgunun; her dönemin gerçeklerini yansıtabilecek ebedi göçer izleğinin rehber niteliğindeki bir şablon olduğu görülmektedir. Ayrıca şu da anlaşılmaktadır ki; ilk defa Euripides tarafından yazıya geçirilmiş bir mitolojik figür olan Medea, günümüz dünyası dâhil her dönemde güncelliğini yitirmeyecek olan sorunsallardan biri olan göç ve göç ile gelen sürgün, sığınma, yabancı ve öteki kavramlarını vurgulamak adına eser üretenlere ilham veren etkili bir kahraman olmaya devam edeceği aşikârdır.

Kaynakça

Akgül, T. Y. (2014). Bir İdeoloji Taşıyıcısı Olarak Mit ve Tragedya. *YEDİ: SANAT, TASARIM VE BİLİM DERGİSİ*, 1-16.

Aydın, Y. (2010). Reflexionen über Entfremdungserscheinungen in Christa Wolfs Medea. Stimmen . Aachen: Von der Philosophischen Fakultät der Rheinisch-Westfälischen Technischen Hochschule Aachen .

Aydın, Y. (2005). *Medea'nın Büyü'sü: Çocuk Katili!?*. Varlık 2005/09- 1176. İstanbul

Bachofen, J. (1997). *Söylence, Din ve Anaerki*. (N. Şarman, Çev.) İstanbul: Pavel Yayınevi.

Ciulli, R. (1989). Interview mit Roberto Ciulli. *Dergi. Die Zeitschrift*, 9-10.

Eliade, M. (1994). *Edebi Dönüş Mitosu*. (Ü. Altuğ, Çev.) Ankara: İmge Kitapevi.

Euripides. (2010). *Medea*. (A. Çokona, Çev.) İstanbul: Türkiye İş Bankası Kültür Yayınları.

Euripides. (2011). *Medea*. Reclam Philipp Jun.,Ditzingen.

Gündüz, A. (2010, Şubat). Metinden Oyunculuğa Biçem Arayışları: "Medea ya da Öteki". Eskişehir.

Hederich, Benjamin(1967). *Gründliches mythologisches Lexikon*. Reprograph. Nachdr. d. Ausg. Leipzig, Gleditsch, 1770, Darmstadt.

Herman, J. L. (2007). *Travma ve İyileşme, -Şiddetin Sonuçları Ev İçi İstismardan Siyasi Teröre*. (T. Tosun, Çev.) İstanbul: Literatür.

Jahnn, H. H. (1974). *Werke und Tagebücher in sieben Bänden. Mit einer Einleitung von Hans Mayer* (Cilt 4). (T. F. Scheuffelen, Dü.) Hamburg: Hoffmann und Campe Verlag.

Jirikoswki-Winter, Karoline (2013). *Medea bin ich nun: Aktualität, Bedeutung und Darstellung der mythologischen Figur Medea in Kunst und Kultur an der Schwelle zum 21. Jahrhundert*. Wien. Universität Wien.

Kurumu, T. D. (2005). *Türkçe Sözlük*. Ankara: Türk dil Kurumu.

Latacz, J. (2006). *Antik Yunan Tragedları*. (Y. Onay, Çev.) İstanbul: Mitos-Boyut Yayınları.

Nancy, H. (1983). *Money, Sex and Power: Toward a Feminist Historical Materialism.* Boston: Northeastern University Press.

Ortkemper, H. (2001). *Medea in Athen. Die Uraufführung und ihre Zuschauer mit einer Neuübersetzung der "Medea" des Euripides.* Baden-Baden: Insel Verlag.

Robinson Jeffers, J. (1963). *Medea. Frei nach Euripides.* Aus dem Amerikanischen von Eva Hesse. In: *Medea. Euripides, Seneca, Corneille, Cherubini, Grillparzer, Jahnn, Anouilh, Jeffers, Braun.* Hg. v. Joachim Schondorff. Mit einem Vorwort von Karl Kerényi. München, Wien: Albert Langen, Georg Müller 1963 (= Theater der Jahrhunderte; Medea), S. 347–392.

Pazarkaya, Y. (1992). *Mediha.* Ankara: Türk Tarihi Kurumu Basımevi.

Sandalcı, S. (2016). Eski Yunan-Roma Yazımında Göç ve Göçmen: Günümüzle Bir Karşılaştırma. *International Symposium on Migration & Culture* (s. 465-475). Ankara: KIBATEK Yayınları.

Schnapper, D. (2005). *Sosyoloji Düşüncesinin Özünde Öteki ile İlişki.* (A. Sönmezay, Çev.) İstanbul: İstanbul Bilgi Üniversitesi Yayınları.

Bölüm 35. İşgal Yıllarında İstanbul'dan Ankara'ya Aydın Göçü

Yaşar Şenler[1]

Şahısların hayatında olduğu gibi milletlerin hayatında da iniş çıkışlar, güç ve zor günler ve bunun tam karşısında mutlu ve sevinçli günler vardır. Tarih bunun sayısız örnekleriyle doludur.

Türk tarihinin son iki yüz yılında yaşanan olaylar bu söylenenler açısından pek çok acı örneği barındırır. Modern dünyanın yaşadığı ilk büyük çılgınlık diyebileceğimiz Birinci Dünya Harbi, getirdiği sonuçlarla Osmanlı İmparatorluğu için bir yıkım olur. İstanbul başta olmak üzere vatan toprakları işgal edilir. Aydınlar ve özellikle bayrak adamlar tutuklanarak sürgüne gönderilir. Bu durum bir direnişin, özgürlük hareketinin başlatılmasını zorunlu kılar. Esaret altındaki İstanbul'dan Anadolu'ya geçen Mustafa Kemal, Samsun'dan başlamak üzere Amasya, Tokat, Erzincan, Sivas ve Erzurum gibi Anadolu şehirlerinde halkı özgürlük mücadelesi ideali doğrultusunda bilinçlendirir. Çeşitli şehirlerde birbirinden bağımsız ve habersiz kurulmuş olan küçük milli direnişleri ve milis hareketlerini organize ederek bir amaç doğrultusunda birleştirir.

İşgalcilerin elinde oyuncak olan İstanbul Hükümeti, Anadolu'da yeşeren bu uyanış ve direnişe yabancı kalır, hatta karşı tavır alır. Bu durumda yapılacak tek şey kalmıştır. O da Anadolu'nun bağrında, stratejik bir nokta olan Ankara'da, kurulacak genç Türk devletinin çekirdeğini oluşturacak yeni bir merkez, bir başkent vücuda getirmektir.

Mustafa Kemal'in çelik iradesinin bir eseri olarak ortaya çıkan ve modern bir yapıda inşa edilen bu şehir, Türk subayları ve aydınları için bir cazibe merkezi, özgürlüğün simgesi ve derhal katılarak vatanın kurtuluşu yolunda mücadeleye dâhil olunacak bir merkez olur.

Çeşitli illerdeki, özellikle İstanbul'daki subay ve aydınlar yavaş yavaş Ankara'ya geçerek milli mücadeleye katılırlar. Bu göç, bu yetişmiş insan ve aydın göçü, Türk tarihinin son acı safhasının kapatılması için adeta milli şuurun, hatta şuuraltının bir uyanışı, dirilişi ve şahlanışıdır. İstanbul'da Üsküdar'daki Özbekler Tekkesi'nden başlayan ve Ankara'da son bulan bu göç, bu aydın göçü, genç Cumhuriyet'i kuracak ve geliştirecek olan ilk kuşağı meydana getirir.

Bu bildiri, genelde bu göçü, özelde de bu aydınlardan biri olan Halide Edib'in Üsküdar'daki Özbekler Tekkesi'nden başlayarak Ankara'da sona eren meşakkatli yolculuğunu ele alacaktır.

İstanbul 16 Mart 1920'de İngiliz, Fransız ve İtalyan askerleri tarafından işgal edilir. İşgal kuvvetleri güç gösterisi şeklindeki tören ve yürüyüşlerle şehri işgal ederler. Onları p/ek çok gayr-i Müslim, Levantenler öve işbirlikçilerden oluşan bir kalabalık ellerinde yabancı bayraklarla ve gösterilerle karşılar. Bu vaziyet vatanına dinine ve milletine bağlı aydınlarda tepki ve büyük ıstırapların kaynağı olur. Türk Halkı üzüntüden gözyaşlarına boğulur.

İşgali ve Türk Milleti'nin geleceğini yok etme çabasına yönelik faaliyetleri protesto etmek ve engellemek amacıyla çeşitli yürüyüşler ve mitingler tertiplenir. Bunların en bilineni olan Sultanahmet Mitinginde söz alarak yaptığı etkili konuşmayla milli mücadele ve istiklal fikirlerini halkın bilincine yerleştirenlerden biri de Halide Edip

[1] Prof.Dr., Namık Kemal Üniversitesi, Fen-Edebiyat Fakültesi, Türk Dili ve Edebiyatı Bölümü, Değirmenaltı Kampüsü, Tekirdağ, e-mail:ysenler@nku.edu.tr.

olmuştur. Daha sonra Ankara'ya giderek Milli Mücadele'ye fiilen katılacak olan Halide Edip, *Türkün Ateşle İmtihanı* adlı İstiklal Savaşı hatıralarında, işgalden sonra azınlıkların menfi tavırlarını ve işgalci askerlerin davranışlarını bize şöyle anlatır:

"Eminönü'nden son tramvaya binerek ablamın evine gidecektim. Biletçi galiba azınlıklardandı. Sıraya bakmadan içeriye azınlıkları alıyor, Türk kadınlarını itiyordu. Vakit çok geçti. Sokak fenerinin altında duran ihtiyar kadınların yüzlerinde, bana acı gelen bir şey vardı. Ben tramvaydaydım. Kapıya giderek bir ihtiyar kadını içeriye çektim ve yerimi ona vermek istedim. Biletçi buna o kadar kızdı ki, bilet kutusuyla beni itti ve sövmeye başladı. Ben daha ağzımı açmaya vakit bulamadan, erkeklerin oturduğu taraftan perde açıldı ve kudretli bir ses öfkeyle bağırdı: «O kadına küfür etmeyi bırak, yoksa vuracağım.» Döndüm, baktım. Uzun boylu, şişman, orta yaşlı bir Türk Subayı idi. Eli pantolonunun cebindeydi. Orada da tabanca var mıydı, yok muydu bilmiyorum. Fakat bu kısa burunlu, büyük gözlü adamın yüzünü hiç unutmadım. Biletçi o kadar korkmuştu ki, polis çağırmaya bile cesaret edemedi."[2]

Halkının onun için hayatını ortaya koyan insanlara nasıl sahip çıktığını göstermesi bakımından ilginç bir hatıradır bu. Milli mücadele taraftarlarının maruz kaldıkları eza ve cefa bu kadarla kalmaz. Peşinden tutuklanmak, Malta'ya sürgüne gönderilmek gelir. Halide Edip de ilkinde serbest bırakılsa da pek çok defa tutuklanma tehlikesiyle karşı karşıya kalır.[3]

Bu durum birçok Türk aydını gibi onun da İstanbul'dan uzaklaşmasını, daha doğrusu Anadolu'ya geçerek Ankara'ya kaçmasını zaruri hale getirir. Önce evini satar ve parasıyla çocuklarını Robert College'e yatılı olarak yazdırır. Daha sonra Kemalettin Sami ile birlikte Anadolu'ya kaçma planı yaparlar. Halide Edip şöyle devam eder: "Şayet, ihtiyaç hâsıl olursa, ilk sığınılacak yer Sultantepe'de Özbekler tekkesiydi. Oraya kabul edilmek için de parola «Beni İsa yolladı» idi."[4]

Bu sıralarda İngilizlerin İstanbul hükûmetini devirerek Meclis'i kapatacakları haberi gelir. Eşi Dr. Adnan Adıvar'la beraber dostlarından Saip Bey'in konağında saklanarak geçirdikleri gecenin sabahında "İstanbul'un gece yarısından sonra saat ikide askeri işgal altına alındığını"[5] öğrenirler.

Herkes şaşkın bir durumdadır. Halide Edip hemen Anadolu'ya geçmez, işgalin şiddetinin dinmesini bekler ve beraber götürebileceği şahısları da haberdar ederek birlikte Üsküdar'a geçmek için fırsat kollar. Tutuklamaların devam ettiği, vapur ve iskelelerin gözaltında tutulduğu bir dönemde karşıya geçmek için en uygun vaktin gece olduğuna karar vererek çeşitli tedbirler altında kıyafet değiştirmiş bir vaziyette Mart'ın on sekizinci Perşembe günü evden çıkarak ilk kontrol noktasının bulunduğu Babıâli'den geçip Sirkeci'ye ve ardından Galata'ya gelirler. Vapura binerek Üsküdar'a geçerler. Bir arabaya binerek Sultantepesi'ne çıkarlar. Tekke'nin dik yokuşunu tırmanıp kapıyı çalarlar. İçeriden gelen *"–Kim o ?"* sorusunun cevabı bellidir: "Bizi İsa yolladı."[6]

Tekke, yani Özbekler Tekkesi, Kurtuluş Savaşı tarihimizde köşebaşlarından biridir. Kuvva-yı Milliyenin, milli mücadele dönemlerinde işgal altındaki İstanbul'dan Ankara'ya kaçan subay ve aydınların saklanarak gönderilmesi işini üstlenmiş ve

---

[2] Adıvar, Halide Edip (1994), Türkün Ateşle İmtihanı, İstanbul, s.18
[3] s. 38-39
[4] s. 54
[5] s. 57
[6] s. 58-60

başarıyla yerine getirmiştir. Halide Edib Tekke'ye vardığı sırada başka şahısların da gelmiş olduğunu görür. Bunlardan biri, Çerkez Ethem'in kardeşi Binbaşı Reşit'tir.

İkincisi Keskin Mebusu Rıza Bey olduğunu söyler Halide Edipç Gelen üçüncü kişi ise Manavoğlu Nevres adında, hakkında olumsuz bir kanaatin yaygın olduğu, Kıbrıs ve Mısır'da Türkler aleyhine çalışmış bir İngiliz ajanı olduğu söylenen bir şahıstır. Halide Hanım ve eşi Dr Adnan Adıvar o gece Tekke'de kalırlar.[7]

Halide Edip ve yanındakiler Bülbülderesi'nden bir arabaya binerek bir jandarma eşliğinde yola çıkarlar. İngilizlerin Büyük Çamlıca'daki kontrolünü olaysız geçerler. Oradan, fedakâr ve cesur Türk telgrafçıları aracılığıyla Çamlıca'yı geçtiklerini Ankara'ya bildirirler. Dudullu'nun İngilizler tarafından işgal edilmiş olduğunu öğrenirler. Yalnızselvi'de Dr. Adnan ve Câmî Bey'le buluşurlar. Onlar tarlalardan, Halide Edip arabayla Samandra'ya varırlar. İngilizler Samandra'yı boşalttıkları için geceyi orada Muhtar Resul Ağa'nın evinde geçirirler. Gece yarısı kar-yağmur karışımı bir yağış altında bir öküz arabası üzerinde yola çıkarlar. Onları korumakla görevli askerlerden çevrede İngilizlerin emrinde olan bazı hristiyan çetelerinin bulunduğunu öğrenirler. Ayrıca yol güzergahındaki Korna'yı İngilizler işgal etmiştir. Hristiyan çetelerinin karşısındaki iki Türk çetesinin başında Arslan Kaptan ile Dayı bulunmaktadır. Yol üzerinde bir köyde biraz dinlenip bir şeyler yedikten sonra Köseler Köyü'ne doğru yola koyulurlar. Zahmetli bir yolculuktan sonra Köseler'e varırlar. Orada askerlerin yaptığı toplantı ve aldıkları haberler yolun önlerindeki kısmının İngilizler tarafından kesilmiş solduğunu ortaya koyar. Yakalanma tehlikesi vardır. Halide Edip, Mesut Dayı ile konuşmasını şöyle aktarır: "«İngilizler dokuz kilometre ötemizde. Bir saata kadar gelir, bizi kapana kısılmış fareler gibi yakalayabilirler.»

Söylediği doğruydu. Fakat ben canlı olarak İngilizlerin esiri olmak istemiyordum. Sordum:

«Mesut Dayı kuvvetiniz ne kadar?»

«Otuz kişiyiz, Hemşire.»

Bunu söylerken, Teğmen Bekir'in bombalarına gözüm dikilmişti:

«Eğer bizi sararlarsa ne yaparsınız, Mesut Dayı?» O gayet kararlı bir sesle: «Dövüşürüz, Hemşire.»"[8]

Gruba akşam Arslan Kaptan, ertesi gün Şükü Bey, Trabzon Mebusu Yarbay Hüsrev, Ankara'da Genel Kurmay İkinci Reisi Albay Kâzım, İstanbul'dan silah kaçıranlardan biri olan Yarbay Naim Cevat, Hüsrev Bey'in kardeşi Yarbay Besalet katılır.

Ertesi sabah karın bir metreyi bulduğu bir fırtına altında yola çıkarlar. Zor bir yolculuktan sonra akşam Çal Köyü'ne varılır. Orada gecelerler. Ertesi sabah Albay Kâzım Bey'in Rehberliğinde yola çıkılır. İzmit Komutanı, grubu koruması için on süvari gönderir. Yola devam ederek Küçük Kaymaz'a varırlar. Geceyi orada geçirdikten sonra ertesi sabah yola çıkarlar. Ermişe adlı bir ermeni köyünün yanından geçerek öğleden sonra İkizce-i Osmâniye adlı bir Çerkez köyüne varırlar. Devam ederek ormanlık ve çalılık bir yola girerler. Koruma atlıları yorulduklarıı için yola devam etmek istemezler. Halide Edip ve Albay Kazım, "Biz gidiyoruz. İsteyenler ardımızdan gelsin!"[9] diyerek yürüyüşü sağlarlar. Gece yarısı gidecekleri köye varırlar. O gece köyde kalırlar. Ertesi

---

[7] s. 62
[8] s. 80
[9] s. 96

sabah arabayla Adapazarı'na doğru yola çıkarlar. Burada Câmî Bey'in ahbabı ve Adapazarı'nın aslen Çerkez olan eski valisi Fuat Bey de yanlarına gelerek, milliyetçilere katılır. Adapazarı'nda kısa bir konaklamadan sonra Ankara'ya gitmek üzere Sakarya Nehri'ni sallarla geçerek Hendek'e doğru yola koyulurlar. Hendek'te onları Anadolu ve Rumeli Milli Müdafa Cemiyeti'nin başkanı Laz Rauf Bey karşılar ve Dr Adnan'la Halide Edip o gece onun evinde misafir olurlar. Ertesi sabah Mustafa Kemal Paşa, gönderdiği telgrafta Ali Fuat Paşa'nın Eskişehir'i geri aldığını, bu sebeple İngilizlerin kontrolleri sıklaştırdığını bildirerek Gebze'ye kadar trenle gelinmesini tavsiye eder. Bunun üzerine milli kuvvetlerin yeni merkezi Doğançay'a giderler. Kafileyi orada Albay Mahmut karşılar. Yola devamla akşam Geyve'de olurlar. Orada heyet-i Nâsıha üyeleriyle karşılaşırlar. Hüsrev Bey'le Dr. Adnan, İtilaf Kuvvetleri adına faaliyet yapmakta olan bu tecrübeli devlet adamlarını kurtuluş hareketine katılmaya ikna etmek için çok uğraşırlar. Ancak sonuç olumsuz olur. Ertesi sabah tekrar yola çıkarak Akhisar'a, oradan da Lefke'ye varırlar. İstanbul'da Yeni Gün Gazetesi'ni çıkarmakta iken kaçıp Geyve'ye gelmiş olan Yunus Nadi Bey de burada onlara katılır. Eskişehir üzerinden Ankara'ya doğru yola çıkılır. Nisanın ikinci günü akşamı Milli hareketin merkezi olan Ankara'ya varırlar.[10]

Tren Garı'nda onları Mustafa Kemal Paşa karşılar. *"Safâ geldiniz Hanımefendi"*'den sonra hatırını sorar ve Ankara Valisi'ni takdim eder.[11] Halide Edip onları karşılamaya gelenler arasında Mahmûre Abla'nın görümcesinin kızı Dîdar'ı ve kocası Albay Emin Bey'i fark eder. Çocuklukları birlikte geçmiş olan Didar ve Emin Bey'in evine misafir olur. Bu evde karşılaşarak tanıdığı pek çok Ankaralı kadının ona söylediği şu sözler Halide Edib'i hem üzer, hem de düşündürür: "Buraya bakın, biz de memleketimizin iyiliğini isteriz. Fakat niçin Ankara'da, İstanbul, İngilizlerin elindedir diye umutsuz bir savaşa giriştik? Biz onları yenip dışarı atabilir miyiz? Ankara'nın yarısı Çanakkale'de şehit oldu. Ne yararını gördük? Bırakın her yer kendi hesabına dövüşsün."[12] Kendilerinden başka bir yeri düşünmemek demek olan bu bölgecilik anlayışının ardındaki sebebi Halide Edip, "O zamana kadar yapılan fedakârlıkların bir sonuç vermediğini görerek bu düşünceye varmışlardı."[13] sözleriyle ve olumlu bir bakışla yorumlar. Kadınlara bu son savaşın mutlaka başarıya ulaşacağına bütün kalbiyle inandığını söyler. O gün eşi Doktor Adnan ve Câmî Bey'in de hazır bulunduğu ve o esnada kapalı bulunan Ankara Ziraat Mektebi'nde Mustafa Kemal ile bir görüşmede bulunurlar. Bu görüşmede Yunus Nâdi Bey ile birlikte Milli mücadeleyi dünyaya duyuracak ve tanıtacak bir ajansın kurulması, adının Anadolu Ajansı olması ve Avrupa basınından önemli gazetelerin takip edilmesi kararlaştırılır. Nümune Çiftliği'nin bir bölümünde bir büro meydana getiren Halide Edip, bir taraftan İngilizce gazetelerin Hâkimiyet-i Milliye Gazetesi için gerekli olan kısımlarını keserek tercüme eder, diğer taraftan Mustafa Kemal Paşa'nın diğer haberleşmelere ait yazılarını hazırlar.[14] Böylece İstanbul'dan binbir zahmet ve eziyetle yola çıkarak Ankara'ya gelen Halide Edip, Milli Mücadele ve Cumhuriyet misyonlarının gönüllü ve en merkezdeki önemli bir üyesi olur.

Sonuç

---

[10] s.102
[11] s.105-106
[12] s.107
[13] s.107
[14] s.110-111

Bu bildiride asıl vurgulamak istediğim, bu yol hikâyesinin satır aralarında pek çok şey söylendiğidir. İstanbul'dan Ankara'ya kadar mevcut olan insan, mekân, olaylar, duygu ve düşünce adına ne varsa bu yolculuk sırasında onun yapmış olduğu tespit ve yorumlarda kendini gösterir. Bu tespit ve yorumları şöyle sıralayabiliriz:

1.   Padişah âciz bir vaziyettedir. Kendisi, ailesi ve saltanatından başka bir şeyi düşünemez durumdadır. Bu nedenle de düşmanın her dediğine boyun eğer.

2.   İstanbul Padişah taraftarlarıyla Milliyetçilerin mücadele alanı haline gelmiştir. Kanlı bir biçimde başlayan işgal Padişah'ın aczini daha da artırır. Milliyetçilerin çeşitli protesto gösterileri işgal kuvvetlerinin sertleşmesini getirir.

3.   İstanbul'un işgali üzerine Süleyman Nazif'in yazdığı "Kara Bir Gün" başlıklı yazının ve Türk Ocağı'nın tertiplediği konferans ve mitinglerin etkisiyle önce askeri, daha sonra da sivil toplumda başlayan milliyetçi kımıldanış pek çok aydının kurtuluş hareketine katılmasını sağlar.

4.   Mitinglere büyük bir ilgi gösteren hal, askeri erkân ve aydınlar, esir bir İstanbul yerine yokluk içinde olsa da mücadeleye devam eden hür ve bağımsız Ankara'yı tercih ederler.

5.   Ortada uzun yıllar süren birçok savaşın getirdiği her türlü yokluğun hakim olduğu fakir ve bunalmış bir Anadolu vardır. Bu Anadolu'nun toparlanması, bütün imkânlarını son bir defa ortaya koyarak gerilen bir arslan gibi düşmanına atılması için bilinçi asker ve aydınlara ihtiyaç vardır. Ve onlar birer ikişer Anadolu'ya geçerek bu son var olma mücadelesine katılırlar.

6.   Bu geçişte ve Anadolu'ya varışta Özbekler Tekkesi'nin rolü büyüktür. Tekke, kaçanların saklandığı ve güvenilir rehberler eşliğinde uygun zamanlarda Ankara'ya ulaştırıldığı bir organizasyonu yürütür.

7.   Üsküdar'dan Ankara'ya uzanan yol çeşitli zorluk ve tehlikelerle doludur. Hava şartları, arazinin durumu, düşman devriyeleri ve kontrol noktaları, varılan köylerin dostça veya Halife adına yazılarak köylere ve kentlere dağıtılmış anti-propaganda yazılarından dolayı düşmanca davranışları, Padişah yanlısı, geleceği Padişah'ın da onayladığı bir mandada gören ve ona halife olmasından dolayı körü körüne bağlı bulunan Osmanlı askerleri, bazı gayr-i Müslim köylerinin düşmanca davranışları, yine gayr-i Müslimlerden oluşan ve sorgusuzca insan öldüren Hristiyan çeteleri, yolun durumunu anlatmak için yeterlidir sanırım.

8.   Bunların karşısında, Ankara'ya ulaşmaya çalışanları koruyan ve taşıyan birkaç milliyetçi Türk çetesi mevcuttur. Bu çetelerin bazıları asker kökenli bazıları da halktan Türkiye'nin geleceği için gözünü kırpmadan canını veren, adı bilinen veya bilinmeyen birçok kahraman bu yolun ve mücadelenin devamını sağlamıştır.

9.   Türk Milli mücadelesinin merkezi ve kalbi Ankara'dır. Atatürk'ün çelik iradesinin eseri olan bu şehir, bu kutsal savaşa her türlü yardımı yapacak insanların toplandığı yerdir. Bütün faaliyetler buradan yönetilir. İstanbul'da işgal kuvvetleri tarafından dağıtılan Meclis, Mustafa Kemal'in gayretleriyle ve her yöreden gelen, halkın gerçek temsilcisi olan mebuslarla Ankara'da yeniden açılır. İstanbul'dan gelen subay ve aydınlar kendilerine en uygun görevlere atanır ve bütün yoluklara rağmen canla başla çalışırlar.

Hâsıl-ı kelâm, Osmanlı devletini altı yüz sene var eden Aziz Türk Milleti, çöken, eriyen ve dağılan bir devletten, bu göç aracılığıyla, ölümsüzlüğe kavuşmuş kutsal bir varlık gibi ve tıpkı kovandan ayrılan oğul misâli,   genç, zinde ve dinamik bir Cumhuriyet çıkarmıştır.

Notlar

[1] Albert Malche'ın "birçok bakımdan son derece ilginç ve önemli tarihsel bir belge" (Bahadır, 2007: 60) niteliğindeki 95 sayfalık çok yönlü raporu, bir yandan "Türk üniversitesinin diğer çağdaş üniversiteler karşısındaki pozisyonunu çok ayrıntılı olarak karşılaştırmış" öte yandan da çözüm önerilerini "sadece bir üniversite ile sınırlı tutmayarak genel bir ulusal kültür ve eğitim programının bünyesinde ele almaya çalışmıştır" (Bahadır, 2007: 61). Atatürk'ün bu raporu okuduğu ve yer yer üzerine notlar düştüğü bilinmektedir. Kenarına, "mühim olan budur" diye not düştüğü bir paragrafı, Prof. Dr. Utkan Kocatürk tarafından yayımlanan kendi defterinde şöyle yorumlamaktadır (Bahadır, 2007, s. 68):

" [...] Yalnız çok güzel bir azimet noktasını farkında olmaksızın bu yabancı adam, bizim de bunun farkında olacağımızı zannetmeksizin bize ifşa etmektedir. Bu adam raporunun 59. sayfasında aynen şöyle diyor: 'Hakikatlere dayanmak lazımdır. Bu memleketteki (Türkiye) vaziyetin icapları ve ihtiyaçları meçhulümüz değildir. İstanbul darülfünunu gibi bir darülfünunda; Türkiye gibi baştanbaşa yeniden teşekkül eden bir memlekette bu icaplar ve ihtiyaçlar her taraftan fazla ilmi alakayı çekmelidir. Türkiye'nin jeolojisi, tabii ve iktisadi coğrafyası, iklimi, çiçekleri ve nebatları, kara ve deniz hayvanları, antropolojisi, mazisi, tarihi, sanayii, kültürü yani sureti umumiyede her şeyi. Bütün bu şeyler Türkiye'nin Darülfünun'unun tekmil kürsüleriyle alakadardır.'

Kürsüler bundan başka şeylerle iştigal ediyorlarsa ne yazık, ne ayıp, ne utanmazlıktır.

'İnsaniyetin umumi fikri sermayesine, Türkiye'nin verebileceği ve vermekle mükellef olduğu şeyler ne büyüktür. Şarki Avrupa ile Anadolu'daki büyük medeniyetler burada değilse nerede araştırılacaktır?

Türk sanat tarihi, bütün insaniyet için tetkik şansını burada bulamayacaksa hangi çöllere saldıracaktır?'

www.ingramcontent.com/pod-product-compliance
Lightning Source LLC
Chambersburg PA
CBHW072012270326
41928CB00009B/1631